Jo Wüllner

German für Deutsche

Die 666 wichtigsten Wörter zum Überleben

KNAUS & KO

Jo Wüllner

German für Deutsche

Die 666 wichtigsten Wörter zum Überleben

KNAUS & KO

Jo Wüllner, Jahrgang 1953, studierte Germanistik und Sozialwissenschaften und arbeitet als Journalist und PR-Berater. Er lebt in Herten bei Recklinghausen

MIX
Papier aus verantwortungsvollen Quellen
FSC® C006701

Verlagsgruppe Random House FSC-DEU-0100
Das für dieses Buch verwendete
FSC®-zertifizierte Papier *Munken Premium*
liefert Arctic Paper Munkedals AB, Schweden

1. Auflage

Satz: Buch-Werkstatt GmbH, Bad Aibling
Druck und Einband: CPI – Ebner & Spiegel, Ulm
Printed in Germany
ISBN 978-3-8135-0514-6

www.knaus-verlag.de

Einleitung

Was will ich Ihnen zumuten?

German für Deutsche steht auf dem Cover, oh, sorry: auf dem Umschlag dieses Buches. Also Deutsch für Deutsche? Nein: Englisch für Deutsche. Jedenfalls das Englisch, dem wir tagtäglich im Deutschen begegnen. Kein Medium, in dem es nicht von Wörtern, Sätzen, Redewendungen wimmelt, die aus dem Englischen kommen und sich in unserer Sprache eingenistet haben. Eine Zumutung? Manchmal. Nun kann man stöhnen, fluchen und einen Verein zur Rettung der deutschen Sprache gründen. Und dann Artikel und Bücher schreiben, die darüber klagen, wie schlimm es um das Deutsche bestellt ist.

Das tut dies Buch nicht. Fluchen, Stöhnen und sogar das Gründen eines Sprachrettungsvereins sind psychologisch einigermaßen verständlich. Es ist aber mindestens sinnlos, im Grenzfall sogar dumm. Unsere Sprache schert sich nämlich nicht um irgendwelches Gestöhne und Gefluche. Das Deutsche wird zwar von knapp 100 Millionen Muttersprachlern weltweit gesprochen. Ist aber gegen deren Fluchen und Stöhnen immun. Davon verschwinden keine englischen Wörter. Nicht aus der TV-Werbung und den Computermagazinen, nicht aus den Modesendungen oder den Wirtschaftsartikeln. Und schon gar nicht aus all dem, was halb privat, halb öffentlich im Internet an Sprachbrocken zu finden ist.

Statt nun Schutz vor Anglizismen zu bieten, fordert dies Büchlein die Beschäftigung mit ihnen heraus. Noch eine Zumutung! Viele Menschen kommen mit ein paar hundert Wörtern gut durchs Leben. Und hier wird einem ein zusätzliches Bündel von gut 600 aus dem Englischen entlehnten Wörtern aufgebürdet?

Und das soll auch noch Vergnügen machen können, wie der Autor an dieser Stelle frech behauptet. Wie soll das funktionieren? Nun, das Buch bietet in seinem Hauptteil kleine Happen. Leser mit wenig Zeit für lange Lektürephasen können also aufatmen. Sodann gönne ich mir, oft boshaft und manchmal ungerecht zu urteilen. Das wird die einen freuen, die andern ärgern. Beides hält Leserinnen und Leser wach.

Wenn es (manchmal) wissenschaftlich wird, bleibt es (hoffentlich) verständlich. Und weil es verständlich sein soll, wird mancher Wissenschaftler die Nase rümpfen, weil es ihm zu salopp erscheint. Damit kann ich leben.

»Salopp« haben wir übrigens aus dem Französischen entlehnt; da heißt *salope* »Schlampe« oder »Miststück«. Um 1900 konnte hierzulande ein moralferner Schmutzfink als »saloppe Erscheinung« tituliert werden. Die positive Umwertung im Deutschen in Richtung »zwanglos-lockere Haltung« schlich sich in den 50er Jahren ein, als die Modeberichterstattung saloppe Kleidung positiv bewerten durfte. Hintergrund: Der Deutsche war nun etwas weniger abhängig von gerader Haltung durch strenge Kleidung. Heute sprechen wir bei gelockerten Kleidungssitten von »Casual Wear« (engl. *casual:* »lässig, zwanglos«) und bei der passenden Haltung von »Coolness« oder »Relaxtheit«.

Darüber hinaus bietet das Buch schnelle Orientierung durch seine alphabetische Sortierung. Das wirkt auf die meisten Menschen beruhigend. Ordnung wirkt immer beruhigend. Das Buch erlaubt Entdeckungen für den, der sich auf Kurzausflüge in Sprachgeschichte und die Beziehungen zwischen der eigenen Sprache und fremden Sprachen einlässt. Und das Buch erlaubt hüpfendes Lesen. Wer hüpfen will, folgt den Verweisen am Ende mancher Wortartikel. So gelangt man zwanglos vom Alien zum Stranger, vom Appetizer zum Teaser. Oder von der Bag über den Bodybag zum Backpack.

Dies Buch soll nützlich sein. Wie? Es versammelt Wörter, von denen Menschen in Deutschland umgeben sind. Und die, selbst wenn sie manchen leicht von der Zunge gehen, doch oft nicht selbstverständlich sind. Wer sich in diesem, unserem Lande mit seinen Exportzwängen, Globalverknüpfungen und seiner Lernen-bis-zum-bitteren-Ende-Logik orientieren will, kann Anglizismen nicht aus seinem Sprachschatz ausschließen. Er müsste so viel aus seinem Alltag ausschließen, dass er das meiste Aktuelle aus Wirtschaft, Technik und Unterhaltungskultur nicht verstünde.

So viel fremd und englisch Klingendes beunruhigt aber viele Menschen. Wenn sich Unruhe mit Sendungsbewusstsein paart, kommt ein Sprachwächter oder Worthirte dabei raus. Letztere sind harmlose, weil im kleinen Kreis sich entfaltende, meist freundliche Mahner, die mit dem Finger winken, wenn einer sich schlampig ausdrückt. Sprachwächter hingegen gründen Vereine, wie den »Verband deutscher Sprache« (VDS), schreiben Artikel und Bücher, wie der gegenwärtige VDS-Präsident, ein Herr Krämer. Wirtschafts- und Sozialstatistiker ist er; leider aber auch ein äußerst stil- wie niveauloser Redner und Schreiberling, wenn er seinem Hobby, der Sprachreinhaltung, frönt.

O-Ton des Herrn Krämer: *»Noch ist Deutschland kein Bundesstaat der USA. Es wird höchste Zeit, daß wir Europäer und insbesondere auch wir Deutschen uns wieder auf die eigenen Stärken besinnen. Viel zu lange haben wir uns von Hollywood und der amerikanischen Kulturindustrie wie Zirkusbären (oder sollte ich besser sagen: Zirkusaffen) an der Nase herumführen lassen.«*

Damit ist eine Front skizziert, an der ich nicht kämpfen will, sondern die ich unterwandern möchte. Das macht mehr Spaß. Ich gebe zu: Ich mag Sprachwächter nicht. Ich unterstelle ihnen keine völkisch-nationalen, gar nationalsozialistischen Gesinnungen. Manche Kritiker der Sprachwächter tun das. Der Angriff ist dumm, weil die Abwehr so leicht ist.

Obwohl der oben zitierte Herr Krämer schon einige Steilvorlagen für Faschismusverdacht geliefert hat: Wendungen wie *»deutsch-englische Schimpansensprache* und *Schimpansendeutsch der Werbung«,* die auch noch geäußert in einem Interview des rechten Blattes *Junge Freiheit,* reichen aus, um Ideologiewächter der linken Randszenen hellwach zu machen. Ich sehe das eher individualpsychologisch: Da hat sich einer Stammtisch-Denken bewahren müssen, weil die Ansprüche seines Hobbys (Sprache) mit den Werkzeugen seines Faches (Statistik) nicht ganz kompatibel sind.

Für mich entscheidend: Sprachwächter sind systemisch dumm. Dies ist eine besondere Form der Dummheit angesichts einer ziemlich komplexen Welt. Sie wirkt sich doppelt aus:

a. Sprachwächter schreiben zu simpel über das, was in unserer Sprache passiert. Ein Dutzend Beispiele im Kapitel *»Wo das Deutsche Nonsense macht«* zeigen, was ich meine.
b. Sprachwächter glauben, Sprache durch moralisch getriebenes Reden und Schreiben entscheidend verändern zu können.

Zum Beispiel glaubt der sehr bekannte Herr Wolf Schneider, ein klug-jovialer älterer Herr mit vielen Verdiensten um die Ausbildung deutscher Journalisten und eifriger Buchschreiber, dass man die rund 30 000 entscheidenden deutschen Journalisten dazu bringen müsste, klares Deutsch ohne üble Anglizismen zu schreiben.

Das ist ein hehres Ansinnen. Leider ist es zum Scheitern verurteilt. Journalisten schreiben so, wie es ihr Medium verlangt. Medien und der Medienmarkt bestimmen den Stil, in dem uns Botschaften erreichen. Journalisten suchen sich dann bestenfalls das Medium aus, in dem ihre Neigungen am ehesten schreiberisch verwirklicht werden können. Wer das als Medienmensch nicht weiß, hat den Betrieb nicht kapiert. Oder es sich in einem Schonraum bequem gemacht. Der Bildungsbetrieb liefert noch solche Schonräume.

Natürlich verändert sich unsere Sprache. Sie ist ein riesiges System, das sich permanent durch Milliarden Äußerungen ihrer Sprecher und Schreiber verändert. Jeder von uns beeinflusst dies System, das er niemals ganz zu Gesicht bekommt. Aber diese Beeinflussung funktioniert nicht so, wie ein Tritt aufs Gaspedal oder die Bremse das Fahrverhalten eines Autos ändert. Komplexe Systeme benehmen sich unberechenbar. Das ist schon bei der Kommunikation zwischen zwei Menschen zu beobachten: Wenn einer sagt, dass er was vom anderen will, tut der meist irgendetwas, aber in vielen Fällen eben nicht das, was gewünscht war.

Sprecher haben mehr oder weniger Einfluss. Der hängt unter anderem ab von: Lautstärke und Rhetorik des Sprechers, Größe und Zusammensetzung von Auditorium und Leserschaft. Bei Büchern sind Auflage, Image des Autors, Verlagsmarketing und Reaktionen der Besprechungskultur für den »Erfolg« bedeutsam.

Aber wann hat ein kommunikativer Akt, gleich ob Buch oder Rede, »Erfolg«? Wenn viele zuhören oder lesen? Bedeutet abnickende Zustimmung eines Publikums Erfolg? Hat das Buch eines Sprachwächters in dem Sinne Erfolg, dann hat er wohl die erreicht, die eh seiner Meinung sind und nicht mehr von einem Buch erwarten, als dass diese Meinung wiedererkannt wird.

Deutlicher: Die Bücher von Sprachwächtern ändern gar nichts. Sie liefern nur Bestätigungsfutter für Gleichdenkende.

Was kann dann das vorliegende Buch bewirken? Das kann ich nicht voraussehen. Ich weiß nur, dass Einladungen zum Mitspielen mehr bewirken als Aufforderungen, nachzufolgen. Jedenfalls bei Spielern, weniger bei Nachläufern. Deshalb lade ich zum Mitspielen ein. Das Spiel wird auf dem Feld der Sprache getrieben. Je mehr Spielsteine ins Feld kommen, desto anregender kann es werden. Spielsteine sind Wörter, gleich aus welcher Sprache.

Mich beunruhigen Wörter nicht, gleich ob sie deutschen, englischen, griechischen oder lateinischen Wurzeln entstammen. Unbekannte Wörter sind für mich reizvoll. Es ist anregend, den Wurzeln, aber auch dem Wissen und den Absichten (oder den unabsichtlichen Dummheiten) ihrer Sprecher und Schreiber auf die Spur zu kommen. Der gängigen Kritik am so genannten »Denglisch« schließe ich mich deshalb nicht an.

Sprachkultur entsteht nicht durch den Versuch, Wörter als Schwarze Schafe auszusondern, sondern durch bewussten, aneignenden Umgang. Der sollte aber nicht streng, sondern spielerisch sein. Spielen kann nur, wer eine gewisse Sicherheit mit dem Spielmaterial entwickelt hat. Die Texte in diesem Buch sind also auch kleine Übungen oder Trainingsstationen.

(Sie waren es auch für den Autor, der auch nicht alles vorher wusste, was hier steht. Er hat es sich mit Spaß und Mühe erarbeitet.)

Brauchen wir Wörter aus anderen Sprachen?

Die Frage ist falsch gestellt. Es geht nicht darum, ob wir englische Wörter brauchen. Es gibt überhaupt keine moderne, offene Sprache, die ohne Wörter aus anderen Sprachen auskommt. (Womit Grenzfälle, wie isolierte Stammessprachen in unzugänglichen Weltgegenden, ausgeklammert sind.) Die »reine«, von fremdsprachlichen Einflüssen unbefleckte Sprache ist ein weltfremder Traum von Sprachromantikern.

Was hat das Englische selbst erdulden müssen? In drei Wellen hat die lateinische Sprache seit den Eroberungen der Römer das Englische massiv beeinflusst. Grund dafür, dass das Schullatein einem heutigen Deutschen beim Erlernen des Englischen sehr hilfreich sein kann und dass viele Anglizismen aus Wirtschaft und Technik, die genau besehen Latinismen mit englischer Aussprache sind, von einem Lateinkundigen sehr leicht verstanden werden. »Consultant«, »Destination« oder »Performer« sind Beispiele.

Nach der normannischen Invasion von England 1066 nach Christus war das Inselreich für etwa 200 Jahre zweisprachig. Adel und Oberschicht sprachen normannisches Französisch, das Mittelenglische diente als Volkssprache. Ein versierter Sprecher des heutigen Englisch könnte daher Texte in drei Englischvarianten verfassen: einer germanisch-angelsächsischen, einer normannisch-französischen und einer lateinisch infizierten.

Eroberungszüge, Nachbarschaft und Handel reicherten Sprachen über Jahrtausende mit fremdem Material an. Die Globalisierung seit dem 15. Jahrhundert (Renaissance und Fernreisen, Humanismus und Bankwesen) hat Kulturen gegeneinander durchlässig gemacht. Mit den Menschen wandern seither Produkte, Sitten und Spracheigenheiten von einem Land und Sprachgebiet zum anderen.

Und in welchen Wellen wurde das Deutsche infiltriert?

Schon die späte Antike bescherte uns mit »Kaiser«, »Kerze« oder »Tisch« gut abgeschliffene Lehnwörter aus dem Lateinischen (die wiederum wie bei lateinisch *discus* [»Scheibe«; »Platte«] aus dem Griechischen – hier: *diskos* – entlehnt sind). Im frühen Mittelalter ist die Kirche verantwortlich für die Leitkultur und liefert »Papst« und »Ketzer«, »Pfarrer«, »Teufel« und »Engel« aus dem Griechischen. In der Neuzeit des 15. Jahrhunderts dominieren die italienischen Metropolen und infiltrieren uns gleichzeitig mit dem modernen Geldwesen wie den passenden Wörtern »Bank« oder »Konto«.

Das 17. und 18. Jahrhundert ist in Mitteleuropa durch die französische Kultur geprägt. Folglich reden wir seither über die Frisuren und Brokatkleider von Kusinen auf unseren Terrassen, essen dazu Marmelade und planen unsere abendliche Ballettvisite. Gallizismen, also Entlehnungen aus dem Französischen, wie »Abonnement«, »Annonce« oder »Arrangement« haben sich aber auch mit ganz unverfälschter Schreibweise eingenistet; entsprechend anspruchsvoller wurden die Anforderungen an unsere Rechtschreibung.

Aber wir kennen auch Russizismen (»Kreml«, »Mammut«, Sputnik«, »Zobel«) und etliche Hispanismen im Deutschen. »Cafeteria« und »Embargo«, »Kannibale« und »Melasse«, »Quadrille« und »Vanille« sind Wörter spanischer oder lateinamerikanischer Herkunft. Warum benutzen wir diese Wörter, wiewohl doch für »Kannibale« der »Menschenfresser« zur Verfügung steht und »Melasse« etwas weniger wohlklingend, aber unmittelbar verständlich mit »Zuckerrübensirup« übersetzt werden mag?

Im 19. Jahrhundert sind es die Engländer, die ihren sprachlichen Einfluss geltend machen. Von der Insel jenseits des Kanals kamen nicht nur Industrialisierung samt passender Maschinen, sondern auch der Lebensstil des Sherry trinkenden Gentlemans. Der saß, in bequeme Knickerbocker gekleidet, im Drawingroom und genoss seinen Five o'clock tea. (Alle drei Anglizismen dieses Satzes sind bereits veraltet und fast verschwunden; manche Sprachimporte erledigen sich von selbst.)

Und dann ersetzten Mitte des 20. Jahrhunderts im Westen Deutschlands die Amerikaner den Traum vom Tausendjährigen Reich durch ein konsumfreudigeres Genießen des Hier und Jetzt. Die GIs waren immerhin die passabelsten Befreier, die damals im Angebot waren. Die USA besaßen nicht nur die modernste Kriegsmaschine, sie hatten auch cool auftretende Soldaten mit Chewing Gum, das auch Kaugummi hieß. Und dazu Musik und Filme, Nylons, Zigaretten und eine insgesamt entspanntere Kultur.

Wie steif wäre Deutschland nach dem Zweiten Weltkrieg ohne die Amerikaner geblieben? Die Geschichte der DDR hat es demonstriert. Und was wäre aus der zweiten nationalen Lockerungswelle in den 60er Jahren ohne US-Einfluss geworden? Hätte Joschka Fischer im Bundestag Turnschuhe tragen können, wenn die Amerikaner vorher nicht den Vietnamkrieg und die passende Make-Love-Not-War-Bewegung produziert hätten? Plus Haschisch, Cola und passender Popkultur?

Die Kultur der Moderne und frühen Postmoderne ist ohne amerikanische Anstöße nicht denkbar. Gleich ob in der Luftfahrt, der Computerbranche, der Unterhaltungselektronik, dem Marketing und der Werbung und nicht zuletzt der Popkultur in allen Formen – die Anstöße kamen aus den USA. Auch wenn andere dann klug klauten, allen voran die Japaner und andere asiatische Länder.

Dominante Kulturen prägten aber schon immer die Sprachen derjenigen, die im Einflussbereich dieser Kulturen leben. Und deshalb prägen Wörter des amerikanisch-globalen Englisch seither nicht nur das Deutsche.

Die Mehrzahl der Deutschen konnte und kann gut damit leben. Geklagt haben nie die vermeintlichen Opfer der Sprachinfiltration, sondern deren selbst ernannte Retter. Also Figuren aus Kulturpolitik, Universitätsbetrieb und konservativ getönter Medienkultur. Die verfügen meist über bessere Sprachkenntnisse (Ausnahme: politisches Personal). Und was verstehen die Opfer der Englisch-Invasion?

Verstehen Sie Englisch?

Zu viele Deutsche können zu wenig Englisch. So lautet ein Pauschaleinwand gegen die Verwendung von Anglizismen in deutschen Texten. *»Rund 60 Prozent der Deutschen«* können gar nicht Englisch, behauptet Wolf Schneider* und bleibt die Quelle schuldig. Der 60-Prozent-Skandal wird natürlich von anderen Sprachkritikern massenhaft zitiert; weil Herr Sprachpapst Schneider es sagt, ist es sakrosankt**.

Befragen die Forscher von Allensbach Deutsche ab 14 Jahren, kommt 2012 heraus: Knapp 29 Millionen sagen von sich, sie hätten überhaupt keine guten oder gar keine Englischkenntnisse. Über 14 Jahre sind etwa 78 Prozent der 81,5 Millionen Deutsche; das macht 63,5 Millionen. 29 Millionen Nichtenglischsprecher – das entspricht 45 Prozent dieser Grundmenge. 45 Prozent sind deutlich weniger als 60 Prozent. Es ist aber immer noch viel.

Eine andere Umfrage von Allensbach fand 2012 heraus, dass immerhin

---

* in: Wolf Schneider: *Speak German! – Warum Deutsch manchmal besser ist,* S. 11.

** Aus dem latein. *sacrosanctus;* »hochheilig, unantastbar«; eigentlich »heilig-heilig«, weil sowohl latein. *sacer,* wie latein. *sanctus* eben »heilig« bedeuten; die Sprache übertreibt gerne, um einen gewissen Impact zu haben (engl. *impact:* »Einschlag; Stoß, Wirkung«).

63 Prozent der Bundesbürger »zumindest einigermaßen gut« Englisch sprechen und verstehen. Umfragen sind mit Vorsicht zu genießen. Mitteln wir ganz unwissenschaftlich die Ergebnisse und sagen pauschalisierend: 40 Prozent der Deutschen können sehr wenig oder kein Englisch.

Wer aber ist das? Nicht die Jüngeren zwischen 12 und 25 Jahren. Die haben nach der Shell-Jugendstudie von 2006 zu 80 Prozent Sprachkenntnisse, die eine einfache Unterhaltung mit einem *native speaker* möglich machen. Wer dann? Wie zu erwarten: die Alten, die es nie in der Schule gelernt haben. Und die Jüngeren mit schlechter Schulbildung. Sodann Schüler der ehemaligen DDR, die Russisch als Weltsprache zu lernen hatten.

Wer kann also Englisch mit sehr hoher Wahrscheinlichkeit? Jüngere und mittelalte Westdeutsche im Erwerbsleben mit normalen Schulkarrieren. Und die Alten, die qua Bildung und Status zum oberen Drittel der Gesellschaft gehören.

Insgesamt sinkt der Anteil der Nichtsprecher bei uns langsam, aber beständig. Der immer früher einsetzende Englischunterricht in den Schulen, dazu immer mehr Fort- und Weiterbildungen in Sachen Englisch zeigen Wirkung. Englisch ist bei uns erst seit 1964 Pflichtfach an weiterführenden Schulen. Jahrgänge ab etwa 1955 haben also schon daher deutlich bessere Englischkenntnisse. Absehbar ist daher das Aussterben eines großen Teils der heutigen Nichtsprecher qua Alter.

Der Rest ist Sache des Bildungssystems. Das hat seine Macken (oder strukturellen Probleme). Die zeigen sich aber auch in Schwächen bei Mathematik oder Naturwissenschaften. Nur weil unser Bildungssystem manches Wissen nicht wünschenswert breit oder tief oder vernetzt bei Schülern verankern kann, werden die betreffenden Fächer ja nicht auf eine Schwarze Liste gesetzt. Englisch ist und bleibt wichtiges Lernziel. Und die übergroße Mehrheit der Deutschen (82 Prozent nach einer Forsa-Umfrage von 2012) halten ordentliche Englischkenntnisse für unabdingbar.

Daher: Das beste Mittel gegen schlechtes Englisch und falsch genutzte Anglizismen ist ein früher und intensiver Englischunterricht. Dazu ein passender Deutschunterricht samt Anglizismenkunde. Und, um den Anspruch noch höher zu schrauben: eine vergleichende Sprachkunde, in der vermittelt wird, wie Sprachen sich entwickeln und beeinflussen. Überforderung? Vielleicht. Aber das wäre nicht der Sprache anzulasten, sondern einer Welt, die uns überfordert. Ein anderes Thema. Vor allem Sprachkritiker sollten das bedenken, wenn sie viel zu tief zielen mit ihrer Kritik und die Kugeln nur Sand aufwerfen, der die Sicht aufs Schlachtfeld behindert.

Müssen alle alles verstehen?

»wer heute zu tag in unsere branch kein basic english kann ... ist ganz schone verloren ... oder?« Forumsbeitrag auf www-3d.worxx.com, einer Website zum Themenkreis 3-D-Graphikanwendungen (9-2005).

Ist es nun gleichgültig, dass von Englischunterricht abgeschnittene Menschen, gleich welchen Alters, heute etliche Anglizismen nicht verstehen? Nein, beileibe nicht. Ich bin sehr dafür, dass an unseren Volkshochschulen mehr Englischkurse für Erwachsene zu günstigen Preisen angeboten werden. Dass die betriebliche Weiterbildung Sprachkompetenz als wichtiges Ziel verankert. Ich bin allerdings dagegen, dass Anglizismen aus unserer Sprache verschwinden, nur weil bestimmte Gruppen damit nichts anfangen können.

Der Anspruch, dass alle alles verstehen können müssen, was in der Öffentlichkeit an Botschaften abgesondert wird, ist einer der unsinnigsten. Er basiert auf einem naiven Verständnis von Demokratie. Ich nenne diese Haltung »Demokratismus«. Demokratistisch Gesonnene wollen meist nicht nur Anglizismen, sondern auch Fremdwörter vertreiben. (Im Moment hört man davon weniger; da müsste mal wieder irgendeine Zeitung im Themen-Sommerloch einen Trendredakteur zum Anheizen vorschicken.)

Demokratisten sind auch gegen alle Formen von Kultur, die sie nicht verstehen. Und da sie vieles nicht verstehen, sind sie gegen experimentelles Theater, anspruchsvolle Filme oder Ausstellungen mit Gegenwartskunst, die man nicht sofort als Kunst erkennt. Meist argumentieren Demokratisten, dass »wir«, »der Staat« oder ähnliche Kollektivsubjekte, in so was keine Fördergelder stecken sollen. Sie argumentieren mit dem Marktprinzip: Musicals darf es demnach geben, weil die Karten nicht subventioniert sind. Das Stadttheater darf überleben, wenn es nicht übertreibt. Und die jungen Leute sollen lieber was Anständiges machen, als ihre subkulturellen Spielchen zu treiben, die eh kein Normalbürger versteht.

Ich schweife ab. Es geht um Anglizismen. Aber gerade deren Auftreten wird nicht staatlich gefördert. Es wird bezahlt. Von Konsumenten, von Medienkäufern, die sich genau ihr Medium samt passendem Stil und Wortschatz aussuchen. Die übergroße Mehrheit nicht nur der Anglizismen, auch der Fremdwörter, der schwierigen Wörter, der komplizierteren Sätze, der gehobeneren Stilformen und dahinter auch: der anspruchsvolleren Gedankengänge wird von Menschen ganz bewusst gewählt, gekauft und rezipiert.

Anglizismen, Fremdwörter, einfache oder schwierige Texte sind Teil des Marktes. Wer Anglizismen mag, will oder braucht, bekommt sie. In Computerheften, Geldanlageblättern, Surfer-Fanzines* oder Popmusik-Magazinen. Und wer sie nicht versteht, liest eh die passenden Medien, die zu seinen allgemeinen Verständnismöglichkeiten passen.

Wo wird Englisch gesprochen?

Das Englische blüht oder wuchert (Geschmackssache) im Jargon von Berufen, die höhere Bildung (Studium) und globale Kommunikation verbinden. Die üblichen Verdächtigen sind Wirtschaft, Technik, Werbung und Medien. Nicht zu vergessen: Alle Wissenschaften, in denen der Austausch von Texten Sprachgrenzen überschreitet und eine Verständigungssprache (oder *lingua franca*) vonnöten ist. Wissenschaftliche Aufsätze sollen global zitiert werden; also werden sie auf Englisch verfasst. Wer das Geschäft oft genug betreibt, neigt dazu, auch im Deutschen die englisch getönten und nicht die älteren griechisch-lateinischen Fachbegriffe zu benutzen. Der persönliche Sprachstil eines Menschen verändert sich schließlich durch das, was er liest oder schreibt.

Wen stört das? Wissenschaftler wollen effektiv kommunizieren. Wirtschaftler global. Werber, Designer und Marketingmenschen beweisen sich mit englischem Wortgeklingel, dass sie anders, besser, auf jeden Fall: sie selbst sind. Das Spiel treiben wir alle, auch der Fußballfan; der nur mit anderem Wortgeklingel. (Aber ohne »Hattrick«, »Keeper« oder »Golden Goal« kommt auch der mittlerweile nicht aus.)

Wo kommt das viel gescholtene Englisch in deutschen Texten nun vor? In Heftchenromanen? Liebesschmökern? Lokalen Anzeigenblättern? Nein, oder: eher nicht. Und wenn, dann wegen Marketingfehlern der besagten Medien.

Anglizismen aller Art tummeln sich:

1. In Fachzeitschriften (Computer, Unterhaltungselektronik, Wirtschaft, Medien, Marketing, Design). Beispiel: *»Mit dem kostenlosen Image Grabber können Sie Video-Screenshots erstellen.« Chip* (5-2010)

---

* Dass hier »Fanzine« steht, hat mit dem Stilzwang zu tun, unter dem Schreiber stehen. »Heft«, »Blatt«, »Magazin« hatte der Autor schon abgehakt, da fiel mir nur noch der Anglizismus ein. Stellen Sie sich vor, ich hätte *»Rechnermagazine, Geldanlagemagazine, Wellenreitermagazine und Populärmusikmagazine«* geschrieben. Ziemlich steif, oder?

2. In »gehobeneren« Publikumszeitschriften und News-Magazinen (*Der Spiegel, Focus, Stern*). Beispiel: *»Der Boreout, so ihre Beobachtung, entwickelt sich vor allem im Schatten des Burnout.« Stern* (6-2007)
3. In Magazinen für junge Zielgruppen (Musik, Mode, Technik, Computerspiele, Motor, Aktivsport). Beispiel: *»Zum Lernen ist Shelar wirklich eine super Kante, hochbeamen, abturnen und wieder hochbeamen ...«* dhv.de (Es geht um Paragliding, Entschuldigung: Gleitschirmfliegen.)
4. In überregionalen »Qualitäts«-Zeitungen (*Frankfurter Allgemeine, Die Welt, Süddeutsche Zeitung, Die Zeit*). Beispiel: *»Das Artwork des diesjährigen Burton Vapor zum Beispiel übernahm die New Yorker Graffiti-Legende Futura 2000, der als Gründer der abstrakten Streetart gilt.« Süddeutsche Zeitung* (2-2009)
5. In der gedruckten Werbung, die in den genannten Medien stattfindet. Beispiel: *»Item m6 – The intelligent Legwear; für sie: Shaping – Style – Sexy; für ihn: Hightech – Energy – Personality.« ELLE* (10-2012)
6. Im Internet. Das World Wide Web ist das am stärksten von Anglizismen infiltrierte Medium. Zugleich ist es das Leitmedium des jüngeren Deutschland, also von Menschen unter 50. Hier hat sich im Dunstkreis von Foren, Chats und Blogs ein Neudeutsch herausgebildet, das nicht nur von Anglizismen strotzt, sondern auch von Orthographiefehlern, Grammatikmissgriffen und Stilentgleisungen. Den Autor graust's darob; aber ändern kann man's nicht.

All diese Medien, Kommunikationsformen und Werbebotschaften haben Absender und Adressaten. Wer hier Geld verdienen will, beschreibt erst einmal Zielgruppen, die er mit bestimmten Mitteln erreichen muss. Medien richten sich nicht demokratisch an alle Menschen. Sondern gut marketing-strategisch an ganz bestimmte Menschen. Mit dem passenden Geschmack, dem passenden Geld, der passenden Bildung, eben auch: den passenden Englischkenntnissen.

Auf der Modezeitschrift *ELLE* darf das Titelthema *»Soft Luxury«* heißen. Auf dem Frauenblatt *Brigitte* wird im gleichen Herbstmonat *»Lust auf Stricken«* getitelt (und nicht etwa *»Lust for knitting«*). Die *ELLE*-Leserinnen verstehen den Story-Titel nicht nur, er gehört zum Erwartungshorizont der Käuferinnen, den das Medium abdecken muss. Nach der gleichen Logik, nur für andere Leserinnen, arbeitet die *Brigitte* mit ihren Gemütlichkeitsthemen. Halbwegs anglizismenfrei ist dagegen das kostenlose Anzeigen-Sonntagsblättchen mit den Schweinebauchanzeigen und den Gesundheitstipps für die sparsame Hausfrau.

Ganz clever und nebenbei volkspädagogisch wertvoll treibt es die erfolgreichste Computerzeitschrift Europas, die *Computer Bild* aus dem Springer-Verlag. Die Macher wissen: Ohne englische Fachbegriffe können wir unsere Artikel nicht schreiben. Also werden sie erklärt, auf nahezu jeder Seite, dazu am Ende des Heftes in einem Glossar. So wird der merkfähige Leser langsam kompetenter, dem Vergesslichen wird aber immer wieder die Übersetzung geliefert.

Frei nach Hegel könnte man angesichts der unterschiedlichen Rezepturen sagen: Was wirklich geschrieben und gesprochen wird, ist auch vernünftig. Es könnte sonst auf dem Lesermarkt nicht überleben.

Es kann aber heute viel mehr an besonderen und absonderlichen Sprach(un)sitten überleben, weil unsere Gesellschaft in immer mehr Milieus, Submilieus, Szenen und Grüppchen ausdifferenziert ist. Die kochen meist alle ihr eigenes Sprachsüppchen. Und ihre Mitglieder scheren sich wenig darum, ob andere als die, die dazugehören sollen, auch verstehen, wie man unter Eingeweihten schreibt und redet.

Fachsprachliche Ausdrücke, Jargon, Slang und eben auch Anglizismen dienen immer kleineren Sprachszenen zur Identifizierung und Differenzierung. Nicht die allen verständliche Gemeinsprache ist das Entscheidende, sondern das Repertoire an Wörtern, mit denen ein Unterschied zu anderen Sprachverwendern deutlich wird. Im angesagten *Coffee Shop* geht es dann darum, *Latte macchiato* richtig auszusprechen und einen *Espresso ristretto* vom *Espresso lungo* (Italizismen) unterscheiden zu können. Das ist die Fortsetzung des Differenzierungsspiels der gehobenen Gastronomie, deren Klientel schon immer besondere Fremdsprachenkenntnisse zugemutet wurden.

Werbung probiert aus, was geht – auch Anglizismen

Werbung hat Zielgruppen im Blick. Dafür prüft sie, wer von uns was mag, wie viel es kosten darf, und mit welcher Sprache es für uns angepriesen sein muss, damit wir aufmerksam werden. Die Kritik von Sprachwächtern an Anglizismen in der Werbung ist daher noch überflüssiger und sinnloser als die Stilkritik an der journalistischen Zunft. Werber probieren aus, was geht. Natürlich entsteht dabei manches, was nicht geht. Wegen falscher Models, einem Missgriff bei der Farbstimmung. Oder eben einem falsch platzierten Anglizismus.

Dafür testet die Werbung permanent, was geht. Das macht sie mit Testgruppen. Was an Werbung in die Welt geschickt wird, hat also schon einige Hürden überwinden können. Ob Werbung umsatzfördernd wirkt, ist nie sicher. Ob sie verstanden wird, schon eher. Mode- und Computerwerbung ist ohne Anglizismen nicht denkbar. Aber wenn man genau hinsieht, merkt man: Es wird hier und da auch offensiv deutsch getextet. Oder wieder Französisch genutzt. Auch ein paar Spanischbrocken würzen eine Sektwerbung. Wer nur auf Anglizismen starrt, wird viele entdecken. Werber platzieren aber immer neue Mikro-Trends: Mal wird ein bisschen französelt, mal deutschgetümelt, mal schräg gesampelt. Nur Englisch ist für die Werbung so öde wie nur Deutsch.

Und manchmal ist gar nicht mehr erkennbar, in welcher Sprache Werbung spricht: BMW bewarb im Herbst 2012 seine neuen Modelle mit einem *ECO PRO MODUS*. Was heißt das? Der Zielgruppen-Leser und potenzielle BMW-Käufer versteht: Die haben sich eine umweltschonende Fahrschaltung ausgedacht. *ECO* stammt zwar von engl. *ecology* ab, aber »Eco« ist seit Jahren ein Internationalismus, sozusagen die global verständliche Markierung für etwas Umweltfreundliches. *PRO* kommt natürlich von engl. *professional.* Aber auch vom fast gleich geschriebenen deutschen Fremdwort? Und *MODUS* ist bewusst anti-englisch; die sagen schließlich *mode,* was wir ja auch importiert haben. *MODUS* ist wörtliches Latein. Und damit der Rückgriff auf die alte globale Verständigungssprache der Gebildeten. Ein Häppchen Latein ist »wertiger« als noch mehr Englisch, werden sich die global denkenden Texter gedacht haben. Mischen wir also Moderne mit einem Kick Latin-Classic. (Die unterstellte Strategie ist keinesfalls realitätsfern; der Autor kennt genug Claimfindungs-Meetings in Agenturen aus eigener Anschauung.)

2010 sah sich die Deutsche Bahn gezwungen, eine sprachliche Kehrtwende zu fahren. Ernst Hinsken, CSU-Bundestagsabgeordneter, hatte sich öffentlichkeitswirksam über »Kiss & Ride« beschwert. Das war der Bahn-Name für eine von ihm angeregte neue Kurzparkzone in seiner Heimatstadt Straubing. Bahn-Chef Grube versprach daraufhin, seine Bahnwortschöpfer zu mehr Deutsch zu bekehren. War das nötig? Herrn Grubes Image- und Marketingberater werden es ihm empfohlen haben.

Zugegeben: Mit »Kiss & Ride« hatte die Bahn übertrieben. Vor allem wegen der Doppeldeutigkeit des englischen *to ride.* »Mehr Spaßkultur bei der Bahn!« hatte da wohl ein Entscheider gedacht. Aber nicht in Straubing und bei Herrn Hinsken. Die Bahn muss gesamtdeutsche, anspielungsferne Grundtöne beim Wording treffen. Dumm nur, dass bei solchen Empörungsschüben zu sehr nachgegeben wird. So fiel auch der Fahrraddienst »Call a Bike« dem germanophilen »das Mietradangebot der Deutschen Bahn« zum Opfer. Schade um den griffigen Anglizismus. Man sollte als Unternehmen differenzieren, auch angesichts von niederbayerischen Wutbürgern mit Volksmandat.

Was ist überhaupt ein Anglizismus?

Ein Anglizismus ist ein Wort, das aus dem Englischen stammt und plötzlich in einer anderen Sprache ähnlich wie ein dort einheimisches Wort genutzt wird. Wer also viele Anglizismen benutzt, spricht kein Englisch, sondern eine mit englischen Wörtern durchsetzte Muttersprache. Alle westlichen Sprachen kennen Anglizismen, da sowohl das britische – seit langem – wie das amerikanische Englisch – vor allem seit dem Zweiten Weltkrieg – einen starken kulturellen Einfluss auf Kolonien hatten und auf industrialisierte Länder haben.

Anglizismus als Oberbegriff bezeichnet den gesamten Einfluss des Englischen auf andere Sprachen. Der wird zwar hauptsächlich auf der Ebene einzelner Wörter deutlich, aber auch Redewendungen oder Beugungsformen sind betroffen. So finden sich bei uns zunehmend aus dem Englischen übernommene Verben, deren Partizip mit dem im Englischen üblichen »-ed« gebildet wird. Ein Whiskey ist dann *blended;* »verschnitten« liefert nun mal die unschöneren Assoziationen. Und Wendungen, wie »in der Pipeline haben«, demonstrieren, wie das Deutsche englische Wörter und Satzbaumuster in neue Sprachbausteine integriert.

Die Sprachwissenschaft oder Linguistik (lat. *lingua:* »Sprache, Zunge«) unterscheidet eine Reihe von Anglizismenarten. Dieses Buch kümmert sich im Kern nur um den auffälligsten Typ: die Wortentlehnung. Dabei bleibt der englische Ursprung des Wortes kenntlich. Die Schreibweise ändert sich nicht oder wenig. Die Aussprache ist den Regeln des Englischen verpflichtet. (Was wenig heißt, wenn die Sprecher des Englischen nicht sonderlich mächtig sind.)

Anglizismen aus dem amerikanischen Sprachraum werden auch Amerikanismen genannt. Sortieren wir grob: Bis zum Zweiten Weltkrieg sind Anglizismen eher britisch, danach mehrheitlich amerikanisch. Der Kontext (Popmusik, Filmgeschäft, Computertechnik) macht die Herkunft überdeutlich. Auf diese kulturellen Ursprünge gehen die meisten Wortartikel ein. Zwischen Amerikanismen und Anglizismen unterscheide ich aber nicht.

Lehnübersetzungen sind in diesem Band auch ausgeklammert. Sie geben keine Verständnisprobleme, höchstens Stilprobleme auf. »Sinn machen«

ist eine Lehnübersetzung von engl. *to make sense*. Daher kommt es nicht im Wörterbuchteil vor, sondern nur in einer der kleinen Sprach-Demontagen, die ich weiter hinten in dieser Einleitung präsentiere.

Was mich ebenfalls nicht interessiert, ist die Unterscheidung von »Bedürfnislehnwörtern« und »Luxuslehnwörtern«. Über solche Unterschiede redet eine Sprachwissenschaft, die Normen setzen will. »Luxuslehnwörter« sind danach Wörter, für die es ein deutsches Synonym gibt. Die Charakterisierung als Luxuslehnwort versteckt eine moralisierende Wertung: Luxus sollte man sich nicht erlauben. Und unnötigen schon gar nicht. (Eine besonders unsinnige Unterscheidung.) »Airport« wäre demnach ein unnötiges Luxuslehnwort. Wir haben bereits den »Flugplatz« und den »Flughafen«, der wiederum bereits eine Lehnübersetzung von engl. *airport* darstellt. Das soll gemäß den Kritikern der Luxusentlehnungen ausreichen. Aber wenn es jemandem nicht reicht? Dem Übersetzer eines amerikanischen Krimis? Dem Journalisten, der einen Flughafenreport zu schreiben hat und dem von seinem Textchef eingetrichtert wurde, dass Wortwiederholungen aus Stilgründen zu vermeiden sind? Gerade er greift begierig nach fast jedem Anglizismus. Es gibt Gründe, dass Anglizismen das Deutsche zunehmend prägen. Das Fragen nach den Gründen soll durch Vorverurteilung eines Anglizismus als »unnötiges Luxuslehnwort« nicht verhindert sein.

Wie viele Anglizismen gibt es?

In diesem Buch werden gut 600 Anglizismen vorgeführt. Es ist eine Auswahl. Sie folgt vier Kriterien:

1. Die ausgesuchten Anglizismen begegnen uns im Alltag.
2. Sie werfen ein Schlaglicht auf die besondere Kultur, in der sie ihren Platz haben.
3. Sie sollen möglichst überraschende Sprachfundstücke liefern.
4. Und sie sollen – wenn es möglich ist – einen bösen Kommentar des Autors gestatten. (Der schießt schwer berechenbar in alle Richtungen; selbst die eigene.)

Wortgruppen wie *Coach, Coacher, Coaching, coachen* oder *Consultant, Consulter, Consulting* wurden unter einem Beitrag abgehandelt. Eine genaue Zählung samt einigen Ableitungen käme schon auf etwa 800 Wörter. Bei meinen

Recherchen, die sich über fünf Jahre hinzogen, fand ich jedoch bereits 3135 Anglizismen (Zählungsstopp bei der Druckabgabe dieses Textes).

Und auch das ist nur eine Auswahl. Dieser größere Fundus basiert auf Medien, die öffentlich sind. Also am gut sortierten Kiosk erhältliche Zeitungen und Zeitschriften, deutschsprachige Bücher, dazu die Sendeangebote des deutschsprachigen Satelliten-TV-Angebots, und vor allem: deutschsprachige Webseiten. Das Internet hat den Vorzug, die Inhalte aller Medien zu versammeln. Das macht die Suche nach interessanten Fundstücken leichter.

Die Fachsprachen von Programmierern oder Tiefbauingenieuren oder Klimaforschern oder anderen Spezialisten blieben außen vor. Wer nicht zu diesen Gruppen gehört, wird mit deren Fachsprache auch (meist) nicht konfrontiert.

Was treibt die Wissenschaft in Sachen Anglizismenforschung? Ein dreibändiges *Anglizismen-Wörterbuch* aus dem Jahr 2001 versammelt etwa 3500 Sprachimporte. Hier werden aber auch Lehnübersetzungen aufgeführt, denen die englische Abkunft nicht mehr anzusehen ist.

Eine Anglizismenliste des *Verbands Deutscher Sprache* kommt auf knapp 6000 Anglizismen. Die liest sich in weiten Teilen aber wie ein schludrig kompiliertes Basiswörterbuch des Englischen. Dort genannte Wörter wie *absence* (»Abwesenheit«), *ambitious* (»ambitiös, ehrgeizig«) oder *announcement* (»Ankündigung«) tauchen sicher an sehr vereinzelten Stellen in ansonsten deutschsprachigen Dokumenten auf. Sie gehören aber nicht zu der medialen Sprachsphäre, an der sich deutsche Leser-Hörer-Sprecher abzuarbeiten haben, wenn sie in der gegenwärtigen Gesellschaft kompetent kommunizieren wollen. Die VDS-Anglizismen-Liste ist zugleich aufgebläht wie unterbelichtet, weil viele durch Medien verbreitete englische Fachbegriffe aus Marketing und digitaler Technik nicht zu finden sind. Die Macher können sich eben darauf verlassen, dass ihre Fans nicht die Liste prüfen, sondern lediglich die Zahl der Einträge mit Grausen bewundern.

Neologismenwörterbücher, wie sie für die 1990er und dann für die ersten Jahre des neuen Jahrtausends im Rahmen universitärer Forschungsprojekte erstellt wurden, kommen für die erste Phase auf knapp 1000, für die spätere auf 2200 Neologismen. Davon sind gut ein Drittel Anglizismen. Das wären etwa 1200 frische Anglizismen für die Zeit zwischen 1990 und 2007. Durchschnittlich 70 Anglizismen pro Jahr – reicht das für ein sprachapokalyptisches Bedrohungsszenario?

Noch unübersichtlicher wird das anglophone Sprachgeschehen, wenn man sich die faszinierende Eigenart des Deutschen vergegenwärtigt, durch

Zusammensetzung unendlich viele neue Wörter bilden zu können. Was macht man mit *Advergame Marketing, Daily Soap Design, Weekend Shopping* oder dem *Relax Center?* Oder im Umfeld der Ski-Zeitgeist-Spielart *Carving* mit *Carving-Ski, Carving-Boots, Carving-Piste, Carver-Cult* und *After-Carving-Chilling?* Eine Zählung aller Varianten wäre schlicht unfair. Oder auch nicht: denn die Unzahl der rein deutschen Kombi-Packungen wie »Mülltonnen-Treppenaufwärts-Werfen« oder »Raumlageorientierungsstörung« würde das Verhältnis zwischen Anglizismen und Gesamtwortschatz ja wieder korrigieren.

Manche durch computerisierte Textanalyse erstellten Neologismen-Listen wie »Die Wortwarte« (wortwarte.de), gepflegt von Lothar Lemnitzer von der Berlin-Brandenburgischen Akademie der Wissenschaften, listen auch die Unzahl von Wortkombinationen auf, wie sie nur anekdotisch-episodisch zu finden sind, weil Journalisten Spaß am Wörter-Sampling haben. Eine »Prosecco-Pipeline« (ironische Neuschöpfung für die Alkoholkanäle, die für eine Galerie-Eröffnung zu legen sind) oder das »Oldschool-Einparken« (ohne elektronische Fahrhilfen) haben eine derart geringe Häufigkeit wie Halbwertszeit, dass wir uns entweder nicht um sie kümmern müssen oder sie sowieso verstehen, weil die Bausteine geläufig sind.

Um Wortbausteine habe ich mich daher redlich gekümmert, die Vielfalt der Komposita musste ausgeklammert bleiben, wenn es nicht, wie beim *Facility Management,* eine sehr eigenständige Bedeutung zu klären gibt.

Während dies Buch beim Verlag in Produktion ging, fanden sich beiläufig und mühelos etwa zwei frische oder bisher unentdeckte Anglizismen pro Woche. Das sind 100 pro Jahr. Neuauflagen dieses Buches sind also schon kalkulierbar, wenn Sie, lieber Leser, das Thema mögen.

Wer macht heute die neuen Wörter?

»Ich kenne kein einziges deutsches Wort, das durch ein englisches verdrängt worden wäre. Es werden nur Bedeutungen weiter differenziert.«
Prof. Rudolf Hoberg, Germanist, seit 1999 Vorsitzender der Gesellschaft für deutsche Sprache, aus einem Interview in der FAZ, 25. Juli 2010

Im Deutschen tauchen unentwegt neue Wörter – oder eben: Neologismen –, und wenn diese in Wendungen verpackt sind: Neophraseologismen auf. (Das sind Fremdwörter und zugleich Fachwörter, die man sich als Fachfremder nicht merken muss.) Plötzlich wird vom Dreiliterauto, dem Ereignisfernsehen oder dem Gutmenschentum gesprochen. Wo kommen diese Wörter her? Aus den Medien. Die erfinden sie teils selbst, teils werden sie von Unternehmen, Institutionen, der Politik und deren Dienstleistern (PR- und Werbeagenturen) erfunden und den Medien so zugespielt, dass diese zugreifen. Neue Wörter schaffen Aufmerksamkeit. Sie unterstellen neue Produkte, neue Erlebnisangebote, neue Erfahrungsoptionen. Die Politik spricht von der Bildungsgerechtigkeit und lenkt unsere Aufmerksamkeit auf potenzielle Ungerechtigkeiten. Der Bildungsbetrieb erfindet den Exzellenzwettbewerb und signalisiert, dass es mit Chancengleichheit alleine nicht getan ist, wenn Deutschland im globalen Wettbewerb bestehen will.

Fast 2500 Neologismen wurden im Deutschen Neologismen-Wörterbuch von 2007 präsentiert. Es erfasst die Jahre 1995 bis 2006. Nur etwa zwei Prozent davon sind »echte« Anglizismen, denen die englische Herkunft anzusehen und anzuhören ist. Die überwiegende Mehrheit sind Wortzusammensetzungen, deren Bestandteile geläufig sind.

Aber beschwert sich ein Sprachwächter über neue Wörter wie »Beratungsresistenz«, »Exoplanet«, »Futtermittelskandal« oder »Privatinsolvenz«? Es sind immerhin gesellschaftliche Phänomene, frisch Erforschtes, neue Produkte und Dienstleistungen, die hier ihre sprachliche und soziale Existenz demonstrieren. Sollen die Wörter abgeschafft werden, nur weil Gesellschaftsbewohner mit geringen geistigen Verarbeitungskapazitäten mit dem Übermaß an Neuem gedanklich, sprachlich, orthographisch nicht klarkommen?

Neologismen sind gleichsam die Obergruppe, in die sich Entlehnungen aus Fremdsprachen einordnen lassen. Deutschsprachige Neologismen haben den Vorteil, dass ihre Bestandteile durchschnittlichen Sprechern des Deutschen meist bekannt sind. In der Koppelung erscheint das neue Wortgefüge dann aber oft umso fremder. Der irritierte Leser/Sprecher traut sich in diesen Fällen jedoch meist nicht, nach der Bedeutung zu fragen oder die vermeintliche Nützlichkeit des neuen Wortes in Frage zu stellen. Was »Demokratievermittlungsagenturen« wirklich tun, um »Wissensvermittlungskreisläufe« in Gang zu halten oder zu bringen, bleibt meist unbeantwortet.

So treten viele neue Wörter sogleich als Hohlwörter auf. Hohlwörter sind Wörter, die wichtig auftreten, wenig beinhalten, nur ungenau verstanden werden und von ihren Benutzern als verbale Pissmarken platziert werden, nach dem Motto »Hier gibt es für andere nichts mehr zu sagen!«. Hohlwörter sind verwandt mit den Plastikwörtern. Die hat der Mittelalterforscher Uwe Pörksen schon Ende der 80er Jahre als eben solche identifiziert. Das sind Wörter wie »Information« und »Kommunikation«, »Projekt« und »Prozess«,

»Faktor« und »Fortschritt«, »Entwicklung« oder besser noch: »Evolution«. Wörter mit restwissenschaftlicher Aura, aber zugleich Allerweltswörter, weil nahezu universell einsetzbar und bevorzugt genutzt von Politik, Wirtschaft und Wissenschaft, die durch »Projekte« (noch ein Plastikwort) um Drittmittel werben müssen.

Heute redet aber auch keiner mehr von »Plastikwörtern«, sondern vom Bullshitten, der Tätigkeit, die im Absondern von sprachlichem Dreck besteht. Vielleicht ist es auch an der Zeit, unter dem Deckmantel des Englischen das drastischere Wort der Kritik am öffentlichen Sprachgeseiere zur Verfügung zu stellen.

Da lobe ich mir manchen Anglizismus, weil er zumindest von denen verstanden wird, die ihn erfinden und in Umlauf bringen. Wenn US-Jugendliche am Strand Volleyball spielen, das Treiben *beachen* nennen und das Verb von deutschen Jugendlichen aufgegriffen wird – wobei das globale Sportmarketing hilft –, dann geht es wenigstens um etwas Handgreifliches.

Womit auch angedeutet ist, welche Bedeutung die Jugendsprache für die Entstehung von Anglizismen hat: In den USA werden Jahr für Jahr neue Trendsportarten, neue Musikrichtungen, neue Stylingwelten in Sachen Mode und Design erfunden. Da müssen frische Wörter her. Der Ursprung manchen neuen Wortes liegt in der Alltagskommunikation von Kids. Die *beachen* bei gutem Wetter, die *dissen* einen Kumpel oder *dunken* einen Ball in den Korb.

Und wie breitet sich der Wortgebrauch aus? Idealtypisch seit den 80er Jahren im ersten Schritt durch Trendscouts. Das sind bezahlte Jung-Agenten im Dienst von Unternehmen, die Produkte für junge Märkte produzieren. Diese Streetlife-Agents beobachten und belauschen Szenen, picken frische Sitten, Moden, Wörter auf und reichen sie an das Marketing weiter. Die produzieren passende Produkte, übernehmen die belauschten Wörter und reichen Produkt samt Wording an die Medien weiter. Der Rest ist Sache cleveren Medienmarketings.

Sind spracherfinderische US-Kids nun »schuld« an der Verbreitung ihrer verbalen Spontanerfindungen? Wie immer in komplexen Systemen, lassen sich bei genauem Hinsehen Verantwortlichkeiten keinem einzelnen Akteur zurechnen.

Ein Beispiel: Seit Anfang der 80er Jahre gibt es *Grunge,* eine populäre Musikrichtung, bei der raue, verzerrte Gitarrenklänge (engl. *distortion:* »Verzerrung«) eine prägnante Rolle spielen. Engl. *grunge* heißt »Schmutz«. Aber noch nicht sehr lange. In den 60er Jahren tauchte in den USA in Jugendszenen *grungy* auf. Ein Neologismus; plausibel ist die Vermutung, dass *grungy* als Kofferwort aus engl. *grubby* (»schmuddelig«) und engl. *dingy* (»schäbig«) entstanden ist. Lautmalerisch interessante Wörter werden gerne verschnitten, nicht nur von Jugendlichen.

Die 60er waren das erste Jahrzehnt, in dem Jugendkultur massiv die weltweite Medienberichterstattung beeinflusste. So konnten *grungy* und das abgeleitete Substantiv *grunge* im Englischen heimisch werden. Fast zwanzig Jahre später, 1981, spielte Mark Arm, Sänger einer Band aus Seattle, ein cleveres Medienspiel. Er schrieb unter falschem Namen einen ruppigen Leserbrief an ein Musikmagazin, in dem er die Musik seiner eigenen Band als *»Pure grunge! Pure noise! Pure shit!«* abkanzelte. Die Redaktion freute sich. Böse Briefe vermeintlich reaktionärer Wutbürger umwerten – das ist ein bewährter rhetorischer Trick der Medien. Man zeigt seinen Lesern zugleich, dass man gegen das Establishment ist. So verbreitete sich *Grunge* als Bezeichnung für einen frischen Musiktrend sehr schnell in der globalen Musikberichterstattung. Und heute können sogar *Spiegel* und *Stern* das Etikett in ihre Popkulturtexte einfließen lassen, die sie brauchen, um halbmodern auf Halbjunge zu wirken.

Die Moral von der Anekdote: Ohne das Ineinandergreifen vieler Akteure mit sehr unterschiedlichen Interessen könnten Neologismen des einen Landes nicht zu Anglizismen in anderen Ländern werden.

Denken wir beim Schmökern in diesem Band auch daran: Das englisch tönende Fremd- oder Neuwort ist nur eine bescheidene Untergruppe der Wortschöpfungen, mit denen ein Medienkonsument heute konfrontiert wird. Es sind seit den 80er Jahren mit ihrem technologisch gestützten Konsum- und Globalisierungsschub mehr Wörter als je zuvor, die sich als neu aufdrängen.

Einige Gründe dominieren: Es wird mehr Neues produziert (Blu-ray-Player, Tablet-Rechner, Hörbücher, Hybridautos, Lithium-Ionen-Batterien), es entstehen durch neue soziale Prozesse neue Phänomene (Leihbeamte, Schwangerenkonfliktberatungen), und es wird über alles berichtet, was nur berichtbar ist. Da es mehr Medien als jemals zuvor gibt, ist Neues das begehrteste Rohmaterial zur Produktion von medialen Botschaften. Und ohne neue Wörter kann all das nur schlecht präsentiert werden.

Mehr Deutsches für die Deutschen?

Sprachreiniger wollen fremdsprachliche durch deutsche Wörter ersetzen. Die Sprachwissenschaft nennt dies »Verdeutschung« oder »Eindeutschung«. Computer sollen demnach »Rechner« heißen. Das mag einer getrost fordern.

Im deutschen Sprachraum werden die Wörter »Computer« und »Rechner« eh fleißig nebeneinanderher genutzt. Was so oft da ist, braucht eben unterschiedliche Benennungen. Was zeigt: Verdeutschung erweitert in der Regel den Korpus, also den Gesamtbestand an Wörtern einer Sprache. Die Wortnot der Medien ist dafür der Hauptgrund. Jede Variante eines Wortes ist Schreibern willkommen, die auf Abwechslung aus sind und das mit gutem Stil verwechseln.

Andere Reinigungsversuche sind problematischer: So sollen Sampler nur mehr »Zusammenstellungen« genannt sein. Das wäre irreführend. Sampler sind in der elektronischen Musik eher »Zusammensteller«, sie produzieren aus Samples (»digitalen Bausteinen«) ein Sampling, was noch am ehesten »Zusammenstellung« heißen könnte. Musikproduzenten und Musikmarkt scheren sich um das Alternativwort nicht; sie haben mit »Sampling« keine Anwendungsprobleme. Eine Umgewöhnung wäre sprachlich und alltagspraktisch ineffizient. Da Sprachszenen intuitiv sehr ökonomisch funktionieren, müsste es also zu einer sprachlichen Zwangsverwaltung »von oben« kommen, um »Sampling« durch »Zusammenstellung« zu ersetzen. Dafür stehen die Chancen in Deutschland schlecht. (Die *Piratenpartei* bekäme auch unnötigen Zulauf.)

Der Chefredakteur eines *Deutschen Sprachkompass* (herausgegeben von jenem Herrn Krämer, der auch dem Verein Deutsche Sprache vorsitzt) empfiehlt, »chillen« durch »entspannen« oder »die Seele baumeln lassen« zu ersetzen. Besagter Herr ist ein Endfünfziger – was kein Problem sein muss –, aber leider ohne Sensorium für jugendliche Sprachsitten. Wer chillt, macht etwas nicht gänzlich, aber dennoch entscheidend anderes, als nur zu entspannen. Die Haltung, das Zubehör (Musik, Lounge-Chair, der auch etwas entscheidend anderes als ein banaler Sessel ist) und die Umgebung (Loungezone eines Rave-Clubs) schaffen einen ganz anders gearteten Entspannungsraum als den, in dem ein *Sprachkompass*-Chef seine »Seele baumeln lässt«.

Sprachwächter müssten also mehr von den vielfältigen Szenen kennen, in denen neue Wörter sich mit besonderer Bedeutung aufladen. Das ist anstrengend, fürwahr. Wer zu solcher Sprachfeldforschung nicht mehr willens ist, sollte daher öffentlich schweigen und Ressentiments an einem Schreibwächterstammtisch abreagieren.

Verdeutschung hat eine mehr als tausendjährige Tradition. Sie beginnt im frühen Mittelalter. Inlands-Missionare, meist Mönche, leisteten Grundsatzarbeit zur Schaffung einer einheitlichen Sprache: Sie übersetzten zwecks leichterer religiöser Vermittlung fürs bildungs- und glaubensferne Volk lateinische Texte Wort für Wort, samt grammatikalischer und etymologischer Anmerkungen.

Dabei entstanden Merkwürdigkeiten wie »Jungfernzwinger« für »Kloster« (lateinisch *claustrum* ist Hintergrund), aber auch sehr Praktisches wie »Jahrhundert« für lateinisch *saeculum* oder »Zufall« für lateinisch *accidens.* Diese Wörter wurden nötig, weil die zuvor einfache Welt des Frühmittelalterbewohners komplizierter wurde. Jahrhunderte bekamen als Zeiteinheit Bedeutung, und der Zufall sollte gegen das Schicksal gestellt werden können. (»Zufall oder Notwendigkeit?« – Das konnte damals hingegen noch keiner fragen; »Notwendigkeit« wurde erst im 16. Jahrhundert gebildet.)

Das Althochdeutsche (etwa 750 bis 1050) bekam durch solche Eindeutschungen eine festere Gestalt. Fast zwei Drittel des frühmittelalterlichen Wortschatzes sind uns durch Anmerkungen zu kirchlichen Texten, meist der Bibel, überliefert. Solche »Glossierungen« waren auch die Vorstufe zu den ersten zweisprachigen, alphabetisch geordneten Wörterbüchern.

Ein souveräner Verdeutscher war Martin Luther (1483–1546). Die vorgefundene Sprache, vorzugsweise die sächsische Kanzleisprache, reichte ihm bei seiner Bibelübersetzung oft nicht aus. So musste der Reformator fehlende Wörter selbst schöpfen, *»denn wer dolmetschen will, muss großen Vorrat an Worten haben, damit er die recht zur Hand haben kann, wenn eins nirgendwo klingen will.«** Luther'sche Neologismen wie »Lückenbüßer«, »Machtwort«, »Herzenslust« oder »wetterwendisch« haben noch heute ihren markanten Platz im heimischen Sprachgeschehen.

Ein reinrassiger Deutschsprecher war Luther trotz aller Eindeutschungsbemühungen aber keineswegs. Es war ihm gar nicht möglich, denn Deutsch als normierte Sprache existierte nur in Ansätzen. Luther war in einem Dialekt zu Hause, kannte und fürchtete die anderen Sprachtönungen des Deutschen, beherrschte sein Latein und schuf neu, was ihm nötig erschien. Was bei Luthers Tischreden an pragmatischem, also situativ angepasstem Sprachgemisch herauskam, dürfte heutigen Deutschtümlern quer im Hals zu liegen kommen: *»Bellum nimbt simpliciter als hin weg, was Got geben kann, religionem, politiam, coniugium, opes, dignitatem, studia, etc.«* Das ähnelt in seiner Sprachmixtur doch stark dem Slang eines heutigen Internet-Foren-Jüngers.

Fleißiger Wortschöpfer war auch Joachim Heinrich Campe (1746–1818), der sich als Schriftsteller, Sprachforscher und Verleger betätigte. Der Aufklä-

---

* Martin Luther: *Sendbrief vom Dolmetschen,* 1530.

rer verstand sich als Sprachpädagoge. Er wollte, dass *»die unserer Sprache aufgedrungenen fremden und fremdartigen Wörter und Redensarten ... nicht bloß erklärt, sondern zugleich auch verdeutscht, d. i. durch echtdeutsche Ausdrücke ... so viel wie möglich ersetzt werden«.**

Für über 11 000 vor allem aus dem Lateinischen und Französischen entlehnte Wörter erfand Campe Verdeutschungen, von denen einige Hundert bis heute überlebt haben. »Bittsteller« und »Erdgeschoss«, »Einzahl« und »Feingefühl«, »Randbemerkung« und »Zerrbild« – es sind die Kopfgeburten eines Sprachverbesserers, der in der glücklichen Lage war, seine Buchprojekte in der Blütezeit deutscher Hochkultur in Umlauf bringen zu können. Da existierte noch Leitkultur, die sprachprägende Wirkung hatte. Immun gegen Frankophones war auch Campe nicht. Aus französisch *délicatesse* machte er die deutsche Delikatesse, die zu seinen Lebzeiten aber das rücksichtsvolle Zartgefühl und noch nicht die feinschmeckerische Speise meinte.

Auch der Autor einer über weite Strecken immer noch lesenswerten *Deutschen Stilkunst,* Eduard Engel (1851–1938), hat sich an die systematische Vertreibung fremdländischen, hier: französischen, Sprachgutes begeben: *»›Lasset uns von aller Befleckung des Geistes uns reinigen.‹ (2. Kor., 7, 1). Und der deutsche Schreiber mit sprachlichem Kunst- und Ehrgefühl, der durch lebenslange Verbildung und Entwöhnung fest im Welsch haftet, sich aber von dieser entwürdigenden Natur- und Kunstwidrigkeit befreien und zu reiner, edler Ausdrucksform emporläutern will, soll liebreich Hilfe finden, so reich, wie ich sie zu bieten und der im Kriege verteuerte Raum sie zu gestatten vermag.«***

Engel verfing sich, unpolitisch, aber gerade daher von Ideologie umso naiver infiziert, in national-euphorischen Schrullitäten. 1918 erschien *»im vierten Jahr des Weltkriegs ums deutsche Dasein«* ein Bändchen namens *Sprich Deutsch! Ein Buch zur Entwelschung.* Dort fiel über »rasieren« der Bannspruch; »abzubarten« sollte an seine Stelle treten.

Was leisten Verdeutschungsbemühungen heute? Wenig, und daher muten sie naiv an. Eine deutsche Nationalsprache samt passender Nationalliteratur

---

* Joachim Heinrich Campe: *Wörterbuch zur Erklärung und Verdeutschung der unserer Sprache aufgedrungenen fremden Ausdrücke. Ein Ergänzungsband zu Adelungs Wörterbuch.* Zweite, verbesserte, und mit einem dritten Band vermehrte Auflage. Graz 1808; Aus der Vorrede von 1800; Download unter: archive.org/stream/wrterbuchzurer00campuoft#page/n5/mode/2up

** Eduard Engel: *Entwelschung: Verdeutschungswörterbuch für Amt, Schule, Haus, Leben.* Leipzig / Hesse & Becker 1918; Download unter: www.archive.org/details/sprichdeutschein00engeuoft

ist bereits um 1750 nahezu ausgeformt. Die großen Wörterbuchprojekte von Johann Heinrich Campe und Johann Christoph Adelung, die um 1800 abgeschlossen sind, hatten normierende Wirkung, weil deutsche Sprache noch nicht systematisch und historisch hinreichend erfasst war. Die normierende Wirkung basierte weniger auf dem normierenden Anspruch der Verfasser, sondern auf dem Bedürfnis von Institutionen und Politik, Sprache als nationales Werkzeug sicher nutzen zu können.

Was im 19. Jahrhundert an Spracherrettungsprojekten auftritt, zeichnet sich bereits durch schrullige Konservativität und – manchmal unbewusste – machtpolitische Liebedienerei aus. Zur national-manischen Hochform laufen Sprachwächter im Nationalsozialismus auf.

Nach dem Zweiten Weltkrieg ist die Rolle von Verdeutschungsprojekten noch prekärer geworden. Politisch hangeln sie im Leeren, da Regierungsmacht sich eher durch polyglottes Schwafeln und weniger durch kerniges Deutschtümeln auszeichnen möchte. Bildungspolitisch gibt es wenige Schnittstellen, denn Lernzielkataloge wollen Schlüsselkompetenzen sichern, die Kids globalisierungsfest machen sollen.

Dabei könnte Verdeutschung ihre Rolle in einem weit anregenderen sprachlichen Entwicklungsprojekt spielen. Dessen Akteure müssten aber souveränere Spielzüge beherrschen.

Die Schaffung neuer Wörter aus dem Grundwort- oder Sprachwurzelinventar des Deutschen kann eine Bereicherung sein, wenn ihre Schöpfer sich bei dem Geschäft nicht allzu ernst nehmen. Der bessere Journalismus macht es vor. Da werden im Wochenblatt *DIE ZEIT* Crostini, jene knusprigen Vorspeisen-Brotscheiben der heimischen Italo-Gastro-Szene, treffend als »Brotbalken« abqualifiziert. Der *Spiegel* charakterisiert ein Computergame als »Fahren-und-Ballern-Spiel«, was nicht heißt, dass er damit die englische Bezeichnung *drive-and-shoot-game* aus seinem Blatt verbannen wolle. Das Deutsche schafft hier aber die leicht ironisierende Distanz, die nur von dem wahrgenommen wird, der dafür empfänglich ist. Und vor allem: der den Anglizismus kennt und versteht. Einfachere Naturen mögen sich über den vermiedenen Anglizismus naiv freuen, sofern sie sein Fehlen überhaupt bemerken. Gleich ob es sich um »Geizjahre« oder »Spaßkunden«, »Dosenstecher« oder »Fremdknutscher« handelt – die Journaille erfreut sich nicht nur an Sprachimporten, sondern bastelt gern an neuen deutschen Wörtern. Das ist nicht auf lange Haltbarkeit angelegt, regt aber den Leser an und hält Sprache in Bewegung.

Wie offen darf eine Sprache sein?

2007 wurde die Österreicherin Natascha Kampusch neben der Kammersängerin Edda Moser von der Zeitschrift *Deutsche Sprachwelt* zur »Sprachwahrerin des Jahres« gewählt. Frau Kampusch, man erinnere sich, ist ein Entführungsopfer, das als Zehnjährige für mehr als acht Jahre von einem schwer gestörten Sexualstraftäter in Gefangenschaft gehalten worden war. Die Hochphase des Anglizismeneinflusses seit der Jahrtausendwende war ihr also durch die vollständige Abschottung erspart geblieben. Steckt hinter der Verleihung des Ehrentitels das Lob auf die Totaldistanz zu modernem Sprachwandel? Es ist zu befürchten.

Edda Moser, Opernsängerin und Hochschullehrerin, rief 2006 das »Festspiel der deutschen Sprache« ins Leben, das auf der Heidecksburg bei Rudolstadt im Freistaat Thüringen startete und seit 2007 in einem noch von Goethe errichteten Theaterbau in Bad Lauchstädt (Sachsen-Anhalt) stattfindet. Im Gründungsjahr stand die Veranstaltung unter dem Motto *Schönheit und Kraft der deutschen Sprache.* Lesungen deutscher Klassiker, vornehmlich goethescher und schillerscher Texte, sind Kern- und Fixpunkte der Veranstaltungen.

Dabei lästerte der Deutschen Dichtergott mit keckem Reim gegen die Sprachreiniger seiner Zeit. In den *Xenien* lesen wir über den Typus des Puristen: *»Sinnreich bist du, die Sprache von fremden Wörtern zu säubern. Nun so sage doch, Freund, wie man Pedant uns verdeutscht.«*

Wie Goethe mit Fremdsprachen seit früher Kindheit umging, hätte Frau Moser auch zu denken geben müssen: *»Mein Vater lehrte die Schwester in demselben Zimmer Italiänisch, wo ich den Cellariu* auswendig zu lernen hatte. Indem ich nun mit meinem Pensum bald fertig war und doch still sitzen sollte, horchte ich über das Buch weg und faßte das Italiänische, das mir als eine lustige Abweichung des Lateinischen auffiel, sehr behende.«* (aus: Dichtung und Wahrheit)

Heutige Eliteschulen haben mit Goethes Sprachlernerfahrungen keine Probleme. Der bessere Universitätsabschluss kommt nicht ohne intensives Sprachenlernen aus. Unternehmen mit Kundenkreisen jenseits regionaler

---

* Der »Cellarius«, das Latinitatis probatae et exercitae liber memorialis« des Christoph Cellarius von 1749 – Goethes Geburtsjahr –, war ein damals weit verbreitetes lateinisches Memorier-Wörterbuch; also weniger zum Nachschlagen denn zum heute so verpönten Auswendiglernen gedacht. (Unter digital.slub-dresden.de als PDF zu beziehen.)

Grenzen suchen Mitarbeiter mit Mehrsprachen-Kompetenz. Fremdsprachenkenntnisse stehen daher ganz oben auf der Wunschliste aller Bildungsbeförderer. Nur wenn Brocken solcher Wunschsprachen in vordergründig heimische Gefilde, also in Zeitung, Werbung, Fernsehen, eindringen, ist der Aufruhr groß.

Zugegeben: Was dort auftaucht, ist oftmals schlampig und ungehobelt gefügt. Aber erfolgreiche Erziehung besteht im Kern nicht aus Verboten, sondern aus Ermöglichungen* auf höherem Niveau.

Dass spielerische Erziehungsarbeit erfolgreich sein kann, belegt der Aufstieg von Buchautor und *Spiegel-Online*-Redakteur Bastian Sick zum unterhaltsamen Orthographie- und Grammatikerzieher der Nation, der auf Lese-Shows und Sprach-Events Hunderttausende zu einem bewussteren Umgang mit Sprache animiert hat.

Ein anregendes Projekt fand ich auch an der Goethe-Universität in Frankfurt unter dem Titel *EuroComprehension* oder kurz *EuroCom*. Die Losung der Euro-Versteher: *»Einsprachigkeit ist heilbar. (...) Die Sprachen im Haus Europa sind einander nicht fremd. In den romanischen, germanischen und slawischen Sprachfamilien versteht man sich. (EuroCom) ist die (...) Ergänzung zum Englischen als Welthilfssprache. EuroCom weist den Weg zur Mehrsprachigkeit in Europa.«*

Die These der Projektbetreiber: Mehrsprachigkeit ist in allen europäischen Nationen die Regel und nicht die Ausnahme. Alle Sprachen sind von Elementen anderer Sprachen durchdrungen. Um als Leser und Sprecher Zugang zu allen drei europäischen Sprachfamilien zu bekommen, sind Brückensprachen nötig. Englisch, Französisch und Russisch sind laut *EuroCom* am besten dazu geeignet.

EuroCom schwebt ein permanent lernender Eurolandbewohner vor, der sich nach und nach Teilkompetenzen in allen drei Brückensprachen erwirbt und so möglichst viele Sprachsituationen klug bastelnd bewältigen kann: *»Der optimal kommunizierende Mensch ist auch in vermeintlich einsprachigen Gesellschaften ein Homo ludens, ein spielerisch handelnder Mensch, der virtuos das Springen zwischen den Sprachen beherrscht.«*

Eine dem Autor höchst sympathische Vorstellung, von der auch manche Anmerkung der hier zu lesenden Wörterbuchartikel durchdrungen ist.

---

* Gängig würde an dieser Stelle »Chancen« zu lesen sein. Ein ausgelutschteres Wörtchen ist aber heute kaum mehr denkbar. Dann lieber etwas Antiquiertes.

No Future oder gute Hoffnung?

Der Autor hat sich hier als Freund des Englischen geoutet. Die Probleme des Sprachimports sollen aber nicht geleugnet werden. In aller Kürze:

1. Anglizismen sind manchmal schwer zu schreiben. Varianten entstehen und vagabundieren durch die Medien. Schnellere Normierung durch den Duden wäre hilfreich.
2. Anglizismen sind manchmal schwer zu verstehen. Medien sind Vermittler. Also müssen sie diese Vermittlerrolle im Zweifelsfall häufiger erfüllen. Anmerkungen, Glossare, Tipps können helfen.
3. Anglizismen haben manchmal ein unklares Genus. »Cluster« bezeichnet einen Verbund, Schwarm oder Haufen. Heißt es »der Cluster« oder »das Cluster«? Der Gebrauch schwankt. Einen Anhaltspunkt geben die naheliegenden Übersetzungen; deren Genus wird oft adaptiert. »Der Cluster« hat also bessere Chancen; es sollte schnell eine Version normiert werden.
4. Anglizismen sind manchmal schwer in die deutsche Grammatik einzubauen. Das Verb »layouten« braucht ein Partizip. Heißt es »outgelayt«, »gelayoutet« oder »layoutet«? Was sinnvoll ist und (fast) zu deutschen Grammatikregeln passt, wird schnell klar.* Es sollte schneller normiert werden.
5. Neologismen mixen Deutsches, Englisches, Französisches. Ein New-Thinking-Parcours ist ein Zungenbrecher, bei dem im Wort zwischen englischer und französischer Aussprache umgeschaltet werden muss (das »switchen« habe ich mir gerade verkniffen). Das ist nicht zu ändern. Wer solche Wörter nutzt, muss sich anstrengen. Wer will, dass er von vielen verstanden wird, muss einfacher schreiben. Das gilt aber nicht nur für Anglizismen, sondern alle Wörter, die bei uns heimisch sind.
6. Anglizismen vermehren unsere Möglichkeiten zu sprechen und zu schreiben. Wir sind dem nur gewachsen, wenn wir Stil herausbilden. Daran hapert es bei den Deutschen mehr als bei den Kenntnissen um fremde oder

---

* Das Partizip wird im Deutschen meist mit »-ge« gebildet. Es gibt Verben mit Vorsilben (»erkennen«, »bekommen«, »hinterfragen«), die kein »-ge« vertragen. Es gibt aus dem Lateinischen entlehnte Verben (»studieren«, »reparieren«), die auch ohne »-ge« auskommen. »Layouten« wird intuitiv wie ein Mix aus lateinischem Verb und Verb mit Vorsilbe behandelt. Das »lay-» erscheint dabei als die Vorsilbe zu »outen«. Das ist zwar Unsinn, führt aber immerhin zu einer schreib- und sprechbaren Partizipform.

neue Wörter. Die Ablehnung von Anglizismen verschleiert oft genug die Unlust, einen Stil auf der Höhe der Zeit herauszubilden. Das ist anstrengend und anregend. Ein Selbstbildungsprogramm, frei nach Immanuel Kant ein Projekt, das aus *»selbst verschuldeter Unmündigkeit«* heraushelfen mag.

7. Anglizismen transportieren kulturelle Phänomene. Wer die US-Kultur samt ihrer Wortimporte nicht mag, muss sich aber nicht mit ihr abgeben. Es gibt hierzulande immer noch irische Pubs, bayerische Hofbräuhäuser und den Komödienstadl im gebührenfinanzierten deutschen Fernsehen. Unsere Kultur ist marktplural. Was nachgefragt und bezahlt wird, geht auch in Produktion. (Und vieles mehr, was wir alle zahlen, weil wir uns noch den Luxus einer gemeinsam finanzierten Minderheitenkultur gönnen. Gäbe es sie nicht, müsste man sich über die amerikanische Kulturhegemonie mehr Sorgen machen.)
8. Anglizismen werden uns weiter beschäftigen. Nichts deutet darauf hin, dass der Einfluss des Englischen global abnähme. Im Gegenteil. Eine durchamerikanisierte Weltkultur kommt dabei aber nicht heraus. Die Japaner, die Kanadier, die Neuseeländer – alle trinken Coke. Und alle pflegen ihre sehr spezifischen nationalen Eigenheiten.

Die Welt wird nicht einfacher. Im Gegenteil. Anglizismen sind nur eine kleine Facette in diesem schillernden, blendenden Panorama der wachsenden Komplexitäten. Es kann sein, dass es uns gelingt, eine Welt zu schaffen, der wir nicht mehr gewachsen sind. Das wird sich in einer näheren Zukunft zeigen. An den Anglizismen wird es nicht liegen. Sie gehören noch zu dem Trainingspensum, das wir uns auferlegen sollten, wenn wir im globalen Spiel mitspielen wollen.

Wo das Deutsche Nonsense macht: ungefähr ein Dutzend Parade-Anglizismen

Unsere Sprachsitten ändern sich schnell. Und die Sprachkritiker hecheln klagend hinterher. Ganz schnell aber sind sie mit der Diagnose »Sprachverfall durch schlecht verdautes Englisch« bei der Hand. So machen wir seit den 60er Jahren Liebe (engl. *to make love*), statt uns einfach innig zu lieben. Manche Menschen fallen in Schlaf (engl. *to fall asleep*), statt ganz prosaisch einzuschlafen. Und irgendwer hat irgendwo eine gute Zeit (engl. *to have a good time*), statt ..., nun ja, da wird es schon schwierig mit der passenden deutscheren Entsprechung ...

Aber was spricht eigentlich gegen die beiden Optionen, einmal dramatisch in Schlaf zu fallen, ein andermal schlicht und entspannt einzuschlafen, wenn nebenbei schon Rainer Maria Rilke vor hundert Jahren Mädchen ganz un-anglizistisch in den Schlaf fallen ließ?

Man sollte genauer auf die Sprache schauen. Sie haben nicht immer Unrecht, die Stil- und Sprachkritiker. Aber sie liegen leider doch so oft mindestens schief, wenn nicht dreist falsch, dass es sich lohnt, sorgfältiger nachzuschauen. Im Folgenden daher ein Dutzend Fälle, bei denen die Anglizismenjäger sich als Wilderer auf sehr schlecht erkundetem Jagdgelände entblöden.

Ich gebe zu: Es sind dreizehn Beispiele. Ich hoffe, Sie sind nicht abergläubisch. Zur Ablenkung eine Bemerkung zum »Aberglauben«. Der ist eigentlich kein »Aberglaube«, sondern ein »Oberglaube« oder »Überglaube«, also der Glaube an etwas, das über den Inhalten des gemeinen Glaubens angesiedelt ist. Die Lateiner sagten *superstitio;* die Engländer, die sich dort bedient haben, sprechen noch heute von *superstition.* Die Vorsilbe »super« kennen wir auch als Nichtlateiner in ihrer Bedeutung »über« oder »ober«. Im Deutschen ist das deutliche »über« im Laufe von Jahrhunderten leider zum unscharfen und ganz anderes bedeutenden »aber« abgeschliffen worden. So bringen uns auch die vermeintlich so reinen deutschen Wörter manchmal schnell aufs semantische Glatteis ...

Pipeline oder Rohrleitung?

Immer wieder ist zu hören: Ein englisches Wort sei überflüssig, wir hätten schon ein deutsches. Eine Haltung, die das Wachsen von Sprache verkennt. Sprache lebt immer vom Überfluss an Ausdrucksmöglichkeiten. Wäre dem nicht so, hätte menschliche Sprache die logische Struktur einer Computersprache. Das sonderlich* Menschliche würde ihr genau dann fehlen.

Und genau besehen ist es schon zu spät, wenn ein Sprachkritiker räsoniert, da wäre mal wieder eine anglizistische Doublette unterwegs. Genau dann hat Sprache schon ihr Spiel der Unterscheidungen gespielt: Die ver-

* Ein antiquierter Ausdruck; heute findet sich eher das technisch anmutende »spezifisch« (siehe auch lat. *species:* »Art«). Auch das eine Aufgabe spielerischer Sprachkritik: durch die Wiederbelebung alter Wörter Konkurrenz zu manchen Monokulturen aufzubauen.

meintlichen Doubletten sind auseinandergedriftet, haben sich mit unterschiedlichen semantischen Kontexten vollgesogen.

So auch bei »Pipeline« und »Rohrleitung«. Die Pipeline ist bei uns eine sehr spezielle, eben eine Öl-Rohrleitung. Aber das muss im Deutschen nicht gesagt sein. »Pipeline« allein signalisiert bereits eindeutig den Kontext; anders als im Englischen, wo schon das unübliche *oil line* oder *oil tube* genutzt sein muss, um das Lager eindeutig abzustecken. »Rohrleitung« dagegen ist den Reservaten des Klempners, Architekten und Tiefbauingenieurs vorbehalten. In einem deutschen Text ist daher eine Rohrleitung auf einer Bohrinsel niemals die Ölleitung, allenfalls gehört sie zur Klospülung. Und die Wendung »etwas in der Pipeline haben« bringt in der Übersetzung »etwas im Rohr haben« arge Missverständnisse mit sich; das gibt es schon im vulgär-erotischen Lager der Mario-Barth-Lustigkeiten. Nun steht aber auch »etwas in der Pipeline haben« auf der Schwarzen Liste der Sprachdoctores.

»Doctores« ist die lateinische Pluralform von »Doktor«. Sie erinnert an Zeiten, als das Lateinische die Verständigungssprache (lat. *lingua franca*) der gebildeten globalen Bildungsschicht war. Dahin sollten wir nicht zurückwollen. Das austrocknende Gelände liefert bei entspannten Spaziergängen aber ertragreiche Wortfunde.

Also auch hierzu eine Bemerkung …

Im Rohr oder auf Lager haben?

Klare Sache: Wer sagt, er habe »etwas in der Pipeline«, nutzt einen Anglizismus. Sprachwächter schlagen vor, man solle stattdessen »auf Lager haben« sagen. Ersetzt das eine das andere? Spüren Sie den Unterschied? (Noch mal lesen.) Genau. Auf Lager hat der Händler. Die Ware kommt rein und wartet auf den Weiterverkauf. Was in der Pipeline ist, steht aber nicht einfach rum und wartet. Es steht unter Druck. Im Englischen hat ein Anwalt *cases in the pipeline* (»Fälle in der Pipeline«), ein Unternehmen *talented employees in the pipeline,* also Angestellte, die nach oben wollen. Und ein Unternehmen *high potential products in the pipeline,* also Produkte mit Gewinnerwartungen, die nur noch auf Genehmigungen warten, um den Markt zu erobern. »In der Pipeline« haben bezeichnet also moderne, beschleunigte Arbeits- und Produktionsbedingungen viel besser als »auf Lager haben«. Daher: Beides sollte uns erhalten bleiben. Bleibt es auch; die frommen Wünsche der differenzierungsscheuen Sprachkritiker erfüllen sich eh nicht.

Netze oder Netzwerke?

Das Internet hat uns »Web« und »Network« als halbfrische Anglizismen beschert. Beide englischen Wörter haben im Deutschen die Bedeutung »Netz«. Wobei *web* im Englischen eher Gewebe, Gespinst und Faser assoziiert (dt. »weben« und engl. *web* haben gemeinsame Wurzeln). Und *net* eher das Netz, geknüpft durch Spinnen oder menschliche Kunstfertigkeit (griech. *techné*), meint.

Wie übersetzt der deutsche Journalist nun das englische *network?* Als »Netz« oder »Netzwerk«? Man muss es zugeben: Oftmals rutscht ihm das »Netzwerk« raus. Und das wird nun beklagt. Von wem? Naturgemäß von Sprachwächtern wie Wolf Schneider (aber der hat auch Informanten, zum Beispiel beim »Verein deutscher Sprache«).

Nun wird behauptet, der Deutsche kenne zwar »Netzwerk«, *»aber nur in der Bedeutung netzartig verbundene Leitungen«* (Schneider). Wenn allerorten von »Netzwerken« geschrieben werde, sei das dem Englischen *»nachgeäfft«*. Warum der deutsche Journalismus so bildungsfern daherstolpern muss, wurde mir klar, als ich dies las. Seit bald 50 Jahren lernt der hiesige Nachwuchs beim Herrn Schneider. Also zur Nachhilfe:

Das *Grimmsche Wörterbuch* fand bei Christoph Martin Wieland (1733 bis 1813) *»ein violetfarbnes Leibchen mit schmalem goldnem Netzwerk besetzt«* oder bei Gustav Freytag (1816–1895) *»auf den Dielen ein Netzwerk aus mattem Gold«*. Und ich fand bei Heinrich Heine, der zu den Heroen deutschen Stils gehört, *»ein scholastisches Netzwerk«,* das uns hinabzieht *»in die wahnwitzige Tiefe der mittelalterlichen Mystik«*. Das soll reichen. Der schreibende Deutsche kennt seit Jahrhunderten Netzwerke jeglicher, auch der poetischsten und gespinstigsten Natur. Und wir Heutigen setzen unsere eigenen Akzente. Und da ist das weltweite Netz der Computer weitaus eher ein Netzwerk als ein Netz. Ist's von Menschen technisch anspruchsvoll gewirkt und von komplexer Natur, so soll es ein Netzwerk sein dürfen, so doktriniere ich hiermit konkurrenzsprachpäpstlich.

Aborigines oder Ureinwohner?

Wie heißen die Ureinwohner Australiens? Ureinwohner? Oder Aborigines? Oder Aboriginals? Der Sprachpapst Wolf Schneider mosert, deutsche Journalisten hätten aus den australischen Ureinwohnern Aborigines gemacht, weil sie keine Lust hatten, das Wort zu übersetzen.* Falsch verdächtigt, Meister Schneider. Natürlich heißt »Ureinwohner« im Englischen *aborigine.* Oder *aboriginal people* oder *native.*

Apropos Mosern: »Mosern« kommt nicht etwa vom nuschelnd-grantelnden Tonfall des österreichischen Schauspielers Hans Moser, sondern aus dem Rotwelsch, der auch vom Jiddischen beeinflussten Gauner- und Vagantensprache. Da steht »mosern« für »in betrügerischer Absicht reden«, aber auch für die heute eher gemeinte Bedeutungsvariante »schwätzen«.

Manchmal verengen sich aber auch Bedeutungen im Laufe des Sprachwandels. So setzte sich schon seit etwa 1800 im Englischen *aborigines* als Name für die australischen Ureinwohner durch. Es wird also kein Anglizismus importiert, sondern ein Name benutzt, so ein deutscher Journalist das Wörtchen aufgreift. In einem Artikel könnte also der sinnige Satz stehen: *»Die australischen Ureinwohner werden heute ›Aborigines‹ genannt.«*

Dummerweise hinkt dieser Journalist aber hinter aktuellen Political-Correctness-Verwerfungen her. Wie so oft bei Benachteiligten aller Art in aller Welt, empfanden plötzlich überaufmerksame Sozialwächter (mit Sprachwächtern psychotypologisch weitläufig verwandt) die bisher geltende Bezeichnung als abwertend. So widerfuhr es in den letzten Jahrzehnten dem *aborigine,* der nun zum *aboriginal* mutierte. Politisch korrekte hiesige Redaktionen müssen also ihren Pflichtwortkatalog updaten (»aktualisieren«, »auffrischen«). Da gibt es also noch Nachholbedarf beim konfliktvermeidenden Wording der deutschen Journaille.

Sollen wir den »Aboriginal« nun also als globalen Zeitgenossen schriftsprachlich umarmen? Ich neige nicht dazu. Nicht aus Anglizismen-Aversion. Sondern weil das Deutsche seit den 90er Jahren zu einer Sprache der vorbeugenden Überkorrektheit verdirbt. Correctness-Fanatiker in Kommissionen, Parteien und NGOs.**

Sprachwächter in aller Welt können sich ausdenken, was sie mögen – wir sind global meist die Ersten, die die überkorrekten neuen Sprachregelungen übernehmen und anwenden. Glücklicherweise haben wir noch einige Journalisten und Autoren, die solchen sozial-gemütvollen Verirrungen immer wieder auf die Schliche kommen und diese erfrischend inkorrekt korrigie-

* Wolf Schneider: *Deutsch für Kenner,* S. 110.

** engl. *non-governmental organization:* »Nichtregierungsorganisation«; sie boomen seit den 90ern sprachlich, politisch, gesellschaftlich, denn seit 1996 können NGOs nach Anerkennung eine beratende Funktion beim Wirtschafts- und Sozialrat der Vereinten Nationen erlangen.

ren. (Ich empfehle hier nahezu beliebige Texte von Henryk M. Broder, Dirk Maxeiner, Michael Miersch; es sind auch hervorragende Stilisten.)

Plätze, Orte oder doch Locations?

Tourismus ist global. Tourismuswerbung spricht daher gerne Englisch zu uns. Oder übersetzt englische Wendungen. Ein reiselustiger Engländer mag so von seinem Urlaub berichten: *»We've been to all the beautiful places in Europe.«* Wo war er da überhaupt? In Ländern, an Orten, an oder auf Plätzen? Eine deutsche Werbung lockt: *»Machen Sie Urlaub an den schönsten Plätzen der Welt.«* Anglizismenkritiker behaupten nun, da stecke eine unangemessene 1:1-Übersetzung von engl. *places* hinter. Der reisende Engländer meine eher Orte, also Ortschaften, so was wie Dörfer, Klein- oder Megastädte. Aber keine Plätze, womit eher nicht-städtische Reiseziele wie Seen, Strände, Buchten, Schluchten oder Berge gemeint seien. Und wir machten jetzt als Schlechtübersetzer überflüssigerweise unsere vertrauten »Orte« zu fremd klingenden »Plätzen«.

Damit wir nicht konfus werden, müssen wir das Problem hinter dem Vorwurf behutsam sezieren. Zwei Fragen sind zu beantworten:

Was meint der Engländer, wenn er von *places* spricht?

Und was könnte der Deutsche genau falsch machen, wenn er von »Plätzen« statt von »Orten« spricht? Wenn der Deutsche von den englischen *places* zu deutschen »Plätzen« animiert wurde, sollte uns das schließlich sehr wurscht sein, wenn dabei nichts Unverständliches oder grammatisch Inkorrektes herauskommt.

Schauen wir erst einmal in die Google-Fundstellen-Statistik:

»An den schönsten Plätzen« von was auch immer findet sich etwa 50 Prozent häufiger als *»an den schönsten Orten«*. Die Feststellung, dass da sprachliche Vorherrschaften entstehen, ist also richtig. (Ob der Wandel dramatisch ist, weiß niemand; dazu müsste man die Vorkommnisse der letzten 50 Jahre alle Jahre wieder zählen können; das wäre ein üppiges Forschungsprojekt.)

Engl. *place* und dt. »Platz« haben eine gemeinsame Vorgeschichte: Beide Sprachen bedienen sich beim altfranzösischen *place*. Dahinter steckt das mittellateinische *placea* (das Fremdwort »Plazenta« für »Mutterkuchen« ist davon abgeleitet), sodann lateinisch *platea*. Die Römer meinten damit eine breite Straße oder einen größeren Freiraum in der Stadt, im oder hinter dem Haus. Es geht also im Kern um innerstädtischen Freiraum.

Sowohl die Engländer als auch die Deutschen haben sich um diesen Bedeutungskern wenig geschert. *Place* als auch »Platz« haben einen riesigen metaphorischen Raum besetzt; sind also Allerweltswerkzeuge, um übertragenen Sinn zu transportieren. *»Ich will mit Freud und Lust ... den blumenreichen Platz des Frühlings übersehen«,* schreibt im 17. Jahrhundert der deutsche Barockdichter und Sprachgelehrte Justus Georg Schottelius. Wir nehmen heute unseren Platz im Leben ein, geben Bedenken keinen Platz und setzen auf Platz oder Sieg. Nebenbei: Wenn wir vor Wut platzen, bedienen wir uns aber eines onomatopoetischen (oder lautmalerischen) sehr deutschen Wortes, das von einem Substantiv abgeleitet wurde, das einen klatschenden Schlag schon klanglich bedeuten sollte.

Halten wir fest: Spricht der Engländer von touristischen *places,* liegen wir heute weder mit »Ort« noch mit »Platz« falsch. Der Platz war im Deutschen schon immer weit mehr als nur ein städtischer Platz.

Aber ist das deutsche »Ort« vielleicht angemessener als irgendein »Platz«? Beim gegenwärtigen Wortgebrauch spricht nichts dafür. Ein Vergleich im Digitalen Wörterbuch der Deutschen Sprache (dwds.de) macht das sehr deutlich. Der synonyme Bereich beider Bedeutungsfelder ist groß. Man kann nichts falsch machen, ganz gleich wie Ort oder Platz beschaffen sein mögen.

Gehen wir auf ältere Bedeutungen zurück, so ist »Ort« im touristischen Bedeutungsfalle aber weit schlechter geeignet als »Platz«. Im Mittelhochdeutschen bezeichnete »Ort« eine scharfe, spitze Waffe, auch eine Schusterahle. Erst im übertragenen Sinne wurde daraus eine Ecke oder ein Winkel, zunächst im geometrischen, später im allgemeineren Sinne als eher beengte Wohnstätte des Menschen (*»In was für einem Winkel wohnst denn du?«,* kann man noch heute befremdet fragen.)

Da könnte ein etymologisch begründender Sprachbewahrer den Rat zur Nutzung von ›Platz‹, statt von »Ort« geben. Der zufällige Anglizismus (*places* zu ›Plätze‹) wäre zugleich ein richtiger Wechsel von ›Ort‹ zu ›Platz‹. Aber muss uns die alte Etymologie von »Ort« beim heutigen Gebrauch scheren? Nicht, wenn es heute keine Missverständnisse gibt. Etymologie erhellt Bedeutungsverschiebungen; sie zwingt uns aber nicht zur Korrektur unseres aktuellen Wortgebrauchs.

Wie kriegen wir das Ort-Platz-Dilemma jetzt unter einen Hut? Mit einem Ausweichmanöver. Dazu nochmals zurück ins alte Rom: Wollte der Lateiner von einer Ortschaft, einem größeren, ländlichen Grundstück oder schlechthin einer Gegend sprechen, griff er nicht zu *platea,* sondern zu *locus* (ja, alles Lokale und auch unser stiller Lokus stammen daher).

Entscheidendes hat der Lateiner mit einer Ableitung geschaffen: *location.* Das basiert auf *locare,* was oft mit »gründen« oder »errichten« zu übersetzen ist. Was macht einer, der etwas errichtet hat? Er vermietet oder verpachtet es. Lat. *locatio* heißt deshalb auch »Vermietung« oder »Verpachtung«. Und das kennen wir praktischerweise bereits als Anglizismus: Eine Location war zunächst der Ort außerhalb des Produktionsstudios, an dem eine Filmszene gedreht wurde. Und ist heute bei uns so ziemlich alles, wo es irgendwie nett, geil, super, trendy oder sonst wie erlebnispositiv abgeht. Aber immer gegen Entgelt. Bitte festhalten.

Und nun überlegen Sie mal: Wo machen Sie Urlaub? In kanadischen Eiswüsten? Dem Restdschungel auf Sumatra? Nein, Sie genießen Ihre freien Tage in infrastrukturell gesättigter Umgebung, mit Hotels, Bars und geführten Kleinabenteuern per Jeep mit Minibar. Wo sind Sie also, sprachgeschichtlich gestählt, nun unterwegs? An Orten, an Plätzen? Oder vielleicht doch eher an Locations? Wir sind uns also einig. Urlaub ist schließlich da, wo man sein Geld ausgeben kann. Es mag ein Ort oder ein Platz sein; das schert uns nicht.

Rutenbündel oder Großkredite?

In Artikeln zum Thema Geld und Wirtschaft findet sich hier und da ein problematisch zu lesendes und schreibendes Wörtchen: »Faszilitäten«. Google findet es. Der Thesaurus (»Wortschatz«) des Deutschen, zusammengetragen von der Berlin-Brandenburgischen Akademie der Wissenschaften, kennt es nicht.

Es sei die Nichtübersetzung des englischen *facilities,* so klagt Sprachwächter Wolf Schneider. Damit würden nun im Deutschen Vorrichtungen aller Art bezeichnet. (Engl. *facilities* ist mit »Anlagen, Einrichtungen« zu übersetzen.) Nach Recherchen behaupte ich:

Es gibt einige »Faszilitäten«-Vorkommnisse. Ihr Hintergrund: Schlampigkeiten bei der Korrektur von Texten. Da wollte irgendwann ein unkonzentrierter Schreiberling »Fazilität« schreiben. Und hat sich verhauen. Und seither vagabundiert die falsche Schreibweise, weil allzu oft voneinander abgeschrieben wird. »Fazilität« ist schon traditionelles Bankendeutsch. Und natürlich Bankenenglisch (denn engl. *facility* heißt auch »Kredit«). Eine Kreditfazilität ist ein leicht abzuwickelndes Geldverleihgeschäft. Wirtschaftsfachliche Details erspare ich uns.

Wo »Faszilität« steht, geht es nicht um »Vorrichtungen aller Art«, sondern um speziell Finanzstrategisches. Dass Faszilitäten die sprachliche Runde machen, basiert nun auf einem Mix aus Schludrigkeit, Faulheit und Bildungsferne in den schreibenden Medien.

Schludrigkeit: Es wird an Korrektoren gespart. Journalisten sollen gut schreiben, aber dazu muss es feinstgebildete, haarspalterisch durchtrainierte Korrektoren geben, die Eigenarten achten und Fehler ächten. Es gibt sie kaum. Sie wachsen nicht nach, weil der Job zu schlecht bezahlt wird und Korrektur-Software billiger scheint.

Bildungsferne: Es gibt das deutsche Fremdwort »Faszikel«. Unter klassischer Gebildeten ist damit ein Aktenbündel oder die Folge einer wissenschaftlichen Loseblatt-Sammlung gemeint. Dahinter steckt lateinisch *fascis* (»Rutenbündel«), was wir mit dem Faschismus italienischer Machart verbinden können sollten, weil die schwarzen* Herren damals ein Rutenbündel samt Beil sich zum Markenzeichen auserwählten. (Erfunden hatten das Symbol für höchste Macht im Staate aber schon die alten Römer.)

Da kannte also einer »Faszikel« und »Fazilität«. Und hat beides un-orthographisch verrührt. Kann ja mal vorkommen, sollte nur irgendwann auffallen. Mit Anglizismen-Durchseuchung hat die Sache nichts zu schaffen. Immerhin hatten wir bereits die »Fazilität« und der Englischsprecher die *facility*. Diagnose für die eilfertigen Unterstellungen der Sprachkritiker: Anglizismen-Paranoia.

Sprayen oder Sprühen?

Selbst die Spraydose soll vertrieben werden. Nicht aus Umwelt-, sondern Sprachschutzgründen. Es soll nur noch gesprüht werden dürfen in der deutschen Sprache. Bullshit. Das Differenzierungsspiel der Sprache ist auch hier exzellent zu verfolgen: Sprühen und Sprayen sind nicht identisch. Ersteres wird mit Luft und durch pumpende Handbewegungen praktiziert, Letzteres bedarf des Treibgases. So gibt es Spraydosen, weil Dosen nötig sind, um Treibgas zu beherbergen. So gibt es daneben Sprühflaschen, weil es eine Plastikflasche sein darf, wenn mittels Pump- oder Druckbewegungen gelinder Überdruck die Flüssigkeit aus der Flasche treibt. Die Hausfrau kennt das bei der zu befeuchtenden Bügelwäsche oder der Zimmerpflanzenpflege.

---

* »Schwarzhemden«, italienisch *camicie nere,* nannten sich die Italo-Faschisten. Der Reizwäsche-Liebhaber kennt das Camisette oder Kamisol, ein verführerisches Batist-Hemdchen mit Strapshaltern.

Und so heißen auch die treibgaslosen Dosen heute auch eher (nicht immer) »Sprühdosen«. So bei gewissen Schuhpflegemitteln. Der Deutsche könnte den Unterschied vielleicht nicht genau benennen, sein Kaufverhalten wird aber durch das aufmerksame Wording (bitte hinten nachlesen) der Hersteller dirigiert. (Nun könnte ein pingeliger Typ zeigen, dass die hier behauptete Aufteilung zwischen Sprühen und Sprayen in der Wirklichkeit nicht rein verfolgt wird. Bravo, in der Wirklichkeit wird nichts von dem rein umgesetzt, was wir uns so denken; schon gar nicht als Sprachkritiker.)

Eigentlich nicht oder nicht wirklich?

Der Engländer hat das Adjektiv *not really* in seinem Wortschatz. Wie wird das ins Deutsche übersetzt? Als »eigentlich nicht«. Aber auch als »nicht wirklich«. Wenn Deutsche nicht aus dem Englischen übersetzen, sondern drauflos schreiben, sollten sie beide Adjektive nutzen können, so sollte man meinen. Anglizismenkritiker aber warnen: Wer »nicht wirklich« sagt, sinke in den Sprachsumpf unerkannter Anglizismen.

Ich habe das schon so oft gelesen, dass ich wirklich um die Sprachkompetenz der Deutschen besorgt bin. Kennen sie die feineren Nuancen ihrer Sprache nicht? Lassen sie sich gleich ins Bockshorn jagen und glauben machen, »nicht wirklich« käme aus schlecht übersetztem Englisch?

Bleiben wir objektiv, lassen wir die Statistik sprechen: Eine computerbasierte Wortsuche in 90 000 Druckseiten deutscher Literatur, deren Urheberrecht bereits abgelaufen ist, lieferte auf meinem Rechner 112 Fundstellen für »nicht wirklich«. Also auch in voranglizistischen Zeiten kannten deutschsprachige Autoren die Wendung. *»Denn du wirst mir doch nicht wirklich und ernsthaft einreden wollen ...«,* schreibt Fontane. *»Alles, was er schafft, hat er gedacht, reiflich überlegt, erwogen, aber nicht wirklich geschaut«,* findet sich bei E. T. A. Hoffmann.

Wenn »nicht wirklich« böses Deutsch, »eigentlich nicht« gutes Deutsch sein soll, wir also die erste Wendung aus unserem Wortschatz verbannen sollen, was können wir dann eigentlich nicht mehr sagen? Ist »wirklich« durch »eigentlich« ersetzbar? Eigentlich nicht. Also: Im Kern nicht.

Denn es gibt durchaus deutliche Unterschiede zwischen »eigentlich« und »wirklich«. Bilden wir zwei Probesätze: A »Er ist nicht wirklich dumm.« B »Er ist eigentlich nicht dumm.« Satz A meint: »Er ist nicht komplett dumm, aber schon ein wenig beschränkt.« Satz B hingegen meint: »Er ist nicht dumm. Es wirkt nur so. Er ist vielleicht nur schüchtern oder hat einen schlechten Tag.« Ein zweites Beispiel: »Er ist nicht wirklich krank« und »Er ist eigentlich nicht krank«. Im ersten Fall kränkelt er zwar, aber es ist nicht weiter schlimm. Im zweiten wirkt er zwar krank, aber im Kern ist er gesund. Er will wohl nur nicht zur Schule und produziert die passenden Symptome.

Womit bewiesen wäre: Wir brauchen beide Adjektive, wenn wir wichtige Bedeutungsnuancen ausdrücken wollen. Und dass die eine der beiden Wendungen zugleich die wörtliche Übersetzung eines englischen Ausdrucks ist, soll uns dabei ziemlich wurscht sein. Fazit: Wenn wir »wirklich« meinen, sollten wir nicht »eigentlich« sagen müssen, wenn es eigentlich falsch ist.

Nicht unbedingt oder doch notwendigerweise?

Etwas sollte, aber muss nicht. Was sagt der Deutsche? *»Muss nicht.«* Was schreibt der Deutsche? *»Es ist nicht unbedingt nötig.«* Was kann der Deutsche noch schreiben? *»Das muss nicht notwendigerweise sein.«* Steckt da ein Anglizismus hinter? Kritiker behaupten es. Denn der Engländer kennt *not necessarily,* was wörtlich mit »nicht notwendigerweise« zu übersetzen ist. Oder eben als »nicht unbedingt«. Stilsache. Letzteres ist lockerer, Ersteres amtlicher, hochsprachlicher, elaborierter. Und je nach Kontext: vielleicht schon ironisch gemeint.

Nun scheint (Zählungen sind schwierig) in jüngster Zeit eine Neigung der schreibenden Zunft zu bestehen, das »nicht notwendigerweise« zunehmend zu nutzen. Warum die das tun? Anglizismenkritiker sagen: Weil sie Englisches imitieren. Aber Journalisten lesen nicht dauernd zuerst englische Texte, um sie sodann angeregt zu imitieren. Die lesen alles Mögliche und zuvorderst Deutsches.

(»Zuvorderst« – Schon wieder antiquiertes Deutsch; am ehesten synonym zu »zunächst« oder »zuallererst«.)

Vielleicht haben die auch E. T. A. Hoffmann (Romantiker) oder Leibniz (Mathematiker) gelesen. Oder ältere Übersetzungen von Platon oder Pierre Bayle (ein französischer Schriftsteller des 17. Jahrhunderts, aufklärerisch gesonnen). Da findet sich »nicht notwendigerweise« etliche Male.

Es gibt also durchaus ältere, seriöse, literarisch anspruchsvolle Textpassagen, aus denen man sich »nicht notwendigerweise« klauben kann. Da ist kein englischer Text nötig, den man auch anders – eben mit: »nicht unbedingt« – übersetzen könnte.

Egal ob aus Platon oder der *New York Times* abgeschaut: Journalisten haben ein immenses Problem: Es wird ihnen eingebläut, nicht zweimal das gleiche Wort für eine Sache in einem Text zu nutzen. Banale Folge: Erst sagt man »Bundesregierung«, dann »Berlin« (da sitzt sie ja, die Regierung), sodann »Merkels Team« oder ähnliche Jovialitäten. Und dann vielleicht noch mal »Bundesregierung«. Auch Adjektive und Adverbien unterliegen solchem Variationsdruck. Und einige Vorkommnisse von »nicht notwendigerweise« sind sicher diesem Druck geschuldet.

Entscheidender aber: »nicht notwendigerweise« hat etwas leicht Überzogenes, Manieriertes, hochsprachlich Verschwurbeltes. Wer es nutzt, zeigt, dass er auf höheren Leveln zu schreiben weiß. Es wird aber dem Zwischenden-Zeilen-Leser auch subtil angedeutet, dass einem der ganze Kram doch tiefsteigentlich am Arsche vorbeigeht. Unterschwellige ironische Distanzierung müsste man das nennen.

Liest man die gepflegteren gedruckten Medien in diesem, unserem Lande, wird man – so hoffe ich dringend – irgendwann schlagartig erkennen: Die ganze gehobene Journaille glaubt nicht so ganz an all den Kram, den sie da in Worte fasst. Sie hat sich auf einen Basso Continuo (sozusagen eine Grundtonalität) der ironischen Schwebung eingelassen. Das begann in den 70er Jahren, dem ersten Jahrzehnt der Großen Desillusionierung, wo die einen Verzweifelten in den Drogenkonsum, die anderen in den Terrorismus abglitten. Und die Journalisten und ihre Leser sich auf die kommenden spaßigen Zeitgeistjahre einzustimmen begannen. Das soll hier nicht ausgeführt werden; es geht ja »nur« um die Sprache (um die es dummerweise dann doch nicht nur geht, wenn es um Sprachwandel und Wörteradaption geht).

Was bleibt? Mit dem simplen Anglizismenvorwurf ist es nicht getan. Das Problem liegt nicht nur tiefer (man könnte graben), es ist weitverzweigter (man gräbt sich den Boden unter den Füßen fort). Und es lässt sich nicht unbedingt und auch nicht notwendigerweise mit dem erhobenen Zeigefinger des Sprachwächters lösen.

Regieren oder administrieren?

Arg breitgetreten wird seit Jahren die Kritik am sprachlichen Umgang mit dem englischen *administration*. Das Wörtchen kann vielfältig übersetzt werden: mit »Verwaltung«, »Behörde«, »Ministerium« oder eben auch »Regierung«. Die Unterschiede sind gewaltig: In Verwaltungen und Behörden sitzen Angestellte, in Regierungen (meist) gewählte Volksvertreter, in Ministerien beide Gruppen. Das sollte man schon auseinanderhalten. Dummerweise kennen wir auch noch das Fremdwort »Administration«, das die gleiche Schreibweise wie das englische *administration* aufweist. Hierzu erläutert das *Große Fremdwörterbuch* des *Duden: »Administration: (...) 4. Regierung, bes. in Bezug auf die USA.«*

Wie kommt das nun? In den USA bezeichnet *government* mehr als nur das Kabinett samt Präsident. Es ist die Staatsgewalt einschließlich Kongress und Oberstem Gerichtshof gemeint. Soll nur vom Regierungsteam gesprochen werden, wird *administration* gesagt. Dummerweise halten sich die Engländer nicht an diese Unterscheidung: Da heißt die Regierung *government.* (Was wir nicht mit »Gouvernement« übersetzen; das haben deutsche Kriegsbetreiber im 20. Jahrhundert nachhaltig für die Verwaltung eroberter Gebiete missbraucht.)

Was machen nun deutsche Journalisten. Sie schreiben *»Die Obama-Administration steht unter Druck«.* Sie übernehmen unnötigerweise einen für deutsche Leser eher irreführenden englischen Ausdruck. Aber wie oft schreiben sie es? Nach Recherchen mit mehreren Internet-Suchmaschinen folgende Statistik: Es wird in den Medien etwa 20-mal häufiger »US-Regierung« als »US-Administration« geschrieben. Wie gehen wir mit dieser 5-Prozent-Rate von Administrierern um? Sollen wir uns darüber echauffieren (franz. *s'échauffer:* »sich ereifern, sich erhitzen«; der französische *chauffeur* ist auch Heizer)? Sollen wir auch in der 101. Auflage eines »Deutsch für irgendwen«-Buches wieder an dieser Stelle die ausgefranste Anglizismenpeitsche schwingen? Lohnt sich das?

Versöhnlicher Nachsatz: »Administration« mag in den letzten Jahren leicht im Schwinden begriffen sein. Und das kann auch an den hier etwas ungerecht behandelten Sprachkritikern liegen.

Sinn oder Nonsense machen?

Ich wollte über das Sinn machen nicht schreiben. Ich hatte mir zuvor die Sinnfrage gestellt und für mich abschlägig beantwortet. Aber mein Buchprogrammchef wollte es genauer wissen. Nun denn. Aber seien Sie gewarnt: Es wird knibbelig*, holen Sie sich einen Tee oder Kaffee.

* Ruhrgebietssprache; es geht um schwierige Kleinarbeit.

Seit Jahren ist zu lesen: Der Ausdruck »Sinn machen« sei ein übler Anglizismus. Das englische *to make sense* würde scheinbar wörtlich übertragen. Und das ungeachtet dramatisch unterschiedlicher Bedeutungsaufladungen von Original und falscher Übersetzung. Im Deutschen sei »Sinn machen« nicht nur falsch, sondern auch sinnlos, weil es etwas ganz Falsches sagen wolle.

Es sei Bastian Sick zitiert (aus dem zweiten Band seiner fulminant* erfolgreichen *Der Dativ ist dem Genetiv sein Tod*-Buchreihe):

»›Sinn‹ und ›machen‹ passen einfach nicht zusammen. Das Verb ›machen‹ hat die Bedeutung von fertigen, herstellen, tun, bewirken; es geht zurück auf die indogermanische Wurzel mag-, die für ›kneten‹ steht. Das erste, was ›gemacht‹ wurde, war demnach Teig. Etwas Abstraktes wie Sinn lässt sich jedoch nicht kneten oder formen. Er ist entweder da oder nicht. Man kann den Sinn suchen, finden, erkennen, verstehen, aber er lässt sich nicht im Hauruck-Verfahren erschaffen.«

In die Richtung zielen auch andere Kritiker. Im Kern steckt demnach Sinn in einer Sache. Oder er steckt nicht drin. Und dann kann man ihn auch nicht machen, um ihn reinzustecken.

Sortieren wir den Unsinn, nein: das Unbedachte und Verkürzte aus dieser Stellungnahme des Herrn Sick heraus:

Abstraktes lässt sich nicht machen? Dabei lässt sich in der deutschen Sprache jede Menge Unsinn machen. Etwas hoch Abstraktes. Oder Ernst, auch jede Menge Ärger, sodann Spaß und Sex oder Liebe, je nach Geschmack. Alles Abstrakta. Es geht also mit dem Machen schwer greifbarer Phänomene, zumindest sprachlich, wenn es auch in der Praxis Schwierigkeiten geben mag.

Weiterhin: Der Bedeutungsumfang der indogermanischen und germanischen Ursprünge ist weiter zu fassen, als bei Herrn Sick angedeutet: Es gehören neben dem Pressen und Kneten vor allem das Verschmieren, Verputzen, allgemeiner: das Bauen, dazu.

Das deutsche »machen« und das englische *to make* haben heute sehr verschiedenen Bedeutungsumfang, obwohl beide, wie schon zu hören ist, verwandt sind. Es gibt eine protogermanische Wurzel *makonan* und ein schon kenntlicheres althochdeutsches *makon*. Im Niederländischen heißt es noch heute *maken*. *»Dat maakt niet uit.«* bedeutet *»Macht nichts,«* oder *»Ist schon ok.«* Aus dem Altenglischen kennen wir *macian*.

---

* Mit »glänzend« oder »blitzend« zu assoziieren; dahinter steckt latein. *fulmen* (»Blitz«).

Als die Sachsen im 5. Jahrhundert England eroberten, entstand nach und nach aus den frisch importierten Einflüssen der neuen Herrscher und dem keltisch-lateinischen Bestand eine neue Sprache: das Altenglische. (Das war etwa zwischen 450 und 1100 lebendig. Am Ende dieser Sprachepoche eroberten die Normannen von der Normandie aus die Insel und haben das Englische nochmals kräftig aufgemischt.) Das Sächsische wurde jenseits des Kanals absorbiert, entwickelte sich also nicht weiter. Das Sächsische im deutschen Sprachraum aber veränderte sich.

Und so verteilten sich zwei Bedeutungsakzente des alten *makonan* unterschiedlich im Deutschen und Englischen: Bei uns setzte sich der Gestaltungs- und Bewirkensaspekt durch, im Englischen die Bedeutung »erlangen, erreichen«.

Viele englische Wendungen machen das deutlich: *To make money* ist deshalb nicht mit »Geld machen« zu übersetzen, sondern mit »es zu Geld bringen«. (Womit im Vorbeigehen ein weiteres anglizistisches Missgeschick beim Übersetzen abgehakt wäre.)

Wenn ein Sportler ruft *»We made it!«,* dann hat das Team zwar einiges für den Sieg getan, die korrekte Übersetzung aber lautet *»Wir haben es geschafft!«.* Und sagt der Engländer *»It doesn't make sense to me«,* will er ausdrücken, dass die Bedeutung einer Sache sich für ihn nicht erschließt, dass kein Sinn erkennbar ist, dass für ihn die Sache keinen Sinn ergibt.

Nun zum Sinn. Dass Herr Sick und viele andere Deutsche spontan den Sinn einer Sache nicht einem schnöden Machen überantworten wollen, hat etwas mit sehr deutscher Denktradition zu tun. Der Sinn soll eher erfasst, erspürt, erfahren, erlebt werden. Deutsche setzen sich dem Sinn gerne wie einer mentalen Erweckungsdusche aus.

Wie sind wir auf diesen Sinn gekommen? Im Althochdeutschen gab es ein Verb *sinnan.* Es bedeutete »sinnen, trachten«, aber auch »sich begeben, reisen«. Wenn wir heute sagen *»Er sinnt auf Rache«,* ist das kaum noch erkennbar. Dieses aktive Verb »sinnen« wurde irgendwann substantiviert. Das passiert den meisten Verben in ihrem Leben, hat aber Folgen. Das aktive Moment des Verbs wird gleichsam eingefroren. Aus dem tätigen Sinnen wird der ruhende Sinn. In der Frühphase der »Sinn«-Nutzung dürfte das Aktive noch wahrnehmbar gewesen sein. Wer nach dem Sinn einer Sache fragte, wollte wissen, welche Absichten, welche Ziele wohl dahinter stecken.

Verweilt der Sinn aber zu lange, scheint er menschlichen Absichten mehr und mehr enthoben. Sinnfrager werden zu Erscheinungs-Spekulanten und Wesensergründern. Gefragt wird nicht mehr nach der Bedeutung für den

Menschen, sondern nach dem »Sinn an sich«. Dies Schicksal hat »Sinn« vor allem bei denkenden und schreibenden Deutschen erleiden müssen. Das im Detail nachzuvollziehen, bedürfte eines Parcours entlang wichtiger deutscher Philosophie-Positionen bis hin zu Heidegger.

*»Wenn innerweltlich Seiendes mit dem Sein des Daseins entdeckt, das heißt zu Verständnis gekommen ist, sagen wir, es hat Sinn. (...) Sinn ist das durch Vorhabe, Vorsicht und Vorgriff strukturierte Woraufhin des Entwurfs, aus dem her etwas als etwas verständlich wird.«**

An dieser Stelle reicht Folgendes: Die meisten Sinnprobleme sind Sprachprobleme. Sie lösten sich auf, wenn wir uns bewusst machten, was die Sprache mit unserem Denken anstellt.

Anders ist es mit den Sinnen in der Pluralform. Da geht es um die Wahrnehmung, die fünf oder sechs (?) Sinne. Wer da von Sinnen ist, dessen Wahrnehmung ist getrübt. Im Grimm'schen Wörterbuch findet sich dazu passend für »sinnlos«: *»besinnungslos; ein gebrechliches gedächtnisz habend.«*

Genau hier ist wieder die Kurve zum englischen *sense* zu kratzen: Denn die Engländer haben (wahrscheinlich) keinerlei Verbindung zu diesen Verschiebungen im deutschen Sprachraum gehabt. Die haben sich erst um 1400 mit der Übernahme von *sens* aus dem Altfranzösischen bedient, das wiederum auf dem lateinischen *sensus* basiert, das wiederum eine Substantivierung des lateinischen Verbums *sentire* ist. Was im Kern »fühlen, wahrnehmen« bedeutet. (An »sentimental« und »Sentiment« im deutschen Fremdwortschatz sei erinnert.) Bei engl. *sense* geht es vornehmlich um Wahrnehmung und die daraus erschließbare Bedeutung für den Wahrnehmenden. Also eher Praxis und weniger *theoria* (»reine Anschauung, Kontemplation«).

Sagt der Engländer (nochmals) *»It doesn't make sense to me«*, sagt er – etwas steif, aber deutlich übersetzt: *»Ich kann nicht wahrnehmen, dass dies etwas für mich bedeuten soll.«* Er sagt keinesfalls, wenn wir unsere Assoziationen einspielen, dass etwas *»keinen Sinn macht«*.

Womit auf einigen Umwegen die gänzliche Unangemessenheit einer solchen ÜBERSETZUNG aus dem Englischen bewiesen wäre.

Aber was haben wir für unseren WORTGEBRAUCH mit dieser Erkenntnis gewonnen? Ein Übersetzer englischer Literatur muss all das oben Aufgedröselte (und mehr) wissen und bedenken. Aber wenn ein hiesiger Autor oder Journalist von *»Sinn machen«* spricht, hat er meist gerade nichts mit dem Englischen zu schaffen, das ihm vordem die neue Wendung eingab. Der Vor-

* Martin Heidegger: *Sein und Zeit*, Berlin 2001, S. 152.

wurf kann also nur lauten: Im Deutschen ist »Sinn machen« sinnlos. Es hat keine Bedeutung. Oder behauptet eine Bedeutung, mit der Sprachkritiker keinesfalls einverstanden sein können.

Dazu müssen wir das Terrain von Grammatik, Etymologie und Sprachgeschichte aber verlassen. Es geht um Gesellschaft, das Thema der Soziologie. Gängig ist hier, dass wir seit der zweiten Hälfte des 20. Jahrhunderts in so genannt postmodernen Verhältnissen leben. Deren Mega-Trends: Alles zuvor fest Verfugte wird zum frei Verfügbaren. Aus Tradition wird Baumaterial. Stile verwandeln sich in Patchwork-Varianten und Design-Trends. Normen offenbaren ihre Relativität. Alles zuvor scheinbar Wesentliche offenbart seine Fabriziertheit, seine Menschenabhängigkeit. Die passende Erkenntnistheorie zu diesem Wandlungsprozess heißt »Konstruktivismus«, in schwereren Fällen »radikaler Konstruktivismus«. Über Welten an sich lässt sich hier nicht reden. Nur über von Menschen gemachte Welt. Wahrnehmung ist da immer schon die Konstruktion eines Wahrnehmungsapparates samt Urteilen, Erfahrungen, Neigungen des Wahrnehmenden. Auch für Sinn im menschenfernen Sinn ist hier kein Platz. Sinn ist etwas Fabriziertes. Sinn wird gemacht. Und genau in diese theoretische Grundstimmung passt das »Sinn machen« ganz wunderbar.

Die Diskussion von Postmoderne, Sinnverlust (im alten Sinn), Legitimationskrisen von Ethik und Religion schlug hohe Wellen in den 80er und 90er Jahren. Und genau in diese Zeit fällt auch die Eingemeindung von *make sense* und »Sinn machen«. Erst waren es die Theorieschreiber, dann der gehobene Journalismus, später auch der Studienanfänger oder VHS-Kursleiter, die eifrig für weitere Verbreitung von Denkstil samt passenden Wörtern sorgten.

Daher meine Behauptung: Das Reden vom Sinn machen schwimmt in Deutschland auf einer arg verwässerten konstruktivistischen Welle. Es geht nicht um Anglizismen, nicht um schlechte Übersetzungen. Es geht in erster Linie um Leitmetaphern, mit denen Menschen sich ihre Welt zu erklären versuchen.

Die Kritik an der Verwendung von »Sinn machen« greift daher grundsätzlich zu kurz. Selbst wenn hier einer sich beim Englischen bedient – die Motivlage ist nicht hinreichend geklärt, wenn nicht die Funktion des Bildes vom »Sinn machen« in den Redeweisen (Diskursen) der Medien geklärt ist. Und auch das geht hier nicht in nötiger Genauigkeit. Ich will nur die Baustelle abgrenzen, auf der zugleich weiter gegraben (Sprachgeschichte) und konstruiert werden muss.

Und nun noch ein Allerletztes: Die meisten Sprachkritiker meinen nicht nur, dass »Sinn machen« a) eine falsche Übersetzung, b) eine deutschem Denken unangemessene Wendung sei, sondern dass es c) schlechter Schreibstil sei. (Man erkennt die drei Motive nur selten sauber, weil meist alles übereinandergeworfen wird.) Der Vorwurf soll hier nun nicht auch noch bestritten werden. Über Stilgeschmack will ich *an dieser Stelle* nicht streiten. Meinem Buchprogrammchef sollte es beim »Sinn machen« jetzt reichen.

Technik oder Technology?

Wenn etwas Mechanisch-Elektronisch-Digitales sehr kompliziert ist, lesen wir heute meist von Technologie, die dafür nötig gewesen sein soll. »Technik« alleine reicht den Autoren meist nicht zur Beschreibung. Der Sprachkritiker ist empört und klagt: Der Deutsche habe »Technik«, der Engländer das Äquivalent *technology*. Wenn der Deutsche nun *technology* übersetzt, kommt die für das Deutsche überflüssige »Technologie« dabei heraus.

So einfach ist das bei den Herren Sprachkritikern. Und das wird nun bereits seit etwa 40 Jahren kolportiert. Und weil die Anglizismenkritiker sich nicht gerne an ungeliebten Wörtern sezierend abarbeiten, werden die Plattitüden voneinander abgeschrieben und verbreiten sich als kneipengriffige Anekdoten auch in bildungsferneren Kreisen.

Machen wir uns einen Deut mehr Mühe: Wie ist »Technologie« zusammengesetzt? Da kommen griechisch *tèchne* (was »Handwerk«, »Kunst« und »Technik« vereinte) und griechisch *lógos* (»Wort« und »Lehre« und »Wissenschaft«) zusammen. Bei den Griechen war beides noch säuberlich getrennt. Deren Welt war eben noch nicht so ausdifferenziert wie heute; da reichten weniger Wörter, um alles Wichtige sprachlich abzudecken.

Aber nicht erst heute sieht die Welt kompliziert aus; schon im 18. Jahrhundert, in der Frühphase der Industrialisierung und der Hochphase der Aufklärung, brachte die Arbeitsteilung unterschiedliche Techniken zusammen, um ein Produkt herzustellen. Das fiel auch einem Herrn Johann Beckmann, Physiker und Naturgeschichtler (1739–1811), bei der Betrachtung des wirtschaftlich-technischen Treibens um ihn herum auf. Er sah, dass jenseits der Fertigkeiten eines Drahtziehers, Schmiedes oder Uhrmachers eine systematische Wissenschaft der kombinierten Anwendung von Techniken nötig war, um größere, kompliziertere Gebilde mit komplexer ineinander greifenden Arbeitsabläufen in den Griff zu bekommen.

So beschrieb er eine allgemeine Wissenschaft von der Technik*, die er – begriffsprägend – als »Technologie« bezeichnete. Ein Neologismus, also eine Wortneuschöpfung. Für einen Naturwissenschaftler, auch für Gebildete anderer Lager war im 18. Jahrhundert eine solche Neuschöpfung aber unmittelbar verständlich. Andere Wissenschaften hatten seit Jahrhunderten ähnlich konstruierte Bezeichnungen: Kosmologie, Pathologie, Biologie und Christologie – alle kombinieren einen Themenbereich (Weltall, Leid, Leben, Christus) mit der systematisch-wissenschaftlichen Behandlung.

Seither hat uns »Technologie« nicht verlassen. Die Soziologie (schon wieder der griechische *lógos*) hat »Technologie« noch weiter gefasst. Hier gehören zu einer Technologie wie dem Mobilfunk nicht nur Smartphones, Sendemasten, Mobilfunkbetreiber, sondern auch die dazu passenden (oder unpassenden) kommunikativen Sitten der Menschen, einschließlich etwaiger psychischer oder physischer Macken, die der Dauertelefonierer erleidet.

Zwischenfazit: »Technologie« ist im heimischen Sprachschatz seit über 200 Jahren präsent. Da mussten nicht die heutigen Amerikaner kommen.

Und wie hält es das Englische mit der *technology?* Das Wort hat einen sehr breiten Bedeutungsumfang. Es steht für Technik, Technologie, Methode, aber auch Verfahrenstechnik. Also: Nicht jede *technology* ist eine Technologie in unserem, etwas engeren Sinne.

Aber das Englische kennt, anders als die Kritiker behaupten, auch ein Äquivalent für »Technik«. Das heißt schlicht *technique.* Im Übrigen kann *technique* vieles bedeuten, was auch *technology* umfasst, nur eben eher nicht Technologie. *Technique* und *technology* haben gemeinsame Schnittmengen, so wie eben auch »Technik« und »Technologie« bei uns. Die Sprache ist nun mal nicht strikt logisch aufgebaut.

Und nun zum letzten Schlag ausgeholt: Wer, wenn nicht die Wikipedia-Autoren, Verfasser der größten Enzyklopädie der Welt, sind heute nah am Herzen des Sprachwirkens angesiedelt? Die englischsprachige Website (en.wikipedia.org) besitzt ein üppiges Stichwort »*Technology*«. Dessen erster Satz beginnt so:

---

* Johann Beckmann: *Anleitung zur Technologie. oder zur Kenntniß der Handwerke, Fabriken und Manufacturen, vornehmlich derer, die mit der Landwirthschaft, Polizey und Cameralwissenschaft in nächster Verbindung stehn. Nebst Beyträgen zur Kunstgeschichte.* Fünfte, verbesserte und vermehrte Ausgabe. Vandenhoeck und Ruprecht, Göttingen 1802 (PDF-Datei copyrightfrei zu beziehen über die Website archive.org).

»Technology is the making, modification, usage, and knowledge of tools, machines, techniques, crafts, systems, methods of organization ...« Übersetzt: *»Technologie ist das Verfertigen, Verändern, der Gebrauch von und das Wissen über Werkzeuge, Maschinen, Techniken (!), Handwerke, Systeme, Organisationsmethoden ...«* Reicht das, um den kritischen Herren den Boden unter den Füßen wegzuziehen?

Noch ein kurzer Nachtritt: Moderne, populär schreibende US-Wissenschaftler, wie Bill Joy oder Ray Kurzweil, pflegen sehr wohl die Unterscheidung zwischen *technique* und *technology.* Und korrekterweise nutzen die deutschen Übersetzungen »Technik« und »Technologie«.

Und wohin geht der Trend? Ganz klar: Bei uns in Richtung »Technologie«, in den englischsprachigen Ländern zu *technology.* Warum? Weil Technik kaum mehr Thema ist, außer in Bastelkursen, wo noch die Techniken des Papierfaltens oder Sisalknüpfens gelehrt werden.

Oder sollte ich eher den Japanismus »Origami« nutzen? Der kommt von japanisch *oru* (»falten«) und *kami* (»Papier«). »Japanismus« meint Lehnwörter aus dem Japanischen. Nicht zu verwechseln mit »Japonismus«. Den haben die Kunstgeschichtler erfunden. Gemeint ist der immense Einfluss älterer japanischer Kunst auf die frühmoderne Kunst der westlichen Welt.

Incomen oder outfinden?

Seit Ende 2003 fanden sich immer wieder Meldungen in einschlägigen Fachmedien, die deutschen Werbekreativen hätten sich – auch angesichts von erschreckenden Werbeverständnisuntersuchungen – dazu entschlossen, der deutschen Sprache wieder mehr Raum in der Werbung zu geben.

Das ist in Einzelfällen geschehen. Ein bemerkenswerter: der Slogan der Parfümeriekette *Douglas.* Er hieß *»Come in and find out«.* Zu viele kalauernde Übersetzungsscherze hatte jener in den lästernden Medien über sich ergehen lassen müssen. Nach dem Muster *»Komm rein und finde wieder heraus«.*

In einer Untersuchung vom Herbst 2003 fand sich, dass über die Hälfte der Befragten nur glaubten, verstanden zu haben. Sie hatten anscheinend aber zu häufig falsch verstanden, wenn man den Verständlichkeitsbefragungen trauen mag. So wurde in Folge der englischsprachige Claim von *Douglas* durch *»macht das Leben schöner«* ersetzt. Das ist zwar auch nicht sinnreicher, aber auf solch gedankenarmer Oberfläche gerät jetzt kein potenzieller

Kunde mehr ins assoziative Schlittern. Er muss gar nicht mehr prüfen, ob er was verstanden hat. Es rutscht so rein und sofort wieder raus.

Aber hatten die werbesprachlichen Konsumenten-Prüflinge wirklich nicht verstanden? Ich melde Zweifel an. Um auf die Übersetzung *»Komm rein und finde wieder raus«* zu kommen, muss ich den Original-Claim schließlich grob verstanden haben. Ich muss wissen, dass *to find* mit »finden« zu übersetzen ist, dass *to come* »kommen« heißt und dass *out* irgendetwas zwischen »aus« und »raus« bedeuten muss, was man auch als gänzlich vom Englischen Unbeleckter hört. Wenn ich nun *»Komm rein und finde wieder raus«* übersetze, muss ich zu den etwas Unterbelichteten im Lande gehören. Oder in neckischer Stimmung sein und den Befrager ärgern wollen.

Der Mensch versteht nämlich nicht nur, indem er mit Scheuklappenblick Sätze auf Schaufenstern liest. Sondern vor allem, weil er intuitiv weiß, in welchem Zusammenhang ein Satz steht. Und der Kontext eines *Douglas*-Claims ist nun mal: City, Einkaufen, Geschäft, Waren anpreisen, Kunden locken. Wenn ich dann hoch situationsunangemessen mit *»Komm rein und finde wieder raus«* übersetze, bin ich entweder blöd oder böswillig oder zu Scherzen aufgelegt. Die meisten Fehlübersetzer dürften böswillig gewesen sein. Menschen mögen dumme Umfragen noch weniger als dumme Werbung und nutzen die Chance zu kleinen subversiven Spielen. Was bleibt: Der englische Claim ist so schwurbelig nichts und alles sagend wie die richtige deutsche Übersetzung.

Die Debatte über *»Come in and find out«* hatte aber eine fantastische Wirkung auf den deutschen Wortschatz. Das Sätzchen wurde zur Sentenz, zum geflügelten Wort. Satiriker und Glossenschreiber nahmen sich der Sache an. Journalisten adaptierten in ironischer Absicht. Und: Es entstanden nach dem grammatikalischen und rhetorischen Muster neue Sätze, frische anglizistische Wendungen.

»Come in and drive out« wurde zum griffigen Fahrschulenwerbespruch. Seminare zum haushaltenden Gebrauch der eigenen Kräfte am Arbeitsplatz nannten sich *»Come in and burn out«*. Das Wellnesshotel Winterhaldenhof im schwarzwäldischen Schenkenzell wirbt noch heute mit *»Come in and chill out«* um eine jüngere Klientel von Relaxness-Suchenden. Und Kampfsportschulen? Denken Sie mal nach … Genau: *»Come in and fight out«* musste die sportive Werbelosung lauten.

»Relaxness« ist ein Anglizismus. Ein echter? Oder einer, den es nur bei uns gibt – eben ein Scheinanglizismus? In seriösen englischen Wörterbüchern gibt es das Wort nicht. In deutschen schon gar nicht. Es ist ganz anders: Das globale Entspannungsbusiness hat es erfunden. Und zugleich im Deutschen wie im Englischen und überall dort verankert, wo Geschäfte mit Healthcare (trendiger Gesundheitsvorsorge) zu machen sind. Hält die Branche ihre Vermarktungsanstrengungen durch, wird »Relaxness« bald in Wörterbüchern auftauchen müssen. Das könnte das eh seltene englische *relaxedness* verdrängen, was im Deutschen als »Entspanntheit« zu übersetzen ist.

Was war geschehen? Die Deutschen hatten einen neuen Sprachbaustein gefunden und spielten lässig damit herum. Und: Sie verstanden plötzlich andere englische Wendungen. Das Grundmuster *»Come in and ...«* fand und findet sich schließlich allerorten in englischen Sprachzusammenhängen. Für das weitverbreitete *Microsoft Outlook*-Mailprogramm gibt es beispielsweise ein Tool (»Werkzeug«) namens *Come in and save out.*

Zurück zu *Douglas:* Die Dachgesellschaft (engl. *holding*), zu der neben der Parfümeriekette gleichen Namens auch die Juweliermarke *Christ,* die *Thalia*-Buchläden und die Süßwarenkette *Hussel* gehören, hat sich seit diesem Sprachschwenk eine gesteigerte Lebensformel als Dachslogan gegönnt. Hier heißt es: *»Douglas – die pure Lust am Leben.«* Das wird mit Sicherheit verstanden. Aber was wird da gefühlt? Ich kenne einige Menschen, deren Kitsch-Sensoren bei solchen Formulierungen sofort Alarm schlagen.

Meine These: Für den erlebnishungrigen Niedrigpreislagenkäufer ist der deutschtümelnde neue Slogan schon okay. Für den Upper-Middle-Class-Shopper mit seinen Lifestyle-Rezeptoren hätte es durchaus anglizistischer zugehen können. Das englische *pure lust for life* wäre schon einen Deut kitschferner, gerade weil es einige Millisekunden länger braucht, um sich im Hirn einzuschleimen.

Das ist einer der sehr unterschätzten Vorteile des Englischen: Es wird nicht so schnell verstanden wie das synonyme Deutsche. Dadurch zieht viel unerträglicher Quatsch an unseren Hirnen vorbei. Man muss sich nur einmal vorstellen, wie schmerzhaft die globale Popmusik für einen nativen Englischsprecher sein muss. Er versteht alles. Während wir mit der Gnade des leichten Überhörens gesegnet sind.

Und die Moral der Demontage?

Das war nun gut ein Dutzend Nachweise, dass Anglizismen-Basher (engl. *to bash:* »mies machen, kritisieren, verletzen«) oft schlampig argumentieren. Manche Kritiker bleiben dabei hinter ihren Intelligenzmöglichkeiten massiv zurück. Wie das? Nun, Ressentiments* wollen oberflächlich gepflegt werden. Nur dann bleiben sie griffig und können von anderen leicht übernommen werden. Dazu muss man nicht nur einfach schreiben, sondern auch immer unterkomplex argumentieren. Unterkomplex: Die Sache muss einfacher präsentiert werden, als sie ist. Sprachwandel ist aber nicht so einfach in den Griff zu bekommen.

Wenn Sie nach den obigen Beispielen unterstellen, der Autor pflege nur ganz andere Vorurteile, nämlich diejenigen der Gegner der Anglizismengegner, ist das verständlich. Es sieht so aus, als ob englische Einsprengsel in unserer Sprache um jeden Preis als spannende Bereicherung verkauft werden sollen. Beileibe nicht, so sei Ihnen versichert.

Wenn Sie einige Streifzüge durch das kleine Anglizismen-Wörterbuch**, das den Hauptteil dieses Buches ausmacht, absolvieren, werden Sie merken: Der Autor teilt nach allen Seiten aus, gleich wo eine Schwachstelle oder Stilblöße entdeckt sein mag.

---

* Aus dem Französischen entlehnt; dort und hier für »heimlicher Groll« oder »verkniffene Unterlegenheitsempfindung«.

** Kurze Gebrauchsanweisung für das Wörterbuch:
Die FUNDSTÜCKE haben ein Datum. 1-2010 meint: Januar 2010. Ich beschränke mich auch bei Zeitungen auf den Monat. Bei Websites wird der Monat des Auffindens bezeichnet. Wie lange sich der Text dort hält oder gehalten hat, konnte ich natürlich nicht prüfen.
Auffällige Rechtschreibfehler in den Zitaten und Fundstücken sind authentisch. Sie erhellen oft die beim Schreiben investierte Aufmerksamkeit des Verfassers.
Am Ende findet sich manchmal ein Verweis in der Form › **Stichwort**. Eine Empfehlung zum Weiterspringen in diesem Buch.

A

Action

Engl. *action*: Handlung, Tat; Klage; Maßnahme; Vorgang

SPRACHGEBRAUCH

Mit *Action* hat das Filmbusiness der Welt ein Lebensgefühl gegeben. Wo die *Action* ist, dort ist das Leben. Wo sie fehlt, bleibt keiner lang. *Action* bietet Speed (›Geschwindigkeit‹), Impact (›harte Ein- und Aufschläge‹), meist auch Fun (›Spaß‹) und unumgänglich Thrill (›Nervenkitzel‹).

Da ohne die Aura von heftigster Betriebsamkeit weder Individuen noch Unternehmen oder Organisationen ernst genommen werden, ist *Action* zu einem der inflationsgeschädigsten Anglizismen der deutschen Sprache abgesunken. Die Folge sind Superlativierungsanstrengungen: Power-*Action*, Mega-*Action*, Ultra-*Action*, Hyper-*Action* mühen sich zunehmend erfolglos, ein Erregungsversprechen abzugeben. Es finden sich nebst vielen anderen Wortfügungen: *Action*-Kick, *Action*-Konsole, *Action*-Learning, *Action*-Rentner, *Action*-Shooter, *Action*-Skiing und *Action*-Timing.

FILM

Filmregisseure in Hollywood sagten ab Ende der 20er Jahre *»Action!«*, wenn die Maschine einer Filmszene mit Schauspielern, Komparsen, Licht und Kamera in Gang kommen sollte.

Von *Action*-Filmen wird in Deutschland seit den 60er Jahren gesprochen & geschrieben. Das US-Pendant heißt engl. *action movie* und hat sich bei uns als *Action*-Movie neben dem *Action*-Film durchgesetzt.

Ein Live-*Action*-Movie ist ein *Action*-Movie, das eine Synthese von Real- und Zeichentrickfilm bietet – eine unsinnige Prägung, da der Live-Anteil eines Live-*Action*-Movies geringer ist als der eines *Action*-Movies. Hybrid-Movie wäre eine angemessene Bezeichnung. Das bezeichnet aber im Jargon der Filmbranche bereits einen schwer zu kategorisierenden Film, der Elemente von Comedy (›Komödie‹), Horror, Romance (›Romanze‹) und Mystery (›Mysterienfilm‹) zusammenpackt.

FUNDSTÜCKE

*»Die brandneue US-Serie punktet mit Hyper-*Action*, schillernder Story und einer Power-Heldin mit Pop-Appeal.«* msn.cinema (10-2004)

»18 Stationen gibt es auf dem ›Actionground‹ *bei Großalmerode, und die Planierraupe war erst die zweite. Es warten noch der Kettenbagger, der Mini-Bagger, der Traktor, die Rüttelplatte, der Unimog, der Jeep, die Rüttelwalze, der Quad, der Kran und der Radlader.«* sueddeutsche.de (7-2007) Ein *Actionground* ist ein Baumaschinenspielplatz für große, männlich sich gerierende Kinder.

Adapter

Engl. *adapter*: Adapter, Anschlussstück, Zwischenstecker

SPRACHGEBRAUCH

In den 60er Jahren begann der Deutsche zum einen mit dem semiprofessionellen Tüfteln und Basteln, zum anderen begannen sich die elektrischen, später dann elektronischen, noch später digitalen Haushaltsgerätschaften zu vervielfältigen. Immer häufiger bedurfte es Teilen, die für eine angemessene Verbindung sorgten. Jene wurden in asiatischen Ländern hergestellt. Und die benannten alles, gut frühglobal, mit englischen Wörtern. So also kam der *Adapter* über uns, den niemand heute als Anglizismus einstufen würde, eher, so er zu den Gebildeteren gehört, zu den lateinischen Lehnwörtern, was ja auch stimmt, denn der Engländer hat sich dort bedient. Ob ›*Adapter*‹ dabei deutsch oder englisch auszusprechen ist, vermittelt meist der Kontext von Satz, Verpackungstext oder Sprachgepflogenheiten eines Manuals.

FUNDSTÜCK

»Dein iPhone kommt mit einem Lightning auf 30-polig Adapter *zum Anschließen von 30-poligem Zubehör an Geräte mit Lightning Connector. Hol dir diesen zusätzlichen* Adapter, *um ein zweites Ladegerät für zu Hause oder fürs Büro zu haben.«* apple.de (09-2012)

Ad-Click-Rate; Adclick-Rate; Ad Click Rate

Engl. *ad click rate*: Anzeigenanklickhäufigkeit

SPRACHGEBRAUCH

Auf Internetseiten gibt es Werbung. Sieht ein User eine Seite (engl. *page*), hat er einen Eindruck davon gewonnen (engl. *page impression*). Dass er auch davon beeindruckt ist, darf bei der Page Impression nicht unterstellt werden. Ist auf der Seite, von der der User einen Eindruck gewonnen hat, auch Werbung, dann hat er einen Werbeeindruck (engl. *ad impression*) gewonnen. Der Eindruck ist nur dann beeindruckend, wenn der User auch auf die Werbung klickt. Das nennt sich ›*Ad Click*‹. Wenn es bei einer Anzeige (engl. *ad*) oft Klick macht, dann ist die Anzeige erfolgreich. Es zählen Klicks und nicht die Eindrücke. Zählt man die Eindrücke (engl. *ad impressions*) und die Klicks (engl. *ad klicks*) und setzt diese zueinander in Beziehung, weiß man, wie viele Eindrücke zu wie vielen Klicks führen. Dies ist die *Ad Click Rate.* Macht ein User viele Clicks, addieren diese sich zu einem Clickstream (›Klickstrom‹). Ein langer Clickstream auf einer Website erhöht nicht zwingend die *Ad Click Rate* der dort geschalteten Banner. Im Gegenteil: Es kann zum Banner-Burnout kommen. Deutlich ist: Diese feinsinnigen Differenzierungen sind nur für Werbe- und Marketingmenschen interessant. Alle anderen klicken und kümmern sich nicht um die Rate.

FUNDSTÜCK

»Der Zusammenhang von Bannergröße und AdClickRate *ist degressiv. (...) Banner sollten häufig ausgetauscht werden, weil ansonsten die* AdClickRate *sinkt.«* absatzwirtschaft.de (3-2007)

Agility Training

Engl. *agility training*: Agilitätstraining, Behendigkeitsübungen
Engl. *agility*: Agilität, Behendigkeit, Flinkheit, Lebendigkeit

SPRACHGEBRAUCH

Aus England ist in den 80er Jahren die Fitness-Schulung für Hunde nach Deutschland importiert worden – eine Art Parcours-Training, bei dem der Hundehalter als Begleiter ebenfalls in Bewegung ist. Hunderte von Hundevereinen bieten *Agility Training* an; ein Konkurrenzbegriff existiert nicht. Engagierte Hundehalter wissen also, was gemeint ist; alle anderen Menschen eher nicht.
In den USA ist engl. *agility training* nicht auf den Hund beschränkt; in den meisten für Humanoide konzipierten Sportarten gibt es ein Training der allgemeinen Behendigkeit.

FUNDSTÜCK

»In unserem Kapitel über Alternatives Agility Training *findest Du viele Vorschläge zum Aktivisieren Deines Hundes in der freien Natur, in Deinem Garten und sogar im Wohnzimmer. Unsere Übungen sind in erster Linie für Anfänger gedacht, eignen sich aber auch zur Generalisierung für Hunde, die an Agility-Turnieren teilnehmen.«* heim.ifi.uio.no (10-2006)
Bahnbrechend die Prägung ›aktivisieren‹, was man ›hyperaktivieren‹ übersetzen müsste. Eine Quersuche ergab einige Fundstellen von ›Aktivisieren‹, bei marxistischen Gruppen oder Feng-Shui-Schulungen, also dort, wo einfaches Aktivieren wohl als nicht ausreichend zur Mobilisierung der Zielperson angesehen wird.

Airbag

Engl. *airbag*: Airbag, Luftkissen, Luftsack, Prallsack

TECHNIKGESCHICHTE & SPRACHGEBRAUCH

Das Objekt, das jeder haben, aber keiner sehen will. Essentieller Bestandteil einer Technikevolution, die durch die latente Angst der Techniknutzer angetrieben wird. Je mehr von *Airbags* geredet wird, desto größer die Angst der Autobesitzer. Das rechtfertigt den Einbau von noch mehr *Airbags,* die moderne Autos nachgerade komplett auszufüllen imstande sind.
Airbags wurden bereits in den 20er Jahren für Flugpassagiere entwickelt, aber nicht eingesetzt. Patente für Auto-*Airbags* erhielten 1952 der Amerikaner John Hetrick und 1953 der deutsche Walter Linderer. 1969 begann bei Mercedes die Entwicklungsarbeit.
In deutschen Autos seit 1981 (Mercedes S-Klasse) eingebaut. Luxusklasselimousinen haben heute bis zu acht *Airbags.* Man unterscheidet zwischen Front- und Seiten-*Airbags.* Letztere werden seltener auch ›*Sidebags*‹ genannt. Ob ein Achterpack das Maximum darstellt, ist nicht absehbar. In Slapstick-Filmen wurde bereits die schlagartige Komplettausschäumung des Innenraums von Fahrzeugen als Rundumsicherungsmaßnahme vorgeschlagen.
In den 70er Jahren wurden ›*Airbag*‹ und ›Luftsack‹ noch nebeneinander genutzt, meist um den englischen Begriff zu erläutern. Seit den 80er Jahren war das nicht mehr nötig. Heute würde kaum jemand verstehen, worum es geht, wenn

von ›Luftsäcken‹ oder ›Prallkissen‹ die Rede wäre.

FUNDSTÜCKE

»*Zuletzt ist Ende November im Bundesstaat Idaho einem einjährigen Mädchen vom* Airbag *der Kopf abgerissen worden. In den letzten fünf Jahren kostete in den USA etwa fünfzig Menschen, überwiegend Kindern, eine* Airbag-*Explosion das Leben. In Berlin wurde einer Frau im Taxi vom* Airbag *das Genick gebrochen. Im Schwarzwald kam es zu einem Frontalzusammenstoß, bei dem ein Beifahrer starb nicht trotz, sondern wegen des* Airbags.« *DIE ZEIT* (6-1996)

»*Als erster Hersteller bietet der Weltmarktführer Honda seit Spätherbst 2006 ein Motorrad mit* Airbag *an.*« adac.de (12-2008)

»*Online Beratung und Tipps zum Thema ABS-Lawinen* Airbag *vom Bergzeit Team.*« bergzeit.de (12-2008)

»*Forscher der RWTH Aachen haben einen* Airbag *für Fußgänger getestet. Der befindet sich unter der Motorhaube und bläst sich auf, wenn ein Fußgänger aufs Auto prallt.*« wdr.de (12-2008)

Alien

Engl. *alien*: Ausländer; Außerirdischer; Fremder

SPRACHGESCHICHTE

Von altfranz. *alien*, dies von lat. *alienus* (›anderen gehörig, feindlich, fremd, nicht verwandt‹) als adjektiv. Form zu lat. *alius* (›anders; ein Anderer‹).

SPRACHGEBRAUCH

Amerikanische Science-Fiction-Magazine setzten als Erste in den 40er und 50er Jahren den *Alien* in der Bedeutung ›Außerirdischer‹ als dramatische Figur ein. In den sechziger Jahren begann auch in Deutschland das SF-Business zu boomen; der *Alien* erhielt einen sprachlichen Karriereschub.

Das *Alien*-Sequel von US-Regisseur Ridley Scott mit Sigourney Weaver in der Hauptrolle (vier Filme zwischen 1979 bis 1997) lieferte weltweit mehrere sprachliche Auffrischungen, die dem Begriff im Deutschen eine hohe Benutzerfrequenz garantierten.

Der *Alien* ist per se bedrohlich. Soll er freundlicher auftreten dürfen, muss die neutralere Prägung ›Extraterrestrier‹ (engl. *extraterrestrian*, oder kurz E. T.) verwendet werden. Engl. *species* (›Art, Spezies‹) wurde ambivalent aufgeladen: Im gleichnamigen Movie selektierte ein zunächst attraktives weibliches *Alien* ihre menschlichen Lover mit tödlicher Härte, bevor sie ihren *Alien*-Charakter nach gelungener Verpuppung offenbarte.

FUNDSTÜCKE

Alien Contact heißt das »deutsche Magazin für Science Fiction« (2005).

»ALIEN! *Verborgen in einem magischen Flakon aus facettenreichem Glas, wie ein Juwel, ein Amethyst, in mysteriösem tiefgründigem Violett. Es entführt uns in eine Welt an der Grenze zwischen Realität und Fantasie.*« Werbetext für eine Parfummarke von Thierry Mugler (12-2005)

Der Kontext von Luxus und weiblicher Verführung kultiviert das Bedrohliche des *Alien* in Richtung Science-Fiction-Vamp.

»*Der* Alien-*Faktor bleibt eine Unbekannte, eine Größe ohne Zahlenwert. Und wo keine Fakten vorliegen, ist die Erfindungsgabe der SF-Schriftsteller gefragt.«* heise.de/tp (9-2005)

all-inclusive

Engl. *all-inclusive*: alles eingeschlossen, all-inclusive

SPRACHGEBRAUCH

In den 90er Jahren begann der globale Tourismus, auf eine neue Form des Convenience-Marketing zu setzen. Gäste sollten Komfort-Ghettoisierung genießen lernen. Dazu gehörte vor allem ein Pauschalpreis für alles, inbesondere Alkoholika. Das kam nicht nur bei der Ballermann-Klientel (›Ballermann‹ als verschliffene Entlehnung von spanisch *balneario:* ›Strandbad‹) gut an, sondern auch beim besser verdienenden Deutschen, der, so er sein gebuchtes Areal nicht verlässt, nur noch Handy, aber keine Brieftasche mehr mit sich tragen muss.

Das Tourismus-Marketing ist dem Trend seither treu geblieben, die Servicemarkierung wird allenthalben verstanden.

FUNDSTÜCK

»Der Trend zu All-inclusive *könne für die Gastronomie in Ferienregionen gefährlich werden, so Reif-Breitwieser, ›wer in einem* All-inclusive-*Betrieb Urlaub macht, wird nicht einmal mehr 30 Schilling für einen Kaffee ausgeben wollen‹.«* Salzburger Nachrichten (10-1996)

› **all-in-one**

all-in-one; All-in-one-

Engl. *all-in-one*: multifunktional; alles in einem; vollständig

SYNONYME

Engl. *all-round*: alles könnend, universal, vielseitig
Engl. *all-purpose*: Allzweck-
Engl. *multi-purpose*: Vielzweck-
Engl. *all-inclusive*: alles eingerechnet, alles inbegriffen
Alle englischen Synonyme sind auch im Deutschen geläufig geworden.

SPRACHE & MARKETING

All-in-one-Geräten kommt eine entlastende Funktion zu. Sie versprechen dem Käufer, dass sein Leben durch den Kauf leichter wird. Dass die Funktionsvielfalt von den wenigsten genutzt wird, spielt dabei keine Rolle. *All-in-one*-Geräte sind Allzweckwaffen, die gegen Bedrohungen helfen, deren Urheber nicht zu identifizieren sind. Die Kompliziertheit von Gesellschaft soll mit überkomplizierten Geräten abgewehrt werden. Das muss danebengehen. Und fördert den Umsatz der nächsten *All-in-one*-Device-Generation (Multifunktionsgerätegeneration).

All-in-one-Services entlasten den Konsumenten von überfordernder Selbstorganisation. So entlastet ein All-inclusive-Urlaub vollständig von Geldgedanken, da alles, was überhaupt konsumiert werden kann, bereits zuvor bezahlt wurde. *All-in-one*-Dienste sind wichtiger Teil des Convenience Marketing (›Bequemlichkeits-Marketing‹).

Der Konsument weiß, was gemeint ist, wenn er ›*all-in-one*‹ liest. Er wird es nie ohne Not aussprechen.

FUNDSTÜCKE

»All-in-One-*Security Appliance von Surfcontrol.«* zdnet.de (2005)

»Epson hat jetzt für all jene, die nach einer solchen Lösung suchen, All-in-one-*Geräte entwickelt. Die Multifunktionsgeräte sind ideal ...«* Epson-Werbung (2005)
»Luxemburg All in One*: Nur für Gruppen Unter dem Motto ›All in One‹ bieten wir von März ...«* Luxemburg City Tourist Office (2005)
› **all-inclusive**

All-rounder; Allrounder

Engl. *all-rounder*: Alleskönner, Multitalent, Generalist

SPRACHGEBRAUCH

In den 70er Jahren begann ›*Allrounder*‹ im Deutschen vor allem mit ›Alleskönner‹ zu konkurrieren, während ›Generalist‹ sich ungeschoren weiter behaupten konnte und ›Multitalent‹ leichte Präsenzverluste verbuchen musste. In Zeiten von Arbeitsteilung, Unübersichtlichkeit und Überspezialisierung haftet dem *Allrounder* das Versprechen an, als Überlebensspezialist in Dienst genommen werden zu können. Der *Allrounder* gleichsam als der unkriegerische Held der Postmoderne. Im Bereich der elektronisch-digitalen Spielzeuge führt die Sehnsucht des Konsumenten nach unbeschwerten Jackentaschen auch immer wieder zur Konstruktion von *Allroundern,* die seit der Jahrtausendwende vor allem Handy, MP3-Player, Diktiergerät und Terminplaner zusammenfassen. Auch Software bedient sich gerne der Qualitätsmarkierung.

FUNDSTÜCKE

»Allrounder *Hausmeisterservice – Gebäude pflegen, Werte erhalten«* allroundersevice.de (1-2007)
»Tutorial: AVS Video Converter – ein echter Allrounder*: Mit AVS Video Converter kann man die bekanntesten Video-Formate umwandeln. Sogar Real-Media-Dateien lassen sich so zu AVI, MPEG oder einer DVD konvertieren.«* netzwelt.de (5-2006)

All-Terrain

Engl. *all terrain*: für jedes Gelände

SPRACHGEBRAUCH

Im Dunstkreis des Adventure-Thrill-Survival-Syndroms erscheinen geländebefähigte Objekte wert- und sinnvoller (weil man ja nie weiß). So gibt es *All-Terrain*-Vehicles, was eine weitere Alternativbezeichnung für einen Geländewagen ist, aber auch Computerfestplatten, Bekleidungsstücke aller Art, Fahrräder, Motorroller oder Snowboards, denen das Etikett angeklebt wird.

FUNDSTÜCKE

»All Terrain *Kids Gravel: Wetterfester Kinder-Trekkingschuh in Leichtbauweise mit hoch atmungsaktiver Texapore O2-Membran.«* supertramp.de (10-2006) (Engl. *gravel:* ›Kies, Schotter‹)
»Die tragbare Festplatte Rugged All-Terrain *von Lacie überzeugt nicht nur durch ihre Farbe: Sie erweist sich als schnell, robust und bringt mehrere Anschlussmöglichkeiten mit. Eine gute Wahl für jede Notebook-Tasche.«* zdnet.de (8-2006)
› **SUV; Quad**

All-you-can-eat

Engl. *all-you-can-eat*: so viel du essen kannst

SPRACHGEBRAUCH

Aus den USA übernommene Angebotsform von Restaurants und Fast-Food-

Etablissements, adipöse Vielesser mit einem Einheitspreis für beliebig viele Nachschläge einer Speisensorte (oftmals Pizza) zu locken. Wer das attraktiv findet, weiß, was gemeint ist, auch wenn die wörtliche Übersetzung schwer fallen mag.
Die Unterschiede zwischen Buffets, an denen sich ehedem kultiviertere Menschen kleine, feine Häppchen auf den Teller schaufelten, und dem neuen *All-you-can-eat* sind so fließend geworden, wie die Milieugrenzen zwischen depravierten Fress-Säcken und Hochkultur-Futterern auch nicht mehr durch Geschmacksdifferenzierung eindeutig zu ziehen sind.

FUNDSTÜCKE

»Ab sofort immer wieder Sonntags: Schnitzel ›all you can *eat‹ für 12,00 Euro! Kinder bis 7 Jahre sind frei. Bestellen Sie gleich nächsten Sonntag einen Tisch!«* boennsch.de (12-2008)
»Beim gemeinsamen Mittagessen stellen wir alle übereinstimmend fest, dass für viele Amerikabesucher die All-you-can-eat-*Buffets – also Essen so viel man kann – zu den faszinierendsten Dingen im ›Land der unbegrenzten Möglichkeiten‹ gehören. Ich selbst konnte diese Erfahrung machen, als ich mit meinen Söhnen in den USA war und sie irgendwann nur noch* All you can eat *bestellten.«* bodoramelow.de (12-2008) Zitat von der Website von Bodo Ramelow, 2008 Ministerpräsident von Thüringen.

Antiperspirant

Engl. *antiperspirant*: (wörtl.) hautatmungsverhindernd

SPRACHGEBRAUCH

Das Deutsche kennt, abgeleitet von ›Transpiration‹ (›Schwitzen‹) Produkte, die unter die Antitranspirantien subsumiert werden. Dies sind Flüssigkeiten, die, auf die Haut aufgetragen, lästigen Schweißaustritt verhindern sollen.
Das Kosmetikmarketing benötigt aber unentwegt neue Produkte mit neuen Etiketten. So vermarktet *Calvin Klein* einen *Antiperspirant* Stick. ›Perspiration‹ bezeichnet aber die Hautatmung im Allgemeinen, nicht das Schwitzen im Besonderen. Besagter Stick müsste also ›Hautatmungserstickungs-Stick‹ genannt werden, so sich irgendjemand um die bisherige Bedeutung des Grundworts ›Perspiration‹ scherte. Würde der Stick also derart wirken, hätte dies den Tod des Nutzers zur Folge.

FUNDSTÜCK

»Dieser außergewöhnlich wirksame Antiperspirant *Stick sorgt dafür, dass Sie sich immer und lang anhaltend frisch fühlen und nicht so schnell ins Schwitzen geraten.«* douglas.calvinklein-perfumes.com (3-2006)

App

Engl. *app*: Kurzform für engl. *application*: Anwendung; Programm, Software

SPRACHGEBRAUCH

Im Juni 2007 stellte das US-Computerunternehmen *Apple* ein Smartphone namens *iPhone* vor, das eine beispiellose weltweite Verkaufskarriere erlebte. 2010 erfolgte die Einführung eines Tablet-PC namens *iPad*. Der Erfolg wiederholte sich. Für beide Produkte gibt es Hunderttausende, bald sicher Millionen

kleiner Hilfsprogramme, die gegen geringe Gebühr von einer Website auf das Gerät geladen werden können. Diese Hilfsprogramme nennen sich ›*Apps*‹. Da andere Hersteller smarter Handys auch von der Ausrüstungsmanie jüngerer Telefonkunden profitieren wollten, etablierten sich 2010 etliche *App*-Websites. ›*App*‹ ist damit endgültig in jüngeren Zielgruppen durchgesetzt.
2011 fand sich eine adjektivische Ableitung: ›*Appy*‹ soll ein Gerät oder Unternehmen charakterisieren, das sich *App*-geeignet oder *App*-affin anpreisen möchte. Der deutsche Edelhersteller *Loewe* schreibt in einer Pressemitteilung, sein Edelimage schädigend, dass *Loewe* »smart und *appy*« sei.

FUNDSTÜCKE

»*BILD.de stellt die besten Fashion*-Apps *fürs iPhone vor.*« bild.de (8-2010)
»Apps *statt Landkarte: Urlauber nutzen immer häufiger* Apps, *Internetroutenplanung und Navigationsgeräte, um ans Ziel zu kommen.*« zeit.de (8-2010)
»*Mittlerweile gibt es für die Pilzbestimmung unterwegs schon* Apps *für iPhone-Besitzer: 191 Arten schnell bestimmen anhand von 1000 Fotos.*« derwesten.de (8-2010)

Appetizer; Amuse-Gueule

Engl. *appetizer;* franz. *amuse-gueule*: Appetitanreger, Gaumenkitzler; kleine Aufmerksamkeit der Küche vor dem eigentlichen Essen

SPRACHGEBRAUCH

Gemeint ist die Wartezeitüberbrückung im wenigstens etwas besseren Restaurant. Einfachste Form: Das kleine, warme, pampweiche, durch Kräuterbutter schluckfähig gemachte Brötchen beim Italiener. Bei steigendem Niveau der Küche werden die Häppchen kleiner, artistischer serviert und lassen immer weniger erkennen, woraus die Komposition überhaupt besteht.
Antipasti, also Vorspeisen, die als Platte bereits Hauptgerichtsvolumen einnehmen können, gelten in der höheren Küche nicht als Amuse-Gueule.
Amuse-Gueule müsste wörtlich ›Schnauzenschmeichler‹ übersetzt werden; franz. *gueule* (›Fresse; Kehle; Schnauze‹) für sich allein gehört keineswegs der Hochsprache, auch nicht dem Jargon der Haute Cuisine (›Hohe Küche, Feinschmeckerküche‹) an. Je gehobener das Restaurant, desto eher wird der Gast im deutschsprachigen Raum ein *Amuse-Gueule* angeboten bekommen, und umso seltener wird ihm ein *Appetizer* begegnen.
Im aktiven Wortschatz des gehobeneren gastronomischen Personals, im passiven der ebensolchen Gäste. ›*Appetizer*‹ wird überwiegend im nichtgastronomischen Sinne genutzt; Buchauszüge, Filmtrailer, Musikdownloads – alle sind *Appetizer,* die zum Konsum des Hauptprodukts animieren sollen.

FUNDSTÜCKE

»Amuse Gueule. *Das Schwarze ist nicht die Kastanie, sondern Dekoration (ein Stein). Die Kastanie hingegen ist mit Suppe bedeckt.*« theiling.de (3-2007)
»Amuse Gueule *ist eine hochkonzentrierte Feuchtigkeitspflege, die in Sekundenschnelle die Haut belebt und für mehr Ausstrahlung sorgt.*« Werbung für Ni-

ckel, eine Männer-Kosmetikserie aus Frankreich (2005)

»*Didaktische* Appetizer*: Lehrer-Online bietet Ihnen eine ganze Reihe von Unterrichtseinheiten, die zur individuellen Nachahmung reizen.*« lehrer-online.de (2005)

› **Teaser; teasen**

Assistant

Engl. *assistant*: Assistent, Hilfskraft

SPRACHGEBRAUCH

Man muss heute zwischen Assistenten und *Assistants* unterscheiden. Erstere sind die Zuarbeiter von Professoren und werden in deren Arbeiten nicht genannt. Zweitgenannte sind Menschen oder elektronische Geräte. Erstere arbeiten in Trendberufen oder solchen, die sich so verkaufen. Letztgenannte kommen meist als *Personal Digital Assistants* (PDA) daher und ersetzen dem Geschäftsmenschen unterwegs die Sekretärin. Digitale *Assistants* vermehren sich, auch ohne dass man sie erkennt. Eigentlich ist jedes Smartphone zugleich ein *Assistant,* der unentbehrlich ist.

FUNDSTÜCKE

»Assistant *Legal Marketing: Als tatkräftiges Mitglied unseres Marketingteams unterstützen Sie uns bei der Umsetzung unserer nationalen Marketingstrategie.*« marketing-boerse.de (12-2006) Stellenangebot einer internationalen Wirtschaftskanzlei, daher auch die Verwendung von engl. *legal marketing,* das sich nicht von einem illegalen Marketing unterscheiden will, sondern hier ein juristisch orientiertes Marketing meint.

»*Mit unserem Produkt StarMoney Pocket* Assistant *erhöhen Sie die Sicherheit Ihres USB-Sticks und arbeiten viel produktiver.*« starmoney.de (1-2007)

auspowern / auspowern

Dt. *auspowern*: ausbeuten
Dt. *sich auspowern*: sich verausgaben
Engl. *to power*: antreiben; versorgen

SPRACHGEBRAUCH

Noch gibt es im Deutschen zwei Wörter, die gleich geschrieben werden, aber zwei grundverschiedene Bedeutungen haben:

Dt. ›auspowern‹ ist abgeleitet von franz. *pauvre* (›arm, kümmerlich‹). Deutsch ausgesprochen meint es ›bis zur Verelendung ausbeuten‹. Das Wörtchen ist überaltert; nur noch bei orthodox-altlinken Theorieproduzenten zu finden; Reanimation unwahrscheinlich.

Dt. auspowern, englisch akzentuiert, ist abgeleitet von engl. *power* (›Kraft, Macht, Stärke‹). Wer sich in diesem Sinne auspowert, hat zumeist beim sportlichen Training seine Kraft verausgabt. Hin und wieder ist auch arbeitsbedingte Erschöpfung gemeint.

FUNDSTÜCKE

»*Entladen Sie den Akku einmal pro Woche komplett, indem Sie das Gerät im Standby-Betrieb bis zum Warnton* auspowern, *oder nutzen Sie die Entladefunktion.*« akkushop-online.de (12-2005)

»*Spiele zum* Auspowern *und Lachen für Mädchen von 14–17 Jahre, bitte vorher anmelden, Info-Email.*« neukoelln-jugend.de (12-2005)

authentic; Authentics

Engl. *authentic*: authentisch, echt; glaubwürdig, zuverlässig

SPRACHGESCHICHTE

Klass. griech. *authentikos:* ›echt; ursprünglich‹; abgeleitet von griech. *autos* (›selbst‹) und griech. *hentes* (›Handelnder; Sein‹).

TRENDS & MODEN

Authentisch handelt im klassischen Sinne des Wortes, wer sich selbst als Handelnder ermächtigt und nicht fremd- oder ferngesteuert ist.

In der Sphäre des Konsums geht es selbstredend nicht um solche Authentizität. Daher dominiert hier ›*authentic*‹. Auf dem Terrain von Mode & Lifestyle wirkt ›*authentic*‹ irgendwie echter als ›authentisch‹.

›*Authentic*‹ wurde neben dem verwandten ›basic‹ zu einem der wichtigen Konsumententrends für die 90er Jahre ausgerufen (vgl. Matthias Horx: Megatrends für die späten neunziger Jahre). Der Trend hat angehalten und wird kaum wieder aus der westlichen Konsumlandschaft verschwinden. Back to the roots, retro, genuine, basic und eben *authentic* sind Charakteristika einer kauflustigen Grundstimmung, die sich aus einer Sehnsucht nach dem Unverfälschten speist.

In den 70er Jahren konnte man darüber kritisch, in den 80ern konsumbejahend zynisch, in den 90ern zeitgeistkritisch schwadronieren. Heute lässt sich nur konstatieren: Die Sehnsucht nach dem wahren Leben wird perfekt mit Produkten und Dienstleistungsangeboten befriedigt. Wenn *Authentics* im Laden bereits so aussehen, als ob sie getragen seien (Used Look; bleached: ›gebleicht‹), ist offenbar, dass das Echte in kein Schaufenster passt. Der Konsumkritiker würde sagen: Authentische Konsumakte sind paradox.

FUNDSTÜCKE

Authentic Fidelity (›echte Naturtreue‹) – in dieser Wortkombination an tautologischem Potenzial schwer überbietbar. Aus einem Werbetext für *Dynaudio*-Lautsprecher (10-2006)

»*Baufritz* ›Authentic‹ *Luxus Duschtempel: Viel mehr als Duschen. Für alle, die sich mit herkömmlichem Duschen nicht zufrieden geben.*« Werbung des Sanitärprodukteherstellers *Baufritz* (10-2005)

»*Celestial Seasonins* Authentic *Grüner Tee ist auch gut für Ihre Geschmacksnerven.*« Teeversandhaus (2005) Es muss engl. *seasoning* heißen; übersetzt ist das ein Himmlische-Würze-Echtheit-Grüner-Tee.

B

Baby

Engl. *baby*: Baby, Säugling; Liebling

SPRACHGEBRAUCH

Einer der erfolgreichsten Anglizismen überhaupt. Zwar schon im 19. Jahrhundert im Deutschen zu finden. Massiv aber erst nach dem 2. Weltkrieg mit den Sprachgepflogenheiten US-amerikanischer Militärangehöriger im besetzten Westdeutschland durchgesetzt. Gleichermaßen für Kleinst- und Kleinkinder wie jüngere, attraktive Angehörige des weiblichen Geschlechts geeignet. Nutzer geraten immer wieder in die Schusslinie von Political Correctness-WächterInnen.

DERIVATE

›*Baby*-Boom‹ und ›*Baby*-Boomer‹ bezeichnen das, wonach deutsche Populationspolitik sich heute sehnt.

›*Baby*-Doll‹ ist Beispiel für einen bereits museal gewordenen Anglizismus, der seinen Verbreitungs-Peak bereits in den 60er Jahren verzeichnete. Fashion-Revival-Versuche in den 80ern änderten daran auch nicht viel.

›*Babyface*‹ ist ebenfalls nicht mehr en vogue; das Diskriminierungs-Potenzial bei offensiv gemeinter Verwendung ist heute minimal. Movie-Fans sehen aber immer noch gerne den gleichnamigen Streifen von 1933 mit Barbara Stanwyck in der Hauptrolle.

FUNDSTÜCKE

»Der 3,50 Meter kurze Koreaner trägt ein Baby-*Face mit übergroßen Scheinwerferaugen im Stile des Citroën C2 und einen trapezförmigen Kühlergrill als Hingucker.«* Produktbeschreibung eines Kia-Kleinwagens; 3sat.de (9-2004)

»In einem Internetforum las ich über die Cleansing Bar ›Baby *Face*‹ *zum ersten Mal.«* Consumer-Produkt-Kritik bei ciao.de (12-2005) ›Cleansing Bar‹ meint einen barrenförmig komprimierten Gesichtsreiniger einer Kosmetikserie (engl. *bar:* ›Balken, Barren, Riegel).

»Edelste Stoffe in Kombination mit zarten floralen Stickereien und verspieltem Baby-*Doll Design verschmelzen in einem femininen und romantischen Stil.«* douglas.de (12-2005)

Babylifting

Engl. *babylifting*: Babyentführung

SPRACHGEBRAUCH

Wird in deutschen Anglizismenlisten als Anglizismus inkriminiert. Eine »zweifelhafte Form der Adoption von Kindern« soll dahinterstecken. Nun sollte unterstellt werden können: ›*Babylifting*‹ ist in deutschsprachigen Texten zu finden. Nur dann wäre die Aburteilung als Anglizismus statthaft.

FUNDSTÜCKE

Eine *Google*-Suche ergab insgesamt (2008) nur einige Dutzend Fundstellen.

Davon waren fünf Anglizismenlisten – eine des Vereins deutsche Sprache e. V., und drei von dieser Liste abgeschriebene Listen.
Zwei englischsprachige Fundstellen bezogen sich auf ›*babylifting*‹ als das Hochheben von Babys. Eine Handvoll weiterer zeigte gestellte Fotos, in denen sich Babys als Gewichtheber (engl. *weightlifter*) präsentierten. Und zwei weitere englischsprachige auf ›*babylifting*‹ als das Entführen von Babys aus Krankenhäusern. ›*Babylifting*‹ ist dabei eine analoge Bildung zu engl. *shoplifting* (›Ladendiebstahl‹).
›*Babylifting*‹ scheint im deutschen Sprachraum also nur in den Anglizismenlisten der deutschen Sprachbewahrer vorzukommen.

Background

Engl. *background*: Hintergrund, Background

SPRACHGEBRAUCH

Medien: Die Existenz von medialen Hintergründen, die oftmals ›*Background*‹ genannt werden, sagt: Es steckt etwas hinter dem Vordergründigen, der News, der Nachricht. Das unterscheidet den Hintergrund in den Medien vom Hintergrund der Malerei. In Letzterer musste er als Bühne des Bildgeschehens erkennbar sein. In den Medien regiert der Verdacht, dass hinter allem etwas steckt. Sogar hinter dem Hintergrund, mit dessen Aufdeckung es also kein Ende nehmen kann, weil Medien ohne Aufdeckbares nicht leben können.
Computer: Eine moderne Form des sichtbaren Hintergrunds ist der Bildschirmhintergrund. Der heißt auch ›*Background*‹. Auf einem solchen *Background* ist oft ein *Background*-Image zu sehen. Ist das *Background*-Image aufdringlich gestaltet, sind meist auch die Icons im Vordergrund aufdringlich.
Arbeit: Ein Mensch hat seit kurzem auch einen *Background*, der ehedem ›Erfahrung‹ oder ›Ausbildung‹ hieß. Dieser *Background* ist extrem wichtig, wenn es um die Bewerbung um einen Job (›Arbeitsplatz‹) geht. Der *Background* ist dabei kaum mehr von der Vita zu unterscheiden.
Politik: Bei einem Politiker meint die Frage nach dem *Background* eher die Frage nach Ideologie oder Weltbild, die seine politischen Meinungsäußerungen prägen. Insofern ist die Vermutung eines *Backgrounds* etwas Freundliches, denn Politik wird meist unterstellt, hinter ihren Entscheidungen steckten keine Anschauungen, sondern Sachzwänge. Diese Sachzwänge darzustellen, ist wiederum Aufgabe der Hintergrundberichterstattung der Medien.

ALTERNATIVEN

Das Deutsche kennt noch ›Fond‹, ›Folie‹ und ›Kulisse‹, um Hintergründiges zu bezeichnen.
›Fond‹ stammt von lat. *fundus* (›Boden, Grundlage‹) ab. Die Verwendung hat sich aber auf den Bereich von Kunst, Fotografie und Kunsthandwerk zurückgezogen.
Fundstück: *»Porträts werden besser, wenn das Modell genügend Abstand zum Hintergrund einhält. Wer wenig abblendet, läßt den* Fond *unscharf verschwimmen.«* Agfa-Fotokurs (2004)

›Folie‹ stammt von vulgärlat. *folia* (›Blatt‹) ab. Zum Hintergrund wurde die Folie durch die Präsentationstechnik per Overhead-Projektor. Dabei wurden transparente Plastikfolien mit aufgedruckten Thesen und Kernsätzen verwendet. Die bildeten den Hintergrund für die Diskussion unter den Teilnehmern der Präsentation. ›Folie‹ meint eher den begrifflichen oder theoretischen Hintergrund, der die Lesart eines vordergründigen Phänomens bestimmt. Fundstück: *»Der zeitliche Rahmen muss auf dieser Folie nach den örtlichen Bedingungen angepasst werden.«* lehrer-online.de (2003)

›Kulisse‹ ist Theater, Film und Reisebeschreibung vorbehalten. Fundstück: *»Grandiose Kulisse: Eiger, Mönch und Jungfrau sind schnell erreicht. Das Bild anklicken zum Vergrößern!«* Rhein-Zeitung (5-2004)

FUNDSTÜCKE

»Background-*Folie: Damit Sie Inhalte auf einer Folie im* Background *einfügen können, muss die Folie auf der Hintergrundebene zur aktuellen Folie gemacht werden.«* e-magister.de (1-2004)

»Auf dem Hintergrund dieser Folie erörtert der Beitrag die einzelnen Stationen der Osterweiterung.« aus: ›*Die Erweiterung der europäischen* Union‹, Schriften der Landeszentrale für politische Bildung Baden-Württemberg (2004)

Backpack

US-engl. *backpack*: Rucksack, Backpack

SPRACHGEBRAUCH

Der deutsche jugendliche Rucksackträger ist seit Mitte der 80er Jahre zum ›*Backpacker*‹ mutiert. Entsprechend schleppt er ein oder einen *Backpack*. (Wer ›Rucksack‹ denkt, sagt eher ›der‹; wer so was wie ›Rückenpäckchen‹ denkt, eher ›das‹.)

Der ältere britische Engländer sagt immer noch eher *rucksack* zum Rucksack; als Anglizismus mit Werbeimpact daher schlecht ins Deutsche zu reimportieren. Den *Bagpack* kennt der Engländer nicht. Der Deutsche findet ihn zunehmend plausibel, weil er ›Bag‹ bereits gelernt hat. Ein ›Taschenpack‹ tendiert zwar in Richtung Pleonasmus; das stört aber nicht, weil eben gesprochen und nicht übersetzt wird.

Backpacks decken einen breiten Funktionsbereich ab: Ob Laptop-Rückentasche, voluminöser Sportbeutel oder Globetrotter-Überlebensbehältnis – alles kann ›*Backpack*‹ genannt werden.

Mit ›Daypack‹ ist ein kleiner Rucksack für den Alltag gemeint; abgesetzt von den großvolumigen Trekking-Rucksäcken.

FUNDSTÜCK

»Technische Daten zu Oakley Hardshell Backpack *(schwarz): ...«* directshopper.de (12-2005)

› **Bodybag**

Backshop / Back-Shop

Engl.: Rückengeschäft

Dt.; Backshop: Backwarengeschäft

SPRACHGEBRAUCH & FUNDSTÜCKE

Ein anglo-deutsches Verwirrspiel. Ist ein *Backshop* nun für Rückenleiden (engl. *back:* ›Rücken‹) oder gebackene Nahrungsmittel zuständig? Diese Frage wird von Sprachwächtern immer wieder gestellt, um auf die gedankenlose Ang-

lifizierung der deutschen Sprache hinzuweisen.
Fakt ist: Es gibt eine *Backshop®* GmbH in Deutschland. Das Münchner Geschäft nennt sich ›Fachbetrieb für Rücken- und Nackenschmerzen‹. Gegründet wurde es 1996 von einem jungen Team. Der Name wurde bewusst gewählt, um dessen Irritationspotenzial werblich zu nutzen; er ist als Markenname geschützt, somit einmalig und kann zu keiner sprachlichen Wucherung führen.
In Kapstadt (englischsprachig) existiert eine private Schmerzklinik namens *backshop*. Gilt also nicht.
Alle anderen Vorkommnisse von *Back-Shop* oder *Backshop* in deutschen Landen beziehen sich auf Läden oder Ladenketten, die gebackene Nahrungsmittel anbieten. Oder auf Websites, die über den vermeintlichen Sprachenwirrwarr herziehen (über 500 Fundstellen). Die Beschilderung eines deutschen Backwarengeschäfts mit ›*Backshop*‹ führt nun aber keinesfalls zu Irritationen bei Käufern, wie der Name des Ladens nun auszusprechen sei. ›Shop‹ wird gar nicht mehr bewusst als Anglizismus wahrgenommen, so haben persönliche Stichproben ergeben.
Deutsche Sprachwächter unterstellen, indem sie ›*Backshop*‹ als Anglizismus deuten, dass dem Deutschen der englische Ausdruck für ›Rücken‹ näher wäre als das deutsche ›Backen‹. Das ist lebensfremd. Sprachkritik sieht, wie man sieht, von Kontexten ab. Sprache besteht aber nicht aus isolierten Wörtern, sondern Situationen, in denen Sprache beobachtbar ist. Wenn ich das Wort ›*Backshop*‹ lese, mag ich ein wenig zögern, wenn es in einer Publikation über Anglizismen auftaucht. Stehe ich in einer Einkaufszone vor einem *Backshop,* gibt es auch für den Englischunkundigen kein Vertun.

Bacon

Engl. *bacon*: Schinken

SPRACHGEBRAUCH

Ein Schinken gehört zum alten, vor Fett triefenden, folkloristisch aufgedunsenen Deutschland. Jünger, moderner, leichter und gesünder hingegen mutet die Verwendung von engl. *bacon* an. Und so geschieht es denn auch in der jungen, modernen Kochkultur.

FUNDSTÜCK

»Nun schneiden wir den Bacon *klein und die dritte Zwiebel. Beides braten wir in einer Pfanne mittels Pflanzenöl cross an (cross = knusprig). Dann den Inhalt der Pfanne, wenn er etwas abgekühlt ist, ebenfalls in die Schüssel rein und wieder umrühren.«* kochbar.de (2-2009)
Die Übersetzung von engl. *cross* irritiert vollends.

Bad Bank

Engl. *bad bank*: böse Bank

SPRACHGEBRAUCH

Ende 2008 im Zuge der globalen Finanzkrise aufgekommene Bezeichnung für ein Geldinstitut, das seine Existenzberechtigung einzig in der Aufnahme der faulen Kredite und Wertpapiere der angefaulten und von zunehmender Fäulnis bedrohten Banken hat. 2009 legte die Medienpräsenz von ›*Bad Bank*‹ vehement zu. Die Prägung hat Qualitäten, die zum »Unwort des Jahres« taugen.

Die Verständlichkeit ist hoch. Menschen kennen bereits Bad Boys und Bad Guys, zu denen sich die Bezeichnung zwanglos gesellen kann.

FUNDSTÜCKE

»Die Bad Bank *wäre unter ökonomischer Hinsicht mehr als ein Sündenfall.«* FAZ (1-2009)

»Die Idee einer deutschen ›Bad Bank‹ *zur Übernahme hochriskanter Papiere der Banken findet immer weniger öffentliche Anhänger.«* Die Welt (1-2009)

Badge

Engl. *badge*: Abzeichen; Kennzeichen; Plakette

MODE / FASHION

Auffallend bedruckte oder bestickte Abzeichen aus Stoff oder Plastik zum Style-Tuning (›Stilfeinschliff‹) von Kleidungsstücken des Jugendmarktes.

Oft identisch mit dem Label des Herstellers. Jugendliche werden so kostenlos als Werbeträger eingesetzt.

Auf Messen und Veranstaltungen signalisieren *Badges* am Revers des Besuchers, dass dieser zu den zahlenden Besuchern gehört.

›*Badge*‹ ist deutschen Jugendlichen seit den 90er Jahren weitgehend geläufig.

VARIA & FUNDSTÜCKE

»Die Badge *it Button Maker sind Original von Badai jetzt im Angebot im Shop.«* (6-2005) Internet-Anbieter einer Button-Maschine für Kinder

»Hogwarts School Badge *günstig kaufen bei fireball.«* (6-2005) Werbetext; Hogwarts ist der Name der Schule aus den Harry-Potter-Büchern.

› **Button; Sticker**

Bag

Engl. *bag*: Beutel, Koffer, Sack, Tasche, Jagdbeute

SPRACHGEBRAUCH

Nur ältere Damen besitzen heute in Deutschland noch Taschen. Alle anderen haben *Bags*. Selbst Businessmen haben Business-*Bags*.

FUNDSTÜCKE

»Maloperro Rocket Bones Black: Edles Designerbag *der bekannten italienischen Designschmiede maloperro. Der Rocket Bones ist im Stylischen Knochendesign gehalten und überzeugt durch trendiges Design und hohen Komfort.«* arktis.de (8-2007) Hier ist es also das *Bag* und nicht die *Bag,* was naheliegender wäre, weil es im Deutschen ›die Tasche‹ und nicht ›das Tasche‹ heißt; aber was schert das den Trenddesigner und seine Sprachmarotten.

»Police Bag *TT schwarz Die ultimative Einsatztasche mit einem Gesamtvolumen von 150 Liter.«* asmc.de (12-2008)

»M-Audios® Torq® Xponent Gig Bag *ist die perfekte Tragetasche für den mobilen DJ.«* de.m-audio.com (12-2008) *Gigbags* oder *Gig Bags* sind spezielle Taschen zum Transport von Musikinstrumenten, Bühnenelektronik oder DJ-Equipment. Im Musikbusiness vertraut.

› **Bodybag; Doggy Bag**

Baggypants; Baggy Pants

Engl. *baggy pants*: Sackhose; ausgebeulte Hose

SPRACHGEBRAUCH

Das Wort und die damit bezeichneten ausgebeulten Hosen kamen Ende der 80er Jahre aus den USA zu uns. Von der

engen Bindung an die Hip-Hop-Musikszene hat sich das Kleidungsstück gelöst. Bis heute hat sich unter männlichen deutschen Jugendlichen die Sitte erhalten, bewusst ultraweit geschnittene Hosen zu tragen, bei denen ein definitives Abrutschen über den Hüftknochen permanent zu befürchten ist, aber leider doch sehr selten auftritt.
Die Träger solcher Hosen, deren Verkäufer und Vermarkter, kennen und nutzen das Wort.

FUNDSTÜCKE

»Baggypants, *Scout. Von SCOUT in toller Used-Optik mit ausgewaschenen Sandblast-Effekten vorne und hinten.«* ww2.otto.de (12-2005) Engl. *to sandblast:* ›sandstrahlen‹

»Baggypants *sind genau das richtige für coole Ballergirls, die sich beim Körbewerfen mit hoch gewachsenen Jungs messen können.«* casio-in-motion (1-2006)

Balance

Engl. *balance*: Ausgleich; Balance, Gleichgewicht; Bilanz; Guthaben; Waage; Überschuss
Franz. *balance:* Bilanz; Gleichgewicht; Waage

SPRACHGEBRAUCH

Engl. *balance* hat im Deutschen keinesfalls ›Balance‹ (mit möglichst französischer Betonung) ersetzt. Es hat genau besehen gar nichts mit Gleichgewicht zu tun, sondern mit Schwergewicht und dessen Minderung. Es sind überwiegend Light-Nahrungsmittel, denen *Balance*-Eigenschaften zugeschrieben werden. Esse ich kalorienreduzierte Nahrung, kommt gar nichts ins Gleichgewicht, eher kommt mein Essverhalten aus dem gewohnten Rhythmus. Was bleibt: *Balance* ist etwas Gutes. Und Essen soll guttun. Über die logischen Implikationen eines werblich eingesetzten Begriffs darf man sich keine schwergewichtigen Gedanken machen. Das könnte die gedankliche Balance (mit französischem Akzent) stören.

FUNDSTÜCKE

*»Sie interessieren sich für Ihre Gesundheit. Der Tagesspiegel und e-*balance *in Berlin hilft Ihnen dabei.«* ebalance.tagesspiegel.de (4-2007)

»Abnehmen in fachmännischer Begleitung – das ist die Grundlage von metabolic balance. *Denn um den Körper in ein gesundes Gleichgewicht zu bekommen, stellen sich bei dieser Methode dem Abnehmwilligen ausgebildete Ärzte, Heilpraktiker bzw. Ernährungsberater hilfreich zur Seite.«* amazon.de (4-2007)
Engl. *metabolic:* ›metabolisch, den Stoffwechsel betreffend‹

› **Miracel Whip**

Baller Girl; Ballergirl

Engl. *baller girl*: Ball-Göre

SPRACHGEBRAUCH

In der US-Sport-Szene hat sich Ende der 90er Jahre ein neuer Sportlerinnen-Typus etabliert: Sie nennen sich *baller girls,* spielen Basketball, Baseball, Football und Fußball und repräsentieren einen androgyn-muskulösen Typus, der es mit den Jungs aufnehmen will. Die deutschsprachige Trendsportberichterstattung hat den Begriff seit etwa 2005 aufgegriffen. Deutsche Szenemädels versuchen, den amerikanischen Vorbildern nachzueifern.

Problematisch: Im Deutschen gibt es das ›Ballergirl‹ als weibliches Pendant zum ›Ballermann‹, dem sauffesten Deutschland-Repräsentanten auf Mallorca. Dieses ›Ballergirl‹ wird vorne deutsch, hinten englisch intoniert. Ein toughes deutsches *Ballergirl* dürfte eine Verwechslung als extrem respektlos interpretieren und entsprechend unsportlich reagieren.

FUNDSTÜCK

»Baggypants sind genau das richtige für coole Ballergirls, *die sich beim Körbewerfen mit hoch gewachsenen Jungs messen können.«* casio-in-motion (1-2006)

Bar

Engl. *bar*: Bar; Barre; Gericht; Riegel; Schranke

SPRACHGEBRAUCH

Die Bedeutungsvielfalt im Englischen basiert einzig auf dem Balken, der in der *Bar* wie bei Gericht als Trennung zwischen Kunden und Dienstleistern genutzt wurde. Das weiß der deutsche Sprecher kaum. Er kennt die *Bar* als Ausschank und duzt vielleicht gar den *Barkeeper.* Dass im Hintergrund der *Bartender* für die Ausstattung der *Bar,* eben das *Bartending* samt Drink-Mixing, verantwortlich ist, schert ihn weniger.

Aber der *Bar* in der Bedeutung von ›Barren‹ dringt langsam über die Vermarkter von Fitness- und Sportlernahrung ins Deutsche. *PowerBar* nennt sich ein hier zu Lande erfolgreiches US-Unternehmen, das Premium Sports Nutrition (›erstklassige Sportnahrung‹) vermarktet.

So gibt es seit den 90er Jahren Energy *Bars,* Bio *Bars,* Body Building *Bars* und *Bars* Sirup Caramel (die semi-adaptiert zumindest ›Sirup-Caramel-*Bars*‹ heißen sollten oder aber, Bundeswehr-like kategorial hierarchisierend ›Bars, Sirup, Caramel‹).

FUNDSTÜCKE

»In einem Internetforum las ich über die Cleansing Bar *›Baby Face‹ zum ersten Mal.«* Consumer-Produkt-Kritik bei ciao.de (12-2005) Ein oder eine *Cleansing Bar* ist ein Hautreinigungsmittel, das meist in einer klassischen Runddose offeriert wird; also phänotypisch kein Barren; dächte man sich die Masse aber als lange Stange, die Dosenportion als einen Abschnitt davon, käme man der Sache näher, so sich jemand überhaupt solche Gedanken machte.

»Was ist iBar*?* iBar *ist das System für die interaktive Gestaltung eines* Bar-*Tresen. Die milchige Bar-Oberfläche kann mit eingebauten Beamern mit beliebigen Inhalten bespielt werden.«* i-bar.ch (8-2006)

Basement

Engl. *basement*: Keller; Tiefparterre

SPRACHGEBRAUCH

Wohnraum in attraktiven deutschen Citylagen ist knapp. Da werden auch tiefer gelegte Etagen als Wohnung erschlossen. Diese ›Tiefparterre‹ zu nennen, wäre verkäuferisch falsch, da dies nicht mit dem Image eines jüngeren Citybewohners kompatibel ist. ›*Basement*‹ hört sich da viel besser an.

Das Popbusiness liefert weitere Vorkommnisse. Engl. *basement* liefert einen Assoziationsraum von ›ursprünglich‹, ›geerdet‹, ›bodenständig‹.

Entsprechend greifen namensuchende Bands, aber auch Event-Lokale zu, die mieten- und schallschutzsparend sich kellernah situieren.

FUNDSTÜCKE

»Das Basement *mit dem zentralen Blickfang Rundum-Bar ist multifunktional: Es ergänzt Veranstaltungen im Hause oder bietet sich als separat anmietbare Clublounge an. Hier läßt es sich in lässiger Atmosphäre feiern, tanzen und ein feines Cocktail-Sortiment genießen.«* kalkscheune.de (2-2007)

»Im Basement *befindet sich eine Tee-Lounge, offener Kamin, TV, und zum Entspannen ein tuerkischer Diwan.«* duesseldorf.kijiji.de (2-2007)

Bashing

Engl. *bashing*: schlagend; öffentliche Beschimpfung

Engl. *to bash:* verprügeln; schlecht machen

SPRACHGEBRAUCH

Engländer betreiben seit dem 2. Weltkrieg *Kraut bashing* oder *German bashing,* das heißt: Sie lästern in durchaus respektloser Weise über das deutsche Gemüt. Das kennen meist nur anglophile Deutsche, die sich jenseits des Kanals solchem *Bashing* manchmal aussetzen. Das Internet, als Schwatz- und Lästerzone, hat einen eigenen Stil von ungehemmter Kritik entstehen lassen. *Bashing* gehört da zum lockeren Ton, der goutiert wird, wenn es um die Bösen aus dem Computer- und Telekom-Business geht. Aus jener Zone wurden ›*bashen*‹ und ›*Bashing*‹ seit etwa der Jahrtausendwende durch die neuwortgeilen Medien in den deutschen Alltag importiert. Jetzt kann alles zwischen dezenter Kritik und kompletter Verarschung auch ›*Bashing*‹ geheißen sein.

FUNDSTÜCKE

*»Papst-*Bashing*: Carrell, Rushdie, Ratzinger – wer kommt als nächstes?«* spiegel.de (9-2006)

»Bashing *statt Spenden: Hurrikan ›Katrina‹ forderte Hunderte Menschenleben, richtete Milliardenschäden an. Doch statt Anteilnahme und Spendenaufrufen hören die Amerikaner aus Deutschland vor allem Häme und Belehrungen.«* spiegel.de (8-2005)

*»Das gemeinschaftliche Jamba-*Bashing *in Weblogs, welches durch Johnnys Spreeblick-Kurs ausgelöst wurde, ist nun schon eine ganze Weile her.«* theofel.de (8-2005) Jamba ist ein Unternehmen, das vor allem mit Klingeltonabzockerei Erfolg hatte.

› **dissen**

Batman

Engl. *batman*: Fledermausmann

SPRACHGEBRAUCH

Der deutsche Kinogänger kennt mehrheitlich die Comic- und Filmfigur *Batman.* Er weiß, sie tritt, so Action gezeigt wird, schwarz ummantelt und maskiert auf. Er weiß aber (wie der Autor stichprobenartig testete) oft nicht, was ›*Batman*‹ in deutscher Übersetzung heißt. Viele tippen auch falsch und unterstellen semantische Verwandtschaft mit engl. *bad* (›böse‹). Der Online-Versender Amazon weiß darum; sucht man nach ›*Badman*‹, wird man zu *Batman*-Filmen und -Puppen weitergeleitet.

›*Badman*‹ – als bewusst konstruiertes Derivat – hat sich als Username im Internet durchsetzen können.

FUNDSTÜCKE

»*Suche* badman *oder spiderman Rennbahn.*« Suchanzeige bei eBay (12-2005)

»*Variety.com meldet, dass Warner Bros. Interactive einen Lizenz-Deal mit Lego abgeschlossen hat, um ein Videospiel namens Lego* Batman *entwickeln zu lassen.*« gamecaptain.de (3-2007)

Bay Watch

Engl. *bay watch*: Bucht-Wache, Strandwache

SPRACHGEBRAUCH

Die US-Filmserie über eine gemischtgeschlechtliche Rettungsschwimmer-Truppe ließ ›*Baywatch*‹ seit Oktober 1990 an deutschen Sprachgestaden anlanden. Dort hat sich der Begriff bis heute eingegraben, wiewohl die letzte Staffel im November 2000 beendet war. Die medienmythische Reststrahlung von Darstellern wie Pamela Anderson und David Hasselhoff ist immer noch hinreichend stark.

FUNDSTÜCKE

»*Muslim*-Baywatch*: Mecca Laa Laa ist die Erfinderin des ›Burkini‹, ein Badeanzug für streng gläubige Musliminnen. Ihre Erfindung präsentierte sie gemeinsam mit einem islamischen Strandwächter-Team am 4. Februar 2007 am Cronulla Beach in Sydney, Australien.*« 20min.ch (2-2007)

»*Der* Baywatch *Tower ist ein Systemstand und ein idealer Blickfang in jeder Halle, aber selbstverständlich auch draußen im Freigelände.*« meplan.de (2-2007) Es handelt sich um einen Messestand im Strandwachendesign.

Beach

Engl. *beach*: Strand

SPRACHGEBRAUCH

Deutsche Menschen weit jenseits der 50 gehen an den Strand. Alle anderen gehen zum *Beach*, spielen zunächst *Beach*-Volleyball oder *Beach*-Soccer und feiern hernach eine *Beach*-Party. Dazu darf sogar wieder Musik der *Beach Boys* gespielt werden.

FUNDSTÜCK

»*Nordsee* Beach*: Auf Krummhörn in Pilsum bei Familie Mathia.*« unterkunft.de (1-2006)

Beamer

Engl. *beamer*: der BMW (Spitzname aus der US-Yuppie-Kultur der 80er Jahre); beim englischen Nationalsport Kricket ein Ball, der am Schlagmann (engl. *batsman*) in Kopfhöhe vorbeizischt.
So weit offiziöse Lexikoneinträge, die dem Sprachgebrauch wie immer weit hinterherhinken.
Das deutsche ›Beamer‹ ist entlehnt von engl. *to beam* (›strahlen; senden‹). Es ist also nicht gleich ein Scheinlehnwort, nur weil es kein gleich geschriebenes Wort ähnlicher Bedeutung im Englischen gibt.

ELEKTRONIK-EVOLUTION & SPRACHE

Im Englischen war *beamer* in der Bedeutung ›elektronischer Projektor‹ vor der deutschen Sprachschöpfung nicht bekannt.
Im Englischen ist *video projector* geläufig. Der Begriff ist mittlerweile aber zu eng gefasst. Projektoren werden zunehmend im Geschäftsleben zur Präsenta-

tion von Computerdateien benutzt. Der Videoprojektor (das Wort kennen wir auch, und es wird eifrig genutzt) hat seinen Platz im unterhaltungselektronisch hochgerüsteten Wohnbereich. Im Deutschen wird ›Projektor‹ (als Gerät für Video- und Datenprojektion) etwa so häufig benutzt wie ›*Beamer*‹. Das Scheinlehnwort ›*Beamer*‹ hat also das Fremdwort ›Projektor‹ (von lat. *proicere;* Partizip *proiectum:* ›vorwerfen; hinauswerfen; wegwerfen‹) keinesfalls verdrängt.
›*Beamer*‹ ist aber im englischsprachigen Raum durchaus präsent. Die Option, vom Verb *to beam* ein Substantiv abzuleiten, hat man sich, angeregt durch das deutsche Vorbild, nicht entgehen lassen.
Zu in England und den USA vertriebenen *video conferencing packages* (›Videokonferenzausrüstungen‹) gehören selbstredend auch *beamer.*
Und im Euroland? ›*Beamer*‹ ist geläufig in den Niederlanden, Belgien, Österreich, der Schweiz, Italien, Spanien. Wieder mal ein Internationalismus. Plausibel der Verdacht: ›*Beamer*‹ war niemals eine rein deutsche Erfindung. Sondern das plausible Kunstprodukt von global agierenden Unternehmen der Unterhaltungselektronik.
»Beam *me up, Scotty!*« ist zum geflügelten Wort geworden, zumindest bei Menschen, die den Anforderungen eines jünger zugeschnittenen Bildungskanons entsprechen. Der Satz entstammt der TV-Science-Fiction-Serie *Star Trek.* Am 27. Mai 1972 startete die deutsche Erstausstrahlung im ZDF. ›*Beamen*‹ im Kontext der SF-Serie meinte: Personen mittels eines Materietransmitters in einen Partikelstrom auflösen, ohne nennenswerte Zeitverzögerung über größere Entfernungen expedieren und am Zielort wieder materialisieren lassen.
In anderen erzählerischen Science-Fiction-Produkten (Buch, Film, PC-Spiel) sind *Beamer* häufig Handfeuerwaffen, die sedierende oder letale Strahlen aussenden. ›*Beamer*‹ hat hier die Ray Gun (›Strahlenwaffe‹) der älteren Science-Fiction ersetzt.

FUNDSTÜCK

The Better Beamer *ist ein Zusatz für Blitzlichtgeräte* (engl. *flash; flash light*).
LaTex Beamer *ist eine Software, »that allows you to create a* beamer *presentation«* (11-2005) Ertappt! Vom Deutschen rückentlehnt? Oder unwissend neu erfunden?
Bei Esoterikprodukten deutscher wie US-amerikanischer Provenienz gibt es diverse *Beamer,* mit denen Wasser und Nahrungsmittel mit numinosen Energien aufgeladen (engl. *to charge*) werden können.

Beauty

Engl. *beauty*: Schönheit; Prachtstück; Schönheits-

SPRACHGESCHICHTE

Die Normannen sagten um 1300 *beute;* das Altfranzösische liefert *bealte;* der lateinische Volksmund hatte *bellitas* von *bellus* (›schön; hübsch‹) abgeleitet.

SPRACHGEBRAUCH

Schönheit wird in Deutschland zu *Beauty,* als Schönheit zum einen Medieninszenierung, zum anderen Markt wur-

de, der Konsumenten versprach, dass Schönheit machbar ist.
»*Deutsche Mädchen zählen mittlerweile zu den umworbensten Titel-Schönheiten und Reklame*-Beauties.« So der *Spiegel* im Jahr 1964. Von da ab startete engl. *beauty* in allen Komposita seine Invasion.
Aus dem Englischen übernommen wurden:
Beauty-Case (›Schönheitsköfferchen‹)
Beauty-Contest (›S.-wettbewerb‹)
Beauty-Queen (›S.-königin‹)
Beauty-Salon (›S.-salon‹)
Beauty-Sleep (›S.-schlaf‹; dort bereits seit 1850)
Als deutsche Schöpfungen (Scheinentlehnungen) galten noch in den 90ern:
Beauty-Assistant (›S.-Assistent/-in‹)
Beauty-Bag und *Beauty*-Box (handliches Kosmetik-Transportmittel)
Beauty-Farm (›S.-farm‹)
Beauty-Fluid (›S.-Lotion‹)
Das ist zum einen überholt und liegt zum anderen an den Regeln wissenschaftlicher Sprachforschung. Da gilt meist: Was nicht in Wörterbüchern belegt ist, gibt es nicht.
Wörter für Produkte werden aber von Produzenten weltweit durchgesetzt. Sie durchdringen zunächst als Werbebotschaften die Medien und sogleich die Berichterstattung, die sich umstandslos der neuen Wörter bedient.
Den *beauty assistant* gibt es mittlerweile in den USA, Kanada, England und Neuseeland. Die *beauty farm* zusätzlich in Italien, den Niederlanden und Dänemark. Und *beauty bag, beauty box* und *beauty fluid* sind durch den Sprachgebrauch der Kosmetikhersteller ebenfalls international durchgesetzt.
Nebenbei: engl. *beauty spa* galt vor *beauty farm* als der korrekte Ausdruck im Englischen. Es gibt ihn noch. Aber beide werden mittlerweile etwa gleich häufig genutzt.
Das frühere engl. *health farm* hat seit dem Fitnessboom der 70er Jahre eine Bedeutungserweiterung erfahren. Aus der Schönheitsfarm älteren Typus ist eine integrierte Körper- und Geist-Ertüchtigungsanstalt geworden, die nebenbei auch das Peeling und die Gurkenmaske für Faltenträger beiderlei Geschlechts erledigt.

FUNDSTÜCK

»Beauty *Food: Die 83 besten Fitmacher für Haut und Haar.«* Schlagzeile der deutschen Zeitschrift *Healthy Living* (11-2005)

Best-Ager; Best Ager

Engl. *best ager*: Mensch im besten Alter, Mensch in den besten Jahren

SPRACHGEBRAUCH

Marketingausdruck für Prä-Senioren mit gefülltem Bankkonto und gesteigerter Konsumbereitschaft. ›*Best-Ager*‹ verbreitet sich langsam über den Jargon der Marketingszene hinaus. Eine älter werdende Gesellschaft hat einen hohen Bedarf an euphemistischen Bezeichnungen für trans-juvenile Kunden; der Verwendungswert von ›*Best-Ager*‹ wird zunehmen.

FUNDSTÜCKE

»Der Best Ager *Job-Club in Dortmund, Westenhellweg 58, feierte sein 1-jähriges Bestehen mit einem Tag der offenen Tür.«* best-ager-50plus.de (1-2011)

»BestAger *ist eine Plattform für alle Junggebliebenen und das Informations- und Kommunikationsportal der Generation Silver-Surfer.«* bestager.org (12-2008)
»Die Generation 50plus wird für Wirtschaft und Politik immer wichtiger. Als größte Messe für Best Ager *präsentiert ›Die 66‹ ab dem 11. April ein Programm, das strikt auf die Interessen dieser bedeutenden Zielgruppe zugeschnitten ist.«* zeit.de (3-2008)

Bestseller

Engl. *bestseller*: Erfolgsbuch, Verkaufsschlager, Bestseller

SPRACHGEBRAUCH

Ein omnipräsentes Wörtchen. In der deutschen Verkaufsförderung – die damals noch nicht ›Marketing‹ hieß – schon 1946 geläufig. Und heute weit über den Buchmarkt hinaus genutzt: bei Soft- und Hardware, Autos, CDs, Erotika, Verkehrsmaschinen und Waffensystemen für den Drittweltexport.
Einer der Zentralbegriffe des Kulturkampfes zwischen den Anhängern von kommerziellen Erfolgskriterien und denen von eher elitären Qualitätsmaßstäben.
Bestseller-Listen erfanden die Amerikaner 1895. Aber immerhin bereits 1927 veröffentlichte die Zeitschrift *Die literarische Welt* ihre eigene Liste der buchförmigen Verkaufsschlager. In den 60er Jahren begannen *Bestseller*-Listen in den Publikumsmedien zu wuchern.

VARIANTEN

Chart-Topper: Spitzenplatzbesetzer auf einer Verkaufshitliste (engl. *chart*)
Hit: findet sich auf Hitlisten der bestverkauften Musik-CDs
Topseller: Synonym zu Bestseller
›Longseller‹ wird zumeist als Scheinanglizismus niedergemacht, was zu simpel ist: Die Ableitung ist naheliegend. In Spanien und dem spanisch sprechenden Lateinamerika ist sie bereits geläufig. Vielleicht sind die Amerikaner nur ein bisschen zu langsam. Gemeint sind Produkte, die sich lange Zeit auf Bestsellerlisten zu halten vermögen.

FUNDSTÜCKE

»Shades of Grey: Wie ein Porno für Frauen zum Bestseller *wurde.« Hamburger Morgenpost* (07-2012)
»Deutsche Waffen für die Welt: Tödliche Bestseller.*«* n24.de (11-2011)
› **Blockbuster; Longseller**

Bike; Biker; Biking

Engl. *bike* (Kurzform von engl. *bicycle*): Fahrrad, Zweirad, Bike; Motorrad
Engl. *biker:* Motorradfahrer/-in, Biker/-in; Radfahrer/-in

SPRACHGEBRAUCH

In den 70er Jahren verwandelte sich das Fahrrad langsam in ein *Bike,* ausgelöst durch die aus den USA herüberschwappende erste Trend-Sport-Welle namens BMX (engl. *bicycle motocross;* das ›X‹ steht gestalthalber für engl. *cross*).
Seither bescheren die Fahrradhersteller deutschen Strampelwilligen aller Altersgruppen immer neue Produkttrends, die aber stets als *Bike*-Trends daherkommen.
Um ›*Bike*‹ bildete sich eine Wortgruppe von Ableitungen wie ›*Biker*‹ (der im anderen Kontext auch für Motorradfahrer

geläufig ist) und ›*Biking*‹. Deutschsprachige Special-Interest-Magazine nennen sich *Bike* und *Mountain Bike.*

Wer heute in Deutschland ›*Bike*‹ sagt, meint mehrheitlich ein Mountain *Bike*, also die hügeltauglich aufgerüstete Form eines Fahrrades.

Innerhalb der *Biker*-Szene hat sich ein englisches Fachvokabular durchgesetzt. Ein Rahmen heißt ›Frame‹. Ein normalstraßentaugliches Mountain-*Bike* ist »postmount kompatibel.« Und Räder haben Typenbezeichnungen wie *Getaway* (›Flucht; Trip‹) oder *Goblin* (›Kobold‹).

Handbikes sind Räder, die über eine Handkurbel angetrieben werden und vor allem beim Behindertensport genutzt werden. Wie zu erwarten, werden sie auch mit dem Etikett ›Handcycle‹ vermarktet.

FUNDSTÜCKE

»Mountainbike *Urlaub mit geführten* Biketouren *und GPS Verleih in Hotels in Österreich und Südtirol.«* bike-holidays.com (12-2005)

»Herzlich Willkommen beim Nationalpark Bike *Marathon, ein Event für* Biker *aller Leistungsniveaus.«* bike-marathon.com (12-2005)

Binge Drinking

Engl. *binge drinking*: Rauschtrinken; Kampftrinken, Komatrinken, Saufgelage

SPRACHGEBRAUCH

Europäische Jugendliche neigen hier und da zu exzessiven Schnellbesäufnissen; in England heißt das *binge drinking*. Um 2005 häuften sich Studien zu diesem Thema. Weil ›Rauschtrinken‹, ›Gelage‹, ›Besäufnis‹ in einem längeren Medienbericht über solche Studien schnell abgegriffen sind, vergreift sich der deutsche Medienmensch sodann an ›*Binge Drinking*‹. Und jetzt kennen es wenige Jugendliche, die es betreiben. Und viel lesende besorgte Eltern. Das wird wieder in Vergessenheit geraten. Auch ohne *Binge Drinking.*

FUNDSTÜCK

»Kleine Komatrinker: Binge Drinking *ist der Renner unter den jungen Leuten. Der Sport: Wer säuft sich am schnellsten ins Koma? Gesetze allein können das Problem nicht lösen.«* netdoktor.de (12-2008)

Blackout; Black-out

Engl. *blackout*: Blackout, Erinnerungslücke, Aussetzer, Filmriss (metaph.); Stromausfall

SPRACHGEBRAUCH

In den 70er Jahren in Deutschland noch vorwiegend für das schlagartige Verlöschen des Lichts nach der Pointe einer Kabarettszene genutzt. Das wissen heute nur mehr Eingeweihte.

Dominant ist heute die Nutzung von ›*Blackout*‹ zur Kennzeichnung echter oder vermeintlicher Bewusstseinstrübungen mit einhergehendem Gedächtnisverlust, insbesondere bei Befragungen von Politikern vor Untersuchungsausschüssen.

FUNDSTÜCKE

»Tritt der Blackout *in einer schriftlichen Prüfung auf, rät Rainer Sturm dem* Blackoutgeschädigten, *den Prüfungsraum kurz zu verlassen und dadurch Abstand zu gewinnen.«* berufsstart.monster.de (12-2005)

»Black-out *im Bett. Wie die aussterbenden Deutschen Lust auf Kinder kriegen können.«* zeit.de (1-2006)
»Blackout *in Amerika: Die ausgeknipste Weltmacht. Am Donnerstag stürzte der größte Stromausfall in der Geschichte Amerikas die Supermacht ins Chaos.«* spiegel.de (8-2003)

Bleaching

Engl. *bleaching*: Bleichung
Engl. *to bleach:* bleichen

SPRACHGEBRAUCH

Zahnkosmetik gehört seit den 90er Jahren zu den Dienstleistungen, die sich erfolgsorienterte Menschen gönnen. Das *Bleaching* der Zähne ist eine der unaufwändigeren Prozeduren, die sich dabei buchen lassen. Großstadtbewohnern ab oberer Mittelschicht geläufig.

FUNDSTÜCK

»Prinzipiell kann das Bleaching beim Zahnarzt oder auch zu Hause durchgeführt werden. Zur Eigenbehandlung, dem Home Bleaching, *finden sich seit einiger Zeit auf dem Markt Produkte, die Wasserstoffperoxid und davon abgeleitete Bleichmittel enthalten.«* chirurgie-portal.de (2-2009)

Blend

Engl. *blend*: Mischung; Verschnitt

SPRACHGEBRAUCH

Der Raucher, eine sozial geächtete und sprachlich daher kaum mehr wirkmächtige Gruppe, kennt ›*Blend*‹ seit den ersten US-Zigaretten auf dem deutschen Markt, die meist als ›*American Blend*‹ auftraten und Virginia-, Burley- und Orient-Tabake beinhalteten. Tee- und Whiskeytrinker kennen ›*Blend*‹ ebenfalls. Das deutsche Wort ›Mischung‹ erweckt beim Käufer keine angenehmen Assoziationen; er möchte es rein, pur und unverschnitten. Da dient das im Kern unverstandene ›*Blend*‹ der Vermarktung von Produkten, die gerade durch Vermischung mehrerer Ingredienzien ihren eigensinnigen und gewünschten Geschmack erhalten.
Die Zahnpflegemarke *Blend-a-med* ist 1953 vom deutschen Unternehmen *Blendax* erfunden worden. Hier steckt sprachlich nichts Amerikanisches hinter. *Blendax* gehört allerdings seit 1987 dem US-Unternehmen *Procter & Gamble* (übersetzt: ›Anwalt & Glücksspiel‹).

FUNDSTÜCKE

»Blend *of America Kapuzen-Sweatshirt ab € 49,99.«* shop.schwab.de (2-2007)
»Braun MX 2050 Power Blender – Der elegante Mix-Profi – dank seines großen Fassungsvermögens, seiner 525-Watt starken Leistung und seiner 5 Geschwindigkeitsstufen zur Regulierung des Feinheitsgrades gelingen selbst größere Mengen an Drinks, Shakes, Obstpürees und Sorbets in nur wenigen Sekunden.« directshopper.de (2-2007) Engl. *blender* heißt ›Mischer, Mixer‹, während ein angeberischer Blender als *dazzler* bezeichnet wird (ein Ausdruck, der aufgrund seiner hiesigen Präsenz fast einen Absatz in diesem Buch verdient hätte).

Blockbuster

Engl. *blockbuster*: Kassenschlager; Knüller; Straßenfeger

SPRACHGESCHICHTE

Im 2. Weltkrieg nannte die *Royal Air Force* extrem große Bomben, die in der

Lage waren, einen ganzen Häuserblock in die Luft zu jagen, ›*blockbuster*‹. In den 50er Jahren übernahm die amerikanische Filmindustrie das Wort.

SPRACHGEBRAUCH

In den USA seit den 70er Jahren für eine extrem erfolgreiche Kinoproduktion geläufig.

Deutsche Kinofans wurden seit den 80er Jahren mit dem Wort konfrontiert. Der Durchbruch erfolgte erst ab 1994, als der TV-Sender *Pro Sieben* begann, publikumswirksame Spielfilme unter dem Label ›*Blockbuster*‹ zu präsentieren.

FUNDSTÜCKE

»*Die coolsten* Blockbuster *auf einen Blick! Klick dich durch die Galleries, Starporträts, Stories und Kritiken.*« prosieben.de (12-2005) Nebenher bemerkenswert: ›Galleries‹ statt ›Galerien‹.

»*Premiere* Blockbuster *Garantie. Große Geschichten, große Stars und große Emotionen. Denn Premiere zeigt die großen Blockbuster vor allen anderen!*« media.premiere.de (12-2005)

› **Bestseller; Longseller**

Blowjob

Engl. *blowjob*: Blasen, Fellatio, Blowjob

SPRACHGEBRAUCH

Über US-Krimis, Comics und Movies seit den 70er Jahren eingesickert. Die deutsche Prostitutionsszene spricht immer noch eher vom Blasen, wenn es um die schnelle Befriedigung eines Mannes per oraler Stimulierung geht.

FUNDSTÜCKE

»*Eines der rauesten Pop-Girlies war Mitte der 90er Liz Phair, die mit Songs wie* ›Blowjob *Queen*‹ *und* ›*Fuck & Run*‹ *neben Courtney Love als gefeierte Underground-Schlampe ans Mikro ging.*« focus.de (7-2003)

»*Irgendwo habe ich dazu den Kommentar eines Fachmannes gelesen, der sagte, es heiße ja auch* ›Blow-Job‹ *und nicht* ›*Blow-Fun*‹, *aber das geht an dieser Stelle vielleicht doch zu weit.*« heise.de (9-2009)

Blush

Engl. *blush*: Schamröte

SPRACHGEBRAUCH

Wird im Kosmetikjargon, vor allem in der Werbung für hochpreisige Produkte, zur Bezeichnung eines Wangenrouges genutzt. Deutsche sprachunmächtige Nutzerinnen kommen nicht in den Genuss der erotischen Anspielung.

FUNDSTÜCK

»*Hochwertige Trendkosmetik mit sinnlichen Texturen und Düften: Monave Multi-Purpose Mineral Powders können als Lidschatten, Eyeliner,* Blush, *Body Shimmer, Lippenstift und in Nagellack eingesetzt werden.*« shopv2.beautyplaza.de (9-2006)

Bodybag

Engl. *bodybag*: Leichensack

SPRACHGEBRAUCH

Unter deutschen Anglizismenkritikern neben ›Handy‹ das breitestgetretene Beispiel für vermeintliche Sprachverhunzung überhaupt.

Background (›Hintergrund‹): Die ursprüngliche Bedeutung von engl. *body bag* ist ›Leichensack‹. Im Deutschen werden seit Mitte der 90er Jahre aber *Body Bags* angeboten, die als Accessoires für lebende Menschen gedacht

sind. So lassen sich unter babyshop.de/bodybag.htm Wickelrucksäcke für Kleinstkinder bestellen.
Als *Bodybag* werden weiterhin bei einer Vielzahl von Versandgeschäften bezeichnet: Gürtel-Bauchtaschen, Handtaschen mit Schultergurt, Rucksäcke mit 1-Schulter-Trageoption, Einkaufstaschen aus reißfestem Nylongewebe.
Fazit: Alles, was als Tasche am Körper getragen werden kann, kann mittlerweile in Deutschland auch als *Bodybag* bezeichnet werden.
Machen sich jetzt alle englischsprachigen Menschen über unseren *Bodybag*-Gebrauch lustig? Wenn ja, sollten diese nativen Englischsprecher vorsichtig sein, um nicht in den Ruch des Sprachprovinzialismus zu geraten.

GLOBALE SITTEN

Globalsources (›globale [Bezugs-]Quellen‹), eine US-Website für Großhandelseinkauf und -verkauf, benutzt ›*body bag*‹ ganz im anglodeutschen Sinne. Leichensäcke werden dort nicht beworben, aber nette Täschchen aller Couleurs (franz. *couleur:* ›Farbe; Machart‹).
Woher die Sitte? Chinesische, taiwanesische und andere fernöstliche Modeaccessoire-Produzenten sagen ›*body bag*‹; Modevermarkter und Modejournalisten weltweit sagen ›*body bag*‹. Da können sich englische Sprecher kaum entziehen.
Ein solcher Sprecher, der heute nicht weiß, dass sein ›*body bag*‹ weit mehr als nur ›Leichensack‹ bedeutet, muss dringlich seine globale Sprachkompetenz updaten (›auf den Stand der west-globalen Sitten bringen‹).

Bodystocking

Engl. *bodystocking*: Bodystocking, Damenstrumpfhose mit angewirktem Höschenteil
Engl. *stockings:* Strümpfe; Seidenstrümpfe

SPRACHGEBRAUCH

Noch in den 70er Jahren sprach der Damenoberbekleidungshandel von »Damenstrumpfhosen mit angewirktem Oberteil«. Dann aber etablierte sich langsam die englische Bezeichnung ob ihrer lässigeren, mit mehr Sexappeal aufgeladenen Anmutung. *Bodystockings* unterscheiden sich von Catsuits durch die meist semitransparenten, netzartigen Gewebe, die auf Blickdichte verzichten.

FUNDSTÜCKE

»Deluxe Bodystocking *mit frivoler Öffnung im Schritt.«* amazon.de (12-2008)
»Bodystockings *können ganz einfach nur als Unterwäsche getragen werden, sind aber eigentlich ein Dessous für die gewissen Stunden zu zweit.«* dessous-experte.de (12-2008)

Book

Engl. *book*: Buch

SPRACHGESCHICHTE

Der gemeinsame Ursprung von engl. *book* und dt. ›Buch‹ liegt im protogermanischen *bokiz* ›Buche‹. Buchentabletts wurden ehedem zum Einritzen von Runen genutzt; ähnlich war bei den Römern lat. *liber* auch doppelt kodiert und meinte zugleich ›Buch‹ und ›Bast‹. Gothisch *bôka* und niederl. *boek* zeigen die Nähe zu engl. *book.*

SPRACHGEBRAUCH

Reisebücher heißen bei uns *Travel-*

books, bei *Books* on demand werden Bücher bei Bedarf gedruckt, abebooks.de nennt sich ein großes Buchversand-Internetportal, die Website des Humanitas Buchversands heißt selbstredend humanitas-books.de, *Audiobooks* müssen nicht mehr gelesen werden, und E-*Books* sind Texte, die in digitaler Form vorliegen und die Mitnahme tausender Bücher auf einem Laptop erlauben.
Das moderne Buch ist somit das *Book.* Obwohl es gänzlich unplausibel ist, hat der Computerhersteller *Apple* mehrere Laptop-Baureihen *PowerPook, iBook* und – ab 2006 – *MacBook* getauft und erfolgreich verkauft.

FUNDSTÜCKE

»Handy Book *Software für Sony Ericsson P900 benutzt das populäre e-Books Format ›Palm DOC‹.«* Informationstext von Sony Ericsson (10-2005)
»Puzzle Book. *Jeden Tag ein neues Puzzle.«* de.zylom.com (4-2007)
»Zum Schneiden von MP3s ist der Audiobook *Cutter. Wie der Name verrät, handelt es sich dabei um ein spezielles Schnittprogramm für große Hörbuch-MP3s. Diese lassen sich mit der Software in kleinere MP3s zerlegen, ohne dass dabei ein Re-Coding notwendig ist.«* netzwelt.de (1-2007)

Boom

Engl. *boom*: Aufschwung, Boom, Hausse, Konjunktur; Knall

SPRACHGEBRAUCH

Als Internationalismus der Wirtschaftssprache schon Anfang des 20. Jahrhunderts im Deutschen nachweisbar. Hat heute im Wirtschaftsjargon franz. *hausse* nahezu ersetzt. Da für franz. *baisse* im Englischen kein entlehnungsbereites Wort zur Verfügung steht, kommt es zu anglo-gallizistischen Kombi-Packs wie *»Boom* & Baisse«.
In der massenmedialen Berichterstattung setzt sich *›Boom‹* seit den 60er Jahren mehr und mehr durch. Heute kann im Deutschen alles *boomen,* was irgendwie nach oben geht, sich steigert, wächst oder schlicht mehr wird.

FUNDSTÜCK

Zu verzeichnen sind und waren der LCD-TV-*Boom,* der Spiele-*Boom* in Korea, der *Boom* bei der Riester-Rente zum Jahresende 2005, der Blog-Boom, der *»Baby-*Boom *bei Stars und Sternchen. Denn 2005 war ein kinderreiches Jahr für Prominente auf der ganzen Welt.«* stern.de (12-2005)

Boombox; Boom Box

Engl. *boombox* (Slang): (wörtl.) ›Wummerkiste; Ghettoblaster‹

SPRACHGEBRAUCH

Ohne portable Radiorekorder mit lautstarken Boxen wären der Hip-Hop der 80er Jahre und der Globalexport afroamerikanischer Jungmännermusik nicht möglich gewesen. Solche Musikabspielgeräte hießen sehr schnell auch in deutschen Landen ›Ghettoblaster‹. Jugendliche produzierten damit beim Flanieren durch Einkaufszonen weitläufige Soundblasen, die sie vor dem Kontakt mit musik-aversen Normbürgern bewahrten. Kenner (›Insider‹) nutzten auch das Synonym *›Boombox‹*. Im frischen Jahrtausend erfreuen sich transportable Wummerkisten eines ansehnlichen Revivals – auch durch die Implantation von MP3-Abspielofferten und einem Slot für den iPod-Player von *Apple.*

FUNDSTÜCKE

»Im Rahmen der allgemeinen Retroseligkeit mag die klassische Boombox *ja ein veritables Comeback erlebt haben, aber in der Regel begnügen sich die Nachmacher damit, einfach die ursprüngliche Musikquelle Tape durch ein MP3-Gerät zu ersetzen.«* gizmodo.de (9-2008)

»Wie wollen Sie bauen ein tragbares Boom Box *mit Hilfe einer Kassette Spieler? Wollen Sie erleben diese laestigen Tage und haben einen alten staubigen* Boom Box *in Ihrer Garage, aber keine dodgy Kassetten zu spielen, dann Hilfe ist in Ihrer Hand. diesen Film haben eine lange und ausführliche DIY-Tutorial darüber, wie integrieren Sie MP3-Player mit einem alten* Boom Box.« video-de.tomshardware.com (9-2008)

»Zurecht auf allen Gadget Seiten (Gizmodo, engadget) derzeit eines der heissesten Items: die DLO Boombox *für den iPod. Vier Lautsprecher à 20 Watt, eingebautes FM Radio für 149,99 $. Nettes Gadget, auch wenn das Ding wohl nie den Charme der 80er erreichen wird.«* twoday.tuwien.ac.at (1-2005)

Boost; Booster; boosten

Engl. *boost*: Auftrieb; Ladedruck; Zusatzantrieb
Engl. *booster:* Hilfstriebwerk; Verstärker
Engl. *boosting:* antreibend; hochtreibend

SPRACHGEBRAUCH

In beschleunigten und lauten Zeiten kann es niemals schnell, heftig, dezibelstark genug sein. Da wird allerorten mittels *Boostern geboostet,* auf- oder *hochgeboostet* (was zu sagen nicht nötig wäre, da das ›hoch‹ schon im *boosten* drinsteckt.

Die NASA hat *›Booster‹* als Erste nach Deutschland gebracht. Separate Feststreibstoff-*Booster* dienen seit Ende der 70er Jahre dazu, Trägerraketen, aber auch das Space Shuttle in den Weltraum, respektive in eine Erdumlaufbahn zu befördern.

Nach hinreichendem Bekanntwerden der Primärbedeutung konnte *›Booster‹* hervorragend metaphorisch zur Bezeichnung aller irgendwie Leistung verstärkenden Aggregate, Maschinen elektronischen Geräte und Computerprogramme genutzt werden.

FUNDSTÜCKE

»Booster *heißt der impulsive Duft von Lacoste für den dynamischen und sportlich aktiven Mann, der weiß was er will und seine Ziele klar verfolgt.«* douglas.de (12-2005)

»Das erste Booster *Pack für den Online-Shooter Battlefield 2 hört auf den Namen ›Battlefield 2: Euro Forces‹ und bringt, wie der Name es bereits andeutet, eine neue Armee mit ebenfalls neuen Waffen ins Spiel.«* golem.de (1-2006)

»Externe Festplatte mit Bus Power Booster.« zdnet.de (12-2005)

»Herren Snowboardboot Booster*: Der* Booster *ist mit seiner Zwei-Zonen-Dämpfung, Komfortleisten, Motion Control Schnürung und TPS Zungensystem ein Boot, der sich optimal Deinen Bedürfnissen anpasst.«* karstadt.de (1-2006)

Beachtenswert: »Snowboardboot«; es handelt sich nicht um ein wassertaug-

liches Schneebrett, sondern einen Stiefel (engl. *boot*), was ein aufmerksamer Leser auch am männlichen bestimmten Artikel erkennen kann.
»... an der Seite von ebenfalls geriebenem Apfel für krosse Puffer, sowie mittelfein gewürfelt in einem herzhaft-süßsauer abgeschmeckten Gemüse, in dem frische Cranberries für weiteren Vitalstoffboost *sorgen.«* spiegel.de (1-2012)

booten

Engl. *to boot*: booten, hochfahren (Comp.); jdn. hinauswerfen, jdm. einen Tritt versetzen

SPRACHGEBRAUCH

Sehr durchschnittliche deutsche Computerbenutzer starten ihren Computer, die anderen *booten* ihn. Noch in den 80er Jahren nur Insidern geläufig, die schon damals wussten, was ein *Boot*-Sektor ist und wie man eine *Boot*-Diskette (heute: *Boot*-CD) konfiguriert. Muss man noch mal *booten,* weil es beim ersten Mal nicht geklappt hat, muss man *rebooten* (›noch mal neu starten‹).
Beim *Booten* sieht der Nutzer auch noch einen *Boot*screen, also einen speziellen Bildschirm mit Informationen zum *Boot*vorgang.
Wer ›*hochbooten*‹ sagt, was oft genug geschieht, will wohl doppelt hochfahren oder unterstellt, dass ›*booten*‹ nicht verstanden wird, was unverständlich ist.

FUNDSTÜCKE

»Wer beim Booten *von XP ein persönliches Hinweisfenster anzeigen lassen möchte, bearbeitet folgende Registry-Schlüssel ...«* zdnet.de (12-2005)
»Dazu kann man mit der Bootdisk booten *und mit der Taste c auf die Kommandozeile wechseln.«* linuxer.onlinehome (1-2006)
»Was ja für Schweizer Geschäftstüchtige nicht weiter schlimm sein dürfte, denn bis der Laptop hochgebootet *ist, hat man das Land ja schon beinahe wieder verlassen.«* sueddeutsche.de (4-2002)

Booties

Engl. *booties*: Beute; Babyschuhe; Stiefelchen; Überziehschuhe

SPRACHGEBRAUCH

Die gehobene Modesprache nutzt ›*Booties*‹ in ihren Produktbeschreibungen und den Artikeln in den passenden Upper-Class-Magazinen. Gemeint sind hochmodische Stiefelchen, deren Nutzwert nicht mit dem eines Standard-Stiefels verwechselt werden darf. Leserinnen solcher Magazine verstehen meist wenig vom modischen Jargon, vermögen dies aber kultiviert zu verbergen.

FUNDSTÜCK

*»... dazu Gladiatoren-*Booties *(im französischen Stil) oder schwarze spitze Pumps (a la Italienne).«* elle.de (10-2008)
› Boots

Boots

Engl. *boots*: Stiefel

SPRACHGEBRAUCH

In den 60er Jahren setzten sich teils militärisch, teils ethno-indianisch zugeschnittene Stiefel als Basic-Bekleidungsstücke jüngerer Zielgruppen durch. Sie wurden gerne ›*Boots*‹ genannt. Heute können alle leicht modischen höher geschnittenen Fußbekleidungsstücke ›*Boots*‹ heißen.

Zarter ausgeformte Stiefel werden in Herstellerbeschreibungen auch ›*Booties*‹ genannt.
Moon-Boots waren in Volumen und Design durch die klobigen, aber klimaresistenten silbernen Stiefel der Astronauten inspiriert. Sie sind immer noch unter diesem Etikett im Angebot von Schuhläden zu finden.

FUNDSTÜCKE

»*Spenzer, weite Blazer, Chinos,* Boots*: Männermode wird auch von Frauen immer häufiger getragen.*« sueddeutsche.de (1-2011)
»*Ugg* Boots *Classic Tall, Sale € 260,99.*« frontlineshop.com (1-2011)
› **Booties**

Bordcase

Engl. *flight case*: Bordcase

SPRACHGEBRAUCH

Der Deutsche fliegt hochfrequenter seit den 80er Jahren. Seither kennt und nutzt er auch ein kabinenfachtaugliches Gepäckstück, das gewissen Abmessungsnormen zu entsprechen hat und ursprünglich im Englischen *flight case* heißt. Deutsche Produktanbieter machten daraus einen ›*Bordcase*‹, der aber genauso aussieht. Da diese Anbieter – wie *Porsche Design* – ihre Produkte aber international erfolgreich vermarkten, kennt mittlerweile auch der Bewohner des anglo-amerikanischen Sprachraums den *Bordcase* als *flight case*.

FUNDSTÜCKE

»*Read Porsche* Bordcase *Design Reviews and Compare Porsche* Bordcase *Design Prices.*« dealtime.co.uk (12-2008)
»Bordcase *by Mandarina Duck, 50cm.*« jellydeal.co.uk (12-2008) Die Marke *Mandarina Duck* gehört zu dem italienischen Unternehmen *Finduck*. Das Euro-Marketing bedient sich also auch bereits des Halbanglizismus, der zum Internationalismus wird.
› **Case**

Boreout-Syndrom

Engl. *boreout syndrome*: Boreout-Syndrom, Langeweile-Syndrom

SPRACHGEBRAUCH

Die einen sind erschöpft vor Überlastung, die anderen entnervt vor Langeweile und permanenter Unterforderung. Wenn den modernen Arbeitnehmer nicht das Burnout-Syndrom ereilt, dann dessen nicht minder demotivierendes Gegenteil, das *Boreout-Syndrom,* das sich meist durch exzessives Privatsurfen am Bildschirmarbeitsplatz manifestiert.
Das Phänomen existiert seit der Durchseuchung des Arbeitslebens mit computergestützten Dienstleistungsjobs. Neubegrifflich in Umlauf gebracht haben es die Schweizer Unternehmensberater Philippe Rothlin und Peter Werder mit ihrem Buch *Diagnose Boreout,* das sie im Frühjahr 2007 publizierten. Die Medienberichterstattung hatte einen Trendbegriff, entsprechend heftig der erste Verwendungsschub.
Da mit ›Burnout‹ ein griffiger Antagonismus existiert und der gedankenarme Mensch sich gerne mittels simpler Dialektik durchs Leben hangelt, sind die Überlebenschancen von ›*Boreout-Syndrom*‹ gut.
Mittlerweile wird in Ratgebern von *Boreout-Fallen* und *Boreout-Prevention*

schwadroniert (wobei ›*Prevention*‹ natürlich englisch auszusprechen ist; im Duden heißt es immer noch ›Prävention‹).

FUNDSTÜCKE

»*Nachdem ich in der Migros Zeitung einen Artikel über die neue Trend-Krankheit* ›Boreout‹ *gelesen habe, konnte ich mich sofort damit identifizieren.*« ayom.com (6-2007)

»*Hallo, hab erst gestern von* Boreout *gelesen und mich total angesprochen gefühlt. Ich bin seit einem Jahr mit meiner Ausbildung fertig, habe mich aber dabei bereits – mangels Arbeit – häufig gelangweilt.*« psychotherapiepraxis.at (6-2007)

»*Der* Boreout, *so ihre Beobachtung, entwickelt sich vor allem im Schatten des Burnout. ›In einem Team reißen ein oder zwei Leute die Arbeit an sich, für den Rest bleibt wenig übrig‹, sagt Philippe Rothlin.*« stern.de (6-2007)

› **Burnout**

Boss

Engl. *boss*: Aufseher, Boss, Chef, Vorgesetzter; Herr; Ansatz, Buckel, Nabe

SPRACHGESCHICHTE

Engl. *boss* ist von niederländisch *baas* (›Herr; Meister; Onkel‹) abgeleitet. Althochdeutsch *basa* (›Tante‹) führt später zu dt. ›Base‹.

SPRACHGEBRAUCH

Schon kurz nach dem 2. Weltkrieg nutzen Printmedien ›*Boss*‹ – damals noch manchmal mit der Schreibweise ›*Boß*‹. Die Hochzeiten der Verwendung sind vorbei, ›*Boss*‹ ist derart vulgarisiert, dass auch die Printmedien von der Verwendung abgerückt sind. Die Herrenbekleidungsmarke *Hugo Boss* hat dagegen seit ihrem Börsengang im Jahr 1985 extrem an Bekanntheit gewonnen. Wer heute ›*Boss*‹ hört oder liest, assoziiert allermeist Herrenoberbekleidung.

FUNDSTÜCKE

»*Wenn deutsche* Bosse *ins Kanzleramt geladen werden, dürfen sie sich wohl und geehrt fühlen: Angela Merkel braucht Rat, vielleicht auch Tat.*« zeit.de (12-2008)

»*Auch wenn ich es nicht wollte – sobald ich in etwas involviert war, wurde ich zum* Boss; *die Befehle erteilte ich!*« Zitat des Bergsteigers Riccardo Cassin in einem Portrait der Wochenzeitung *DIE ZEIT* (12-2008)

Bossware

Engl. *bossware*: Boss-Programme

SPRACHGEBRAUCH

Seit den 90er Jahren Bezeichnung für Spionageprogramme, mit denen Chefs die Computer ihrer Mitarbeiter überwachen. Kann als Untergruppe der Spyware betrachtet werden.

FUNDSTÜCK

»*Am einfachsten geht es noch, wenn der Chef nicht elektronisch, sondern persönlich überwacht: Dann hilft möglicherweise* Bossware. *Der Begriff wird sowohl für Büroüberwachungsprogramme verwendet, als auch für Tools wie BossKey, mit denen man beim Hereinkommen des Chefs in das Zimmer mit einem Tastendruck blitzschnell von der eBay-Versteigerung oder dem Computerspiel auf ein Excel-Arbeitsblatt umschalten kann.*« heise.de (4-2006)

Bounty

Engl. *bounty*: Freigiebigkeit; Kopfgeld; Prämie, Spende; Subvention

SPRACHGEBRAUCH

Die deutschen Süßwarenkäufer kennen *Bounty*, den Riegel aus einer Schokohülle mit einer Füllung aus Kokosflocken und Zucker, der von *Mars Inc.* seit Ende der 50er Jahren in Kanada und England, seit den 60er Jahren in weiteren europäischen Ländern vermarktet wird. Ein verschwindender Prozentsatz weiß um die Bedeutung des englischen Begriffs, massive Mehrheiten denken an das Piratenschiff *Bounty*, das seinen Namen mit der Bedeutung ›Kopfgeld‹ verknüpft.

FUNDSTÜCK

»Ich habe neulich mal ne Zusammenfassung aus einer Quizsendung gesehen und damit mir auch eine Kandidatin antun müssen. Diese erhielt folgende Frage: ›Welcher der neun Planeten unserer Sonnensystems ist nach dem römischen Gott des Krieges benannt?‹ a) Mars, b) Snickers, c) Twix, d) Bounty*? Die Antwort war dann ›Snickers?!‹«* marssociety.de (8-2005)

Boyfriend

Engl. *boyfriend*: Freund

SPRACHGEBRAUCH

Gleich nach dem letzten Weltkrieg war das Phänomen zu entdecken, dass Mädels keine Freunde mehr, sondern Girls einen *Boyfriend* hatten, jedenfalls, so sie sich zu den großstädtisch-modernen Jugendlichen rechneten. Alte Anglizismen haben wenig Trendwert; heute darf die deutsche Jungmaid ganz deutschtümelnd auch wieder ›Freund‹ zum *Boyfriend* sagen.

FUNDSTÜCKE

»Leider muss ich Sie enttäuschen: Ich bin nicht frisch verliebt, ich habe derzeit keinen Boyfriend.*«* Renée Zellwegger in einem Interview der Zeitschrift *Bunte* (4-2008)

»Quasi als ›Belohnung‹ wird er im nächsten Monat Super-Model Eva Longeria heiraten, die ihrem Boyfriend *im Falle der Meisterschaft die Ehe versprochen hatte.«* focus.de (6-2007)

Boygroup

Engl. *boygroup*: Boygroup, Jungenband

SPRACHGEBRAUCH

Gemeint ist eine Popmusik-Gruppe aus jüngeren Männern, deren Zusammenstellung daran orientiert ist, maximal attraktiv auf unterschiedlichste weibliche Fans mit prä-adulter, also maximalpubertärer Bewusstseinslage zu wirken. *Boygroups* sind Designprodukte von Musikproduzenten und Marketingmanagern der großen Tonträgerfirmen. Entgegen mancher Verschwörungstheorie sind *Boygroups* in der Mehrzahl mit biologisch fundierten Erscheinungen besetzt (von »echten Menschen« zu reden, mag manchem anstößig erscheinen).

Eine der bekanntesten Gruppen war *Take That*, die durch den Austritt von Robert ›Robbie‹ Peter Maximilian Williams 1995 zur Auflösung gezwungen waren.

Seit den 90er Jahren in der popzivilisierten Welt als Phänomen wie als Wort durchgesetzt.

Die Superstar-Strategie der TV-Casting-Sendungen baut auf dem Erfolg der *Boygroup*-Strategie auf.
Die weiblichen Pendants ›Girlgroup‹ und ›Girliegroup‹ konnte sich nicht annähernd so gut durchsetzen.

FUNDSTÜCKE

»Im sonnigen Florida haben sie gemeinsam für ihren großen Auftritt geprobt, Tanzschritte einstudiert und sich auf das Boygroup-*Dasein vorbereitet. Mit dem Hit Maria stürmten sie in den US-Charts gleich auf Platz 6. Der Song beschreibt unser ultimatives Traumgirl, berichtet Richie.«* News zur *Boygroup* US5 auf der Jugendwebsite *Spleens* der Krankenkasse IKK (1-2006)
»Boygroup *verliert Namensstreit mit Zigarettenfirma: Die irische* Boygroup *Westlife kann ihren Namen nicht als Marke eintragen und europaweit schützen lassen.«* cnet.de (1-2006)

Boyleg

Engl. *boyleg*: (wörtl.) Jungenbein; Boyleg

SPRACHGEBRAUCH

Gemeint ist ein Damenslip im Männerunterhosenlook.
Ende der 90er Jahre galt es unter Mädels als allo- (griech. *allos:* ›fremd‹) und autoerotisierend, sich die kurzen Unterhosen ihrer Boyfriends unterzuziehen. Möchtegern-Stars ließen sich auch gerne in ebensolchen Hosen ablichten. Die Underwear-Branche erkannte den Trend schnell und brachte spezielle Produkte auf den Markt, eben: *Boylegs.*
Metropolitanes deutsches Jungvolk versteht, wenn auf Websites *Boylegs* angeboten werden, zumal meist mit einem bekleideten Unterkörperfoto der Vorstellungskraft auf die Sprünge geholfen wird. Kein Mensch spricht aber davon. Der vollständig kryptische Duktus der Produktbeschreibungen schert sich darum wenig und setzt auf den Kotau (chines. *ketou:* ›Demutsgeste‹) des Trendgeilen vor den virtuellen Marktständen des Hip-Areals.

FUNDSTÜCKE

*»Prairie-Chick-*Boyleg-*Polybag: Passend zum Prairie-Top die* Boyleg *mit Fransen ringsum, Chicca-Print auf der Front und Good-Luck-Print auf der Backside.«* aaa. absolut-rank.de (10-2006) 14:11 für die Anglizismen in diesem ›Satz‹.
*»Miss-Money-Penny-*Boyleg-*Single-Box; Kategorie Female Underwear: Transparente Boyshort mit rot abgesetztem Bündchen und fettem Chica-Print auf dem Hintern.«* einkauf-guide.de (10-2006)
Beachtlich die Souveränität, mit der hier ›Hintern‹ statt, wie im vorhergehenden Fundstück, ›Backside‹ gesagt wird.

Brainstorming

Engl. *brainstorming*: Brainstorming, Ideenfindung, Sammlung kreativer Lösungsvorschläge

SPRACHGEBRAUCH

Ein Herr Alex Osborn, Autor, Werber, Gründer der Agentur BDO, entwickelte schon um 1920 eine Methode, um in einer Gruppensitzung die besten Ideen aus den Beteiligten herauszukitzeln. Da die Professionalisierung des deutschen Werbemarktes in den 60er Jahren anhob, ist auch erst seit dieser Zeit

›*Brainstorming*‹ im Sprachgebrauch der Werbung, sodann der Publikums-Printmedien nachweisbar. Heute werden schon in Mittelstufenklassen von Gymnasien *Brainstorming*-Sessions zwecks zeitgemäßer Aufsatzthemenfindung abgehalten.

FUNDSTÜCK

»*Entweder haben sich die Programmverantwortlichen in die Redaktionssysteme der Gegenseite gehackt oder gleich ein gemeinsames* Brainstorming-*Wochenende in Heiligendamm verbracht.*« stern.de (12-2008)

Brand

Engl. *brand*: Marke; Markenartikel; Warenzeichen

SPRACHGESCHICHTE

Ursprünglich im Englischen des 16. Jahrhunderts das Zeichen, das Vieh zur Kennung der Eigentumsverhältnisse ins Fell gebrannt wurde. Die Bedeutungsausweitung im Englischen zu ›Marke‹ bei industriellen Produkten im frühen 19. Jahrhundert. Hersteller kennzeichneten ihre Waren eben ähnlich, wie ehedem der Züchter es beim Vieh tat.

SPRACHGEBRAUCH

Marketing und Werbung benötigen, damit ihr Selbstbewusstsein nicht kollabiert, hier zu Lande ein anglophones Sprachkorsett. ›*Brand*‹ gehört seit den 90er Jahren dazu.

Bemerkenswert die kleine, feine Karriere des deutschen Wirtschaftsmagazins *brand eins,* das seit der Markteinführung 1999 als Nachfolgemagazin von *econy* von Käufern wie Vermarktern unbefangen deutschtümelnd fast immer wie dt. ›Brand‹ (›Feuer‹) ausgesprochen wird.

Im Deutschen wird gegenwärtig mal das männliche, mal das weibliche Geschlecht zugewiesen. Im Englischen sind die Genera nun aber gänzlich verloren gegangen. ›*Brand*‹ bringt beim Import also kein sprachliches Geschlecht mit sich, das übernommen werden könnte. Sinnvoll, weil verständniserleichternd, ist die Übernahme des Geschlechtes des Wortes, mit dem der Anglizismus in der Regel übersetzt wird. Das ist bei engl. *brand* das Wort ›Marke‹, von dem wir also das Femininum übernehmen sollten.

FUNDSTÜCKE

»*Der finanzielle Wert des* Brands *spielt keine Rolle.*« computer-tipps.net (4-2007)

»*Die* Brand *ist auch nicht nur die Marke; sie meint das gesamtheitliche Bild (...)*« baw-online.de (4-2007) Es sollte wohl eher ein »ganzheitliches Bild« gemeint sein.

»*Das* Brandgeschehen *wird als ein sich Ereignen sichtbar gemacht, als eine gesellschaftlich und kulturell wichtige Energie.*« ith-z.ch (4-2007) Das Zitat entstammt einer wissenschaftlichen Projektskizze des Instituts für Theorie der Gestaltung und Kunst in Zürich.

Break

Engl. *break*: Pause; Bruch; Unterbrechung; Chance; Kursausschlag (Börse)

SPRACHGEBRAUCH

Ein kalorienreicher Süßriegel wird mit dem Claim »*Have a* Break*, have a Kit Kat*« in Deutschland vermarktet. Der

Spruch kokettiert mit der ›Teekesselchen‹-Qualität von *break* im Englischen: Es knackt, wenn der Riegel während einer Snack-Pause gebrochen wird. Deutsche Riegelconsumer werden dem mehrheitlich nicht auf die Bedeutungsspur kommen.
Der *Break*-Even, der Durchbruch zum Gewinn, ist wirtschaftsaffinen Deutschen geläufig.
Der deutsche Kombi, jener Typus des familienfreundlichen PKW mit Heckklappe, heißt immer öfter ebenfalls *Break*. Selbst Peugeot benutzt die englische Kategorisierung. Der echte Kombi, dickleibig und breitreifig, heißt in den USA und bei deutschen Fans amerikanischer Spritschlucker aber immer noch *station wagon*.

FUNDSTÜCK

»*Der* Break-*Even-Rechner ermittelt den Punkt, an dem Erlös und Kosten eines Produktes gleich sind und damit weder Verlust noch Gewinn erwirtschaftet werden.*« softwarepaket.de (4-2007)

Briefing

Engl. *briefing*: Anweisung, Briefing; Einsatzbesprechung; Lagebericht; Zusammenfassung

SPRACHGEBRAUCH

Noch in den 80er Jahren erhielt eine deutsche Werbeagentur vom deutschen Kunden in der Regel einen Auftrag. Ein paar Jahre später gab es nur mehr *Briefings*. Weil die manchmal interpretationsbedürftig sind, setzte sich die Sitte des *Rebriefings* durch. Dort wiederholt der *Gebriefte* das *Briefing* und zeigt, wie er es verstanden hat. Das ist die letzte Chance eines Auftragnehmers, einem Auftrag eine andere Richtung zu verpassen, von der der Auftragnehmer möglichst nichts merken sollte. Hinterher kann man immer sagen, es hätte ja im *Rebriefing* gestanden.
Aus dem Agenturbetrieb sickerte ›*Briefing*‹ in die allgemeine interne Unternehmenskommunikation ein. Darum gruppieren sich ›*Briefing* Paper‹, ›*Briefing* Note‹, *Briefing* Map‹.

FUNDSTÜCKE

»Briefing – *Das Fundament für jedes Konzept: Jedes Projekt beginnt mit dem* Briefing. *Dafür gibt es leider keinen passenden deutschen Begriff.*« contentmanager.de (1-2006) Es gibt einige deutsche Wörter, die auch keine genauere Nuancierung erlauben, nur werden diese einfach nicht benutzt.
»*Vom* Briefing *zum Inkasso. Art Director Michael Preidel gibt Tipps zu Designaufträgen.*« werbeblogger.de (1-2006)

BSE

Engl. *BSE;* Abkürzung für engl. *bovine spongiform encephalopathy*: Rinderwahnsinn

SPRACHGEBRAUCH

BSE, die geläufige Abkürzung für den Rinderwahnsinn, ist, entgegen einer selbigen Einsortierung durch Anglizismenjäger, kein Anglizismus. Es ist im Englischen die Abkürzung für *bovine spongiform encephalopathy*. Das sind die ans Englische adaptierten medizinischen Ausdrücke für das, was in der deutschen Form der lateinischen medizinischen Ausdrücke ›bovine spongiforme Encephalopathie‹ heißt und also ebenfalls BSE abgekürzt werden mag. Die Franzosen sprechen von *ESB* (= *encéphalopathie spongiforme bovine*). Weder Deutschen, Franzosen noch Engländern hilft zur genauen Entschlüsselung die Kenntnis der englischen Sprache. Man muss Latein- und Griechischkenntnisse haben, auch medizinische Vorbildung ist von Nutzen.

Die Engländer machen es sich angesichts solch altsprachlicher Zumutungen ähnlich einfach wie die Deutschen: Der Volksmund spricht von *mad cow disease,* eben: Rinderwahnsinn. Was aber, nur weil es hier notiert wird, immer noch kein Anglizismus ist, sondern nur eine englische Wendung. Denn wir nutzen privat wie öffentlich gut deutsch weiterhin ungestört unseren Rinderwahnsinn.

DEKONSTRUKTION

Die medizinische Bezeichnung im transnationalen Latein mit griechischen Einsprengseln heißt: *encephalopathia spongiformis bovum,* abgekürzt ESB. Zerlegen wir die Komponenten:

enképhalon (griech.): ›Gehirn‹ (vergl. lat. *cerebrum:* ›Gehirn‹; Ableitung im Deutschen: ›zerebral‹)
pathein (griech.): ›leiden‹ (vergl. ›Pathos‹ und ›Pathologie‹)
encephalopathia (med./griech.): ›Gehirnkrankheit‹
spóngos (griech.): ›Schwamm‹ (vgl. die US-Zeichentrickserie ›*SpongeBob Schwammkopf*‹)
spongia (lat.): ›Schwamm‹
spongiformis (lat.): ›schwammartig, schwammförmig‹
bos (lat.): ›Rind‹
bo(v)um (lat.): ›der Rinder‹ (Genitiv des Plurals)

Bubble Gum; Bubblegum

Engl. *bubblegum*: Blasenkaugummi, Bubblegum

SPRACHGEBRAUCH

Die Amerikaner bescherten der Welt das Kaugummi. Dennoch konnte sich engl. *chewing gum* (»Kaugummi«) schon aus Gründen der Aussprache nicht bei uns festsetzen. Dafür aber ›*Bubblegum*‹, das schon in den 60er Jahren von Kindern beim Kioskkauf von Süßigkeiten beherrscht wurde.

Ebenfalls in den 60er Jahren gelang es der Musikindustrie zum ersten Mal, eine Popwelle aus der Retorte zu schaffen. *Bubblegum*-Musik brillierte mit Titeln wie *Yummy, Yummy, Yummy* oder *Chirpy Chirpy Cheep Cheep.* Da alle Musik dem Recycling-Schicksal unterworfen ist, kennen auch heute wieder jugendliche Musikhörer diese Stilbezeichnung.

FUNDSTÜCKE

»*Bettwäsche Esprit* Bubblegum.« yatego.com (12-2008) Die so bezeichnete Bettwäsche zeichnet sich durch ein schnödes Karomuster in immerhin leicht quietschigen Bonbonfarben aus.

»*Ich habe erst als sechszehn jähriger angefangen* Bubble Gum *zu kauen. Dabei habe ich ein außerordentliches Glücksgefühl empfunden und ich habe bis ins fortgeschrittene Erwachsenenalter weiterhin* Bubble Gum *gekaut. Dadurch habe ich die Marktentwicklung der letzten 30 Jahre kontinuierlich miterlebt. Der qualitative Niedergang der* Bubble Gum *Produkte in Deutschland nach 1980 motivierten den Traum eine eigene Premium Produktion realisieren zu wollen. Da mein Vater Werbefotograph war, ist auch der Wunsch vorhanden, sich in ähnlicher Weise mit graphischer Produktgestaltung beschäftigen zu können. Dies mehr aus unternehmerischer Sicht, denn als Künstler, da ich kein ausgebildeter Graphiker bin.«* institut-wolfgang-renner.de (1-2009) Orthographiefehler authentisch; der deutsche Jungunternehmer kann straflos bildungsfern schwadronieren.

Buggy Board; Buggy-Board

Engl. *buggy board*: (wörtl.) Kinderwagenbrett

SPRACHGEBRAUCH

Ein *Buggy Board* ist im Deutschen ein Zubehörteil für einen Buggy, den beliebten faltbaren Kompaktkinderwagen. Das *Buggy Board* ermöglicht dem stehfähigen, aber gehunwilligen (›geh-unwillig‹ ist leider falsch, aber weit lesbarer) Kind, statt im Buggy zu sitzen, auf dem *Buggy Board* zu stehen. Das hat Vorteile für die Mutter. Zur Not kann sie auch ein zweites Kind auf dem *Buggy Board* expedieren (›befördern‹; von lat. *expedire:* ›losmachen; schleudern; zum Kampf bereit machen‹).

›*Buggy Board*‹ und ›Kiddy Board‹ (›Kindchenbrett‹) werden in mündlicher Sprache selten genutzt. Die Wörter stehen nur auf den entsprechenden Produkten, der Verpackung, in der Werbung und auf Garantiekarten. Ich fragte eine mir bekannte junge Mutter, die ich mit Buggy und *Buggy Board* traf, was das sei, das da am Buggy hinge. *»Ach, so ein Rollbrett, ist sehr praktisch.«* Und wie habe sie danach im Laden gefragt? *»Gar nicht, war im Regal, hab ich mir einfach genommen und bin zur Kasse.«*

VARIA

Ein Kiddy Board hat die Grundfunktionen eines *Buggy Board*. Es ist aber stabiler. Das Kind kann größer sein und ist damit in der Regel nicht das Kind, das im Buggy sitzt, sondern ein älteres Geschwisterkind, das ungeachtet seiner Bewegungsträgheit einfach mobilisiert werden kann.

FUNDSTÜCK

»Buggy-Board: *Brett herunterlassen, schon fahren die Geschwister wie auf einem Skateboard mit.«* babywelt.de (1-2006)

Bulldozer

Engl. *bulldozer*: Bulldozer, Flachbagger, Planierraupe

Engl. *dozer:* Dösender; Planierraupe

SPRACHGESCHICHTE

Im Amerikanischen bezeichnete Ende des 19. Jahrhunderts *bull-dose* eine Medikamenten- oder Bestrafungsdosis, die einen Bullen flachzulegen in der Lage ist. Das übertrug sich, orthographisch leicht umgeschliffen, auf Handfeuerwaffen. Ein *bulldozer* war also eine Pistole (oder ihr Nutzer), die einen Bullen in einen gefährdungsarmen Zustand versetzen konnte. Mit den ersten erdbewegenden *Bulldozern* konnte man also, so die resultierende Konnotation, ziemlich alles im Gelände platt machen.

SPRACHGEBRAUCH

Der Bauboom des deutschen Wirtschaftswunders in den 60ern machte Baumaschinen zum Thema. Der

US-Baumaschinenriese *Caterpillar* (›Raupe‹) hatte 1954 mit dem deutschen Traditionsunternehmen *Zeppelin* einen Vertriebs- und Werkstattpartner gefunden. Von da ab sickerte auch ›*Bulldozer*‹ in den deutschen Sprachraum. (Die Unternehmenspartnerschaft besteht bis heute.) Vor allem findet sich der metaphorische Gebrauch für Menschen, deren Verhalten im sozialen Raum dem eines Erdräumers auf einem Baustellengelände ähnelt.

FUNDSTÜCKE

»*Vom machthungrigen* ›Bulldozer‹ *zum reformscheuen Zauderer: Bilanz von Präsident Chiracs zwölfjähriger Amtszeit an der Spitze Frankreichs.*« nzz.cg (4-2007)

»*Lego Technic 8275 – R/C* Bulldozer *mit Motor und Fernbedienung.*« amazon.de (4-2007) ›R/C‹ steht für ›Remote Control‹, englisch für ›Fernbedienung‹.

Bullshit; bullshitten

Engl. *bullshit* (Slang): (wörtl.) Bullenscheiße; dummes Geschwätz; saudummer Mist

SPRACHGEBRAUCH

Schon seit den 60er Jahren und dem Einfluss englischsprachigen, jugendlich zugeschnittenen Liedgutes ist das traditionelle Fluchwort *bullshit* ins Deutsche eingedrungen.

Einen Verwendungsschub erfuhr das Wort Anfang 2006, als das gleichnamige Buch des US-Philosophen Harry G. Frankfurt in einer deutschen Übersetzung erschien und mediales Futter für Hunderte von Berichten bot.

Vertrauen und Sprachmächtigkeit deutscher Politik vegetieren auf dramatischer Schwundstufe; da ist der Verwendbarkeit von ›*Bullshit*‹ kaum eine Grenze gesetzt, sein Überleben im deutschen Alltagssprachkorpus garantiert.

›*Bullshit*-Bingo‹ soll 1996 in den USA anlässlich einer Rede des damaligen Vizepräsidenten Al Gore entstanden sein, dessen von Hohlformeln gesättigter Sprachgebrauch MIT-Absolventen zur Konstruktion einer Matrix aus Nullwörtern des verwendeten Medien-Politik-Marketing-Sprech animierte. Wort und Spiel drangen kurz darauf ins Deutsche ein. Aktuell gibt es Dutzende von deutschen Websites, auf denen *Bullshit*-Bingo-Wortmaterial versammelt ist.

Frisch und wagemutig ist die Ableitung der Verbform ›*bullshitten*‹, der sich selbst das Hochkulturmedium *ZEIT* befleißigte: »*Wenn man sie fragt, wie ein gerechtes Steuersystem aussehen könnte, zwingt man dieses bezaubernde Geschöpf dazu,* bullzushitten.« (4-2006)

FUNDSTÜCKE

»*Ein* Bullshit-*Generator mit ueber 20 000 moeglichen hohlen Phrasen. In drei Versionen: fuer Netscape 6.x / Mozilla, Netscape Navigator 4.x und Internet.*« megpalffy.org (5-2006)

»Bullshit *ist allgegenwärtig: in den Medien, in der Kneipe, in der Politik. Schlimmer noch:* Bullshit *ist ansteckend.*« dwworld.de (3-2006)

»Bullshit *Protector: Endlich Schluß mit lästigem Gesülze nerviger Mitmenschen. Egal ob im Büro, unterwegs oder in der Freizeit. Sobald der Kopf anfängt zu hämmern, einfach den Protector über's Ohr ziehen und das Gestammel prallt ab wie Stahl und gelangt somit nicht ins Großhirn.«* arktis.de (7-2007)

Bundle

Engl. *bundle*: Bündel, Gebinde; Packen
Engl. *to bundle:* bündeln; zusammenpacken

SPRACHGESCHICHTE

Um 1330 im Englischen nachweisbar; von mittelniederländ. *bondel;* von der protogermanischen Wurzel *bundilin.* Im Althochdeutschen meint *gibuntila* ›Gebundenes; Büschel‹; daraus dt. ›Gebinde‹ und ›Bündel‹.

SPRACHGEBRAUCH

Wenn eine Wirtschaft mehr anbietet, als von Konsumenten nachgefragt wird, müssen selbige zum Konsum animiert werden. Das *Bundle*-Prinzip folgt der Überlegung: Wenn ein Kunde eine Sache nicht will, dann nimmt er vielleicht ein ganzes Bündel, in dem die Sache drinsteckt. Daher werden zunehmend Dinge in Produktgebinden verpackt.
Bundle-Marketing rechnet mit einer Ramsch-Geiz-Sammel-Haltung beim Konsumenten, der immer noch meinen soll, dass mehr von dem, was er zunächst nicht wollte, ganz toll sein könnte, wenn er es dann doch hat.
Der computeraffine Bürger versteht, was er kauft, so er ein *Bundle* kauft. Er nutzt das Wort hingegen selten. Hat er ein *Bundle* gekauft, sagt er zumeist, er habe ›eine Packung‹, ›eine Kombipackung‹ oder ›ein Paket‹ gekauft.
Selten wird ein *Unbundling* zum Thema, so bei der Entbündelung von Stromnetz und Stromerzeugung oder der heiß diskutierten Entflechtung von Schienennetz und Zugangebot bei der Deutschen Bahn, wozu man auch gut ›Entflechtung‹ sagen könnte, wenn Pressesprecher das nicht schon zu oft gesagt hätten.

FUNDSTÜCKE

*»In diesem Seminar-*Bundle *erfahren Sie die Grundlagen XHTML/HTML und CSS in 2 Tagen.«* Seminarangebot des Computerherstellers *Peacock* (4-2005)
»Bundle-*Krieg bei Spielekonsolen.«* golem.de (10-2002)
»Xbox Holiday Bundle*: Xbox plus Halo, Midtown Madness 3 und Xbox-Live-Zugang für 2 Monate.«* zdnet.de (4-2004)
»LingoMAXX dictionaries bundle – *Fünf deutsche Wörterbücher in einem Paket.«* softguide.de (4-2005) Wohlgemerkt: Es handelt sich um deutsche Wörterbücher.
›Collection; Kit; Package; Set

Burnout; Burn-out; Burn-Out

Engl. *burnout*: Ausbrennen

SPRACHGEBRAUCH

Als Begriff der Psychologie haben wir ›*Burnout*‹ dem deutschstämmigen Psychologen Herbert Freundenberger zu verdanken, der in den USA seine Forschungen betrieb und 1974 die Prägung zur Beschreibung eines durch Arbeit maximal ausgelaugten Menschen einsetzte. Parallel amerikanisierte sich der Wortschatz der Psychologie weltweit. Und bei uns kamen ebenfalls in den 70ern noch Special-Interest-Magazine und Science-Reports sprachverstärkend hinzu.

Heute ist niemand mehr erschöpft, so er ernst genommen werden will; er leidet unter *Burnout*-Symptomen. Da das Phänomen inflationär behauptet wird, ist es mit der Seriosität mittlerweile schlecht bestellt.

›*Burnout*‹ ist bereits in den Slangwortschatz deutscher jugendlicher Szenen eingedrungen. Darüber hinaus ist deutschen Motorsportfans und Liebhabern von PC-Autorennspielen ›*Burnout*‹ als Bezeichnung für einen heißen Start mit durchdrehenden Reifen geläufig.

FUNDSTÜCKE

»*In der IT-Branche ist das* Burn-Out-*Syndrom viermal so hoch (T-Online) wie in vielen anderen Berufen.*« sueddeutsche-zeitung.de (3-2007)

»*Mit einem nie dagewesenen Verkehrschaos fordert* Burnout *Revenge den Spieler.*« electronic-arts.de (12-2005)

Button

Engl. *button*: Knopf; Schaltknopf; Taste

SPRACHGESCHICHTE

Engl. *button* seit etwa 1300; von altfranz. *bouton* (›Knopf; Blüte‹); von altfranz. *bouter* (›schieben; verdrängen‹)

SPRACHE & PRODUKTE

Die Elektronisierung des gemeinen Alltags bringt es mit sich, dass a) wir von einer Unmenge von schaltbaren Objekten umgeben sind, b) diese international vermarktet werden, so dass sich englische Wörter bei der Bezeichnung von Funktionen und Elementen eben dieser Objekte durchgesetzt haben. Hauptphase sind die 70er Jahre, als die Japaner sich mit elektronischen Produkten auf dem Weltmarkt durchzusetzen begannen.

Dem *Button* muss dabei nahezu ontologischer (›seinslogischer‹) Value (›Wert‹) zugemessen werden, denn drückbare Knöpfe oder Tasten machen das Gros der Bedienelemente von moderner Haustechnik aus. Verschärfend seit der Computerisierung des Haushalts: Software wird dominant per Maus gesteuert; diese klickt auf etwas, das graphisch und programmlogisch als *Button* funktionieren muss (sonst geschähe nach einem Klick ja überhaupt nichts).

›*Button*‹ als Bezeichnung für den klassischen Jeansknopf, bei dem ein kurzer Nagel in das Gewebe geschlagen und ein Metallknopf aufgesetzt wird, ist gegenüber den technischen Kontexten in den Hintergrund gerückt.

Der *Button*-Down-Kragen des Herrenhemds besitzt Knöpfe, mit denen ein Abstehen der Kragenflügel bei geöffnetem oberstem Knopf verhindert wird. Der Hemdtypus existiert seit etwa 1900; in Deutschland musste erst die Freizeitkultur der 60er Jahre den konservativen Kent-Kragen bedrängen.

In den 70er Jahren entwickelte sich die kommunikationsökonomisch sinnvolle Sitte, seine irgendwie politische Meinung auf käuflich erwerbbaren *Buttons* kundzutun. Dies waren runde Metall- oder Plastikplättchen mit Sicherheitsnadelbefestigungselement auf der Rückseite.

Heute nicht mehr en vogue (franz. *en vogue:* ›attraktiv; beliebt; modisch‹). Ersetzt durch den radikal entpolitisierten Sticker, der zwischen reiner Dekorationsfunktion und diffusester Meinungsentäußerung changiert.

FUNDSTÜCKE

»So viel Platz für Mails, wer braucht da noch einen Button, *mit dem Mails gelöscht werden können?«* pcwelt.de (1-2006)

»Ab HTML 4.0 dürfen anklickbare Buttons *endlich so heißen wie sie heißen: nämlich* Button. *Solche* Buttons *sind flexibler als herkömmliche* Buttons, *denn sie dürfen auch einen definierten Inhalt haben, etwa eine Grafik.«* saftsack.fs-uni.bayreuth.de (1-2006)

»Ansteckbuttons *professionell, gut und superschnell. Auch Kleinmengen.«* ansteckbuttons.de (1-2006)

› **Badge; Sticker**

C

Caddie, Caddy

Engl. *caddie*: Einkaufswagen; Golfjunge; Caddie; Teedose

SPRACHGEBRAUCH

Ein *Caddie* (oder in der US-Schreibweise *Caddy*) ist derjenige, der sowohl die Rolle des taschentragenden Golfsklaven als auch des Schlägerauswahlberaters bei Profi-Golfturnieren spielt. Da der deutsche Breitensportgolfer sich einen solchen nicht leistet, er aber das Wörtchen schick findet, werden hier zu Lande auch die golfplatztypischen Elektroautos und die Golftaschenrollwagen mit *›Caddy‹* bezeichnet. Letztere sollten eher ›Trolley‹, Erstere ›Carts‹ oder beide ›Buggy‹ genannt werden. Der Autohersteller *Volkswagen* hat das Wort für einen praktischen Lieferwagen reklamiert.

FUNDSTÜCKE

»Golf Caddy *Trolley faltbar m. Scorecard Holder.«* amazon.de (1-2009) Ein Scorecard Holder ist eine Klemmvorrichtung für das Blatt mit dem Spielstandsprotokoll.

»Callaway C. G. Caddy *Towel / Handtuch – Black Pink.«* surfin-golf.de (1-2009)

»Das Allroundtalent Caddy *Life. (...) Über Stil muss man nicht sprechen. Man sieht ihn. Der* Caddy ® *Life Style Edition.«* volkswagen-nutzfahrzeuge.de (1-2009)

canceln

Engl. *to cancel*: abbestellen; abbrechen; absagen; löschen; zurücknehmen

SPRACHGESCHICHTE

Um 1400 im Englischen nachweisbar; von anglo-franz. *canceler;* von lat. *cancellare* (›einem Gitter ähnlich machen‹), was mlat. die Bedeutung von ›Geschriebenes durchstreichen‹ annimmt; von lat. *cancellus* (›Gitter, Gitterrost‹); Diminutiv (›Verkleinerungsform‹) von lat. *cancer* (›Gitter; Balkenkreuz‹).
Dt. ›Kanzler; Kanzlei‹ von althochdt. *chancilari,* mittelhochdt. *kanzelære;* von mlat. *cancellarius* (›mit Gittern oder Schranken umgebener Raum eines Gerichtshofes‹).

SPRACHGEBRAUCH

Der planende Mensch bucht & reserviert. Wenn es aber, wie so oft, anders kommt als geplant, wird heutzutage *gecancelt.* Der Flug, der Theaterplatz, das Hotel, der Termin sowieso, auch das Date oder das Diner mit dem Date.
›Canceln‹ ersetzt dabei ›stornieren‹ oder ›streichen‹ oder ›abbestellen‹. Im international sich gebenden Business ist das wohl nicht zu ändern. Die private Verabredung sollte weiterhin entschuldigend abgesagt werden. Aber wem sagt man das?

FUNDSTÜCKE

»Die Abendmahlzeit zu canceln *kann mitunter ein größeres Opfer darstellen als*

man glaubt, deswegen muß man dem Hungergefühl zuvorkommen.« hormonklinik.com (3-2006)
»Bis auf streng definierte Ausnahmefälle darf man nur seine eigenen Artikel canceln.« de.wikipedia.org (3-2006) Aus dem Regelkanon der Online-Enzyklopädie Wikipedia.
»Wer hierzulande seine Weltgewandtheit kundtun will, der streicht seine Reservierung nicht; er cancelt *sie.«* Wortmeldungs-Rubrik aus der *Wirtschaftswoche* (3-2006)

Card

Engl. *card*: Karte, Karton; Leiterplatte; Visitenkarte

SPRACHGEBRAUCH

Cards sind Komponenten digitaler Persönlichkeitsprofile. Oder: Deine Karten sagen, wer du bist. Heute haben zivilisierte deutsch sprechende Menschen im Mittel sieben *Cards* bei sich.
Die meisten Karten nennen sich *Cards,* die meisten Menschen sagen aber immer noch: *»Verdammt, wo ist meine Karte?«,* wenn sie eine *Card* suchen.
Viele *Cards,* die Krankendaten speichern, heißen *Medicalcards,* andere aber *E-Cards.* Letzteres ist irreführend; die meisten *Cards* sind auch *E-Cards,* denn sie haben ein elektronisches Bauteil implantiert.
Cards haben sich als Phänomen und Begriff in Deutschland vor allem in den 80er Jahren etabliert, als Geldinstitute begannen, Schalterpersonal zu eliminieren und Touristen in aller Welt bargeldlos zahlen wollten.
Heute hält jede deutsche Stadt, die etwas auf sich hält, eine *Card* für ihre Bürger oder Besucher bereit, bis hinunter zum maroden 60 000-Seelen-Kleinstädtchen Herten am Nordrand des Ruhrgebietes.
Mit der Digitalisierung des Fotografierens seit etwa 2000 ist die Memory *Card* oder Flash *Card* als Speichermedium Millionen Knipsern vertraut. Und noch ein paar Jahre älter ist die SIM-*Card,* die das Funktionieren des Handys gewährleistet. Die müsste gar nicht SIM-*Card* heißen. SIM meint nämlich *Subscriber Identity Module* oder eben ›Abonnenten-Identitäts-Modul‹. SIM oder SI-Modul wäre also voll ausreichend, wenn einer darüber nachdächte.

FUNDSTÜCKE

»Die Ehrenamtscard *ist innovatives Element einer neuen Anerkennungskultur.«* Website des Hessischen Sozialministeriums (7-2005)
»Vietor trug vorschriftsmäßig ihre Sicherheitsutensilien wie Schutzweste und Helm, dazu am Arm die Medicalcard, *auf der für den Notfall immer alle medizinischen Daten notiert sind.«* tagesspiegel.de (8-2007)

Case

Engl. *case*: Angelegenheit; Fall; Klage; Gehäuse; Koffer

SPRACHGEBRAUCH

Hiesige Managementtheorie, Prognostik, Statistik, Trendforschung – alle haben engl. *case* in diversen Kombinationen seit den 80er Jahren übernommen. Weit verbreitet sind Dispute über Best-*Case*-Szenarios und Worst-*Case*-Szenarios, also Spekulationen über die optimistische oder pessimistische Entwicklung

komplexer Vorgänge. Wer sich nicht entscheiden kann oder wissenschaftlich wirken will, betreibt *Case*-Studien, oder konsequenter: *Case*-Studies.
Die Mode- und Accessoirebranche verkauft seit den 90er Jahren immer weniger Koffer, dafür zunehmend *Cases* in allen erdenklichen Größen.
Das *Case*-Modding ist eine Variante des Modding. Dabei beschränkt sich das Aufmotzen des Computers auf Gehäuselackierungen oder den Einbau von Plexiglasfenstern.

FUNDSTÜCKE

»Über die Navigationsgrafik können Case *Studies aus der Integrierten Kommunikation und den Fachunits eingesehen werden.«* media-consulta.com (10-2006)
»Deutschland größte Case-*Modding-Gallery.«* case-gallery.de (10-2006)
»Kaum hat Apple seine neuen iPod nano und iPod touch Modelle vorgestellt, präsentiert GEAR4, eine der führenden europäischen Marken für iPod- und MP3-Zubehör, bereits jetzt eine umfangreiche Palette an neuen Cases *für die beiden Topmodelle von Apple.«* publictouch.de (9-2008)
› **Beauty; Beauty Case; Modding**

catchen; Catcher

Engl. *to catch*: auffangen; erwischen, fangen, packen
Engl. *catcher*: Fänger (Spielposition beim Basketball); Greifvorrichtung
Engl. *wrestler*: Catcher; Ringer
Engl. *all-in-wrestling*: Catchen

SPRACHGEBRAUCH

Ein Scheinanglizismus! So sind sich alle hiesigen Sprachkritiker sicher. Die Deutschen haben aus dem amerikanischen *wrestler* einen ›*Catcher*‹ gemacht. Stimmt leider nicht ganz. *»Catch wrestling«* heißt ein umfangreiches Kapitel im englischsprachigen Wikipedia-Lexikon. Dieses *catch wrestling* wird als Vorläufer des Wrestling bezeichnet. Gekämpft wurde in einem freien Stil, der den Einsatz von Kampfsporttechniken erlaubte. An der Wende vom 19. zum 20. Jahrhundert war *catch wrestling* an beiden Atlantikküsten eine der beliebtesten Volksfestvergnügungen. *»The Sport of Catch Wrestling. The Certified Catch Wrestler Handbook«* nennt sich ein heute noch als Standardwerk vertriebenes Buch von Jake Shannon ($ 49,95 bei amazon.com). Im 20. Jahrhundert differenzierte sich das *catch wrestling* in unterschiedlichste Strömungen aus. Die mit dem bekannten Show-Appeal (›Schauanziehungskraft‹), bei der sich die Zuschauer an den brutal wirkenden Bluffs der artistisch trainierten Kämpfer erfreuen, heißt *wrestling.* Der Import ins Deutsche basierte aber auf der Wendung vom *catch-as-catch-can,* der Umschreibung für einen Kampfstil, den man heute eher mit *anything goes* (›alles ist erlaubt‹) beschreiben würde. Aus dem *catch-as-catch-can* und dem *catch wrestling* entstand die sprachökonomische Kurzform ›*Catchen*‹. Was man der deutschen Sprache und ihren Sprechern nun wahrhaftig nicht vorwerfen kann. Die sportliche und sprachliche Evolution in den USA, Japan und Mexiko ging etwas andere Wege. Zu uns kam das Wrestling verstärkt in den 80er Jahren mit Übertragungen im neuen Privatfern-

sehen. Wer sich dafür nicht sonderlich interessiert, sagt ›*Catchen*‹. Intime Kenner der Szene nutzen selbstredend die »richtige« Bezeichnung ›Wrestling‹. Und wer sind jetzt die Bösen?
Zu ergänzen ist: Der Computer hat nochmals das *Catchen* zu uns gebracht, diesmal im Umfeld von Programmen, die Musik und Filme aus dem Internet einfangen sollen.

FUNDSTÜCKE

»Der Radsport ist in Lebensgefahr, könnte verschwinden wie das Catchen *und genauso obsolet und lächerlich werden.«* focus.de (7-2007)
»Abwechslung gibt es am Wochenende, man geht wie viele andere zum Catchen *in den ›Rundbau am Zoo‹ oder auf ein ordentliches Schaschlick zum ›Dicken Heinrich‹ an den Ku'damm.«* DER TAGESSPIEGEL (2-2008) ›Schaschlik‹ sollte es geschrieben werden.
»Wer sich den Streifen allerdings mit dem Replay Media Catcher *von Applian Technologies ansieht, der auf Adobe-Technologie basiert, erlebt zu seinem Erstaunen, dass der Clip zwar ordnungsgemäß nach zwei Minuten anhält. Im Hintergrund aber lädt der komplette Film – und kann dann auch abgespeichert werden.«* spiegel.de (9-2008)

Catering; catern

Engl. *catering*: Gastronomie; Lebensmittelversorgung; Verpflegung; Versorgung mit Speisen und Getränken
Engl. *to cater for*: beliefern; versorgen

SPRACHGESCHICHTE

Auf vielen lautwandlerischen Umwegen steckt altfranz. *achater* (›kaufen; Vorräte besorgen‹) hinter engl. *to cater*. Als das französische Wort um 1400 ins Englische einwanderte, nahmen viele Sprecher das ›a‹ von *achater* wohl als Artikel wahr und unterstellten eine Grundform *chater*, was dann auch anders ausgesprochen werden musste.

SPRACHGEBRAUCH

Essdienstleistungen haben sich vom Restaurant als Location emanzipiert. Der moderne Mensch will Nahrungsservice dort, wo er sich gerade aufhält, also auf der Konferenz oder bei der heimischen Gartenparty, für die ein *Catering* Service angeheuert wird.
Mittlerweile bis in den Sprachgebrauch des unteren deutschen Mittelstands hinabgesickert, der sich auch dann und wann gartenpartyanlässig *becatern* lässt.
Zwei Verbformen evozieren eher geschmacksferne Spracheffekte: ›*catern*‹ (›*ich catere*‹, ›*du caterst*‹, ...*)* und ›*becatern*‹ (›*wir werden becatert*‹).

FUNDSTÜCK

»Offizielles Teamcatering *für ARD und ZDF bei der Tour de France – Gerne be-*catern *wir auch Ihre individuelle Tour!«* celluleut.de (1-2006)

Charity

Engl. *charity*: Caritas; Fürsorge; Nächstenliebe

SPRACHGEBRAUCH

Caritas, die lateinisch tönende, aber eher leise auftretende aktive Sorge um den Nächsten, ist Sache der *Caritas*-Organisation. Wohlhabende deutsche Menschen betreiben eher *Charity*, indem sie zu überhöhten Eintrittspreisen *Charity*

Events besuchen und dort bei einer *Charity* Auktion zu überhöhten Summen nutzlose Objekte ersteigern, mit denen sie sich für People-Magazine ablichten lassen. Das gibt Publicity und dient nebenbei der guten Sache.
Der Begriff breitet sich aber durch die Phänomene Breitensport und Fitnessboom weiter aus: Auf *Charity* Walks kann heuer jeder mitwalken (co-walken?); ein als Sponsor auftretendes Unternehmen zahlt für jeden Walker eine Spende; je mehr Walker, desto mehr Werbeeffekt, desto mehr Geld.
Und seit eBay *Charity*-Auktionen anbietet, bei denen der Erlös der versteigerten Objekte ebenfalls gespendet wird, ist die Maximalverbreitung im deutschen Sprachraum gewährleistet.
Das Berliner Krankenhaus leicht ähnlichen Namens heißt ›Charité‹, was französisch mit betontem End-›e‹ intoniert sein sollte.

FUNDSTÜCKE

»Bereits zum dritten Mal findet der ›Aral Charity *Walk‹ zu Gunsten des Behindertensports statt. Für jeden Läufer und Kilometer spendet Aral 10 Euro für diese Projekte.«* Aral-Pressemitteilung (5-2005)
»Auch das Charity-*Ereignis TRIBUTE TO BAMBI nimmt sich vergessener Menschen an. Am Vorabend der BAMBI-Verleihung wird Geld gesammelt für einen guten Zweck.«* Pressemitteilung der Burda AG (11-2005)
»Rafael Nadal, Novak Djokovic, Andy Roddick, Kim Clijsters und Serena Williams, Lleyton Hewitt und Samantha Stosur nahmen an dem Charitymatch *teil.«* rp-online.de (2-2010)

Check; checken

Engl. *to check*: checken, kontrollieren, prüfen, testen
Engl. *to check in*: einchecken
Engl. *to check out*: nachprüfen; auschecken, sich abmelden, verlassen
Engl. *to check through*: durchchecken; sorgfältig prüfen
Engl. *to check up*: abchecken, nachprüfen, untersuchen

SPRACHGEBRAUCH

Kontrolle ist besser. Und markiger mutet diese an, so sie ›*Check*‹ genannt wird. Das tun deutsche, vorzugsweise hanseatisch-frühglobal orientierte Kaufleute bereits seit Ende des 19. Jahrhunderts. Ins gemeine Deutsch sickerte das Wörtchen samt Derivaten erst in den 60er Jahren. Der frühe Jugendslang *checkte* damals bereits, was so überhaupt los ist. Ein wenig später neigte er dann zum ›*abchecken*‹, was schon eine souveräne Eindeutschungsleistung darstellt.
In den 70er Jahren kam der Flugverkehr und bereicherte zunächst den Wortschatz der Geschäftsreisenden, später auch der Charterflugtouristen mit ›*einchecken*‹ und ›*auschecken*‹. Die passenden Substantive heißen ›*Check*-In‹ und ›*Check*-Out‹.
Die genutzten (Flug-)Maschinen wurden dann auch sehr schnell nicht mehr einer Sicherheitskontrolle unterzogen, sie wurden *durchgecheckt*.
Heute verlassen Geschäftsmenschen (Business Men) und solche, die sich den Anschein geben, kein Hotel. Wie auf dem Flughafen *checken* sie aus, wobei sie sich naturgemäß zuvor *ein-*

gecheckt haben mussten. Damit das schneller geht, werden Schnell-*Checks*, Fast-*Checks* und Quick-*Checks* oder, für die wichtigen Menschen, VIP-*Checks* offeriert.

Gecheckt wird gegenwärtig alles an Objekten, die überhaupt sinnvoll einer Prüfung unterzogen werden können. Sagt noch einer ›Prüfung‹, meint er es a) sehr ernst, b) auf Menschen bezogen. Diese werden als Schüler, Kandidaten, Bewerber immer noch zumeist geprüft, in noch strengerem Falle examiniert.

Sehr gewöhnungsbedürftig ist der Trend zu einer Passivform ›sich checken‹. Es finden sich *»Ich* check *mir das mal«* oder *»Hast du dir das schon* gecheckt*?«*.

(Auf meiner *Checkliste* mit Varianten von ›*Check*‹ stehen noch ein paar Posten, die ich hier aber aus Platzgründen überspringe.)

FUNDSTÜCKE

»Der professionelle Link Check *von Database-Search.Com mit PageRank-Echtheitsprüfung, PageRank-Verifizierung, LinkRank-Ermittlung und vielem mehr.«* database-search.com (1-2006)

*»Gesinnungs-*Check*: Muslime planen Klage.«* netzzeitung.de (1-2006)

»Check *dir die neueste Von Zipper Eyewear bei Blue Tomato im Online-Shop!«* blue-tomato.com (3-2011)

› **Login**

Chip

Engl. *chip*: Chip, elektronischer Baustein; Jeton (beim Roulette), Spielgeld; Splitter

SPRACHGESCHICHTE

Engl. *chip* von altengl. *cipp* (›Holzstückchen; Splitter‹); von lat. *cippus* (›Balken; Palisadenpfahl‹). Dt. ›Kippe‹, ›kippeln‹ sind verwandt. ›Kippe‹ bezeichnete *»ein Ding, das auf der spitze steht und dem sturze ausgesetzt ist«* (Grimm'sches Wörterbuch). Mundartl. ›Kippe‹ für ›Zigarette‹ gehört zum gleichen Kontext; die Form der Rauchware erinnert an einen kleinen hölzernen Pinn.

SPRACHGEBRAUCH

Was fällt dem Deutschen ein, wenn er ›*Chip*‹ hört oder liest? a) Der Computerbaustein, b) die knusprige, fettreiche Knabberspeise aus gerösteten Kartoffelscheiben, c) Spielgeld im Casino, das von kultivierten Menschen immer noch ›Jeton‹ genannt wird, d) die Wertmarke, mit der ein Auto-Scooter auf der Kirmes in Bewegung gesetzt wird.

Chips für Computer, in einem Baustein integrierte Schaltkreise, gibt es seit Beginn der 70er Jahre. Die Bezeichnung setzte sich in Deutschland seit Mitte der 70er Jahre durch. Der Durchbruch ist auch *Chip,* dem ältesten Computermagazins Deutschlands, geschuldet, das bereits seit 1978 erscheint. Da *Chips* ubiquitär (aus dem Lateinischen; ›allgegenwärtig‹) zu werden drohen – denn auch dumme Dinge erhalten zunehmend Rechenintelligenz –, wird ›*Chip*‹ uns sprachlich nicht mehr verlassen.

Die Deutschen können *Chips* seit 1951 essen. Damals erhielt ein deutscher Ingenieur eine Produktionslizenz aus den USA, wo *Chips* seit den 20er Jahren industriell hergestellt werden. Die Marke

Crunchips (von *Bahlsen* übernommen) existiert bis heute. ›*Chips*‹ ist also ein Amerikanismus, die Engländer sprachen früher von *crisps* (›Knusperstückchen‹), haben sich mittlerweile aber auch an *chips* gewöhnt. Aber Vorsicht: Bestellt ein Engländer *potato chips,* meint er Pommes Frites, die bei den Amerikanern *french fried potatoes* oder kurz *french fries* heißen, was Briten aber mittlerweile durch die Präsenz amerikanischer Fast-Food-Ketten auf den Inseln den Königreichs auch verstehen.

FUNDSTÜCKE

»Also doch! Fifa testet Chip *und Torkamera.«* bild.de (1-2011)

»Erste Bilanz: Chips *für Haustiere ein Flop.«* rp-online.de (1-2011)

»In Zukunft werden immer mehr Gegenstände mit Funkchips *ausgestattet sein.«* diepresse.com (1-2011)

Classic

Engl. *classic*: klassisch; Klassiker

SPRACHGESCHICHTE

Engl. *classic* von franz. *classique,* dies von lat. *classicus* (›römischer Bürger ersten Ranges; erstklassig‹). Die Deutschen entlehnen ihren ›Klassiker‹ im 18. Jahrhundert aus gleicher Quelle. Gemeint ist das Inventar griechischer und römischer Antike, das bis in unsere Tage als mustergültig, erstrangig und zeitlos gültig erachtet wird.

SPRACHGEBRAUCH

Ein Klassiker repräsentiert Langlebigkeit, Wert und eine Ästhetik jenseits des Modischen. Also irgendwie auch etwas Altmodisches. Den Ruch hat ›*Classic*‹ eher nicht. Und so werden Produkte ohne beachtenswerte Halbwertszeit deutschland- und weltweit, zunehmend seit den zeitgeistigen 80er Jahren, mit dem Attribut ›*Classic*‹ bedacht; aber auch vordem Klassisches, was unter neuem Label neue Konsumentengruppen – in der Regel eben nicht ›Bürger ersten Ranges‹ – ansprechen soll.
Klassische Musik wird zu *Classics* oder *Classicals* oder *Classic* Music oder dem Sound of *Classic.* Junge Musiker, die klassische Musik spielen, sind Young *Classics,* die auf einem Young Euro *Classic* Festival aufspielen.
Produkte aller Sparten sind nicht mehr klassisch oder modern, sondern *classic* oder trendy, wobei Young *Classics, Classic* Trends, Trendy *Classics,* New *Classics* oder Modern *Classics* dem *classics*-willigen Konsumenten die Auswahl nicht erleichtern dürften.
Weiter erschwerend: Es wird zwischen *classic* und special, *classic* und advanced, *classic* und premium, *classic* und professional unterschieden. ›*Classic*‹ meint in letztgenannten Oppositionen eher zweitklassig, denn die klassische Grundversion zum Beispiel einer Software kann meist weniger als die nicht-klassische Variante. (Das Klassische pflegt eine untergründige Verwandtschaft mit dem Minimalistischen. Dies wiederum erscheint manchen als wohltuend karg, anderen als ärmlich. Wer es sich leisten kann, braucht heut gern weniger; der Rest muss es sich mit Üppigkeit beweisen.)

FUNDSTÜCKE

»Im Detail beinhaltet die Vorsorgevariante Classic*: Massiver Kiefernsarg mit pas-*

sender Innenausstattung und/oder Kupfer-Urne.« nuernberger.de (2-2006)
»*Cityweb* Classic *ist der klassische Weg, ins Internet zu gehen.«* cityweb.de (1-2006)
»*Dann drucken Sie sich doch einfach einen Antrag für das* Classic *Doppel aus, füllen ihn vollständig aus und schicken ihn per Post an: ...«* rbskarte.de (1-2006)
› **authentic**

Clinch

Engl. *clinch*: Clinch, Umklammerung

SPRACHGESCHICHTE

Das englische *clinch* hat sich aus dem lateinischen *clingere* (›umgürten, umschlingen; fesseln‹) entwickelt.

SPRACHGEBRAUCH

Im Boxsport bezeichnet ›*Clinch*‹ das unerlaubte Umklammern des Gegners. Die 20er Jahre erlebten in Deutschland eine Blüte des Boxsports; seither in den mündlichen wie schriftlichen Äußerungen von Boxkommentatoren wie auch im aktiven Wortschatz von Boxfans zu finden. Im alltäglichen Sinne bezeichnet ›*Clinch*‹ die hautnahe Auseinandersetzung mit einem Gegner, sei es in der Beziehung oder im Geschäftsleben. Der alltägliche ›*Clinch*‹ nähert sich dadurch dem ›*Infight*‹, bei dem es mit kurzen Haken dem Gegner ans Zeug geht. Printmedien lieben ›*Clinch*‹. Da Medien nur das Disharmonische als spannende News verkaufen können, haben sie immensen Bedarf nach Wörtern, die Konflikt und Kampf signalisieren.

FUNDSTÜCKE

»*Der britische Fußballstar David Beckham liegt mit einem Hollywood-Paparazzo im* Clinch.« Süddeutsche Zeitung (1-2009)
»*Eine Münchner Hausbesitzerin und ihr Mieter-Ehepaar liegen schon seit geraumer Zeit im* Clinch.« Süddeutsche Zeitung (1-2009)
»*Wer Amerika und Deutschland als zwei gegensätzliche Systeme versteht, die miteinander im* Clinch *liegen, verpasst die Chancen, die ausgerechnet in der Krise des Kapitalismus stecken.«* Süddeutsche Zeitung (12-2008)

Club

Engl. *club*: Club, Verein; Keule, Knüppel

SPRACHGESCHICHTE

Um 1200 bediente sich die englische Sprache beim Altnordischen. Dort hieß *clubba* ›Keule‹. Das basiert wohl auf dem protogermanischen *klumbon* (›sich versammeln‹). Und hier haben wir die gemeinsame Quelle für ›Keule‹ und ›Club‹: Wer sich versammelte, bildete einen Haufen oder auch Menschenklumpen – und daher haben wir auch den ›Klumpen‹ im Deutschen.

SPRACHGEBRAUCH

Ins Deutsche wanderte ›*Club*‹ schon im 18. Jahrhundert. Die Engländer hatten nun mal die gehobene Männerbündelei zu voller Blüte entwickelt. Die bessere Geschäftswelt ging auf Reisen und traf sich in *Clubs*. Die politischen Clubs mit ideologischer Nähe zu revolutionären Umtrieben taten das Ihrige zur Verbreitung von *Clubkultur* und ›*Club*‹. Fußballvereine mutierten sprachlich seit dem Ende des 2. Weltkriegs zu Fußball-*Clubs*. Heute kann jegliche Vereinigung ein *Club* sein. Ein ordentlicher deutscher *Club* tritt aber immer noch eher als ordentlich eingetragener Verein auf und nennt sich auch so. Die deutschen Jugendkohorten seit den 60er Jahren treffen sich zwecks Genuss modernerer musikalischer Unterhaltungskultur ebenfalls in *Clubs*. Der Hamburger *Star-Club* wurde seit 1962 Legende, vor allem durch drei Auftritte der *Beatles*.

FUNDSTÜCKE

»Seither betreibt Besancenot gezielt den Umbau der LCR vom sektiererischen Club *zur breiten, nach links offenen Sammelbewegung.«* spiegel.de (2-2009) Es geht um die radikale Linke in Frankreich.

*»Der Serie-A-*Club *sei bereit, Beckhams bisherigem* Club *Los Angeles Galaxy eine Ablösesumme von fünf Millionen Euro zu bezahlen, damit der Engländer am 8. März nicht mehr wie bislang vereinbart nach seinem Wintergastspiel in die US-Liga zurückkehren müsse.«* focus.de (2-2009)

Clutch; Clutch Bag

Engl. *clutch bag*: Abend-Täschchen
Engl. *clutch*: Gelege; Klaue; Kupplung; Umklammerung

SPRACHGEBRAUCH

Die Dame von Welt trägt beim gepflegten Abendeinsatz praktischerweise nur ein kleines Täschchen mit dem Allernotwendigsten. Dieses Täschchen kann man ›Täschchen‹ nennen. Schicker wirkt es, so man es *›Clutch‹*, *›Clutch Bag‹* oder *›Dinner Clutch‹* tituliert. Das war in der Upper Society immer wieder hörbar. Ende 2007 wurde *›Clutch‹* durch den *Tchibo*-Versand dann trend-demokratisiert. Die Halbwertszeit und Durchsetzungsfähigkeit der Wortgruppe ist deutlich höher, als für den modisch Abstinenten vermutbar.

FUNDSTÜCKE

»Schicke Clutch Bag *Abendtasche mit Brosche, cremefarben.«* amazon.de (11-2007)

»Dinner Clutch*: Abend-Täschchen mit innenliegender Börse und herausnehmbarem Spiegel; aus hochwertigem Rindsleder mit Lackfinish.«* Tchibo-Katalog (11-2007)

Coach; Coacher; Coaching; coachen

Engl. *coach*: Kabine; Kutsche; Trainer; Wagen

SPRACHGESCHICHTE

Im Englischen wurde *coach* im 16. Jahrhundert aus dem mittelfranzösischen *coche,* dies wiederum vom neuhochdeutschen ›Kotsche‹ entlehnt. Aber auch wir haben es, wie viele andere Sprachen, von den Ungarn übernommen. Dort heißt *kocsi* ›aus Kocs‹. Dies am nordwestlichen Rand von Ungarn gelegene Städtchen ist im 15. Jahrhundert der Geburtsort der gedeckten Kutsche zum kommoden Personentransport auch bei widrigem Wetter.

Erst im 19. Jahrhundert entwickelt sich der Bedeutungskreis ›Tutor‹ (an Universitäten) und ›Trainer‹ im Bereich des britischen Hochschulsports. Gedacht wurde dabei wohl an das sichere Tragen einer noch unerfahrenen Person durch einen Älteren in unwegsamem Gelände. Im Englischen ist *coach* heute eher die Bezeichnung für einen Übungsleiter, der Leistungssport sagt meist *trainer*.

SPRACHGEBRAUCH

›*Coach*‹ sickerte langsam in den 60er Jahren, zunächst nur für Eishockey-Trainer genutzt, ins Deutsche. Heute konkurriert ›*Coach*‹ mit ›Trainer‹ im sportlichen Sektor. Durchgesetzt hat sich ›*Coach*‹ im Bereich von Personaltraining. In Zeiten unendlichen Lernens müssen prinzipiell alle Menschen aller Altersstufen ununterbrochen mental und wissenspraktisch fit gehalten werden. Dazu dienen heute in Deutschland Hunderttausende von berufenen und unberufenen *Coaches,* die mit den zu *coachenden* ein *Coaching*-Programm durchführen.

Bemerkenswert die Pluralbildung: Mehrheitlich heißt es ›die *Coaches*‹ statt ›die *Coache*‹, wie die deutsche Pluralbildung lauten müsste. Die englische Mehrzahlform dringt hier direkt in die deutsche Grammatik ein. Ein Ausweg böte sich mit ›der *Coacher*‹ und ›die *Coacher*‹. Er wird nicht genutzt, wohl auch nicht gesehen.

VARIA & DERIVATE

Die amerikanische Fitness-Industrie hat uns seit den 80er Jahren neue Jobprofile beschert: Der Wellness *Coach* bemüht sich im Wellness-Center um schlaffe Menschen, der Personal *Coach* darf bevorzugt die Schönen und die Reichen Hollywoods shapen.

Ein *Coach* betreibt naturgemäß *Coaching;* benutzt er dabei das Internet, ist es Tele-*Coaching* oder Web-*Coaching* oder Virtual *Coaching.*

Der gesamte Geschäftsbereich wird summarisch auch als ›*Coachertum*‹ bezeichnet.

FUNDSTÜCKE

»*Internet-Plattform für Trainer, Dozenten und* Coaches, *die Bildungs- und Trainingsleistungen im unternehmerischen Bereich anbieten.*« trainer.de (2-2006)

»CoachAcademy – *Für die Führungskräfte von morgen! In dem Karrierenetzwerk für Jungakademiker finden Sie Beratung, Training und* Coaching *für Ihre berufliche Karriere.*« coachacademy.de (2-2006)

»*Finden Sie Ihren Private* Coach*: Besser geht's nicht. Er kommt sogar ins Haus! Ob Muskelprotz oder Powergirl: Mit einem persönlichen* Coach *erreichen Sie Ihre Fitnessziele am schnellsten!*« fitforfun.msn.de (2-2006)

»*Titel wie diese sind en masse zu finden und jeder, der sich im Dunstkreis des* Coachertums *erfolgreich nach oben ›beraten‹ hat, wird irgendwann einmal ein wichtiges Buch zur erfolgreichen Prägung für jede Lebenssituation schreiben.*« zeit.de (11-2010)

Cocktail

Engl. *cocktail*: alkoholisches Mischgetränk, Cocktail; (wörtl.) Hahnenschwanz

SPRACHGEBRAUCH

Schon zu Beginn des 20. Jahrhunderts in großstädtischen Nachtlokalen verbreitet. Der *Cocktail,* lange Jahrzehnte neben dem Champagner die gepflegteste Form, sich öffentlich zu betrinken, hatte seine Höhen und Tiefen, wurde aber immer wieder neu zum Trendgetränk ausgerufen und hat heute das letzte Odeur leicht verruchter Metropolen-Mondänität verloren. Alle trinken heute *Cocktails,* die es sich überhaupt erlauben können, jenseits von Straßenunterführungen sich volllaufen zu lassen.

FUNDSTÜCK

»Mobile Cocktail *ist das* Cocktail-*Rezeptbuch auf dem PocketPC. Es assistiert dem Hobby-Barkeeper zuhause, auf Parties oder bei spontanen Gelegenheiten. 38* Cocktail-*Rezepte, inklusive vieler Klassiker, sind enthalten und einfach zu browsen. Mobile* Cocktail *kennt auch ihren Barinhalt und zeigt zu jedem Drink an, wie viel Prozent der Zutaten verfügbar sind.«* cocktail.buschtrommel.net (1-2007) Es handelt sich um Freeware, die unter der angegebenen Internetadresse kostenlos herunterladbar ist.

Coffee-Table-Book

Engl. *coffee-table book*: Bildband

SPRACHGEBRAUCH

Der deutsche Mehrbuchbesitzer ist regelmäßig auch Eigentümer einiger großformatiger Prachtbände über Dinge und Orte, die er zu schätzen vorgibt, aber sich meist nicht leisten kann. Also über mechanische Luxusuhren, 6-Sterne-Hotels oder rot lackierte italienische Oldtimer. Solche bildlastigen Großbücher hießen bei uns bis vor wenigen Jahren ganz einfach ›Bildbände‹. Das Buchmarketing hat aber genauer differenziert: zwischen normalen Bildbänden, die im Regal stehen, und solchen, die aus repräsentativen Gründen die sichtbaren horizontalen Oberflächen von Wohnzimmermöbeln schmücken. Dies sind nun auch bei uns seit etwa der Mitte des ersten Jahrzehnts des noch frischen Jahrtausends *Coffee-Table-Books.*

FUNDSTÜCK

*»Das Vatikan-Geheimarchiv-*Coffee-table-Book*: Das Geheimarchiv des Vatikans hat jahrhundertelang Phantasien beflügelt und Romane und Filme inspiriert.«* blog.stuttgarter-zeitung.de (1-2010)

Collection

Engl. *collection*: Collection, Kollektion, Sammlung; Einziehung (von Geld)

SPRACHGEBRAUCH

Was es schon gibt, kann immer nochmals vermarktet werden, indem man es mit Ähnlichem zusammenpackt. Ist die Ähnlichkeit groß, darf man ›*Collection*‹ sagen, ist sie gering, bietet sich ›Bundle‹ an. *Collections* befriedigen die Sehnsucht des Konsumenten nach Ordnung in der verwirrenden Vielheit, und sei es nur die serielle Ordnung des Sequel aus der US-Movie-Produktion.
›*Collection*‹ ersetzt zunehmend ›Angebot‹, ›Kollektion‹ und ›Programm‹.

FUNDSTÜCKE

»Online Auftritt der BREE Collection *mit BREE Online Shop und allen wichtigen Informationen zur Marke BREE.«* bree.de (1-2006)

»Die Kids Collection *nimmt sich den Anspruch von Kindern zum Maßstab – bei maximaler Sicherheit und höchster Qualität.«* mercedes-benz.de (1-2006) Es geht um bespielbare Automodelle.

› **Bundle; Set**

Comedy

Engl. *comedy*: Comedy, Komödie, Lustspiel

SPRACHGEBRAUCH

›*Comedy*‹ ist seit den 90er Jahren, dem Privat-TV und deren Mühen, Menschen leichte Unterhaltungskost zu bieten, ins Deutsche gesickert. ›*Comedy*‹ ist hier zu Lande nicht ›Komödie‹, sondern Low-Level-Kleinkunst, unpolitischer und intellektreduzierter, als vom Kabarett erwartet werden darf.

Wer Comedy betreibt, ist ein Comedian. ›Komödianten‹ klingt eher nach ›Musikanten‹.

Verwandt und nur schwer zu trennen sind Sketch und Sitcom, aus den USA importierte Programmformate mit eingeblendetem Hintergrundlachen (engl. *laugh track*).

Comedy als Sendeformat vereint breite TV-Seherschaften, entsprechend hat sich das Wort durchgesetzt.

FUNDSTÜCK

»*Facts und Fun zu den beliebtesten* Comedyserien*: Roseanne, Alle unter einem Dach, Simpsons und Eine schrecklich nette Familie.*« hh.schule.de (1-2006)

Coming-Out; Coming-out; Coming Out

Engl. *coming-out*: Coming-Out; Einführung in die Gesellschaft; Bekenntnis zu homosexuellen Neigungen

SPRACHGEBRAUCH

Bis in die 80er Jahre meinte *coming-out* im Englischen das Debüt eines jungen Menschen aus wohlhabenden Schichten. (Es sei an den alljährlichen Debütantenball in der Wiener Staatsoper erinnert.) Die amerikanische Schwulenbewegung okkupierte das Wort. Seit Mitte der 80er Jahre auch in Deutschland durch Medien verbreitet.

In jüngster Zeit zum Allgemeingut geworden durch das *Coming-out* wichtigerer deutscher Politiker wie Guido Westerwelle und Wolfgang Wowereit.

FUNDSTÜCKE

»*Homosexualität im Fußball: Warten auf das* Coming-out.« spiegel.de (10-2004)

»*Sind wir nicht alle ein bisschen* Coming Out*, mal mehr oder weniger In oder Out?*« etuxx.com (2-2006)

› **outen; Outing**

Commitment; committen

Engl. *commitment*: Bekenntnis, Bindung, Einsatz, Engagement, Verpflichtung

SPRACHGEBRAUCH

Unternehmen, nicht nur deutsche, aber eben auch die, wollen aufopferungswillige Mitarbeiter. Dafür haben sie Unternehmensphilosophien erfunden. In denen ist ›*Commitment*‹ ein Schlüsselbegriff (engl. *keyword*). Der hört sich moderner an als ›Selbstaufopferung‹ oder gar ›Selbstausbeutung‹. Also wird der Begriff heftig in gedruckten Ergüssen genutzt, obwohl keiner an ihn glaubt – am wenigsten die, welche ihn in Umlauf bringen.

Nur (wenige) Gläubige und (viele) dumme Unternehmensberater nutzen ›*Commitment*‹ in mündlicher Rede.

Viele schreiben, wohl um dem Wort mehr Schärfe, Wirkung (engl. *impact*) zu verleihen, ›*Committment*‹, also setzen ein Doppel-T. Diese Vielen haben eine

umfängliche Schnittmenge mit der Menge der Dummen oder Gläubigen.
In ›guten‹ Organisationen (engl. NGOs = *non governmental organisations:* ›Nicht-Regierungs-Organisationen‹) ersetzt ›*Commitment*‹ Wörter wie ›Bekenntnis‹, ›Bindung‹ oder ›Treue‹.
Die abgeleitete Verbform ist ›*committen*‹. Mittels dieses sperrigen Verbums kann sich heute jeder *committen.* Danach hat er sich *comittet,* was unschön lautet.

FUNDSTÜCKE

»Erst committen, *wenn ein Teilaspekt implementiert wurde. Nur* committen, *wenn Code kompiliert!«* intellektik.informatik.tu-darmstadt.de (2-2006)
»Wenn das hier funktioniert, kann eigentlich nur noch eine spaetere Exception das Committen *der Transaction verhindern.«* dzug.org (2-2006)
»Unsere Mandanten schätzen an uns besonders, dass wir uns hundertprozentig mit den Zielen des Mandanten identifizieren und uns für den Erfolg committen.« urbanek.biz (2-2006) Leider kann man sich nur ›zu etwas‹ bekennen/*committen;* der Autor wollte wohl ›einsetzen für‹ semantisch mit einschleifen.
»Pseudo-Commitment-*Strategie: Mit dieser Strategie täuscht man Identifikation mit dem Unternehmen vor. Die Pseudo*-Commitment-*Strategie gehört zum guten Ton. Nichts fällt nämlich negativer auf, als spät am Morgen zu kommen und früh am Abend wieder zu gehen.«* rp-online.de (6-2007)

› **Boreout-Syndrom; Burnout**

Community

Engl. *community*: Community, Gemeinde, Gemeinschaft; Gesellschaft

SPRACHGEBRAUCH

Stadt- und Kirchenväter reden in Deutschland noch über ihre Gemeinden, alle anderen kennen nur mehr *Communities,* die vorzugsweise seit Ende der 90er Jahre im weltweiten Netz beheimatet sind. Wer das Phänomen genau bezeichnen will, sagt ›Online-*Communities*‹. Menschen mit banalen, seltenen oder absonderlichen Neigungen und Interessen haben es in Zeiten des Internets gut: Sie finden sehr leicht ähnlich Gesinnte. Diese bilden sogleich eine *Community* und bestätigen sich in ihren Neigungen und Interessen. Weil niemand widerspricht, geht es allen gut. Weil das jeder will, gibt es immer mehr *Communities.* Und daher wissen heute alle Computernutzer, was eine *Community* ist.
Im Deutschen gibt es kein passenderes Wort. ›Club‹, ›Verein‹, ›Verband‹ stimmen nicht. Dort tritt man körperlich einander gegenüber. Es gibt Vereinsabende. Ein *Community*-Mitglied sitzt an seinem Rechner und kann zugleich auf den Websites eines halben Dutzend *Communities* eingeloggt sein. Solche Effizienz verdient einen eigenen Begriff.

FUNDSTÜCKE

»Die Community *bei BUNTE.T-Online bietet Star Blogs, aktuelle Star-Interviews als Podcast, Videos und Fotos auf BUNTE Star Shots, Gewinnspiele und vieles mehr.«* bunte.t-online.de (5-2007)
»Blogger, Bookmarker, Filmtauscher und Foto-Communities*: Es scheint, als würden plötzlich alle Besitzer eines Modems*

als Ultra-Kreative wiedergeboren.« heise.de (6-2006)

Conditioner

Engl. *conditioner*: Haarspülung; Zustandsverbesserer

SPRACHGEBRAUCH

Die Kosmetikbranche ist erfolgreich durchanglifiziert. Der *Conditioner* hat daher die Haarspülung, vorzugsweise in werblichen Kontexten, verdrängt. Auch andernorts soll verbessert, wozu *Conditioner* empfohlen werden: Bei der Wasserfüllung von Wasserbetten, der Stromversorgung von teuren Musikanlagen, der Raumluft (der mittels Air-*Conditioner*-Spray auf die Kondition gerückt sein soll). Gewöhnungsbedürftig der Exuberance *Conditioner*. Engl. *exuberance* meint ›Ausgelassenheit; überschwängliche Stimmung‹. Wellness-Produktanbieter versprechen somit eine verbesserte Exuberanzkondition bei regelmäßiger Einnahme von Nahrungsergänzungsstoffen, was immer das auch heißen mag (biotonus.de).

FUNDSTÜCK

»Dazu gibs noch 3 Flaschen Conditioner, *das reicht ca. für 6 Jahre.«* hamburg.kjiji.de (2-2006) Es geht um ein Wasserbetten-Additiv; ›gibs‹ ist authentisch.

› **moisturizing**

Consultant; Consulter; Consulting

Engl. *consultant*: Berater; Gutachter; Referent

Engl. *consulter*: Ratsuchender

Engl. *consulting*: Beratung; Unternehmensberatung

SPRACHGEBRAUCH

Seit den 60er Jahren mutierte das Geschäft der Unternehmensberatungen langsam zum *Consulting*. Der Unternehmensberater hieß fürderhin ›*Consultant*‹.

Beratung aller Art entwickelt sich in den 80er Jahren zu einem blühenden Dienstleistungsbereich. ›Beratung‹ klingt den meisten Ratgebenden aber zu profan. So finden sich heute ›Job *Consulting*‹, ›Stress *Consulting*‹, ›Team *Consulting*‹ oder ›Trend *Consulting*‹.

Inkriminiert wird von Anglizismengegnern die Adaption von engl. *consulter*. So wurde im Englischen auch der Ratsuchende, also der Kunde eines *Consultant*, bezeichnet. Das hat sich aber seit den 80er Jahren im englischen Sprachraum gewandelt: Auch hier hat *consulter* mittlerweile mehrheitlich die Bedeutung ›Berater, Ratgeber‹. Der globale Branchenjargon bestimmt, was richtig ist; nicht die zufällige Nationalsprache.

FUNDSTÜCK

*»Internet-*Consulter *Razorfish erwirtschaftet trotz Entlassungen weiter Verluste.«* heise.de (3-2006)

contemporary

Engl. *contemporary*: zeitgemäß, zeitgenössisch

SPRACHGEBRAUCH

Anspruchsvollere, zugleich moderne bis postmoderne Kultur will oftmals weder als modern noch als postmodern daherkommen. Dabei hilft bei uns seit den 80er Jahren das Attribut ›*contemporary*‹, was für den deutschen Kulturkonsumenten eine Art freischwebende Aktualität suggeriert. ›*Contemporary*‹ kann als Teil einer Just-in-time-Marketingstrategie des Kulturbetriebs gesehen werden: Man ist halt immer auf der Höhe der jeweiligen Zeit. Im Kunst- und Galeriebetrieb bevorzugt verwendet, aber auch im Bereich von Ballett, Kammermusik und Design zu finden. Die Aussprache ist nicht ganz einfach. Deshalb sagt es kaum jemand.

FUNDSTÜCKE

»KW Institute for Contemporary *Art wird immer wieder als eine der wichtigsten Institutionen für zeitgenössische Kunst in Deutschland genannt und international wahrgenommen.«* museumsportal-berlin.de (9-2008)

»Häusler Contemporary *Kulturmanagement, München, Galerie für internationale, zeitgenössische Kunst, sowie Kunstberatung, Art Consulting mit Schwerpunkt Kunst und Architektur.«* haeusler-contemporary.com (9-2008)

Content

Engl. *content*: Gehalt; Inhalt

SPRACHGEBRAUCH

Früher gab es Themen, Artikel, Berichte in Zeitungen, dem Fernsehen. Seit Mitte der 90er Jahre betrachtet die Multimedienwirtschaft Inhalt und Medium getrennt. Texte und Bilder können als *Content* in unterschiedlichen Medien genutzt werden. In der *Content*-Perspektive verkörpert sich modernes Medienmarketing.

›*Content*‹ hat sich im Management durchgesetzt, *Content*-Produzenten wie Journalisten oder gar Schriftsteller nehmen das Wort meist kritisch in den Mund.

Ein *Content* Management System (CMS) aus Hard- und Software sorgt für die Platzierung, Anpassung und Verwaltung der Inhalte von Websites und anderen Informationssystemen.

Content-Provider versorgen inhaltsarme Websites gegen Gebühr mit Inhalten; daher findet sich so oft identischer *Content* auf Websites, die mit Information ihr Image verbessern wollen.

Content-Syndication regelt den Verkauf oder Austausch von Inhalten; eine Nebenerwerbsquelle von Verlagen, die Content an andere, nicht direkt konkurrierende Verlage verkaufen.

Preisgünstig ist Usergenerated *Content*, also Zeug, das von den Nutzern eines Mediums selbst fabriziert wird. Nutzer erkennen ihre Bildchen, Videos und Textschnipsel im Internet dann wieder, freuen sich und bleiben dem Medium treu.

›*Content*‹ wird aktiv von den etwa 100 000 wichtigeren deutschen Medien- und Marketingmenschen benutzt.

FUNDSTÜCKE

»Für jede Zielgruppe schnüren wir professionell Content-*Pakete.«* karriere.de (2-2006)

»Die Programm und die Speakerliste der Pickupcon 2010 sind nun online. Wir haben Ihnen ein fantastisches, unikates Programm versprochen und es geschaffen. Ein erfolgreich designtes und gemanagtes Pickup Programm mit exzellenten Speakern und mega spannenden Contents.« pickupcon.com (7-2010) Bemerkenswert die Adjektivbildung ›unikat‹ vom latei-

nischen Lehnwort ›Unikat‹; gerne wird sonst nämlich zu engl. *unique* gegriffen.

Convenience Food

Engl. *convenience food*: Bequemlichkeitsnahrungsmittel, Convenience Food

SPRACHGEBRAUCH

Die moderne Küchentechnik, Fast Food und vorfabrizierte Lebensmittel – die Amerikaner haben vorgemacht, wie die Hausfrau zu entlasten ist. Seit den 70er Jahren sind es Fertiggerichte, die das Kochen auf ein Anschalten von Backöfen oder Mikrowellen reduziert haben. Diese Gerichte heißen summarisch ›*Convenience*-Food‹. Deren Urform und Erfolgsmodell: das Fischstäbchen (amerik. *fish stick*).

Um Nahrungsmittel etabliert sich ein System von Diensten und Produkten: Der webgestützte Kühlschrank mit Selbstbestellfunktion, der Lebensmittelzustell-Service, der Tankstellenshop gehören zu einem Markt, auf dem *Convenience* zum Lebensstil erhoben ist. Der hohen Kunst der High *Convenience* gelingt es, Esswaren so zu designen, dass sie wie selbst gemacht wirken. Eine solche Speise hat dann den verkaufsfördernden Home-made-Touch (›Anstrich von heimischer Selbstverfertigtheit‹). Eine Gesellschaft, die keine Zeit hat, wird weiter auf vorgefertigte, tendenziell verzehrfertige Nahrungsmittel setzen. Die Haltbarkeit des Trends garantiert die Permanenz der Wortverwendung.

FUNDSTÜCKE

»*Zugegeben,* Convenience Food *hat Vorteile: man spart Zeit und kochen können muss man auch nicht – ein großes Plus für Berufstätige, Eilige, Singles und kochunerfahrene Frauen und Männer.*« dge.de (2-2000)

»*Streng genommen sind beispielsweise auch die Teilstücke der Pute schon* Convenience Food, *denn hier muss der Koch oder die Köchin das Tier nicht mehr selbst zerlegen und kann das Fleisch direkt zubereiten.*« deutsche-puten.de (2-2006)

› **Fast-Food; Non-Food**

Cottage

Engl. *cottage*: Cottage, Häuschen, Hütte, Landhaus

SPRACHGEBRAUCH

Vor den 80er Jahren hatten die Engländer *Cottages*, kleine Land- oder Vorstadthäuser für das Wochenende. Dann aber begann in Deutschland die Geneigtheit wohlhabenderer Menschen zu einer Neuerfindung des junkerhaften Landlebens, mit entsprechend selektiertem Interieur und passendem Outfit. Die passenden Magazine ließen nicht lange auf sich warten. Und so machte sich ›*Cottage*‹ auf den Weg durch die deutsche Halboberschichtssprache. Störend nur der *Cottage Cheese,* jener körnige Frischkäse aus entrahmter Milch, dem so gar nichts Exklusives anhaftet und der seit den 70er Jahren seinen Platz im deutschen Lebensmitteleinkaufsregal hat. Keinen Platz – weder sprachlich noch gastronomisch – bei uns gefunden hat das englische *Cottage Pie,* eine eigensinnige Speise aus mit Kartoffelbrei überbackenem Rinderhackfleisch.

FUNDSTÜCKE

»*In The* Cottage *Sauna Ahrensburg können Sie dem Alltag entfliehen, Ihren Kör-*

per vitalisieren und Ihre Sinne beleben.« cottage-sauna.de (2-2009)
»Lesen Sie Testberichte und Bewertungen zu Villeroy und Boch Cottage *Platte rund, flach 32 cm bei MSN Shopping, oder geben Sie anderen Käufern Hilfestellung.«* shopping.msn.de (2-2009) Es handelt sich um einen Porzellanteller mit *»farbenprächtigen Früchten und zarten Blättchen für ein dezent-rustikales Dekor«.*

Couch Potato

Engl. *couch potato*: Couchkartoffel

SPRACHGEBRAUCH

Gemeint ist ein Mensch beliebigen Geschlechts, der seine Zeit vor dem Fernseher verbringt und sich dabei mit größeren Mengen an Alkoholika und fettreichen Snacks versorgt. Körperweichbild und Physiognomie sind meist von karikaturgeeigneter Desolatheit. Sprachreinhalter schlagen ›Stubenhocker‹ als gutdeutsche Alternative vor. Voll daneben. Stubenhocker waren Kinder oder Jugendliche, die auf Grund schwächlicher Konstitution oder ängstlichen Gebarens eher in der Stube hocken, als sich Frischluft zuzuführen. Heute kann der Stubenhocker auch älter sein, in der Stube bleiben und dennoch aktiv sein. Er könnte auf einem Heimtrainer strampelnd Fernsehen schauen. Oder er könnte in der Stube auf der Couch hocken, kein TV gucken, keine Chips essen, aber ein gutes Buch lesen und wäre somit kein *Couch Potato,* zu dessen Definition der TV-Konsum notwendigerweise gehört. Die Welt der Stuben ist differenzierter geworden; wir brauchen ›*Couch Potato*‹ und ›Stubenhocker‹.

Das Amerikanische bietet seit 1996 eine Steigerungsform zur gefälligen Übernahme: die *baked potato.* Gemeint ist ein Mensch, der zugleich seine Sucht nach TV wie die nach harten Drogen befriedigt. Im Deutschen findet sich ›*Baked Potato*‹ bislang nur in gedruckten wie online offerierten Rezeptsammlungen.

FUNDSTÜCKE

»Wer versucht eine Couch-Potato *und eine Sportfanatikerin zusammenzubringen, wird bald zur Aufgabe gezwungen.«* max.msn.de (2-2006)
»SWR3 macht fit: Vom Couch-Potato *zum Marathon-Man.«* swr3.de (8-2004)

Crash; crashen

Engl. *crash*: Absturz, Crash, Unfall, Zusammenstoß
Engl. *to crash*: abstürzen; krachen; zusammenkrachen

SPRACHGEBRAUCH

Ende der 60er Jahre begann es im Deutschen zu *crashen.* Autos wurden *Crash*-Tests unterzogen, *Crash*-Programme versprachen schnelles Lernen in beschleunigten Zeiten, *Crash*-Piloten, zu Luft und zu Lande, verursachten einen *Crash,* was *Crashforscher* beschäftigte, die mit *Crash*-Impact-Tests unter Nutzung spezieller Puppen, der *Crash*-Test-Dummys, der destruktiven Dynamik eines *Crash* auf die Spur zu kommen suchten. Auch in der Wirtschaft begann es zu *crashen,* wenn Unternehmen unter der Last zunehmenden Profitdrucks seitens der Anleger zusammenbrachen.
Im Privaten gehören Beziehungs-*Crash,* Daten-*Crash* und Kredit-*Crash* zu den gefürchtetsten Varianten.

All diese ›*Crash*‹-Verwendungsweisen sind uns erhalten geblieben, woran sich auch nichts ändern wird, denn der *Crash* als kleiner bis mittelgroßer Katastrophentyp ist derart in die technischen und medialen Systeme der Gesellschaft eingewoben, dass ein Verdrängen wohl mehr als einen *Crash* verursachen würde.
Auch Modehersteller kennen ›*Crash*‹, meinen damit aber eine Knautschausrüstung, die sich als unregelmäßige Knitterstruktur darstellt und nur bei Synthetikgeweben haltbar ist.

FUNDSTÜCKE

»Crash-*Kurs für Chili-Gärtner.*« pepperworld.com (2-2006)
»*Crazy* Crash *Racing ist ein Gratis-Spiel, in dem Sie mit Ihrem Auto aus einer Stadt flüchten müssen.*« chip.de (2-2006)
»*Wie kann es sein, dass stinknormale Bürorechner im World Trade Center den* Crash *ohne jeden Schaden an ihrem elektronischen Gedächtnis überleben, gegen Bombenexplosion und Kerosinbrand geschützte, ›unzerstörbare‹ Flugschreiber aber nicht?*« heise.de (12-2001)

Credibility

Engl. *credibility*: Glaubwürdigkeit

SPRACHGEBRAUCH

Früher konnte man Menschen glauben, Vertrauen schenken oder über den Weg trauen. Heute besitzen sie *Credibility.* Unternehmen mühen sich um *Credibility* und geben viel Geld dafür aus, ihr Corporate Image aufzumöbeln.
Werbung muss vor allem beim Einkauf von Prominenten für Werbezwecke auf die *Credibility* der Figur achten, damit diese nicht die Produktaura lädieren. Menschen unter 20, die Musik machen, dem Erfolg erfolgreich aus dem Weg gehen und dennoch Geld verdienen, dazu in perfektem The-City-is-the-Jungle-Style auftreten, besitzen die besondere Form der Street *Credibility.*

FUNDSTÜCKE

»*Das Gesamtpaket Public* Credibility *Management identifiziert die relevanten Faktoren der eigenen Glaubwürdigkeit, steuert diese gezielt und setzt sie bei der erfolgreichen Kommunikation von politischen und gesellschaftlichen Inhalten in kritischen Zeiten ein.*« krisennavigator.de (2-2006) Es muss Unternehmen sehr schlecht gehen, wenn solche Texte Credibility abzustrahlen scheinen.
»*Unter* Credibility *versteht man die Glaubwürdigkeit eines Presenters, Testimonials oder Celebrities einer Werbemaßnahme.*« revo.de (2-2006)

crisp

Engl. *crisp*: knusprig

SPRACHGEBRAUCH

In den 80er Jahren musste es knuspriger und knackiger zugehen. Das Privatfernsehen beförderte die Snack- und Knabberkultur der Deutschen, Bahlsen & Co. brachten neue Produkte auf den Markt. Zur Beschreibung wurden ›crisp‹, ›cross‹ und ›crunchy‹ gern gebraucht.

FUNDSTÜCKE

»*Hipp hippness* crisp *Früchte-Spezial 375 g der Marke Hipp von HiPP GmbH & Co. Vertrieb KG enthält pro 100 g 378,0 Kalorien (kcal).*« das-ist-drin.de (2-2009)
»*Mit der neuen limitierten Edition Honey &* Crisp *startet Toblerone ins Früh-*

jahr 2009. Das Knuspererlebnis mit luftig-leichten Reispops, feinem Honig und zartem Nougat ist ab Jänner 2009 für nur kurze Zeit im Handel erhältlich.« handelszeitung.at (12-2008)
› **cross**

cross; kross

Engl. *cross*: böse; quer; Kreuz; Querstrich
Engl. *crisp*: knackig, knusprig, kross

SPRACHGEBRAUCH

Das Niederdeutsche kennt ›kross‹ (ehedem: ›kroß‹) für ›knusprig, knackig‹; wahrscheinlich handelt es sich um eine lautmalerische Wortbildung. Irgendwann in den 90er Jahren tauchten Produkte in deutschen Supermarktregalen auf, bei denen ›*cross*‹ für ›knusprig‹ stand. So hat die *Intersnack Knabber Gebäck GmbH & Co.* neben Marken wie *Chio* oder *Pom Bär* auch *Criss Cross* im Angebot. Dort kennt man auch die Bedeutung von engl. *crisp*, sonst gäbe es keine *Crispinis* im Angebot. Filtertütenhersteller *Melitta* bietet ein *Melitta Cross & Frit Papier* (warum kein *Paper?*), *De Beukelaer* ein *Leicht & Cross Knusperbrot Roggen*. Diagnose: Kein Scheinanglizismus, sondern eine Orthographieverschiebung, induziert durch die Attraktivität des ›c‹, das – je nach Kontext – zugleich englisch-moderner und klassisch-traditionsbewusster zu wirken vermag als das altbackene ›k‹, also postmodernen Bedürfnissen der Sprachsuggestion perfekt entspricht.

FUNDSTÜCKE

»Knusprig, saftig, cross*: So wird das Schnitzel richtig lecker«* hr-online.de (9-2008)
»Lecker, knusprig, cross *– Testbericht und Kaufberatung zu Meggle Butter Baguette Kräuter-Butter.«* dooyoo.de (2-2009)
»Clarky's Chips-Cracker: Sie sind mundgerecht, super cross, *knusprig und die Geschmacksrichtung kommt bestens zur Geltung, ohne dabei zu aufdringlich zu sein.«* dooyoo.de (2-2009)
»Nun schneiden wir den Bacon klein und die dritte Zwiebel. Beides braten wir in einer Pfanne mittels Pflanzenöl cross *an (*cross *= knusprig). Dann den Inhalt der Pfanne, wenn er etwas abgekühlt ist, ebenfalls in die Schüssel rein und wieder umrühren.«* kochbar.de (2-2009) Eine faszinierende Selbstsicherheit strahlt das Gleichheitszeichen zwischen ›*cross*‹ und ›knusprig‹ aus.
› **crisp**

Crumpler

Engl. *crumpler*: wörtl. Verknitterer
Engl. *to crumple*: knittern; zerknittern
Name eines international auftretenden US-Taschenherstellers

SPRACHGESCHICHTE

Bis Ende des 20. Jahrhunderts kannte das Englische nur *to crumple* (›verknittern, zerknautschen‹), *crumpled* (›zerknittert‹) und die *crumple zone* (›Knautschzone‹).
Mittlerweile ist *Crumpler* (1995 gegründet) als Hersteller von Taschen, die unter jugendlichen Nutzern der westlichen Hemisphäre Kultstatus haben, hoch berühmt geworden. Warum? Weil sie laut Werbung *»etwas ganz Besonderes sind«*. Zum einen: *Crumpler* haben *»einen eigenen, tiefsinnigen und vielsagenden Namen«*. Zum Beispiel: *Base Toucher,*

McBains, Wack-o-phone oder *John Thursday 80*. Der zweite Grund: *»Crumpler Taschen bestehen aus Chicken Tex, dem futuristic hyper performance Nylon.«* Hinter der Sprachwucherung steckt ein in der Tat sehr stabiles, schnell trocknendes Nylon-Gewebe, das einiges aushält, aber nicht so heißen müsste, wenn es für das Markenimage nicht so wichtig wäre. *Crumpler* bietet Funktionstaschen für Computer und anderes digitale Equipment, aber auch Taschen für Fahrradkuriere. Die Produktpalette positioniert *Crumpler* damit eindeutig auf dem jungen Markt der Szene-Kult-Produkte. Entsprechend bekannt ist der Markenname in dieser Zielgruppe. Aber nicht darüber hinaus.

FUNDSTÜCKE

»Kaufen Sie bei uns Ihre Crumpler *Tasche:* Crumpler *Photo Bags Lollypop Stunner Long Schlong Fototaschen · Snauros – Stamp Claimer – Budgie Smuggler.«* pluspark.de (3-2006)
»Crumpler *The Gumb Bush ist eine neuartige Schutzhülle, die sie wie eine Handtasche tragen können.«* cyberpoert.de (4-2008) Was sich die Hersteller bei ›Gumb‹ gedacht haben mögen? Gumbo nennt sich ein Eintopfgericht der amerikanischen Südstaatenküche. Im Kroatischen und Slowenischen heißt *gumb* ›Knopf‹. Im US-Internetslang ist ›GUMB‹ ein Akronym; es steht für *»Genital Up My Bum«*. Im Großstadtstraßenslang wird mit dem Wörtchen jemand charakterisiert, der zugleich schwul (engl. *gay*) und blöd (engl. *dumb*) ist. Unterstellen wir bei all den Optionen daher einfach gedankenlos-lautmalerische Motive.

Cup

Engl. *cup*: BH-Körbchen; Becher; Cup; Napf; Pokal; Schale; Tasse

SPRACHGEBRAUCH

Hässliche Schüsseln, die Sportlern bei Siegen in internationalen Wettbewerben überreicht werden, heißen seit gut 100 Jahren ›*Cup*‹. Das weiß der sportinteressierte Fernsehdeutsche.
Die interessantesten Siege werden auf international ausgerichteten Sportereignissen erfochten. Jene Ereignisse nennen sich entweder ›*Cup*‹ oder ›Trophy‹. Den UEFA-Cup, seit 1972 vom europäischen Fußballverband UEFA veranstaltet, kennt jeder deutsche Fußballfan. Im Deutschen kann man zwar ›UEFA-Pokal‹ sagen. In deutschen Medien wird aber zu 75 Prozent ›UEFA-*Cup*‹ geschrieben.
Nach dem 2. Weltkrieg wurde die Damenwelt sprachlich vom Körbchen des Büstenhalters befreit; an seine Stelle trat ›*Cup*‹. Dieser *Cup* war, sprachlogisch zwingend, Bestandteil des Bra, vormals ›Büstenhalter‹ oder ›BH‹ genannt.
Seit etwa dem Jahr 2000 ersetzt ›*Cup*‹ aber auch zunehmend ›Tasse‹. Nicht nur in trendigen Coffee-Shops, nein, bereits in den volkstümlichen Tchibo-Filialen werden *Cups* mit Kaffee ausgeschenkt. Und *Melitta* bietet nicht mehr nur Kaffeemaschinen, sondern einen My *Cup* Maker an, der nicht mit Kaffeepulver, sondern My *Cup* Pads gefüttert werden muss. Familientaugliche Großraumfahrzeuge haben mindestens zwei *Cupholder* (›Tassenhalter‹), in die vorzugsweise Großraum-Mugs (engl. *mug:* ›Kanne, Krug‹) platziert werden können.
Sport & Trinken sind von ›*Cup*‹ okku-

piert. Das sollte das Überleben des Wortes garantieren.

FUNDSTÜCKE

»*René Weissinger, deutscher Legionär bei Volksbank Leingruber Ideal, feierte heute beim Tchibo* Cup-*Rennen in St. Johann in Tirol seinen sechsten Saisonsieg.*« liveradsport.ch (12-2005)

»*Davis* Cup*: Quartett kämpft um die ›hässliche Salatschüssel‹.*« wienweb.at (4-2003)

»*Zwischen den beiden* Cups *sitzt eine auffällige schwarze Schleife. Ein klassisch-schönes Teilchen.*« elle.de (10-2008)

› **Trophy**

Cupcake

Engl. *cupcake*: Napfküchelchen, Cupcake

SPRACHGEBRAUCH

In den USA gibt es seit dem frühen 19. Jahrhundert kleine Küchlein, die mit gefärbtem und verziertem Buttercreme- oder Frischkäsehäubchen gekrönt werden. Sie sind formal weitläufig mit den Muffins verwandt. Um die Jahrtausendwende erfuhr die putzig anzusehende Leckerei eine Renaissance in den Trendnaschläden der wichtigen US-Metropolen. Es dauerte bis 2007, dass in Berlin ein erstes *Cupcake*-Café eröffnete. 2009 folgte ein weiteres in Frankfurt. Die Küchelchen sind auch bei uns begehrt. Ein Franchise-System ist im Aufbau. Die Presse berichtet. Die Bekanntheit wächst. Wir werden uns mit der Bezeichnung vertraut machen müssen, wenn die Gier nach trendigem Süßen nicht sprachlos unbefriedigt bleiben soll.

FUNDSTÜCK

»Cupcakes *verbreiten sich in den Cafés und Bäckereien. Die Muffins bekommen Konkurrenz.*« DIE WELT (4-2011)

D

Date

Engl. *date*: Datum; Termin; Verabredung

SPRACHGEBRAUCH

Jüngere Menschen treffen keine Verabredungen, sie haben ein *Date*. Seit etwa 1970 ersetzt ›*Date*‹ vor allem das ›Rendezvous‹. Übernommen wird mit dem Begriff auch der Beschleunigungsimpuls, der beim Dating amerikanischer Mittelschicht-Kids wichtig ist: Je mehr *Dates* in möglichst kurzer Zeit, desto besser das Image.

Blind *Dates* bringen unbekannte Partner zusammen; eine Form der sozialen Interaktion, die von TV-Produzenten in neue Medienformate eingebaut wurde. Speed *Dates* repräsentieren die fernsehkompatible Beschleunigungs- und Inflationsversion des Blind *Date*. Statt eines Partners wird ein ganzer Pool von potenziellen Partnern geboten; und passend wird die Zeit zur Entscheidung für oder wider einen Dating-Partner auf medial attraktive Zeiten verkürzt.

FUNDSTÜCKE

»Im K:CHAT pulsiert das Leben. Hast DU Deine Flirtchance auf der DATE*:PARTY verpasst? Kein Problem hole Deine Chance nach und Spreche Deinen Traumpartner hier im Chat an.«* date.de (10-2005)

»Blind Date *Events in Deutschland, Österreich und der Schweiz.* SpeedDates, *Dinner Events, 7* Dates *am Abend.«* blind-date-dinner.de (10-2005) Das Unternehmen organisiert »Single-Events im Rahmen eines Franchise-Systems«.

› **Dating**

Dating

Engl. *dating*: Datierung; Verabredung; Partnersuche

SPRACHGEBRAUCH

Das Internet hat der Partnersuche des postmodernen Singles neue Dimensionen eröffnet; die ausgefallensten Präferenzen können kundgetan, auf Passung bei einem potenziellen Partner gehofft werden.

Beim *Dating* geht es um die meist quantitative Optimierung von Dates, also Verabredungen. *Dating*-Agenturen profitieren davon. ›Fast *Dating*‹ nennt sich die Schnellvariante des Kennenlernens, bei der ein Fast-*Dating*-Event-Veranstalter Paaren nur dann die Kontaktdaten gibt, wenn beide auf einem Checkbogen den Wiedersehenswunsch ankreuzen.

FUNDSTÜCKE

»Nie wieder Single – die Liebe bei Lycos finden: mit Europas großer Dating *Community Love@Lycos!«* love.lycos.de (2-2007)

»Safer Dating*: Die Psychologin Felicitas Heyne hat einen interessanten Artikel auf ihrem Blog veröffentlicht der davon handelt, worauf Frauen beim Online-*Dating *achten sollten.«* saferdating.de (1-2007)

› **Date**

Deadline

Engl. *deadline*: Abgabefrist, Ablieferungstermin, Bewerbungsschluss, Einsendeschluss, Meldeschluss, Stichtag

SPRACHGEBRAUCH

In den 70er Jahren wanderte die engl. *deadline* aus dem Zeitungsjournalistenjargon in die deutschen Medien ein. Engl. *deadline* bezeichnete den letzten Termin, um noch Druckzeilen (engl. *lines*) in die Setzerei zu geben. Da die moderne Gesellschaft zunehmend Aktualisierungs- und Synchronisationsprobleme aller Art zu lösen, jeder irgendwelche Abgabefristen zu berücksichtigen hatte, bot sich engl. *deadline* zum ungebremsten Gebrauch an. Heute haben insbesondere Manager, Werber und immer noch Journalisten *Deadlines* einzuhalten.
Zwischen Fristen und Abgabefristen sollte dennoch unterschieden sein; bei der einen muss etwas getan, bei der anderen etwas abgeliefert werden. Der deutsche Anglizismus verwischt dies.

FUNDSTÜCKE

»Stoiber setzt Streithähnen Deadline.*«* spiegel.de (1-2007) Stoiber hat nur eine Frist gesetzt; abliefern musste keiner etwas.
»US-Militärzulieferern dräut die RFID- Deadline*: Ab Montag, den 14.11.2005, müssen Zulieferer bei Neuaufträgen für zwei US-Militärdepots zustimmen, dass sie Lieferungen bestimmter Waren mit RFID-Tags versehen.«* heise.de (11-2005)

Deal; dealen; Dealer

Engl. *deal*: Abmachung, Deal, Geschäft, Handel; Diele, Planke

SPRACHGESCHICHTE

Von altengl. *dæl* (›Anteil; Teil‹) und *dælan* (›teilen‹). Davor liegen slawische Wurzeln wie russisch *del.* Dt. ›Teil‹ und ›teilen‹ haben gleiche Wurzeln; vgl. auch niederl. *deel* (›Teil‹).
Der Umgang mit Teilen und das Teilen als Handlung sind Basics wirtschaftlichen Handelns; die Bedeutungsverlagerung zu ›Geschäft‹ wird so plausibel.

SPRACHGEBRAUCH

›Deal‹, ›dealen‹ und *›Dealer‹* dringen in den 70er Jahren ins Deutsche ein. Der Drogenhandel floriert, der US-Slang liefert die passenden Wörter. Daher haftet dem Trio lange Zeit der Ruch des Kriminellen, mindest Unlauteren an.
Je hochrangiger aber die Akteure, desto moralisch neutraler die Begriffsfüllung. Schon in den 70ern dürfen Großkonzerne *Deals* aushandeln, politische Parteien, Verbände und Gewerkschaften desgleichen. Business-Rationalität darf sich moralferner geben; vom *Deal* zu sprechen, gilt als zugleich schulterzuckende wie schulterklopfende Anerkennung.
Wenn jüngere Menschen sich heute versichern, dass »der *Deal* klargeht«, wird in der Mehrzahl nichts Kriminelles dahinterstecken, es kann auch um einen Gebrauchtfahrradverkauf gehen. Etablierte Printmedien nutzen ›*Deal*‹ gerne, wenn ein ironisch-distanzierter Ton gegenüber leicht unkoscheren Handelsbeziehungen angemessen erscheint.
Heute ist ›*Deal*‹ cleaner denn je und weist einen breiten Usability Range (›Nutzbarkeitsbereich‹) auf.

FUNDSTÜCKE

»Linda de Mol präsentiert ab Frühjahr 2004 die neue Sat.1-Show ›Deal *or no* Deal‹ *(AT). Von Australien über Italien bis Holland ist die Show mit den Mega-Gewinnen schon ein Riesen-Erfolg.«* mysan.de (3-2004)

*»Springers TV-*Deal *noch nicht in trockenen Tüchern.«* Saar-Echo (11-2005)

»Wobei Cesar wohl eher ein BonBon für Favre war bzw. die erste Dealoption *für einen OM platze und Cesar der Notnagel war.«* Der Tagesspiegel (2-2010) Man sollte ›Deal-Option‹ schreiben.

»In einem Deal *vor Gericht hat sich ein neunjähriger Junge im US-Staat Arizona der fahrlässigen Tötung schuldig bekannt und sich damit den Vorwurf des Doppelmordes erspart.«* focus.de (2-2009)

»Arzneimittelsucht: Wenn der Hausarzt zum Dealer *wird.«* welt.de (2-2009)

Definition

Engl. *definition*: Begrenzung; Begriffserklärung, Definition; Genauigkeit; Konturenschärfe

SPRACHGEBRAUCH

Das Deutsche verstand unter ›Definition‹ bis zum Ende des 20. Jahrhunderts eine säuberlich unterscheidende, maximal verknappte sprachliche Darstellung eines Sachverhaltes. Dann kam die digitale Bildtechnologie in Form von filmlosen Kameras und röhrenlosen Fernsehgeräten. Die wiesen ihre Qualität durch die Zahl der Pixel aus. Das hieß plötzlich auch ›*Definition*‹. Der Deutsche übersetzte intuitiv als ›Auflösung‹. Gemeint war aber ›Genauigkeit‹ oder auch, freier, ›Detailtreue‹. Das grenzt zwar semantisch an ›Auflösung‹, dafür kennt das Englische aber *resolution*. Womit sich der deutsche Technikkunde auch zu beschäftigen hatte, mangels sauberer Definition, also unterscheidender Begriffsbestimmung, aber in unscharfer Manier, was weder dem Sprach- noch dem Technikverständnis förderlich war. So ist dem Normaldeutschen heute ›*Definition*‹ als englische Übernahme in Komposita wie ›High *Definition* Television‹ vertraut. Da es in den kommenden Jahren in der digitalen Evolution weiterhin um eine Steigerung der Resolution (›Auflösung‹) mit dem Ziel besserer *Definition* (›Genauigkeit‹) geht, werden uns beide Wörter in unscharfer Trautheit weiter begleiten.

FUNDSTÜCKE

»High Definition *: Hohe Auflösung. HDTV mit 1080 Pixeln bietet gegenüber PAL etwa die vierfache Auflösung.«* tomshardware.de (3-2006)

»Derzeit läuft Heavenly Sword bereits in Echtzeit mit komplexen Pixel Shadern, atmosphärischen Modellen, dynamischen Schatten, HDR (High Dynamic Range) Lichteffekten, Tone Mapping, Parallex Mapping, Depth-of-Field sowie auch mit Lens Reflection Technologie und High Definition-*Auflösung.«* playstation3.gaming-universe.de (9-2005) Es handelt sich um die Würdigung eines Konsolenspiels.

› **Resolution**

Deli

US-engl. *deli*: Delikatessengeschäft, Feinkostladen

Engl. *deli*: Kurzform für *delivery*: Anlieferung, Lieferung

SPRACHGEBRAUCH

Die Amerikaner haben *deli* als Abkürzung von dt. ›Delikatessen‹ entlehnt, obwohl sie es auch von den Franzosen (*délicatesse*) oder den Italienern (*delicatezza*) hätten ablauschen können. Gemeint ist eine Mixtur aus gehobenem Fast-Food und ausgewähltem Lebensmittel-Angebot.
In Deutschland hat sich ›*Deli*‹ als Bestandteil von Lebensmittelherstellern (*Deli* Reform), Lebensmittelgeschäften und Lieferdiensten breitgemacht. Dabei setzen die Alteingesessenen auf deutsche, alle sich moderner Gebenden auf die englische Aussprache.
Ob Delikatessen oder Lieferdienste oder Delikatessen-Lieferdienste (also *Deli-Delis*) gemeint sind, erschließt sich oft nicht aus dem Namen. Delikatessen werden zunehmend über das Internet vertrieben; da ist ein *Deli* automatisch ein *Deli-Deli*.

FUNDSTÜCKE

»Herzlich Willkommen bei Bio-Deli.
Am 7. Mai 2002 wurde das Natur- und Feinkostgeschäft in der Invalidenstraße in Berlin-Mitte eröffnet ...« bio-deli.de (5-2006)
»New Deli*: Ausstellungsorte für neue Delikatessen aus der jungen Kunstszene in Zürich.«* newdeli.station21.ch (5-2006)
› **Catering**

Design

Engl. *design*: Bauart; Design, Gestaltung; Zeichnung

SPRACHGEBRAUCH

›*Design*‹ gehört seit den 60er Jahren, gleich nach Top-Begriffen wie ›Sex‹, zu den erfolgreichsten Anglizismen überhaupt. Allein in dem vorliegenden Buch wird das Wort etwa 80-mal genutzt. Auf dem deutschen Buchmarkt stehen derzeit etwa 8500 Bücher zum weitesten Themenkreis zur Verfügung. Internet-Suchmaschinen liefern Fundstellen in Millionenzahl.
Alle deutschsprachigen Alternativen, wie ›Gestaltung‹, ›Entwurf‹, ›Formgebung‹, werden immer noch parallel genutzt. Das Übermaß an Gestaltetem in unserer Lebenswelt absorbiert mühelos ein umfangreiches Arsenal an Begriffen. Die innere Differenzierung wie auch die Expansion des Designerischen wird fortschreiten; die Karriere des Begriffs ist auf lange Sicht ungefährdet.
Die Komposita sind zahlreiche: *Designtrends* werden in *Designcentern* an *Designdays* präsentiert, auf denen *Designfans* in *Designlounges* sich von den anstrengenden *Designshows* erholen können.

FUNDSTÜCKE

»Twitter ist gerade im Design-*Wahn! Wir stellen die Farben um ... auf nen stylisches Mocca ... Bitte entschuldigt das noch momentan unfertige Layout. :-)«* twitter.com (1-2011) Das Kurzwort ›nen‹ steht für ›einen‹; es ist aber ›ein Mocca‹, also abbreviiert (verkürzt) ›'n Mocca‹.
»Berlin Fashion WeekBelgische Designer *eröffnen Fashion Week in Berlin: Parallel zur Fashion Week läuft auch die Streetwear-Messe ›Bread & Butter‹ in Berlin. Dort moderierte Top-Model Agyness Deyn die Show von G-Star Raw.«* www-focus.de (1-2011)

Diet

Engl. *diet*: Abmagerungskur; Diät; Krankennahrung

SPRACHGEBRAUCH

Der deutsche Lebensmittelmarkt ist durchseucht von Produkten, deren Versprechen lautet: *»Iss mehr von mir, damit du abnimmst.«* Solche Produkte, sofern lifestyleaufgeladen, koppeln sich gerne an ›*Diet*‹. Inauguriert (hier: ›in Gang gesetzt‹) wurde der Trend 1982 durch *Coca Cola* mit seiner *Diet Coke,* die hier zu Lande seit 1983 unter *Cola Light* firmiert, von Coke-Connaisseuren (›Kennern‹) aber meist *Diet Coke* genannt wird.

FUNDSTÜCKE

*»Ah, jetzt noch einen XXL-Sack gesalzenes Popcorn, zwei Kartuschen Pringles Sour-Cream und in jeder Armlehne eine eiskalte Cherry-*Diet-*Coke.«* Zitat aus einem Blog (11-2005)

»Pocket Diet *– Umfangreiches Diät und Fitnessprogramm für den Pocket PC. Zusätzliche Synchronisation mit Desktop Diet möglich …«* pocketland.de (10-2005)

Digest

Engl. *digest*: Auszug, Kurzfassung; Referat

SPRACHGEBRAUCH

Schon seit 1948 können deutsche Leser ein kleinformatiges Heft namens *Das Beste aus Reader's Digest* lesen. Der Erfolg des Blattes ist seither ungebrochen groß, das Wörtchen ›*Digest*‹ entsprechend bekannt – aber nicht in seiner deutschen Bedeutung. Manchen erinnert das an ›Digestif‹, das verdauungsfördernde Kräuterlikörchen, dessen Bezeichnung aus dem Französischen übernommen wurde. Zu Recht, denn sowohl ›*Digest*‹ wie ›Digestif‹ sind vom lateinischen *digero* abgeleitet, das unter anderem auch ›verdauen‹ bedeutet. Ein *Digest* ist also etwas gut Verdautes oder auch Abgehangenes, nichts, was aufdringlich laut oder als neu sich anpreist, eher eben ein leicht verdaubares Etwas mit eher zeitlos sich präsentierenden Extrakten aus Büchern und Zeitschriften.

FUNDSTÜCKE

»Gentlemen's Digest *– Deutschlands einziges Informations-Portal rund um Fach-, Insider- und Trendpublikationen rund um Business & Lifestyle, Ratgeber zum Thema Auswandern – über 650 eBooks …«* gdigest.com (2-2009)

»Golf Digest *bietet dem Leser ausführliche Informationen über alle Golfmeisterschaften, stellt einzelne Parcours vor und interviewt bekannte Golfspieler.«* amazon.de (2-2009)

Disaster; Desaster

Engl. *disaster*: Desaster, Katastrophe, Unglück

SPRACHGESCHICHTE

Dt. ›Desaster‹ wie engl. *disaster* stammen von franz. *désastre* ab; dies wiederum vom ital. *disastro.* Wörtlich übersetzt heißt alles ›Unstern‹; gemeint war ehedem ein Unheil, das durch ungünstige Sternkonstellationen bedingt ist. Dahinter lat. *astrum* und griech. *astron* (Stern). Anfang des 19. Jahrhunderts entlehnte das Deutsche ›Desaster‹ wie das heute gehoben-antiquiert wirkende ›desaströs‹ aus dem Französischen. Nahezu unbemerkt kam es zu einer schleichenden

Zweitentlehnung seit den 80er Jahren aus dem Englischen, erkennbar an der Schreibweise mit ›dis-‹. Beide Wörter (oder nur Schreibweisen für ein Wort?) existieren gegenwärtig nahezu gleichberechtigt nebeneinander. Nur die Sprachsphären sind aufgeteilt: ›*Disaster*‹ bedient das Jungsprech, ›Desaster‹ die hochkulturellen Areale.

SPRACHGEBRAUCH

Ältere Deutsche sprechen von einem *Desaster* in deutschem Tonfall; sie kennen auch noch das passende Adjektiv ›desaströs‹. Jüngere Menschen intonieren eher anglophon und verändern auch gerne die Schreibweise hin zur englischen Version. Das englische *disaster* hat darüber hinaus durch ein globalisiertes Katastrophenmanagement in der Version ›*Disaster Management*‹ Einzug in hiesige Berichterstattung genommen. Computernutzer kennen auch das *Disaster Recovery,* mit dem Strategien der Notfallwiederherstellung von Dateien bezeichnet werden. Freunde des Katastrophenfilms werden mit der Titulierung jener Filmstreifen als ›*Disaster Movies*‹ sprachlich aufgerüstet. Und die Party-Clubszene kokettiert ebenfalls mit Katastrophenschick und implementiert ›*Disaster*‹ in Bandnamen oder Veranstaltungsreihen.

FUNDSTÜCKE

»Disaster *control auf der Homepage der Modelleisenbahn Miniatur Wunderland Hamburg.«* miniatur-wunderland.de (3-2006)

»Disaster *Management 2006 – Symposion für interdisziplinäres Einsatzmanagement 2006 in Schweinfurt.«* disaster-management.de (3-2006) Es geht um Katastrophenprävention.

»Disaster *Clothing: Boutique für modische Kleidung in der Kirchengasse. Bietet einen Online Shop, listet Veranstaltungen, Angebote und einen Newsletter.«* disasterclothing.at (2-2009)

Display

Engl. *display*: Anzeige; Bildschirm; Offenbarung; Schaufensterauslage

SPRACHGEBRAUCH

Seit den 60er Jahren bezeichnet ›*Display*‹ eine Stellage (›Gestell‹ mutet zu heideggerisch an), die dazu dient, Produkte in Schaufenstern gut zur Geltung zu bringen.

Die körperliche, dreidimensionale Version eines *Displays* ist seit dem Heraufdämmern von Bildschirmen aller Größen jedoch dramatisch marginalisiert. In den 70er Jahren hießen die Flüssigkeitskristallanzeigen der ersten LCD-Armbanduhren bereits ›*Display*‹. Später übernahm die Flachbildschirmtechnologie die Bezeichnung. Heute sind wir von *Displays* umzingelt: auf heimischen Weckern, mehrfach zumeist im Auto, auf Kühlschränken (optional mit Internetanschluss) und 99 Prozent aller unterhaltungselektronischen Apparate. Es wird angezeigt, was das *Display* hergibt.

›Screen‹ ist nur bei größeren *Displays* als Alternative statthaft; es findet sich bei der Beschreibung von Computermonitoren und Flachbildfernsehern.

FUNDSTÜCKE

*»3D-WOW-*Display *mit 42 Zoll von Philips. Bilder treten aus dem* Display *heraus.«* golem.de (3-2006)

»Das Spektrum aktueller Displays *reicht vom hochauflösenden* Minidisplay *im Kreditkartenformat bis zum 80-Zoll-Plasmabildschirm.«* tecchannel.de (3-2006)

dissen

Engl. (Slang) *to diss*: anmachen; kritisieren; verächtlich machen
Von engl. *dissent* (Dissens, Meinungsverschiedenheit); lat. *dissentire* (nicht übereinstimmen; anders einschätzen)

JUGENDKULTUR

›*Dissen*‹ wanderte um die Jahrtausendwende aus dem US-Jugendslang in die deutsche Szenesprache. Heute meint ›*dissen*‹ die Herabsetzung, Ausgrenzung und Verfolgung Einzelner durch dominante Gruppen.

Dissen spielt eine wichtige Funktion beim Rap (*to rap:* ›beschuldigen; pochen; plaudern‹), dem Sprechgesang, der Anfang der 70er Jahre in den schwarzen Ghettos von New York entstanden ist. Rap stellte eine ritualisierte Form der gewaltlosen Auseinandersetzung dar. Rap spricht Klartext und ist nicht auf Konsens ausgerichtet. Treten Rapper gegeneinander an, spricht man von einer Battle (›Schlacht‹).

Mit der Eingliederung des Rap in die kommerzielle Popkultur seit Ende der 70er Jahre verschoben sich die Akzente. Raps dienen seither dem Einheizen bei Partys. Sie wurden von MCs, Masters of Ceremony, vorgetragen. ›Battle‹ bezeichnete jetzt auch den Wettstreit zwischen DJs.

Die Fan-Kultur der heutigen Rap-, Hip-Hop- oder Gangsta-Rap-Szene hat sich mangels existenzieller Unterscheidungsprobleme auf einen nur für Insider nachvollziehbaren Streit um szenemäßige Correctness kapriziert. Einige Auszüge aus Internet-Foren von deutschen Hip-Hop-Fans illustrieren eine Kultur der feinen Unterschiede, die sich sprachlich höchst unfein manifestiert.

FUNDSTÜCK

Mzee Roc: *»Ich les hier oft das die leute es scheiße finden jemand zu* dissen. *Ich denke aber wenn niemand die leude* disst *die fake sind bezeichnet sich bald jeder depp als Real ich bin also seit ca. 4Jahren im Hip Hop unterwegs und hab schon viele trotels gesehen, und wenn jemand über solche leute* disst *(so wie ich) dann kann ich nix gegen sagen außerdem ist das* dissen *ja die grundidee eines Battles und die grundidee des Battles ist die friedliche (d. h. gewaltfreie) auseinandersetzung.«*
Alinger: »Dissen *tut manchmal echt Not. Denn es gibt zu viele Leute, die sich MC nennen(dich meine ich nicht Mzee Roc) und halt überhaupt nichts drauf haben als andere Leute zu* dissen *und sich selbst als real bezeichnen. Bei diesen Leuten geht* dissen *klar. Ich meine damit einen MC LYSY(einige ausm Forum kennen ihn ja).«*
Alinger: *»Ich finds jedoch Scheiße, wenn ein MC wie KKS Leute* disst, *die eigentlich besser sind als er und mehr Fame haben.«*
Mc Fatal: *»Ich finde es scheisse, dass in letzter Zeit jeder kleine ›PopelMC‹ denkt er müsse einen Faker* dissen!«
Aus einem Webforum vom August 2000; orthographisch & grammatisch authentisch, da durch Copy-and-Paste importiert.

› **Bashing**

Doggy Bag; Doggy-Bag; Doggie-Bag

Engl. *doggy bag*: Hundetasche

SPRACHGEBRAUCH

Aus den USA übernommene Sitte, sich im Restaurant die Reste übergroßer Mahlzeiten (All-you-can-eat) unter dem Vorwand, es dem heimisch hungernden Hund (engl. *dog*) verfüttern zu wollen, einpacken zu lassen. Schnell auf den Bereich von Modetrendprodukten übergeschwappt.

FUNDSTÜCKE

»Willkommen bei Doggie-Bag, *dem Frischfleisch Lieferservice für Hunde. Bei uns dreht sich alles um die artgerechte und gesunde Ernährung von Hunden.«* doggie-bag.de (2-2009)

»Gürteltasche Eastpak Authentic Doggy Bag*: Preis ab 15,01 EUR.«* idealo.de (2-2009)

Dressing

Engl. *dressing*: Abrichten; Dekoration; Tracht; Verbandmaterial; Salatsauce, Dressing

SPRACHGEBRAUCH

Bis in die 70er Jahre kannte die deutsche Normalhaushaltsküche nur Essig & Öl und die kondensmilchbasierte Kräutertunke, die sich über Gurkenscheiben ergießen durfte. Der Ketchup war der Ketchup, aber kein Dressing. Heute bietet schon der Banal-Italiener eine Auswahl von einem halben Dutzend Salatübergüssen, die allermeist unter ›*Dressing*‹ firmieren.

Unter Börsenkennern ist ›Window-*Dressing*‹ als Bezeichnung für geschönte Bilanzen geläufig. Und sprachtrainiertere Transvestiten verstehen sofort, wenn über Cross-*Dressing* als Identitätsstrategie philosophiert wird.

FUNDSTÜCKE

»Ohne Dressing *ist Salat – naja, einfach eben nur Grünzeugs!«* usa-kulinarisch.de (7-2009)

»Window Dressing *zum Quartalsende lässt die Aktienkurse an Wall Street am Montagmittag (Ortszeit) fest tendieren.«* fazfinance.net (7-2009) Es heißt auch bei der *FAZ* nicht »finanznetz«.

Drink

Engl. *drink*: Getränk; alkoholisches Getränk

SPRACHGEBRAUCH

Der Deutsche lernte schon in den 60er Jahren aus amerikanischen Movies, dass man unter arrivierten Menschen sich als Gast im privaten Bereich gerne einen Drink servieren lässt, zumeist in Form von Whiskey oder Gin, während der Deutsche sich eher einen Asbach gönnte, den er auch als »Asbach« und nicht als *»Drink«* orderte. Auch heute bestellt kein Mensch einen *Drink*. Nur die Werbung und – ungebrochen – der Film reden von *Drinks*.

Da auch nichtalkoholische Getränke amerikanisiert vermarktet werden, gibt es etliche Derivate wie ›*Beautydrink*‹, ›*Fitnessdrink*‹, *Healthdrink*‹ oder ›*Softdrink*‹.

FUNDSTÜCKE

»Nestlé verkauft seinen Beautydrink *›Glowelle‹ in den USA exklusiv in Luxuskaufhäusern, Models wie Naomi Campbell greifen öffentlichkeitswirksam zu den dänischen Schönheitstabletten ›Imedeen Time Perfection‹, und B-Promis wie*

Boxerin Regina Halmich und Moderatorin Caroline Beil trinken das Schweizer ›Beautywater Q10‹, das angeblich ›Körperzellen aktiviert‹.« zeit.de (1-2009)
*»Flatratepartys und All-you-can-*drink*-Angebote haben meist nur ein Ziel: sich hemmungslos zu betrinken.«* rp-online.de (2-2009)

Drop-down-Menu

Engl. *drop down*: herunterklappen
Engl. *menu*: Speisekarte; Menu

SPRACHGEBRAUCH

Computer haben durch die Entwicklung des Windows-Prinzips eine eigene graphische Logik entwickelt. Menschen haben seither gelernt, dass Doppelklicks auf ein kleines Bildzeichen (engl. *icon*) Programme starten oder Dateien sich öffnen lassen. Und dass ein Klick oder nur ein Überfahren mit der Maus aus einem Wort eine Liste ausklappen lässt. Klassische Schreibtische funktionieren anders.
Natürlich könnte ein *Drop-down-Menu* auch ›Runterklapp-Menu‹ oder ›Aufklapp-Menu‹ heißen. Es wäre unökonomisch. Computernutzer wissen irgendwann, was alles passieren kann, wenn man auf etwas klickt. Sie brauchen keinen Namen dafür. Programmierer und die Autoren von Benutzerhandbüchern brauchen genaue Begriffe. Die einen müssen sich verständigen, die anderen müssen so tun, als ob ein Benutzer noch nie einen Mausklick absolviert hätte.
Das *Drop-down-Menu* wird uns für lange Zeit nicht verlassen. Aber wir müssen ihm keine besondere sprachliche Aufmerksamkeit schenken.

FUNDSTÜCK

»Ich würde gerne ein Drop Down Menu *haben, das eine Auswahlmöglichkeit kurz vor dem einfügen in den Warenkorb gibt, also beim Artikel selbst.«* forums.oscommerce.de (9-2003)
› **Pop-Up**

Drum; Drummer

Engl. *drum*: Trommel
Engl. *drummer*: Trommler; Drummer

SPRACHGEBRAUCH

In den 60er Jahren wurden die englischen Bezeichnungen für die Ausstattung (Equipment) einer popmusikalisch verwertbaren Gruppe (Band) über die Medienberichterstattung Teil des Sprachgebrauchs der ehedem jugendlichen Zuhörerschaft. Die nachrückenden Generationen haben es ihnen gleichgetan. Der *Drummer* gehört dazu. Trommler finden sich dagegen in Trachtenkapellen, seit den 90er Jahren aber auch wieder in ethnomusikalischen Kontexten, wo es um vermeintlich ursprüngliches Trommeln geht.
Wichtigstes Zubehör des *Drummers* sind die *Drumsticks*, die in seiner Anwesenheit keinesfalls ›Trommelstöcke‹ genannt werden sollten.

FUNDSTÜCK

»Mapex Drums *und das ›*Drummer *of Tomorrow‹-Team bedanken sich für die vielen Bewerbungen aus Deutschland und Österreich und für die Mühe und Zeit, die Ihr für Eure Performance eingesetzt habt.«* Folder des Musikalienherstellers Mapex (2009)

E

E-Book; E-Book-Reader

Engl. *e-book*: Kurzform für *electronic book;* elektronisches Buch, digitales Buch

SPRACHGEBRAUCH

Wissenschaftler bastelten Anfang der 90er Jahre an digital aufbereiteten Texten, die ähnlich Büchern am Bildschirm lesbar sein und durch Such- und Anmerkungsfunktionen sich von normalen digitalen Texten unterscheiden sollten. Einige Jahre lang wurde um die Jahrtausendwende herum versucht, eine neue Kombination aus Hardware – kleinen buchähnlichen tragbaren Monitoren – und digitalisierten Büchern zu vermarkten, was nicht gelang. 2009 begann der Internetversandhändler Amazon, erfolgreich einen *E-Book-Reader* in den USA zu vermarkten, zugleich startete in Deutschland eine Offensive von Sony und der Thalia-Buchhandelskette. Die parallel anhebende mediale Diskussion um den möglichen Erfolg und eine damit verbundene Krise des klassischen Buchhandels machte den Begriff ›*E-Book*‹ in sehr kurzer Zeit massiv bekannt. Oftmals wird nicht genau zwischen ›*E-Book*‹ und ›*E-Book-Reader*‹ unterschieden. Das *E-Book* ist genau besehen nur eine Textdatei, während der *E-Book-Reader* die Lektüre möglich macht. Das Buch ist gleichsam in seine Software- und seine Hardware-Komponenten auseinandergenommen.

Um 2012 hat sich das *E-Book* in Deutschland noch nicht durchsetzen können. Tablets machen mobilen Menschen mehr Spaß. Worum es geht, weiß aber jeder, der auch ein Smartphone in der Tasche hat.

FUNDSTÜCKE

»Dennoch wurden auf der Messe sogar schon E-Book-*Ledereinbände präsentiert.«* Süddeutsche Zeitung (3-2010)

»Das iPad ist ein Zwischending. Es ist kein Notebook, keine iPod und auch kein E-Book-*Reader.«* spiegel.de (3-2010)

Earphone; Earphones

Engl. *earphone*: Ohrhörer, Kopfhörer
Engl. *headphone*: Kopfhörer

SPRACHGEBRAUCH

Der jüngere deutsche Mensch mutiert seit Ende der 90er Jahre outdoor meist zu einer Sound-Inhalationskapsel, die durch in das Ohr eingeführte Hörkapseln schallresistent gegen die Außenwelt abgeschirmt wird. Dies wird nicht so sehr durch die Dichtigkeit der *Earphones,* sondern die Intensität der direkten Soundabstrahlung per *Earphones* auf den Träger des *Earphone* bewirkt. Der jüngere deutsche Mensch weiß, was ein *Earphone* ist. Er redet aber selten darüber. Mit *Earphones* in den Ohren redet es sich nun mal schlecht.

Eine technische Weiterentwicklung stellt der oder das *In-Ear-Phone* dar. Er wird tiefer ins Ohr eingesetzt als ein *Earphone,* ähnlich wie die Schallverstärker für Schwerhörige. Als »Innenohrkopfhörer«, worauf ein Germanophonophiler verfallen könnte, sollte dies nicht übersetzt werden, denn das Gerät wird ja nicht hinter dem Trommelfell implantiert, wo unter Medizinern nun mal das Innenohr beginnt.
Heißt es ›*das Earphone*‹, ›der *Earphone*‹ oder ›die *Earphones*‹? Das ist ähnlich unentschieden wie beim deutschen ›Kopfhörer‹, der mal einzahlig, mal mehrzahlig betrachtet wird.

FUNDSTÜCKE

»Ein weiteres Manko des GBA SP wird durch den Earphone *Adapter behoben.«* planetgameboy.de (12-2005)
»Etymotic ER-4P In-Ear Earphones *geben Ihnen die beste Audio Performance.«* expansys.de (5-2007) Hier wäre ein ›Ear‹ genug.
»Madrics Media Soundlution Earphone *(Nintendo DS) kaufen.«* chip.de (9-2009) Beachtlich der Neologismus ›Soundlution‹, ein Kofferwort aus engl. *sound* (›Klang, Ton‹) und engl. *solution* (›Lösung‹).

› **Headset**

Economy Class

Engl. *economy class*: Economy Class, Touristenklasse

SPRACHGEBRAUCH

Der Normalflieger redet nicht von der Klassifizierung seines Tickets. Er stellt sich fügsam an die längste Schlange. Immerhin liest er ›*Economy Class*‹ am Flughafenschalter (Counter) und auf seinem Ticket. Nur Reisende der Business Class, der Beförderungsklasse für Geschäftsleute und andere, die sich den teureren Tarif leisten können, reden darüber, dass sie Business Class reisen. In der First Class wird wiederum über den eigenen Status geschwiegen.
Die Ausdifferenzierung der Beförderungsklassen setzte sich gegen Ende der 50er Jahre durch. Aber erst der preiswerte Massenflugtourismus seit den 80er Jahren machte die englischen Begriffe weiteren deutschen touristischen Zielgruppen bekannt.

FUNDSTÜCKE

»Der Begriff ›Economy-Class-*Syndrom*‹ *bezeichnet eine Unterschenkelthrombose, die auf enges Sitzen während eines Langstreckenfluges zurückzuführen ist.«* gesundheit-nordhessen.medical-guide.net (3-2010)
»Machen Sie es sich bei einem Sitzabstand von etwa 80 cm und einer Breite von etwa 44 cm in der Economy Class *gemütlich.«* austrian.com (3-2010)

› **Ticket**

Edutainment

Engl. *edutainment*: Kunstwort aus engl. *education* (Erziehung, Bildung) und engl. *entertainment* (Unterhaltung)

SPRACHGEBRAUCH

Kann Lernen vergnüglich sein? Die alte Frage der Pädagogik wird sprachlich durch ›*Edutainment*‹ beantwortet. Wo das Etikett prangt, ist der Spaß eingebaut und muss nunmehr durch den Lernenden abgerufen werden. Allermeist vor dem Bildschirm, denn *Edutainment* ist an Rechner und deren mehrmediale Fähigkeiten geknüpft. Seit etwa 2010 punkten Tablet-Rechner wie das iPad als mobile Spaßlernmaschinen. *Edutainment* in der Schule meint nicht den anregenden Lehrer, sondern den multimedial abgesicherten. Wenn er nicht weiterweiß, kann er zumindest eine Scheibe einwerfen oder eine Präsi (Kurzform für ›Präsentation‹) starten und die Kids eine Weile stillstellen.

In Deutschland seit den 90er Jahren mit Lernprogrammen für Kinder gebräuchlich. Auch aus der Bildungsdiskussion nicht wegzudenken. Von dort aus selbst in das Marketing von Bildungsreisenanbietern eingesickert.

Bildungstheoretisch in einen zerfransten »Spaß oder Ernst?«-Diskurs eingebettet, der hier nicht skizziert werden kann.

FUNDSTÜCKE

»Edutainment: *Wissen für Wuselfans.«* spiegel.de (10-2004) Es geht um die in Deutschland beliebten strategischen Simulationsspiele.

»Edutainment *als Konzept ist ein wichtiger Erfolgsfaktor für Studien- und Erlebnisreisen sowie den Kulturtourismus geworden.«* msp-dortmund.de (3-2006)

Ego-Shooter, Egoshooter

Engl. *first-person-shooter*: Ego-Shooter (wörtl. Ich-Schütze)

SPRACHGEBRAUCH

Ballerspiele am Computer haben einnehmende Wirkung, wenn sich der Spieler in das Geschehen eingebettet fühlt. Dazu dient die *Egoshooter*-Perspektive. Der Spieler sieht am unteren Rand des Bildschirms ein oder zwei humanoide Waffenarme hervorwachsen, darüber meist auch eine wandernde Zielscheibe (engl. *target*). Er sieht durch die Augen des Kämpfers; er selbst scheint es also zu sein, der da kämpft, und keine virtuelle Repräsentation.

Seit Anfang der 90er Jahre gibt es hinreichend realitätsnahe Spiele, die eine Immersion (›Eintauchen‹) des Spielers erleichtern.

Sprachlich sind die Namen der Spiele bereichernd und benötigen intime Englischkenntnisse. Hier ein kurzes Glossar:

Breed: ›Ausgeburt, Brut‹
Chaser: ›Jäger, Verfolger‹
Counterstrike: ›Gegenschlag‹
Doom: ›Schicksal, Untergang, Vorhof zur Hölle‹
Quake: ›Beben, Zittern‹
Sensory Overload: ›Wahrnehmungsüberlastung‹

SPRACHEINFLUSS

›*Ego-Shooter*‹ gilt als Scheinanglizismus, denn im Englischen heißt es wörterbuchoffiziell *first-person-shooter.* Was heißt das? Will das Wort scheinen? ›Shooter‹ ist kein Anglizismus; engl. *shooter* heißt ›Schütze‹. Engl. *first-person-shooter* ist schlechtes Sprachmarketing; das Wort wirkt steif, wissenschaftlich. ›*Ego-Shooter*‹ ist knapp, merkfähig, globalverständlich. Daher als Neologismus im Deutschen funktionaler, weil szenekompatibler als das englische Wort im Englischen.

Und das merkt auch der englische, respektive amerikanische Computerspieler: Er hat den deutschen *Ego-Shooter*

bereits eingemeindet. Tausende von Websites, Blogs und Foreneinträgen demonstrieren das. Man redet von *ego-shooter environments, ego-shooter battlefields, ego-shooter conventions.*
Durch einen besseren Anglizismus ersetzt werden müsste nun nurmehr engl. *third person shooter,* bei dem der Spieler virtuelle Figuren gleichsam aus der Distanz steuert.
Space-Shooter ist die Bezeichnung für ein Ballerspiel, das im Weltraum stattfindet.
In der Sprache von Foren und Chats taucht seit diversen Amokläufen von Schülern der ›*School-Shooter*‹ auf. Gemeint ist sowohl der Akteur eines realen Amoklaufs im schulischen Umfeld, als auch der Name eines inoffiziell programmierten Spiels, das einen Amoklauf zum Thema hat.

FUNDSTÜCKE

»*Krasse Wumme: Pistolen-Maus für* Ego-Shooter. *Die Maus-Pistole wurde speziell, wen wundert es, für* Ego-Shooter *entwickelt. Im harten Spieleinsatz machen ein Abzug aus Aluminium und ein gepolsterter Griff dann durchaus Sinn.*« netzwelt.de (7-2005)
»Ego-Shooter – *Farbspritzen-Schlacht in Indien: Beim Holi, dem Todesfest der Dämonin Holika, gehen Hindus mit pistolenähnlichen Pumpen aufeinander los.*« manshealth.de (3-2006) Die Kurzmeldung lockt auf eine sehr unblutige Website für Indien-Tourismus.

Embedded Journalism

Engl. *embedded journalism*: (wörtl.) eingebauter / eingebetteter Journalismus

SPRACHGEBRAUCH

2003 initiierte das US-Militär eine neue Form der Kriegsberichterstattung. Journalisten wurden in den irakischen Frontalltag naturnah eingebettet und bekamen keine bevorzugte Behandlung. Weil die Pressemenschen nun schwitzten und hier und da sogar ein wenig bluteten, hatten sie das Gefühl, mittendrin zu stecken. Das fördert Kumpel-Feelings und drängt die üblichen Kriegsberichtserstattungs-Humanduseleien deutlich zurück.
Das Dumme an der Strategie: Die nicht *embeddeten* Journalisten an der Heimatfront waren a) teils neidisch auf die authentisch inszenierte Roh-Behandlung, b) extra scharf bei der Aufdeckung von bösen Täuschungsmanövern durch die Militärs. So ging die clever ausgedachte Strategie letztlich nach hinten los.
Die seriös-kritische deutsche Medienberichterstattung griff sprachlich unmittelbar zu und importierte *embedded journalism.* Ein bis heute andauernder Streit um die ideologischen Gefahren des militärischen Presse-Gastdienstes liefert immer wieder Stoff für Medienberichte, was auch die nicht Embeddeten freut.

FUNDSTÜCKE

»Embedded-Journalism *ist die Form von Zensur, die ein Land* ausübt, *wenn es bei einem Angriffskrieg die Journalisten gleich selbst stellt.*« assoziations-blaster.de (3-2003)
»Embedded Journalism – *Die intelligenteste Form der Zensur: Im Irak kauert*

Carolin Emcke unter Artilleriebeschuss zwischen kurdischen Soldaten und ertappt sich bei dem Wunsch, die Kurden mögen mit ihren Handgranaten so viele Gegner wie möglich töten. Am eigenen Körper erfährt sie, dass embedded journalism *objektive Berichterstattung unmöglich macht.«* 3sat.de (10-2004)

Energizer

Engl. *energizer*: Energiespender

SPRACHGEBRAUCH

Seit den 90er Jahren verschwimmen im Lebensmittelmarketing die Grenzen zwischen Süßigkeit und Sportlernahrung. Die klebrigsten Karamellbrocken werden als Powerriegel oder eben *Energizer* präsentiert, was beim Kunden anscheinend gut ankommt. Elektronische Produkte, wie Taschenlampen, nennen sich gerne *Energizer.* Einer der weltgrößten Batterienhersteller heißt ebenfalls *Energizer.*

FUNDSTÜCK

»Der Energizer-*Riegel von Seitenbacher ist ganz neu im Sortiment. Der* Energizer *ist fruchtig und nussig. Außerdem ist er mit der leckeren Seitenbacher-Vollmilch-Schokolade überzogen. Der* Energizer-*Riegel wurde als Zwischenmahlzeit im Taschenformat entwickelt.«* glutenfreisupermarkt.de (10-2009)

Enjoy!

Engl. *enjoy*: genießen; Spaß haben

SPRACHGEBRAUCH

Auf der Schnittfläche von Spaßgesellschaft und Erlebnisgesellschaft blühen die ›*Enjoy*‹-Variationen. Warum? Weil es Werbern zu blöde erscheint, immer vom Spaß, vom Genießen und vom Erleben zu sprechen & zu schreiben. Daher benötigen sie dringend ›Fun‹, ›Happyness‹ und eben auch ›*Enjoy*‹ als Imperativ, dem wir Spaßkonsumenten zu folgen haben. Denn alles, was nicht nützlich ist, muss genossen werden können, wenn es überhaupt einen Kaufgrund neben Status- oder Imagegewinn geben soll.

Alle Arten von Tonträgern samt Komponisten (»*Enjoy* Bach!«; »*Enjoy* Mozart!«), Reisezielen in aller Welt, Motorrädern, Speisen und Getränken werden daher mit ›*Enjoy*‹-Aufforderung gekoppelt.

VARIATIONEN

Im Folgenden einige Varia von Zehntausenden, die sich in Werbebotschaften finden, mit denen deutschsprachige Konsumenten erreicht sein sollen:

Enjoy Life, *Enjoy* Living, *Enjoy* the world of Kamikaze, *Enjoy* Your Office, *Enjoy* the Feeling, *Enjoy* the Moment, *Enjoy* Sex, *Enjoy* the Silence, *Enjoy* the Taste

FUNDSTÜCKE

»Enjoy *your Life – Das einzigartige Fitness-Magazin für Manager erscheint am 17. November als Supplement in der Wirtschaftswoche ...«* Meldung bei Horizont.net (10-2005)

»OPEL, Astra Enjoy *1.7 CDTI, Anti-Blockier-System; MwSt. ausweisbar.«* gebrauchtwagen-zeitung.de (4-2006)

»Holzstockschirm Enjoy *3,8 x 3,8 m in grün/naturel-mit Seilzug zum einfachen öffnen.«* s-shopping.de (4-2006)

› **Event; Feeling**

Entry

Engl. *entry*: Beitritt; Buchung; Einreise; Eintrag; Erklärung

SPRACHGEBRAUCH

Das Internet ist ein ungeheurer Datenspeicher. Die Daten werden von Menschen eingegeben. Eine neue Eingabe ist ein neuer Eintrag, oder eben: ein New *Entry.* So haben alle User schon mal einen New *Entry* gemacht, ohne sich darüber klar geworden zu sein, wie das genannt werden könnte, was sie da gemacht haben. Daher sprechen auch so wenige von New *Entries,* lesen es aber umso häufiger.

Da es heutzutage als vorteilhafter erscheint, reinzukommen, als schnell rauszugelangen, häufen sich die ›*Entries*‹ in vielen, vorzugsweise aber geschäftlichen Kontexten.

FUNDSTÜCKE

»*Im Dialogfeld New* Entry *bestimmen Sie vorweg die Wortart des neuen Eintrags.*« heisoft.de (9-2006)

Entry Paradise: Neue Welten des Designs heißt ein Buch mehrerer deutscher Autoren, Gerhard Seltmann, Werner Lippert und Peter Wippermann (8-2006). Der Titel ist irreführend. Übersetzt heißt es nicht »Betreten Sie das Paradies«, denn engl. *entry* ist kein Verb. Hätte man »Einreise ins Paradies« sagen wollen, wäre *Entry to Paradise* der richtige Buchtitel. ›*Entry Paradise*‹ müsste man »Buchungsparadies«, »Eintragsparadies« oder »Zugangsparadies« übersetzen, was nicht gemeint sein kann, weil es so was nicht gibt. Den Buchzusammenstellern war das wohl wurscht. Das Buch ist der Katalog zu einer Ausstellung in Deutschland. Organisatoren sind die üblichen deutschen Trendsetzungsverdächtigen. Sie wollten irgendwie originell sein.

Equal Pay

Engl. *equal pay*: gleiche Bezahlung

SPRACHGEBRAUCH

2011 gab es eine Neuauflage der alten Diskussion um die Gleichbezahlung von Stammarbeitern und Zeitarbeitern in der deutschen Wirtschaft. Irgendein Politikberater der Arbeitsministerin Ursula von der Leyen dürfte ihr angeraten haben, mit einer frischen Wortmarke die Diskussion zu beleben. So blühte ›*Equal Pay*‹ auf. Zuvor fristete die Wendung eher ein Schattendasein in akademischen Diskussionen um die gleiche Bezahlung von Frauen und Männern. Da das Problem der Gleichbezahlung, von wem auch immer, politisch nicht zu lösen ist, dürfte uns der Anglizismus länger erhalten bleiben.

FUNDSTÜCKE

»*Huber ist überzeugt, dass* Equal Pay *für Leih- und Stammarbeiter sowie allgemeine Mindestlöhne Verdienste ermöglichen könnten, die wieder zum Leben ausreichten.*« spiegel.de (1-2011)

»*Nein, da müssen die Frauen schon selber Druck machen. Zum Beispiel am 26. März, wenn der dritte* Equal Pay *Day in Deutschland stattfindet, organisiert von Frauennetzwerken wie den ›Business and Professional Women‹.*« stern.de (3-2010)

Escape

Engl. *escape*: Abbruch, Ausstieg; Entkommen; Flucht

SPRACHGEBRAUCH

Auf Computertastaturen befindet sich links oben eine Taste mit der Beschriftung ›esc‹, der Kurzform für engl. *escape.* Computernutzer wissen, dass damit manchmal fehlerhafte Prozesse abgebrochen werden können. Da diese Funktion immense Bedeutung hat, setzte sich ihre Bezeichnung auch in anderen Umgebungen des öffentlichen Lebens mit den entsprechenden Konnotationen des raschen Beendens, Abwürgens oder Abhauens durch.

FUNDSTÜCKE

»Escape – *Hamburgs Magazin für Lesben. Mit Veranstaltungskalender, News, Kleinanzeigen.«* escape-hamburg.de (11-2009) Warum im liberalen Hamburg Lesben mit Fluchtgedanken bei der Titelgebung ihres Magazins kokettieren, ist schwer nachvollziehbar.

»Wenn nichts mehr geht, geht immer noch Escape, *die radioeins Multimedia-Show!«* radioeins.de (11-2009)

»Sylt: Disco Escape *Club heute mit DJ LATOR an den Turntables.«* sylt-news.net (11-2009) Engl. *turntable:* ›Plattenspieler‹

Event; eventen

Engl. *event*: Ereignis; Erlebnis

SPRACHGEBRAUCH

Die Erlebnisgesellschaft ist zugleich die Ereignisgesellschaft; was soll auch sonst erlebt werden? Weil Ereignisse aber produziert und bezahlt werden müssen, nennt man sie besser ›*Events*‹, da sich dies professioneller anhört und Bezahlreflexe beim Erlebnissucher sich ungestört entfalten können. Dies geschieht seit Mitte der 70er Jahre, so dass es heute keine Bezahl-Ereignisse gibt, die nicht ›*Event*‹ genannt werden. Die Übersetzung schert keinen *Event*-Sucher; Hauptsache, er weiß, dass dort was los ist, wo ›*Event*‹ draufsteht.

Das Genus ist unsicher. ›Der *Event*‹ ist aber deutlich häufiger zu finden als ›das *Event*‹, obwohl der Deutsche in der Hauptsache ›Ereignis‹ assoziiert und sich von daher das Genus ausleihen könnte.

Im neuen Jahrtausend hat sich gar eine Verbform namens ›*eventen*‹ gebildet. Da *Events* von immenser wirtschaftlicher Bedeutung sind, finden sich zusammengesetzte Formen wie ›*Eventmarketing*‹ und ›*Eventpromotion;* *Event*-Profis müssen sich schließlich angemessen verständigen können.

Event-Incentives sind eine besonders prickelnde Form des Ereignis-Erlebnisses für den gehobeneren Angestellten, der von seiner Firma zu noch exzellenteren Leistungen angestiftet oder incentiviert (ja, das gibt's wirklich) sein soll. Er darf beispielsweise von Brücken springen, allerdings mit Gummiseil am Knöchel.

FUNDSTÜCKE

»Euroviva Aerotrim, das ursprüngliche Astronauten Trainingsgerät nun auch als Eventmodul *für Ihre Veranstaltung zu mieten.«* Euroviva-Werbung (10-2005)

»Die Europäische Medien- und Event-*Akademie vereint unterschiedliche Bildungsprogramme in einem intelligenten*

Netzwerk fachspezifischer Kompetenzen.« event-akademie.de (3-2006)
»Hier soll bald evented *werden.«* DIE ZEIT (3-2010) Natürlich nutzt *DIE ZEIT* das Wörtchen nur in höherer ironischer Absicht.

› **Enjoy; Feeling**

exclusive

Engl. *exclusive*: ausschließlich, exklusiv

SPRACHGEBRAUCH

›*Exclusive*‹ hat sich auf mehreren Wegen ins Deutsche eingeschlichen. Zum einen als orthographischer Fehler, vielleicht als unbewusster Kotau vor der englischen Schreibweise oder als Regress zu Schreibweisen des 19. Jahrhunderts. Da finden sich »exclusive *Tanzkurse und Tanzreisen«*, »exclusive *Uhren«*, »exclusive *Ferienhäuser und Wohnungen«*. Sodann als englischer Import in mit Englisch angereicherten Wortgetümen. Ein Autozubehörlieferant bietet »exclusive *car equipment«*, ein deutscher Herrenausstatter »exclusive *manswear«*.
Der Hintergrund: Da alle Konsumenten etwas Besonderes wollen, sollten alle anderen jeweils vom Genuss dieses Besonderen ausgeschlossen sein. Das dient nun aber nicht dem Umsatz. Daher bekommen heute alle eher das gleiche Besondere. Sprachlich müssen sich Produkt- und Dienstleistungsanbieter aber bemühen, das nicht auffällig werden zu lassen. Ein abgenutzter Trick ist eben das Ausweichen auf engl. *exclusive*. Das ist bei der Charakterisierung von Produkten und Diensten wieder mal seit den 80er Jahren derart inflationär geworden, dass die Aussprache oft nicht mehr entscheidbar ist. Ein *exclusives* Angebot findet sich gleich neben dem Party Strip *Exclusive* (was ja durch die Wortstellung eigentlich signalisiert: Die nackte Haut ist dort ausgeschlossen).

FUNDSTÜCKE

»RTL Exclusiv – *Das Starmagazin: Alles aus der Welt der Stars, jeden Tag neu bei RTL*exclusiv.*de.«* rtl.de (1-2010)
»Exclusive-*Life – Das Lifestyle-Magazin im Internet. Die erste Adresse für exklusive Produkte und Dienstleistungen.«* exclusive-life.de (1-2010)
»Exclusive *Tanzkurse und Tanzreisen: Salsa*-Exclusive *bietet Salsakurse auf Mallorca und New York.«* salsa-exclusive.de (1-2010)
»Sabine Gegenheimer – Exclusive *Stoffe bietet eine große Auswahl an* exclusiven *Stoffen in ihrem Online-Shop.«* exclusive-stoffe.de (1-2010)

Experience

Engl. *experience*: Erfahrung; Erlebnis; Sachkenntnis

SPRACHGEBRAUCH

Vor der Durchsetzung der Erlebnisgesellschaft seit den 80er Jahren wurde zwischen Erfahrungen und Erlebnissen unterschieden. Letzteren haftete der Ruch des eher Äußerlichen an, während Erfahrung tieferreichende Verarbeitung benötigte. Das hat mit ›*Experience*‹ ein Ende genommen. Wer *experienced* ist, hat was mitbekommen und hat es zugleich drauf, also irgendwie auch drin. Die Trennung zwischen doofen Thrillgeilen und erweckten Innerlichkeitsreisenden ist mit ›*Experience*‹ somit aufgehoben.

Experience-Optionen anzubieten ist die vornehmliche Aufgabe von *Experience*-Dienstleistern. ›*Xperience*‹ will durch die Schreibweise maximale Zeitgeistaffinität signalisieren.

FUNDSTÜCKE

»*10.30 bis 11.15 Uhr: Work*-Experience: *Ein Praktikum im Ausland, Kleiner Saal.*« Der Tagesspiegel (11-2009)

»*Neben der Mode-Elite aus Designern, Schreibern, Models und Fotografen haben sich hier im Szenestadtteil Prenzlauer Berg auch einige Film- und TV-Sternchen zur jährlichen Fashion* Experience *des Bierherstellers Beck's versammelt, um die Berliner Modewoche einzuläuten.*« stern.de (1-2008)

Eyewear; Eyeware

Engl. *eyewear*: (wörtl.) Augenbekleidung
Engl. *eyeware*: (wörtl.) Augenware

SPRACHGEBRAUCH

Wenn einer eine Brille braucht, ist das nicht cool. Daher kaufen jüngere Menschen mit ausreichendem Taschengeld, so sie eine Sonnen- oder Echtbrille wünschen oder benötigen, weit eher etwas aus dem *Eyeware*- oder *Eyewear*-Sortiment eines design- oder trendorientierten Shops. ›*Eyewear*‹ dominiert in den Shoppingzonen der Innenstädte. ›*Eyeware*‹ wird eher im Jargon von Produktion und Marketing der *Eyewear*-Produzenten genutzt.

Nur zur Erinnerung: Ehedem nannte man Brillen im Englischen *glasses, eyeglasses* oder *spectacles*. Nicht nur wir, auch die englischen Native Speakers sind also von zwei Trendbegriffen überrollt worden, die alteingesessene Wörter zu verdrängen drohen.

FUNDSTÜCKE

»*Motorola O ROKR Bluetooth Stereo* Eyewear« nennt sich eine Brille mit implantiertem Stereokopfhörer (motorola.com; 4-2006). Bemerkenswert das Kunstwort ›ROKR‹; es bedeutet nichts, hat aber viele Anklänge. Ähnlich ein weiterer Motorola-Neologismus: ›SLVR‹; hier klingt engl. *slave* (›Sklave‹) und engl. *save* (›sichern‹) an. Unterstellbar, dass diese Konnotationen (›mitschwingenden Bedeutungen‹) bereits für den nativen Sprecher nicht nachvollziehbar sind.

»*Dann ist diese Sonnenbrille aus der Kollektion Calvin Klein*-Eyeware *genau die richtige für Sie!*« stehsegelrevue.com (4-2006)

› **Headwear**

F

F/ph

SPRACHGEBRAUCH

Eine Orthographieverschiebung der hoch beschleunigten Art ist seit Mitte der 90er Jahre zu beobachten. Englische Wörter mit einem ›f‹ am Anfang erhalten plötzlich und unerwartet ein ›ph‹ vorangestellt. Dies nicht nur hier zu Lande, sondern global. Die derart modifiziert geschriebenen Anglizismen machen uns daher doppelt zu schaffen. Beim f/ph-Schreibwandel sind es die bewussten Akte jüngerer Sprachakteure, die das Phänomen sichtbar werden lassen. Nennen wir es »Rechtschreibmutation als Trenddesign«.

Da trendverdächtige Szenen von trendklauenden Unternehmen auf Übernahmefähiges hin beobachtet werden, schlägt schnell das Marketing zu und übernimmt den Trend.

Vordergründig könnte der Vorgang als Re-Gräzisierung bezeichnet werden.

In Deutschland ist dies bei Hütern von ›Photographie‹, ›Phimose‹, ›Phonometer‹ oder ›Phantasmagorie‹ diagnostizierbar. Das Ältere gilt dabei als das Schwierigere, daher als das Gebildetere. Aber die ältere Ph-isierung verdankt sich nicht den Griechen, die einen Solobuchstaben für den Laut zur Verfügung hatten, sondern den Römern, die ihn nicht hatten und eben zwei Lettern brauchten.

BEISPIELE

fun (Spaß, Fun) › *phun*
fuzzy (unscharf, verschwommen) › *phuzzy*
fear (Furcht) › *phear*
»Phone Phun *mit Novelty Telephones.«* arzt-muenchen.net (3-2006)
freak (Enthusiast; Freak; Missgeburt) › *phreak* (Telefon-Cracker; Computerkenner, der in Telefonsysteme eindringt)
fat (fett) › *phat* (satt; geil); ein Fahrradlenkerband für Trendbiker nennt sich daher *»Specialized BG Bar* Phat *Tape«*

Face Detection

Engl. *face detection*: Gesichtserkennung

SPRACHGEBRAUCH

Moderne Digitalkameras nehmen fotografierenden Menschen zunehmend Aufgaben ab. Zum Beispiel das Erkennen von menschlichen Gesichtern. Die Kamera fokussiert die Schärfe selbsttätig auf human-ähnliche Phänomene im Aufnahmebereich. Zu finden ist ›*Face Detection*‹ in Bedienungsanleitungen und Artikeln von Fachmagazinen. Der Nutzer einer *Face Detection* weiß meist nicht, wovon er sich da bedienen lässt. Zur Jahreswende 2009/2010 kamen die ersten Kameras mit Pet Detection, also einer Haustiererkennung, auf den Markt. Eine Übersetzung ins Deutsche mag manchem Marketingmann vielleicht auch peinlich gewesen sein. Fotografierende, die Haustiere lieben, aber aus unerfindlichem Grunde diese nicht oder immer zu spät als solche erkennen, sind als Zielgruppe für Kameraproduzenten aber anscheinend hinreichend attraktiv.

FUNDSTÜCK

»Hinter dem klassischen Aluminiumgehäuse der Zwölf-Megapixel-Kamera verbergen sich ein optischer Bildstabilisator, fünffach optischer Zoom sowie nützliche Funktionen wie Face Detection, *Smile Detection und Rote-Augen-Reduktion.«* cemarkt.de (7-2009)

› Smile Detection

Face-Lift; Facelifting

Engl. *face-lift*: Aufmöbeln; Facelifting; Faltenbehandlung; Gesichtskorrektur

SPRACHGEBRAUCH

Schönheitsoperationen aller Art sind seit Mitte der 90er Jahre enttabuisiert und gehören zum Standardrepertoire der Identitätsfindungsmaßnahmen oberflächlich lädierter Normalbürger. Die Normalität von Beauty-Operationen hat uns die amerikanische Pop- und TV-Serien-Kultur vermittelt. Aus Dankbarkeit und globaler Trendbewusstheit sagen wir daher ›*Face-Lift*‹ oder ›*Facelifting*‹.

›*Facelifting*‹ wird mancherorts als Scheinanglizismus gebrandmarkt. Dumm; ›*facelifting*‹ ist ein Internationalismus und in etlichen europäischen Sprachen geläufig. Die Amerikaner nutzen es nicht so häufig wie das ureigene ›*face-lift*‹, haben sich aber bereits daran gewöhnt.

Sprachkundige erfreut sogar die Erweiterung: Immerhin weist im Englischen die -ing-Form eher auf den Prozess, das Werden, auch das Walten des Operateurs hin, während *face lift* zuvörderst das Fertige, Abgehakte signalisiert.

Im Kontext des Designs von Produkten aller Art hat sich ›*Facelifting*‹ als Bezeichnung für eine oberflächliche Aufhübschung ohne Renovierung des Innenlebens durchgesetzt. Zeitungen werden einem *Facelifting* unterzogen, wenn dem Verleger auf inhaltlichem Wege nichts mehr zur Auflagensteigerung einfällt.

Das Verbum ›liften‹ (von engl. *to lift*) ist erfolgreich an die deutschen Beugungsnormen angepasst und wird kaum mehr als Anglizismus wahrgenommen. Anders sieht es mit ›*faceliften*‹ aus, wo vor allem das Partizip quält: Weder ›*facegeliftet*‹ noch ›*gefaceliftet*‹ machen was her.

FUNDSTÜCKE

»Habe geFaceliftet, *nun Abblendlicht defekt.«* Aus einem BMW-Tuningforum (2-2002).

»Zum Facelifting *gehört im weiteren Sinne die Straffung der Stirn mit Anhebung der Augenbrauen und Glättung der ›Zornesfalten‹, die Anhebung der Wangen mit Straffung des Halses und die Straffung des Halses mit Entfernung von Kinnfett.«* klinik-am-ring.de (4-2006)

»Facelifting *für gealterte Filme.«* joanneum.at (4-2006)

»Gönnen Sie Ihrem Waschplatz ein Facelifting*!«* christ-ag.com (4-2006) Es handelt sich um einen Ausrüster für Selbstbedienungs-Autowaschanlagen.

Face-to-Face

Engl. *face-to-face*: persönlich; von Angesicht zu Angesicht

SPRACHGEBRAUCH

Telekommunikation und Internet haben klassisch-körperliche Verabredungen nicht zum Verschwinden bringen lassen. In Geschäftsleben, Politik, bei Verhandlungen aller Art hat die persönliche Begegnung sogar an Bedeutung zugenommen.

Die persönliche Begegnung aber offiziös als eine »persönliche Begegnung« zu deklarieren, ist unter hochrangigen Menschen aber schon einen Hauch zu privatistisch; ja, es grenzt ans Kleinlich-Verschworene, gar Korrumpierbare. Gegenüber der Pathosformel ›von Angesicht zu Angesicht‹ hat ›*Face-to-Face*‹ die Vorzüge von Frische, Kürze und moralentlastetem Pragmatismus – es muss nur so lange persönlich bleiben, wie es den beiderseitigen Interessen nutzt oder die Kameras der Fernsehsender auf die Gästevorzeige-Couch des Staatsmannes/der Staatsfrau gerichtet sind.

FUNDSTÜCKE

»Anders als bei telefonischen, postalischen und Online-Interviews treten sich beim Face-to-Face-*Interview oder der persönlichen Befragung Interviewer und Befragter unmittelbar gegenüber.«* skopos.de (4-2006)

»Den ersten Face-to-Face-*Flirtchat in Deutschland hat das Dating-Portal iLove unter ilove.de gestartet. Statt eines üblichen Chatrooms, in dem sich mehrere Personen tummeln, bleiben die frisch Verliebten beim neuen* Face-to-Face-*Chat unter sich.«* ringfahndung.de (7-2004)

»Neue Körperdiskurse: Vom Face-to-Face *zum Interface.«* cognition.iig.uni-freiburg.de (4-2006)

Facility Management

Engl. *facility management*: Gebäudeverwaltung, Gebäudebewirtschaftung, Gebäudemanagement

SPRACHGEBRAUCH

In den 80er Jahren wurde die Welt zum Managementthema. So auch der sparsame, Funktionen sichernde und Wert erhaltende Umgang mit Wirtschafts- und Verwaltungsgebäuden aller Art. Es hat sich ein ganzer Dienstleistungssektor ausentwickelt, der passende Studiengang ist auch bereits etabliert. Im Unternehmensmanagement ein gängiges Thema. Dem Normallkonsumenten begegnen bestenfalls Anzeigen von Dienstleistungsunternehmen, die endlich eine werbende Wendung haben, mit der das imageschädigende »Putztruppen«-Wortfeld umschifft werden kann.

FUNDSTÜCKE

»Die Nord/FM hat eine Facility Management-*Ausschreibung für alle Standorte der Nord/LB und alle FM-Gewerke durchgeführt.«* facility-management.de (3-2010)

»Der Studiengang ›Facility Management *& Immobilienwirtschaft‹ vermittelt fundierte, praxisorientierte Kompetenzen im Bereich Immobilien und deren Management.«* www2.fh-kufstein.ac.at (3-2010)

Faction

Engl. *faction* (Kofferwort aus engl. *fact* und engl. *fiction*): Faction

SPRACHGEBRAUCH

Autoren tricksen uns Leser gerne aus.

Ein Kunstgriff: Sie mischen eindeutig Echtes unter das Erzählte. Dokumente, Nachrichtenmeldungen, Gerichtsurteile. Und wir können irgendwann nicht mehr unterscheiden, was nun wahr und was erfunden ist. Autoren wollen Leser damit trainieren; gute Absichten, wie so oft, mit wenig Wirkung. Wenn die Action stimmt, wen schert's, ob's *Faction* ist. *Faction* und Doku-Fiction sind zusammen gleichsam die mediale Kombizange, mit der unser Sensorium für Wirklichkeit pulverisiert wird. Die einen pimpen das Fiktive mit Wirklichkeitspartikeln auf, die anderen dramatisieren die Wirklichkeit mit nachgestellten Pseudo-Dokus. Computerspielehersteller scheren sich aber auch um solche feinsinnigen Unterscheidungen wenig. Sie nennen ein Game schlicht *Red Faction-Armageddon*. Was hier ›*Faction*‹ heißen soll? Vielleicht *Fine Action* oder *Fucking Action?* Egal, Game-Titel sind nicht zum Nachdenken erfunden worden.

FUNDSTÜCKE

»Zerstörungsorgie mit Tradition: Seit 2002 reisen Spieler in den ›Red Faction*‹-Titeln auf den Mars und legen ihn mit mächtigen Waffen in Schutt und Asche.«* Computer-Bild (4-2011)

»Vom niederländisch-amerikanischen Schriftsteller Arnon Grunberg ist eine Geschichte zu lesen, bei der unklar bleibt, ob es sich um eine Reportage, Fiction oder Faction *handelt.«* spiegel.de (7-2009)

Factory

Engl. *factory*: Betrieb, Fabrik, Werk

SPRACHGEBRAUCH

Wo das Basteln, Schrauben, Tüfteln und Zusammenbrutzeln noch Vergnügen (engl. *fun*) bereiten, da dürfen deutsche Klein- bis Mittelunternehmen sich seit den 80er Jahren ›*Factory*‹ nennen. Die Kundensympathie ist ihnen gewiss; dem Betriebsklima (engl. *corporate feeling*) soll es auch dienlich sein.

FUNDSTÜCKE

»FunFactory*: Paulchen Vibrator, Dildos, Vibratoren, Smartballs, Gleitgel direkt online bestellen für alles was Spass macht.«* funfactory.de (4-2006)

»Die Sushi Factory *in Hamburg, Bremen und Oldenburg ist wahrscheinlich das trendigste Sushi Konzept in Deutschland: Sushi Bars und Restaurants mit Fließband.«* sushi-factory.com (4-2006)

*»Beetle-*Factory *lässt auf Wunsch alte VW-Käfer, Kombi und alle luftgekühlten VW-Fahrzeuge entweder originalgetreu alt-brezelig aussehen oder verwandelt sie …«* beetle-factory.com (4-2006)

Facts

Engl. *fact*: Fakt, Faktum, Gegebenheit, Tatsache

SPRACHGEBRAUCH

Seit den 60er Jahren spricht die deutsche Medienberichterstattung gerne von *Facts* statt von Fakten. *Facts* scheinen härter, unumstößlicher, politisch relevanter.
Die Kombipackung ›*Facts* & Figures‹ potenziert die Unabweisbarkeit von ›*Facts*‹: Neben den Fakten sollen nur mehr Zahlen (engl. *figures*) gelten dürfen.
Einen Rückschlag in Sachen sprachlicher Modernität hat ›*Facts*‹ durch Helmut Markwort, Gründungschefredakteur des deutschen Wochenmagazins *Focus* erlitten. Besagter Herr konnte um

die Jahrtausendwende herum jahrelang in TV-Werbespots besichtigt werden, in denen er seinen versammelten Redakteuren das mittlerweile geflügelte Wort *»Fakten, Fakten, Fakten. Und an die Leser denken«* ins Gewissen bläute. »Facts, Facts, Facts. *Und haltet die Reader im Mind«* wurde wohl als nicht telegenes Wording betrachtet.

FUNDSTÜCKE

»hr3 – voll im Leben – Facts.« hr-online.de (4-2006)

»First Facts *und Informationen für das Rollenspiel-Spiel Grotesque mit aktuellen News, Screenshots und Downloads.«* 4players.de (4-2006)

Fading

Engl. *fading*: Abnutzung; Fading; Schwund

Engl. *to fade in*: einblenden

Engl. *to fade out*: ausblenden

SPRACHGEBRAUCH

Wo Funksignale schwächeln, Farben ausbleichen, Schrift oder Bilder vom Computerbildschirm verschwinden, Bremsen ihren Grip verlieren, da findet sich ›*Fading*‹. Seltener auch die Verbformen ›*faden*‹, ›*einfaden*‹ und ›*ausfaden*‹. Hier ersetzen sie ›blenden‹, ›einblenden‹ und ›ausblenden‹.

Spielt im öffentlichen Sprachraum keine herausragende sprachliche Rolle. Nur im aktiven Wortschatz jüngerer, technikaffiner Menschen verankert.

FUNDSTÜCKE

»Herzlich Willkommen bei der Golden Retrieverzucht of Fading *Light. Wir wünschen Ihnen viel Spaß beim Stöbern auf unserer Homepage.«* of-fading-light.de (2-2012) Engl. *fading light* meint die Dämmerungseffekte eines Sun Set (Sonnenuntergangs); da sehen Golden Retriever naturgemäß noch goldiger aus.

»Zudem möchte ich auch noch gerne, wenn der Betrachter den Mauszeiger früher von dem Button nimmt, als die Fading-*Animation des Textes dauert, soll der Text dann auch* ausfaden *– das wird dann halt so laufen, das die Animation noch nicht abgeschlossen ist, wenn er die Aktion* ›ausfaden‹ *starten soll! Ist das möglich?«* flashforum.de (9-2006)

Fake; faken

Engl. *fake*: Fälschung; Schwindel

Engl. *to fake*: fälschen, imitieren

SPRACHGEBRAUCH

Die Welt ist voller Arglist und Täuschung; Computer und Internet haben das Potenzial für unlauteres Benehmen dramatisch erhöht. ›*Fake*‹ und ›*faken*‹ finden sich daher dominant im Dunstkreis von Computer, Internet und digitaler Kommunikation.

BEISPIELE

Fake-Anzeigen: gefälschte Anzeigen, bei denen echte Anzeigenmotive mit neuen Claims versehen werden.

Fake-Blog: ein Blog, der nicht von wahren, authentischen Bekennern geschrieben wird, sondern von korrupten Simulanten, die meist im Auftrag eines bösen Großunternehmens Meinungs- und Stimmungsmache betreiben sollen.

Fake-Emotions: Gefühle, die in einem Chatroom oder einem Internet-Rollenspiel vorgetäuscht werden.

Fake-Filter: Filterprogramm, das gefälschte Dateien erkennen soll, mit de-

nen die Industrie den Austausch von Musik- und Filmdateien stören will.
Fake-Identität: vorgetäuschte Identität, die in Chatrooms und Foren des Internet genutzt wird.
Fake-Lebenslauf: auf maximale Bewerbungswirkung polierter Lebenslauf.
Fake-Site: Website, auf die User gelockt werden, um ihnen Passwörter und andere Zugangsdaten zu entlocken.
Fake-Software: ein Computerprogramm, das nicht nur nicht das hält, was es verspricht, sondern – zum Beispiel bei einem Fake-Anti-Spyware-Programm – genau das macht, was es zu verhindern verspricht.
Fake-Virus: freundlicher Computervirus, der nichts Böses im Sinn hat, maximal als Scherz wahrgenommen wird; manchmal auch als Testvirus genutzt, um Programme oder User zu testen.

FUNDSTÜCKE

»Bald merkt er, dass er sich in Sibel verliebt hat. Doch seine Fake-*Gattin hat nur für andere Männer Augen.«* rp-online.de (2-2004)
»Und feine Haare sind ungewaschen griffiger, die gefakten *Dreadlocks halten besser.* Gefakte Dreadlocks*?! Ja, die Dreads werden mit Wachs oder Gel gemacht.«* youngmiss.de (1-2006) Zu beachten die Beugung von ›faken‹ zu ›gefakte‹, was ja [gefackte] ausgesprochen werden muss. Nahe liegt die darauf folgende Schreibung ›gefucked‹ oder ›gefuckt‹. Das sollte ein Jungmädchenmagazin berücksichtigen und, wiewohl deutschferner, hier aber besser ›gefaket‹ schreiben.

Fall

Engl. *fall*: Herbst

SPRACHGEBRAUCH

Die Modesprache muss mit Jahreszeiten umgehen. Das sind nur vier. Diese für die Modevermarktung so wichtigen Gliederungsbegriffe immer mit den aus dem Deutschen bekannten Wörtern zu bezeichnen, ist irgendwann langweilig. Daher werden alle Jahreszeiten auch gerne anglifiziert. ›Summer‹ und ›Winter‹ sind unproblematisch bis unscheinbar. ›Spring‹ und ›Fall‹ bedürfen größerer Aufmerksamkeit. Aber wir sind lernfähig.

FUNDSTÜCK

»New Season: Fall *2008. Täglich neue Styles. Jetzt die neue Saison entdecken.«* esprit.de (8-2008)
› **Spring**

Family

Engl. *family*: Familie

SPRACHGEBRAUCH

Das Verschwinden der Familie als Standardorganisationsform des Privaten wird durch das Boomen von ›*Family*‹ zumindest sprachlich überkompensiert. Dienstleister bieten gehäuft seit den 90er Jahren *Family* Cards, *Family* Cars oder *Family* Packs an. ›*Family*‹ bezeichnet gleichsam die Eventversion des Familienlebens. In der Werbung sitzen *Familys* gerne in Hundertschaftenstärke an naturfarbigen Mehrgenerationentischen, futtern unverfälschte Würste und kippen einen Naturjoghurt hinterher.

FUNDSTÜCK

»Ernsting's family*: Erfrischende FrühlingsLooks & Tolle Angebote für die ganze*

Familie!« ernstings-family.de (3-2010) Die »FrühlingsLooks« sind zu beachten.

Fan

Engl. *fan*: Anhänger, Fan

SPRACHGEBRAUCH

Bereits in den frühen 50er Jahren des 20. Jahrhunderts entlehnt. Zunächst zur Titulierung für Fußballanhänger reserviert, seit den 60er Jahren flächendeckend in allen Bereichen populärer Kultur eingesetzt. Auch Senioren outen sich heute als *Fans,* zum Beispiel als *Fans* des Nordic Walking oder einer Anti-Aging-Diät.

Fan-Kulturen sind eine der bedeutendsten Organisationsformen der Gegenwartsgesellschaft, ohne die eh alles auseinanderfallen würde. Das Ärgerliche an *Fans:* Sie stoßen im realen Leben immer wieder auf andere *Fans,* die nicht das Gleiche mögen oder beklatschen. Hier wirkt das Internet deeskalierend.

FUNDSTÜCK

»Ein Fan *von Manchester United will sein Grundstück nicht verkaufen und blockiert damit den Ausbau des über hundert Millionen Euro teuren Trainingsgeländes von Stadtrivale City. Der Anhänger hat bereits ein Angebot in Millionenhöhe ausgeschlagen.«* spiegel-online.de (2-2012)

› **fanatic**

fanatic

Engl. *fanatic*: begeistert; fanatisch

SPRACHGEBRAUCH

In der Erlebnisgesellschaft muss der Mensch Akzente setzen, wenn er sich nicht verzetteln will. Das geschieht am besten, wenn er lebhafteste Neigungen für etwas entwickelt. Früher sagte man, jemand sei voller Begeisterung, noch früher, er sei enthusiasmiert. Seit den 90er Jahren und dem sich damals entfaltenden Thrill-Sports-Areal ist man als jüngerer Mensch *fanatic* oder ein *Fanatic.* Produkthersteller aus den Bereichen Mode und Sport setzen ›*fanatic*‹ im Übermaß ein.

FUNDSTÜCKE

»Seit 1987 baut Fanatic *Snowboards mit Honeycomb-Technologie. Ob Freeride oder Freestyle – alle Bretter haben einen Tip-toTail Holzkern.«* fanatic-snowboards.com (3-2010) Engl. *honeycomb* bedeutet ›Bienenwabe‹.

»Fanatic *Wave begeistert mit vielseitiger Musik von Electronic, Wave, Dance bis Pop, Hip-Hop. Die meist mystischen Texte kommen in deutsch und englisch daher.«* wwfanaticwave.ch (3-2010)

› **Fan**

Fashion; fashionable

Engl. *fashion*: Brauch; Mode; Sitte

SPRACHGESCHICHTE

Seit etwa 1300 im Englischen nachweisbar; von altfranz. *facon;* von lat. *factionem* (›Faktion; Gruppe gemeinsam Handelnder‹); von lat. *facere* (›machen‹).

SPRACHGEBRAUCH

In den 60er Jahren begann ›*Fashion*‹ in deutschen Medien mit ›Mode‹ zu konkurrieren. In der Alltagssprache gelang kein Durchbruch. Selbst in der Sprache der Mode hatte ›*Fashion*‹ immer etwas Lautes, tendenziell Unkultiviertes an sich, das sich vor allem mit der früheren Haute Couture nicht recht vertrug.

›*Fashion*‹ wird auch heute noch eifrig benutzt, aber es ist weder richtig stylish noch trendy.
Es finden sich *Fashion* Guides, *Fashion* Shops, *Fashion* Stores, die auch als *Fashion* Base (›Mode-Basis‹) dienen sollen, ferner *Fashion*-Magazine, in denen Freaks of *Fashion* über *Fashion* Trends der World of *Fashion* sich informieren.

VARIA

Engl. *fashionable* (›modisch, elegant‹) ist zweimal in den deutschen Sprachraum eingedrungen: Das Adjektiv ›fesch‹ (für ›schick, modisch, elegant‹) ist Anfang des 19. Jahrhunderts von engl. *fashionable* entlehnt worden. Verkürzung und Änderung der Schreibweise erlaubten dann eine grammatisch korrekte Steigerung (›fescher, am feschesten‹), die sich aber vorwiegend im österreichischen Raum findet und in Deutschland eher ironisch genutzt wird. Seit den 60er Jahren, parallel zur Eingemeindung von engl. *fashion,* ist die zweite Entlehnungswelle gestartet.

FUNDSTÜCKE

*»high-heels-*fashion *ist der Treff für Stöckelschuheliebhaber (high heels).«* high-heels-fashion.de (4-2006)
»Zeit, nach draußen zu gehen, Fashion-*Statements zu setzen und Farbe zu bekennen.«* einslive.de (4-2006)
»Bei der Beck's Fashion *Experience dreht sich alles um Kreativität und neue Mode. Erfolg versprechende Nachwuchstalente aus der internationalen Modeszene werden durch die Beck's* Fashion *Experience entdeckt und gefördert.«* becks-fashion.de (8-2007)

Fast-Food, Fastfood, Fast Food

Engl. *fast food*: Fastfood, Schnell-Essen, Instant-Mahl

SPRACHGEBRAUCH

Schon in den 60er Jahren erweiterte die deutsche Würstchenbude ihr Angebot um die aus Belgien importierten Pommes Frites. Aber von ›*Fast Food*‹ begann man erst in den 80er Jahren zu reden, als die US-Schnellimbisskonzerne *McDonald's* und *Burger King* gehäuft Filialen in deutschen Städten eröffneten. Die Neigungen des Deutschen zum schnellen öffentlichen Verschlingen von Nahrungsmitteln wurden durch den US-Einfluss professioneller befriedigt als zuvor durch die erlebnisarme Würstchenbude. Der Erfolg ist sprachlich wie körperlich durchgreifend wahrnehmbar.

FUNDSTÜCKE

»Fast Food *und Softdrinks machen Kinder zwar dicker, aber auch glücklicher. Das ergab eine internationale Studie.«* Rheinische Post (4-2010)
»In Tschechien staunen Fast-Food-*Freunde über Partneranzeigen auf der Verpackung von Sandwiches.«* DIE ZEIT (4-2010)

Fat

Engl. *fat*: Fett

SPRACHGEBRAUCH

Die Entfaltung des Fitness- und Gesundheitsmarktes seit den 70er Jahren hat das Skandalwort ›Fett‹ vor allem bei Produktnamen und -beschreibungen durch ›*Fat*‹ ersetzt. Anzutreffen meist in Wortzusammensetzungen wie ›Low-*Fat*‹,›*Fat*-Free‹ oder ›*Fat*-Burning‹. ›Fett‹ ist zu unappetitlich; man ist nicht fett

und man isst auch kein Fett; verquollene Unterhautvorkommnisse lässt man sich absaugen.
Ein versal geschriebenes ›FAT‹ ist ein Akronym und steht für englisch *file allocation table,* das Dateiverzeichnis eines Speichermediums.

FUNDSTÜCKE

»*Erbacher* Fat *Attack Custom Bikes & Cars.*« fatattack.ch (10-2006) Bei dem Motorrad- und Auto-Tuning-Anbieter geht es nicht um eine Attacke auf das Fett, sondern eine ›fette Attacke‹, also eine, die mit impressiver Motor-Power daherkommt.
»*Die richtige Ernährung beim* Fat *Burning Training.*« powerbar-europe.com (10-2006)
»*Gesunde fettarme Ernährung mit Low* Fett *30: Nur 30 % der Gesamtkalorieren aus Fett.*« lowfett.de (10-2006) Die Verwendung des deutschen Wortes ist nur durch das Bestreben der Differenzierung gegenüber Konkurrenzdiensten zu erklären.

Feeling

Engl. *feeling*: Atmosphäre; Einfühlungsvermögen; Empfindung, Gefühl

SPRACHGEBRAUCH

Der Jazz seit den 50er, die Popmusik seit den 60er Jahren etablierte ›*Feeling*‹ als emotionale Bewertungskategorie. *Feeling* brauchte der darbietende Musiker, damit seine Musik ein *Feeling* abstrahlt und auch das Publikum ein *Feeling* für die *Feelings* der Musik bekommen konnte. Einfühlungsvermögen, Ausdrucksvermögen, Ausstrahlung, Wahrnehmungsvermögen – wer ›*Feeling*‹ sagt, muss nicht mehr sauber unterscheiden, was das Entstehen von *Feelings* eh erschwert.
Daher die hiesige ungebrochene Karriere von ›*Feeling*‹ in einer jugendlicherlebnisorientierten Sphäre. Resultat: Nur Menschen jenseits der 55 haben in Deutschland Gefühle, alle anderen kultivieren ihre *Feelings*.

FUNDSTÜCKE

»*Vom* Feeling *her ein gutes Gefühl.*« log.handakte.de (4-2006)
»*Spa* Feeling – *Wellness in Liebenwalde.*« beauty24.de (4-2006)
»Feeling *Bacardi: Finde die coolsten Events zu RitmodeBacardi 2005 auf der neuen Flashsite von Bacardi.*« bacardi.de (4-2006)
»*CeBIT: Blackberry*-Feeling *für Symbian-Geräte und Pocket PC.*« heise.de (4-2006)
› **Enjoy; Event**

Fiber

Engl. *fiber*: Ballaststoff; Faden; Faser; Fiber

SPRACHGEBRAUCH

Moderne Werkstoffe, Bekleidung und modernisiert gesunde Ernährung sind, auch im Deutschen, nicht ohne ›*Fiber*‹ denkbar. Jacken und Schlafsäcke kommen seit den 60er Jahren mit *Fiberfill* oder *fiberfilled* daher – das heißt, sie sind mit feinsten Chemiefasern bauschig-wärmedämmend verfüllt.
Ob ›*Fiber*‹ englisch oder deutsch zu intonieren ist, entscheidet der Zusammenhang. ›*Fiber*‹, abgeleitet von lat. *fibra* (›Faser‹), ist ein lang bewährtes Fremdwort, das – wie in ›Glasfiber‹ – ganz unenglisch ausgesprochen werden darf.

(Antennen, Sportbögen, Sprungbretter und Windkraftanlagenrotorblätter sind oft aus Fiberglas.)

Ein *Fiber* Stick im Musikalienbedarf für den deutschen Popmusiker meint einen Schlagzeugstock aus Glasfiber; hier darf es englisch zugehen.

Glasfasern leiten Licht; technischer mutet es an, wenn ›*Fiber* Optic‹ geschrieben wird.

Food *Fibers* sind die bekannten Ballaststoffe in Vollkornprodukten.

Ein Castor *fiber* gehört nicht zur Verdrahtung eines Atommülltransporters; es ist schlicht der von Linnaeus 1758 vergebene lateinische Name für den europäischen, hölzerne Faserstoffe zernagenden Biber.

FUNDSTÜCKE

»Fiber *Weihnachtsbaum.«* kelkoo.de (11-2005)

»Pro Audio & Video Audiostecker Fiber *Optic Connection System.«* wienschall.com (4-2006)

»Air Fiber*: Wie neue optische Netzwerke zwischen Gebäuden entstehen.«* 3sat.de (4-2001)

Fitness

Engl. *fitness*: Fitness; Tauglichkeit; Wohlbefinden

Engl. *fit*: angemessen, passend, tauglich

SPRACHGEBRAUCH

Die 70er Jahre brachten uns ›*Fitness*‹ samt körper- und geistumfassendem Trend aus den USA nach Deutschland. Dazu gehörten *Fitness*-Center, *Fitness*-Parks, die *Fitness*-Ernährung und die -Kleidung, dazu *Fitness*-Geräte, die gerne auch ›*Fitness*-Equipment‹ genannt werden. All dies gibt es sodann in einer *Fitness*-World zu kaufen.

Da der zivilisierte, also auch deutsche Bürger zugleich immer adipöser (›fetter‹; von lat. *adipositas:* ›Fettleibigkeit‹) und immobiler, aber in anderen Milieus auch deutlich gestählter sein Leben hinter sich zu bringen pflegt, werden wir uns auf lange Sicht mit immer neuen Ausgestaltungen einer *Fitness*-Lebensweise schwitzend vergnügen können.

FUNDSTÜCKE

»Alle neuen Fitness-*Trends 2005: Mega-Trend Nordic Sports – Relaxed Running – Gravity – Fast* Fitness *– High-Tech Sport – Speedminton.«* Fit For Fun-Magazin (1-2005)

»Sie sind auf der Suche nach hochwertigem Fitness-*Equipment für zu Hause und unterwegs?«* fitforfun.msn.de (4-2006)

fixen

Engl. *to fix*: anbringen, fixieren; reparieren

SPRACHGEBRAUCH

Wenn ein Deutscher *fixt,* spritzt er sich Drogen; wenn er aber einen Fehler, zum Beispiel in einer Spielesoftware, nicht *gefixt,* also nicht dingfest gemacht hat, dann ist der Fehler eben noch drin im Spiel.

FUNDSTÜCKE

»Ich habe den Trojaner TR/Spy.Tofger. BI.2. Ich habe gelesen, daß man die Sachen ich mit HijacKThis fixen *muß. Ich weiß aber nicht, was* fixen *heißt.«* trojaner-board.de (4-2010)

»Sex und Drugs vor laufender Kamera: Es werden Samenspender gesucht, spektakuläre Sexerziehungsprogramme veranstal-

tet, oder es wird vor laufender Kamera gefixt *und geschluckt.«* heise.de (9-2005)

Flair

Engl. *flair*: Gespür; Riecher; Fingerspitzengefühl; Spürsinn (Jagd)
Franz. *flair*: Gespür; Riecher

WORTGESCHICHTE

Das englische wie das französische *flair* stammen von franz. *flairer* (›riechen‹) ab. Dahinter das lat. *fragrare* (›Duft ausströmen‹). Das Englische hat sich bei lat. *fragrare* auch direkt bedient: *fragrance* (›Duft‹) ist heute als kosmetopoetischer Anglizismus in die deutsche Werbesprache eingewandert (*a new fragrance for men:* ›ein neuer Männerduft‹).

SPRACHGEBRAUCH

Im Deutschen hat ›*Flair*‹ einen anderen Bedeutungsakzent als den von ›Gespür; Riecher‹ gewonnen. Es meint ›Atmosphäre, Stimmung, Hauch‹, also das, was man erspürt, wenn man Spürsinn (engl. & franz. *flair*) besitzt. Wenn ein Abend kein *Flair* hatte, dann war die Atmosphäre nicht perfekt. Und erfolgreiche Filmstars umgibt zumeist *»ein* Flair *von Luxus«.*

Dass einer ein *Flair* für guten Wein hat, was hier ›Spürsinn‹ oder ›feine Nase‹ bedeutet, ist seltener im Deutschen zu finden. Im gehobeneren Sprachstil von Stellenanzeigen der so genannten Qualitätszeitungen liest man dann doch noch manchmal, einer solle *»ein* Flair *für Computersimulationen haben«,* um für eine Stelle geeignet zu sein. Oder *»die Tätigkeit in der Radio-Onkologie verlange ein* Flair *für interdisziplinäres Arbeiten.«*

Im Deutschen werden ›*Flair*‹ und ›Faible‹ (franz. ›Schwäche für etwas; Neigung zu etwas‹) nicht allzu selten verwechselt. Da bekennt eine Leserbriefschreiberin, sie habe *»ein* Flair *für Tom Hanks«.* Sie meint weder Spürsinn noch Stimmung, sondern die Schwäche, sollte also ›Faible‹ nutzen. Wer ein *Flair* für etwas besitzt, entwickelt sich naturgemäß auch des Öfteren zum Liebhaber (franz. & engl. *amateur*) oder Kenner (franz. *connaisseur*), der wiederum naturgemäß in Folge des ausgeübten Spürsinns dann auch ein Faible für die so lange durchschnüffelte Sache entwickelt. Dennoch: Die beiden sollten auseinandergehalten sein.

Randbeobachtung: ›Faible‹ wird im Deutschen meist nicht mit französischem Tonfall, sondern englisch ausgesprochen. Also eher wie engl. *table* (›Tisch‹) oder engl. *cable* (›Kabel‹). Sprecher unterstellen intuitiv, wenn die Herkunftssprache nicht gesichert ist, dass sich das fremde Wort eher aus dem Englischen eingeschlichen haben muss.

FUNDSTÜCKE

»Führungen mit Flair*: eine Heidelberger Gästeführerin stellt sich, ihre Stadt und ihre Tätigkeit vor.«* hd-fuehrungen-mit-flair.de (3-2006)
»Einfamilienhaus Kleinblittersdorf: Südländisches Flair *mit Blick auf die Saarauen.«* immonet.de (3-2006)
»Das Flair *Hotel zum Storchen ist das älteste bürgerliche Fachwerkhaus in Mittelfranken.«* bookings.nl (3-2006)

› **Flavour; Fragrance**

Flashmob

Engl. *flashmob*: Flashmob, Spontandemo

SPRACHGEBRAUCH

Das Internet hat ungefähr seit der Jahrtausendwende ein neues Phänomen spaßanarchistischer Spontandemonstrationen hervorgebracht. Meist jüngere Menschen verabreden sich per Handy oder Rechner an einem möglichst bevölkerten öffentlichen Ort. Dort werden absurdistische Handlungen vollzogen, die vor allem Passanten irritieren und die rechtzeitig informierte Presse begeistern sollen. Akteure nennen sich *Flashmobber.*

Da Medien über solche Aktionen ob ihrer Gewaltfreiheit und damit unterstellten Rezipientensympathie meist ausführlich berichten, nehmen Attraktivität, Verbreitung und sprachliche Bekanntheit weiter zu.

Das Marketing von Trendunternehmen hat derartige jugendkultige Aktionen auch für sich entdeckt und spricht schon von *Flashmob*-Guerilla-Marketing.

FUNDSTÜCKE

»*Slow-Motion-Aktion und erster Eurythmie*-Flashmob *am Kölner Hauptbahnhof.*« eurythmie-flashmob.de (2-2011)

»Flashmobs *erleben in jüngster Zeit ein Revival. Doch wer sich über das Internet zu Spontanaufläufen verabredet, kann Probleme mit der Justiz bekommen.*« sueddeutsche.de (2-2010)

»Flashmobber *stören CDU-Wahlkampf in Neuss: Rüttgers und Gröhe warnen vor Rot-Rot.*« ngz-online.de (4-2010)

Flatrate; Flat Rate

Engl. *flatrate; flat rate*: Flatrate, Pauschaltarif

SPRACHGEBRAUCH

Schnelle Internetverbindungen haben große Teile der deutschen Webnutzer zu Dauersurfern werden lassen. Diese benötigen einen dauerhaften Internet-Zugang. Der heißt, allen Webbenutzern wohlbekannt, ›*Flatrate*‹. Da die *Flatrate* zum Normalfall der Internetnutzung wird, ist die Differenzierung zwischen Zeittarifen, Volumentarifen und *Flatrate* in Bälde obsolet. Menschen werden einen 24-Stunden-Access haben. Damit erledigt sich auch die *Flatrate* als Angebotsform wie als Wort. Alle Surfer sind dann *Flatratesurfer.*

Da auch das Smartphone-Telefonieren zunehmend per *Flatrate* im Kombipack mit Festnetztelefonie und Internetzugang abgewickelt wird, ist die besondere Bezeichnung auch hier in wenigen Jahren hinfällig.

Die Alternative ›Flat-Fee‹ (engl. *fee:* ›Gebühr, Preis‹) hat sich nicht durchsetzen können.

Ab 2006 wurden Telekommunikationsleistungen zunehmend als Bundle vermarktet. *Flatrate*-Bundles, also die Kombination von *Flatrates* für Telefon und Internet, werden seither ›Flatpacks‹ genannt.

2007 kam die gastronomische Rabattvariante des *Flatrate*-Saufens unter medialen Beschuss, da zunehmend deutsche Jugendliche zu Koma-Sauf-Exzessen neigen.

FUNDSTÜCKE

»*DSL* Flatrate*: Die preiswertesten DSL* Flatrate *Angebote im übersichtlichen*

DSL Flatrate *Vergleich.«* telespiegel.de (3-2006)

»Endlich gibt es die Flatrate *fürs Handy.«* base.de (3-2006)

»Eine Flatrate *muss wirklich* Flatrate *sein.«* rp-online.de (9-2012)

Flavour; Flavor

Engl. *flavour; flavor* (amerik.): Duft; Geschmack; Aroma; Würze

Engl. *flavour additive:* Geschmacksstoff, geschmacksverstärkender Zusatzstoff

SPRACHGEBRAUCH

Produkte müssen angenehme Gefühle erregen. Die Anreicherung mit Duft und – bei oral Konsumierbarem – Geschmack ist eine gängige Prozedur. Daher hat sich eine ganze *Flavour* Industry entwickelt, die dem *Flavour* Marketing die gewünschten Ingredienzien bereitstellt.

Die Unbestimmtheit von ›*Flavour*‹ – Geschmacks- und Geruchsnerven scheinen zugleich involviert – machen das Wort zu einem wirksamen Werbungsboten.

FUNDSTÜCKE

»›Tropical Flavour‹ *ist nicht mehr länger nur ein Cocktail aus Rum und Apricot Brandy – angehende Elektrotechniker der Grundig Akademie Nürnberg haben, unterstützt von der Baumüller Gruppe, einen Cockailautomaten mit selbigen Namen entwickelt.«* computer-automation.de (8-2012)

»Lime Flavour *versteht sich als vielseitiger Dienstleister für frische und komplette Internetlösungen jeglicher Art.«* lime-flavour.com (4-2006) Engl. *lime flavour* heißt ›Limettenaroma‹.

»Hotel Pension Flavour *in Soltau in der Lüneburger Heide: Wir bieten Ihnen Hotels, Pensionen, Urlaub, Kutschfahrten, Freizeit, Heide.«* hotel-flavour.de (4-2006) Hier wurden ›Flair‹ und ›*Flavour*‹ verwechselt; kann ja mal passieren ...

› **Fragrance**

Fleece

Engl. *fleece*: Flausch; Vlies

SPRACHE & TECHNIK

Heute weiß nahezu jeder Deutsche, dass *Fleece*-Bekleidung beim Kauf weich ist, aus irgendwelchen Kunstfasern besteht und nach drei Schonwaschgängen verknüddelt aussieht; und dies trotz eines Produktversprechens, das als Anti-Pilling bezeichnet wird.

In den USA wurde erstmals 1979 ein *Fleece*-Material vermarktet; seit den 80er Jahren hat *Fleece* auch die deutsche Bekleidungsszene, vor allem im Freizeit- und Outdoorbereich, unterwandert.

Der Deutsche unterscheidet oft nicht zwischen ›*Fleece*‹ und ›Flies‹, was aber nicht weiter stört, wenn er *Fleece*-Kleidung kaufen will, denn der Verkäufer versteht das Gemeinte, auch wenn er selbst den Unterschied nicht zu benennen vermag. Schreiben können es meist beide nicht richtig. Warum auch?

FUNDSTÜCKE

»Fleece *gibt es wie Sand am Meer; und so, wie es unterschiedliche Strände gibt, variieren auch die Qualitäten.«* globetrotter.de (3-2006)

*»Woll-*Fleece *Troyer: Jetzt wird's so richtig* Wollfleece-*kuschelig: Lassen Sie sich von unserem weichen und erstaunlich leichten Schurwoll-*Fleece *verwöhnen.«*

hess-natur.de (3-2006) Wollfleece ist kein echtes *Fleece,* denn es besteht aus Wolle und nicht aus Polyester; da sollte wohl Naturnähe mit High-Tech-Touch versehen werden.

› **Pilling**

Flip-Chart; Flipchart

Engl. *flip chart*: Flipchart; Tafelschreibblock; Umblätterpapierpräsentationsständer

SPRACHGEBRAUCH

Bereits um 1900 wurde in den USA die Synthese aus Tafel und Riesennotizblock erfunden. Das Flip-Chart revolutionierte damit das geschäftliche Präsentationswesen so tiefgreifend wie ähnlich wohl nur die Power-Point-Software von Microsoft. Auch heute gehört in jeden anständigen Konferenzraum ein derartiger Ständer samt buntem Filzschreiberset. Schärfster Konkurrent ist das Whiteboard, das allerdings nur mit einer Schreibfläche aufwartet, die immer wieder abgewischt werden muss.

FUNDSTÜCK

»Mittlerweile reicht es schon aus, Laien-Moderatoren stundenlang vor ein Flip-Chart *zu setzen und Telefonanrufer mit vermeintlichen Gewinnen zu locken, um einen Sender wirtschaftlich zu führen.«*
welt.de (12-2007) Aus einer Glosse vom TV-Kritiker Oliver Kalkofe.

Flip-Flop

Engl. *flip-flop*: Badelatschen; Zehensandale; Flip-Flop

SPRACHGEBRAUCH

Die Engländer verstehen unter *flip-flop* eine flache Sandale mit einem U-förmigen Band, das zwischen dem großen und dem zweiten Zeh in die Sohle eingelassen ist. In den 70er Jahren etablierte sich diese minimalistische Kleidung in italienischen Badeorten. Importiert wurde die Konstruktion aus Asien. Fast alle Kulturen mit milden Sommern kennen einen solchen Sandalen-Typus seit Jahrtausenden. Er muss als das Urmodell der Sommerfußbekleidung angesehen werden.
Seit etwa der Jahrtausendwende kennen auch mehr und mehr jüngere Deutsche den *Flip-Flop.* 1998 ließ die Deutsche Stefanie Schulze ›*Flip-Flop*‹ als Markennamen schützen. Eine von ihr entworfene Latschen-Kollektion setzte sich schnell durch. Der deutsche Markenname etablierte sich unter jüngeren Zielgruppen als Gattungsbegriff. Die Erfinderin verkaufte die Markenrechte 2003 an die Hummel GmbH. Die vermarktet *Flip-Flops* nun wiederum unter anderem in England, wo der Markenname ja bereits zuvor als Gattungsbegriff etabliert war.
Flip-Flops sind qualitativ niedrigstwertig, unbequem, unfallträchtig und überteuert. All das unterstützt ihren Erfolg unter jüngeren Zielgruppen.
Die Elektronik-Branche kennt auch einen *Flip-Flop:* das ist ein Schalter für zwei stabile, speicherbare Zustände. Aber wen kümmert das schon?

FUNDSTÜCKE

»Geplant hat sie, kalkuliert, nachgedacht und Strategien ausbaldowert – und dann war es einfach das Geräusch. Stefanie Schulze stürzt auf vom Tisch, nimmt ein Paar Schuhe vom Regal, krabbelt mit den

Fingern um den Kautschuksteg und wandert mit dieser Art Handschuh über den kleinen Tisch. ›Flip, Flop – *wissen Sie*‹, *und spricht das so langsam, dass sich das auch wirklich jeder vorstellen kann.«* sueddeutsche.de (6-2003)
*»An der Wand hängen die Ur-*Flip-Flops *in den Farben der Saison und werfen ihren Farbschatten auf die Kollektion für den Sommer 2007.«* faz.net (8-2006)

Flipper

Engl. *flipper*: Flosse; Schwimmflosse
Dt. Flipper: engl. *pin-ball machine*

FILM-TIER

In den 60er Jahren und zwischen 1995 und 2000 begeisterte die Filmfigur eines dressierten Delfins jugendliche Zuschauer auch in deutschen Landen. ›*Flipper*‹ fungiert daher ob seiner generationenübergreifenden Bekanntheit tendenziell als Stellvertreter für ›Delfin‹, ein Sprachphänomen ähnlich wie *UHU, Tesa* oder *Tempo* –, das ›Deonym‹ genannt wird.

SPIELGERÄTE

Sowohl das englische wie das deutsche Wort – eine Scheinentlehnung nur für den, der meint, dass von einem bedeutungsgleichen englischen *flipper* entlehnt wurde – bezeichnen einen charakteristischen Aspekt des in seiner körperlichen Form aussterbenden mechanisch-elektrischen Unterhaltungsgerätes.
Engl. *pin-ball machine* legt den Fokus auf die Stifte (engl. *pins*), die in den ersten *Flippern* die Stahlkugel (engl. *ball*) kaum berechenbar ablenkten. ›*Flipper*‹ akzentuiert die spielentscheidenden Steuerungswerkzeuge, welche der Spieler mit zwei Knöpfen (engl. *buttons*) bewegen kann. Diese beiden Zungen, die den unteren Auslass für die Stahlkugel mehr schlecht als recht versperren, ähneln frappierend zwei Flossen. Die Bezeichnung ›*Flipper*‹ ist daher funktional-assoziativ höchst plausibel.
Wie angedeutet: Der *Flipper* in seiner körperlich-massiven Manifestation stirbt aus. Computerspiele haben ihm den Rang abgelaufen. Die klassische Jugendkneipe mit *Flipper* und Kicker existiert nur mehr in kommerziell unterbelichteten Randlagen der eventgetriebenen Metropolen. Der *Flipper* hat aber einen Wiedergänger, eine virtuelle, digital-zombiehafte Version, die einzig aus Nullen und Einsen besteht und als einfache Spielsoftware dem *Windows*-Betriebssystem beigegeben ist. Und diese Software heißt ›pin-ball‹. Das englische *machine* hat man sich verständlicherweise erspart. Computeraffinen Jugendlichen unter 18, 20 Jahren dürfte also engl. *pin-ball* zumindest so vertraut sein wie ›*Flipper*‹.

FUNDSTÜCKE

»Damit der Flipper *richtig läuft, muss der Flash 6 Player installiert sein.«* wdr.de (4-2006)
»*Western*-Flipper *von Pepsi: Wild ist der Westen – und schwer ist die Kugel. Pepsi hat ein Wild-West-*Flipper-*Spiel geschaffen, das hübsch anzusehen ist.«* maennerseiten.de (12-2004)
»Moby Dick, Flipper *& Co.: Säugetiere des Meeres«* geoscience-online.de (3-2006)

Flirt; flirten

Engl. *flirt; flirtation*: erotische Tändelei; Flirt; Techtelmechtel

SPRACHGESCHICHTE

Im 16. Jahrhundert meinte engl. *to flirt* sowohl ›necken‹ als auch ›mit den Fingern schnalzen‹. Ein schnippischer, etwas unverschämter junger Mann konnte auch so bezeichnet sein. Shakespeare verwendete bereits ›*flirt-girl*‹ für ein Mädchen mit lockeren Annäherungssitten. Zwei andere Wörter mögen Bedeutungsfragmente zugeliefert haben: engl. *to flit* (›flitzen, umherhuschen‹, vgl. dt. ›Flitter‹) und altfranz. *fleureter* (›blumig daherreden; sich süßlich einschmeicheln‹).

SPRACHGEBRAUCH

Im Englischen heißt ›Flirt‹ *flirtation*, ›flirten‹ *to flirt*. Das deutsche ›Flirt‹ ist also eine Kurzform, die seit der frühen Nachkriegszeit und Liaisons zwischen englisch sprechenden Besatzungssoldaten und Deutschen weiblichen Geschlechts bekannt ist. Mittlerweile im übertragenen Sinne für eher leidenschaftsarme Beziehungen zwischen Unternehmen, Institutionen oder Staaten gebräuchlich geworden.

Das Wort konnte sich nur mit der Durchsetzung des Gemeinten als akzeptable Verhaltensweise verbreiten. Der *Flirt* als eher unverbindliche Kontaktaufnahme mit erotischem Anspielungshorizont ist nun aber ein Kind der Nachkriegszeit, in der die Verlotterung der Sitten zwischen gegengeschlechtlichen, später auch gleichgeschlechtlichen Personen zuvor unvorstellbare Ausmaße annahmen. Seither ist es auch, zunächst in den Medien, dann aber auch in der gesprochenen Alltagssprache omnipräsent. Sukzessive erfuhren ›*Flirt*‹ und ›*flirten*‹ eine unmäßige Bedeutungsausweitung, so dass heute auch jede das Protokoll einen Deut transzendierende Kontaktaufnahme zwischen Staatsmännern oder Großunternehmen ›*Flirt*‹ genannt werden kann.

Die *Flirt*-Probleme jüngerer westlicher Menschen haben *Flirt*-Guides, *Flirt*-Lessons und *Flirt*-Coaches entstehen lassen.

FUNDSTÜCKE

»Kennzeichen Flirt*: Du siehst jemanden im Stau oder an roten Ampeln & verlierst ihn anschließend auf Nimmerwiedersehen aus den Augen. Jetzt kannst Du sie/ihn auf unseren Seiten wiederfinden.«* kennzeichen-flirt.de (4-2006)

»Kalkulierter Flirt*: Warum Jusos und Julis offen über eine Ampelkoalition reden.«* faz.net (5-2007)

»Evolution – Ein langer Flirt *mit Affen: Die Trennung zwischen den Vorfahren des modernen Menschen und den Schimpansen liegt nicht so lange zurück wie bislang angenommen.«* focus.de (5-2006)

Folks

Engl. *folks*: Leute

SPRACHGEBRAUCH

In den 60er Jahren einer jugendlichen Protestbewegung musste eine sprachliche Alternative für ›Volk‹ gefunden werden, denn irgendwie authentische Lieder zur Gitarre durften nicht ›Volksmusik‹ genannt werden. Es boten sich engl. *folks* und *folk music* an. Woraus sich auch ›Folksänger‹ und ›Folkfestival‹ ableiten ließen. Alle haben sich bis heute erhalten.

Heute nimmt aber kein jugendlicher deutscher Cityszenenbewohner den Gruß ›*Hey, Folks*‹ in den Mund. Es tümelt hier basicdeutscher, etwa in der Wendung »Was geht ab, Alter?«.

FUNDSTÜCK

»Raubtiere: Hey, Folks, *macht mal Futter rüber!«* fotocommunity.de (4-2006)

Es handelt sich um ein Fotoforum, wo Bilder unter animierenden Titelzeilen von privaten Fotografierern eingestellt werden.

Football

Engl. *football*: Fußball

Engl. *american football*: amerikanischer Fußball, Football

US-engl. *football*: amerikanischer Fußball, Football

US-engl. *soccer*: europäischer Fußball

SPRACHGEBRAUCH

Bis in die Frühwehen der Fußballweltmeisterschaft 2006 schien in Deutschland alles klar: US-engl. *football* meint den amerikanischen Football, US-engl. *soccer* den europäischen Fußball. Die Briten sagen zwar *football,* wenn sie den europäischen Fußball meinen, aber wen scherte, was die Briten sagten, wenn die amerikanischen Begriffe saubere Unterscheidungen erlaubten.

Diese Trennung ist aufgeweicht. Der Sportartikelhersteller *Puma* hat im Januar 2006 eine internationale Kampagne lanciert, die ›*Football*‹ für das Euro-Kicken mit runder Pille etablieren will. Auf seiner Website findet sich unter der Headline *»Puma Football«: »2006 ist das Fußballjahr ... Siege in allerletzter Minute und bittere Niederlagen.«* Die Puma-Unter-Site football.com präsentiert ausschließlich Zubehör für den Euro-Fußball.

Beistand erhält *Puma* von der Website world-of-football.de, wo es um *»Fanartikel, Sport & Fashion für die Fußballszene«* geht.

Blick zurück: Bei der 1998er-WM präsentierte sich Konkurrent *Adidas* noch mit einer *Power Soccer 98*-Aktion. Da galt noch die US-Begrifflichkeit.

Auch Street Soccer (›Straßenfußball‹), eine aus den USA importierte Trendsportart für den Metropolen-Halbwüchsigen, wird im Trendjargon des deutschen Event-Marketing neuerdings ›Street *Football*‹ genannt.

Um den amerikanischen Rempelsport korrekt zu bezeichnen, ist die Nennung des vollen Namens ›American *Football*‹ spätestens nach der WM 2006 wohl unumgänglich.

FUNDSTÜCKE

»Visions of Football*: Internationale Konferenz zur Fußball WM 2006 in Deutschland.«* visions-of-football (5-2006)

»Spirit of Football*: Fußball für Erfurt zur Fußball-WM 2006 Deutschland.«* spirit-of-football.de (5-2006)

»Liebe Fußballfreunde, seit knapp einem Jahr unterstützt Euch die Friedrich-Ebert-Stiftung mit ihrer Initiative ›Fans for Football‹ *nun dabei, eigene Ideen zur Fußball-WM abseits des offiziellen Rahmenprogramms in die Tat umzusetzen.«* fansforfootball.org (5-2006)

Foul; foulen

Engl. *foul*: faul; schlecht; verdorben; das Foul

SPRACHGESCHICHTE

Der Ursprung liegt wohl in den Lauten, die Mitglieder unterschiedlichster Sprachgemeinschaften ausstoßen, wenn ihnen etwas Widerliches unter Auge oder Nase gerät: ›puu‹ oder ›fuu‹. Daraus entsteht im Lateinischen *putere* (›stinken‹), in Sanskrit *puyati* (›verfault, stinkend‹), im Gotischen *füls,* im Protogermanischen *fulaz. Foul play* findet sich im Englischen bereits seit 1440, damals kontrastierend zu *fæger,* das später zu *fair* wurde.

SPRACHGEBRAUCH

›Foul‹, ›foulen‹, ›Foulspiel‹ – alle setzen sich bei uns erst nach dem 2. Weltkrieg zunächst in den Medien, sodann im alltäglichen Sprachgebrauch durch. Hilfreich war sicher die lautliche Nähe des Imports zu dt. ›faul‹.

Es findet sich die Schreibweise ›Faulspiel‹. Unkenntnis, Angleichung an deutsche Orthographiestandards? Unkenntnis ist sicher dominierend.

›Foul‹ hat mittlerweile ein immenses metaphorisches Potenzial: Auch wenn es jenseits des Sports rüde oder unfair zugeht, darf das Wort – wie auch andere Termini des Fußballjargons – eingesetzt werden.

FUNDSTÜCKE

»Durch ein unglückliches Foulspiel *im Strafraum kamen die Egger in der 11. Minute per Elfmeter zu der bis dahin unverdienten Führung.«* sv-amendingen-fussball.de (4-2006)

»Foul *in Dänemark: Hexenjagd der Gutmenschen: Wie der Filmemacher und Radiokommentator Jørgen Leth ins Abseits geriet.«* welt.de (4-2006)

Four-Wheel-Drive; 4WD

Engl. *four wheel drive*: Allradantrieb; Vierradantrieb

Engl. *4WD*: Abkürzung für engl. *four wheel drive*

SPRACHGEBRAUCH

Seit den 70er Jahren (und dem *Subaru Leone 4WD Station Wagon*) gibt es Allradfahrzeuge für den Massenmarkt, die das Etikett ›*4WD*‹ im Namen integriert haben.

Ihnen haftete in der Frühzeit aus der Sicht von Edelkarossenfahrern der Ruch des Protzig-Prolligen an. Das änderte sich in den 80er Jahren mit zunehmend luxuriösen Fahrzeugen auch von US-Herstellern.

Das Auto mit Allradantrieb ist in der aktuellen Mutationsvariante des SUV (Sports Utility Vehicle) zum multioptionalen Einsatzfahrzeug mutiert. Dieses muss schlammtauglich, daher allradgetrieben sein, hochgelegt, designerisch aufgerüstet, luxuriös, teuer und fußgängerunfreundlich frontstabilisiert sein. Alle heimischen Interessenten solcher PKW – eine stark wachsende Gruppe – wissen, was ›*4WD*‹ bedeutet.

Die sprachliche Nutzung von ›*4WD*‹ ist aber stark im Abnehmen begriffen; Werbung und Medien sprechen lieber von SUVs, die den Protzhabitus ihrer Oberklassefahrer hinter getönten Scheiben verbergen.

In der deutschen Automodellbauszene mit ihren ferngesteuerten Allradvehikeln ist die Bezeichnung noch höchst lebendig.

FUNDSTÜCKE

»Frontantrieb oder Four-Wheel-Drive *sind wählbar, man kann die Entscheidung aber auch einer automatischen Einstellung überlassen.«* lycos.de (5-2006)

*»Nach einer gründlichen Werksbesichtigung der typeunabhängigen Montagebänder für die C-Klasse (*Four-Wheel-Drive) *von Mercedes und für den Saab-Convertible fand eine hochkarätig besetzte Podiumsdiskussion statt.«* dhk.at (4-2006) Es handelt sich um einen Text der Vertretung der Deutschen Handelskammer in Österreich.

› SUV

Fragrance

Engl. *fragrance*: Duft, Wohlgeruch
Franz. *fragrance*: Duft, Wohlgeruch

SPRACHGESCHICHTE

Wie engl. *fragrant* (›duftend; wohl riechend‹) abgeleitet von lat. *fragrare* (›Duft ausströmen; riechen‹).

SPRACHGEBRAUCH

Im Jargon der Kosmetikindustrie hat ›*Fragrance*‹ das aus dem Französischen übernommene ›Parfum‹ nahezu ersetzt. Wiewohl auch das Französische *fragrance* kennt, muss es englisch getönt ausgesprochen werden; die Beiwörter signalisieren das zumeist.

Man könnte es einem Trend zur Spiritualisierung zuordnen: ›Parfum‹ meinte noch die Duft absondernde Flüssigkeit selbst, während ›*Fragrance*‹ sich auf die Wirkung eben jener Flüssigkeit zurückzieht. Was da genau duftet, schert wenig. Es duftet halt. Und muss vor allem duftgemäß verpackt sein. Daher auch die übergroßen Investitionen in Package Design (›Verpackungsgestaltung‹) und Flacon-Formgebung (franz. *flacon:* ›Fläschchen‹).

FUNDSTÜCKE

›*Energizing* Fragrance *Body Cream*‹ nennt der japanische Kosmetik-Konzern *Shiseido* eines seiner Produkte (2007). Weitere heißen *Pureness* (›Reinheit‹), *Vital Perfection, Skincare* (›Hautpflege‹), *Benefiance* (eine Neuschöpfung der Japaner; Teil einer Art Marketing-Esperanto) oder *Bio Performance* (je nach Geschmack mit ›Lebenserfüllung‹ oder ›Vitalkapazität‹ zu übersetzen). Die Japaner haben in den 60er Jahren zu verstehen begonnen, dass Produktnamen englisch zu klingen haben, wenn sie auf dem Weltmarkt reüssieren sollen.

»Die Fragrance *Foundation Deutschland eV verleiht jährlich den Deutschen Parfumpreis – DUFTSTARS.«* fragrancefoundation.de (5-2007)

› **Flair; Flavour**

Freak

Engl. *freak*: Fan; Freak; Missgeburt; Sonderling

SPRACHGESCHICHTE

Wahrscheinlich ist engl. *freak* über das altenglische *frec* (›gierig‹) mit dem deutschen ›frech‹ verwandt.

SPRACHGEBRAUCH

In den 60er Jahren wanderte engl. *freak* mit der Subkultur-Underground-Bewegung ins Deutsche. Hier verlor es die Konnotation ›missgebildetes Monster‹; gemeint war meist ein ehedem erwachsenenfernes Verhalten, eine auffällige

Differenz zum Normalbürger mit begeistertem Grundton.
Seit den 80er Jahren konnte jeder beliebige, leicht überdurchschnittlich begeisterte Fan auch ›*Freak*‹ genannt werden. Und ab etwa 1995 durfte der jugendliche Computerkenner zum Computer-*Freak* mutieren.
Die globale Diskussion um klimakatastrophische Extremphänomene bescherte interessierten Medienkonsumenten seit etwa 2000 die ›*Freak*-Wave‹, gleichsam eine größenwahnsinnig durchgeknallte Welle, die sich bis zu 30 Meter auftürmen kann.
Abgeleitet sind ›*freakig*‹, ›*abfreaken*‹ samt Partizipialform ›*abgefreakt*‹ (was meist positiv im Sinne von ›abgefahren‹ genutzt wird).

FUNDSTÜCKE

»*nutella*-freak. *Alter: 32. Wohnort: Quierschied. Körpergröße: 174 cm. Körperbau: normal. Augenfarbe: braun.*« community.sol.de (5-2006)
»*Die Seite für den Audi*-Freak.« audifreak.de (5-2006)
»*Vom* Freak *zum Rockstar: Das Mockumentary ›Brothers of the Head‹ eröffnet die Reihe ›Panorama‹.*« zdf.de (2-2006)
›Mockumentary‹ meint einen fiktionalen Film, der sich als Dokumentation tarnt.
› Fan; Geek; Nerd

Freebie

Engl. *freebie*: Kurzform für *free of charge bonus item*: Kostenlose Zugabe, Werbegeschenk

SPRACHGEBRAUCH

Kostenlose Zugaben, die an Produkten kleben, sind ein gängiges Mittel, um Menschen zum Kauf einer Ware zu locken, die für sich allein nicht attraktiv genug erscheint. Ehedem nannte man dies ›Zugabe‹; ein deutsches ›Rabatt- und Zugabengesetz‹ regelt Entsprechendes. Das Zugabenmarketing spricht aber seit den 90er Jahren zunehmend von ›*Freebies*‹, was sich viel netter als ›Zugabe‹ anhört. (Und auch griffiger als die ältere englische Bezeichnung *promotional gift*.)
Da Produkte immer auswechselbarer werden, werden auch in Zukunft Zugaben locken, die ›*Freebies*‹ heißen werden, was durchschnittliche Konsumenten nicht zu wissen brauchen, um darauf hereinzufallen.

FUNDSTÜCKE

»*Grandioses* Freebie *für Häkelfans, schaut schnell rein und sichert Euch die Vorlage.*« bastelundhobbykiste.de (5-2006)
»Freebie *Notes bietet ihnen kleine gelbe Notizzettel, die sich auf den Desktop heften lassen.*« software.net (4-2006)
»*Mit Coffein* Freebie *zeigen wir, was man mit Leidenschaft und Liebe zum Produkt erreichen kann.*« mercateo.com (4-2006)
Es geht um den koffeinfreien Kaffee eines deutschen Rösters, der sich *Coffee Nation* (Claim: *»A class of its own«*) nennt, aber nicht weiß, was *freebie* im Englischen bedeutet)
› Goodies

Fuck; fucking

Engl. *fuck*: Scheiße
Engl. *to fuck* (vulg.): bumsen, ficken, Sex machen

SPRACHGEBRAUCH

Das global wohl meistgebrauchte Schimpfwort im Sprachgebrauch ju-

gendlicher Szenen westlich orientierter Gesellschaften. Seit den 70er Jahren auch im deutschen mündlichen Sprachgebrauch weit verbreitet.
Abgeleitet sind ›*abfucken*‹ samt häufig zu findendem Partizip ›*abgefuckt*‹. Seltener findet sich ›*anfucken*‹ für ›blöd anmachen‹.

FUNDSTÜCK

»*Hollywood* Fuck, fuck, fuck – *So sind Filmstars* wirklich.« welt.de (3-2007)

Fun; funny

Engl. *fun*: Freude, Fun, Spaß
Engl. *funny*: funny, spaßig

SPRACHGEBRAUCH

Die Spaßgesellschaft will *Fun* und nutzt ›*Fun*‹ vehement seit den 70er Jahren, als noch gar nicht deutlich war, dass es schon damals eine Spaßgesellschaft gab, wiewohl es denkerisch Ambitionierten schon seit den 40er Jahren hätte deutlich sein können (siehe Fundstück).
Das Adjektiv *funny* ist weniger erfolgreich, dennoch maximal verständlich.
Die Zusammensetzungen sind kaum auflistbar: Es finden sich *Fun*-Parks, *Fun*-Pics, *Fun*-Videos, ganze *Fun*-Portale, *Fun*-Punk, gar *Fun*-Generatoren für den Do-it-yourself-*Funner* (!).

FUNDSTÜCKE

»Fun *ist ein Stahlbad. Die Vergnügungsindustrie verordnet es unablässig.*« Horkheimer/Adorno: Dialektik der Aufklärung, New York (1944)
»Funner *Mit der neuen* Funner *Wiesn Edition App findest Du deine Freunde und jedes Bierzelt auf dem Münchner Oktoberfest.*« de-de.facebook.com (1-2011)
»*Unsere* funny-*frisch Produkte werden mit viel Liebe und langjähriger Erfahrung hergestellt und stehen für vollen, einzigartigen Geschmack.*« knabbershop.de (1-2011)

› **Funsports**

Functional Clothes

Engl. *functional clothes*: funktionale Kleidung, Funktionsbekleidung

SPRACHGEBRAUCH

Ehedem hatte Kleidung einen Gebrauchswert und einen modischen Wert. Seit den 90er Jahren haben Kleidungsstücke mindestens eine Funktion, wenn nicht mehrere Funktionen. Das heißt: Sie können oder machen etwas, während sie getragen werden.
Beispiel: die Funktionsjacke.
Solche Jacken atmen, verhindern Auskühlung, aber auch den Schweißstau, weisen Wind und Wetter ab, sind aus Micropolyester oder Fleece oder beidem oder haben Mesh-Einsätze oder Multi-Level-Membranen, dazu eine »flatlock construction«, oder ähnlich: »extraflache Flatlook-Nähte«.
Engl. *flat* heißt flach; selbst wenn man's weiß, weiß man's ja im Kontext oft nicht; und zwischen engl. *lock* (verschließen) und engl. *look* (aussehen) unterscheiden selbst die Anbieter nicht sauber; vergessen wir's also.
Manches Funktionsstück hat eine Antipilling-Ausrüstung, Reflecting Pads oder Reflecting Stripes oder Reflecting-Paspeln (reaktivierte, altertümliche Bezeichnung für Nahtbesätze; das ist wahrhaft postmodern), verschweißte Nähte, halten 2000 mm Wassersäule aus (halte ich das aus?), eine Dampf-

durchlässigkeit von 5500 g/qm in 24 h, besitzen RV-Taschen (Reißverschluss?), ein Zip-in-Inlet und heißen ›Deep Freece‹ oder ›Tatonka SoftShell Blackburn‹. Funktionsjacken haben die gleiche sozialästhetische Funktion wie All-Terrain-Multipurpose-Vehicles (das sind Autos, mit denen man alles machen könnte, wenn man alles machen wollte; was aber keiner macht).
Funktionsjacken sind Teil einer Adventure-always-be-prepared-Safety-Equipment-Welt. Menschen, die in dieser Welt leben, fühlen sich gut, wenn sie sich allzeit auf jedes Abenteuer einlassen könnten. Zehn Prozent dieser Menschen lassen sich auf Abenteuer ein, 90 Prozent haben lieber ihre Ruhe und machen einen Waldspaziergang in ihrer neuen Funktionsjacke, deren Marketingname ihnen ziemlich schnuppe ist.

FUNDSTÜCKE

»grosses angebot an exklusiven sportartikeln (boards, streetware und functional clothes*). reparatur und kontrolle von material, sowie professionelle beratung.«* jdsport.com (5-2006)
»Wenn wir bisher vermehrt über functional food berichtet haben, können wir jetzt immer mehr Beispiele für functional clothes *präsentieren.«* best-practice-business.de (5-2007)

› **Fleece**

Funsports; Fun-Sports

Engl. *funsport*: Spaßsport, Funsport

SPRACHGEBRAUCH

Dass Sport nicht nur der disziplinierten und disziplinierenden Körperertüchtigung dienen kann, lernten die Deutschen nachhaltig seit den 70er Jahren, mit einem Durchbruch in den 80ern, als Aerobic-Videos mit dem US-Filmstar Jane Fonda hier zu Bestsellern wurden. Ehemalige Sportarten mutieren seither konsequent zu *Funsport,* weil mit dieser Rekontextualisierung (oder Reshaping) mehr Menschen zu mehr Käufen von *Funsports*-Equipment gebracht werden können. Tendenziell führt dies zu einem Verschwinden von Sport im Privaten. Sprachlich bekennt man sich durch die Verwendung von *›Funsport‹* zum Lager diffus (rest)jugendlicher Menschen.

FUNDSTÜCKE

»Der Rainbow Funsports *Osnabrück eV ist ein eingetragener Verein. Schwule, Lesben und andere sind willkommen.«* r-f-o.de (5-2010)
»Im Kapitel ›Kicks und Funsports‹ *finden ältere Semester noch die ihnen bekannte ›Big Wave‹, die Surfer schon früher in aller Welt gesucht haben.«* Der Spiegel (5-2000)
»JetSki ATV und Spyder bei WT FunSports *in Köln – Sea Doo Sportboote, Beratung, Zubehör und Werkstatt.«* wtfunsports.de (5-2010)

funtastic

Engl. *funtastic*: funtastic

SPRACHGEBRAUCH

Das Kofferwort aus engl. *fun* (›Spaß‹) und engl. *fantastic* (›fantastisch‹) wurde wohl zu Beginn des Spaßjahrzehnts, der 80er Jahre, in den USA erfunden. Im Wörtchen koppeln sich Erheiterung mit animierender Erlebnislust in konsumanregendster Weise. Über die Spaßsportszene (Funsports) und deren Produktmarketing gelangte es schnell nach Deutschland. Heute dürfen sich Kosmetikstudios, Feuerwerksverkäufer, Radiosender und Fitnessstudios mit dem ›*Funtastic*‹-Etikett behängen, ohne dass einer einen Schwindel beim behaupteten Leistungsversprechen unterstellte. Selbst wer als Jugendszene-Ignorant einen Schreibfehler vermutet, versteht zumindest grob, was gemeint ist. Da aber engl. *fun* bereits als rundum eingemeindetes Wort gelten darf, ist das nur beim Seniorenlager zu befürchten.

FUNDSTÜCKE

»Funtastic *Kosmetik: Wir freuen uns über Ihren Besuch in unserem virtuellen Kosmetik-Studio in Frankfurt am Main und wünschen Ihnen einen angenehmen Aufenthalt auf unserer Website.*« funtastic-frankfurt.de (5-2010)

»Funtastic *Fireworks: Individuelle Profi-Feuerwerke für alle Anlässe: Wir beraten Sie gern!*« funtastic-fireworks.de (5-2010) Auch engl. *fireworks* (›Feuerwerk‹) hat das Potenzial zum weiter verbreiteten Anglizismus.

G

Game; Gamer; Gaming

Engl. *game*: Spiel; Wildfleisch
Engl. *gamer*: Spieler; Computerspieler
Engl. *gaming*: Kurzform von engl. *game playing;* Computerspielszene; Computerspielen

SPRACHGEBRAUCH

Es war, wie so oft, der Computer. Seit der graphikbegabt und bespielbar ist, gibt es *Games* zu kaufen. Spiele, die nicht am Computer zu spielen sind, heißen überwiegend immer noch ›Spiel‹. Der Deutsche sollte also unterscheiden können zwischen beiden Spielwelten. Dazu braucht er zwei Wörter. Beide gehören zu den meistgebrauchten des deutschen Wortschatzes. *Game* Over (›Spiel beendet‹).

Dass sich ›*Game*‹ mit Hunderten anderer englischstämmiger wie urdeutscher Wörter hat paaren können, muss kaum erläutert werden. Das Ergebnis der erfolgreichsten Paarung heißt ›*Game* Boy‹, der seit 1989 die nervösen Finger von männlichen Kindern beschäftigt.

TV-Gucker können seit etwa 1990 *Game*-Shows genießen, die aber nicht computerisierter daherkommen als frühere Spiele-Shows.

Der Computerspiele treibende Mensch ist seit Ende der 90er Jahre ein *Gamer.* Er betreibt *Gaming* und gehört damit der *Gaming*-Szene an.

Retrogaming oder *Retro-Gaming* erfreut sich an echten alten oder neu aufgelegten alten Computerspielen mit liebenswert miserabler Auflösung und armseligen, aber animierenden Graphikeffekten.

Die Verbform ›*gamen*‹ ist Standard, die Sonderform ›*gamifizieren*‹ seltener.

FUNDSTÜCKE

»Sie zeigen, wie Spieler mit dem richtigen Gameplay *ihre Wirklichkeit und ihren Alltag* ›gamifizieren‹ *könnten, ohne dabei ihr wirkliches Leben aus den Augen zu verlieren.«* GEE-Magazin (1-2011)

»Das Praktikum Game *Playing wird auch wieder im Wintersemester 2005/2006 veranstaltet.«* www7.informatik.tu-muenchen.de (5-2006)

»Sportliche Fairness gegen Homophobie. Am kommenden Samstag finden in Berlin die ersten ›Respect Gaymes‹ *vom Lesben- und Schwulenverband statt.«* taz.de (8-2006) Bemerkenswert das Kunstwort ›*Gaymes*‹ aus engl. *gay* (›schwul‹) und engl. *games* (›Spiele‹).

› **Joystick; Pad**

Geek

Engl. *geek*: Computerfreak; Freak; Streber

SPRACHGEBRAUCH

Unter *Geeks* und Nerds ist bekannt, was *Geeks* und Nerds sind. Für Unbedarfte hier die wichtigsten Insignien des Klischee-Geek: XXL-Brille, Hosenträger,

weiße Billighemden, wg. verwahrloster Ernährungssitten entweder untergewichtig-asthenisch oder schwer adipös, aus gleichem Grund leicht verpickelt bis grindig-schrundig, uneitel, daher den ästhetischen Anforderungen durchschnittlicher Jugendszenen nicht entsprechend.
Immerhin soll sich der *Geek,* im Unterschied zum Nerd, durch notorisches Quatschen auszeichnen.
Journalisten, die sich als intime Kenner der Computerszene ausweisen wollen, nutzen gerne das Wörtchen.
Unter *Geeks* gibt es Alpha *Geeks.* In Analogiebildung zu ›Alphatier‹ ist die begabteste und fähigste Person in einem *Geek*-Circle gemeint.
Das deutsche ›Geck‹ für einen Menschen, der Auffällig-Unsinniges treibt, ist sprachlich verwandt.

FUNDSTÜCKE

»Geek-*Designerin macht IT zur Mode: Diana Eng macht Mode für Technikverliebte ...«* silicon.de (1-2006)
»Sicherlich stünde die halbe Welt bis in unsere Tage ratlos vor der jeweils neuesten Rechnergeneration, wäre nicht gleichzeitig mit dem Nerd sein redegewandtes Pendant auf die Bühne getreten: der Geek. *Ungleich wortgewaltiger als die verpickelte Konkurrenz machte der coole* Geek *sich daran, die Welt zu erklären, und zwar in verständlichen Worten.«* geeksworld.de (2-2000; Website abgeschaltet)
»Zwei Trends zeichnen sich aus seiner Sicht zwischen Mainstream und Geek-*Kultur ab: ›Das Konzept des* Geek *löst sich auf. Die, die früher gehänselt wurden, sind teilweise reich geworden und können es sich leisten, zu kaufen und zu verkaufen. Dann gibt es eine Art Retro*-Geek-*Chic. Du bist nicht mehr zwangsläufig sozial unfähig, sondern hipp.‹«* spiegel.de (11-2005)
› **Nerd**

Gender

Engl. *gender*: Genus; Geschlechterrolle, soziales Geschlecht
Engl. *gender studies*: Geschlechterrollen-Studien
Engl. *gender mainstreaming*: durchgängige Geschlechterrollen-Gleichstellung oder Geschlechterrollen-Verhauptstromung oder Geschlechterrollen-Integrierungsgeneralisierung

SPRACHGEBRAUCH

Die Frauenbewegung entdeckte, dass das deutsche Wörtchen ›Geschlecht‹ diskursmäßig unterentwickelt ist, da nicht klar ist, ob das biologische Geschlecht oder die Geschlechterrolle gemeint ist. Wiewohl man in Theorie & Wissenschaft eben ›biologisches Geschlecht‹ und ›Geschlechterrolle‹ sagen könnte und auch sagte, respektive schrieb. Da aber die *Gender Studies* (›Studien zum sozialen Geschlecht‹) seit den 70er Jahren in den USA boomten, wurde das Paar *sex* und *gender* in die deutschen Feminismus-Dispute übernommen.
Sprachlich sehr gewöhnungsbedürftig das Derivat ›*Gender Mainstreaming*‹, das 1995 auf einer UN-Weltfrauenkonferenz geprägt wurde und mittlerweile in die Berichterstattung der Publikumsmedien gesickert ist. Selbst das Bundesministerium für Familie, Senioren, Frauen und Jugend musste daher eine Website zum Thema einrichten: gender-main-

streaming.net – Tribut an Political-Correctness-Forderungen.
Hier findet sich eine überwältigend klare Definition: »Gender Mainstreaming *bedeutet, bei allen gesellschaftlichen Vorhaben die unterschiedlichen Lebenssituationen und Interessen von Frauen und Männern von vornherein und regelmäßig zu berücksichtigen, da es keine geschlechtsneutrale Wirklichkeit gibt.«* Später wird deutlich: Es geht um umfassende ›Geschlechtergerechtigkeit‹, die selbst im Natur- und Umweltschutz nicht aus dem Blick zu verlieren sei. Sprachlich wegen seiner Maximalunschärfe interessant ein Absatz der Projektbeschreibung: *»Im Rahmen eines* Gender Mainstreaming *Prozesses haben die Verbandsmitglieder des DNR gemeinsam Ansätze und Möglichkeiten erarbeitet, um* Genderaspekte *in die tägliche Arbeit zu integrieren. Zentrales Anliegen des Projektes war der Anstoß und die Begleitung von Aktivitäten und Modellprojekten im Verband und darüber hinaus, in denen es darum ging,* Genderaspekte *und ihren Zusammenhang mit Umweltthemen sichtbar zu machen.«* Da selbst die, die sich um *Gender Mainstreaming* kümmern, nicht genau wissen, was es ist, müssen sich die Bekümmerer allererst darum bekümmern, das zu umkümmernde Phänomen sichtbar zu machen.
Unterm geschlechtsneutralen Strich: ›*Gender*‹ samt Ableitungen und Komposita gedeiht seit Mitte der 90er Jahre im Biotop demokratie-bürokratisch gestützter Sozialbewegungen samt Theorieszenenanhängseln.

FUNDSTÜCKE

»Verbindlich wird die Gender Mainstreaming-*Politik für Unternehmen etwa bei EU-Forschungsprogrammen: Wer Geld will, muss künftig* gendern.« sueddeutsche.de (8-2005) Ein Verb *to gender* existiert im Englischen nicht; die Neuprägung ist aber sinnig, weil von ironischer Prägnanz.
»Die Diskussion zeigt, dass Gender *ein feministischer Begriff ist.«* gender.de (5-2006)
»Seit 2001 wurden an der TFH Berlin fünf Gender/*Innovationsprofessuren besetzt.«* tfh-berlin.de (5-2006) Es geht um Fächer wie Wirtschaftsrecht, Mathematik, Medizinphysik, die alle unter *Gender*-Blickwinkel gelehrt werden.
»Es sind einfach nur Steuerberater, Buchhalter, Sozialhelfer, Genderstreamer, *Controller oder komplett nutzlose Journalisten.«* zeit.de (11-2010)

Gentleman

Engl. *gentle*: sanft; vornehm
Engl. *gentleman*: Ehrenmann, Gentleman, Herr, Kavalier

SPRACHGEBRAUCH

Bereits an der Wende zum 19. Jahrhunderts im gehobenen Zeitungsdeutsch nachweisbar. Das mitschwingende Weichbild des Kavaliers englischer Schule gestattet die freundlich-ironische Charakterisierung des gesellschaftlich angemessenen Verhaltens von Männern, dessen deutsche Bezeichnungen schon länger unter Kitschverdacht stehen.
Der amerikanische Film recycelt den *Gentleman* samt zeitgeistigen Upgrades. So stehen der ältere Sean Connery,

Pierce Brosnan und vor allem George Clooney für behutsam modernisierte Versionen des in breiten Frauenmilieus begehrten Gentlemans.
Die Adjektivform ›*gentlemanlike*‹ ist kaum mehr anzutreffen.

FUNDSTÜCKE

»*Mercedes Concept Shooting Break – der Kombiknüller: (...) Das Wort Shooting bezieht sich darum auch auf den Jagdsport. Der* Gentleman *am Steuer sollte in seinem sportlichen Automobil genügend Platz für seine Flinten haben. Der Begriff Brake bzw. Break stammt aus Frankreich, wo man Kombis so bezeichnet.*« ftd.de (4-2010)
»*Die Gespräche nahmen an dieser Stelle einen sonderbar gespenstischen Ton an. Ein* Gentleman *sagte: ›Reichen Sie mir Ihre Knochen, Miss Blank. Ich trage sie für Sie.*‹« spiegel.de (4-2010) Es handelt sich um den Bericht über eine Bildungsreise.

Geocaching

Engl. *geocaching*: Kunstwort aus engl. *geo-* (Geo-) und engl. *cache* (geheimes Lager; Zwischenspeicher beim Computer)
Engl. *geocacher*: Geocache-Spieler

SPRACHGEBRAUCH

Geocaching lässt sich am besten als eine Art moderner Schnitzeljagd beschreiben. Kurz gefasst: Es gibt Leute, die verstecken irgendwo Dosen voller kleiner netter Dinge sowie ein Logbuch. Und veröffentlichen das Versteck in Form von Koordinaten im Internet.
Dies lesen andere, merken sich die Koordinaten und nutzen ein GPS (General Positioning System)-Gerät, um die Schätze zu finden. Dann wird eine Kleinigkeit aus dem Inhalt ausgetauscht, der Besuch geloggt und die Dose wieder an derselben Stelle versteckt – für den nächsten Geocacher.
Die HighTech-Schnitzeljagd begann in Deutschland Ende 2001 aufzublühen. Gut 2000 Caches sind zur Jahreswende 2005/2006 auf gesamtdeutschem Boden versteckt.
Nur Insider kennen und nutzen die Wörter. Eine weitere Verbreitung ist nicht zu erwarten.
Informationen über die deutsche Geocache-Szene: geocaching.de
Sites zum Loggen und Anmelden von Caches: geocaching.com / navicache.com

Gimmick

Engl. *gimmick*: Beigabe; Gag, originelle Idee, Spielerei, Trick

GESCHICHTE

Einer der ersten *Gimmicks* dürfte der Glückskeks (engl. *fortune cookie*) sein, jene harte, handliche Billigbackware, in deren Inneren sich ein volkstümlich formulierter Orakelzettel mit optimistischem Tenor findet. Er wurde 1918 von David Jung, einem in die USA emigrierten Chinesen und Gründer von *Hong Kong Noodle Co.* erfunden, der seinen Lieferungen Kekse mit eingebackenen aufmunternden Botschaften beigab (engl. *promotional gimmicks*). Auch heute noch in vielen deutschen China-Restaurants zum abschließenden trübsüßlichen Pflaumenschnaps üblich.
Im globalen Produktmarketing setzte sich ›*Gimmick*‹ in der Bedeutung ›kleine Beigabe‹ durch. Eine solche soll den Verkauf eines Produktes werblich unterstützen (› **Promotion**).

Ins Deutsche hat sich ›*Gimmick*‹ als Übernahme von engl. *gimmick* in den 70er Jahren eingeschlichen.
Die *Yps Super* Comics setzten den Begriff auf ihren in Deutschland vertriebenen Kindermagazinen seit 1977 ein.
Heute wuchert die Beigabenkultur besonders bei Zeitschriften. CDs, DVDs (früher Videokassetten), Beiheften, Kleinspielzeuge, Schreibgeräte, Schminkzeug – all dies und mehr wird Magazinen beigelegt oder aufgeklebt, um größeren Kaufanreiz zu bieten. Inflationäre Wucherung wird bis zur Übersättigung des Konsumenten getrieben.
Seit 2004 bei Film-DVDs massiv durchgesetzt, eine *Gimmick*-Kultur, die bereits den normalen DVD-Kaufmarkt durch Produktentwertung bedroht.

SPRACHGEBRAUCH

Zwei Formen des Wortgebrauchs sind zu unterscheiden: der *Gimmick* als separate Beigabe zu einem Produkt und der *Gimmick* als Zusatzfunktion eines größeren technischen Gerätes (Auto, Unterhaltungselektronik). Beide Formen sind ironisch bis abwertend gemeint.
Sowohl im Englischen wie im Deutschen sind die Bedeutungen von ›*Gimmick*‹ und Gadget nicht sauber zu trennen. Ein Gadget, also ein unnützes Gerät, kann problemlos als *Gimmick,* also als Beigabe, eingesetzt werden.
Engl. *gimmick* als Bezeichnung für die Charakterrolle, die ein US-Wrestler aus Imagegründen im Ring zu übernehmen pflegt, hat sich im Deutschen mangels Bekanntheit des Show-Sports nicht durchgesetzt.

FUNDSTÜCKE

»Yps mit Gimmick. *Yps mit* Gimmick. *Yps mit* Gimmick. *Weitersagen.«* yps.de (7-2006)
»Gadget- und Gimmick-*Check.«* Rubrik bei focus.msn.de (7-2006)
»Das Konzept des Überraschungseis besteht (laut Firmenwerbung) aus ›Spannung, Spiel und Schokolade‹. Im Inneren des Eies befinden sich in einer Plastikverpackung als Gimmick *Figuren oder Spielzeug zum Zusammenbauen.«* medport.de (7-2006) In Deutschland besteht die Verpackung des Ü-Eis aus einer zweischichtigen Schokoladenhülle mit innenliegender *Gimmick*-Kapsel.
› **Freebie; Giveaways; Goodies**

Giveaways; Give Aways

Kunstwort aus engl. *to give* (geben, abgeben) und engl. *away* (weg, fort)

SPRACHGEBRAUCH

Gemeint sind Werbegeschenke, die Gäste einer vom Werbenden gesponserten Veranstaltung oder potenzielle Käufer von Promotern (verkaufsanimierenden Verteilern) erhalten. *Giveaways* können Testpackungen sein (Zigaretten, Kosmetik) oder Gimmicks, die Sympathie mit dem Unternehmen erzeugen sollen.
In der hiesigen Sprache des Marketing und der Werbung seit den 90er Jahren durchgesetzt. Im allgemeinen Sprachgebrauch selten zu finden.

FUNDSTÜCK

»Im Sortiment des Museums-Shops finden Sie eine Vielzahl von Give Aways *in unterschiedlichen Preislagen für die Gäste Ihrer Veranstaltung. Wählen Sie aus museumsspezifischen Dingen oder allgemeinen*

Souvenir-Artikeln.« Werbung des Niedersächsischen Landesmuseums Hannover (8-2005) Die Orthographie ist authentisch).

› **Freebie; Gimmick; Goodies**

Glamour

Engl. *glamour*: Glanz; Zauber; Glamour

SPRACHGESCHICHTE

Engl. *glamour* ist für 1720 nachgewiesen; von schottisch *gramarye* (›Magie; Verzauberung; Zauberspruch‹); von engl. *grammar* mit der mittelalterlichen Bedeutung von ›Gelehrsamkeit, besonders in den okkulten Wissenschaften‹. Von hier geht es zurück zu lat. *grammatica* und griech. *grammatike tekhne* (›Text-/Sprach-Gelehrsamkeit‹).

Im 19. Jahrhundert setzt sich im Englischen die Bedeutung ›zauberhafte Schönheit; verführerischer Charme‹ durch. Die Kurzform *glam* datiert von 1936.

Ins Deutsche dringt *glamour* Ende der 50er Jahre; die gehobeneren Zeitungen, mit global-kultureller Perspektive, bedienen sich als Erste: *»Genau auf der Mitte des zerknautschten Charmes eines Belmondo und des makellosen* Glamour *eines Delon liegt Jean-Claude Brialy.« Welt am Sonntag,* 20.01.1963 (zit. nach Angl.-Wörterb., Bd. 2, S.574)

SPRACHGEBRAUCH

›*Glamour*‹ gehört zum Wortschatz der gebildeteren deutschen Milieus; in *Glamour* verbinden sich sexuelle Attraktivität, Schönheit und Reichtum. Passend das deutsche Frauenmagazin *Glamour,* ein Ableger des erfolgreichen US-Magazins gleichen Namens, produziert vom französischen Luxusmedien-Verlag *Condé Nast.*

Die Verwendungshäufigkeit von ›*Glamour*‹ ist an die medialen Zyklen des Herausbeschwörens und Niedermachens von Luxuskonsum gekoppelt. Darf dem Luxus gefrönt werden, ist auch *Glamour* nicht tabuisiert.

In Zeiten von Broken Hartz (durch das Hartz-IV-Programm der Bundesregierung gebrochene Herzen von Langzeitarbeitslosen) hat *Glamour* keine Konjunktur und kann bestenfalls in trotzig verteidigten Nischen überleben. Der Niedergang der Haute Couture gehört zum gleichen Symptomkreis. Dennoch wird in glanzarmen Zeiten immer wieder *Glamour* als Essential (oder Essenz, oder Kernbestand) postmoderner Existenz heraufbeschworen – man könnte es smarten Low-Cost-*Glamour* nennen, der sich eher am Dandy der vorletzten Jahrhundertwende orientiert.

FUNDSTÜCKE

»Glamour *einer Unscheinbaren.«* Headline eines Artikels aus *DIE ZEIT* (2-2005)

»Ohne Glanz und Glamour. *Prostitution und Frauenhandel im Zeitalter der Globalisierung.«* Ausstellungswerbetext der Kunsthalle Tübingen (3-2005)

»›*Ich fand mich nie attraktiv oder außergewöhnlich. Dank* GLAMOUR *ist mir klar geworden, dass jede Frau den Luxus verdient, an ihre eigene Schönheit zu glauben*‹, *schreibt Angnieszka.«* (3-2005); aus einem werblichen Text des Verlages *Gruner & Jahr,* der seit Frühjahr 2003 eine Ausgabe des Magazins *Glamour* für den polnischen Leserinnenmarkt produziert.

Goodies

Engl. *goodies*: Bonbons, Leckereien; Nettigkeiten; Zugaben

SPRACHGEBRAUCH

Das Zugaben- und Rabattierungsmarketing hat sich allerlei Anglizismen einverleibt. So auch ›*Goodies*‹. Außerhalb der Szene, in der über die Wirksamkeit von *Goodies* nachgedacht wird, ist das Wort in der Bedeutung kaum verbreitet. Die Modebranche setzt ›*Goodies*‹ aber auch in der Accessoire- und Accessoire-Behältnis-Werbung ein. Es geht um Taschen, von denen Frauen nie genug haben können. Die sind manchmal *Goodies* (wenn sie offensichtlich überflüssig sind) oder empfehlen sich als Aufbewahrungsort für *Goodies*. Wir wussten schon, dass sich in Damentaschen eh nichts Wichtiges befindet ...

FUNDSTÜCKE

»Neben vielen reizvollen Menschen im Alter von 16 bis 28, findet man allerlei Features und Goodies.« sexy-sensation.de (12-2007)

»Was steckt in den Goodie-*Bags?«* spiegel.de (1-2012)

› **Freebie; Gimmicks**

Googlenglish

Kunstwort aus dem Suchmaschinen-Markennamen *Google* und engl. *english* (›englisch‹)

SPRACHGEBRAUCH

Gemeint sind Übersetzungen aus dem Englischen ins Deutsche oder umgekehrt, durchgeführt von der automatischen Übersetzungs-Software der Suchmaschine *Google*. Unterhaltsame Bedeutungsverzerrungen entstehen, wenn man eine Seite mehrere Male vom Deutschen ins Englische und wieder zurück übersetzen lässt. Es entsteht ein Sprachrauschen analog zum visuellen Rauschen beim wiederholten Kopieren einer Kopie mittels eines klassischen, analog arbeitenden Kopiergerätes.
Um von englischen Texten eine Rohübersetzung zu erhalten, ist der Service akzeptabel. Keinesfalls ratsam sind Übersetzungen vom Deutschen ins Englische; Übersetzungsfehler sind meist nicht mehr durch Feinschliff zu beseitigen. Verheerende Wirkung hat die automatisierte Übersetzung von Produktbeschreibungen und Gebrauchsanweisungen. Hier werden ähnliche Wirkungen erzielt wie bei den legendären Übersetzungen in Taiwan verfertigter Produktbeschreibungen aus den 70er und 80er Jahren.

FUNDSTÜCK

Computerbauer *Hewlett Packard* bot Ende 2005 einen *HP iPAQ h5550 Rugged Case* an. Dies ist eine stabile Hülle für Taschencomputer. Die mit hoher Sicherheit automatisiert übersetzte Produktbeschreibung eines österreichischen Versandhändlers:

»Das Rugged Fall schützt Ihren Pocket PC in den Tropfen bis vier Fuß. Es muß mit einem Style Pack, Cover Pack, CF Card Expansion Pack, PC Card Expansion Pack, CF Card Expansion Pack Plus oder der PC Card Expansion Pack Plus verwendet werden. Ein freies, hartes Plastikfenster auf der Außenseite schützt die iPAQ Anzeige, während ein Schirmschutz auf dem Innere Gebrauch des Note Schirmes und der Tasten erlaubt, alle beim Beibehalten

des Wasser- und Staubwiderstandes. Das Rugged Fall kommt auch mit einem Riemenclip auf der Rückseite des Arguments für erhöhte Mobilität.«
Enttarnt wird die Übersetzung durch ›Rugged Fall‹. Das Zubehörteil heißt im Englischen *rugged case*. Und *case* wird hier schlicht mit ›Fall‹ statt mit ›Gehäuse‹ übersetzt. »In den Tropfen« basiert auf der gleichen kontextfreien Übersetzungsmanier: engl. *drop* heißt sowohl ›Tropfen‹ als auch ›Fall‹.
Für eigene Experimente: http://google.com/language_tools

Gothic

Engl. *gothic*: barbarisch; erschreckend; gotisch

SPRACHGEBRAUCH

Der durchschnittlich gebildete Deutsche denkt bei *gothic* an Kathedralen, der literarisch bewanderte an die *Gothic* Novel, den englischen Schauerroman des 19. Jahrhunderts. Durch Popkultur sozialisierte Menschen zwischen 15 und 40 Jahren assoziieren einen auf Musik basierenden Lifestyle, der sich durch seine Nähe zu Mittelalter, Mythen, Schwarze Messen, irgendwie Dunkles (engl. *darkness*) auszeichnet.
Letztgenannter Kontext dominiert die Mediensprache. *Gothic* ist als Lebensstil-Ambiente nicht von Nachwuchssorgen gepeinigt. Immer wieder, seit etwa 20 Jahren, favorisieren manche Heranwachsende die Mixtur aus schwarzer Kleidung, mystisch verbrämtem Schmuck, Computerspielen und dramatisiertem Post-Punk-Rock. Das Wort wird daher auf längere Sicht präsent bleiben.

FUNDSTÜCKE

»Das Fantasy-Rollenspiel Gothic *versetzt sie als Zwangsarbeiter in eine Mine, wo Sie das notwendige Eisenerz für einen Krieg der Menschen gegen die Orkhorden aus dem Norden abbauen müssen.«* amazon.de (7-2006)
»XtraX Undergroundfashion – Online Shop for Gothic, *Fetish, Wave, Dark Metal and Cyber Rock Fashion.«* x-tra-x.de (7-2006)

Greenhorn

Engl. *greenhorn*: Greenhorn, Grünschnabel, unerfahrener Neuling

SPRACHGEBRAUCH

Als Karl May noch nicht durch Joanne Rowlings als Pflichtlektüre für Kinder verdrängt worden war, wusste jeder 10-Jährige, was ein *Greenhorn* war. Wir zitieren den Meister: *»Ein* Greenhorn *spricht entweder gar kein oder ein sehr reines und geziertes Englisch; ihm ist das Yankee-Englisch oder gar das Hinterwäldler-Idiom ein Greuel; es will ihm nicht in den Kopf und noch viel weniger über die Zunge.«* (aus: Karl May, Winnetou I).
Nun möchte man meinen, ›*Greenhorn*‹ wäre ein aussterbender Anglizismus. Weit gefehlt: Er ist nicht trendy, aber immer noch breitesten Sprecherkreisen, auch über die ältere Karl-May-Generation hinaus, geläufig.

FUNDSTÜCKE

»Trotz seiner jugendlichen 31 Jahre ist der hagere Mann mit dem dünnen Schnauzbart kein Greenhorn *in geschäftlichen Dingen.«* ftd.de (1-2010)
*»Skepsis und Sorge hat der Start von Grand-Prix-*Greenhorn *Jaime Alguersuari*

auf dem Hungaroring bei etlichen Formel-1-Fahrern ausgelöst.« focus.de (7-2009)

Grip

Engl. *grip*: Griff

SPRACHGEBRAUCH

Setzen Reifen durch ihr Profil dem Durchdrehen Widerstand entgegen, haben sie *Grip*. So begann es mit dem *Grip* im Deutschen. Heute kann aber alles, was einen Griff hat, auch einen *Grip* haben.

FUNDSTÜCKE

»Der Intuos3 Grip *Pen ist mit einem taillierten gummierten Griff ausgestattet.«* wacom-europe.com (4-2006)
*»Einhand-Schnellzwinge Quick-*Grip.« conrad.de (4-2006)
»Faber-Castell Druckbleistift Grip *Plus.«* faber-castell.de (4-2006)
»Adidas Handball Magnetic Grip.« adidas.com (4-2006)
»Nike Torwarthandschuhe Tiempo Grip.« nike.com (4-2006) Hier muss gewusst werden, dass Nike 2006 eine durch den brasilianischen Fußballer Ronaldinho imagegestützte Sportserie namens *Tiempo Natural* vermarktete; das soll also brasilianisches Portugiesisch sein und meint übersetzt ›natürliche Zeit‹, was besser nicht verstanden werden sollte, um die Vermarktung nicht zu stören.

Guide

Engl. *guide*: Führer; Handbuch; Richtwert; Wegweiser

SPRACHGESCHICHTE

Das Englische hat sich beim französischen *guide* bedient. Altfranz. *guider* hieß ›führen, leiten‹. Schwer nachvollziehbar – aber die Evolution von Wort, Lautverschiebungen und Bedeutung geht wundersame Wege – ist die Rückführung auf eine protogermanische Wurzel *-wit* (›weisen‹). Und dahinter verbirgt sich die noch ältere protoindoeuropäische Form *weid* (›sehen‹). Von dort aus kam es unter anderem zu ›Weisheit‹, ›Witz‹, auf Umwegen über das Lateinische auch zu ›Vision‹.

SPRACHGEBRAUCH

Bereits in den 20er Jahren hieß ein Reiseführer manchmal ›Guide‹; damals musste das Wort vom gebildeten Touristen aber französisch ausgesprochen sein. Gestützt wurde dies auch durch die Allgegenwart der *Guide*-Michelin-Reiseführer. Seit den 60er Jahren dringen anglophone *Guides* ins Deutsche. Die globalisierte Gesellschaft ist die orientierungsarme Gesellschaft und wird in Folge die Führer- und Ratgeber-Gesellschaft. Da ›Führer‹ immer noch unangenehme Konnotationen anhaften, hatte es ›*Guide*‹ umso leichter.
Da alle Objekt- und Erlebnisbereiche so unübersichtlich sind, dass es expliziter Führung bedarf, gibt es heute keinen Bereich, in dem sich keine *Guides* als begleitende Problemlöser anpreisen. Noch das provinziellste Städtchen offeriert im Rahmen seines City-Marketing einen City-*Guide* zur Optimierung des touristischen Service-Profils.

FUNDSTÜCKCHEN

Archäologie-*Guide,* Bike-*Guide,* City-*Guide,* Freeware-*Guide,* Freizeitpark-*Guide,* Inliner-*Guide,* Jesus-*Guide,* Relax-*Guide,* Ruhr-*Guide,* Tattoo-*Guide,* TV-*Guide*

H

Hair Repair

Engl. *hair repair*: Haarreparatur

SPRACHGEBRAUCH

Der Werbejargon der Kosmetikszene nutzt Anglizismen als verbale Glorienscheine. Bei ›Haarreparatur‹ denkt die deutsche Kundin an ölverschmierte Finger, bei ›*Hair Repair*‹ an zaubergleiche Aufhübschung.

FUNDSTÜCK

»*Unabhängige Produktinformationen durch Strichcodes über Gliss Kur* Hair Repair.« codecheck.info (5-2010)

Hair Store; Hairstore; Hair-Store

Engl. *hair store*: (wörtl.) Haargeschäft
Engl. *hairdresser; barber*: Friseur

SPRACHGEBRAUCH

Ein Internationalismus, der seit den 90er Jahren an Präsenz gewinnt. Zunächst nutzten nur Anbieter von Friseurzubehör den Ausdruck; jetzt finden sich in deutschen Großstädten trendbewusste Friseure, die übernommen haben. Da Perücken nur den geringsten Teil des Umsatzes ausmachen, ist der durchaus verständliche Begriff semantisch irreführend.
Es sollte eher ›Hairservice‹ heißen, und auch das findet sich kulturgemäß bereits. Die Bezeichnung signalisiert auch kultivierte Distanz zum Normalfriseur, der seit Jahren mit Dumpingpreisen um schwindende Kundschaft wirbt.
Einen Scheinanglizismus haben wir nicht vor uns. Englische Wörterbücher verzeichnen *hair store* zwar nicht. In der britischen und amerikanischen Großstadtkultur ist *hair store* aber angekommen.

FUNDSTÜCK

»Hairstore-*Friseur in Fürstenfeldbruck: Wir sind Ihr Ansprechpartner für Schönheit rund ums Haar. Auf Grund unseres Qualitätsanspruches sind wir kein ›Billig-Friseur‹.*« hairstore.de (1-2011)

handeln

Engl. *handle*: handhaben, umgehen (mit)

SPRACHGEBRAUCH

Auf Paketen waren irgendwann in den 80ern Banderolen mit der Losung ›Handle with care‹ (›Mit Sorgfalt behandeln‹) zu entdecken. Kurze Zeit später konnte nicht nur Verpacktes, sondern auch Problembehaftetes aller Art *gehandelt* oder *gehandlet* werden. Es geht dabei nicht um kaufmännischen Umgang (was eher dealen wäre), sondern um den händisch gestützten Umgang.
Im Businessjargon verschwindet der Unterschied tendenziell: Was umsichtig *gehandelt* zu sein hat, muss vielleicht auch sorgfältig gehandelt, also im- oder exportiert werden.
Die adjektivische Ableitung ›*handlebar*‹ zeigt deutlicher den sprachlichen Ur-

sprung, verwirrt den englischsprachig Aufgewachsenen aber vollends, denn engl. *handlebar* heißt ›Lenker‹ oder ›Lenkstange‹, was wiederum in trendigen Radfahrerprospekten zu finden ist.

FUNDSTÜCKE

»Leicht zu handeln *und genügsam mit Deckelöffnungshilfe und Low-Frost-System.«* Aus einer Kühltruhenwerbung von Electrolux. (5-2010)

»TurfMaster Eco 2-Wheel Golf Trolley: Der gesamte Trolley ist sehr leicht zu handlen; *durch seine Noppenräder ist der Trolley auf jedem Gelände gut gesichert.«* amazon.de (5-2010)

› **Handling**

Handling

Engl. *handling*: Bedienung; Handhabung; Verarbeitung

SPRACHGEBRAUCH

Seit den 70er Jahren für die Handhabung von technischen Gerätschaften im Besitz des Normalkonsumenten üblich geworden. Vor allem bei der Beurteilung von Fahrzeugen und elektronischen Geräten aller Art durch konsumentenberatende Berichterstattung in Medien aller Art durchgesetzt.

FUNDSTÜCKE

»Informationen über das Junior Handling *und den Dackel sowie Buchtipps, Abkürzungen, Zitate und Forum.«* junior-handling.net (8-2006) ›Junior Handling‹ bezeichnet den Umgang mit Junghunden zwecks Schulung.

»Änderungen zum Einweg- und Dosenpfand – Erleichtertes Handling *zu steigenden Preisen?«* infobroker.de (8-2006)

»Der Geschäftsbereich Handling *hat sich auf Lösungen für das Heben, Bewegen und Positionieren spezialisiert.«* sitec-handling.com (8-2006)

› **handeln**

Handy

Handy: Im Deutschen Bezeichnung für ein tragbares Telefon, das in Funknetze eingebunden ist.

Englische Bezeichnungen:
cell phone (US), *cellular phone* (US), *cell* (US), *cellie/celly* (US), *mobile phone* (UK), *mobile* (UK), *portable, hand phone* (Korea, Indonesien)

SPRACH- & TECHNIKGESCHICHTE

Die altbackene Anekdote, dass der Engländer und der Amerikaner nicht wissen, was ein *Handy* ist, weil der Deutsche ›*Handy*‹ als Bezeichnung erfunden hat, grassiert immer noch unter schlecht informierten Sprachkritikern. Holen wir besserwisserisch aus:

1. Im Englischen heißt *handy* immerhin ›tragbar, griffig, handlich‹. Die deutschen Namensgeber hätten also, falls sie erfunden hätten, semantisch nicht danebengegriffen, sondern eine für jeden englischsprachigen Menschen verständliche und herausragende Eigenschaft des Gerätes betont.

2. Schon Techniklegende sind Geräte der US-Firma *Motorola*, die für militärische Zwecke seit 1943 ein Walkie-Talkie (Rucksackfunkgerät) und ein *Handie-*Talkie (Handsprechfunkgerät) im Angebot hatten. (In US-Kriegsfilmen über den 2. Weltkrieg als Requisit unübersehbar.)

3. Als Abkürzung für engl. *hand held receiver* (›in der Hand zu haltendes Empfangsgerät‹) machte *handy* (kurz & prak-

tisch) schon während der 70er Jahre in England Karriere.
4. Handfunkgeräte hießen in den USA immer schon *hand helds* und wurden immer wieder mal im Volksmund *handy* genannt.
5. Der japanische *Sony*-Konzern brachte 1985 eine kompakte Videokamera namens *Handycam* auf den Markt. Es war halt eine sehr handliche Kamera, was deutsch- wie englischsprachige Konsumenten unmittelbar verstanden.
6. Die ersten US-Cellular-Phones wurden auch *handphones* oder *handyphones* genannt.
Und 1986 endlich bedienten sich die Deutschen des naheliegenden Ausdrucks in der Werbung für tragbare Funkgeräte (die aber noch nicht an ein zellulares Funknetz angeschlossen waren).
In der Frühzeit des Telefonierens mittels Funkzellen (zellulär) konkurrierten als Namen Talkman, Pocky, Portable. Und auch bereits *Handy* (bei Geräten von Bosch und Hagenuk).
›*Handy*‹ mendelte sich aber sehr schnell als griffigste Bezeichnung heraus.
Mittlerweile ist ›*Handy*‹ in den USA angekommen. Das in Trendangelegenheiten zumeist gut unterrichtete Magazin *Wired* führte bereits im September 2000 in seiner Slangkolumne Jargon Watch auf: »Handy*: Slang for cell phone. Short for handheld.*«
Umgekehrt: Die Trendkataloge der deutschen Versandhäuser setzen engl. *mobile* und engl. *phone* neben Handy durch. Verkauft werden: »*mobile holder:* Handyhalter *mit Klettverschluss« und »phone case: Handyhalter mit Klettverschluss«.*

Das *Handy* musste bisher vom schnurlosen Telefon (engl. *cordless phone*) unterschieden werden, denn das fungierte nur als Erweiterung einer Festnetzanlage. Mittlerweile werden hybride Geräte angeboten, die sich im Bereich des Festnetzes als schnurloses Telefon, andernorts als *Handy* nutzen lassen.
› **Smartphone**

Handymania; Handymaniacs

Deutsches Kunstwort aus dt. *Handy* + lat./griech. *mania* (krankhafte Leidenschaft, Raserei, Wahnsinn)
Engl. *handymaniac*: leidenschaftlicher Heimwerker
Engl. *handyman*: Alleskönner; Heimwerker

SPRACHGEBRAUCH

Ironisch gemeinte Wortbildungen, mit denen in deutschsprachigen Medien leidenschaftliche Handynutzer und deren ›Erkrankung‹ tituliert werden. Ausschließlich in deutscher Mediensprache und Werbung zu finden.
Im Englischen bezeichnet *handyman* einen Heimwerker; *handymaniacs* sind Menschen, die daraus ihren Lebenssinn bestreiten und sich daher auch in Clubs organisieren, die gerne ›*handymaniac*‹ im Namen tragen.

FUNDSTÜCKE

»Handymaniacs *mit Cold Turkey sitzen am Waldrand, malen mit dem Filzstift Tasten auf Kiefernborkenstücke und reden mit sich selbst.«* cybergolf.de (10-2005) Engl. *cold turkey* (wörtl. ›kalter Truthahn‹) bezeichnet den desolaten Zustand eines Menschen, der unter Entzugserscheinungen leidet.

»Die Vario Com stellt sich auf das jeweilige Handy ein. Das einzige was noch ausgetauscht werden muß ist der Handyhalter. Die ideale Lösung für Handymaniacs.« autohifi.de (10-2005)

Hangover

Engl. *hangover*: Kater, Filmriss

SPRACHGEBRAUCH

Junge Geschäftsleute in deutschen Metropolen begannen in den 80er Jahren, ›Kater‹ durch ›*Hangover*‹ zu ersetzen. Nach den 80ern verschwand diese Sitte wieder nahezu. Seit der Jahrtausendwende kaum mehr angesagt, woran auch eine durchaus unterhaltsame gleichnamige US-Filmkomödie von 2009 nicht viel ändern konnte. Journalisten schrecken aber nicht vor der Nutzung zurück, vor allem bei Artikeln über Hannover.

FUNDSTÜCKE

»Hangover *in Hannover?«* mairockt.de (5-2010)

»Hannover ist nominell eine Großstadt mit 520 000 Einwohnern – und doch ein Kaff, das gerne auch mal zu Hangover *verballhornt wird.«* Der Tagesspiegel (6-2010)

Happiness

Engl. *happiness*: Freude, Glück, Happiness

SPRACHGEBRAUCH

In der Spaßgesellschaft sind Angebote gesicherten Glückserlebens besonders wertvoll und nachgefragt. Daher resultiert ein Übermaß an Diensten und Produkten mit *Happiness*-Einbindung seit den 80er Jahren (Spaßjahrzehnt). Seither als Trend nicht abgeklungen.

FUNDSTÜCKE

»›Das Glücksprojekt‹ von Alexandra Reinwarth ist eine extrem fluffige Variante für den Happinesskosmos.« spiegel.de (11-2010) Es handelt sich um eine Lesermeinung. Dt. ›fluffig‹ kann in der Jugendsprache je nach Kontext einen weiten Bedeutungsraum zwischen ›leicht‹, ›luftig‹, ›locker‹, ›niedlich‹ und ›substanzlos‹ einnehmen.

»Happiness *als Wirtschaftsfaktor: Die Frage steht im Raum, ob glücklich sein – genannt* Happiness *– und langfristige Lebenszufriedenheit des Individuums die Gesellschaft und das Wirtschaftsleben mehr beeinflussen als vermutet.«* csr-nes.net (8-2010)

Harmony

Engl. *harmony*: Eintracht, Harmonie, Zusammenklang

SPRACHGEBRAUCH & FUNDSTÜCKE

Die Welt soll konfliktarm sein. Klappt das in der Wirtschaft nicht, müssen wenigstens unsere Produkte freundlichere Suggestionen abstrahlen. Das geschieht durch den massiven Einsatz von ›*Harmony*‹.

Es finden sich der *Tefal Raclette-Grill Harmony, Harmony Hotels,* die Fernbedienung *Harmony 525 Remote Control,* das *Philips Fotohandy Harmony Silver* und mit der *Miglia Harmony Express* eine »vollfunktionierende Soundkarte« (expansys.de; 2-2006) Gar nicht lustig fänden die Anbieter wohl die Frage nach einer halbfunktionierenden Soundkarte. Fazit: Harmonie ist in deutschen Landen ein Produktversprechen, das seit den

90er Jahren in Englisch abgegeben werden muss, wenn es sich mit hinreichend Consumer-Credibility aufladen soll.

Hattrick

Engl. *hat trick*: Hattrick

SPRACHGEBRAUCH

Einen *Hattrick* schafft ein Fußballspieler, der in einer Halbzeit drei Tore hintereinander schießt, ohne dass zwischendurch von einem anderen Spieler ein Tor geschossen wird. Seit den 60er Jahren als Übernahme von engl. *hat trick* aus dem Kricketspiel, wo ein Werfer, der drei Schlagmänner in Folge austrickst, einen Hut geschenkt bekommt. Fußballfans wissen, was gemeint ist, kennen aber die tiefere Bedeutung nicht. Mittlerweile auch in der allgemeinen Sportberichterstattung gebräuchlich, wenn ein Wettkämpfer oder eine Mannschaft innerhalb kurzer Zeit drei Siege oder Medaillen einheimst.

FUNDSTÜCK

*»Steffens Lebensgefährte Paul Biedermann wiederholte bei den Deutschen Meisterschaften seinen Titel-*Hattrick *aus dem Vorjahr. Der 23-Jährige siegte am Sonntag über 200 Meter Freistil in der Weltjahresbestzeit von 1:45,84 Minuten. Bereits am Samstag hatte Biedermann 100 und 400 Meter Freistil triumphiert.«* spiegel.de (7-2010)

Headquarter

Engl. *headquarter*: Hauptquartier, Kommandozentrale

SPRACHGEBRAUCH

Vielleicht ist es nur so, dass ›Hauptquartier‹ sich deutsch-militaristisch anhört, und ›*Headquarter*‹ eine globale Friedenseinsatztruppe assoziieren lässt. Richtig ist sicher, dass die Globalisierung von immer mehr Organisationen und Unternehmen eine quasi-militärische Organisationsform verlangt und deshalb allerorten *Headquarter* aus dem profitabel erscheinenden Boden gestampft werden. Richtig aber ist auch, dass deutsche Journalisten eine Extremneigung zeigen, wenn es darum geht, italienische, chinesische oder türkische Führungseinheiten als ›*Headquarter*‹ zu titulieren.

FUNDSTÜCKE

»Das Bauwerk, das künftig zum Headquarter *des chinesischen Staatsfernsehens China Central Television (CCTV) gehört, zählt zu den kühnsten und gewagtesten Konstruktionen der Gegenwart.«* Stern (1-2008)

»Es gibt genau zwei Wege, mit einem neu erworbenen Unternehmen umzugehen. Entweder wirtschaftet es weiter vor sich hin, tritt die Erträge an den neuen Mehrheitseigner ab und schwirrt als ›Satellit‹ um das Headquarter *herum, oder es wird vollständig integriert.«* Manager Magazin (3-2009)

Headset

Engl. *head set; headset*: Kopfhörer (optional mit Mikrofon), Sprechgarnitur Headset; Lenkkopf (beim Fahrrad)

SPRACHGEBRAUCH

Das Deutsche kennt das Wort ›Freisprechanlage‹. ›*Headset*‹ hat den Konkurrenten 2005 etwa 3:1 geschlagen. Das deutsche Wort wird sich bald auf Texte mit ordnungsamtlichem Tenor zurückgezogen haben.

TECHNIKGESCHICHTE

Erfunden wurde das *Headset* für die handvermittelten Fernsprechnetze, bei denen noch Leitungen gesteckt werden mussten. Damit die Fräulein vom Amt beide Hände zum Stecken frei hatten, trugen sie – in Deutschland teils bis in die 50er Jahre – Kopfhörer mit angesetzten Mikrofonen.

Von dort aus eroberten die Freisprechgeräte in den 60er Jahren Sekretariate von Unternehmen. Die ›entfesselte‹ Sekretärin konnte produktiver arbeiten und nebenbei Dysfunktionen der Halswirbelsäule vorbeugen.

Headsets heißen ›*Headsets*‹ seit den 90er Jahren. *Headsets* im deutschen Sprachgebrauch sind heute sehr leichte Kombigeräte aus Ohrhörer oder Kopfhörer und Mini-Mikrofon (oft zum Anstecken an die Kleidung), die freihändiges Mobiltelefonieren gestatten.

Menschen mit grauer oder schwarzer Kleidung im öffentlichen Raum, die scheinbar mit sich selbst reden, sind diesbezüglich meist nicht verhaltensgestört; sie telefonieren nur per *Headset*. Radfahrer, Jogger und Motorradfahrer gehören ebenfalls zur Kernzielgruppe der Produktanbieter.

Headsets sind heute zu unterscheiden von Freisprechanlagen (engl. *handsfree speaking systems*), die in Autos eingebaut werden, um die seit 1. Februar 2001 in Deutschland fälligen Bußgelder zu vermeiden, die bei einer Handy-am-Ohr-Situation erhoben werden.

FUNDSTÜCKE

»Wenn man ihn dann sieht, wie er im schwarzen Poloshirt oben auf der hölzernen Galerie in seiner DJ-Kanzel steht, das Headset *in einem weichen, fast faltenlosen Gesicht, kann man kaum glauben, dass diese Stimme zu diesem Menschen gehört.«* zeit.de (11-2006)

»Üblicherweise liefert Apple sein Touchscreen-Handy nur mit einem kabelgebundenen Headset *aus.«* rp-online.de (12-2008)

»Der weiße Gummi-Pin, der vorne rausragt und einem Knopf am ähnlichsten sieht, ist ein angeblich hochempfindlicher Sensor, der dem Headset *ermöglichen soll, zwischen Sprache und Umgebungslärm zu unterscheiden.« DIE ZEIT* (10-2009)

Headwear

Engl. *headwear*: Kopfbedeckung, Kopfbekleidung

SPRACHGEBRAUCH

Postmoderner Sammelbegriff für Kopfbedeckungen aller Art, vorzugsweise seit der unaufhaltsamen Karriere des Wortbestandteils *-wear* (›tragen‹) in allen Verbindungen (*Footwear, Eyewear*). Findet sich vor allem im Bereich der Trendsportarten (Fahrradhelme, Multifunktionskopftücher).

FUNDSTÜCKE

Aus deutschsprachigen Produktbeschreibungen des Jahres 2010:

»Multifunktions-Tissue Kids Headwear« (also ein vielfältig einsetzbares Tuch, das Kinder sich um den Kopf binden können)

»Headwear *Equipment für Adventure Traveller«* (also Kopfbedeckungen, die zur Ausrüstung eines Abenteuerreisenden gehören)

Helpline

Engl. *helpline*: Notruf; Sorgentelefon; Kundenbetreuung

SPRACHGEBRAUCH

Die Schwerbeherrschbarkeit technischer Gerätschaften zwingt den Benutzer immer wieder, nach Hilfe Ausschau zu halten. Sie wird ihm meist in Form von Telefonberatung offeriert. Das nennt sich ›*Helpline*‹ oder ›Hotline‹. Das Gemeinsame: Sie sind meist nicht erreichbar. Ausweg bieten Websites, auf denen bereits eingegangene Hilferufe und Antworten auf dieselben gesammelt werden. Auch solche Websites, die Kundenkommunikation nur suggerieren, nennen sich zunehmend ›*Helpline*‹. Da es mit der Not der User kein Ende nehmen wird, ist gleiches Schicksal dem Wortgebrauch vorauszusagen.

FUNDSTÜCKE

»WinHelpline.*info – Die ultimative Hilfeseite fuer Windows Vista, Windows 2000 und Windows XP ....«* winhelpline.info (8-2006)

»*Mit unserer* helpline *Kollektion bauen wir einen Brunnen!«* elkline.de (8-2006) Es sollte ›Helpline-Kollektion‹ geschrieben sein.

»*White Shephard* Helpline*: Weiße Schäferhunde suchen ein neues Zuhause.«* white-shephard-helpline.de (8-2006)

› **Hotline**

Hike; Hiking

Engl. *to hike*: wandern
Engl *hiking*: Wandern

SPRACHGEBRAUCH

Auch so urdeutsch-konventionelle Freizeitbeschäftigungen wie das Wandern sind im Zuge der Erlebnisprofessionalisierung der letzten zwei Jahrzehnte des 20. Jahrhunderts sprachlich durchamerikanisiert. So gibt es *Hiking*-Shoes, immerhin auch noch *Hiking*-Schuhe, *Hiking*-Reisen, -Urlaube, -Trips, -Events, -Touren, -Weekends. Wanderwege mutieren zu *Hiking*-Trails, Schnellwanderer sind Speed-*Hiker*.

FUNDSTÜCKE

»*Der Weg ist das Ziel –* Hiking *in Lappland. Mit Wissenswertem zum Kungsleden und Lappland.«* kungsleden.de (8-2010)

»*Bergmönch –* Hiking *uphill – Wheeling downhill: Bergwärts wird er getragen wie ein Rucksack – talwärts mutiert er zum spaßigen Downhill-Gefährt fürs Grobe.«* bergmoench.com (8-2010) Es handelt sich um ein Klappfahrrad, das zusammengelegt als Rucksack getragen werden kann.

»*Smart* Hiking-*Boots, Damen – Robuster und trotzdem sehr leichter* Hiking-*Stiefel für Outdoor-Einsätze und Reisen.«* stihl.de (8-2010)

Hobby

Engl. *hobby*: Liebhaberei, Steckenpferd, Hobby

SPRACHGESCHICHTE

Im ›Steckenpferd‹ ist der Ursprung noch erkennbar: ein Kinderspielzeugpferd, *hobby horse* genannt. Um 1300 ist *hoby* oder *hobby* die Bezeichnung für ›kleines Pony‹. Um 1550 für ein Spielzeugholzpferd. Engl. *hobby* für ›Baumfalke‹ hat wahrscheinlich auch Einfluss genommen: Englische Ladys pflegten die Freizeitjagd per Baumfalke.

SPRACHGEBRAUCH

Gleich nach dem Krieg wird Freizeit zum Thema und Freizeitbeschäftigungen wandeln sich zum *Hobby.* Heute eher altbacken wirkend, da ohne Trendaufladung; steht eher für Basteln, Aquaristik, Handarbeit und pingeliges Sammeln, das bevorzugt im *Hobby*-Keller betrieben wird. Moderne Menschen haben keine *Hobbys,* sie genießen Thrill oder langweilen sich.

FUNDSTÜCKE

»Für Hobby-*Heimwerker: Bauprojekte am PC planen.«* pcfreunde.de (10-2006)

»Da z.Zt. die Modell-Eisenbahn, Spur Z, mein bevorzugtes Hobby *ist, wird diese auch hier ein besonderes Thema sein.«* ferromel.de (11-2006)

Homeguard; Home Guard

Engl. *home guard*: Hauswächter; Volkssturmmann

SPRACHGEBRAUCH

Zunächst waren es die Alarmanlagen und Kammerjäger, die in Deutschland in den 80er Jahren unter ›*Homeguard*‹ aufzutreten begannen. Wenig später auch Hausaufpasser-Dienstleister, die sich von Homesittern, den etwas relaxteren Urlaubshausaufpassern, absetzen wollten.

Unbekannt ist den allermeisten Deutschen, dass der deutsche Volkssturmmann der Nazizeit im Englischen als *home guard* übersetzt wird.

FUNDSTÜCK

»ADL HomeGuard, *Ihr Partner für: Rattengift, Hundezubehör, Pferdezubehör, Schädlingsbekämpfung, Düngungsmittel, Pflanzenschutz, Haustierzubehör …«* adl-homeguard.de (2-2007)

hooded

Engl. *hooded*: verdeckt; vermummt

SPRACHGEBRAUCH

Im Bereich Trend-Fashion (›Trendmode‹) sind *Hooded* Shirts Überziehjacken oder Jacken mit Reißverschluss, auf jeden Fall solche mit Kapuze, damit das ›*hooded*‹ im Namen auch legitimiert ist. Oft auch kurz ›*Hoody*‹ genannt.

Hooded Shirts sind in einen Langzeittrend von weiter, den Körper der meist jugendlichen Träger verdeckender Kleidung eingebettet.

Zur Erinnerung: Jacken mit Kapuze hießen bis in die 90er Jahre ›Kapuzenjacken‹.

Nur in der Schriftsprache von Modewerbung genutzt; kein Jugendlicher verlangt einen *Hooded* Sweater, sondern sagt: »Ich will die Jacke da; kostet?«

FUNDSTÜCKE

Auszüge von Versandhauskatalogtexten deutscher Anbieter (alle 8-2006):

»Dragon Stamp hoody *woman grey«*

»Bodywear Hooded *Shirts«*

»Womans Car-Lux Hooded *blossom«*

»Womans Hooded *Car Fleece black black«* (Ist ›black black‹ super- oder ultra-schwarz oder nur ein Fehler?)

»Bunny Hooded *Shirt: Hippes Damen Kapuzen-Shirt ›loose fit‹ in Dunkelblau, weit und lang im Men's Style geschnitten, mit großem hellblauem Strass-Bunny, Känguruh-Taschen seitlich, 100% Baumwolle«* Das Beuteltier wird seit der Rechtschreibreform ›Känguru‹ geschrieben. Bei anderen ›H‹-Verlusten (›Panther‹ zu ›Panter‹) ist die alte Schreibweise statthaft, bei ›Känguru‹ irrwitzigerweise nicht.

Hopping; Hopper; hoppen

Engl. *hop*: Hopser; Sprung; Rutsch

SPRACHGEBRAUCH

In vorpostmodernen Zeiten ist der Mensch gegangen, und zwar seinen Weg. Die Postmoderne verdonnert den Menschen zur Sprunghaftigkeit, zum regen Wechsel, zum abrupten Umschwung, der schnellen Kehre. Da ist gut dran, wer hüpfen, also: *hoppen* kann. Das kennen wir bereits aus dem Nieder- und Mitteldeutschen, auch dem Alemannischen. Aber ausgehend vom englischen Import ›*Hopping*‹, ist ›*hoppen*‹ gleichsam sekundär anglifiziert. Wir Deutsche brauchen beides: das Hüpfen und das *Hoppen*. Ersteres ist nun dem Kinde und seinem ungerichtet-spielerischen Bewegungsdrang vorbehalten. Letzteres den Bewegungsformen, die aus einem gesteigerten Flexibilitätszwang heraus parat gehalten werden müssen. Der Engländer ist auch schon früher *gehoppt:* Er kennt das *bar-hopping,* bei uns ›Kneipentour‹ oder ›Zug durch die Gemeinde‹ genannt.

Postmodern vereint sind deutsche und englische Sprecher beim Job-*Hopping,* mag es erzwungen oder freiwillig sein, um auf höhere Posten zu gelangen. Das *Doktorhopping* oder *Ärztehoppping* ist im englischen Sprachraum ebenfalls unter *doctor hopping* bekannt.

Die globale Jugendkultur ist seit den 70er Jahren durch den *Hip-Hopper* geprägt, einen Jugendlichen, der sich allerdings weniger hüpfend, denn schlürfend-schlabbernd bewegt, wenn er nicht gerade breakdancend den Asphalt einer Einkaufszone blank wienert.

Provider-*Hopper* stellen eine sehr junge Unterart der Geizgeilen dar. Immer mehr Menschen haben in diesen Jahren bereits einen Internetanschluss oder ein Handy, somit auch einen Provider (›Versorger‹). Die Anbieter von Internetanschlüssen und Mobiltelefonnetzen bewegen sich nun auf einem kleiner werdenden Wachstumsmarkt. Wenn immer weniger Neukunden gewonnen werden können, kommt es zum Verdrängungswettbewerb, die Anschlüsse und Verbindungskosten werden billiger, Kunden werden dazu gelockt, den Provider zu wechseln. Und so wird man zum Provider-*Hopper,* auch wenn man es nicht weiß.

FUNDSTÜCKE

*»Hip-*Hopper *sind als Angehörige der Gattung Hüftenhüpfer in der ganzen Welt verbreitet, vor allem in den USA.«* kamelopedia.mormo.org (8-2006) Kamelopedia ist eine eher scherztriefende Variante der Wikipedia-Enzyklopädie.

»Die Idee dahinter ist: Die Zahl der Arzthopper *und -wanderer deutlich zu verringern.«* spiegel.de (2-2004)

»In dieser Woche jagte eine Großveranstaltung die andere, Abgeordnete wurden zu Partyhoppern *und einer war immer schon da: ihr Leittier.«* spiegel.de (6-2002)

Hotline

Engl. *hotline*: Notrufstelle; telefonischer Hilfsdienst

SPRACHGEBRAUCH

Hotlines wurden notwendig, als komplexe Geräte wie Computer, Faxgeräte (seit Ende der 90er Jahre bereits wieder am

Aussterben), Mehrkanal-Surround-Anlagen oder Satelliten-Receiver Beratungsbedarf beim rat- und hilflosen Konsumenten auftauchen ließen. Wird dieser Beratungsbedarf per Telefon befriedigt, haben wir es mit einer *Hotline* zu tun. Ein unentbehrliches Wort. Im Deutschen gibt es kein Äquivalent. Notruftelefon? Das wäre zu dringlich. Die wörtliche Übersetzung? Heißer Draht? Anderweitig besetzt; wer einen heißen Draht zu jemandem hat, meint: Er hat eine sichere Quelle, um an spezielle oder geheime Informationen zu kommen. Telefonischer Informationsdienst? Das wirkt zu unwichtig. Da alle mal eine brauchen und die, die eine brauchen, wissen, was eine ist, wird ›*Hotline*‹ kaum ersetzt werden oder gar verschwinden.

Ähnlich wie bei Helplines beschränken sich viele *Hotlines* darauf, oft gestellte Fragen und die passenden Antworten auf Webseiten in Form von Frequently-asked-Questions-Listen (FAQ-Listen) bereitzustellen.

Dass *Hotlines* ihr Leistungsversprechen (Rat & Hilfe) meist gar nicht einhalten können, weil mit menschlichen Ratgebern besetzte *Hotlines* nicht zu erreichen sind, ist höchst beklagenswert und fördert damit die weitere Präsenz von *Hotlines* in den Foren, die über mangelhafte *Hotlines* die Klagen ihrer Nutzer präsentieren.

FUNDSTÜCKE

»Bitte nutzen Sie die Suchmaschine für Hotline-*Tipps am oberen Rand dieser Seite. In den* Hotline-*Tipps sind unzählige Fragen bereits beantwortet.«* heise.de (8-2006)

»Die verantwortlichen Firmen sollen sich bis zum Herbst bereit erklären, die Wartezeiten bei ihren Hotlines *zu verkürzen und zudem die oft verwirrenden und umständlichen Sprachsteuerungssysteme zu verbessern, kündigte der Leiter der Abteilung Verbraucherschutz im Ministerium, Rainer Metz, am Dienstagabend im WDR an. Zudem sollen die Kunden nur noch dann Gebühren zahlen müssen, wenn sie tatsächlich mit einem ›kompetenten* Hotline-*Mitarbeiter‹ verbunden worden sind.«* onlinekosten.de (5-2007)

› **Helpline**

human

Engl. *human*: human; menschlich

SPRACHGEBRAUCH

Unsichtbarer Anglizismus; deutsch ›human‹ und engl. ›*human*‹ werden gleich geschrieben. Meist in Komposita wie ›*Human Capital*‹, ›*Human Relations*‹, ›*Human Touch*‹ oder ›*Human Resources*‹ genutzt, wo die englische Aussprache zwingend, der Anglizismus offenbar ist. Das deutsche ›human‹ ist immer ethisch unterfüttert; es geht nicht um die Unterscheidung zwischen menschlichen und nicht-menschlichen Lebewesen. Engl. *human* fehlt zumeist diese Aufladung; es ist weit neutraler und damit universeller einzusetzen.

Ein *Human* Interface Designer muss also keine ethischen Absichten hegen, es reicht das Beachten ergonomischer Eckdaten menschlicher Bewegung und Wahrnehmung.

Human Resources Management optimiert daher auch nicht zwangsläufig das humane Einsetzen menschlicher Ar-

beitskraft, sondern nur das optimierte; *humaner* geht es maximal als Nebeneffekt (engl. *collateral effect*) zu.
Ähnliches lässt sich über das Deutsche *Human* Genom Projekt sagen. Hier ist beachtenswert der souveräne Mix deutscher und englischer Schreibweisen: Einzig ›*Human*‹ ist Englisch; warum nicht ›Deutsches Human Genome Project‹, also nur ›Deutsch‹ in Deutsch; dies sodann nur für deutsche Zusammenhänge und für die globale Welt ›German Human Genome Project‹?

FUNDSTÜCK

*»B-*Human *hat soeben das Finale des diesjährigen RoboCup gewonnen und ist damit erneut Weltmeister in der RoboCup Standard Plattform Liga.«* b-human.de (8-2010) Es handelt sich um ein studentisches Projekt an der Universität Bremen.

Hype

Engl. *hype*: Medienrummel; Publicity
Engl. *to hype*: aufbauschen; durch Medien groß rausbringen

SPRACHGESCHICHTE

Engl. *hype* geht zurück auf griech. *hyperbállein* (›übertreffen‹). In der klassischen Rhetorik bezeichnet ›Hyperbel‹ eine Form der jeder Glaubwürdigkeit entbehrenden Übertreibung. Im englischen Unterwelt-Jargon meint *hype* auch eine in betrügerischer Absicht überzogene Rechnung.

SPRACHGEBRAUCH

Seit den 60ern im US-Englischen und wenig später auch im hiesigen Jargon der Werbung für ›Medienrummel‹ gebräuchlich. Sickerte in den 80ern in die Jugend- und Szenensprache ein. Nahm von dort aus seinen Weg in die gehobene Zeitgeist-Berichterstattung.
Die Verbform ›*hypen*‹ ist nur schwer zu deklinieren. Es finden sich sowohl *»das* hypet*«* wie *»das* hypt«, was zwar deutscher dekliniert, aber noch unaussprechlicher ist. Wer [hüpt] spricht, befleißigt sich unwillentlich norddeutscher Dilaktsprache.

FUNDSTÜCKE

»Chance oder Hype – *Welche Bedeutung haben Business-Blogs im Marketing?«* marke-x.de (8-2006)
»Der diesjährige Hype *Cycle for Emerging Technologies nennt Web 2.0, Real World Web und Softwarearchitekturen als wichtigste Trendthemen der nächsten Jahre.«* tecchannel.de (8-2006)
»WAZ hypt *Pseudo-Medizin: ›Unterstützung der Orange‹.«* ruhrbarone.de (4-2009)

I

Image

Engl. *image*: Abbild; Bild; Image

SPRACHGEBRAUCH

Ein *Image* kann man in Deutschland erst seit den 60er Jahren haben. In jenen Jahren sickerte das Vokabular der US-Marketing- und Werbesprache ins Deutsche ein. ›*Image*‹ bezeichnet das öffentliche Bild eines Menschen, Produktes oder Unternehmens. Es wird durch Werbe- und PR-Maßnahmen aufgebaut, verändert und oftmals auch nachhaltig lädiert. Ist ein Imageträger oder der Produzent eines Produktes mit wertvollem *Image* bezüglich dieses *Image* besorgt, nutzt er die Dienste eines *Imageberaters,* der zumeist eine aufwändige *Imageanalyse* betreibt, um sodann durch *Imagekampagnen* eben das *Image* zu verbessern.

›*Image*‹ hat ›Ansehen‹ und ›Ruf‹ teils ersetzt, teils abgedrängt. Einen guten Ruf hat heute nur mehr ein Privatmann oder ein Bundespräsident zu verlieren. Geht es um Geld und Macht, geht es auch ums *Image.*

Im Computerjargon meint ›*Image*‹ die 1:1-Kopie einer Festplatte oder eines Programms auf einem anderen Datenträger (Festplatte, CD, DVD).

Seit das Internet als Datenbank für Bilder aller Art dient, sprechen Menschen, die nach Fotos suchen, zunehmend von *Images,* die sie suchen.

FUNDSTÜCKE

»Lebensversicherungen: Angst vor dem Image-*Kollaps.«* spiegel.de (6-2003)

»BP: Brand von Solarmodulen als Image-*Katastrophe.«* diepresse.com (7-2009)

»Der Image *Resizer von Microsoft setzt sich in das Kontext-Menü des Windows-Explorers.«* foto-freeware.de (8-2006) ›Resizer‹ meint ein Programm zur Größenveränderung von Bildern.

»We speak image.« Werbeslogan für Canon-Farbdrucker auf dem deutschen Markt (10-2006)

Incentives

Engl. *incentive*: Anfeuerung, Anreiz, Motivation

SPRACHGEBRAUCH

Mitarbeiter sollen nicht nur wegen des Geldes arbeiten; im Optimalfall lieben sie ihre Arbeit und das Unternehmen. Das ist selten; daher gibt es Gratifikationen, die zwar Geld wert sind, aber meist nicht ausgezahlt werden. Wie Betriebsausflüge, Mitgliedschaften in exklusiven Clubs oder begehrenswerte Dinge. Die nennen sich ›*Incentives*‹. Auch die Beziehungen zu Kunden, Händlern, Journalisten oder Politikern werden gerne durch *Incentives* gepflegt.

Bis in die 90er Jahre hinein nannte man das noch ›Prämie‹, ›Gratifikation, ›Treuegeschenk‹ oder ›Bestechung‹, wenn es sich um zur Geschenkresistenz

verpflichtete Amts- oder Posteninhaber handelte. ›*Incentive*‹ ist unbestimmter, unverdächtiger und hat einen professionellen Sound.
Achtung! Verwechslungsgefahr! Engl. *incense* heißt ›Räucherwerk‹. In Asia- und Öko-Meditationsshops wird solches feilgeboten. Beide Wörter basieren auf lat. *incendere:* ›anzünden, in Brand stecken‹.

FUNDSTÜCK

»Incentives *von A wie Almabtrieb bis Z wie Zeppelinfahrt. Gönnen Sie sich oder Ihren Mitarbeitern und Kunden ein nachhaltiges Erlebnis.«* messe-muenchen.de (8-2006)

Indoor, In-Door

Engl. *indoor*: drinnen, innen, im Hause, Indoor-

SPRACHGEBRAUCH

Die Professionalisierung von Freizeitsport setzte sich in den 80er Jahren durch. Eine tragende Vermarktungsidee jener Jahre: Was man bei gutem Wetter draußen machen kann, soll man bei jedem Wetter auch drinnen machen können. So entstand die Einheit von Indoor-Outdoor-Sports.
Das alte Wörtchen ›Hallensport‹ hat gegenüber ›*Indoor*‹ den Nachteil des Schulsport- und Vereinsmuffs, den ein *Indoor*-Vermarkter geflissentlich zu meiden hat.
Die Modebranche spricht auch von *Indoor*-Kleidung, was wohl ›Hausanzug‹ und ›Hauskleid‹ ersetzen soll, von klassischen Hauskleidkäuferinnen aber nicht verstanden wird und auch gar nicht verstanden werden soll, weil das Produkt keinen Imageschaden nehmen soll.

FUNDSTÜCKE

»Indoor-*Spielplätze sind ein heißer Tipp für die kalte Jahreszeit! Es gibt immer mehr davon. Sie heißen Spielfabrik oder Oki-Doki, Kidzz-World oder Jungletown – und die Idee ist immer gleich: Spielen ohne Ende an Röhren, Rutschen, Kletterwänden, auf Mini-Karts oder Hüpfburgen, in bunten Ballkisten.«* freizeit-online.de (8-2006)
»Nach der Tagung Abtauchen – wie das aussehen könnte, zeigt dieses Indoor-*Tauchsportzentrum auf ihren Webseiten.«* indoor-tauchen.de (8-2006)
»GolfMaster® ermöglicht indoor *ein realistisches Golf Spiel.«* germany-indoor-golf.de (8-2006) Beachtenswert die englisch inspirierte Getrenntschreibung von ›Golf Spiel‹.
› **Outdoor**

Input

Engl. *input*: Aufwand; Eingabe, Input; Energieeinsatz; Materialeinsatz

SPRACHGEBRAUCH

Seit den 50er Jahren drang die Terminologie der Kybernetik über die Medienberichterstattung in den allgemeinen Sprachgebrauch ein. Sie bescherte uns ›Black Box‹, aber eben auch ›*Input*‹ und ›Output‹. (Wenn man nicht weiß, was in einer Black Box vor sich geht, muss man schauen, was hinten rauskommt, wenn man vorne etwas reinsteckt. Wenn irgendwann Regeln zwischen *Input* und Output erkennbar werden, kann man unterstellen, es gehe in der Black Box mit rechten Dingen zu.)

In den 60er Jahren konnte ›*Input*‹ bereits unbedenklich, weil wenig missverständlich, in metaphorischer Weise in den Medien genutzt werden.
Mit dem persönlichen Computer, der jede Menge *Input* seitens seines Benutzers verlangt, erlebte ›*Input*‹ einen dritten Verbreitungsschub. Mehr *Input* braucht ›*Input*‹ auf lange Sicht nicht, damit hinten immer noch was rauskommt.

FUNDSTÜCKE

»*Zahlreiche Analysebeispiele belegen den Nutzwert der* Input-*Output-Rechnung als Instrument zur Politikberatung.*« destatis.de (8-2006)
»*Fehlt der* Input *am Morgen, arbeitet der Körper weiterhin auf Sparflamme, die Fettverbrennung kommt nicht in Schwung.*« easyslim.de (8-2006)
› **Output**

Insider

Engl. *insider*: Eingeweihter, Insider; Mitglied

SPRACHGEBRAUCH

Je differenzierter eine Gesellschaft, desto vielfältiger ihre Gruppierungen. Da kennt sich oft nur aus, wer drinsteckt und seit den 60er Jahren ›*Insider*‹ tituliert wird. ›*Insider*‹ verbreitete sich über die Wirtschafts- und Finanzberichterstattung. Das *Insider*-Geschäft oder der *Insider*-Handel sind seither notorisch. *Insider*-Wissen zu vermarkten, ist eine lukrative Geschäftsform. Sie findet sich bei Pädagogen-Portalen mit Arbeitsblatt-Download genauso wie bei Stadtführern, die die erotischen Winkel der Viertel offenbaren.

FUNDSTÜCKE

»Insider *ist das einzige Magazin in Kaiserslautern und an der mittleren Weinstraße, das mit einer jeweils eigenen Ausgabe in 120 000 Haushalten verteilt wird.*« magazin-insider.de (1-2010)
»*Von* Insiderhandel *und Director Dealings profitieren und Rendite optimieren – Jetzt über* Insiderkäufe *und* Insiderverkäufe *Ihren Profit steigern.*« inside-alarm.de (1-2010) Director Dealings sind Wertpapiergeschäfte von Mitgliedern des Managements börsennotierter Aktiengesellschaften mit Wertpapieren des eigenen Unternehmens.

intelligent

Engl. *intelligent*: klug, intelligent; vernünftig

SPRACHGEBRAUCH

Unsichtbarer Anglizismus. Seit der prothesenartigen Inanspruchnahme von Computern gelingt es Menschen, technoide Intelligenz über alles menschliche Maß hinaus in der Welt zu verbreiten. Wenn dann einer ›*intelligent*‹ sagt oder schreibt, denkt er es sich oft mit englischem Tonfall unterlegt.
Es findet sich in deutschsprachigen Zusammenhängen: *intelligent* Design (ein dummer US-Fundamentalismus, der die Evolutionstheorie ablehnt), *Intelligent* Venture Capital, *intelligent* Surface Systems, *intelligent* Solutions (sind dumme Lösungen Lösungen?) und dienstleistungskulturgemäß hunderte *intelligent* Services.
Eine Trendwucherung ist beim Wohnen zu diagnostizieren: Seit etwa 10 Jahren sollen Menschen darauf verpflichtet

werden, in *intelligent* Homes zu wohnen und in *intelligent* Buildings zu arbeiten. Auch geringe Intelligenz reicht meist aus, um gegen solche Marketingbestrebungen einen generalisierten Verdacht zu kultivieren.

FUNDSTÜCKE

»Lego Intelligent *Train: Mit dieser Eisenbahn erlebt Ihr Kind viele fröhliche – und vor allem sinnvolle – Spielstunden.«* pearl.de (8-2006)

»Ein Intelligent *Tutoring System (IST) besteht aus einer Modellierung eines Wissensgebiets (domain model), einem Modell des Lernenden (student model), modellierten pädagogischen Strategien (tutor model) und einer Komponente für die Kommunikation des Programms mit dem Lernenden (interface).«* Rolf Schulmeister, in: Grundlagen hypermedialer Lernsysteme (1996)

Interface

Engl. *interface*: Anschluss; Grenzfläche; Interface; Schnittstelle

SPRACHGEBRAUCH

In Vor-Computerzeiten bezeichnete im englischen Chemikerjargon *interface* Grenzflächen zwischen Stoffen mit unterschiedlichen Aggregatzuständen. Ein deutscher Chemiker sagte damals schlicht ›Grenzfläche‹. Seit den 90er Jahren kann er sich das nicht mehr leisten. Seit den 70er Jahren setzte sich engl. *user interface* im Computerbereich global durch. Gemeint war alles, womit sich ein User im Angesicht des Computers abplagen muss: Eingabegeräte, Software, Bildschirm. Als der Computer anschlussfreudiger mit Peripheriegeräten umzugehen lernte, hießen Stecker und Buchsen, also die ›Grenzfläche‹ zwischen zwei Geräten, zunehmend ›*Interface*‹. In den 90er Jahren der nächste Erweiterungsschub: Technische Geräte aller Art, ob Autos, Kaffeemaschinen oder Handys, wurden zum Problem für Benutzer. Überbordende Features machten den Traum einfacher Usability, simplen Handlings zunichte. *Interface* Designer kümmern sich seither um gefällige Benutzeroberflächen jeglichen technischen Krams.
Da Jahr um Jahr immer neue Typen technischer Geräte gekauft und bedient werden wollen, wird es mit den *Interface*-Problemen und mit dem Wort auf lange Sicht kein Ende nehmen.

FUNDSTÜCKE

»Das Kleid als Interface *zwischen Organischem und Anorganischem ...« DIE ZEIT* (7-2001)

»Das emotionale Interface *dieses deutschen Opfers ist eh wie je die rührende männliche Wortkargheit.« DIE ZEIT* (10-2003) Zitat aus einer Filmkritik zum Fußballfilm *Das Wunder von Bern.*

*»Das Geheimnis um das User-*Interface *von Sonys erwarteter Konsole PlayStation 3 ist gelüftet.«* chip.de (8-2006)

J

Jeggings; Jeggins; Treggings

Engl. *jeggings*: Kunstwort aus engl. *jeans* (Jeans) und engl. *leggings* (Leggings)
Engl. *treggings*: Kunstwort aus engl. *trousers* (Hose) und engl. *leggings* (Leggings)

SPRACHGEBRAUCH

Kurz vor 2010 etablierte sich in der jüngeren Damenmode die Sitte, Leggings unter kurzen Hosen oder unter längeren Oberteilen als Langhosenersatz zu nutzen. Findige Modemacher kamen angesichts dieses Trends auf die Idee, Leggings so zu bedrucken, dass sie wie eng anliegende Jeans wirken. Der Name für dieses neue Produkt: ›*Jeggings.*‹
Es folgte ganz schnell eine weitere Differenzierung: *Jeggings* aus weich-elastischem Leggings-Material wurden zu *Treggings*. Eng Anliegendem aus leichtem Jeansstoff mit Gummizug statt Reißverschluss und Knopf blieb das Etikett ›*Jeggings*‹.
All diese und weitere Feinheiten sind kaum noch von den Müttern 14-jähriger Möchtegern-It-Girls nachzuvollziehen. Von diesen selbst jedoch äußerst präzise.

FUNDSTÜCKE

»Neu im Herbst/Winter 2009: die Jeggins! Jeggings *– das ist der neue Trend am Jeans Himmel und löst die Skinny Jeans ab.«* forher.de (1-2011)
»Seit diesem Jahr das Must-Have bei allen trendbewussten Frauen – die Tregging. *Viele fragen sich noch immer, was die genaue Definition einer* Treggings *ist.«* treggings.org (1-2011) Die Deklination ist von großen Unsicherheiten geprägt. Der Singular ist unsinnig.

Jet-Set; Jet Set; Jetset

Engl. *jet set*: Jet-Set, Schickeria

SPRACHGEBRAUCH

In den 60er Jahren übernommene Bezeichnung für eine reiche, luxusorientierte Gesellschaftsschicht, die sich vorzugsweise jettend, also mit schnellen Jets, auf First-Class-Sitzen von *Jet-Set*-Location zu *Jet-Set*-Location zu bewegen pflegte. In den 80er Jahren musste es bereits ein Privat-Jet sein. Da Fliegen in massentouristischen Zeiten etwas Vulgäres anhaftet, ist dem Begriff ein Batzen seiner Aura abhandengekommen. Auch bedingt durch die Verwendung bei der Benennung eher exklusivitätsarmer Produkte und Dienste.

FUNDSTÜCKE

»Seppelfricke Jetset *85 Herd: ab 465.- Euro.«* idealo.de (1-2007)
»Esprit jet set *black Armbanduhr: Preis ab 86,90 Euro.«* idealo.de (1-2007)
»Philips HP 4883 00 Jetset *Control ab EUR 24,99.«* ciao.de (1-2007) Es handelt sich um einen Haarfön.

Jingle

Engl. *jingle*: Bimmeln; Jingle, Werbemelodie

SPRACHGESCHICHTE

Engl. *jingle* und deutsch ›klingeln‹ sind verwandt; um 1400 hieß es im Englischen *gingeln;* der Niederländer sagt heute noch *jengelen.*

SPRACHGEBRAUCH

Seit den 70er Jahren in der Fachsprache des deutschen Marketing als Bezeichnung für eine einprägsame, also werbewirksame Tonfolge heimisch, die in Radio und TV eingesetzt wird. Seit den 80er Jahren sprachlich in Publikumsmedien durchgesetzt.

Da Handy-Klingeltöne seit den 90ern auch als ›*Jingles*‹ vermarktet werden, weiß der durchschnittliche Handynutzer, was er sich da im Web herunterlädt.

FUNDSTÜCKE

*»Hören Sie den Jesuiten-*Jingle*: Dem* Jingle *liegt das alte Immaculata-Motiv des ›Collegium Immaculatae Virginis‹ in Kalksburg aus dem Jahr 1850 zu Grunde ...«* jesuiten.org (9-2006)

»Seit Montag, 4. September 2006 um 12.00 Uhr klingt ffn noch frisch, frischer, neuer! Mit einem neuen Jingle*-Paket präsentiert sich Niedersachsens privater Lieblingssender im jungen und frechen Sounddesign.«* radioszene.de (9-2006)

Job

Engl. *job*: Arbeit, Job

SPRACHGESCHICHTE

Bereits 1557 ist im Englischen ein *jobbe of work* nur ein Stück Arbeit, im Gegensatz zur kontinuierlichen Tätigkeit. Der Gebrauch von engl. *jobber* ist für 1706 nachgewiesen und meint jemanden, der zu *odd jobs,* also schlecht bezahlten Gelegenheitsarbeiten, gezwungen ist.

SPRACHGEBRAUCH

Früher hatten nur Schüler, Studenten und Auftragskiller *Jobs.* Je weniger Normalarbeit für Normalarbeitnehmer zur Verfügung stand, desto mehr wurde auch hier über *Jobs* geredet. *Jobs* sind, je nach Perspektive, die Degenerations- oder Flexibilisierungsversion von kontinuierlicher, geregelter Erwerbsarbeit.

ABLEITUNGEN

Job-Floater: Bezeichnung für das Konzept einer festverzinslichen Geldanlage, deren Erlöse unter der Regierung Schröder zur Bekämpfung der Arbeitslosigkeit in den neuen Bundesländern genutzt werden sollten; in die Auswahlliste zum Unwort des Jahres 2002 von der Gesellschaft für Deutsche Sprache aufgenommen worden.

Job-Hopper: Springer; jemand der durch schnellen Arbeitsplatzwechsel Karriere machen will.

Job-Killer: Mit dem Beginn der Informationsrevolution durch den Einsatz leistungsfähiger und erschwinglicher Rechner seit Ende der 70er Jahre in Deutschland geläufig. Bezeichnet werden neue Technologien, die durch Rationalisierungseffekte Arbeitsplätze zum Verschwinden bringen.

Job-Sharing: 80er-Jahre-Management-Strategie, bei der ein Arbeitsplatz unter mehreren Mitarbeitern aufgeteilt wird.

Job-to-*Job*-Vermittlung: Die unterbrechungsfreie Vermittlung von gekündigten, aber noch arbeitenden Mitarbeitern zu einem neuen Arbeitsplatz. Der Begriff tauchte seit Herbst 2005 verstärkt

in der medialen Berichterstattung auf; wahrscheinlich durch die Bundesagentur für Arbeit in Umlauf gebracht. Im US-Englischen wird von *job-to-job transitions* (›*Job*-to-*Job*-Übergängen‹) schon seit den 90er Jahren gesprochen.
Mini-*Job:* Ein gesetzlich geregeltes, geringfügig entlohntes Beschäftigungsverhältnis.

Joystick

Engl. *joystick*: Steuerknüppel; Eingabegerät für Computer

SPRACHGESCHICHTE

Bereits im späten 19. Jahrhundert US-Slangausdruck für Penis.
Im Jargon englischsprachiger Piloten seit Anfang des 20. Jahrhunderts für ›Steuerknüppel‹.
Seit den 40er Jahren in den USA auch für das Lenkrad eines *hot rod* (getunte & gestylte Fahrzeuge für Kurzstreckenrennen).
1976 kam der Channel F-Spielcomputer auf den Markt. Er hatte eine Steuerung, die dem Pilotensteuerknüppel nachempfunden war und entsprechend *›joystick‹* genannt wurde.
In den 80er Jahren setzte sich *›Joystick‹* in deutschen Landen als Bezeichnung für das bekannte Steuerknüppel-Spielbediengerät durch.

VARIA

Der Joypad, besser bekannt als Gamepad, trat ab 1988 in Konkurrenz zum *Joystick*. Der Joypad hat den Bereich der Spielekonsolen erobert.

SPRACHGEBRAUCH

Die obszöne Anspielung auf das männliche Geschlechtsorgan ist besonders im US-Englischen zu finden; die Texte von Popsongs spielen damit. Im passiven Wortschatz des popkulturell etwas aufmerksameren deutschen Jugendlichen präsent.
In der Szene der jugendlichen Computerspieler sind die Begriffe für unterschiedliche Bedienungselemente von Computerspielen durchgesetzt; Outsider sprechen eher von ›Bedienungen‹. (Eine 100 000-Euro-Frage in einem TV-Normalbürger-Quiz könnte lauten: *»Was unterscheidet den* Joystick *vom Joypad?«*)

FUNDSTÜCK

»Endlich können Sie wieder Ihren Joystick *so richtig matretieren mit Wintergames oder Summergames oder all diesen tollen alten Spieleklassikern.«* Werbung des Computerversandhändlers *Arktis* (11-2005) Mit ›matretieren‹ ist ›malträtieren‹ (›schlecht behandeln‹, von franz. *maltraiter*) gemeint.

Jungle

Engl. *jungle*: Dschungel

SPRACHGESCHICHTE

Engl. *jungle* stammt von dem Hindi-Wort *jangal* ab, das aber eine vegetationsarme Wüstenlandschaft bezeichnet. Die englische Kolonialgeschichte kodierte *›jungle‹* etwa 1850 um; von da ab war eine grüne Hölle gemeint. 1905 nutzte der US-Autor Upton Sinclair in seinem Roman *The Jungle* das Wort zur Charakterisierung des von wilden, gesetzlosen Gesellen beherrschten Großstadtdickichts. Das Buch erschien in deutscher Übersetzung 1924 zunächst unter dem Titel *Der Sumpf* (heute: *Der Dschungel*).

SPRACHGEBRAUCH

In den 80er Jahren wurde die Großstadt als Lebensraum aufgewertet. Der metropolitane Konsumflaneur galt als Musterbeispiel postmoderner Lebensweise. Passend erfuhr der City-*Jungle* eine positive Umkodierung: Er mutierte vom Bedrohungsszenario zum ultimativen Erlebnisraum.
Hersteller von Kleidung, Accessoires und Popmusik integrieren seither ›*Jungle*‹ in ihren Namensfindungsbaukasten.

ORTHOGRAPHIE

Zu finden sind in deutschsprachigen Texten die Schreibweisen: ›*Jungle*‹, ›*Jungel*‹, ›*Djungel*‹, ›*Djungle*‹ und ›*Dschungle*‹. Zur Erinnerung: Der Duden erlaubt einzig ›Dschungel‹.

FUNDSTÜCKE

»Jungel*: Verführung pur im aktuellen Leoparden-Design verziert mit edlen floralen Stickereien auf edelstem Tüll. Wild und unabhängig – Für die moderne Frau.«* douglas.de (3-2006)
»Djungel-*Deo kaufen Sie bei Globetrotter Ausrüstung!«* globetrotter.de (3-2006)
»Orang Utang – World's first Djungle *Softdrink!«* wild-tv.de (3-2006) Ein Werbespruch, der ohne originär deutsches Wort auskommt.
»Die deutsche Version ›Im Dschungle‹ *wird Herbert Grönemeyer singen.«* liedermacher-forum.de (12-2005)

› Thrill; Wilderness

Junk

Engl. *junk*: Junk, Kram, Plunder, Ramsch, Schrott

SPRACHGEBRAUCH

Amerikanische Ess-Sitten, Geldanlagen und Kommunikation per Computer sind die Domäne von ›*Junk*‹ im Deutschen. *Junk*-Food ist naturferne Nahrung, die zum Sofortverzehr geeignet ist. *Junk*-Bonds sind Wertpapiere von schrottreifen Unternehmen. *Junk*-Mail ist elektronische Post mit werblichen Absichten, die zur täglichen Sofortvernichtung zwingt, sofern man kein leistungsfähiges *Junk*-Filter-Programm installiert hat, das oft auch ›*Junk* Mail Control‹ oder ›Anti *Junk* Plugin‹ genannt wird. *Junk*-Faxe sind im Aussterben begriffen, weil Faxgeräte im Aussterben begriffen sind.
Deutsche Übersetzungshilfen nennen oft ›Abfall‹ als angemessene Übersetzung von engl. *junk*. Das ist falsch. Der Akzent liegt auf dem Nicht-Funktionieren oder Nichts-Nutzen. Engl. *garbage* und *waste* sind die im Englischen gebräuchlichen Wörter für ›Abfall‹.
Da sich weder an den Ess- noch an den Kommunikations-Sitten des nachwachsenden Deutschland etwas ändern wird, ist ›*Junk*‹ ein langes Leben beschieden.

FUNDSTÜCKE

»Man nennt sie auch Junk-*DNA, weil sie wahrscheinlich keine Funktion haben.«* idw-online.de (9-2006)
»Mit diesem Update wird der Junk-*E-Mail-Filter in Microsoft Office Outlook 2003 mit einer aktuelleren Definition von* Junk-*E-Mails aktualisiert.«* microsoft.com (9-2006)

› Spam

K

Keeper

Engl. *keeper*: Anker; Halter; Hüter, Wächter; Torhüter

SPRACHGEBRAUCH

Irgendwann in den 90er Jahren schien die deutsche Sportberichterstattung müde zu sein, immer nur von Torhütern zu berichten. So wurde der *Keeper* eingeführt. Und selbst wer nicht wusste, was das heißt: Die Sinn entnehmende Erschließung durch den sprachlichen und situativen Kontext dürfte keinen Sportfreund überfordert haben.

FUNDSTÜCK

»Schiedsrichter Aytekin entschied sofort auf Elfmeter, Tim Bauer verwandelte gegen Keeper *Neuer souverän.«* spiegel.de (8-2010)

Kick; Kicker; kicken

Engl. *to kick*: stoßen; treten
Engl. *kick*: Schlag; Schwung; Tritt; Rückstoß

SPRACHGESCHICHTE

Das frühe Deutsch kennt auch den *Kick* und das *Kicken,* aber in anderer Bedeutung als der gegenwärtigen englischen. Bei Luther findet sich: *»auf ein jedes rauschen ist er weibisch zitternd und klagend, darf nicht kicken oder kaum das maul regen.«* Hier meint es ›aufmucken, protestieren‹. Und diese Bedeutung kennt auch das Englische des 14. Jahrhunderts, als der Tritt gegen Störendes auch im übertragenen Sinne als rebellisches Verhalten gedeutet werden konnte.

SPRACHGEBRAUCH

Schon in den 20er Jahren des 20. Jahrhunderts setzte sich die Wortgruppe um engl. *kick* im Deutschen zur Bezeichnung fußballsportlicher Bewegungsphänomene durch. Immerhin erschien das erste Sportmagazin gleichen Namens bereits am 14. Juli 1920.
Das Tischfußballspiel mit drehbaren Spielstangen wurde 1922 in England unter dem Namen *kicker* patentiert. In Deutschland setzte sich ›*Kicker*‹ als Synomym für Tischfußball erst nach dem 2. Weltkrieg richtig durch.
Kick-off, das den deutschen ›Anstoß‹ zu eliminieren versuchte, hat sich anderweitig breitgemacht: Wenn es im Geschäftlichen bei einem Projekt losgeht, ist das seit den 90er Jahren auch ein *Kick-off,* der mit einer *Kick-off*-Party rituell aufgewertet werden darf.
Das *Kickboxen,* also der kombinierte Faust-Fuß-Kampf, wurde erst in den 80er Jahren TV-würdig und ist heute breit bekannt.
Der *Kickstarter* ist den Nutzern motorisierter Zweiräder geläufig.
Wenn alltagssprachlich etwas einen *Kick* hat oder einen *Kick* haben sollte, geht es um den gewissen leichten Schwung, der zu bemerken, oder den Anstoß, der der Sache zu geben ist.

FUNDSTÜCKE

»Nahtod-Erlebnisse: Riskantes Spiel mit dem ultimativen Kick.*«* focus.de (6-2007)

»It's your kick*! Die WM-Drehscheibe Süd präsentiert sich mit Fandörfern, Spielplan, Sponsoren und Teamvorstellungen.«* your-kick.com (6-2007)

Kid; Kiddy; Kiddie

Engl. *kid*: Kid, Kind, Kindchen; Kitz, Zicklein

SPRACHGEBRAUCH

Zur Bezeichnung von Menschen zwischen 13 und 18 steht traditionell ›Teenager‹ samt Kurzform ›Teenie‹ zur Verfügung. Aber was ist mit Jüngeren, die als Trendkäufer ernst genommen sein müssen? ›*Kid*‹ schließt hier eine wichtige Lücke. Denn damit können jüngere Menschen beiderlei Geschlechts zwischen ca. drei (Eintritt in den Kindergarten) und 16 Jahren tituliert und zugleich in coolen Kauf-Kontexten situiert werden. Da Erwachsene nicht ›Erwachsene‹ und Alte schon gar nicht ›Alte‹ genannt werden wollen, haben kulturgemäß auch Jüngere ein Anrecht auf ein trendiges Label. Da schon die Allerkleinsten als Kaufanimatoren ihrer Eltern berücksichtigt sein müssen, sie sich also nicht als kleine Kinder fühlen dürfen, wird uns die Wortgruppe lange erhalten bleiben.
Auch Problemzonen kindlicher Existenz werden konsequent *verkidst:* Es finden sich Rheuma-*Kids*, Cancer *Kids* (also krebskranke Kinder), *Kids* im Nazi Regime und Off Road *Kids* (gemeint sind aber sozial depravierte ›Straßenkinder‹ und keine geländegängigen Kleinmenschen).
Zur Groborientierung: *Kiddys* sind in der Regel jünger und/oder in putzigerer Mode fotografiert als *Kids*.

FUNDSTÜCKE

»Schon der Begriff ›Kind‹ ist schlecht fürs Geschäft. Das K-Wort wirkt abschreckend und vor allem uncool.« DIE ZEIT (03-2002)

»Off Road Kids*: Perspektiven für Straßenkinder in Deutschland: Dank Tupperware und Red Nose Day kann Off Road* Kids *jetzt ein neues Kinderheim bauen.«* offroadkids.de (9-2006)

»Und dann gibt es da noch die so genannten Script Kiddies. *Die heißen* Kiddies, *weil es sich meistens um Jugendliche handelt. Script* Kiddies *wissen meist überhaupt nicht, was sie tun – halten sich selbst aber für Hacker.«* Broschüre des Bundesamtes für Sicherheit in der Informationstechnik (9-2006)

Kidults

Engl. *kidult*: Marketingkunstwort aus engl. *kid* (Kind) und engl. *adult* (Erwachsener): Kidult

SPRACHGEBRAUCH

Vor 20 Jahren, 1982, stellte Neil Postman, US-Medienwissenschaftler, das *Verschwinden der Kindheit* fest. Was er nicht vorausgesehen hatte: das Verschwinden des Erwachsenen. Das Ideal der gegenwärtigen Generationenversöhnung: Mutter und Tochter flanieren in Pettycoats und mit *Hello-Kitty*-Taschen durch die Einkaufszone und schlürfen Slush-Ice. Die Jungs zwischen 15 und 55 basteln dieweil an Starwars-Kulissen aus *Lego-Technic*-Megasets.
Kindlich anmutende Spiele und Computerspiele für Erwachsene firmieren

auch unter ›*Kidultgames*‹, abgeleitet vom gleichnamigen italienischen Spieleanbieter, der seit 2002 den Weltmarkt erobert.

FUNDSTÜCKE

»*Fabiana Giacomotti stellt die derzeit begehrteste Konsumentenklasse vor: Erwachsene im Jugendwahn, sogenannte* Kidults.« perlentaucher.de (7-2008)

»*Schon im Februar 2004 hatte der Zukunftsletter vom* ›Kidult‹-*Kult berichtet. Blickt man auf den Trend-Hotspot London, scheint es, als wären viele Londoner noch immer nicht erwachsen geworden und wollten es auch in Zukunft nicht werden. (...) Ironische Wortschöpfungen machen für dieses Lifestyle-Phänomen bereits die Runde: Die Rede ist von den ›Grups‹ (von Grown-ups) oder von den ›Sceniors‹ (scene und seniors).*« zukunftsletter.de (7-2007)

King-Size; King Size; Kingsize

Engl. *king size*: Königsformat; Übergröße

SPRACHGEBRAUCH

Natürlich die Amerikaner: Von denen kamen in den 70er Jahren die *King-Size*-Zigaretten, die *King-Size*-Betten, die *King-Size*-Steaks. Bei Schlafmöbeln, Kondomen und Zigarettenpapieren ist immer noch ›*King-Size*‹ verbreitet. Insgesamt scheint seit der Karriere von ›XL‹ der Verwendungshöhepunkt in den 90er Jahren überschritten worden zu sein. Ein Anglizismus im Niedergang.

FUNDSTÜCKE

»King-Size-*Kinder: Eine Studie mit beunruhigendem Ergebnis: Fast-Food-Kinder sind deutlich dicker als ernährungsbewusste Gleichaltrige.*« sueddeutsche.de (4-2006)

»*Chrysler 300 C CRD: Der* Kingsize-*Diesel.*« spiegel.de (9-2005)

»*Pullover: Trendy* King-Size-*Fashion – der aufwändige, goldfarbene Kronen-Druck mit Pailletten und Ziersteinen zeigt es! (...) Fully fashioned gearbeitet, für optimale Passform.*« schwab.de (11-2006)

»King Size *Balls: XXL-Liebeskugel-Duo mit lila/weiß-marmoriertem Gleit-Überzug.*« ebay.de (11-2000)

Kit

Engl. *kit*: Bausatz; Baukasten; Einbausatz; Werkzeugkasten

SPRACHGEBRAUCH

Biedere Männer basteln an Bausätzen herum; trendige Teens oder Twens sitzen vor *Kits*.

Produzenten, die in ein Angebot Diverses reinpacken und es attraktiv benennen wollen, bieten meist *Kits*, Sets oder Bundles.

FUNDSTÜCKE

»*Eine Ware ist eine Retail-Version (oder auch* ›Kit-*Version*‹ *genannt), wenn sie für den Endverbraucher bestimmt ist.*« computerhilfen.de (9-2005)

»*Das Oliver Kalkofe Konstruktion*-Kit. *Kalkofe-Kommentare zum selber machen.*« unmoralische.de (9-2006)

»*Mit dem WinTV-PVR-500MCE*-Kit *wird Ihr PC unter Windows XP Media Center Edition 2005 zum Home-Entertainment-PC mit exzellenten TV- und Radioeigenschaften.*« hauppauge.de (9-2006)

› **Bundle; Collection; Set**

Kite

Engl. *kite*: Drachen; Gabelweihe, Milan

SPRACHGESCHICHTE

Wahrscheinlich ein stimmnachahmendes Wort; altengl. *cyta* (›Milan; Rohrdommel‹) lässt dies deutlich erkennen; verwandt mit dt. ›*Kauz*‹ (im Sinne von ›kreischende Eule‹).

SPRACHGEBRAUCH

Ein *Kite* ist im Deutschen ein gleichsam durchprofessionalisierter Drachen mit High-Tech-Touch, dem alles Kindlich-Spielerische imagemäßig fern zu sein hat. Im Zuge der Erlebnisvergesellschaftlichung in den 80er Jahren als Begriff eingemeindet. Zunächst nur von Insidern einer *Kite*-Fan-Kultur genutzt. Seit den 90er Jahren bis zur Familientauglichkeit vulgarisiert. Heute bastelt der Vater mit dem Sohn keinen Drachen aus Balsaholz und Transparentpapier, er besucht mit ihm einen *Kite*-Shop, in dem es *Kite*-Sets mit Karbonstäben und HighTech-Gewebe käuflich zu erwerben gibt.

Um die letzte Jahrtausendwende wurde das *Kite*-Surfen populär. Es emanzipierte sich ebenfalls aus einer Nischenkulturecke, ist aber wegen höherer Anforderungen an die körperliche Tüchtigkeit des *Kite*-Surfers nicht derart breit vermarktbar. Ein Surf-*Kite* ähnelt aber eher einem Gleitfallschirm, der durch aufblasbare Schläuche stabilisiert wird (daher auch: Tube-*Kite;* engl. *tube:* ›Rohr; Schlauch‹).

FUNDSTÜCK

»Jetzt hat der Fahrer das erste Mal in der Geschichte des Kitesurfens *die absolute Kontrolle über den* Kite. *Der einzigartige Crossbow Bridle ermöglicht dem Fahrer den* Kite *erneut aus dem Wasser zu starten, indem er die linke oder rechte Steuerleine zieht.«* Produktbeschreibung eines *Kite* (12-2005) Engl. *bridle:* ›Steuergurte; Zaumzeug‹

L

Lab

Engl. *lab* (Kurzform von engl. *laboratory*): Labor, Laboratorium

SPRACHGEBRAUCH

Die internationale Forschergemeinschaft (engl. *science community*) spricht Englisch. So ist auch die deutsche Bezeichnung für den Standardarbeitsplatz des Forschers seit den 90er Jahren mehrheitlich der englischen Kurzform gewichen. Da jüngere deutsche Menschen – begabte Schüler insbesondere – der Wissenschaft zugeführt werden sollen, präsentieren sich naturwissenschaftliche Sonderlernangebote gerne als ›*Lab*‹.

Im Kontext der Käseproduktion per Süßmilch gibt es deutsch ›Lab‹, eine Enzymmischung, die Milch gerinnen lässt. Hat man keinen Lab, gibt es aus dem lebensmittelchemischen Regal den Labersatzstoff, was ›Lab-Ersatzstoff‹ geschrieben werden sollte.

FUNDSTÜCKE

»Mit Wrinkle Lab *Precise Correction von Lancaster können Sie sich auch in Zukunft über eine jugendlich schöne Haut freuen. Überzeugen Sie sich selbst!«* cosmopolitan.de (9-2006)

*»Heidelberger Life-Science-*Lab*: das Förderprojekt für naturwissenschaftlich interessierte und begabte Oberstufenschüler.«* life-science-lab.xmachina.de (9-2006)

»H2 lab*: Erfahren Sie die Mobilität von morgen. Erleben Sie den Wasserstoffkreislauf im H2-Labor von BMW CleanEnergy.«* h2-lab.com (9-2006)

Label; Labelling, Labeling

Engl. *label*: Aufkleber; Label, Markenname; Markierung

SPRACHGESCHICHTE

Deutsch ›Lappen‹ und engl. *label* sind miteinander verwandt. Das Englische hat sich aus dem Französischen bedient: *lambeau* heißt ›Fetzen, Streifen‹, dahinter stecken fränk. *lappa* und eine protogermanische Wurzel *lapp-*.

SPRACHGEBRAUCH

Das Popmusikgeschäft importierte in den 60er Jahren ›*Label*‹ als Bezeichnung für eine Plattenfirma, deren Name eben als *Label* auf dem Mittelstück eines Vinyltonträgers prangte. Die Sprachsitte hat sich in die Zeiten der CD hineingerettet.

Die konsumfreudigen 80er Jahre brachten uns jugendaffine Kleidungsmarken, deren Name mehr oder minder ostentativ, je nach Bildungsgrad und Lesefähigkeit der Unterzielgruppe, auf den Kleidungsstücken prangte. Das hat kein Ende genommen.

Seit den 90er Jahren und dem Selberbrennen von CDs brauchten User Etiketten zur Kennzeichnung ihrer Scheiben. Selbstredend heißen die ›*Label*‹.

Gütesiegel für Produkte müssen auf globalen Märkten eine international verständliche Bezeichnung haben; hier dominiert engl. *label,* was als *Label* naturgemäß auf importierten Produkten prangt.
Mittlerweile hat ›*Label*‹ die ›Marke‹ – ein französisches Lehnwort mit altnordischem Ursprung – in vielen Konsumbereichen verdrängt. ›Etikett‹, ein alter Gallizismus, konnte im Normalsprachgebrauch dennoch nicht verdrängt werden.
Im Englischen existiert neben der Schreibweise *labeling* auch *labelling.* Beide Formen sind ins Deutsche immigriert und fristen statistisch gesehen ein ungefähr gleichberechtigtes Minoritätendasein.
Als ›*Labelterror*‹ wird seit den 90er Jahren die konsumfördernde Sitte von Jugendlichen bezeichnet, Gleichaltrige ohne durch *Label* ausgewiesene Kleidungsausstattung ihre Marktminderwertigkeit spüren zu lassen. *Labelterroristen* unterstellt man *Labelwahn,* dessen Therapie nicht von Krankenkassen bezahlt wird.

FUNDSTÜCKE

»*Der WWF hat* Label *im Non Food Bereich unter die Lupe genommen und die besten auf dem Markt erhältlichen Gütesiegel in einem Ratgeber zusammengestellt.*« wwf.ch (9-2006)
»*Vorbei sind die Zeiten, als gutgläubige Käufer einem Betrug aufgesessen sind, im heutigen* Labelwahn *werden Raubkopien meist wissentlich verkauft.*« welt.de (7-2003)
»*Seit dem 01.01.1998 müssen in Deutschland verschiedene Elektrohaushaltsgroßgeräte mit dem EU-*Label *gekennzeichnet werden.*« eu-label.de (9-2006)
»*Mit der Gründung des Vereins Grüner Strom* Label *e. V. haben wir versucht, die Umweltverbände zusammen mit den Verbraucherverbänden an einen Tisch zu bringen, um ein unabhängiges Zertifikat zu etablieren.*« eurosolar.org (9-2006)
› **labeln; Tag**

labeln

Engl. *to label*: benennen; beschriften; etikettieren

SPRACHGEBRAUCH

Wo *Label* sind, da muss zuvor *gelabelt* oder *gelabelet* werden. Meist im übertragenen Sinne von Menschen mit starken Neigungen zu einer Marketing-Weltsicht genutzt. Wer ein körperliches Etikett anbringt, etikettiert im Deutschen immer noch.

FUNDSTÜCKE

»*Anfangs am College bin ich als typisch europäischer Spieler* gelabeled *worden. Aber nach drei, vier Jahren wusste keiner mehr, woher ich komme.*« www2.tagesspiegel.de (11-2001) Aus einem Interview mit dem Basketballer Dirk Nowitzki.
»*LightScribe:* Labeln *wie die Profis.*« netzwelt.de (10-2006)
› **Label**

Last Minute

Engl. *last minute*: im letzten Augenblick; in letzter Minute

SPRACHGEBRAUCH

Seit Ende der 80er Jahre ist im deutschen Tourismusgewerbe der Trend zur *Last-Minute*-Buchung manifest. Was zu-

nächst für jugendliche Reisende mit schmalem Portemonnaie erdacht war, ist seit den 90er Jahren familientauglich. Die Wendung ist auch im aktiven Wortschatz des deutschen Durchschnittsreisenden verankert.
Auch im übertragenen Sinne für alles, was in letzter Sekunde gelingt oder scheitert, in der Medienberichterstattung üblich geworden.

FUNDSTÜCKE

»Last Minute*: Buch dich doch einfach weg!«* bucher-reisen.de (9-2006)
»Ein Überblick zeigt, wo Last-Minute-*Kompromisse möglich sind – und wo eine Blockade droht.«* spiegel.de (1-2011)

Launch

Engl. *launch*: Abwurf; Abschuss; Einführung; Markteinführung; Stapellauf

SPRACHGEBRAUCH

Der Marketing-Jargon hat ›*Launch*‹ in den 90er Jahren popularisiert. Da ununterbrochen neu eingeführt, gestartet, auf den Markt geworfen wird, gibt es ›*Launch*‹-Verwendungsanlässe zuhauf. Wer den *Launch* einer Website eher klammheimlich betreibt, weil er noch mit Pannen rechnet, betreibt einen *Soft-Launch*.
Achtung! Ungenaue Aussprache kann zur Verwechslung mit ›Lounge‹ führen, vor allem, da bei einem *Launch*-Event, einer *Launch*-Party oder einer *Launch*-Presentation (Letzteres ist komplett englisch auszusprechen) zum Relaxen oft auch eine Lounge eingerichtet wird.

FUNDSTÜCKE

»Publicis begleitet Modellauto-Launch*: Erlanger Agentur entwickelt den Werbeauftritt des Spielzeugherstellers Bruder Spielwaren.«* Aus der Fachzeitung *Horizont* (10-2005)
»Das Golf-Launchpad *lässt sich an den PC anschließen.«* budgetgolf.de (8-2006) Hier ist ein Indoor-Golfabschlag-Übungsgerät gemeint.

leaken; Leaking; Leak

Engl. *to leak*: auslaufen, lecken, undicht sein
Engl. *leak*: Leck, undichte Stelle
Dt. ›leaken‹: durchsickern lassen; verraten; veröffentlichen

SPRACHGEBRAUCH

Wer etwas verbreiten will, was nicht verbreitet sein soll, nutzt am besten das Internet. Das können Skandalgeschichten, Software, Musik oder Geheimnisse aller Art sein. Seit der Jahrtausendwende werden im deutschsprachigen Raum unter Insidern hierfür Anglizismen, die auf engl. *leak* basieren, verwendet. In der Computer- und Musikszene am auffälligsten. Aber auch Einrichtungen, die sich gegenüber Jugendkultur offen zeigen müssen, nutzen ›*leak*‹ und ›*Leaking*‹ (siehe Fundstücke). In Publikumsmedien wurde ›*Leak*‹ massiv verbreitet, als im August 2010 die Website wikileaks.org mit ihrem Mastermind (›Chefdenker‹) Julian Assange geheime Dokumente des US-Militärs veröffentlichte.

FUNDSTÜCKE

»Die ersten Details des neuen AMD Six-Core Phenom II sind geleakt. *Darunter auch der Preis.«* neuerdings.com (4-2010)
»nVidia will das Leaken *von Treibern unterbinden: nVidia hat heute in einer An-*

kündigung allen registrierten Entwicklern mitgeteilt, man wolle in Zukunft härter gegen ›geleakte‹ *Treiber vorgehen.«* computerbase.de (6-2001)
»Ließ Timbaland Jay-Zs neues Album leaken*?«* mtv.de (4-2010)
»Das Berliner Leaking-*Projekt beschäftigt sich mit der Prävention von schwerer zielgerichteter Schulgewalt, wie School Shootings und Amokläufen, an Schulen. (...) Beim* Leaking *lässt der Täter seine Tatfantasien oder Pläne im Vorfeld ›durchsickern‹.«* leaking-projekt.de (4-2010)
Beachtlich: ›School Shooting‹ als neuer Straftatbestand.

Level

Engl. *level*: Ebene; Level; Niveau

SPRACHGEBRAUCH

Seit Beginn der 80er Jahre und der Professionalisierung von politischer Debatte können deutschsprachig geführte Diskussionen einen mehr oder minder hohen *Level* haben, während sie zuvor noch auf einem gewissen Niveau geführt wurden.
Die Computerspielära stattete auch diskussionsferne Bereiche des Alltagslebens mit *Leveln* aus: Games, bei denen sich ein Spieler durch eine Spielzone, oder eben: einen *Level*, durcharbeiten muss, um den nächsten betreten zu können. Kenner bedienen sich dabei *Level*-Editoren, mit denen das Spiel nach eigenem Gutdünken redesignt werden kann.

FUNDSTÜCKE

»Im Gegensatz zu passionierten Spielern spricht Andreas Lange selten über Spieltaktiken, Grafikmodi oder die neuesten Levelwelten.« spiegel.de (1-2011)
»[Level-*Q*]-*Trainings zur Studien- und Karrieregestaltung ist ein Projekt zur Entwicklung neuer Lehrmedien im Hochschulbereich.«* level-q.de (9-2006)

Lifestyle, Life-Style

Engl. *lifestyle*: Lebensführung; Lebensstil, Lifestyle

SPRACHGEBRAUCH

Menschen haben schon immer irgendwie ihr Leben rumgebracht. Erst seit Beginn der 80er Jahre des 20. Jahrhunderts kümmert sich darum forciert ein All-Inclusive-Marketing, das dem Konsumenten jegliche Lebensführungsverantwortung abnimmt und durch *Lifestyle*-Angebote ersetzt.
Wer sein Leben noch selbst führen will, gilt seither als anachronistischer Shopping-Verweigerer. Der Gebrauch von ›Lebensführung‹ oder ›*Lifestyle*‹ entscheidet über die Zeitgeisthöhe des Sprechers.
Von ›*Lifestyle*‹ abgeleitet ist das Verb ›*lifestylen*‹. Die Beugung ist nicht unproblematisch; sagt/schreibt man ›*gelifestylt*‹ oder ›*lifegestylt*‹*?* Noch hat sich keine Version durchgesetzt. (Was angesichts klein bleibender Fallzahlen auch nicht zu erwarten ist.)
Da alles Stilsache ist, kann alles mit ›*Lifestyle*‹ kombiniert werden. So finden sich *Lifestyle*-Gadgets, *Lifestyle*-Handys, *Lifestyle*-Manager und *Lifestyle*-Politiker, die in *Lifestyle*-Sendungen zu demonstrieren haben, welche TV-Performance sie so draufhaben.

FUNDSTÜCKE

»Das Kreuz auf der Heckflosse ist ein bisschen schlanker, sonst ist das nicht gelife-

stylt – *eben sexy und schlank, das Ebenbild der Schweizer, eben swissness ...«* publishers.ch (11-2005) Auch die Übernahme von engl. *swissness* (›Schweizhaftigkeit‹) – schon im Englischen ein stilistisch bedenkliches Etwas – ist beachtenswert.

»Imageberatung, Farbberatung, Stilberatung, Typberatung, Styling, Outfit, Mode, Beauty, Lifestyle, *Kosmetik, Schminken, Schönheitsoperationen ...«* lifestyle.de (11-2005)

»Gegen den Bankrott der Ethik setzten viele die Aufwertung der Ästhetik – die schnell in einer trostlosen Verlifestylung *des Lebens, im wunschlosen Unglück endete.«* Der Spiegel (1-2010)

Liftback

Engl. *liftback*: Fließhecklimousine
Engl. *hatchback*: Fließhecklimousine

SPRACHGEBRAUCH

In den 70er Jahren ist ›*Liftback*‹ vom japanischen Autohersteller *Toyota* für sein Modell *Toyota Corolla Liftback* erfunden und bekannt gemacht geworden. Ein *Toyota Carina Liftback* wurde weniger bekannt. Engl. *hatchback* erschien den Japanern für die weltweite Vermarktung nicht wohltönend und eigensinnig genug. 2000 kam der *Toyota Avensis Liftback* hinzu. Um den Erhalt der älteren Fahrzeuge bekümmert sich eine große deutsche Schrauber-Fangemeinde, die die Verwendung von ›*Liftback*‹ noch für Jahre garantiert. Auch *Nissan* steuert seit 1999 mit dem *Nissan Primera Liftback* zur Weiterverbreitung des Begriffes bei. Das ›echte‹ englische Wort *hatchback* hat sich nur in der Bastlerszene durchgesetzt, der Autokäufer weiß in der Regel wenig damit anzufangen.

FUNDSTÜCK

»Zwar gibt es neben dem klassischen Kompaktmodell mit drei Türen noch den fünftürigen Liftback, *eine Stufenheck-Limousine und einen Kombi – doch nur die 1,4-Liter-Basismotorisierung ist in allen Typen zu haben.«* focus.de (7-1997)

light, lite

Engl. *light*: hell; leicht; licht; schwach; das Licht

SPRACHGEBRAUCH

Die Karriere von ›*light*‹ im Deutschen ist eine der erstaunlichsten. Sie wäre eine *Light*-Monographie wert. Hier nur kurz: Westliche Gegenwartsgesellschaft will es hell, freundlich, bekömmlich, leicht und unkompliziert. ›*Light*‹ umfasst all dies und mehr, flexibel zu handeln für den Bedarf von Produkte- und Diensteanbietern.

Der Durchbruch auf dem deutschen Sprachmarkt gelang 1983 mit der Etablierung von *Cola Light* auf dem Softdrink-Markt.

Zigaretten dürfen in der EU seit 2003 nicht mehr mit dem Label ›*light*‹ werben. Dafür gibt es in Deutschland mehr halbalkoholisch angereicherte Biere, die ›*light*‹ im Namen tragen.

Dass engl. *light* auch ›Licht‹ heißt, wird angesichts des Leicht-Kultes oft vergessen. Erinnert sei aber an die schöne Sitte des *Candlelight*-Dinners, was nicht, wie oft zu entdecken, ›Candle-Light-Dinner‹ geschrieben werden sollte, wenn der Akzent nicht auf die etwaige Ver-

wendung leichtgewichtiger, schlanker Kerzen gelegt sein soll. Wer das nicht zu beachten vermag, sollte seine Angebetete lieber zu einem Date in einer Disco mit *Light-Show* schleppen.
Die Schreibweise ›*lite*‹ verdankt sich dem Marketingzwang, Bekanntes zu variieren. Daher konnte die modifizierte Schreibweise für kurze Zeit mehr Aufmerksamkeit verbuchen. Jetzt achtet kein Consumer mehr darauf.

FUNDSTÜCKE

»*Candle*-Light-*Lesung mit Hera Lind.*« openpress.de (9-2006)
»*Soft-Drinks – manche sind fast Flüssigzucker! Besser sind auch hier die* Light-*Produkte, die sich noch mit Wasser strecken lassen.*« bild.t-online.de (9-2006)
»*Kazaa* Lite *ist eine schlankere Variante des beliebten Kazaa-Clients, aber von Spyware, Banner- und Pop-Up-Werbung befreit.*« chip.de (9-2006)

Limit

Engl. *limit*: Grenze; Grenzwert; Limit

SPRACHGEBRAUCH

Bereits Ende des 19. Jahrhunderts nutzte die frühglobal agierende Kaufmannschaft ›*Limit*‹, wenn es um Schmerzgrenzen bei Preisen ging. Ab den 50er Jahren erweiterte sich der Verwendungsbereich dramatisch. Die westliche Kultur gewöhnte sich daran, nicht nur an Grenzen zu gehen, sondern diese in Permanenz und rekordträchtig zu überschreiten. Die Folge: *Limit*-Überschreitungen ohne *Limit*.

FUNDSTÜCK

»*Laufen bis zum Herzversagen – Wo liegt das* Limit?« idw-online.de (11-2006)

Limited Edition

Engl. *limited edition*: beschränkte Auflage, limitierte Auflage

SPRACHGEBRAUCH

Was selten ist, scheint wertvoller, so glaubt jeder Konsument, dem vom Konsumgüter-Marketing erfolgreich eingetrichtert worden ist, Kunstmarktmaßstäbe gälten auch für Designerunterhosen. Bei reproduzierbaren Kunstwerken wie Graphiken oder Abgüssen ist die Auflage, wenn es sich nicht gerade um eine Dali-Fälschungs-Auflage handelt, definiert. ›*Limited* Edition‹ aber sagt, ohne dass es einer versteht: »*Ich könnte millionenfach da sein, aber meine Hersteller haben mich knapp gehalten, damit mein Preis hoch sein kann.*« Viele *Limited Editions* locken auch mit Zugaben (Add-Ons; Gimmicks). So gibt es CDs und DVDs, Computerspiele, Armbanduhren, Edelfüllfederhalter und Kaffeemaschinen als *Limited Edition*.

FUNDSTÜCKE

»*Silent Hill* – Limited *Steelbook* Edition.« amazon.de (11-2006) ›Steelbook Edition‹ heißt: Eine DVD des Films *Silent Hill* ist, statt in Plastik oder Pappe, in einer Aluminium- oder Blechhülle verpackt.
»*Babyboop Dreigeteiltes Appetizertablett: Für Alessi kreiert von Ron Arad, der für seine experimentellen Projekte und seine Möbel und Lampen in* limited-edition *weltberühmte Designer …*« forzieri.com (11-2006) ›Babyboop‹ ist Kunstwort; im Deutschen am ehesten übersetzbar mit ›baby-pups-putzig‹; das Appetizertablett (›Appetitanregertablett‹) ähnelt einem Babybreilöffel mit doppelter Schaufel.

Line

Engl. *line*: Leitung; Linie; Zeile

SPRACHGEBRAUCH

Betuchtere Deutsche lernten in den 80er Jahren, dass Kokain am praktischsten per *Line* geschnupft wird. Die fummelt sich der Schnupfer praktischerweise mit einem Blade (Rasierklinge) zurecht. US-Filmproduktionen heißen *Walk the Line* oder *In the Line of Fire* und werden für den deutschen Markt nicht übersetzt. Und seit alle miteinander vernetzt sind, häufen sich die *Lines*, über die Daten aller Art geschickt werden. Verständlich ist das den Deutschen, sieht das englische Lehnwort doch wie die Falschschreibung des Deutschen aus, was an der gemeinsamen Quelle, dem lateinischen *linea*, liegt, wovon unser ›Lineal‹ eine Abzweigung ist.

FUNDSTÜCK

»Mini-Spiel des Tages: Snow Line, *Das Rentier des Weihnachtsmanns hat eine Auszeit und Sie müssen helfen, dass der Weihnachtsmann trotzdem alle Geschenke für das Fest zusammen bekommt.«* pc-welt.de (12-2006)

Link; verlinken

Engl. *link*: Bindung; Verbindung; Zwischenglied

SPRACHGESCHICHTE

Ein altnordisches *hlenkr* verbindet engl. *link* mit dt. ›lenken‹ und ›Gelenk‹. Im Englischen des 15. Jahrhunderts war mit *link* eine Reihe von Ringen gemeint, die eine Kette bilden.

SPRACHGEBRAUCH

Vor der Ära des Webs kannte der belesenere Deutsche den Missing *Link*, das fehlende Bindeglied zwischen Homo sapiens und Primaten. Manche nannten ihn auch ›das Missing *Link*‹. Deutlich weniger ›die Missing *Link*‹. (Alle drei Genus-Zuweisungen haben sich erhalten.)

Heute assoziiert der netzgekoppelte Deutsche mit ›*Link*‹ die Verknüpfung von Inhalten auf Websites. Ein *Link* kann an eine andere Stelle im gleichen Dokument, auf eine andere Page der gleichen Site oder auf eine ganz andere Site führen. Und Webuser sagen heute alle ›der *Link*‹.

Verlinkte Pages oder Sites animieren zum Hoppen, wie man die sprunghafte Webbewegungsform nennen muss, die doch aller Elegance (bitte französisch aussprechen) des bodybasierten Real-Life-Surfens entbehrt.

Link-Sammlungen heißen ›Favorites‹ (oder dt. ›Favoriten‹).

Der längere Ausdruck ›*Hyperlink*‹ meint das Gleiche wie ›*Link*‹, wird aber nur mehr selten genutzt.

FUNDSTÜCKE

»Das Linksystem *München ist ein unabhängiger Internet Service Provider für den Großraum München.«* link-m.de (12-2005)

»Tragen sie ihre Lieblingslinks *in ein neues* Linkportal *ein.«* ayouli.de (12-2005)

»Backlinks *sind die Grundlage für gutes Ranking. Mit der Dialcontent Directory bekommen sie kostenlos wertvolle* Backlinkverweise *inklusive PR-Vererbung.«* directory-dialcontent.de (12-2005)

Liquid

Engl. *liquid*: flüssig; Flüssigkeit

SPRACHGEBRAUCH

Der gebildetere Deutsche ist liquide, wenn er hinreichend Bargeld zur Verfügung hat. Der Businessdeutsche sinniert über die Liquidität von Unternehmen, die bei der Akquisition anderer Unternehmen entscheidend ist. ›Liquidität‹ wie ›liquide‹ sind vom lateinischen *liquidus* (›flüssig; durchsichtig; rein‹) abgeleitet und ganz unenglisch aussprechbar. Anders dagegen auf den Arealen von Computer & Displaytechnologie, Nachtleben & Drinks, Meereswellen & Surfen, wo sich seit den 80er Jahren der Anglizismus ›*Liquid*‹ breitgemacht hat. Drinks sind ›*Liquids*‹, das Meer ist die ›*Liquid*‹ an und für sich, Bildschirme und andere Displays sind mit LCDs (*Liquid* Crystal Diodes) bestückt.

FUNDSTÜCKE

»Die Liquid-*Lounge gilt als Oase im Nachtleben von Hannover.«* liquid-lounge-hannover.de (9-2006)

»Das, meine sehr verehrten Damen und Herren, liebe Delphine, ist die Kurzgeschichte von Liquid *Sound, dem Baden in Licht und Musik.«* liquid-sound.com (9-2006) Es handelt sich um eine Relax-Technologie mit ins Wasser abgestrahlter Musik, die in vielen deutschen Wellness-Centern eingesetzt wird.

› **Lotion**

Living

Engl. *living*: lebendig; Lebensweise

SPRACHGEBRAUCH

Die 80er Jahre als Lifestyle-Jahrzehnt brachten uns ›*Living*‹ als vieldeutig aufgeladenen Begriff, der Dimensionen von Leben, Erlebnis, Wohnen, Design und Architektur zusammenschmurgelte. Die Gesundheits- und Wellness-Branche sorgte für einen parallelen ›*Living*‹-Schub, der den Kontext ›langes, gesundes, fittes Leben‹ besetzt hält.
›*Living*‹ funktioniert besser als ›Leben‹, so wie ›Kids‹ besser als ›Kinder‹ funktioniert.

FUNDSTÜCKE

»World of Living *– Freizeitpark, Hausausstellung und Bauberatung.«* world-of-living.de (9-2006)

*»*Living *at Home: Kitchen & Culture, Fresh & Splash, Sleep & Dream, Sit & Feel, Sun & Shadow, Floor & More.«* Themenbereiche der Frankfurter Textilmesse (2007)

»digital living *– das Erlebnisevent zog vom Start weg rund 150 000 Besucher in die Halle 27, die sich über die aktuellen Trends der Heimelektronik und des Home Entertainment informierten.«* digital-living.de (9-2006) Es handelt sich um ein Angebot der CeBit-Messe.

Lobby; Lobbyismus; Lobbyist

Engl. *lobby*: Empfangshalle, Vorhalle; Vertreter einer Interessengruppe
Engl. *lobbyist*: Lobbyist, Vertreter einer Interessengruppe

SPRACHGESCHICHTE

Ein naher sprachlicher Verwandter der *Lobby* ist die deutsche ›Laube‹. Beide Sprachen haben sich beim mittelalterlichen Latein und der dortigen *laubia* bedient, womit ehedem der überdachte Gang in einem Kloster bezeichnet wurde. Und dahinter lauert noch das althochdeutsche *louba*, das auch schon etwas Überdachtes meinte.

SPRACHGEBRAUCH

Parlamentarier und Vertreter von Interessengruppen pflegen in der Demokratie rege Kontakte. Bis in die 60er Jahre hinein war es in Deutschland aber verpönt, diese Dimension von Interessenausgleich öffentlich zu thematisieren. Man sprach eher schwammig von ›Interessen‹ und ›Interessengruppen‹. Professionalisierung der Interessenvertreter und linke Gegenöffentlichkeit zugleich änderten dies seit Ende der 60er. Da Politik seither ihren Ruf nahezu gänzlich verspielt hat, konnte der *Lobbyismus* profitieren: Alle agieren jetzt auf der gleichen niedrigen Ebene von Kungelei. Zugleich haben heute alle, die Interessen haben (wer hat die nicht), auch das Recht, eine *Lobby* zu bilden. Das geht in Internetzeiten sehr leicht. Ob die Demokratisierung des *Lobbyismus* eine Stärkung von Demokratie bedeutet, ist hoch umstritten. Sicher aber ist: Der Wortgruppe ist noch ein langes Leben beschieden.

Die Verbform ›*lobbyen*‹ findet sich glücklicherweise selten, aber eben doch, und dann sogar bei Höchstkultur absondernden Medien (siehe Fundstücke).

FUNDSTÜCKE

»Lobbyisten *heißen* Lobbyisten, *weil sie ihr Werk einst in der* Lobby *taten. Vielleicht wird es Zeit, sie in den Hinterhof zu befördern – dorthin, wo die Mülleimer stehen.«* blog.handelsblatt.de (9-2006)

»Die diskrete Lobby *der Raucher: Förderung im Verborgenen: Wie sich Zigarettenhersteller in den neunziger Jahren das Wohlwollen der Gastwirte sicherten.«* sueddeutsche.de (6-2006)

»Die USA hatten bei befreundeten Regierungen seit längerem dagegen gelobbyt.*«* zeit.de (9-2002)

local

Engl. *local*: lokal, örtlich, stadtbezogen, städtisch

SPRACHGEBRAUCH

Wer seine Stadt liebt, könnte der Heimattümelei geziehen werden. Unverfänglicher ist es, Materielles wie Immaterielles der unmittelbaren Lebensumgebung mit dem Etikett ›*local*‹ zu versehen. *Local* News, Sounds, Events, Content, Celebrities, Business sind der sprachlich überanstrengte Normalfall.

Ruhrgebietsstädte präsentierten 2010 im Rahmen einer imagesehnenden Veranstaltungskampagne gar *Local Heroes*-Wochen. Städtische Helden waren dann allerlei Kreativlinge, die sich gebündelt zeigen mussten, um das lokale Potenzial zu demonstrieren.

Das Kunstwörtchen ›glocal‹ entstand um die Jahrtausendwende aus der Zusammenziehung von ›*local*‹ und ›global‹, konnte sich aber nicht lange halten.

FUNDSTÜCKE

»Die Moerser Innenstadt wird zur kulturellen Spielwiese: Ein Programmpunkt der Local Heroes-*Woche, die eine Woche lang für Herz-Rasen sorgen.«* rp-online.de (5-2010)

»Wasser von unten, Wasser von oben – und mittendrin die besten Wakeboarder Deutschlands. 38 Teams mit 76 Fahrern gingen bei der Telekom Local *Support Wakeboard Challenge am Turncable in Thannhausen an den Start, trotzten dem*

teils sehr starken Regen und zeigten den ganzen Tag über Wassersport auf höchstem Niveau.« telekom-playgrounds.de (7-2010) Ein Turncable ist eine Seilzuganlage, mittels der sich Board-User aller Couleur automatisiert und abstandsgeregelt übers Wasser bewegen können.

Loft

Engl. *loft*: Dachboden; Speicher; Loft

SPRACHGEBRAUCH

Die luftigste Etage ist immer die oberste; daher heißt sie im Englischen *loft* (denn ›Luft‹ und *loft* sind miteinander verwandt). Die kommerzielle Entdeckung von Speichern, aber insbesondere von verlassenen Fabriketagen, vollzog sich in New York beim Übergang von den 70er zu den 80er Jahren des 20. Jahrhunderts.
Nach der Nutzung von *Lofts* durch eher mittellose Menschen mit kreativen Ambitionen seit den 40er Jahren kam die Eroberung durch gut Betuchte. Es entwickelte sich eine *Loft*-Architektur, ein *Loft*-Design, ein veritabler *Loft*-Lifestyle. Über Style-, Architektur- und Designmagazine wurde der Trend in deutschen Landen bekannt, zugleich die Wohnform unter designaffinen Hochmittelständlern begehrt gemacht.
Das Immobilienwesen von Großstädten wie Berlin und Hamburg wimmelt nur so vor upperpreisigen *Loft*-Offerten.

FUNDSTÜCK

»*Living* Loft – *die innovative WohnArt: (...) In einer solch städtebaulich herausragenden Lage in Erlangen, im Röthelheimpark, realisiert Hochtief Construction ein innovatives Wohnkonzept: Living* Loft – *WohnArt für jeden Geschmack.«* hochtief-construction.de (11-2006) Beachtenswert: ›WohnArt‹, also ›Wohnkunst‹, in der Schreibweise einer Pseudomarke.

Login

Engl. *login*: Anmeldung; Benutzeranmeldung; Einloggen

SPRACHGEBRAUCH

Im Internet besteht zunehmende Meldepflicht, denn selbst die Anbieter kostenloser Informationen haben Interesse an den Daten von Usern. Wer sich anmelden soll, wird nicht aufgefordert, er möge sich anmelden, sondern auf ›*Login*‹ clicken (dt. ›klicken‹), um sich einzuloggen. Weniger gebräuchlich ist engl. *to sign on* (›sich einschreiben‹).

FUNDSTÜCK

»Login *Blumentopf Archivbereich. Um in den Archiv zu gelangen, müsst ihr den newsletter abbonieren und dann mit registrierter E-Mail hier einloggen.«* blumentopf.de (9-2006) Es handelt sich um die Website einer Musikgruppe; die Akkusativ-Missbildung ist beachtlich; ›registrierte E-Mail‹ ist unsinng; ›abbonnieren‹ maximal falsch geschrieben; immerhin ist ›E-Mail‹ korrekt, dafür ›Newsletter‹ fälschlicherweise klein.
› **Check; checken**

Longseller

Engl. *longseller*: dauerhafter Verkaufsrenner

SPRACHGEBRAUCH

Die Professionalisierung des deutschen Buchmarkts ging einher mit einem heftigen Anglizismen-Infekt. ›*Longseller*‹

wird aber von Sprachwärtern als Scheinanglizismus diskreditiert, was sprachwächterüblich zu simpel ist: Die Ableitung ist naheliegend; in Spanien und dem spanisch sprechenden Lateinamerika ist sie bereits geläufig. In Spanien existiert gar ein Verlag namens *Longseller.*
Um 2006, bei einer ersten Sichtung zu ›*Longseller*‹-Vorkommnissen, hatten es die Amerikaner noch nicht begriffen, was für ein praktisches Wörtchen da auf dem halbglobalen Tablett für sie bereitliegt. 2012 ist das schon ganz anders. Da hat der Internetauftritt der US-Buchhandelskette *Barnes & Noble* gar eine eigene *Longseller*-Abteilung. Hat sich was, mit dem Scheinanglizismus ...
Longseller finden sich nicht in Bestseller-Listen; diese sollen zum Kauf frischer Buchware animieren; *Longseller* (Bibel, Shakespeare, Goethe) verkaufen sich auch ohne Permabewerbung.

FUNDSTÜCKE

»Erfahren Sie alles über den Erfolg der Frieling-Idee aus dem Longseller *›Autor sucht Verleger – Der direkte Weg zum eigenen Buch‹.«* frieling.de (9-2006)
»Erstes gedrucktes Buch der Welt – ›Longseller‹ *Bibel.«* mainz.de/gutenberg (9-2006)

› **Bestseller; Blockbuster**

Look

Engl. *look*: Anblick; Aussehen

SPRACHGEBRAUCH

Die Invasion von ›*Look*‹ ist frühes Nachkriegsphänomen. Die Städte waren noch grau-staubig-trümmerig; der Mensch wollte schneller besser aussehen, vor allem vermittels neuer Klamotten und Kosmetik. Dabei wusste der frühe Einkaufsdeutsche nicht mal, dass ›Klamotte‹ ehedem als eine gängige Bezeichnung für eben jene unschönen Mauer- und Steintrümmer diente. Oh seliges Unwissen.
Seither haben die Kultivierung von Konsum-Narzissmus und Erlebnis-Sehnsüchten ›*Look*‹ eine sprachliche Dauerblüte beschert.
Als ›*Look* and feel‹ wird heute das graphische Erscheinungsbild einer Internetseite bezeichnet.

FUNDSTÜCKE

»Die quälende Frage ›Bin ich schön?‹ wird jetzt ultimativ beantwortet: Look.*de, das Attraktivitätsbarometer! Seriös, anonym, kostenlos.«* look.de (9-2006)
*»Das Handy im Rasierer-*Look*: Ein Musikphone muss neben den technischen Features vor allem designtechnisch überzeugen.«* pcwelt.de (9-2006)
›Designerisch‹ statt ›designtechnisch‹ wäre angemessen; es geht nicht um eine besondere Technik des Designs, sondern die Wirkung, eben: das *Look*-and-feel des Design.

› **Feeling; Outfit**

Loser; Looser

Engl. *loser*: Verlierer, Loser, Looser
Engl. *to loose*: lockern; lösen

SPRACHGEBRAUCH

Englisch *loser* hat beim Import in den 70er Jahren ein ›o‹ hinzugewonnen – wahrscheinlich durch die Ausspracheähnlichkeit mit Wörtern wie engl. *choose* (›wählen‹). In den 80ern, wohl durch die Übernahme in Medienberichterstattungen, bei der Korrektoren Hand anlegten, begann ›*Loser*‹ zu dominieren. Zwischen Verlierern und *Losern* besteht ein dramatischer Unterschied: Ein Verlierer kann ein *Winner* sein. Und ein Gewinner durch seinen Status zum *Loser* werden. Es geht dabei auch um die Bewertung bürgerlichen Aufstiegs aus den unterschiedlichen Perspektiven von jugendlichen Außenseitern und »ordentlichen« Aufsteigern. Daher ist ›*Loser*‹ nur für den gegenüber Jugendszenen unsensiblen Menschen ein überflüssiger Import.

Anglizismenkritiker wünschen sich die Schreibweise ›Luser‹ herbei; die Aussprache soll erleichtert sein. Leider gibt es den US-englischen *luser* schon seit etwa 1975. Am amerikanischen MIT entstand das neue Wörtchen als Mix aus engl. *loser* und *user*. Die Computerszene hat das nicht vergessen; die Anglizismenkritiker hatten mal wieder keine Ahnung.

FUNDSTÜCKE

»*Die Nacht der lebenden* Loser*: Nach einem nächtlichen Friedhofsbesuch sind Philip, Wurst und Konrad mit einem bösen Fluch belegt und gehen fortan als Zombies durch die Welt.*« moviemaze.de (12-2006)

»*Globale* Loser*: Wie Schriftsteller versuchen, die Verlierer der Globalisierung zu verstehen.*« fluter.de (12-2006) Die Website ist ein Online-Jugendmagazin von der Bundeszentrale für politische Bildung.

› **Underdog**

Lotion

Engl./franz. *lotion*: Flüssigkeit; Lösung; Gesichtswasser

SPRACHGEBRAUCH & FUNDSTÜCKE

›*Lotion*‹ gehört seit den 60er Jahren zum Grundwortschatz des Kosmetikbetriebs und seiner Kunden. Ob aber englische oder französische Lautung angesagt ist, entscheidet oft nur der Wortbegleiter. Body *Lotion,* Après *Lotion* Rasage (also ein Nach-Rasur-Gesichtswasser), After Sun *Lotion,* Penaten Baby *Lotion* – der notwendige Akzent ist leicht erkennbar. Bei der Bebe Young Care Holiday Skin Body *Lotion* darf man sich nicht vom französischen *bébé* irritieren lassen; und was eine Skin *Lotion* von einer Body *Lotion* unterscheidet, sollte man sich nicht mal als Kosmetikmarketer fragen. Rätselhaft: die Sebamed Urea *Lotion. Sebamed* ist die Hauptmarke des deutschen Unternehmens *Sebapharma.* ›Urea‹ heißt ›Harnstoff‹, dies aber sowohl im Englischen wie im Lateinischen. Die Franzosen sagen *urée.* Dennoch ist die englische Aussprache von ›Lotion‹ nicht zu empfehlen; die seriöse Markenprofilierung von *Sebamed* legt einen nur angedeuteten französischen Akzent nahe. ›Urea‹ verstehen eh nur Mediziner, die sich an einen Urethral-Katheder (›Harnröhrensonde‹) erinnert fühlen, der ihnen mal im Krankenhaus verpasst worden sein mag. Das ist gut so. Wer reibt sich schon gerne mit Harnsäure ein, nur hartgesottene Öko-Medizinis.

› **Liquid**

Lover

Engl. *lover*: Geliebter, Liebhaber

SPRACHGEBRAUCH

Seit den 70er Jahren haben modernere Frauen einen *Lover.* Das ist ein etwas flexibler zu handhabender Mann als der Typus, der vordem ›Liebhaber‹ genannt wurde; gleichsam die mobile Großstadtversion. Die sinnliche Macho-Sonderausführung heißt ›Latin *Lover*‹ und hat spanische oder mexikanische Wurzeln.

FUNDSTÜCKE

»Antonio Banderas hat den Latin Lover *überzeugend verkörpert – und musste dafür nie viel schauspielern.«* sueddeutsche.de (8-2010)

»Sie wollen einen Lover. *Einen, der das macht, was ihre Männer noch vor fünf Jahren gemacht haben.«* stern.de (1-2019) Aus dem Blog ›Der Jetlagger‹.

lucky

Engl. *lucky*: glücklich

SPRACHGEBRAUCH

Schon in der Besatzungszeit nach dem 2. Weltkrieg sorgte die amerikanische Zigarettensorte *Lucky Strike* für einen ersten, meist unverstandenen Kontakt. (Im Englischen ist ein *lucky strike* ein Glückstreffer in Sport und Spiel.) Die 60er und 70er Jahre lieferten im Zuge der Pop- und Hippiekultur weitere Einflussschübe. Nicht zu unterschätzen ist aber auch die sprachfördernde Dauerpräsenz des Comic-Cowboys *Lucky Luke,* dessen Hefte bereits seit 1958 in Deutschland erscheinen und der nach *Asterix* die erfolgreichste Comicmarke in Deutschland repräsentiert.

Heute kann alles, was nicht unter dem Ruch des Todtraurigen kommerziell darniederliegen mag, mit dem Etikett ›*lucky*‹ belegt werden, und niemandem fällt es noch auf.

FUNDSTÜCKE

»Lucky-*Kitty Katzenbrunnen – damit Ihre Katze endlich genug trinkt.«* lucky-kitty.de (8-2010)

»Lucky *Bike Ihr Fahrrad Shop und Fahrrad Fachmarkt mit Filialen in Bielefeld, Chemnitz, Düsseldorf und Leipzig.«* lucky-bike.de (8-2010)

»Lucky *Dogs – Die Hundeschule – Unsere Erziehung erfolgt auf der Basis positiver Bestärkung.«* hundeschule-lucky-dogs.de (8-2010)

M

Make-up, Makeup

Engl. *make-up*: Aufmachung; Bemalung; Make-up

SPRACHGEBRAUCH

Bereits kurz nach dem Zweiten Weltkrieg importierten US-Kosmetikkonzerne *make-up* als Bezeichnung für gesichtskosmetische Hautbeschichtungsprodukte. War ›Kosmetik‹ besser? Sollen wir wieder ›Schminke‹ sagen, die ja nun für Zirkus, Karneval und Theater reserviert ist? Immerhin ist ›*Make-Up*‹ zu der Metapher geworden, mit welcher der durch Bespachtelung optimierbare Look von Allem und Jedem bezeichnet werden kann.

FUNDSTÜCKE

*»Elfengleicher Teint, zart schimmernde Lippen und leuchtende Augen – eine Naturschönheit? Von wegen! Die Damenwelt trickst mit Nude-*Make-up.« bild.de (7-2010) Der Trick besteht in semi-transparenten Beschichtungswirkungen.

»Allerdings hat die Stadthalle zeitlos klassisch nicht sehr viel Make-up *nötig.«* derwesten.de (8-2010)

Mall

Engl. *mall*: Einkaufszentrum, Ladenstraße; Promenade

Engl. *mallet*: Gummihammer; Krocket-Hammer; Holzhammer

SPRACHGESCHICHTE

Das Englische erfand sich um 1840 die *mall,* eine schattige Promenade, damals noch spiel- und natur-, jedoch nicht konsumgebunden. Abgeleitet war die Bezeichnung von der *Pall Mall,* einer Straße in London, die parallel der Prachtpromenade *The Mall* entlangführt. Beide wiederum haben ihren Namen von einem Spiel, *pall-mall* genannt, dem Krocket sehr ähnlich, das auf der *Pall Mall* mit einem *mallet,* also einem Holzhammer, zu spielen üblich war. Engl. *pall-mall* ist ein arg verhunztes Lehnwort sowohl aus dem Französischen (*paille-maille*) als auch aus dem Italienischen, wo mit *pallamaglio* ebenfalls ein mit dem Hammer zu exerzierendes Ballspiel gemeint ist. Seit den 60er Jahren bezeichnet *mall* im Englischen eine Einkaufsgalerie.

SPRACHGEBRAUCH

In den 70er Jahren wurden Einkaufsstraßen von Großstädten von oft minder sinnreich gegliederten Geschäftsballungen durchseucht. Sie nannten sich gerne ›City Center‹ oder ›Shopping Center‹. In den 90er Jahren entstanden weit gigantomanischere Komplexe, die wie überdachte Ladenstraßen aufgebaut waren. Nun sprach man auch bei uns von *Malls* oder Shopping-*Malls.* Zwar wird konsumtheoretisierend behauptet, mit der *Mall* würde nur der Hauptweg eines Shopping-Centers gemeint sein, aber der Konsument unterscheidet nur nach Größe. Und die *Mall* ist nun mal größer als das halbherzige Shopping-Center der 70er und 80er.

FUNDSTÜCK

»Die weltgrößte Mall *in Dubai. Bei Nacht mutet die Fassade der Dubai* Mall *an wie aus 1001 Nacht.«* rp-online.de (5-2011) Die Dubai *Mall* beherbergt etwa 1200 Shops auf einer Fläche von 350 000 Quadratmetern.

Manager; Management

Engl. *manager*: Führungskraft; Leiter; Trainer; Manager; Vorstand
Engl. *management*: Führung; Management; Unternehmensführung; Vorstand

SPRACHGESCHICHTE

Das Englische hat sich aus dem Französischen bedient, um das Training eines Pferdes zu bezeichnen. Franz. *manège* führte zunächst zu engl. *manege.* Versteckt sind lat. *manus* (›Hand‹) und lat. *agere* (›betreiben; handeln‹). Vgl. italien. *maneggiare* (›handhaben; managen; sich zurechtfinden‹). Die Franzosen haben ihr *manager* unüblicherweise nicht von den Italienern, sondern im 19. Jahrhundert aus England importiert. So fügen sich die sprachlichen Austauschkreisläufe ...

SPRACHGEBRAUCH

Seit den 60er Jahren sind Popbusiness, Politik und Unternehmensführung unter zunehmenden Professionalisierungsdruck geraten. So setzte sich eine generalisierte *Management*-Perspektive durch. Und so wurden auch immer mehr ›*Manager*‹ in die Welt gesetzt.
Heute ist es nahezu Verpflichtung, auch das alltägliche Werkeln einer Hausfrau als Haushalts-*Management* zu betrachten.
Der Computer hat durch die Bereitstellung von Programmen zur Bewältigung ungeahnter Probleme (*Management* der Musikdownloadsammlung) eine immense Zahl von *Managern* hervorgebracht, die aber auf die Eingabe und Steuerung durch einen die Programme *managenden* User angewiesen sind.

FUNDSTÜCKE

»Mit dem HotSpot Manager *finden Sie bequem jedes Funknetz in Ihrer Nähe!«* t-com.de (9-2006)
*»Der LIZ-Ausfallraps-*Manager *ermittelt ab Auflauf des Ausfallrapses die Bodentemperatursumme, um den optimalen Umbruchzeitpunkt des Ausfallrapses zu bestimmen.«* liz-online.de (9-2006) Der Bauer ist Agrar-*Manager;* das wird hier evident.
»Wenn wir also die Oberfläche des Fruchtfleisches nicht mit einer hitzebeständigen Umhüllung schützen wollen wie im heutigen Schlafrock-Rezept, aber auch keine Lust haben, das Innere aus einer Schrumpelschale herauszulöffeln, empfiehlt sich die geschälte Nacktapfelvariante und ein gutes Bratmanagement *mit idealerweise der Erstgarung in der Bedampfungsstufe (Alternative: dampfgaren), Endgarung in Heißluft mit anschließender kurzer Top-Karamellisierung unter dem Grill.«* spiegel.de (11-2010) Hier kultiviert der *Spiegel* einen elaboriert-ironischen Stil, der in feinfühlig dosierter Quantität zarte Manierismen platziert. Es ist die Ausnahme, die nicht zu loben lohnt, weil sie auf Zufällen basiert.

Maniac

Engl. *maniac*: Maniker, Besessener, Fanatiker

SPRACHGEBRAUCH

Besessenheit galt in vorpostmodernen Zeiten als Krankheit. Wer heute *Maniac* ist, mag dagegen als wirtschaftsfördernder Extremkonsumist gelobt werden. Er kauft zum Beispiel mehr Handys, als er Jackentaschen hat. Oder sammelt Musik, ohne auf Downloadkosten zu achten. Insiderszenen der Bereiche Spiele, Fantasy und Computer kennen und nutzen das Wort.

FUNDSTÜCK

»Bei Maniac *Mansion Mania geht es darum, kurze Adventures in Form von Episoden einer Serie zu produzieren, die im Umfeld von* Maniac *Mansion spielen.«* maniac-mansion-mania.com (98-2008)

› **Freak; Handymania; Handymaniacs; Nerd**

Manpower

Engl. *manpower*: Arbeitskräfte, Belegschaft, Personal

SPRACHGEBRAUCH

Wenn ein Unternehmen *Manpower* hat, dann ist das besser, als wenn es nur Arbeitskräfte zur Verfügung hat. ›*Manpower*‹ ist seit den 70er Jahren der dynamischere Begriff, in dem Flexibilität, Kreativität, allerhöchste Motiviertheit und Überstundenfreudigkeit amalgamiert sind.

FUNDSTÜCK

»Habt ihr das auch von Manpower *Zeitarbeit gehört. Die bieten absolute Dampingpreise bei Großunternehmen an.«* stellenangebote-forum.de (9-2004) Es geht leider um Dumpingpreise.

Marshmallow

Engl. *marshmallow*: der Eibisch; das Marshmallow; Mäusespeck
Engl. *marsh*: Sumpf
Engl. *mallow*: Malve
Engl. *mellow*: lieblich, sanft, zart

SPRACHGEBRAUCH

Deutsche Kinder kennen die klebrig-süßen, meist weißen oder rosafarbenen Weichzylinder aus kaubarer Schaummasse seit den 60er Jahren; der US-Import wurde dort seit 1948 maschinell hergestellt. Zuvor waren *Marshmallows* in Handarbeit erstellte, heilkräftige Süßigkeiten, zu deren Herstellung der Wurzelsaft des Eibisch benutzt wurde, dem schon im Mittelalter erkältungslindernde Wirkungen zugeschrieben wurden.

Heute zählen *Marshmallows* zu den bösen Süßigkeiten, die Kinder fett, dumm und früh zahnarm dastehen lassen.

In Deutschland wird ›*Marshmallows*‹ oft ›*Marshmellows*‹ geschrieben. Das ist falsch, passt aber, weil man es ›Malvenzartlinge‹ übersetzen könnte.

FUNDSTÜCKE

»Endlich vegane Marshmallows*! 100% pflanzlich und frei von Gentechnik.«* veganway.de (9-2006)

»Warnung: Die Marshmallows *sind für kleine Kinder nicht schluckbar!«* worldofsweets.de (9-2006)

»Die gebürtige Südafrikanerin Nicky Hoberman, in diesem Jahr nominiert für den britischen Jerwood Painting Prize, beschreibt mit Marshmellow-*Faktor die*

physische und ideologische Dehnbarkeit, die sie an ihren Figuren fasziniert.« sueddeutsche.de (8-2002) Bitte Falschschreibung beachten; Qualitätsjournalismus geht oft nicht mit Qualitätskorrekturlesungen einher.

Master

Engl. *master*: Herr; Kapitän; Meister; Vorlage

SPRACHGEBRAUCH

Es begann mit ›*Quizmaster*‹, ›*Showmaster*‹, ›*Talkmaster*‹. Es setzte sich mit ›*Master* of the Universe‹ (Fantasy-Spielwelt) und ›*Master* of Business Administration‹ (Wirtschafts-Spielwelt) fort. Und die Computer- und Softwarewelt ist von *Mastern* aller Art, dominierend: die *Webmaster*, übervölkert.

FUNDSTÜCKE

*»X-*Master *erkennt, wenn Sie vorher* Hack-Master *benutzt haben.«* linkesoft.de (9-2006)

»Wenn du ein Mal Sudoku Master *gespielt hast, wirst du Sudoku nie wieder mit Papier und Stift spielen wollen!«* nintendo-europe.com (9-2006)

»Cherry CyMotion Master *Solar im Test: Solar-Tastatur ohne Schnur.«* netzwelt.de (9-2006)

Mate

Engl. *mate*: Gefährte, Partner, Kumpel; Maat; schachmatt

SPRACHGEBRAUCH

Wird als Bestandteil von Produktnamen und zur Beschreibung von Produktfunktionen genutzt. Da sich ›*Mate*‹ als quasi unselbständiges Wort einschleicht, denkt kein deutscher Konsument darüber nach, ob dies überhaupt etwas, und wenn ja, was es bedeutet.

FUNDSTÜCKE

Acer *TravelMate:* Ein Laptop, der sich als Reisebegleiter anbietet.

Breedmate Pedigree Software: (engl. *breed:* ›Zucht‹) Software-Programm zur Unterstützung bei der Aufzucht von Welpen.

Nestlé Coffee *Mate:* Der Kaffee als Begleiter durch den Tag.

Epson Picture *Mate:* Drucker mit Fotodruck-Optionen, der als Bildbegleiter dienen soll.

I-*Mate:* Begleiter für den Computerbildschirm (auch: ›Desktop-Buddy‹). I-*Mates* sind selbst ablaufende Programme (›Desktop-Tools‹), die beim Ruhezustand des Computers mehr oder minder skurrile animierte Motive auf den Bildschirm zaubern (Aquarien, sanft flackernde Adventskranzkerzen).

max; maxx; maxxx

Engl. *max*: Kurzform für engl. *maximum*: höchster; maximal; Höhepunkt; Maximum

SPRACHGEBRAUCH & FUNDSTÜCKE

Ähnlich der superlativischen Aufladung mit ›XL‹ und ›XXL‹ bietet ›*max*‹ die Option, einem Produkt Spitzenwerte zuzuweisen. Dummerweise verstehen in Deutschland die meisten nur den knackigen Kurzvornamen.

Mit dem Slogan *»reduce to the* max*«* (›auf das Wesentliche reduzieren‹) hatte *Mercedes* seinen *Smart* bei uns werblich eingeführt. Das blieb als Wendung am Sprachkörper hängen.

Ford vermarktet sowohl einen *Ford C-Max* wie einen *S-Max* in Deutschland; auch hier ist nicht der deutsche Vorname gemeint; der Kunde soll ein spitzenmäßiges Ford-Automobil assoziieren.
T-Mobile vermarktete 2006 Telefontarifgruppen namens ›Relax 1000‹, ›*Max*‹ und ›Xtra Smart‹ (da kann man sich ja gar nicht entscheiden).
›*Max* Flex‹ nennt sich ein Bausparprogramm der Bausparkasse Mainz.
Weiter finden sich die Kinokette *CinemaxX,* der *Maxx* Filmpalast, die Zapfanlage Bier *Maxx,* die Bosch *Maxx* Waschmaschine, das Handy Motorola Razr *Maxx,* der Bodybuilding-Zusatzstofflieferant *Maxxx* und Tausende von Usernamen mit ›*Maxxx*‹-Bestandteil in deutschen Internet-Foren.

Meeting

Engl. *meeting*: Begegnung, Besprechung, Konferenz, Meeting, Sitzung, Tagung, Versammlung

SPRACHGEBRAUCH

Schon während der Weimarer Republik sollen Freiluft-Veranstaltungen der Kommunistischen Partei intern ›*Meeting*‹ genannt worden sein – wohl in Anlehnung an Sprachgepflogenheiten der bewunderten englischen Arbeiterbewegung. Auch die russische vorrevolutionäre Arbeiterbewegung hatte ›*Meeting*‹ für sich reklamiert. Eine lange ›*Meeting*‹-Pause währte bis in die 70er Jahre. Dann setzte sich Englisch als internationale Business-Sprache auch bei uns so weit durch, dass sich Sitzungen in *Meetings* verwandelten. Je kreativer und jünger ein Unternehmen aufgestellt, desto eher gibt es eine *Meeting*-Culture statt einer Sitzungskultur. Auch der Sport hat seine *Meetings,* wenn sich Aktive jenseits der großen Meisterschaften treffen.

FUNDSTÜCKE

»*Dieser Trend dürfte sich in der zwölften, eigens für das New Jazz* Meeting *des SWR zusammengestellten Version des Ensembles noch verstärken.*« tollhaus-karlsruhe.de (12-2006)

»Meeting *im Stehen, Arbeitsplatz zum Teilen.*« Süddeutsche Zeitung (11-2005)

› **Meeting Point**

Meeting Point

Engl. *meeting point*: Treffpunkt

SPRACHGEBRAUCH

Private Treffen finden an Treffpunkten statt, professionell arbeitende Menschen aber verabreden sich an *Meeting Points,* die beispielsweise auf Messen, in Konferenzzentren (Conference Centers) oder den Lounges von Flughäfen eingerichtet sind.

FUNDSTÜCK

»*Der Laden ist natürlich schon mehr ein Dinner-Lokal als ein Ort zum Abhängen, aber auch als* Meeting-Point *ist er sehr zu empfehlen.*« focus.de (4-2009)

Megaperls

Kunstwort aus griech. *mega* (›groß‹) und (falsch geschrieben) engl. *pearls* (›Perlen‹)

SPRACHGEBRAUCH

Waschmittelmarke der Firma *Henkel.* Erfunden wurde der Markenname vom Frankfurter Namenserfinder Manfred Gotta, dem wohl erfolgreichsten Na-

menserfinder Deutschlands. Er zeichnet zum Beispiel für *Smart, Vectra* und *Twingo* verantwortlich. Gotta erfindet Kunstworte. Dabei geht es um Einzigartigkeit, Auffälligkeit, Einprägsamkeit und Emotionalität. *Megaperls* ist daher nicht die falsche Mehrzahl von engl. *pearl*. Kniepige Sprachkritik prallt daher auch an solchen Konstrukten ab.
In deutschen Landen gibt es ein Theater, eine Kabarettgruppe, eine Diskothek ähnlichen Namens. Und ausgerechnet bei Letzterer, wo sprachverschluderte Szenebewohner ihre Kurzzeit-Bleibe finden, erfreuen uns orthographisch befriedigende *Megapearls*.

Memory

Engl. *memory*: Angedenken; Datenspeicher; Erinnerung; Gedächtnis

SPRACHGEBRAUCH

Ja, es war und ist der Computer, mit seinem Random Access *Memory* oder Arbeitsspeicher, den neueren *Memory* Sticks und *Memory* Cards und *Memory* Chips und Shared *Memory* Graphikkarten.
Aber es war schon vor langer Zeit *Memory*, das non-virtuelle Kärtchenaufdeckgedächtnisspiel, das als eingetragene Marke seit 1959, heute vom *Ravensburger Spieleverlag*, weltweit vermarktet wird.
Aber auch das Intelligenz-Training, Medien- und Produktthema seit den 80ern, tat mit einer Vielzahl von *Memory*-Trainingsspielen das Seinige zur Weiterverbreitung von ›*Memory*‹ hinzu.
›*Memory*‹ hat einen technischeren, logischeren, manegementmäßigeren Sound als ›Gedächtnis‹, wo sofort an Gedächtniskirchen und Gedenkgottesdienste gedacht wird. Das sichert seinen Bestand.

FUNDSTÜCKE

»Vorab möchten wir uns aber nochmals ganz herzlich bei der Firma Super Talent bedanken, die uns das 2GB Memory *Kit zur Verfügung stellen konnte.«* teccentral.de (9-2006)
»Memory *der Sucht: Schon kleine Schlüsselreize reichen aus, um einen Abstinenten rückfällig werden zu lassen.«* zeit.de (9-2004)

Message

Engl. *message*: Botschaft, Message, Nachricht

SPRACHGEBRAUCH

Seit den 60er Jahren kann man in Deutschland eine *Message* haben. Dann teilt man nicht nur öffentlich etwas mit, sondern die Botschaft hat auch eine *Message*, was besagt: Sie behauptet von sich, einen moralischen, politischen, sozialen Mehrwert zu besitzen. Zunächst hatten nur Alternativbewegungen eine *Message;* seit Politiker Imageberater besitzen, wird auch hier auf *Message*-Mehrwert geachtet.
Die Medienberichterstattung über populäre Medientheorie hat die Formel *»The medium is the message«* (aus: Marshall McLuhan, Quentin Fiore: *The Media is the message*, 1967) als geflügeltes Wort über die Lande verbreitet.
Die *Message* in a Bottle ersetzt bei Popmusik-Connaisseuren gerne die Flaschenpost; der erfolgreiche Sting-Song wird dabei erinnert.

Ungeachtet dieser Kontexte werden *Messages* heute, besonders per Internet, seuchenartig verbreitet, so dass Menschen auf *Messages* aller Art mit abnehmender Beachtung reagieren.

FUNDSTÜCKE

»Cristiano Ronaldo kehrt nicht nur mit sechs Punkten aus dem Länderspiel-Doppel mit Portugal, sondern auch mit einer Message *an die Fans.«* laola.at (9-2012)

»Das Goethezeitportal: The Mem Is The Message *IX.«* goethezeitportal.de (9-2006)

»Der Instant Message *Filter von SurfControl hilft Ihnen bei der Verwaltung dieser kostenlosen und öffentlich zugänglichen Technologien sowie der damit verbundenen Risiken.«* surfcontrol.com (9-2006)

Messie

Engl. *messie*: Chaot; notorischer Müllhorter
Engl. *mess*: Chaos, Unordnung
Engl. *messy*: chaotisch; schmutzig, schlampig

SPRACHGEBRAUCH

In den 90er Jahren mehrten sich Medienberichte über Menschen, die sich von Unnützem nicht trennen können, daher ihre Wohnumgebung nach und nach in eine Müllhalde verwandeln. Das *Messie*-Syndrom wird zwar nicht von der seriösen Psychotherapie, wohl aber vom medienkundigen Volksmund thematisiert. Ein Scheinanglizismus ist dies nicht, wie manches Forum noch 2008 behauptete. Es finden sich im englischsprachigen Raum Initiativen wie *Messies Anonymous*, Bücher à la *The Messies Manual* und Ratgeber wie *Messie Mommy*. Also mehr englische Texte lesen, liebe Scheinanglizismendetektive.

FUNDSTÜCKE

»Willkommen auf der Website des Landesverbandes der Messies *im norddeutschen Raum. Wir sind zuständig für die Bundesländer Niedersachsen, Mecklenburg-Vorpommern, Schleswig-Holstein, Hamburg und Bremen.«* messie-syndrom.de (9-2008)

*»Schätzungsweise 2 Millionen Menschen in Deutschland sind leiden unter dem sogenannten ›*Messie*‹-Syndrom.* Messies *gibt es in jeder Gesellschaftsschicht und inzwischen findet man sie auch in fast jeder Altersgruppe ab 30 aufwärts. Tendenz steigend.«* wdr.de (8-2008)

Minimizer

Engl. *minimizer*: Minimierer, Verkleinerer

SPRACHGEBRAUCH

Brüste sind entweder zu groß oder zu klein; jedenfalls für ihre Trägerinnen. Seit der Jahrtausendwende ist *Minimizer* in der deutschen Modeberichterstattung und -werbung die Bezeichnung für einen Büstenhalter, der einen vollen Busen um eine Größe kleiner erscheinen lassen soll. Einen Maximizer gibt es auch, der aber nur nicht so heißt, sondern als ›Push-up-BH‹ gepriesen wird.

FUNDSTÜCK

»Mit der Einführung des erfolgreichen Minimizer*-Programms hat NATURANA auf die ständig größer werdenden Oberweiten reagiert.* Minimizer *sind speziell für Frauen konzipiert, die sich mit ihrer größeren Oberweite nicht richtig wohlfühlen.«* naturana.com (9-2010)

› **Push-up ; Push-up-BH**

Miracel Whip / Miracle Whip

Markenname aus engl. *miracle*: Mirakel, Wunder und engl. *whip*: Gerte, Peitsche; wörtlich übersetzt: ›mirakulöser Einpeitscher‹ oder ›wundertätige Peitsche‹

SPRACHGEBRAUCH

Mayonnaise-verwandte, altweißfarbige Low-Fat-Salatcreme (engl. *low fat:* ›Niedrigfett‹).

Eine Salatcreme als Wunderpeitsche für die Hausfrau? Im Küchenkontext findet sich im Englischen aber auch *egg whip* (›Schneebesen‹) und *instant whip* (›kaltgerührter Pudding‹). Die des Englischen mächtige Hausfrau ist also mit *whip* als schnell gerührter, eben: durchgepeitschter Angelegenheit vertraut.

In deutschsprachigen Ländern wird aus Gründen leichterer Aussprache *Miracel Whip* genutzt; das US-Produkt heißt aber *Miracle Whip.* Die Paste wird seit 1933 von *Kraft Foods* vermarktet; seit 1972 auf dem deutschen Markt. Seit 1995 auch in einer *Miracel Whip* Balance-Variante mit nur 16 Prozent statt 32 Prozent Fettanteil verfügbar. Um die Kernmarke der Salatcreme hat sich eine ganze Gruppe von Salat-Dressings ausdifferenziert.

Miracle Whip ist auch der Produktname einer flexiblen Allband-Aufsteckantenne für den PKW. Engl. *whip antenna* bedeutet ›Peitschenantenne‹.

FUNDSTÜCKE

»Ich hab mir ein Deutsches Kochbuch ausgeborgt und möchte einen Dip machen. Das Problem ist: ich brauch ein Glas MIRACEL WHIP *bitte was ist das war heut bei mir in Ö im Geschäft und die hatten auch keine Ahnung was das wohl sein würde wer könnte mir helfen, wer kennt dieses Produkt.«* Österreichisches Kochforum (10-2005)

»Durch den Eigengeschmack des Miracle Whip *braucht man nicht würzen; es gelingt immer und geht schnell.«* Online-Rezeptbuch (10-2005)

Mission

Engl. *mission*: Auftrag; Einsatz, Kampfauftrag; Mission; Missionsstation

SPRACHGEBRAUCH

Die deutschen Kirchen sprechen ›Mission‹ noch deutsch aus. Fast alle anderen haben eine *Mission,* die US-englischen Sound hat. Dabei schwingt meist eine kämpferische Attitude mit. Wenn Unternehmen behaupten, sie hätten eine *Mission,* geht es um Eroberung von Märkten. Die Politik geht leer aus: Die deutsche Aussprache suggeriert mangelnde Dynamik, die englische bürgerfernes Politmanagement. Deutsche Soldaten in aller Welt haben dagegen wieder deutsch klingende Missionen, da die englische Aussprache den Verdacht des Militarismus erwecken würde, deutsche Soldaten aber nur in Friedensmissionen unterwegs sind, was Amerikaner *peace mission* nennen und was sich viel friedensdynamischer als hiesige ›Friedensbewegtheit‹ anhört.

Hat einer eine *Mission,* wird die in einem *Mission* Statement dokumentiert. Der Erfolg der *Mission-Impossible*-Movies – mit Tom Cruise als Hauptdarsteller – hat eine überbordende *Mission*-Metaphorik in jugendsprachlichen Kontexten aufblühen lassen.

Computerspiele mit implementierten Kampfhandlungen bieten meist *Miss-*

ions an, in denen sich der Spielkämpfer bewähren kann.

FUNDSTÜCKE

»Mission *Possible 15, so heißt der Slogan, mit dem der 1.FSV Mainz 05 das Unternehmen Klassenerhalt in der Rückrunde der Saison 2006/2007 angehen will.«* mainz05.de (6-2007)

»Die meisten Leute sagen, dass Google eine Suchmaschine sei; unsere Mission *besteht jedoch darin, Informationen zu organisieren, um sie zugänglich zu machen.«* Urs Hölzle, Vice President of Engineering bei *Google* (Januar 2005)

Mobile; mobile

Engl. *mobile*: beweglich; motorisiert; schnell

SPRACHGEBRAUCH

Unsere Gesellschaft ist eine mobile, motorisierte und mobilisierte. Engl. *mobile* deckt viele Eigenschaften dieses Aggregatzustandes ab. Entsprechend oft wird es eingesetzt. Welche Aussprache intendiert ist, entscheidet der Kontext. Im Zweifel ist Englisch zu sprechen. Deutsche Leitmarke ist dabei *T-mobile,* was nicht als T-förmiges Mobile missverstanden werden sollte. Produktgruppen des *Mobile* Computing und des *Mobile* Entertainment treten ebenfalls massiert auf.

Mit Sicherheit nicht Englisch ausgesprochen wird ›Perpetuum Mobile‹. Aber auch das Mobile in Kunst und Kunstunterricht (eine Leichtbau-Equilibristik-Bastelübung) hat grunddeutsch zu klingen, was bei Wörtern lateinischen Ursprungs (lat. *mobilis:* ›beweglich‹) leicht ist.

FUNDSTÜCKE

»Die Badtextilien und Pflegeprodukte der Basics runden unsere Mobiles *ab.«* villeroy-boches.com (12-2005) Der Badausstatter setzt ›mobile‹ Produkte wie Handtücher oder Seifenspender von den ›immobilen‹, wie einem in der Regel fest installierten Toilettensitz, ab und nennt eben diese ›Mobiles‹. Kunden werden dadurch kaum zum Kauf mobilisiert werden.

»Aral Mobile*: Hier finden Sie die wichtigsten mobilen Services von Aral, optimiert für Ihr Handy.«* mobile.aral.de (9-2006)

»Die neue, komplett fingerbedienbare Marco Polo Mobile *Navigator 3 Software mit einer intuitiven Menuführung und einer Auto-Memory-Funktion bringt Sie bequem von A nach B.«* marcopolo.de (6-2007)

› **Motion**

Modding; Modder; modden

Engl. (Slang) *modding*: Modifikation, Umbau, Modding

Engl. (Slang) *modder*: Modifizierer, Umbauer, Modder

Engl. (Slang) *to mod*: modifizieren; modden

SPRACHGEBRAUCH

Ein heutiges *Modderforum* hat nichts mit Schlammpackungen zu schaffen. Dort tauschen Menschen ihre Erfahrungen mit dem eher designerischen Tuning von Computern aus. Vor wenigen Jahren sagte man noch ›Case *Modding*‹, aber heute reicht die Kurzform, da die Computer-*Modding*-Szene eben die *Modding*-Szene ist.

Zu unterscheiden ist daher ›Tuning‹ von ›*Modding*‹. Wer tunt, kümmert sich nur um das Innenleben und die maximierte Leistung seines Rechners. Wer *moddet,* will es hübsch blinken sehen und blubbern hören.

Modding gehört zu einem viele Bereiche erfassenden Self-Customizing-Trend (›Eigenmaßanfertigungs-Trend‹), der Konsumenten erlaubt, den Aufbau von Unabhängigkeits- und Kreativitätsphantasien zu pflegen. Es wird uns also auch sprachlich lange erhalten bleiben.

FUNDSTÜCKE

»case-gallery.de ist eine große deutsch Casemoddingseite *mit etwa 1500 Bildern von* gemoddeten *Rechnern und Links zu ca. 400* Moddinganleitungen.*«* case-gallery.de (8-2006) Das ungebeugte ›deutsch‹ ist authentisch.

»Der Trend auf dem Computer Markt geht immer mehr zu gemoddeten *PCs, weshalb wir heute das neue Silver Wizard III testen.«* hardwareecke.de (9-2005)

› Pimp

Mode

Engl. *mode*: Art und Weise; Betriebsart; Modus

SPRACHGEBRAUCH

Ein irritierender Anglizismus, ist er doch schreibgleich mit dem deutschen Wort ›Mode‹, das daher vielleicht gänzlich ›Fashion‹ weichen sollte, um Verwechslungen auszuweichen. *Modes* finden sich gehäuft in der Jargonzone von Computer und Software. Wo sich Betriebsarten wählen oder konfigurieren lassen, ist ›*Mode*‹ nicht fern.

FUNDSTÜCK

*»hey, überleg grad eine mini pci karte mit AR5008-3NX Chipsatz von asc für meinen alten t41 zu erstehen. konnte auf die schnelle nix zu ap-*mode *bzw master* mode *finden. hat da jmd erfahrungen mit?«* thinkpad-forum.de (7-2009)

moisturizing; moisturising

Brit. moisturizing; amerik. *moisturising*: feuchtigkeitsspendend

SPRACHGEBRAUCH

Die Haut des Menschen neigt zu trockener Gespanntheit; die Kosmetikbranche versprach daher immer schon, dort für die Zufuhr von Feuchtigkeit zu sorgen, wo ein bisschen Fett reichen würde. Feuchtigkeit wird heute aber von Babywindeln bekämpft. Da kam in den 90er Jahren ›*moisturizing*‹ recht.

PRODUKTNAMEN

Clinique Dramatically Different Moisturizing Lotion (engl. *dramatically:* ›dramatisch‹)

Age Repair Anti Wrinkle Moisturizing *Base* (engl. *wrinkle:* ›Falte‹)

Aloe Vera Moisturizing *Foam Mask Natural Life* (engl. *foam mask:* Schaummaske)

Revlon Sensor Conditioning Moisturizing *Shampoo* (engl. *conditioning:* ›Aufbereitung, Aufmachung‹)

› Conditioner

Model

Engl. *model*: Bauart; Mannequin, Model; Modell, Muster

SPRACHGEBRAUCH

Bis in die 70er Jahre hinein hießen wohlgebaute jüngere weibliche Menschen, deren Bewegungsfähigkeiten ausreichten, einen Laufsteg stolperarm zu betreten, ›Mannequins‹ (was aus dem Niederländischen stammt und ›Männchen‹ oder ›Gliederpuppe‹ meint). Dann drangen die amerikanischen *Model*-Agenturen auf den Modemarkt und etablierten ›*Model*‹. Die 90er Jahre gelten als das Jahrzehnt der Super-*Models*. Sie wurden durch Medien und Modemarketing auf eine Ebene mit Filmstars und anderen Celebrities gehoben. Das und die Dominanz von ›*Model*‹ hat sich bis heute erhalten. Der aktuelle Trend: Die Scheindemokratisierung der Chancen auf eine *Model*-Karriere durch TV-Casting-Shows. Hier werden das Aussortieren und Scheitern der vielen, scheinbar Gleichberechtigten und der Gewinn des Einzelnen zur Story gemacht. *Model* ist neben Superstar das Traumziel von weiblichen Mehrheiten zwischen 10 und 20 Jahren. Entsprechend ist der Wortschatz jener Klientel davon durchseucht.

FUNDSTÜCKE

»*Germany's next* Topmodel*: Du willst in Heidis Show? Werde Mitglied und lade deine eigene Sedcard hoch. (...) Ab in die* Topmodel *Community!«* prosieben.de (12-2006) Eine Sedcard ist keine falsch geschriebene Setcard; es gab einen Mister Sed, der als Agenturchef die bekannte Fotomusterkarte in das Modelbusiness einführte.

»Model-*Wettbewerb – Gesichter des Lebens – der große* Model-*Wettbewerb für die Generation 50 plus.«* bahn.de (12-2006) Die Deutsche Bahn promotete hier eine Aktion des Bayerischen Verbandes der Kriegsbeschädigten, die unter dem Druck von Imageberatern sich wohl genötigt sahen, einen semi-juvenilen Casting-Wettbewerb aufzulegen.

Moleskin; Moleskine

Engl. *moleskin*: Maulwurfsfell; Englischleder, Moleskin
Franz. *moleskine:* Englischleder, Moleskin

SPRACHGEBRAUCH

Ein strapazierfähiger, aufgerauter Baumwollstoff, vor allem für Männerhosen, wird im internationalen Modejargon ›*Moleskin*‹ genannt. Die Schreibweise entspricht englisch *moleskin.*

Deutsche Normalsprecher unterstellen meist ein indianisches Wort, das sie deutsch aussprechen. Der Anglizismus hat sich daher lautlich gut verstecken können.

Ein Kultkonsumprodukt ist *Moleskine,* ein Notizbuch mit geschütztem Markennamen eines italienischen Herstellers, das für kreatives, mobiles, nichtelektronisches Schreiben steht. Hier ist franz. *moleskine* adaptiert. Hintergrund: Der britische Reiseschriftsteller Bruce Chatwin hat seine Notizbücher *»les carnets moleskines«* (franz. *carnet:* ›Heft; Notizbuch‹) genannt. Das ist vom Hersteller der *Moleskine*-Bücher mit gutem Vermarktungsinstinkt aufgegriffen worden.

Die unterschiedliche Orthographie fällt im Deutschen niemandem auf.

FUNDSTÜCKE

»*BW Feldmütze* Moleskin *Oliv Neu: Bewährte Feldmütze der Bundeswehr, auch Bergmütze genannt. Zeitlose Forst- und Arbeitsmütze.«* zitateonline.de/shop (9-2006)

»Moleskine *Ruled Notebook: Endlich gibt es wieder die legendären* Moleskine-*Notizbücher!«* amazon.de (9-2006)

Engl. *ruled:* ›liniert; geregelt‹; vgl. engl. *ruler:* ›Lineal‹.

Monitoring

Engl. *monitoring*: Beobachtung, Kontrolle, Überwachung

SPRACHGEBRAUCH

Kontrolle ist schlecht, *Monitoring* ist besser – nach der Losung setzen Unternehmen vielfältigste Formen der computergestützten Produktions- und Personalkontrolle ein. Seit den 90er Jahren Grundbaustein modernen Managements. Das Wort hat sich aber weiter verbreitet, da auch im wissenschaftlichen Bereich *»Monitoring«* höhere Modernitäts- und Technizitätswerte für sich verbuchen kann als die schlichte »Beobachtung«.

FUNDSTÜCKE

»Mit dem anbaubegleitenden Monitoring *soll rechtzeitig festgestellt werden können, wenn sich gv-Pflanzen wider Erwarten negativ auf die Umwelt auswirken.«* Broschüre des Bundesministeriums für Bildung und Forschung (9-2006) »gv-Pflanzen« sind gentechnisch veränderte Pflanzen, die hinter der Abkürzung wunderbar versteckt werden können.

»ProtectCom ist ein Anbieter von Monitoring-*Software für Unternehmen, sowie biometrische Erkennungssysteme für Rechner- und Gebäudezugänge.«* protectcom.de (9-2006)

Motion

Engl. *motion*: Antrag; Bewegung; Gang

SPRACHGEBRAUCH

Die mobilisierte Gesellschaft ist in dauernder Bewegung, also: *Motion,* begriffen. Somit sind auch deutsche Unternehmen dazu angehalten, ›*Motion*‹ in irgendeiner Form in den Firmenauftritt zu integrieren, wenn sie nicht als undynamisch wahrgenommen werden wollen. Sie folgen diesem Imperativ sklavisch und massenhaft und zunehmend seit den 90er Jahren.

FUNDSTÜCKE

Der VW-Konzern bietet einen *Phaeton 5.0 V10 TDI 4*Motion an. Gemeint ist ein Wagen mit 4-Rad-Antrieb, welcher üblicherweise, wenn schon anglifiziert, »4-Wheel-Drive« genannt sein sollte.

Kids in Motion nennt sich ein Versand für Kinderfahrzeuge aller Art.

Rides in Motion ist ein *»Kirmes- und Freizeitparkblog«;* wie Ausritte (engl. *rides*) bewegungslos zu absolvieren sind, ist unklar.

Unzählig die Neologismen, bei denen, wie in E-*Motion,* Loco-*Motion* oder Pro-*Motion,* Anglizismen durch Bindestrich einen innovativen Touch bekommen sollen.

› **mobile**

Mouseover

Engl. *mouseover*: Mouseover

SPRACHGEBRAUCH

Fährt man mit einer Computermaus über den Bildschirm, und es klappt ein Menu auf, oder es geschieht sonst etwas, ohne dass man mit der Maus geklickt hätte, ist man einem *Mouseover* zu nahe gekommen, einer Schaltfläche, gerne auf Websites eingesetzt, die etwas veranlasst, ohne dass der User es hätte veranlassen wollen.

Das obere Drittel der deutschen Computernutzer versteht, was ein *Mouseover* ist. Alle anderen merken nur, dass was passiert, ohne dass was hätte passieren sollen.

FUNDSTÜCK

»Hallo Leute, hab mal ne Frage, gibt es ein Script, das mir bei mouseover *von einem Thumbnail, bzw solange man mit der Maus auf dem Thumbnail verweilt, dass es mir das Bild vergrössert (2. grösseres Bild) darstellt?«* forum.jswelt.de (6-2007)

Mouse Potato; Mouse-Potato

Engl. *mouse potato*: (wörtl.) Maus-Kartoffel; leidenschaftlicher Computer-Hocker

SPRACHGEBRAUCH

Analogiebildung zu Couch Potato, dem knabbernden Fernsehdauerhocker. Wahrscheinlich von dem Medienexperten und SPD-Granden Peter Glotz 2001 per Buch in Umlauf gebracht (Peter Glotz: *Von analog nach digital. Unsere Gesellschaft auf dem Weg zur digitalen Kultur, 2001*). Nur in den kritisch gemeinten Statements von Menschen mit Medienpräsenz präsent.

FUNDSTÜCK

»Zu den Computernutzern auf dem Sofa wäre anzumerken, dass der Begriff ›mouse potato‹ *gerade vom »Merriam-Webster Wörterbuch« in den englischen Wortschatz aufgenommen wurde.«* winnie-fragen.de (7-2006)

Multigrain

Engl. *multigrain*: Mehrkorn

Engl. *grain:* Getreide, Körnerfrüchte; Samenkorn

SPRACHGEBRAUCH

Die Müslikultur erfuhr in den 90er Jahren einen Lifestyleschub, der jüngere, sportliche Zielgruppen erschließen sollte. Ein neues Wording gehörte dazu. Und dazu gehörte ›*Multigrain*‹. So hat der schwedische Knäckebrothersteller *Wasa* ein *Wasa FavoRice Multigrain*-Brot im Angebot. Oder die *Erbacher Food Intelligence GmbH & Co. KG* ein *Multigrain Spelt Müsli* neben einem *Crispy Spelt Multigrain Original Mix*. (Engl. *spelt:* ›Dinkel; Spelz‹).

Plätzchen (Cookies), Cracker, Küchelchen, selbst labberrigkeitsreduziertes Toastbrot existieren mittlerweile in multigrainen Variationen.

FUNDSTÜCKE

»Origins stellt die neue Generation Mineral-Makeup vor: Multi-Grain *Makeup SPF 14, angereichert mit Hafer, Vitaminen und Mineralien.«* wohlfühloase-bonn.de (2-2012)

»Brown, white or Multigrain *frag ich die Leute 1000 Mal am Tag. Weil ich da wo ich arbeite Sandwiches mache. Die Arbeit in dem Cafe ist super! Die Leute sind nett, ich verdiene gut und ich kann da alles essen was ich will.«* missfox-myblog.de (11-2008)

› **crisp; cross**

Multiple Choice

Engl. *multiple-choice*: Mehrfachauswahl

Engl. *multiple-choice question*: Multiple-Choice-Frage

SPRACHGEBRAUCH

Die Amerikaner erfanden das bildungsfeindliche Test- und Prüfungsverfahren während des Ersten Weltkrieges, um Militärrekruten auf die Kriegstauglichkeit ihres Wissens zu überprüfen. Ins deutsche Prüfungswesen gelangte das statistisch so simpel auswertbare Verfahren erst nach dem Zweiten Weltkrieg. Seither hat es Eignungstests, Fahrschulprüfungen, Uniklausuren und Klassenarbeiten durchdrungen. Die deutschen Quizsendungen fragen seit den 90ern auch kein Wissen mehr ab, sondern testen die *Multiple-Choice*-Ratefähigkeit der Kandidaten. Jeder Hansel kennt also das Verfahren, kann es aber nicht ordentlich aussprechen, noch weniger korrekt schreiben.

Multiple-Choice-Aufgaben stellen passives und aktives Wissen auf eine Stufe. Wer nichts Genaues nicht* weiß, kann mit einem Mix aus Halbwissen, Intuition und Vertrauen in die Statistik des Kreuzchenmachens unahnbare Erfolge einheimsen. (* Doppelte Verneinungen sind nicht immer unlogisch, was schon deutsche Top-Autoren des 18. Jahrhunderts nutzten, um Stilakzente zu setzen.)

FUNDSTÜCKE

»Multiple-Choice-*Verfahren und alle ihr ähnlichen Lückenübungen müssen aus dem pädagogischen Alltag verschwinden, wenn es uns ernst ist mit der Bildung.«* stolzverlag.de (9-2008)

»Im Jahr 2002 hat das Oberverwaltungsgericht in Bautzen über die Klage eines Studenten der Wirtschaftsinformatik entschieden. Sinngemäß lautete der Spruch, dass eine Leistung im Studium nicht rechtens ist, wenn sie ausschließlich aus Multiple-Choice-*Aufgaben besteht. Das Studium ist etwas anderes als eine Führerscheinprüfung. Die Hochschule muss versuchen herauszufinden, ob ein Student oder seine Kommilitonin mehr drauf hat, als Kreuzchen zu machen.«* tagesspiegel.de (4-2008)

Must-Have; Must Have

Engl. *must-have*: Muss

SPRACHGEBRAUCH

Im Jargon luxusverwöhnter Menschen und der diese mit Konsumempfehlungen bedienenden Medien die Bezeichnung für einen Gegenstand, dessen Besitz unumgänglich ist, um sich selbst und anderen, die es zu würdigen wissen, den eigenen Konsum- und Sozial-Status nochmals zu bestätigen. Wer den vorhergehenden Satz auf Grund dessen grammatischer Komplexität nicht versteht, sagt eher: *»Muss ich haben, das Teil.«*

In den konsumbegeisterten 1980er Jahren en vogue geworden. Heute qua Inflationseffekten bar jedes Animations-Impacts. Wenn schon Haargummis, Spannbettlaken und backpapierne Kuchenförmchen mit dem Etikett auffällig werden wollen, müssen neue Wörtchen her. *Keypiece* ist eines.

FUNDSTÜCKE

»Der vermeintlich natürliche englische Park wurde für jeden Fürsten, der auf sich hielt, zum ›must have‹.« FAZ (6-2010)

»Es gibt diese Tante, nennen wir sie Ilse, die kommt zu Familienfeiern immer im gleichen Kostüm. Elegant, aber auch ein bisschen unmodisch. Bis plötzlich die einschlägigen Modezeitschriften das Kostümchen wiederentdecken, zum Must Have *erklären – und Tante Ilse plötzlich Trendsetterin ist.«* fr-online.de (9-2010)

› **Nice-to-have**

Mystery

Engl. *mystery*: Geheimnis, Mysterium, Rätsel

SPRACHGEBRAUCH

Kenner der Literatur des 19. Jahrhunderts haben sich daran gewöhnt, dass die englische Gothic Novel (Edgar Allan Poe) heute in Deutschland oftmals unter *Mystery* firmiert. Das Vielzwecketikett passt weiter auf TV-Serien wie *Akte X* oder *Outer Limits,* Bücher von Stephen King oder Peter Straub (der ein Buch namens *Mystery* verfasst hat). Aber auch die *Harry-Potter*-Saga wird umstandslos hier einsortiert. Computerrollenspiele, Themenparks, Comics, Verkleidungs-Shops, Tattoo-Dienstleister, Messen, Events – überall taucht *Mystery* auf. Und der *Mystery*-Fan weiß, was ihn erwartet.

Mystery ist in Deutschland seit den 80er Jahren zu einer Meta-Marke geworden. Mit Magical *Mystery* am einen Ende des Spektrums, *Mystery* Thriller am anderen. Das umgreift alle Alters- und Käuferschichten.

Einen skurrilen Ableger hat das *Mystery*-Feld seit den 90er Jahren erhalten: *Mystery* als Synonym für anonymes Testen von Dienstleistungen und Produkten. Das ist bemerkenswert, da im Deutschen bereits Anglizismen wie *Secret* oder *Under Cover* zur Verfügung standen. So gibt es heute *Mystery* Agents (›Testagenten‹), die als trainierte *Mystery* Buyer (›Testkäufer‹) *Mystery* Shopping (›Testeinkäufe‹) bestreiten oder per *Mystery* E-Mail (›Test-Mail‹) und *Mystery* Letter (›Testbrief‹) die Servicequalität von Unternehmen prüfen.

FUNDSTÜCKE

»Mystery *fängt dort an, wo der Verstand aufhört und deshalb gehören* Mystery-*Thriller zu dem Spannendsten, was das Kino zu bieten hat.«* info.premiere.de (9-2006)

»Ob Mystery *Calling,* Mystery *Shopping oder* Mystery *E-Mailing – die Tarnung muß perfekt sein.«* skops.de (9-2006)

N

Nail-Art; Nail Art; Nailart

Engl. *nail-art*: Nagelkunst

SPRACHGEBRAUCH

Es sind nicht die Nagel-Objekte des Künstlers Rainer Günter Uecker gemeint, wenn man in Deutschland auf ›*Nail-Art*‹ trifft. Sondern Orte, an denen die Finger- und Fußnägel kosmetikfixierter Menschen aufwendig gestylt werden. ›Nagelpflege‹ ist sprachlich dagegen auf Seniorenbetreuungslevel abgesunken; ist also weniger Kosmetik denn Hygienemedizin. Experten des englisch benannten Hand- und Fußwerks nennen sich logischerweise ›*Nail-Artisten*‹, oder noch englischnäher ›*Nail-Artists*‹, die in *Nail-Art-Studios*‹ ihrer Profession nachgehen, die ebenfalls englisch ausgesprochen sein sollte.

FUNDSTÜCKE

»Nail Art *Galerie 1: Dezente Nails mit Frenchdesign und Pailletten.*« perfect-nails-gummersbach.de (10-2010)

»Beauty Forum München: 2010 findet zum zweiten Mal der WorldCup NailArt *statt – dieses Jahr unter dem Motto ›Festival of Fairy Tales – Enchanted* NailArt‹.*«* beauty-fairs.de (10-2010)

Engl. *enchanted* heißt ›entzückt‹ oder ›verzaubert‹.

Name-Dropping, Namedropping

Engl. *name-dropping*: (wörtl.) Angeberei mit prominenten Namen

SPRACHGEBRAUCH

In den 70er Jahren noch diskreditierend gemeint. Die allgemeine Promifizierung (Neologismus für ›Durchseuchung der medialen Öffentlichkeit mit Prominentenauftritten‹) seit den 80er Jahren hat dem Talk-Stil, bei dem das Nennen von Namen andeuten soll, dass man mit bezeichneten Personen im Snobistisch-Vagen zu haltende Bekanntschaft pflegt, eine Aufwertung verliehen. Heute gilt es eher als dumm, nicht sofort raushängen zu lassen, dass man sich zu irgendwie als erlaucht klassifizierbaren Kreisen rechnet. In Talkrunden hat der Talkmaster dafür zu sorgen, dass es hinreichend *Name-Dropping*-Anlässe für alle Beteiligten gibt.

FUNDSTÜCK

»Name-Dropping *und Name-Shopping.*« Schlagzeile der Tageszeitung *taz* (6-2007). Mit ›Name-Shopping‹ (›Nameneinkauf‹) wird ironisch die Neigung von Fußballclubs zum Einkauf imageträchtiger Spieler thematisiert. Ohne Anglizismen wäre der intelligentere deutsche Journalismus weit sprachspielärmer.

»Die Top-Risiken im Juni 2008: Spammer und Datendiebe offen für Neues – Pöbeln und Name-Dropping *angesagt.«* computerwoche.de (6-2008)

› **Naming; Small Talk**

Naming

Engl. *naming*: Namensgebung; Nennung

SPRACHGEBRAUCH

Neue Produkte, aber auch alte, die wie neu glänzen sollen, brauchen neben anziehender Verpackung klingende Namen. Das Erfinden von neuen Namen für Produkte und Dienstleistungen ist so bedeutsam, dass eine kreative Profession namens ›*Naming*‹ daraus erwachsen ist.

Auch vor den Zeiten des *Naming,* also noch in den 70er Jahren, gab es Menschen, die sich Namen für Produkte ausgedacht haben. Aber das geschah gleichsam nebenher, unsystematisch, nicht-integriert, schlicht: unprofessionell. Gibt es einen englischen Ausdruck, können wir sicher sein: Es sind Profis dran.

Der Begriff ist aber über die Zirkel Eingeweihter hinaus wenig bekannt geworden. Was das *Naming* erfindet, muss sich unternehmenskulturgemäß nahtlos ins Wording einpassen lassen.

FUNDSTÜCK

»AOL Arena, Allianz Arena, Commerzbank Arena, Schüco Arena, Volkswagen Arena, ...: Angesichts allein dieser Aufzählung ist es kaum vorstellbar, dass sich das Naming *Right in Deutschland in den vergangenen Jahren nur mühsam zu einem erfolgreichen Sponsoring-Tool entwickelt hat.«* medienhandbuch.de (3-2005)

› Brand; Name-Dropping; Wording

Nerd

Engl. (Slang) *nerd*: Computerfreak; Sonderling; Langweiler; Schwachkopf; Streber; Tüftler

SPRACHGEBRAUCH

Wird meist von Bewohnern der innersten Zirkel der Computerszene zur Grenzziehung zwischen *Nerds* und Geeks genutzt. Die Berichterstattung kommt nicht umhin, ›*Nerd*‹, wie auch ›Geek‹, die Bezeichnung für den kommunikativeren Halbbruder des *Nerd,* in Umlauf zu bringen. Uneingeweihte vermögen hier keine Unterschiede zu entdecken.

In den höchst entwickelten Großstadtszenen laufen jüngere Menschen selbst weiblichen Geschlechtes herum, die zwar die Accessoires des *Nerds* tragen, vor allem die Oversized-Brille und das passende Shirt, dennoch gerade mal Apps auf ihr Smartphone runterladen können. Großstadtszenen sind nun mal entfesselter bei der Adaption vordem szenenspezifischer Modezeichen.

FUNDSTÜCK

»Bis vor wenigen Jahren noch befanden sich Nerds *in der sozialen Hierarchie ganz unten. Sie wurden erbarmungslos auf Schulhöfen gejagt, später im Job verspottet und vom weiblichen Geschlecht ein Leben lang ignoriert: Kein Sex, keine sozialen Kontakte (...). Wahrlich, der* Nerd *hatte es nicht leicht!«* geeksworld.de (2-2000)

› Geek

Network

Engl. *network*: Geflecht, Netzwerk; Senderverbund

SPRACHGEBRAUCH

Die Medienberichterstattung über US-Sender-Konglomerate, *networks* genannt, hat das Wort seit den 80er Jahren bei uns heimisch gemacht. Die metaphorische Qualität wurde auch sofort entdeckt: Alles, was irgendwie zusammenheckt, miteinander verbandelt ist, kooperiert, kollaborativ nach Synergien giert, nennt sich heute allzu gerne ›*Network*‹. Dominant der Computerbereich, wo ›*Network*‹ zugleich vernetzte Computer und über eben diese vernetzte Menschen meint.

Die Komposita sind vielfältig. *Career Networks* vermitteln Aufstiegschancen, *Cartoon Networks* versammeln Zeichner und ihre Produktofferten. Die ganze Gesellschaft ist unter vielen anderen natürlich auch eine *Network Society.*

FUNDSTÜCKE

»News-Flash der Network *Computing Foren – monatlich, kostenlos, aktuelle Meldungen.«* networkcomputing.de (1-2006)

»Krawall Gaming Network – *Das Spiele-Info-Portal für die echten Zocker.«* krawall.de (1-2006)

»Mit dem Anarchy Network *ist ein Kommunikationsmedium für die Linke Szene entstanden: Die anarchistische Webseite soll über Anarchismus aufklären.«* mitglied.lycos.de (1-2006)

New-Age

Engl. *new age*: neues Zeitalter, New Age

SPRACHGEBRAUCH

Senioren-Esoteriker sind mit *New-Age* groß geworden: Die zwischen 1960 und 1980 blühende, von der Hippiekultur losgetretene Bewegung ergriff seit den 80ern auch das jungbürgerlich-kreative Lager. Die Degenerationsstufen repräsentieren sich heute als Astro-Ratgeber für *Frau-im-Spiegel*-Leserinnen. Da der Servicemarkt für notorische Sinnsucher sich in den 90er Jahren breit diversifiziert hat, konnte sich auch ›*New-Age*‹ eine sichere Nische erobern. Aus der aktuellen Medienberichterstattung ist ›*New-Age*‹ nahezu verschwunden.

FUNDSTÜCKE

»Und während in den 90er-Jahren, in der Hochphase der New-Age-*Bewegung, die Esoterik-Messen zu Massenveranstaltungen wurden, sind sie jetzt Treffpunkt einer eingeschworenen Gemeinschaft. ›Es ist heute weniger los als vor zehn Jahren. Dafür ist das Publikum aber auch qualifizierter geworden‹, sagt Dohn: ›Die Leute haben heute mehr Ahnung. Früher wussten viele ja nicht einmal, was eine Klangschale ist.‹«* welt.de (9-2008)

»Hippies oder Anhängern der esoterischen New-Age-*Bewegung gilt Stonehenge abwechselnd als Göttertempel, prähistorische Stern- und Wetterwarte oder Begräbnisstätte.«* welt.de (9-2008)

Newcomer

Engl. *newcomer*: Aufsteiger; Neuling; (fig.) Frischling

SPRACHGEBRAUCH

Das Auftauchen eines Menschen in der deutschen Medienöffentlichkeit ist eine News wert. Dort wird der aufgetauchte Mensch ›*Newcomer*‹ genannt. Da Medien nur über erfolgreiche Neueinsteiger sprechen, ist der *Newcomer* automatisch erfolgreich. *Newcomer* sind entweder halbwegs oben, oder sie sind gar nicht da. Der *Newcomer*-Status gilt als Vorstufe zum Star-Status.

Da naturwüchsig zu wenige *Newcomer* aus der Nichtöffentlichkeit auftauchen, müssen Medien nachhelfen. Dazu dienen – forciert seit den 80er Jahren und

der Demokratisierung von popmusikalischen Chancen durch billige Technik – *Newcomer*-Contests, die den Vorteil haben, permanent News abzuwerfen.
Der Begriff ist seit den 60er Jahren in den deutschen Medien zu finden; heute auch im aktiven Wortschatz jüngerer popaffiner Menschen.

FUNDSTÜCKE

»Unser neues Forum für die Stars von morgen: Das BAYERN-DEMO. Wir suchen die talentiertesten und besten bayerischen Musiker und Newcomer-*Bands.«* br-online.de (9-2006)
»NDR 2 – Newcomer*: Stellen Sie sich bei NDR 2 vor! – Superchance für neue Bands und Künstler.«* ndr2.de (9-2006)

News

Engl. *news*: Nachrichte; Neuigkeiten; Tagesschau

SPRACHGEBRAUCH

›*News*‹ ist der globale Leitbegriff einer Mediengesellschaft, die ohne *News* nichts zu verkaufen hätte. Neues, Nachrichten, Ereignisse müssen in *News* verwandelt werden können, wenn Medien sie in Umlauf bringen sollen. *News*-Förmigkeit ist gleichsam der Aggregatzustand von Neuem. *News* sind damit quasi medien-ontologisch weit mehr als nur Neues. Was den Anglizismus über jegliche Kritik erhebt.
Anfang der 60er Jahre wurde ›*News*‹ in deutschen Printmedien noch manchmal in Anführungszeichen gesetzt. Das war Ende der 60er Jahre vorbei.
Heute heißen die Nachrichtensendungen der deutschen TV-Sender *Sat.1 News* oder *Newstime* oder *RTL2 News*. Die Österreicher haben gar eine *Newsflash*-Sendung. Nur die *Tagesschau* der ARD fungiert noch als ein sprachkonservatives Bollwerk. Das ZDF hat sich mit *heute* elegant herausgewunden und ist für die Resistenz gegen ›*Today*‹ zu loben.

VARIA

Der *Newsletter* ist die meistverbreitete Form der Internet-Kundenbindung. Viele Menschen sind angesichts frischer *Newsletter* immer wieder überrascht, wo sie schon überall im Netz gekauft haben sollen. Das Abbestellen von *Newslettern* ist verständlicherweise deutlich schwerer als das Abonnieren.
Ein *News-Clip* ist ein kurzer, nachrichtlicher Filmbeitrag, der von international agierenden Filmteams an international sendende Fernsehanstalten verkauft wird und daher überall gleich benannt sein sollte.
Mit ›*News*-Desk‹ wird in deutschen Tageszeitungsredaktionen ein neues Prinzip der Arbeitsorganisation bezeichnet, bei dem die *News* und Themen, die überhaupt in der Zeitung und dem anhängenden Webauftritt stattfinden sollen, von einem medien- und ressortübergreifenden *News*-Team ausgewählt werden.

FUNDSTÜCKE

Erübrigen sich; es gibt in diesem Wörterbuch Dutzende Fundstücke zu anderen Stichworten, in denen nebenher ›*News*‹ auftaucht.

Nice-to-have; Nice to Have

Engl. *nice to have*: optional, nicht notwendig, luxuriös-überflüssig
Engl. *it's nice to have*: es ist nett, wenn man hat

SPRACHGEBRAUCH

Ein *Nice-to-Have* ist die substantivierte Kurzform des englischen Satzbeginns »*It's nice to have ...*«. Sie sickerte in den konsumfreudigen 80er Jahren ein. Sie wurde und wird gerne in gehobenen bis luxuriösen gedruckten Shopping-Ratgebern genutzt.

Zwischen *Nice-to-haves* und Must-Haves bestehen feinsinnige Beziehungen. Werbende reden gerne von ›Must-haves‹; Käufer, die sich entspannt luxuriösem Shopping hingeben, eher von ›*Nice-to-Haves*‹, wiewohl ein solcherart deklariertes Kaufobjekt tiefstinnerst als *Must-have* wahrgenommen wird.

FUNDSTÜCK

»*Fachgespräch: Betriebliches Mobilitätsmanagement: Effizientes Instrument oder* ›nice to have‹*?*« verkehrsforum.de (9-2010)

› **Must-Have**

Nickname

Engl. *nickname*: Spitzname

SPRACHGEBRAUCH

Das Internet ist das Paradies für alle, die anonym bleiben wollen. Wichtigstes Mittel: ein imageträchtiger *Nickname* oder Username. Problematisch die Pluralbildung: ›*Nicknames*‹ oder ›*Nicknamen*‹ stehen zur Verfügung. Die Mehrheit greift zu ›*Nicknames*‹.

FUNDSTÜCKE

»*Ich melde mich gerade bei netlog ein, aber mir fällt kein* Nickname *ein. Wer hilft mir?*« de.answers.yahoo.com (8-2008)

»*Bei Jappy ist jeder mit einem* Nicknamen *angemeldet.*« Wickyjappy.de (10-2010)

Nightclub

Engl. *nightclub*: Nachtklub

SPRACHGEBRAUCH

Seit den 60er Jahren heimischer Sprach-Usus. Was dem Renommee des Nachtclubs als solchem auch nicht viel geholfen hat. Heute wirkt es eher Niveaubehauptend, so sich ein Nachtklub auch ›Nachtklub‹ nennt. Da Musik-Clubs zum Bestandteil abendlicher Jugendkultur gehören, ist ›*Nightclub*‹ von diesem bedeutenderen Marktsegment angezogen worden. *Nightclub*-Offerten können heute fernab von allem Lasterhaften angesiedelt sein.

FUNDSTÜCK

»*DAS VIERTE* – Nightclub*: Der deutsche Free-TV-Sender präsentiert große Gefühle und erstklassiges Entertainment mit den besten Film- und Serienproduktionen der letzten Jahre.*« das-vierte.de (10-2010)

Nightlife

Engl. *nightlife*: Nachtleben

SPRACHGEBRAUCH

Ein *Nightlife* konnte in Deutschland erst mit dem Aufblühen einer jugendlichen Diskothekenkultur samt Event-Peripherie von Bars, Kneipen, Veranstaltungsorten entstehen. Also Ende der 70er, Anfang der 80er Jahre, was am parallelen Entstehen von großstädtischen Veranstaltungsmagazinen medial ablesbar war. Seit Ende der 80er Jahre zählten auch die neuen Kino-Center mit Spaß-Peripherie zum *Nightlife*.

Das amerikanische *Nightlife* ist erwachsener, schließt Cabaret, Theater und selbst das Besuchen eines *red light districts* (›Rotlichtbezirks‹) ein. Da sagt der ältere Deutsche immer noch ›Nachtleben‹.

FUNDSTÜCKE

»Die Sims 2: Nightlife *ist die neueste Erweiterung für das Spiel ›Die Sims 2‹. Ihre Sims sind nachts in der Stadt unterwegs und hauen mächtig auf den Putz.«* store.apple.com (9-2006)

Einen »Nightlife-*Guide für Insider«* offeriert das deutsche Stadtszenenmagazin *Prinz* (9-2005).

Nipplegate

Engl. *nipplegate*: Nipplegate
Engl. *nipple*: Brustwarze; Nippel

SPRACHGEBRAUCH

2004 war im US-Fernsehen während der Halbzeitpause des Super Bowls für wenige Sekunden die entblößte Brustwarze der Sängerin Janet Jackson zu sehen, nachdem Kollege Justin Timberlake ihr Oberteil mit schneller Hand geöffnet hatte. Für die sittsame amerikanische TV-Landschaft samt empörungswilligem Publikum ein Skandal ersten Ranges. Sehr schnell setzte sich *nipplegate* – in Anspielung auf den Watergate-Skandal von 1972 – als Bezeichnung in den weltweiten Medien durch. Konsequenz: Live-Sendungen werden in den USA nun mit einigen Sekunden Zeitverzögerung ausgestrahlt, damit überraschend entblößte Geschlechtsteile von der Regie gecuttet werden können.

Seit *Nipplegate* ist ›*Nipplegate*‹ in den deutschen Medien dann in Gebrauch, wenn weibliche Wesen mit zu viel Oberweiteneinblick Aufmerksamkeit zu erheischen suchen, was so häufig vorkommt, dass es meist nur zu einem Bildchen auf einer der letzten *BILD*-Seiten reicht.

FUNDSTÜCKE

»Roter Teppich oder Rotlichtviertel? Die Stars im Stylecheck schrammen am Nipplegate *vorbei. So setzt man Dekolletees besser nicht in Szene.«* bild.de (6-2011)

»Eva Mendes und der neue Nipplegate-*Skandal. Wer räkelt sich denn hier so lasziv in den Laken?«* rp-online.de (9-2008)

»Punkrock-Festival Punker reißt Moderatorin Shirt runter: Die Strahlefrau meisterte das estnische Nipplegate *jedoch bravourös, schlug dem Punk kurz auf die Finger und moderierte beherzt weiter.«* Berliner Zeitung (6-2011)

no Problem; no problem

Engl. *no problem*: kein Problem; keine Ursache; macht nichts; kriegen wir schon hin

SPRACHGEBRAUCH

In jugendlicheren Kreisen ist ›Entschuldigung‹ schon immer selten zu hören gewesen. Daher sollte man sich als Erziehungsbeflissener freuen, dass irgendwann in den 70er Jahren die Wortgruppe ›kein Problem‹, ›null Problem‹, ›null Problemo‹ und eben ›*no Problem*‹ in Gebrauch kam. Die zweite Konnotation (»Das Problem kriegen wir schon gelöst!«) ist Teil des Coolness-Syndroms der 90er Jahre. Gleich was passiert, es erreicht den Betroffenen nicht wirklich. Er bleibt gelassen. Diese Haltung perpetuiert sich bis heute auch in älter werdenden städtischen Milieus von Stadtratsfraktionen oder der Einzelhandels-Schickeria. Jugendpolitik, Werbung, Sozialarbeiterjargon – alle haben die Wörtchen in ihr

Vokabular integriert, um sich als vordergründig jugendkompatibel ausweisen zu können.

FUNDSTÜCKE

»No drinks – no drugs – no problem*! Mit dem eigenen Auto zur Disco oder Party, Freiheit auf vier Rädern – die meisten Jugendlichen können es kaum erwarten, den Führerschein zu machen. 16- bis 18-Jährige sind die Zielgruppe der Veranstaltung ›Fit für die Straße‹.«* berlin.de (3-2008)

»Koffer futsch, no problem. *Das ist eine Meldung für Luxusreisende. Alle anderen können den Post überspringen.«* modepilot.de (9-2008)

no Risk, no Fun; no risk, no fun

Engl. *no risk, no fun*: Kein Risiko, kein Spaß

SPRACHGEBRAUCH

In den 80er Jahren im Dunstkreis einer sich diversifizierenden Fun- und Thrillsportszene aufgekommen und bis heute sagbar, wenn auch nicht mehr trendgemäß. Dafür dürfen es Wirtschaftsjournalisten, die flockiger texten wollen, in ihre Artikel übernehmen.

FUNDSTÜCKE

»No risk, no fun? *HP wagt sich ins Consumer-PC-Geschäft zurück.«* channelpartner.de (12-2000)

»Auf die Frage warum nicht verhütet wurde zählten Aussagen wie ›no risk-no fun‹, *›ich war zu betrunken‹ und ›es wird schon nichts passieren‹ zu den häufigsten Antworten.«* dasbiber.at (9-2008)

Nobody

Engl. *nobody*: Niemand; unbedeutende Person; Unbekannter

SPRACHGEBRAUCH

Der sprachmächtige, polyglotte Goethe soll bereits das Wörtchen gekannt und genutzt haben; ein Revival erfuhr der bildhafte Ausdruck zum einen durch den Italo-Western *Mein Name ist Nobody* von 1973, zum anderen – bei anspruchsvolleren Kinogängerschichten – durch die Schlusspointe *»Nobody is perfect«* der Billy-Wilder-Film-Komödie *Some Like it Hot* (›Manche mögen's heiß‹) von 1959.

FUNDSTÜCKE

»Fußball: Magath düpiert Bayern mit Nobody-*Fußball.«* focus.de (11-2009)

»Nun will das Tabellen-Schlusslicht mit dem 39 Jahre alten ›Nobody‹ *Jens Keller die Abstiegsängste bannen.«* Frankfurter Rundschau (10-2010)

No-Future, No Future

Engl. *no future*: keine Zukunft

SPRACHGEBRAUCH

Die erste *No-Future*-Generation deklarierte sich Anfang der 80er Jahre als ebensolche. Die englische Punk-Bewegung hatte ein paar Jahre zuvor damit angefangen, die deutschen Ableger übernahmen. Der leicht versetzt parallel dazu einsetzende Yuppie-Trend erwies sich als medienattraktiver. Das reduzierte das öffentliche ›*No-Future*‹-Aufkommen. Seit den 90er Jahren, zunehmender Jugendarbeitslosigkeit und Perspektivenschwachbrüstigkeit, sagen die Medien wieder häufiger ›*No-Future*‹.

FUNDSTÜCKE

»No Jobs, No Future*: In der Krise ist die Jugendarbeitslosigkeit in Frankreich auf über 25 Prozent angestiegen.«* taz.de (8-2010)

»No Future *ist ein Werbespiel des Bundesumweltministeriums. Ziel ist eine Insel möglichst unter Berücksichtigung von Umweltaspekten zum wirtschaftlichen Erfolg zu führen.«* 2cool4me.de (3-2004)

No-Go; No-go

Engl. *no-go*: Geht-nicht; Tabu-

SPRACHGEBRAUCH

Die Politik und die politische Medienberichterstattung seit etwa der Jahrtausendwende kennen *No-Go*-Themen und *No-Go*-Gebiete, die konsequenterweise ›*No-Go*-Areas‹ heißen sollten, auch wenn sie von nicht des Englischen mächtigen Neonazi-Jugendgruppen beherrscht werden.

Auch der Lifestyle-Journalismus nutzt in seinen Etikette-Ratgebern gerne ›*No-Go*‹. Die Mehrzahl schreibt sich in deutschen Landen sowohl ›*No-goes*‹ – im Englischen die korrekte Pluralform – als auch ›*No-gos*‹.

FUNDSTÜCKE

»Flip-Flops sind für Damen und Herren im Büro ein absolutes No-Go.« www2.t-online-business.de (6-2007)

»Das No-go-*Idyll: Jeder zweite Bewohner im Touristenidyll Kärnten hat vor kurzem die Rechtspartei BZÖ gewählt.«* SZ Magazin (4-2009)

No-Look-Pass

Engl. *no-lookpass*: Blind-Pass

SPRACHGEBRAUCH

Bei Berichten über Basketballspiele, mittlerweile aber auch über Fußballspiele, Bezeichnung für einen blind gespielten Pass, der im Vertrauen, dass der andere Spieler sich am Zielort befindet, gespielt wird. TV-Sportmoderatoren präsentieren sich damit weltläufig; Fußballfans stören sich nicht weiter daran, werden aber mit der Zeit schon kapieren, was der Moderator sagen will.

FUNDSTÜCK

»Holtby bediente mit einem feinen ›No-Look-Pass‹ *Vereinskollege Schürrle (13.), der lässig an Tetenko vorbei zur Führung ins Tor lupfte.«* sport1.de (10-2010)

Nonbook

Engl. *nonbook*: Nichtbuch, Nichtbuchware

SPRACHGEBRAUCH

Ein Scheinanglizismus ist das Wörtchen keinesfalls, wiewohl es sich immer wieder liest. Der deutsche Buchhändler verkauft zunehmend Dinge, die keine Bücher sind, *Nonbooks* also. Das sind Spiele, Geschenkartikel, Puppen, Papierwaren, Computerzubehör. Das Buchmarketing hat seit der Etablierung von Buchkaufhäusern samt Medienabteilung und Gift-Shop den *Nonbook*-Sektor als wichtiges Wachtsumssegment des Warensortiments im Blick.

Wir wollen das nicht kulturkritisch beleuchten; der Gemischtpapierzeitschriftenbuchladen ist ein altes Phänomen; und Verzwitterungstrends prägen eben nicht nur ehemalige Kaffeekonzerne. Auf der Frankfurter Buchmesse 2006 waren *Nonbooks* zum ersten Male messewürdig. Das hat seither zugenommen. Fraglich nur, ob der Konsument von der Nonbookerei (eigenmächtig geprägtes Derivat) etwas merkt. Er weiß ja auch nicht, dass er Non-Food im Supermarkt kauft, wenn er Backpapier in den Korb legt.

FUNDSTÜCKE

»Nonbook-*Produkte werden immer wichtiger – schließlich bescheren die ›netten Kleinigkeiten‹ aus den Bereichen Spielzeug, Geschenke, Papeterie, Lifestyle und Design dem Buchhandel kontinuierlich steigende Umsätze.«* bildungsklick.de (8-2006)

»Nonbook *4.0 – die* Nonbookwelt *für den Buchhandel: Ein Marktplatz für ausgewählte Anbieter hochwertiger Nonbooks. Handverlesen für den schönsten aller Points of Sale: Die Buchhandlung.«* nonbook4-0.de (11-2006)

Nonfiction; Non-Fiction

Engl. *nonfiction*: Sachbücher, Sachliteratur

Engl. *factbook*: statistisches Handbuch

SPRACHGEBRAUCH

Das Buchmarketing ist professioneller, daher anglophoner geworden. Erzählende Literatur oder Belletristik wird gerne ›Fiction‹, der boomende Sachbuch- und Ratgebermarkt ›*Nonfiction*‹ genannt. Prospektmaterial für Buchkunden bedient sich zunehmend der englischen Begriffe, unterstützt durch die steigenden Verkaufszahlen englischsprachiger Literatur in der Harry-Potter-Ära. ›Fiction‹ ist hier deutlich häufiger als ›*Nonfiction*‹ zu finden.

Warum hat der Engländer kein schönes, eigenes Wort für das Sachbuch? Weil er *factbook* schon für Gedrucktes reserviert hat, das mit schnöden Tabellen aufwartet. Und *Realbooks* sind – auch im hiesigen Buchmarketing – seit einigen Jahren einfach nur gedruckte Bücher, die deutlicher von E-Books unterschieden werden müssen.

FUNDSTÜCKE

*»Von Zinssers fünfzehn Sachbüchern erscheint sein bislang über eine Million Mal verkaufter Bestseller ›*Nonfiction *schreiben‹ nun als Neuausgabe in deutscher Sprache (früher ›Schreiben wie ein Schriftsteller‹).«* autorenhaus-verlag.de (9-2008)

»Fiktionales Fernsehen ist teuer, und Nonfiction *kannst du natürlich günstig und in Masse herstellen, und damit mehr Zuschauerbindung generieren als mit einer aufwendig produzierten Serie, von der nur einmal im Jahr acht Folgen laufen.«* sueddeutsche.de (8-2009)

Non-Food; Nonfood

Engl. *non-food*: Nicht-Nahrung

SPRACHGEBRAUCH

Das globale Nahrungsmittelmarketing bezeichnet alles, was man nicht essen, aber in einem Lebensmittelsupermarkt erwerben kann, als ›*Nonfood*‹. Das weiß der Konsument nicht. Und muss es auch nicht wissen.

Der sprachsensible Mensch wird sich aber schon Gedanken machen, wenn Dinge nicht als solche, sondern als die Nicht-Dinge anderer Dinge bezeichnet werden. Philosophische Spekulanten könnten da von der Durchsetzung einer strukturalistischen Weltsicht schwadronieren.

FUNDSTÜCK

»Der WWF hat Label im Non Food *Bereich unter die Lupe genommen und die besten auf dem Markt erhältlichen Gütesiegel in einem Ratgeber zusammengestellt.«* wwf.ch.de (2-2007) Es sollte ›*Non-Food-Bereich*‹ geschrieben werden.

› **Convenience Food; Fast-Food; Food**

Nonprofit-, Non-Profit-

Engl. *nonprofit*: gemeinnützig; nicht gewerbsmäßig; ohne Gewinnabsichten

SPRACHGEBRAUCH

Auch gemeinnützige Organisationen haben sich sowohl globalisiert wie professionalisiert. ›Gemeinnützig‹ versteht kaum ein Globalgemeinnütziger, ›*Nonprofit*‹ samt beliebigen Anhängseln sehr wohl.

Bedenklich, dass mit ›*Nonprofit*‹ der wirtschaftliche Aspekt des Human-Caritativen in den Vordergrund gerückt wird. Die englische Sprache kennt schließlich auch *charitable*, was menschenfreundlich-mildtätig meint.

FUNDSTÜCKE

»Nonprofit *Management ist wie eine allgemeine Betriebsanleitung für gemeinnützige Organisationen.«* aktive-buergerschaft.de (9-2008)

»*›Mit uns starten Sie durch‹ – unter diesem Motto präsentierten wir bereits auf der conSozial unseren berufsbegleitenden Masterstudiengang* ›Nonprofit- *Management & Governance‹, der sich speziell an Führungskräfte in gemeinnützigen Organisationen richtet.«* rpm-online.de (9-2008) Engl. *governance* meint ›Regierungsführung‹, auch allgemein ›staatliche Steuerung‹.

Nonsense; Nonsens

Engl. *nonsense*: Blödsinn, Nonsens, Quatsch, Schwachsinn, Unsinn
Engl. *nonsensically*: unsinnig
Franz. *non-sens*: Blödsinn, Nonsens, Quatsch, Schwachsinn, Unsinn

SPRACHGEBRAUCH

Schon Gottsched, Sprachkritiker des Spätbarock und Gegner allen Sprachschwulstes, bediente sich ›*Nonsens*‹, um knapp seinem Missfallen Ausdruck zu geben. Da wurde zugleich aus dem Französischen wie aus dem Englischen entlehnt. Seither hat es mit dem *Nonsens* kein Ende genommen. Die Schreibweise ohne End-›e‹ ist seit langem durchgesetzt. Bei der gegenwärtigen Aussprache ist weder französischer noch englischer Einfluss auszumachen. Der Deutsche spricht es, wie er es liest.

Interessant, dass zwei ältere Ableitungsformen (›Unsinnigkeiten‹ / engl. *nonsensicalities*) in beiden Sprachen (nahezu) ausgestorben sind, obwohl beide Sprachen ihren Wortschatz vermehren, indem von Substantiven Adjektive, von jenen wiederum Substantive gebildet werden (Unsinn › unsinnig › Unsinnigkeiten | *nonsense* › *nonsensically* › *nonsensicalities*). Schade eigentlich. Erbarmt sich vielleicht das Feuilleton der besseren Zeitungen?

FUNDSTÜCKE

»Mit diesem Fehler der hochtrabenden Schreibart ist sehr nahe, das von vorerwähnten Nationen sogenannte Galimatias, oder Nonsens *verwandt, welches nichts anders ist, als eine ungereimte und unverständliche Vermischung widereinanderlaufender verblümter Redensarten, aus welchen es zuweilen unmöglich ist, einen Verstand herauszubringen.«* Johann Christoph Gottsched: Versuch einer critischen Dichtkunst (Erstdruck: 1730) ›Gallimatthias‹ meint ›Verdrehung, verworrenes Geschwätz‹. Wahrscheinlich hergeleitet aus dem fiktiven Rechtsstreit über einen Hahn (lat. *gallus*), der einem Matthias gestohlen worden war.

Der lateinisch sprechende Advokat versprach sich und sagte statt »gallus Matthiae« (»der Hahn des Matthias«) »galli Matthias« (»der Matthias des Hahns«). Vergl. ›Gallimatthias‹ in: Meyers Großes Konversations-Lexikon (1905)
»Jene Beurteilungen meiner Bühne, deren pausbackigtem Lob gewöhnlich noch ein gelehrt sein sollender Nonsens, *ein Schwall nichtssagender Worte über das Spiel meiner armen Komödianten hinzugefügt war, wurden ein Gegenstand des bittersten Spottes …«* E. T. A. Hoffmann: Seltsame Leiden eines Theaterdirektors (Erstdruck: 1817)
»Versucht man nämlich, wie einige getan haben das, was sich auf Friedrich den Großen bezieht, auf Friedrich Wilhelm I. zu deuten, so entsteht ein völliger Nonsens *…«* Th. Fontane: Wanderungen durch die Mark Brandenburg (geschrieben zwischen 1862 und 1889)

Non-Stop; Nonstop

Engl. *non-stop*: ohne Stopp

SPRACHGEBRAUCH

Seit den 60er Jahren im Flugreisenkontext üblich geworden. Die Reichweite von Langstreckenflugzeugen wuchs, und *Non-Stop*-Flüge wurden zum werblichen Argument. Heute können Events und Phänomene aller Art eine *Non-Stop*-Qualität haben: Sitzungen, Festivals, lange Kinonächte, Newssendungen, Partys, kompletter Unsinn oder die Soundberieselung durch speicherstarke MP3-Player. Unternehmen wollen Kunden ununterbrochen an sich binden, das *Non-Stop*-Marketing wird daher kein Ende nehmen.

FUNDSTÜCKE

»Lancaster Suractive Non-Stop *Lifting Advanced Lip Cream, Lippenpflegecreme (15 ml).«* idealo.de (2-2007) Es handelt sich also um einen ununterbrochen überaktiven und fortgeschrittenen Anhebe-Lippenstift; es ist vielleicht gut, dass keine deutsche Konsumentin das versteht, sie also nur auf ›Lippenpflegecreme‹ mit Kaufreflexen reagieren muss.
»Wilfried Erdmann ist mit 61 Jahren Deutschlands erster Nonstop *und Solo Weltumsegler in Ost-West Richtung.«* wilfried.erdmann.de (2-2007) Wo bleiben die Bindestriche?

Nordic Walking

Engl. *nordic walking*: nordisches Stocklaufen; Nordic Walking

SPRACHGEBRAUCH

Seit Ende der 90er Jahre nennt sich eine schneelose Form der Fortbewegung mit Skistockunterstützung ›*Nordic Walking*‹. Die finnischen Neuerfinder (den so genannten ›Stocklauf‹ gab es schon in den 30er Jahren) sind für den Anglizismus verantwortlich.
Da der gesundheitsbewusste ältere Deutsche, dessen Gelenke einem Jogging nicht gewachsen sind, bereits das Walken kannte, konnte sich ›*Nordic Walking*‹ umstandslos im Sprachgebrauch einnisten. Varianten sind *Nordic Running*, die Eilversion, und *Nordic Skating*, eine Kombination aus Inline Skating und *Nordic Walking*.
Der Erfolg auf dem sportlichen Sektor animiert Hersteller zu einem ausfransenden Gebrauch: Es finden sich *Nordic* Hotels, aber auch *Nordic* Light Hotels,

eine Adidas Gazelle Clima Cool Pro *Nordic* Sonnenbrille und *Nordic* Rock Kühlwürfel.

FUNDSTÜCKE

»*Wella Professionals – Trend Vision 2007:* Nordic *Serenity – Der Glanz des Klaren! Die natürliche Schönheit des einfachen und schlichten Stils, die eine puristische Kraft in sich birgt. Klare Linien.*« wellaprofessionals.de (9-2007)

»Nordic *Chill – Miniclip Games – Play Free Games: Nimm an 4 Wintersportrennen teil in diesem herausforderndem Spiel.*« miniclip.com (6-2007)

»Nordic Walking *entspannt, kräftigt, stärkt, ist effektiv, schützt, stabilisiert, macht Spaß, verbindet Menschen, bewegt!*« nwunion.de (9-2006)

Notebook

Engl. *notebook*: Heft; Notizbuch; Notebook-Computer

SPRACHGEBRAUCH

Kleine, schoßfähige Computer hießen zunächst ›*Laptop*‹. Ende der 80er Jahre setzte *Toshiba* mit der Prägung ›*Notebook*‹ seinen eigenen Gattungsbegriff dagegen. Der setzte sich so sehr durch, dass heute ›Laptop‹ und ›*Notebook*‹ westweltweit herstellerunabhängig nebeneinanderher benutzt werden.

FUNDSTÜCK

»*Lifestyle mit* Notebook*: Moderner Lebensstil mit einem* Notebook *als ständig einsatzbereiter unverzichtbarer Begleiter, der im Alltag ständig für die Lösung der unterschiedlichsten Probleme bereit ist.*« notebook.pege.org (9-2006)

Nude

Engl. *nude*: nackt; Nackter; Aktdarstellung

SPRACHGEBRAUCH

Menschen, die sich gerne ohne Kleidung in erholsamer, arbeitsferner Umgebung bewegen, heißen in Deutschland Naturisten, FKKler oder Nudisten. Letztgenannte Bezeichnung ist vom lateinischen *nudus* (›nackt‹) abgeleitet. Und von daher haben auch die Engländer die Wortgruppe um *nude* herum.

Sehr moderne Nudisten (rar gesät) nutzen zur Selbsttitulierung mittlerweile auch gerne das englische *nude* und *nudist*. Gerade im Internet zu finden. Kosmetik- und Modebranche haben weit deutlicher zur heimischen Verbreitung beigetragen. *Nude* wird hier als Farbwort genutzt. Es meint halt einen Hautton, was eine Kosmetikberaterin aber auch noch versteht. Der *Nude-Look* in der Mode bedient sich sehr luftig arrangierter und/oder (semi-)transparenter Stoffe, die deutlichen Durchblick auf allermeist weibliche Körperteile gestatten.

FUNDSTÜCKE

»*Perfekt für den Winter sind Sonnenbrillen in* Nudetönen.« Elle (11-2011)

»*Das neue* Nude *Shimmer Kit für perfekt verführerische Augen in schimmerigen* Nude*nuancen.*« zoeva-shop.de (12-2009) »Nude*nuancen*« müsste »Nacktheitsabstufungen« übersetzt werden. Da das noch weniger verständlich wäre, sollte man es lassen.

O

Off

Engl. *off*: Abseits; Aus

SPRACHGEBRAUCH

In der Film- und Fernsehproduktion spricht einer, den man nicht im Bild sieht, der auch gar nicht im Filmgeschehen drinsteckt, als *Off*-Sprecher. Sieht man von der Person ab, wird auch von einer ›*Off*-Stimme‹ geredet. Ein *Off*-Sprecher ist nicht identisch mit einem Synchronsprecher, der seine Stimme ja einem sichtbaren Darsteller leiht. Dummerweise wird manchmal auch von einer ›Stimme aus dem *Off*‹ gesprochen, wenn der Darsteller zwar zu hören, aber nicht zu sehen ist. Im übertragenen Sinne sind *Off*-Stimmen auch solche, die aus dem versteckten Hintergrund, aus der Versenkung, vielleicht auch aus dem Exil agieren, um ein (politisches) Geschehen zu beeinflussen. Sogar die Bedeutungsaufladung mit ›Stimme aus dem Jenseits‹ muten Journalisten manchmal dem *Off* zu.

FUNDSTÜCKE

»Tote Spitzenverdiener – Cash aus dem Off*: Was haben Yves Saint Laurent, Michael Jackson und Jimi Hendrix gemeinsam? Alle drei kassieren auch aus dem Jenseits noch Millionenbeträge, wie das Wirtschaftsmagazin Forbes ermittelt hat.«* sueddeutsche.de (10-2002)

»Die angeblichen Geständnisse kommen von zwei Phantomen aus dem Off*: den mutmaßlichen Al-Quiada-Mitgliedern Ramzi Binalshibh und Khalid Scheich Mohammed.«* broeckers.com (10-2003)

Office

Engl. *office*: Büro

SPRACHGEBRAUCH

In Büros arbeiten Bürokraten, in einem *Office* brüten kreative Menschen. Daher der Siegeszug von ›*Office*‹. Er geht einher mit dem Einzug von Computertechnologie in jegliches Büro.

Der Computer brachte *Microsoft Office*, das allgegenwärtige Büro-Software-Paket. Auch die Alternativprodukte zum Marktführer implementierten ›*Office*‹ wie *SoftMaker Office* oder die Open-Source-Software *StarOffice*. Wer Büroarbeiten am Computer erledigt, ist daher von ›*Office*‹-Vorkommnissen umzingelt. Ein *Home*-Office ist seit den 90er Jahren der Computer-Arbeitsplatz eines Ausgegliederten, prekär Arbeitenden, also so etwas wie ein digitalisierter Heimnäherinnentisch.

Firmen, die Papier, Bleistifte, Bürostühle oder Regalschränke vertreiben, nutzen mehrheitlich auch *»Office«* im Firmennamen. (»Otto Büro« ist gegenüber »Otto *Office*« nahezu als Rufschädigung einzuordnen.)

FUNDSTÜCKE

»Straßen entlang laufen, schauen was ansprechend aussieht, ins Office *gehen,*

fragen ob Zimmer frei sind (was im Normalfall der Fall ist), Anschauen, Preisliste geben lassen und fertig.« college-contact.com (10-2010)
»Der Office-*Excellence-Check: Das webbasierte Selbstbewertungs-System zur Ermittlung einer ganzheitlichen Büro-Qualität – Entwickelt von Fraunhofer IAO im Rahmen eines Forschungsprojektes der Initiative ›Neue Qualität der Büroarbeit‹.«* oexc.web-erhebung.de (10-2006)

Official

Engl. *official*: Beamter; amtlich, dienstlich, offiziell

SPRACHGEBRAUCH

Der deutsche Jugendslang kennt ›amtlich‹. Ist etwas ›amtlich‹, dann ist es echt, unverrückbar, definitiv, selbstverständlich, authentisch, kein Fake. Auf ungefähr diesem Bedeutungsfeld ist auch die Verwendung von ›*Official*‹ in deutschsprachigen Kontexten angesiedelt. Vor allem Websites von Pop-Musikern, Film-Stars, Fan-Clubs, anderen Clubs nennen sich gerne ›*Official* Website‹ oder ›*Official* Homepage‹ und setzen sich damit gegen Nachgeahmtes, Gepfuschtes, Unautorisiertes ab.

FUNDSTÜCK

»Dimple Minds: Official *Website der Band mit Tourdaten, Adressen und Neuigkeiten.«* dimpleminds.de (10-2006)

Off-Road, Offroad

Engl. *off-road*: abseits der Straße; Gelände-

SPRACHGEBRAUCH

Etikett für eine umfassende Motorkultur mit hoher emotionaler Aufladung. Seit Ende der 80er Jahre in Deutschland und weltweit von der Automobilbranche vermarktet. Die entsprechenden Fahrzeuge heißen ›*Off-Roader*‹.
Zunehmend wird das Gegenteil unter der Bezeichnung ›*Onroad*‹ thematisiert: Der normale Lebensraum von PKW wird bedeutsam, wenn die Standard-Straßentauglichkeit von geländegängigen Fahrzeugen betont werden soll.

FUNDSTÜCK

»›Der neue Range Rover verbindet Onroad-Eigenschaften der Luxusklasse mit überlegenen Offroad-*Fähigkeiten‹, schwärmt Land-Rover-Vorstandschef Bob Dover.«* spiegel.de (11-2001)
› **SUV (& Co.)**

off-the-record

Engl. *off-the-record*: inoffiziell, vertraulich, nicht für die Öffentlichkeit

SPRACHGEBRAUCH

Journalisten erfahren in Gesprächen mit wichtigen Menschen oft mehr, als sie veröffentlichen dürfen. Gestandene Politiker sagen dann: *»Das Folgende bitte ich als streng vertraulich zu behandeln.«* Jüngere Politmanager und VIPs aus anderen Sparten geben hingegen seit den 90er Jahren den Hinweis, dass es nun *off-the-record* zugehen müsse.
Engl. *record* bedeutet auch ›Protokoll‹. Und die Wendung kam aus dem Jargon der globalen Diplomatie Ende der 70er Jahre über die politische Medienberichterstattung zu uns – zunächst meist in Anführungszeichen, seit den 80er Jahren ohne.
Wer seine Web-Botschaften, die er über Instant-Messaging-Dienste verschickt,

gegen Mitleser absichern will, nutzt gerne *Off-the-Record*-Messaging, ein Kryptografieverfahren, bei dem nicht einmal die miteinander Kommunizierenden sich später beweisen können, dass sie miteinander kommuniziert haben.
Weil es schick ist, sich vertraulich unvertraulich zu präsentieren, also paradoxe Kommunikation zu betreiben, finden sich zunehmend Blogs, Partys und Events mit dieser Namensergänzung. Es ist die gleiche idiotische, aber funktionierende Dialektik wie beim ›Geheimtipp‹.

FUNDSTÜCK

»Unser Firmenname steht für unser Motto: Off the Record *Research garantiert die Anonymität unserer Quellen. Wir erwähnen weder Ihren Namen noch Ihre Firma.«* offtherecordresearch.com (8-2007) Der Online-Dienst führt anonyme Interviews mit Branchenexperten, die ihre Trendprognosen zu Wirtschaft und Marketing kundtun sollen.

old-fashioned

Engl. *old-fashioned*: altmodisch

SPRACHGEBRAUCH

Zum Modernsein gehört auch das beständige Revival. Das Wiedererwecken von Traditionen kann also sehr trendy sein. Um das Modische des nur vermeintlich Altmodischen zu bezeichnen, darf man selbstredend nicht »altmodisch« sagen. *»Old-fashioned«* liefert dafür die richtige Lifestyle-Aufladung. *Old-fashioned* Cookies oder ebensolche Cocktails sind daher im Kontext eines Back-to-the-Classics- oder Authentic-Marketing gerade nicht altmodisch. Die Feinheiten des Sprachgebrauchs erschließen sich aber nur dem gebildeten Lifestyle-Konsumenten.

FUNDSTÜCKE

»Old Fashioned – *ein Klassiker unter den Cocktails mit Whisky. Auf dieser Seite gibt es das Rezept.«* cocktail-lounge.net (10-2010)
»Old Fashioned *Cherry Crumble Pie von Hobbybäckerin Mollie Cardina.«* prosieben.de (10-2010) Engl. *crumble pie* meint ›Streuselkuchen‹.
› **Oldie; Vintage**

Oldie

Engl. *oldie*: alte Klamotte; gute, alte Sache; Oldie

SPRACHGEBRAUCH

Oldies gibt es in Deutschland seit dem Älterwerden populärer Musik für jugendliche Zielgruppen der 50er und 60er Jahre. Was noch älter ist, firmiert entweder unter Evergreen oder scheinbar zeitloser Volksmusik, die aber auch schon seit etwa 1850 durch Marktmechaniken am Leben gehalten werden muss.
Oldie-Bands entstanden gehäuft in den 80er Jahren, als Jugendliche der 60er sich von der Evolution des Pop abkoppelten und sich zur musikkonservativen Idyllisierung der *Oldie*-Kultur bedienten, die das Auflegen alter Platten wieder legitim werden ließ.
Radiosender lieben *Oldies,* weil die Lizenzgebühren billiger sind; Veranstalter, weil *Oldie*-Bands günstiger anzuheuern sind als Performer gerade aktueller Musik. *Oldie*-Kulte haben sich um viele Bereiche jüngst vergangener Alltags-

kultur angesiedelt: Autofans haben Porsche-*Oldie*-Clubs (hier wird ›*Oldie*‹ synonym zu › **Oldtimer** genutzt); Plattensammler ihre *Oldie*-Tauschbörsen; desgleichen Spielzeug- und Techniksammler.

FUNDSTÜCKE

»*Weltraum*-Oldie *Hubble wird gerettet: NASA wird nun doch das alternde Weltraumteleskop reparieren.*« stuttgarter-zeitung.de (11-2006)

»Oldie-*Night: Eine Veranstaltung der Narrenzunft Murg. Sie findet jedes Jahr am Ostersonntag in der Murgtalhalle statt.*« eurosound-murg.de (4-2005)

»*Vinyl bleibt Vinyl:* Oldie-*Markt ist Europas grösstes Magazin für Plattensammler.*« funwithmusic.de (1-2007)

› **Revival**

Oldtimer

Engl. *old-timer*: Altgedienter; Veteran; alter Hase; älterer Mensch

SPRACHGEBRAUCH

Im deutschsprachigen Raum ist ...

» ... *ein* Oldtimer *ein Kraftfahrzeug oder Anhänger mit einem Mindestalter von 20 Jahren. Die Hauptbaugruppen sind original (oder zeitgenössisch ersetzt). Bei einem Ersatz darf der Grundcharakter des Fahrzeuges nicht verändert werden.*«

Im Englischen wurden bis in jüngere Zeit ältere, konservierenswerte Automobile nicht *old-timer,* sondern *vintage cars* genannt; von engl. *vintage* (›Jahrgang; Baujahr; Weinernte‹). Es findet sich aber auch *veteran car,* vor allem in den Namen von Automobilsammlerclubs. Heutige Hüter des Deutschen refüsieren (veraltet & manieriert für ›ablehnen‹) ›*Oldtimer*‹ als Denglisch und weisen darauf hin, dass mit glänzendem Lack gealterte Fahrzeuge in England *vintage car* heißen. Letzteres ist unbestritten, aber nur Teil der englischen Sprachwirklichkeit. ›*Oldtimer*‹ ist mit Sicherheit eine Scheinentlehnung oder anglisierende Neubildung, wie es sprachwissenschaftlich heißt.

Aber eigensinnigerweise ist die deutsche Sprachschöpfung, die immerhin bruchlos sich an die englischen Konnotationen von ›*älter; altgedient*‹ anschließen lässt, mittlerweile international und eben auch im Englischen geläufig. Niederländische, belgische, österreichische, kanadische, polnische und russische Anbieter älterer und erhaltenswerter Personenkraftwagen nutzen ›*Oldtimer*‹ (in der deutschen Schreibweise ohne Bindestrich).

Die seriöseren englischen Altwagenanbieter sagen zwar *vintage car,* aber der Vormarsch von *oldtimer* ist im Englischen nicht zu stoppen. Könnte es sein, dass die Deutschen damit das international verständlichere Wort erfunden haben?

Was haben wir ansonsten? ›Gebrauchtwagen‹? ›Autoveteran‹? Das trifft es nicht.

Der Bundesverband Deutscher Motorveteranen-Clubs eV (DEUVET) nutzt die Wendung *»ein historisches Kraftfahrzeug«*. Das ist eine amtsdeutschartige Umschreibung, aber nichts Alltagstaugliches. Noch staatstragender ist die Bezeichnung *»kraftfahrzeugtechnisches Kulturgut«,* mit der Fahrzeuge geadelt werden, die über 30 Jahre alt sind und

daher steuerlich deutlich vergünstigt fahren können.
Und selbst wenn wir ein deutschtümelndes Wörtchen hätten, dürften wir uns dann aus dem europäischen, ja internationalen Sprachkonsens verabschieden? Erst stiften, dann stiften gehen. Das geht nicht.
› **Oldie; Youngtimer**

One-Man-Show; Onemanshow

Engl. *one-man-show*: Ein-Mann-Show

SPRACHGEBRAUCH

In den 60er Jahren zu uns gelangt. Und sehr schnell nicht nur aufs Showgeschäft beschränkt. Wenn irgendwer alleine irgendeinen Laden schmeißt, gleich ob als Unternehmer, Politiker oder Comedien, liegt die Wendung nahe.

FUNDSTÜCK

»Keller ist die absolute Schlüsselfigur bei Hannover, das wissen wir, und deshalb sind wir auch darauf eingestellt, eine One-Man-Show *zu verhindern.«* welt.de (11-2008)

One-Touch

Engl. *one-touch*: (wörtl.) Einmal-Berührung, One-Touch

SPRACHGEBRAUCH

Technische Geräte verwirren manchen Benutzer ob ihrer Bedienungszumutungen. *One-Touch* ist eine Produktqualität, die Erlösung verspricht: Alles Gewollte soll durch einmaliges Drücken eines einzelnen Knopfes geschehen. Unterschlagen wird, dass drum herum jede Menge anderer Schalter lauern, deren Bedienung durch den *One-Touch*-Button beileibe nicht überflüssig geworden ist. Nur in Produktanpreisungen und Bedienungsanleitungen seit den 90er Jahren präsent.
Der sprachlich gehobenere Fußballfreund kennt das *One-Touch*-Kurzpass-Spiel, bei dem ohne lange Dribbelei direkt abgegeben wird.

FUNDSTÜCKE

»Gleichzeitig setzt die Limousine eine ganze Reihe elektronischer Glanzlichter, Advanced Key ersetzt den Zündschlüssel, One-Touch-*Memory erkennt bis zu vier unterschiedliche Fahrer und ihre Sitzposition am Fingerabdruck.«* Süddeutsche Zeitung (9-2002)
»Dabei ist ihr technisch brillantes One-Touch-*Kurzpass-Spiel störungsanfällig. Außerdem vergeben die Nord-Londoner oft zu viele Chancen auf ihrer beständigen Suche nach dem perfekten Tor.«* spiegel.de (9-2005)

Onflight; on flight

Engl. *on flight*: während des Fluges

SPRACHGEBRAUCH

Was während eines Fluges geschieht, sollte vom Fluggeschehen als solchem ablenken. Daher gibt es *Onflight*-Services, als da sind: Verpflegung, Getränke, Musik, Filme und die sehr unterhaltsamen Hinweise auf das Verhalten in Notfallsituationen, die leider nur mehr bei Billigfluglinien durch das real vor dem Passagier fuchtelnde Personal, ansonsten aber per Flatscreen virtuell präsentiert werden. ›*Onflight*‹ hat sich als Internationalismus vom internen Sprachgebrauch des kommerziellen Flugwesens (engl. *flight business*) in den

90er Jahren emanzipiert. Der globale Reisende weiß, was gemeint ist.

FUNDSTÜCK

»Der Event selbst fand im Hochsicherheitsbereich des Lufthansa Flight Training Centers am Frankfurter Flughafen statt. Pilotentraining, Simulatorflug und Onflight *Menü inklusive.«* ahoi-werbeagentur.de (3-2007)

open end; Open-End-

Engl. *open-end*: zeitlich unbeschränkt
Engl. *open end*: offenes Ende

SPRACHGEBRAUCH

Substantiv wie Adverb gelangten in den 80er Jahren in den deutschen Wortschatz. Kultursoziologisch gemutmaßt: Es hat was mit der kultur- und konsumlibertären Grundstimmung der 80er zu schaffen. Konzerte, Talkrunden, Fernsehdirektübertragungen – plötzlich durfte es *open end* sein; der Konsument wollte sich befreit fühlen von den Restriktionen ordentlicher Schlussgongs. Und die deutsche Wendung ›Ende offen‹ passte nicht, da schwang ja das Moment von Unsicherheit und Unberechenbarkeit des Ausgangs mit. *Open end* hingegen versprach alles Gute ohne zeitliches Limit.

FUNDSTÜCKE

»Mit dem Open End-*Abo lesen Sie ›Automobil Tests‹ ganz ohne Verpflichtung, solange Sie wollen, und genießen alle Abo-Vorteile.«* aboshop.axelspringer.de (12-2006)

»Open-End *Minitramp: Dieses Gerät zeichnet sich durch eine außergewöhnliche Wurfleistung aus, die zur Ausführung schwieriger Sprünge notwendig ist.«* fairplay-sporthandel.de (12-2006) Es handelt sich um ein Trampolin. Die Verwendung von ›*Open-End*‹ zeugt von semantischer Unsensibilität; ›Off-Limits‹ (›ohne Grenzen‹) stünde dem Sprungsportgerät besser. Der Hersteller *Eurotramp* ist ein deutsches Unternehmen.

organic

Engl. *organic*: organisch; biologisch; biologisch angebaut; natürlich

SPRACHGEBRAUCH

Die werbliche Degenerationsform von ›natürlich‹ und ›ökologisch‹ heißt bei uns seit den 90er Jahren ›*organic*‹. Im Englischen ist eine *organic farm* ein Bio-Bauernhof. Im Deutschen ersetzt ›*organic*‹ also die Vorsilbe ›Bio-‹ in all jenen Kontexten, bei denen trendbewusstere Konsumenten als die ursprüngliche Bio-Käufer-Klientel angesprochen sein sollen.

FUNDSTÜCK

»Swatch Irony Big Organic *Structure Uhr YGS438G: Accessoires-Swatch: Swatch Irony Big Edelstahlgehäuse mit Gliederarmband aus Edelstahl Quarzwerk Datumsanzeige.«* T-Online-Werbung (7-2008)

out

Engl. *out*: unmodisch, veraltet, rückständig

SPRACHGEBRAUCH

Seit den 60er Jahren gebräuchlich. Zunächst von oppositionellen Jugendlichen vereinnahmt. Dann vom Marketing erfolgreich übernommen. ›*Out*‹ ist seit den 80er Jahren, wer nicht modisch oder besser: stylish auf der Höhe der Zeit ist. Medien kultivieren die Verwendung vor allem durch In-und-*Out*-Listen, die konsumierende Menschen als Horoskopersatz zu konsultieren pflegen.

FUNDSTÜCKE

»Zeitgeist: Warum Autoaufkleber total out *sind.«* welt.de (6-2009)
»Vokuhila – immernoch total out*? Die verbotenste Frisur des Sommers ...«* friseur-experte.de (9-2010) »Vokuhila« ist das Akronym für »Vorne kurz, hinten lang«, einer männlichen Trendfrisur der 80er Jahre.

› **Burnout; Coming-Out**

Outdoor

Engl. *outdoor*: draußen vor der Tür; Freiluft-

SPRACHGEBRAUCH

Wer sich einfach nur draußen, in ungeschützter Natur bewegen möchte, erscheint heute als hinterwäldlerischer Mensch, so er ohne *Outdoor*-Accessoires von trendbewussten Menschen, Walkern zum Beispiel, beim klassischen Spazierengehen ertappt wird.
Outdoor-fähig ist, wer *Outdoor*-Equipment besitzt.
Ein *Outdoor*-Adventure ist ein Abenteuer, für das man, mit *Outdoor*-Adventure-Equipment ausgestattet, vor die Tür gehen muss. Und *Outdoor*-Research muss betreiben, wer Konsumgegenstände zu erwerben sucht, die zum Freiluft-Abenteuer gehören.
Das *Outdoor*-Syndrom ist seit etwa Mitte der 90er Jahre wahrnehmbar.

FUNDSTÜCKE

»Viel Spaß und Aktivität, draußen und in der Natur, das ist die faszinierende Anziehungskraft von Outdoor *und der Grund für anhaltendes Wachstum in diesem Markt.«* fahrrad-markt-zukunft.de (3-2007)
»Für Reisende, die regelmäßig unterwegs sind, ist Outdoor *Single der optimale Begleiter in Sachen Reisekostenabrechnung und Fahrtenbuchführung.«* softguide.de (3-2007) Es handelt sich um eine Software.

› **Survival; Thrill; Wilderness**

outen; Outing

Engl. *outing*: öffentliches Eingeständnis, Offenbarung, Outing

SPRACHGEBRAUCH

Die schamlose und zugleich unverschämte Mediengesellschaft sucht nach Aufdeckbarem. Zuvor kommt einer diesem Ansinnen nur, indem er bekennt. Zum Beispiel sein Schwulsein oder seine frühbiographische Mitgliedschaft in einer terroristischen Zelle, der Stasi oder der NSDAP. *Outing* ist als mediale Strategie der imagefördernden Selbstoffenbarung in den 90ern praktisch und begrifflich en vogue geworden.
Es begann mit dem Zwangs-*Outing* von Alfred Biolek, H. P. Kerkeling und Götz George durch den schwulen Filmemacher Rosa von Praunheim anno 1991 in einer Sendung von *Explosiv – Der heiße Stuhl* des Privatsenders *RTL*.
Aber auch Bekenntnisse nutzen sich ab; Schwulsein ist heute kaum mehr bekenntnisfähig, NSDAP-Mitgliedschaften qua Alter der bekenntnisfähigen Alterskohorte immer weniger wahrscheinlich. *Outings* werden sich banaleren Biographie-Makeln widmen müssen: zum Beispiel Hamörrhoidal-Erkrankungen oder Interview-Phobien oder Entziehungs-

Notwendigkeiten aller Art. Erhalten bleiben wird uns das Phänomen samt Begriff schon qua Medienökonomie und deren Skandalisierungszwang.

FUNDSTÜCKE

»Outing*: Kennt noch irgendwer diesen einen Italiener mit dem seltsamen Namen Gigi D'Agostino? Ich gebe zu, ich hab‹ mir damals eine Maxi von ›La Passion‹ gekauft und gebe zu, ich höre sie gerade und mir gefällt nach wie vor, was ich da höre.*« mizue.twoday.net (3-2007)

»*Treibende Kraft sind einerseits Internet-Aktivisten, die schwulen Republikanern Heuchelei vorwerfen und Zwangs*-Outing *betreiben, und andererseits rechte christliche Fanatiker, die die Republikanerpartei am liebsten ›säubern‹ würden.*« heise.de (10-2006)

› **Coming-Out**

Outfit

Engl. *outfit*: Ausstattung; Kleidung; Einrichtung

SPRACHGEBRAUCH

Jeder hat im Normalfall Kleidung an. Wer diese bewusst wählt, zeigt sich in einem erkennbaren *Outfit*. Und wer das *Outfit* konsequent inszeniert, hat sogar Style. Von *Outfits* wird seit den 60er Jahren gesprochen. Damals übernahm die Mode die Funktion, die wuchernde soziale Szenenvielfalt mit Wiedererkennungsmaterial zu versorgen. Im zunehmend Unübersichtlichen der Klamotten-Optionen mussten Akzente zur Identitätsfindung gesetzt werden. Das richtige *Outfit* wurde überlebensnotwendig. Daran hat sich essentiell nichts geändert, auch sprachlich nicht. Medien nutzen ›*Outfit*‹ bei der Beschreibung von Autos und anderen durchgestylten Fortbewegungsmitteln; der lesende Kunde spricht hier eher vom Design.

FUNDSTÜCKE

»*Sie geben sich Kampfnamen wie ›Rambona‹ oder ›Blitzkrieg Baby‹. Dann rempeln sie mit Rollschuhen und Miniröcken drauflos: Eine Stuttgarter Mädchencrew pflegt einen schrillen Frauensport, bei dem es um punkige* Outfits, *rasante Rennen und derbe Bodychecks geht.*« spiegel.de (10-2008)

»*Optisch gibt es das bekannte John-Cooper-Works*-Outfit *mit 17-Zoll-Radsatz, breiteren Schwellern und opulenten Lufteinlässen.*« FTD (12-2011) Aus einem Autotest zum *Mini John Cooper Works Countryman.*

› **Lifestyle; Look**

Output

Engl. *output*: Leistung, Output

SPRACHGEBRAUCH

Wichtig ist, was hinten rauskommt. Das ist Kernsatz einer Unternehmensphilosophie, der egal ist, wie etwas zustande kommt, Hauptsache es ist profitabel. Es wird also nach dem *Output* gefragt. Je weniger Input und je höher der *Output*, desto maximierter die Produktivität. Seit den 90er Jahren haben Unternehmen, Teams, aber auch einzelne Menschen, Kreative, darunter auch künstlerisch Tätige einen *Output*, nach dem sie eingeschätzt werden.

FUNDSTÜCKE

»*Der wuselige Wahnsinn von Coolhaven verleiht dem zuweilen etwas sterilen* Output *des Hanseaten ganz neuen Pep, wäh-*

rend Kubins konzeptuelle Klarheit den erratischen Irrwitz der Holländer in konsumierbarere Bahnen lenkt.« zeit.de (9-2006) Auszug aus einer Veranstaltungsbesprechung.
»Das so entstehende Gehirn ist kein Computer im Kopf. Es ist degeneriert, wie die Neurologen sagen, und das ist positiv gemeint. Ein System ist degeneriert, wenn derselbe Output *durch unterschiedliche Vorgänge bewirkt werden kann.«* zeit.de (7-2004)
»Mit 14,8 Punkten pro Spiel verdoppelte er seinen offensiven Output *gegenüber den vorherigen Auftritten im Trikot der Hauptstädter.«* spiegel.de (3-2007)
› **Input**

Overall

Engl. *overall*: Overall, Überzieher

SPRACHGEBRAUCH

Den *Overall* haben uns die englischsprachigen Besatzungsmächte nach dem 2. Weltkrieg geschenkt; die Air Force samt Piloten und Technikern war besonders designprägend. Deutsche Mechaniker kannten zuvor nur den Mix aus Latzhose und Arbeitsjacke. Der *Overall* hatte etwas Funktional-Arbeitsfreudiges, als ob militärische Einsatzlust samt Adventure-Hoffnungen auf den öligen Normalarbeitsplatz durchgesickert wäre.

FUNDSTÜCKE

»Ein Bote in dünnem, silbergrauem Overall *laviert geschickt auf Inlineskates durch die Menge und wirbt für Sonderangebote.«* focus.de (3-2007)
»An einem Abend klopfte es an der Tür, meine Gastgeberin öffnete, und da stand der Hausmeister, ein schlanker Mann im blauen Overall, *mit einem Gesichtsausdruck, als hätte er gerade in eine Nougatpraline gebissen und dabei zu spät realisiert, dass er Schafkot im Mund hatte.«* stern.de (3-2007)

Overkill

Engl. *overkill*: des Guten zu viel; das Übermaß; eine mehr als tödliche Dosis; die größtmögliche Zerstörung

SPRACHGEBRAUCH

Die atomare Aufrüstung der Supermächte in Zeiten des Kalten Krieges hat uns glücklicherweise nur sprachlich den ›*Overkill*‹ beschert. Eine prägnante Bereicherung für den deutschen Wortschatz; kein anderes deutscheres Wort vermag so prägnant den Wahnwitz eines Tötungspotentials zu bezeichnen, das mehr Menschen umzubringen vermag, als überhaupt Lebende für tödliche Waffen zur Verfügung stehen. Mit der Auflösung des Ostblocks wurde ›*Overkill*‹ frei für die metaphorische Nutzung in anderen Kontexten.
Bekannt wurde der Information-*Overkill,* also das beklagenswerte Zuviel an Informationen, die in der Informationsgesellschaft zirkulieren, was in den 90er Jahren zu einem beklagenswerten Zuviel an Artikeln über den Information-*Overkill* führte.
Der Logo-*Overkill* ist nur in der Fashion-Szene diskutabel; gemeint ist ein Übermaß an Logos auf Kleidungsstücken seit den 90ern; die modischen Gegentrends: Basics und Lessness.

FUNDSTÜCKE

»Der Innenraum spricht mit gewagten Farbspielen die Zielgruppe ›Junger Mann

mit Muskelshirt‹ an, neben den grellen Applikationen herrscht die bei Chrysler übliche Overkill-*Dosis Kunststoff.«* stern.de (12-2006)

»Zwar seien einige Reality-Shows nach wie vor recht beliebt, doch empfänden die Zuschauer die ständig steigende Zahl dieser Sendungen anscheinend langsam als Overkill.« rp-online.de (10-2006)

oversized; Oversize

Engl. *oversized*: in Übergröße
Engl. *oversize*: Übergröße

SPRACHGEBRAUCH

Kleidung in großen Größen, die bequem bis schlabberig sitzt, wird in Deutschland von älteren Adipösen (Dickleibigen) getragen. Dann spricht man von ›Übergröße‹. Jüngere, tendenziell schlankere Menschen, tragen seit den 80er Jahren gerne *oversized;* dies, um ihre Coolness zu betonen. Seit etwa der Jahrtausendwende werden Armbanduhren für Männer als *Oversized*-Produkte konzipiert; erfolgreich wohl als Kompensation für einen als Defizit wahrgenommenen Armmuskelmangel beim Träger besagter Uhren.

FUNDSTÜCKE

»Bei allen Oversized *Uhren wird die gleiche dreiteilige Gehäusekonstruktion in Modulbauweise verwendet.«* zeno-watch.de (12-2007)

»Runde Oversize *Sonnenbrille mit Swarovskilogo € 295,*20.« de.forzieri.com (12-2007)

› Size

P

Package

Engl. *package*: Gebinde; Packung, Paket; Verpackung

SPRACHGEBRAUCH

Was ordentlich gepackt, gebündelt, verzurrt ist, verspricht Ordnung und Sicherheit. Entsprechend der Bedarf an sprachlichen Varianten, bei denen das Englische schon mit *bundles, collections, kits* und *sets* behilflich ist. ›*Package*‹ kam in den 70ern zu uns und ist zunehmend präsent. Im *Package* kommen DVDs, Software, Heimkinoanlagen, vor allem aber touristische Angebote wie Städte-Event-*Packages* oder Highlight-Adventure-*Packages* daher.

FUNDSTÜCKE

»Das Akademische Auslandsamt hält für internationale Studierende ein Welcome Package *bereit.«* uni-osnabrueck.de (12-2006)

*»Denon DHT-1356XP 5.1 Heimkino-*Package, *besteht aus: AV-Surround-Receiver AVR-1306 und 5.1-Kanal-Lautsprecher-System SYS-56HT.«* idealo.de (12-2006)

› **Bundle; Collection; Kit; Set**

Pad

Engl. *pad*: Ballen, Polster, Kissen; Notizblock; Pfote; Tupfer; Zwischenlage

SPRACHGEBRAUCH

Das Englische kennt knappe Wörter mit großem Bedeutungsraum. Entsprechend häufig wurde engl. *pad* in die Bezeichnungen neuer Produkte und Markennamen des deutschen Konsumentenmarktes eingebaut.

Thinkpad nannte sich seit 1995 eine Laptop-Serie von IBM, deren Laptop-Produktion an den chinesischen *Lenovo*-Konzern verkauft worden ist.

Das *Mousepad* (engl. *mouse pad;* gemeint ist die Unterlage für die Computermaus) hat seit den 90er Jahren eine ganze Produktkulturszene um sich herum aufbauen können. Im Deutschen durchgesetzt und allgemeinverständlich.

Memory Pad heißt ein kleines Notizzettelprogramm für den PC. *Gamepad* nennt sich eine Bedienungskonsole für Computerspiele.

Pads beinhalten seit Beginn des neuen Jahrtausends Kaffeepulver; sie werden als Füllung für Kaffeemaschinen benötigt, deren Hersteller den Kunden auch bei der Wahl des Kaffees an die eigene Produktpalette binden wollen.

Ein *Thumbpad* ist ein Mini-Keyboard (›Kleintastenbedienfeld‹) zum Anschluss an PDAs (engl. *personal digital assistants:* ›persönliche Digitalassistenten‹).

Keypads sind separate Rechentastaturen; sie werden meist als drahtlose Geräte im Bundle mit Funktastaturen angeboten.

Und – last but not least – muss der Anfang 2010 aus den Höhen des kalifornischen Cupertino niedergekommene Kultflach-App-Spielrechner namens *iPad* genannt sein. Es ist das bekannteste *Pad;* 50 Millionen haben sich bis 2011 weltweit verkauft, allein 2012 werden es nochmals 50 Millionen gewesen sein, so dass sich prognostizieren lässt: Es wird bald kein *Pad* neben dem *iPad* geben.

› **Joystick; Launch; Pod**

Pageturner; Page-Turner

Engl. *page-turner*: (wörtl.) Seitenwender; fesselndes, spannendes Buch

SPRACHGEBRAUCH

Gemeint sind Bücher, die der Leser nicht sorgfältig liest, sondern deren Seiten schnell umgeblättert sein wollen. Als *Pageturner* charakterisierte Bücher sollen von nervenaufreibender Spannung sein. Der Begriff kommt aus englischsprachigen Kurzbesprechungen, die oft auf dem Buchrücken oder dem Klappentext der Bände abgedruckt werden.

Pageturner-Qualitäten sind bei der Buchvermarktung weltweit wichtiger geworden. Damit hat sich auch der Begriff zumindest in Europa verbreitet (Niederlande, Belgien, Dänemark, Österreich, Schweiz).

Im deutschen Unterhaltungsliteraturbetrieb geläufig. Klappentexte, Buchbesprechungen, Leserrezensionen nutzen ›*Pageturner*‹ ganz selbstverständlich. Gehobene Belletristik & trockeneres Feuilleton halten sich kulturgemäß von solchen Kategorisierungen eher fern.

FUNDSTÜCKE

»Keine amerikanische Machart – aber ein Pageturner. *Trotz vieler Fakten und Theorien wird der Roman zu keiner Zeit langweilig.«* Buchwerbung des Leda-Verlags (2005)

»Es ist ein Buch, das konstruiert ist wie ein Kinofilm, mit überraschenden Schnitten, atemberaubenden Panoramen, Vor- und Rückblenden und einem humorvollen Kommentar aus dem Off. Das macht es zu einem echten pageturner.*«* DIE ZEIT (11-2000) Bemerkenswert die Nonchalance (›elegant-lässige Unbekümmertheit‹) und prätendierte (›vorgeschützte‹) Ironie, mit der das Wochenkulturblatt der gebildeten deutschen Restoberschicht mit Anglizismen umgeht.

»Volta Bene – Pageturner*: Automatischer Notenumblätterer als Vorführmodell!«* Werbung des Musikhauses Potsdam (2005)

Pampers

Pampers (Markenname): Einmal-Höschenwindeln; Wegwerfwindeln

Engl. *to pamper*: jdn. verhätscheln, jdn. verwöhnen

SPRACHGESCHICHTE

Das englische Verb *to pamper* meinte im späten Mittelalter noch ›jdn. mit Essen vollstopfen‹. Im Flämischen gibt es *pampere*, im Germanischen *pampen;* auch heute noch kennen wir die *Pampe,* in der bevorzugt das kleine Kind *herumpampt.* Im Grimm'schen Wörterbuch findet sich: »Pampfen, pampen, *verb. stopfen, schoppen, beim essen den mund zu voll nehmen;* (…) *altmärk.* pampen, *sich vollessen; bair. österr.* pampfen, pamfen; *schwäb.* bampfen, mampfen.«

SPRACHGEBRAUCH

Seit 1973 ist die aus den USA importierte Alternative zu Höschenwindel und

Gummihose in Deutschland erhältlich und wurde sehr schnell zum Verkaufsschlager.
Der Markenname avancierte zum Gattungsbegriff (oder Deonym). Und abgeleitet werden Verben wie ›*pampern*‹ (›mit Einmalwindeln wickeln‹), ›*einpampern*‹, wobei ein *eingepamperter* Kleinkindstatus den Eingriff eines *pampernden* Menschen, des *Pamperers*, nach sich zu ziehen hat.
Im übertragenen Sinne kommt die ursprüngliche Bedeutung von ›verhätscheln‹ doch wieder zum Tragen, wenn mit ›*Bepamperung*‹ das sorgende Ummuttern eines apathischen männlichen Wesens charakterisiert sein soll.

FUNDSTÜCKE

»Pampern *Sie ihn, so gut sie können.* Pampern *Sie ihn von morgens bis abends. Sagen Sie ihm, wie klasse, wie toll, wie umwerfend er ist und wie sehr Sie ihn dafür schätzen – jetzt im Ernst: wie sehr Sie ihn dafür schätzen.«* Sabine Aasgodom, Managementtrainerin (aus einem Vortrag vom November 2000 in Duisburg mit dem Titel *Kick für starke Frauen; Pamper*-Objekt ist hier der Mann)
»Der sich ›erfahrener‹ Restaurator schimpfende akademisch angehauchte Herumwurstler, -pamperer *und -schmierer, dem schon der simpelste Handwerksverstand für die Einsatzbedingungen des Materials total abgeht (vom oft massenweise auftretenden Reinexemplar dieser Überlegenheitsbrillanz rühren meine ergrauenden Haare, Suizidversuche und kummervollst verzweifelten Totalbesäufnisse mit schnödestem Fusel).«* konradfischer-info.de (3-2007)

Panel

Engl. *panel*: Bedienungsfeld; Frontplatte; Holztäfelung; Konsole; Paneele; Panel
Dt. ›Paneel‹: Holztäfelung an Wänden oder Decken

SPRACHGESCHICHTE

Zwei lateinische Wörter haben hier ihren Einfluss ausgeübt: *panellus* oder *pannulus* (›Läppchen; Lumpen‹) und *panis* (›Brot; Fladen‹, aber auch: ›Tafel; Türfüllung‹). Altfranzösisch und mittelhochdeutsch ist *panel* ein Sattelkissen oder allgemein ein Kleidungsstück. Heute ist dieser Bedeutungskontext untergegangen. Es dominiert der Kontext ›dem Betrachter zugewandte gestaltete Oberfläche‹.

SPRACHGEBRAUCH

Gestaltete Oberflächen sind heute vorzugsweise das Problem technischer Geräte, deren Interfaces sich dem Nutzer zuwenden. Alles, was als Frontplatte mit Bedienelementen daherkommt, wird daher auch ›*Panel*‹ genannt.
Seit etwa der Jahrtausendwende auf Flachbildschirme ausgedehnt, die in der Tat als audiovisuell aktive Wandvertäfelung des modernen Wohnraums betrachtet werden können und qua Flächenwachstum den Restwandbestand zu verdrängen trachten.
In der Marktforschung hat sich die *Panelstudie* als Variante einer Längsschnittstudie etabliert.
Ein *Panel* ist auch eine Tafelrunde von Spezialisten, deren Kompetenzen in der Summe einen Längsschnitt durch das Problemprofil eines disputablen Themas darstellen sollten. ›Expertenrunde‹

wäre eine angemessene, aber bereits bis zum Overkill strapazierte Alternative. Der Standardkonsument wird mit *Panels* vor allem bei der Beschäftigung mit Home Entertainment Electronics konfrontiert.

FUNDSTÜCKE

*»Die erste SED-*Panel*-Pilot-Produktion ist für August 2005 in Hirastsuka (Japan) angesetzt.«* Pressemitteilung von *Toshiba* (6-2005) ›*Panel*‹ meint hier den Flachbildschirm eines Fernsehers.

»Als UNO-Generalsekretär Annan vor einem Jahr das Panel *einsetzte, sagte er, dass die UNO an einem Scheideweg stehe.«* Mitteilungen des Regionalen Informationszentrums der Vereinten Nationen (12-2004)

Pants

Engl. *pants*: Hose; Unterhose

SPRACHGEBRAUCH

1971 erblickte man in westlichen Großstädten junge Frauen mit pobetont kurz abgeschnittenen Jeans. Das nannte man ›Hot *Pants*‹. Bis in die 90er Jahre wurde ›*Pants*‹ meist als Bezeichnung für kurze Unterhosen genutzt, war also der Underwear zuzuordnen. Seit Mitte der 90er auch für langbeinige Hosen mit Trendstatus.

FUNDSTÜCKE

»Die XSV Pant *ist eine stylishe Paintballhose im Camolook mit hohem Tragekomfort und Robuster Verarbeitung.«* maxssport.com (12-2006)

»Patschnaß im Regenschauer? Nicht mit der Escape Pant. *Wind- und wasserdichte, atmungsaktive Regenüberhose mit vorgeformten Knien und Reflex-Elementen.«* sportolino.de (12-2006) Engl. *escape:* ›entkommen, fliehen‹.

*»Hot-*Pants, *superstone Waikiki Beach von edc by Esprit: knackige Hot-*Pants *mit bestickten Gesäßtaschen und Satin-Label.«* mytoys.de (12-2006) Es handelt sich um ein Kinderbekleidungsstück.

› **Baggypants; Panty; Shorts; Slip**

Panty

Engl. *panty*: Miederhöschen

SPRACHGEBRAUCH

Die Verkleinerungsform von Pant setzt sich in der deutschen Modebeschreibungssprache seit den 80er Jahren durch. Gemeint sind leicht formgebende, also fettkompressiv wirkende kurze Damenunterhosen, meist aus elastischen Kunstfasern, die zur Werkzeugkiste femininen Body-Shapings gehören. Beim Genus des Wortes sind sich die Übernehmer sehr uneins: Maskuline, feminine wie sächliche bestimmte und unbestimmte Artikel werden nebeneinanderher genutzt.

FUNDSTÜCKE

»Die Panty *aus elastischer, weicher Microfaser hat eine Satinkante am vorderen Beinabschluss.«* sunny-dessous.de (10-2010)

»Die Abbildung zeigt das Panty *in der Farbe skin.«* stilldessous.de (10-2010)

»Der Panty *von Daniel Hechter aus der Penelope Serie hat schmale Bündchen mit Materialverstärkung.«* deals.de (10-2010)

› **Baggypants; Pants; Shorts; Slip**

Paper

Engl. *paper*: Papier; Schriftstück

SPRACHGEBRAUCH

Bis in die 70er Jahre hinein wurden in Unternehmen Arbeitspapiere, Konzepte, Zusammenfassungen, Konferenzvorlagen erstellt. Ausgehend vom Kreativbusiness aus Werbung, Mode, Design, setzte sich ›*Paper*‹ als Bezeichnung für die mehrseitige Kleinakte durch. Die Universitäten und die höheren Schulen mit ihren AGs zogen schnell nach. Heute hört man Mittelstufenschüler sagen, sie müssten für ein *Paper* noch ein paar Facts googeln.

FUNDSTÜCK

»Erstelle ein Paper *für die Schüler, auf dem noch einmal in Kürze die wichtigsten Punkte erklärt sind. Vielleicht kannst du noch ein Kreuzworträtsel auf das* Paper *machen, das steigert die Aufmerksamkeit deiner Zuhörer, die dann versuchen werden das Rätsel zu lösen.«* paidoblogger. blogspot.com (3-2006)

Paperback

Engl. *paperback*: Paperback; Pappeinband; Taschenbuch

SPRACHGEBRAUCH

Zwischen den 50er Jahren (Durchsetzung des preiswerten und qua Übersäuerung verfallsgefährdeten Taschenbuchs durch den Rowohlt-Verlag) und den 70er Jahren hieß ein labberiges Buch ohne festen Buchrücken, Fadenheftung und Leinenbezug, dafür mit Klebebindung, ›Taschenbuch‹. Heute ist dies mehrheitlich ein *Paperback* oder eine *Paperback*-Ausgabe.

Das internationale Buchmarketing unterscheidet zwischen *Paperbacks* und Pocketbooks. In der Wertschöpfungskette folgen sie dem Hardcover, der teuren Erstausgabe eines Buches mit Leineneinband und Fadenheftung.

Das Pocketbook ist in der Regel kleiner als das *Paperback* und noch etwas schlechter geleimt, also gänzlich auf schnelllesenden Einmalgebrauch abgestimmt.

Seltener ist eine *Paperback*-Ausgabe in Fadenheftung; dabei wird der Buchblock der Hardcover-Ausgabe preiswerter zwischen Pappdeckeln vermarktet.

Die Variante Softcover (als Gegensatz zum Hardcover) hat sich sprachlich in Deutschland kaum durchsetzen können.

Der Durchschnittsleser kann *Paperbacks* nicht von Pocketbooks unterscheiden. Er schaut auf den Preis und nicht auf die materielle Qualität des Buches. Der in kultivierten Nischen knapp überlebende Buchliebhaber kennt den Unterschied und verachtet alles Ungebundene, gleich ob es deutsch oder englisch bezeichnet sein mag.

FUNDSTÜCKE

»Der Verlag will preisgünstige Paperback-*Ausgaben veröffentlichen, die bereits als Hardcover in der Verlagsgruppe erschienen sind.«* Der Standard (österreich. Tageszeitung; 11-2005)

»Statt 50,60 EUR als Paperback-*Sonderausgabe zum 35. Geburtstag von Zweitausendeins jetzt nur 14,95 EUR.«* Werbung des *Zweitausendeins*-Verlages (11-2005)

Paperweight

Engl. *paperweight*: Briefbeschwerer
Engl. *weight*: Gewicht

SPRACHGEBRAUCH

Die als Sammelobjekte geschätzten Glaskugeln werden von eher kultfern vegetierenden Menschen ›Glaskugeln‹ oder ›Briefbeschwerer‹ genannt; alle anderen sagen ›*Paperweight*‹. Zwar wurden die artistisch kolorierten Glaskugeln auf der Weltausstellung 1845 durch einen Venezianer, Pietro Bigaglia, bekannt gemacht, die englische Bezeichnung setzte sich in Sammlerkontexten aber seit dem 2. Weltkrieg durch.

FUNDSTÜCK

»Für großen Ideenreichtum sprechen Schatzkästen, die Berthauer aus Pappmaché fertigte und mit Accessoires wie langen goldenen Fingernägeln von balinesischen Tänzerinnen, champagnerfarbenen Knöpfen, Paperweight-*Glaskugel oder Figuren zu ausgefallenen Kreationen werden ließ.«* rp-online.de (11-2008)

Party

Engl. *party*: Beteiligte; Einladung, Feier, geselliges Beisammensein, Party

SPRACHGESCHICHTE

Das Englische bediente sich im 13. Jahrhundert beim französischen *partie* (›Part; Teil; Partei‹), das wiederum vom lateinischen *pars* (›Teil; Anlage; Partei‹) und lat. *partire* (›teilen‹). Nicht das Gemeinsame, wie zum Beispiel bei ›Konvent‹ (engl. *convent;* von lat. *convenire:* ›zusammenkommen‹), ist semantischer Kern, sondern das Trennende.
Im Mittelhochdeutschen fanden sich – vor aller Rechtschreibreform – auch die Schreibweisen ›parthie‹ und ›parthy‹. Man hatte sich beim Altfranzösischen bedient, später durch Abschliff ›Partei‹ daraus gemacht, dann aber im 17. Jahrhundert nochmals bei den Franzosen zugegriffen, weil *partie,* auch heute noch im Sinne von ›eine gute Partie‹ oder ›eine Landpartie machen‹ bewährt, eine schöne Sprachergänzung schien. Als es nach dem 2. Weltkrieg wieder etwas zu feiern gab, lieferten die Amerikaner ihr *party.*

SPRACHGEBRAUCH

In der Spaßgesellschaft wird gefeiert, da Feiern wirtschaftsfördernd ist. Zur Produktdifferenzierung von Feiern haben wir neben ›Party‹ auch ›Feier‹, ›Fest‹, ›Festivität‹, ›Festlichkeit‹, ›Fete‹, ›Ball‹, ›Gala‹, ›Event‹. Alle werden eifrig genutzt. Und keines ist germanischen Ursprungs. (Nur das antiquierte ›Belustigung‹ hat einen altgermanischen Kern.) Kein Wunder, denn das Fest ohne besonderen rituellen Anlass ist schließlich ein modernes Phänomen. Man kommt zusammen, um mit Gleichgesinnten zusammen zu sein. Entscheidend ist immer, wer nicht eingeladen ist.

FUNDSTÜCKE

*»Thirty-Dancing‹ oder wortgeläufiger Ü30-*Party*: Am Sonnabend lud das Salomons alle Partywilligen ab 25 Jahren zur ›juniorSenior‹-*Party.*«* nwzonline.de (11-2006)

»Studentischer Party *Spaß Kultur Kalender für Bochum und Umgebung.«* stud.rub.de (12-2006) Originell die Vermeidung von Bindestrichen.

»Für diese Party *muss man sich erst bewerben: Die Modekette Peek & Cloppenburg buhlt mit ihrer Kölner*

›Karrierelounge‹ um junge Management-Talente.« spiegel.de (6-2006)

Partyhopper; Partyhopping

Engl. *partyhopper*: Partyspringer
Engl. *partyhopping*: Partyspringen

SPRACHGEBRAUCH

Seit den 80er Jahren produzierte das Überangebot von kommerziellen Partys in Großstädten das Phänomen des *Partyhopper*, eines erlebnishungrigen jungen Menschen, der von Party zu Party jagt, auf der Suche nach etwas, das er selbst nicht genau bezeichnen könnte, so man ihn fragt, aber von journalistischen Helfern mit Begriffen wie ›Sensation‹, ›Thrill‹ oder ›Fun‹ etikettiert wurde. Da die Konkurrenz der Partyanbieter bei der Suche nach Partybesuchern eher zunimmt, dürfte sich der Begriff erhalten. Der *Partyhopper* betreibt selbstverständlich *Partyhopping.*

FUNDSTÜCK

»Dabei können sich die Nachtschwärmer, Szenegänger und Partyhopper *auf mehreren Ebenen vergnügen.«* nuernberg.bayern-online.de (2-2007)

› **Party-Shopper**

Party-Shopper; Partyshopper

Engl. *partyshopper*: Partykäufer

SPRACHGEBRAUCH

Der Amerikaner Earl Silas Tupper erfand 1947 besonders stabile und praktische Kunststoffbehältnisse für den heimischen Küchenbereich, die sehr schnell über den Hausverkauf per Hausvorführung abgesetzt wurden. Es entstand die auch heute noch ungebrochen grassierende Sitte der Tupper-Party. Wer dort kauft, kann heute auch ›*Partyshopper*‹ genannt werden. Da dies die Prägung eines unter Originalitätsdruck stehenden Journalisten ist, hängt das weitere sprachliche Überleben von nachahmungswilligen Eventanbietern ab.

FUNDSTÜCK

»Wir hoffen auf einen ähnlichen Erfolg und erwarten dieses Jahr wiederum 6000 bis 7000 Party-Shopper *pro Veranstaltung. Werbung.«* holyshitshopping.de (3-2008)

› **Party-Hopper**

Patchwork

Engl. *patchwork*: Flickwerk, Patchwork, Stückwerk

SPRACHGEBRAUCH

Ursprünglich nur eine Form der Resteverwertung im Kleidung herstellenden Gewerbe: kleine Stoff- oder Lederstücke werden zu größeren Stücken zusammengesetzt, aus denen wieder beliebige Kleidungsstücke geschneidert werden können.

Seit der Postmodernisierung westlicher Lebens- und Arbeitsverhältnisse ist *Patchworking* eine existenziale Kategorie der Lebensorganisation geworden. Wo das Ganze weder gesehen, verstanden noch alltagspraktisch begriffen werden kann, müssen wir mit Flickwerk kreativ-improvisierend durchs Leben schludern. Entsprechend ausufernd ist das Derivate-Feld: Zu finden sind:

Patchwork-Biographien (*»Die* Patchwork-*Biographie ersetzt die Normal-Biographie.«*)

Patchwork-Jobber (»Patchwork-*Jobber sind Leute, die eine nicht-arbeitsorientier-*

te Lebenseinstellung haben.« Verständlicherweise.)
Patchwork-Demokratien (»*In der* Patchwork-*Demokratie von heute ragt das Parlament nicht mehr richtig heraus.«*)
Patchwork-Familien (»*Jede* Patchwork-*Familie ist anders.«*)
Patchwork-Karrieren (»Patchwork-*Karriere umreißt die Arbeitsformen der Zukunft.«*)
Patchwork-Looks (»*Restposten: Hippe Bluse im Gipsy*-Patchwork-*Look.«*)
Patchwork-Religiosität (»*Glaube als Sinn*-Patchwork«)
Da sich westliches Leben auch unter dem Druck islamischer Totalitäts-Zumutungen nicht wieder zum heilen Ganzen wird fügen können, sollten wir uns praktisch wie sprachlich mit ›*Patchwork*‹ befreunden.

Pay

Engl. *to pay*: bezahlen

SPRACHGEBRAUCH

In Deutschland wird immer weniger bezahlt. Die ersten Todesstöße erteilte die Kreditkarte, sodann die EC-Karte. Es folgten *Pay*-TV und Internet mit seinen mannigfaltigen *Pay*-Optionen. Wer auf der Höhe der Internet-Zeit bezahlt, nutzt heute dafür einen *Pay*-Service wie *Paypal*. Bis vor wenigen Jahren galt das Internet noch als das Gratismedium, kluge Vermarkter haben aber mittlerweile gelernt, wie Content in *Pay*-Content verwandelt werden kann. Manchmal zahlt man nur, damit man einmal gucken kann. Das nennt sich ›*Pay-per-View*‹. Die tollste Erfindung aber ist *Payback*. Alle glauben, man bekäme dabei Geld zurück. Dabei handelt es sich nur um ein Rabattsystem, was weniger Rabatt gewährt als die uralte Rabattmarke der 70er Jahre.

FUNDSTÜCKE

»Pay *Per Click – Verdienen sie schnelles Geld mit ihrer privaten Homepage.«* affiliate.shopping24.de (10-2006) Engl. *affiliate:* ›Partner; Tochtergesellschaft‹
»*Domain*-Pay.*de ist wohl das exklusivste Page-Rank Domain-Versteigerungs-Portal im Internet. Hier, und nur hier, haben Sie die Möglichkeit, Domains mit Google PageRank von 0-6 ab nur einem Euro zu ersteigern.«* domain-pay.de (10-2006)

› **Payback**

Payback

Engl. *payback*: Payback, Rückzahlung

SPRACHGEBRAUCH

Seit der Jahrtausendwende sind die Portemonnaies deutscher Konsumenten durch einen neuen Typus der Plastikkarte verstopft, der *Payback*-Karte, oder authentischer: der *Payback*-Card.
Sie ersetzte klassische Rabattsysteme, bei denen früher Kunden kleine Klebemarken in Rabattmarkeneinklebekarten einklebten. Das strotzte in der Tat von kniepiger Nachkriegssparsamkeit. Heute versucht jedes mittelgroße Handelsunternehmen, Kunden zu treuen Kunden zu machen, indem es Cards ausgibt. Neben diesen Unternehmens-Cards gibt es übergreifende Treue-Sammelsysteme. Sie heißen ›Happy Digits‹ oder eben ›*Payback*-Card‹.

FUNDSTÜCKE

»*dm-Service-Punkt: dm macht es seinen* Payback *Karten-Kunden besonders leicht, ihre gesammelten Punkte einzulösen: In allen dm-Filialen gibt es den neuen dm-Service-Punkt, an dem Inhaber einer* Payback *Karte ihren aktuellen Punktestand abfragen und sich ab 1000 gesammelten Punkten vor Ort einen dm* Payback *Wertscheck ausdrucken lassen können.«* dm-drogeriemarkt.de (3-2007) Stilschwäche: Es müsste ›dm-service-point‹ heißen.

»Der Big Brother Award wird bereits seit dem Jahr 2000 verliehen. Damals wurden die Payback-*Rabattkarten als Datensammel-Maßnahmen enttarnt.«* archiv.foebud.org (3-2006)

Peace; Piece

Engl. *peace*: Frieden
Engl. *piece*: Stück, Stückchen

SPRACHGEBRAUCH

In den 60er und 70er Jahren bestand, trotz szenenkultureller Extremnähe der beiden Begriffe, keine Verwechslungsgefahr. Das *Piece* eines schwächeren Betäubungsmittels galt als stimmungsbeförderndes Mittel, um *Peace*-konformes Verhalten zu erzeugen. Haschischkonsum ist seither jeglicher gegenkultureller Aura verlustig gegangen. Daher sagen nur die, welche ein Stückchen Haschisch zu erwerben wünschen, immer noch ›*Piece*‹. In der werblichen und medialen Öffentlichkeit ist es aber nicht mehr präsent. ›*Peace*‹ hat einen ähnlichen Verlust an gegenkultureller Aufladung erlitten. Da jeder, gut folkloristisch, *»ein bisschen Frieden«* (Nicole, 1982) will, verspricht der Einsatz von ›*Peace*‹ nur noch geringste kulturelle Distinktionschancen; anders: Mit ›*Peace*‹ suhlt man im lauen Wohlfühlbrei.

FUNDSTÜCKE

»We come in peace.*«* Werbeslogan für einen futuristisch designten Lautsprecher (9-2005)

»Bike for Peace *2007: Europäische Friedensradfahrt Paris – Moskau.«* bikeforpeace.de (3-2007)

Peeling

Engl. *peeling*: Rinde; Schale; Abschälen; Abpellen

SPRACHGEBRAUCH

Seit den 70er Jahren werden auch in Deutschland Kosmetika vermarktet, die die oberste Hornschicht abschleifen sollen. ›*Peeling*‹ hört sich aber besser als ›Hornhautabschliff‹ an. So machen Frauen seither und Männer seit den 90ern ganz ungehemmt ein Face-*Peeling* oder auch, im Rahmen eines Wellness-Packages, ein Body-*Peeling*.

In den 90er Jahren wurde von französischen Kosmetikunternehmen versucht, *dermabrasion* als Alternative ins Sprachspiel zu bringen. Es ist zu vermuten, dass auch die des Französischen Unkundige hinter dem Wort das ›Hautabraspelung‹ hört und das so bezeichnete Produkt nicht an die eigene Haut zu lassen gewillt ist. ›*Dermabrasion*‹ konnte sich nicht durchsetzen.

FUNDSTÜCK

»Stattdessen, dies verschwieg sie dem Blatt, mixte sie für sich und ihre Mitinhaftierten eine Peelingcreme, *aus Zucker und Olivenöl, beide Zutaten gab es im Gefängnisladen, man muss sich zu helfen wissen.«* spiegel.de (9-2003)

Pellet

Engl. *pellet*: Kraftfutter; Kügelchen; Pellet; Pressling; Schrot

SPRACHGESCHICHTE

Das Englische hat sich um 1400 bei altfranz. *pelote* (›Bällchen‹; heute ›Knäuel; Nadelkissen‹) bedient; dahintersteckt volkslateinisch *pilot(t)a,* abgeleitet von lat. *pila* (›Ball‹). Die Basken pflegen noch heute Pelota, eine Art Open-Air-Squash. Die Rückentrainingsmethode *Pilates* hat nichts mit Bällchen zu tun; ihr Erfinder, ein Mönchengladbacher, heißt so. Der Name stammt wahrscheinlich von lat. *pilatus* (›mit Wurfpfeilen ausgerüstet‹) ab.

SPRACHGEBRAUCH

Kraftwerksingenieure, Bauern und Eisenerzspezialisten kannten *Pellets* schon seit langem. *Eisenerzpellets* sind Grundlage der Eisenproduktion, *Futterpellets* sind bequem zu handhabendes Tierfutter, *Uranpellets* dienen der Herstellung von Reaktorstäben. Erst um die Jahrtausendwende wurden *Pellets* breiteren Bevölkerungskreisen bekannt. Bei diesen *Pellets* handelt es sich um genormte, zylindrische Presslinge aus getrocknetem Restholz wie Sägemehl, Hobelspänen oder Bruchholz aus der Forstwirtschaft, die in besonderen Heizungsanlagen, den *Pelletheizungen,* verfeuert werden können. *Pelletvermarktern* ist es gelungen, *Pellets* ein gutes Öko-Image zu verpassen; die Diskussionen darum halten an. Wir werden uns auch sprachlich an *Pellets* gewöhnen.

FUNDSTÜCKE

»*Wie ein Beitrag der ARD-Sendung Plusminus zeigte, hält sich das Vorurteil, dass* Pelletfeuerungen *große Mengen Feinstaub ausstoßen würden. Der Deutsche Energie-*Pellet-*Verband weist darauf hin, dass* Pelletheizungen *nach neuesten wissenschaftlichen Untersuchungen einen wesentlichen Beitrag zur Reduktion der Feinstaubemissionen leisten können.*«
depv.de (1-2007)

»Pellets *kosten keine Öko-Steuer und haben nur den halben Mehrwertsteuersatz! Gegenüber Strom oder Flüssiggas liegt der Preisvorteil bei bis zu 60 -75%!*«
oeko-energie.de (3-2007)

Penthouse

Engl. *penthouse*: Dachwohnung, Penthouse

SPRACHGESCHICHTE

Um fünfeckige Grundrisse geht es nicht, wie die Ähnlichkeit mit griechisch *penta* (›fünf‹) unterstellen lassen könnte. Engl. *penthouse* kommt von Anglo-Französisch *pentiz,* einer abgeschliffenen Form von altfranzösisch *apentis* (›Anbau‹), wohinter wiederum lateinisch *appendicium* (›Anhang‹) steckt. Das Fremdwort ›Appendix‹ (›Anhang; Blinddarm‹) lässt grüßen. Penthäuser im heutigen Sinne bedurften hoher Häuser mit Flachdach, also des amerikanischen Skyscrapers (›Wolkenkratzer‹); sie entstanden als Typus der Luxuswohnung also erst in den 20er Jahren des 20. Jahrhunderts. In der Schweiz hat sich ›Attika-Wohnung‹ durchgesetzt. Das hört sich nicht anglizistisch an, ist gleichwohl für den Stilkundigen irreführend: Eine Attika ist seit ihrer Erfindung in der griechischen Antike ein eher niedriges Dachgeschoss in sakralen oder herrschaftlichen Prunkbauten, das seit dem Barock auch in Wohngebäuden Usus wurde, aber auf Grund seiner Enge gerade nicht zu den bevorzugten Wohnlagen zu rechnen ist.

SPRACHGEBRAUCH

Seit den 60er Jahren auch in Deutschland als Bezeichnung für ein Luxus-Appartement auf dem Flachdach eines mehrgeschossigen Wohngebäudes zu finden. Meist in Großstädten mit überteuerten Mieten zu finden.

Orthographisch-grammatisch interessant: Die Pluralbildung von ›*Penthouse*‹ ist mehrheitlich ›*Penthäuser*‹ – erste Adaptionserfolge erfreuen das Herz des Sprachreinhalters.

Das Männermagazin *Penthouse* mit seinen semipornographischen und computerbereinigten Hochglanzbildern existiert seit 1965. Die deutsche Ausgabe erschien zwischen 1980 und 2002, dann folgten mehrere Wiederbelebungsversuche mit schlechtem Ende. Im Internet sind einschlägige Bilder nun mal leichter zu beschaffen.

FUNDSTÜCKE

»Das Penthouse *wird auf einer bestehenden Eigentumswohnanlage im 5. OG errichtet. Durch Abbau des vorhandenen Satteldaches entsteht im 5. OG ein Flachdach mit ca. 600 m² Grundfläche. Darauf werden nur 3 exklusive* Penthäuser *mit großzügigen Dachterrassen errichtet.«* planethome.de (12-2006)

»So einen Bauplatz hat nicht jeder: In Hamm (Westfalen) wird ein etwa 200 qm großes Penthouse *auf einem alten Luftschutzbunker gebaut.«* welt.de (3-2007)

Performance; Performer; performen

Engl. *performance*: Arbeitsleistung; Aufführung; Leistung; Performance
Engl. *performer*: Akteur, Darsteller, Performer, Schauspieler

SPRACHGEBRAUCH

Die deutsche Linguistik (Sprachwissenschaft) bediente sich bis in die 70er Jahre ungestört des Terminus ›Performanz‹. Das meinte ›Sprachausdruck‹ oder ›gesprochene Sprache‹ im Gegensatz zur Kompetenz, die ja auch im Unausgesprochenen sich wohlfühlen kann. In den 70er Jahren blühte aber eine von den USA ausgehende, von der Weltkunst breit adaptierte Kunstform namens *performance art,* die sich in multimedial unterstützten, theaterähnlichen Aufführungen präsentierte. Die einzelne Aufführung hieß *performance.* Und das sagten auch sehr schnell deutsche Kunstsachverständige, denn ›Aufführung‹ sagte in der Tat zu wenig. Da *Performances* (die Mehrzahlbildung folgt dem Englischen) so absorptionsfähig sind, kann alles Multimediale integriert werden. Und so konnte die offene Form samt Begriff wunderbar überleben.

Weit häufiger aber wird ›*Performance*‹ in Deutschland mit dem Bedeutungsakzent auf ›Leistung‹ genutzt; dies seit den 80er Jahren. Seither hat vieles, was zuvor etwas geleistet hat, eine *Performance.* Zum Beispiel Computer, Geldanlagen, Forschungsteams, Marketingmaßnahmen, Dressurpferde und Manager als solistische Leistungswesen, die naturgemäß zwecks Steigerung zur

High-*Performance* einen *Performance*-Coach benötigen.

Zur Bewertung von Persönlichkeiten des öffentlichen Lebens ist ›*Performance*‹ auch dienlich. Hier ersetzt es ›Ansehen‹, ›Ruf‹, aber auch den Anglizismus ›Standing‹.

Einer, der eine gute *Performance* als Darsteller hat, wird auch als guter *Performer* bezeichnet.

Bedenklich ist die Verbform ›*performen*‹. Glücklicherweise treibt sie ihr Unwesen meist im halböffentlichen Jargon von Marketing und Management.

FUNDSTÜCKE

»Wir legen grossen Wert auf die Nachvollziehbarkeit der von uns erwirtschafteten Performance. *Deshalb kommt dem Performance Measurement – also der Messung, Analyse und Steuerung der* Performance *– eine grosse Bedeutung zu.«* vontobel.com (12-2006)

»Bringen Ihre Applikationen nicht die gewünschte Performance, *dann ermitteln wir die Ursachen und passen Ihre IT-Prozesse entsprechend an.«* trilog-expert.com (12-2006)

»Die Steuerung der Mainzelmännchen-Animatronic: Jeder Performer *trägt einen eigenen Laptop sowie einen mobilen Facetracker.«* rdkleinpowerb.de (11-2005) Facetracker und Bodytracker bedienen sich am Körper angebrachter Sensoren; die Bewegungen von Schauspielern werden im Computer auf virtuelle Figuren übertragen.

»2002: Nena performt *ihren Kult-Song ›99 Luftballons‹ in Oberhausen.«* focus.de (8-2010)

Personality

Engl. *personality*: Charakter, Persönlichkeit

SPRACHGEBRAUCH

Personality ist die rollenflexible Mutationsform von Charakter in der Ära des permanenten Trainings von Geist und Körper. Oder einfacher: Wo ehedem steife Persönlichkeit war, soll nun flexible *Personality* herrschen.

FUNDSTÜCKE

»Alles dreht sich im Studium nur noch um Credit Points. Was jedoch niemand mitzählt, sind die Personality *Points.«* zeit.de (4-2010)

»Mit praxisnahen Trainings, profundem Coaching und professioneller Klärungshilfe unterstützt Lorenz-Seminare Sie bei der erfolgreichen Gestaltung Ihrer Personality-*Performance.«* lorenz-seminare.de (10-2010)

Pet

Engl. *pet*: Haustier; Kumpel; Lieblingstier

Engl. *to pet*: streicheln

SPRACHGEBRAUCH

Das globale Marketing von Tiernahrungsherstellern, das Internet mit Foren, Shops und Chatrooms für Tierliebhaber aller Art – das sind die Hauptquellen, aus denen ein kontinuierlicher Strom von ›*Pet*‹-Vorkommnissen sich auf deutsche Haustierhalter ergießt. Die scheren sich aber nicht weiter um den Begriff, dessen Bedeutung sie nur vage aus dem Werbungs-, Verpackungs- oder Supermarktregalkontext zu erschließen vermögen.

FUNDSTÜCK

»Your pet, *your passion.«* TV-Werbung; Werbeslogan für die Katzennahrung *Purina* (1-2007)
»Starpet – *Dein virtuelles Haustier: Startseite* / Pet-*Auswahl. 1. Wähle Dein* Starpet *Auf dieser Seite findest Du alle* Starpets*! Wähle einfach Deinen Liebling aus, indem Du auf ihn klickst.«* starpet.prosieben.de (1-2007) Beworben wird eine virtuelle Welt, in der man gegen Gebühr virtuelle Haustiere mit der Maus streicheln darf.

Piercing

Engl. *piercing*: Durchbohrung, Durchstechen

SPRACHGEBRAUCH

Bis in die 90er Jahre hinein waren Tattoos und *Piercings* – also durch die Haut geführte Ringe, Knöpfe oder Stäbe aus Metallen – Rockern, Punkern, gewissen kriminellen Submilieus und wenigen Althippies vorbehalten. Dann schwappte der in den USA, besonders in Kalifornien, seit den 80ern boomende Trend sehr schnell nach Deutschland über – vor allem, nachdem zunehmend Hollywood-Größen sich mit Ringen in der medialen Öffentlichkeit präsentierten.
In den großen deutschen Städten entstanden nun serienweise *Piercing*-Studios. Und heute hat jede Vorortsparkassenangestellte irgendwo ein Ringlein hängen, von dem sie annimmt, es fördere ihr Sex-Appeal. *Piercing* ist also weitestbekannt, unter Fans wie unter Ablehnern. Mit der Schreibweise haben viele ihr Probleme; ›*Pearcing*‹ ist eine seiner Ausdrucksformen.
Wer das Phänomen ausführlicher bezeichnen will, spricht vom ›*Bodypiercing*‹. Da es aber immer nur Körperteile sein können, die durchbohrt werden, würde ein intimer Kenner der Szene nie derart davon reden.

FUNDSTÜCKE

»Warum hat die Verkäuferin bei Aldi eine grüne Strähne und der Steuerberater der Eltern ein Vorhaut-Piercing*?«* tagesspiegel.de (9-2003)
»Seit Tattoos und Body Piercing *in die Kreise der Stars aus Musik, Film und Sport Einzug gehalten hat, haben sie ihr soziales Schattendasein verlassen und erfreuen sich wachsender Beliebtheit.«* medizininfo.de (11-2006)

Pilling

Engl. *pilling*: Knötchenbildung, Pilling

SPRACHGEBRAUCH

›*Pilling*‹ bezeichnet die unerwünschte Bildung von knötchenartigen Faserverdickungen, die durch Verfilzung bei Reibung und beim Waschen entstehen. Im Jargon der Kleidungsbranche seit den 70er Jahren präsent. Der massive Trend zu Fleece-Kleidung für den Sport- und Freizeitbereich seit den 90er Jahren konfrontiert den Konsumenten mit extrem zu *Pilling* neigenden Kleidungsstücken. *Pilling* ist Thema und eine Anti-*Pilling*-Ausstattung ein zugkräftiges Verkaufsargument. Der qualitätsbewusste deutsche Konsument weiß, was es bedeutet, fragt aber im Bekleidungsgeschäft eher nach, ob das *»Ding auch nicht piddelt«*.

FUNDSTÜCKE

»Erima Polarfleece Weste Herren Basic Polar Fleece Weste: Wärmendes Gi-

let Anti-Pilling-*Ausrüstung Seitliche Taschen Ton-in-Ton Logostickerei, Preis: ab 28,45 Euro.«* sportolino.de (12-2006)
Verstärkt hier Wiederholung den Kaufwunsch oder mindert sie ihn? Franz. *gilet* heißt ›Rettungsweste‹ oder ›Strickjacke‹; als Gallizismus ins Englische gewandert.
»Antipilling-, *Antipicking-, Antisnag-Ausrüstung ist ein Verfahren in der Textilveredlung. Es wird vor allem bei Maschenware eingesetzt, um Knötchen und Flusenbildung zu vermeiden. Anwendung findet dieses Verfahren bei Chemiefasern.«* der-gruene-faden.de (12-2006)
Engl. *snag:* Haken

Pimp

Engl. *to pimp* (Slang): aufmotzen; kuppeln
Engl. *pimp*: Zuhälter; Pimpf (ungelernte Hilfskraft)

SPRACHGESCHICHTE

Engl. *to pimp* wahrscheinl. von franz. *pimper* (›elegant kleiden‹) und *pimpant* (›elegant; verführerisch).
Dt. ›pimpern‹ (ugs. für ›Geschlechtsverkehr haben‹) hat lautmalerische Wurzeln und kommt vom älteren ›pimpern‹, das laut Grimm'schem Wörterbuch ehedem meinte, *»durch stoszen, klopfen, fallen u. s. w. einen hellen schall (durch* pumpern *einen dumpfen) hervorbringen«.* (Vgl. auch ›Pumpernickel‹, urspr. ›lebhaftes, sprunghaftes Kind‹.)
›Pimpeln‹ und ›pimmeln‹ bedeutete um 1700 ›quengeln‹ im Sinne von ›dauernd nervende Geräusche von sich geben‹.

SPRACHGEBRAUCH

Im gegenwärtigen US-Slang steht *to pimp* für einen protzigen Lebensstil, der sich von der Zuhälter-Ästhetik inspirieren lässt, aber zu einem eigenen Proll-Protz-Lifestyle entwickelt hat.
Wenn zu Beginn des 21. Jahrhundert im Deutschen *gepimpt* wird, dann geht es um den schönen Schein, das Äußere, die Fasssadenkosmetik von Menschen & Maschinen. Wer *pimpt,* lässt Scheiße wie Gold glänzen.
Zunächst stand das Auto als *Pimp*-Objekt im Zentrum; *›Pimp my Ride‹* heißt die Kultshow des US-Musiksenders MTV, die von 70 Mio. Menschen weltweit gesehen wird. Dabei werden Schrottkarren mit Maximalaufwand aufgemotzt. (Was die mentale und monetäre Distanz zur Edel-Tuning-Szene erklärt.)
Pimpen entwickelt sich gerade zu einer Lebenshaltung, die Luxus und Trash verbindet. *Pimpen* wird in Zeiten knapper Ressourcen zu einer basalen Handlungsoption, die den Politiker mit dem Proll kurzschließt.
Signifikant ein Text von *Pimp*-Profiteur MTV:
»Infos zu Pimp *My Whatever: Nach Autos und Fahrrädern tuned der offizielle* Pimp-*Sender MTV mit* ›Pimp *my Whatever‹ ab sofort noch ungewöhnlichere Gegenstände, Happenings und sogar Personen! Vom Klo bis zum Bett, vom peinlichen Freund bis zur Geburtstagsparty des Klassen-Nerds – wirklich alles ist dabei. Damit macht MTV nach* ›Pimp *my Ride‹ aus den USA und* ›Pimp *my Fahrrad‹ – der deutschen ›Persimage‹ (Mischung aus Persiflage und Hommage) – mit dem neuen* ›Pimp‹-*Format den nächsten, konsequenten Schritt nach vorne.«* Pressemitteilung des Musiksenders MTV (12-2005)

Fazit: Alle medial sozialisierten deutschen Jugendlichen und Rest-Jugendlichen (bis etwa Mitte 50) benutzen Wörter der *Pimp*-Family mit postmodern undurchsichtigen Absichten.

FUNDSTÜCKE

»Pimp *my Bundestag.«* Titel einer Kolumne in *TV Spielfilm* (10-2005)

»Pimp *my Burger.«* burgerking.de (12-2005)

»Lediglich zu P.I.M.P erscheint der selbst ernannte Pimpmaster *standesgemäß in einem weißen Anzug, der sogar Tom Wolfe neidisch machen würde.«* tagesspiegel.de (10-2005)

› **Modding; Trash**

Pipeline; Pipe-Line

Engl. *pipeline*: Anschlussleitung; Leitung; Pipeline; (wörtl.) aneindergereihte Rohre

SPRACHGEBRAUCH

Das globale Ölleitungsnetz brachte engl. *pipeline* nach dem 2. Weltkrieg in den deutschen Wortschatz. Von dort entfaltete es sich metaphorisch.

Unternehmen haben heute etwas in der *Pipeline,* wenn sie Produkte in der Test- oder Entwicklungsphase haben, die zur Marktreife gebracht werden sollen. Und wer als Bewohner der allgemeinen Businesswelt etwas *in der Pipeline hat,* glaubt, mit dem, was er in der Hinterhand oder in Reserve hat, im rechten Augenblick sich durchsetzen zu können.

Eine weit verbreitete Konnotationsform nutzt ›eine direkte *Pipeline* haben‹ im Sinne von ›einen direkten Draht haben‹ (siehe Fundstücke).

Die *Pipeline*-Architektur bei Mikroprozessoren ist nur Computerkennern geläufig.

FUNDSTÜCKE

»Die meisten Mathematiker kümmern sich indes wenig darum. Sie tun so, als ob sie über eine direkte Pipeline *zur absoluten Wahrheit verfügten.«* DIE ZEIT (5-1998)

»Wir brauchen ein gemeinsames Zukunftsbild als Basis für unsere Arbeit. Wir wollen sicherstellen, dass unsere Innovationspipeline *langfristig gefüllt bleibt.«* Publikation von *zpunkt – The Foresight Company* (1-2009)

Plane-Watcher

Engl. *plane watcher*: Flugzeugbeobachter, Plane-Watcher

SPRACHGEBRAUCH

Selbstetikettierung sammel- und katalogisierungswütiger Männer, die mit digitalem Aufnahmeequipment Flughäfen umlagern, um möglichst viele und möglichst seltene Maschinen aufzunehmen. Das Ganze nennt sich selbstredend ›*Plane-Watching*‹ und ist selten jenseits der Szene zu finden, da *Plane-Watcher* nur interessant sind, wenn sie zufällig einen Crash aufnehmen, dessen Mitschnitt sie teuer an einen privaten TV-Sender verkaufen können.

FUNDSTÜCK

»Plane-Watcher *am Flughafen Braunschweig brauchen Geduld. Der Lohn ist – mit viel Glück – ein exotisches Motiv.«* zeit.de (6-2006)

Playboy

Engl. *playboy*: Lebemann, Playboy

SPRACHGEBRAUCH

Seit den 60er Jahren und den Anfängen der Sexuellen Revolution, sodann der potenziellen Erwerbbarkeit des gleichnamigen US-Magazins an ausgewählten Verkaufsstellen und der zunehmenden Popularität des deutschen Lebemanns Gunther Sachs, redet man in Deutschland abnehmend vom ›Lebemann‹ oder ›Bonvivant‹ und eben zunehmend vom ›*Playboy*‹, wenn der nonchalante, geldgestützte Umgang mit globalen Genussoptionen in einer männlichen Person idealisch auskristallisiert.

Seit den 80er Jahren ist der Typus im Aussterben begriffen, der Image Value (›Ansehenswert‹) sinkt, der als charmanter verkaufte, meist als Filmstar verkörperte › **Womanizer** tritt an seine Stelle, ist aber sprachlich bei weitem nicht so erfolgreich.

FUNDSTÜCKE

»*Noch nie habe ich mir den* Playboy *durchgelesen und das hat schon seinen Grund.*« amazon.de (5-2006)

»Playboy. *Ein Magazin, das Männern einfach Spaß macht und das Frauen dennoch gern lesen.*« playboy.de (5-2006)

»Playboy *Bettwäschegarnitur ›Classic orange‹ Bestehend aus Kopfkissenbezug 80 x 80 u. Bezug 135 x 200. Farbton: Orange u. Weiß Muster: Bunny.*« karstadt.de (5-2006)

› **Womanizer**

Playgirl

Engl. *playgirl*: Luxusflittchen, Playgirl

SPRACHGEBRAUCH

Obwohl nahezu parallel zu *Playboy* gebräuchlich geworden, hat sich die Bezeichnung für ein leichtlebiges Edelweibchen nie so recht durchsetzen können. Auch der Erfolg des US-Magazins *Playgirl*, als pseudo-feministisches Blatt 1973 gegründet, stand immer weit hinter dem des Komplementärmagazins für die männliche Voyeursklientel zurück. In der für Deutsche erreichbaren Konsumwelt nur über *Playgirl*-Videos präsent. Der sehenswerte deutsche Spielfilm *Playgirl* (1966) mit Eva Renzi in der Hauptrolle ist nur Cineasten bekannt.

FUNDSTÜCK

»*The Best of* Playgirl *Video: Bei dieser Show strippen und tanzen die Männer, bis sich jede Frau nur noch wünscht, auf die Bühne zu springen, um die muskulösen Oberkörper und die knackigen Pos zu berühren.*« amazon.de (12-2006)

› **Playmate**

Playmate

Engl. *playmate*: Gespielin; Spielkameradin; Playmate
Engl. *mate*: Gefährte, Kumpel; Steuermann

SPRACHGEBRAUCH

Das US-Magazin *Playboy* hat den Begriff im erotisierten Kontext für sich reklamiert; bezeichnet wurde das Centerfold (›zentrale Ausklappblatt‹) der Zeitschrift, das sich mit seinem Doppelseitenformat als ansehnliches Pin-Up nutzen ließ. Der *Playboy* ist mittlerweile zu kulturhistorischem Rang aufgestiegen; er ist alltagssoziologischer Forschungsgegenstand, und so sind auch die sich exzellent verkaufenden *Playmate*-Fotobücher über alle niederen Verdächtigungen bezüglich der Käuferinteressen erhaben.

FUNDSTÜCKE

»Zubehör Vereinsbedarf: Pro-Touch Kühlbox Little Playmate *Elite – 6,6 ltr. gute Isolierung ca. 27 x 30 cm.«* sportolino.de (12-2006)

»Kostenlose Playboy-Wallpaper mit dem Playmate *des Monats April Agnieszka Hendel. Mit dem Wallpaper haben Sie das aktuelle* Playmate *des Monats immer vor Augen. Laden Sie sich die schönen Frauen ganz einfach auf Ihren Bildschirm.«* netzwelt.de (12-2006)

› **Playboy**

Plot

Engl. *plot*: Handlung; Dramaturgie; Plan; Verschwörung
Engl. *plot*: Ausdruck (eines Plotters)

SPRACHGEBRAUCH

Das globale Kino ist amerikanisch dominiert; der Jargon der US-Filmszene hat in den 60er Jahren mit ›*Plot*‹ die Sprache der heimischen Filmrezension bereichert. Erst in den 80er Jahren weitete sich der Gebrauch aus: Bücher aus den Genres Action und Thriller werden seither auch für ihren *Plot* gelobt. Dummerweise wird dabei oftmals nicht die gesamte Dramaturgie der Handlung, sondern nur ein Höhepunkt oder die Zuspitzung zum Ende gemeint. Wer heute *»Ein toller Plot!«* sagt, meint meist ein starkes Ende.

Den Ausdruck eines *Plotters* bezeichnen nur Minderheiten aus der Ingenieur- und Architektenszene als ›*Plot*‹.

FUNDSTÜCKE

»Jetzt wollte ich etwas anderes machen, eine Multiplot-*Geschichte, keinen Strich, sondern viele Punkte.«* one-day-in-europe.de (12-2006) Zitat aus einem Interview mit dem deutschen Regisseur Hannes Stöhr. Auch er meint, ein *Plot* wäre nur ein Teil der Story.

»Taylor Hackfords (›Dolores‹) nervenzerreißender Okkult-Thriller besitzt alle Ingredienzien eines wahren Meisterwerks: ein kluges Drehbuch voller überraschender Plot-*Wendungen, zwei Superstars in Hochform – Al Pacino als satanischer Anwalt und Keanu Reeves als dessen betrogener Zögling –, brillante Spezialeffekte und einen packenden, effektiv eingesetzten Soundtrack.«* Videowoche (6-2003)

Pocket

Engl. *pocket*: Fach; Hosentasche; Jackentasche; Tasche

SPRACHGEBRAUCH

In den 80er Jahren hatten nur Jeans und Jeansjacken *Pockets*. Heute zeichnen sich nahezu alle als modisch kategorisierten Kleidungsstücke durch *Pockets* aus. Seit den 60er Jahren kennen wir das *Pocket*-Book, in den 70ern kam die *Pocket*-Kamera dazu. Beide haben keine Taschen, sondern sind taschengeeignet. Da der Mensch trotz anwachsendem Alltagsequipment mobil bleiben muss, ist die *Pocketability** ein bedeutsamer Produktvorteil. (*Der Autor hatte ›*Pocketability*‹ als ironischen, persönlichen Neologismus ins Spiel bringen wollen; eine Stichwortsuche brachte zu Tage: Es gibt ›*Pocketability*‹ in der Bedeutung von ›Taschengeeignetheit‹ bereits. Und sogar das Adjektiv ›*pocketable*‹.)

FUNDSTÜCKE

»*ONE hat viele Kampf-Spiel-Mechanismen abgeschaut, Alte als auch Neue, aber wir zielen darauf, ein neues Spielkonzept einzuführen. Diese sollen an die heutige Zeit angepasst sein, mit Schlüsselelementen wie Connectivity und* Pocketability.*«* n-page.de (12-2006) Aus einem Interview mit einem Computerspiele-Entwickler.

»*So ist die möglichen Käufer der Hauptfrage Einfassungen dieser: bietet das V610 wirklich eine* pocketable *Alternative einem umfangreicheren langen Zoom digicam, wie das Canon S3 IST, dem Panasonic FZ50 oder dem Sony H5 an?«* digitalcamaratracker.com (12-2006) Es handelt sich um eine automatische Computer-Übersetzung; so entstehen neue Wörter.

»Pocketability*: Schwer zu übersetzender neuzeitlicher Begriff, der als Eigenschaft von tragbaren Gegenständen gilt, die sich in die Hemd- oder Hosentasche stecken lassen.«* elektronik.net.de (12-2006)

Pod

Engl. *pod*: Bohrfutter; Gondel; Hülse; Schale

SPRACHGEBRAUCH

Seit Ende 2001, also der extrem erfolgreichen weltweiten Vermarktung des mp3-Players *iPod* (Markenname, der auf *intelligent pod* = ›kluge Hülse‹ anspielt) des US-Computerherstellers *Apple*, als Teil des Produktnamens in den Medien überpräsent.

Der Erfolg des *iPod* hat dazu geführt, dass andere Unternehmen ihre Produkte mit ›*-pod*‹ als Teil des Produktnamens im Windschatten des *Apple*-Players zu vermarkten versuchen.

FUNDSTÜCKE

AromaPod: Ein Inhalator in Lippenstiftgröße, ähnlich den spraylosen Inhalationsstiften gegen Naseninfektionen, gefüllt mit Duftstoffen. Wird in vier Versionen: *awake* (›aufwachen‹), *calm* (›beruhigen‹), *energize* (›mit Kraft versorgen‹), *focus* (›konzentrieren‹) angeboten. Präsentiert als ›Lifestyle Management Tool‹ (›Lebensstil-Verwaltungswerkzeug‹) oder Mood Tool (›Stimmungswerkzeug‹). Versprochen wird eine Wirkung auf die Psyche. Verwechslungsgefahr! Aromapads (engl. › *pad:* ›Ballen; Polster; Kissen; Notizblock‹) sind kleine, saugfähige Kissen aus Vlies oder gepresster Watte, die mit Duftölen beträufelt werden können.

DVX-Pod: Ein tragbares Multiformat-Video-Abspielgerät des taiwanesischen Herstellers *MobileNote.*

»*Es gibt* Podrennen *auf Malastare. Sehr schnell und sehr, sehr gefährlich.«* Qui-Gon Jinn zu Anakin Skywalker in: *Episode 1 – Die dunkle Bedrohung,* dem ersten Teil der Prequel-Trilogie der *Star Wars*-Filme, aus dem Jahr 1999. *Podrennen* werden mit minimalistischen Fahrzeugen mit Strahltriebwerken gefahren, bei denen an eine Fahrergondel zwei Triebwerksgondeln gehängt werden.

› **Pad**

Point

Engl. *point*: Punkt

SPRACHGEBRAUCH

Wir kennen *Fashion Points, Points of no Return* (wo man weitermuss, weil es für den Rückweg nicht reicht; zum Beispiel beim Flugzeug mit dem Sprit), *Runners Point* (eine Ladenkette für Laufzubehör), *Wireless Access Points* (die man, weil merkfähiger, besser ›Hotspots‹ nennen sollte), *Meeting Points, Match Points* (die spielentscheidenden Punkte), *Snack Points* (die ehedem ›Würstchenbude‹ hießen), natürlich auch *Service Points, Welcome Points* (wo man willkommen geheißen wird), *Check Points* (nur nicht mehr an einer innerdeutschen Grenze und deshalb andernorts häufiger) und *Turning Points* (wo man sich noch entscheiden kann).

FUNDSTÜCK

»*Manager sollten die Customer* Touchpoints *kennen und die Mikroprozesse der Kunden genau verstehen.*« FTD (7-2010)
Gemeint sind alle realen (Gespräch) oder virtuellen (Werbung) Gelegenheiten, wo Kunden mit Produkten in Kontakt kommen und Verkaufschancen lauern.

Pole Position; Pole-Position

Engl. *pole position*: Pole Position, vorderste Startposition
Engl. *pole*: Mast, Pfahl, Pfosten; Pol

SPRACHGESCHICHTE

Von lat. *palus* (›Pfahl‹) leitet sich protogermanisch *pal* ab. Und von dort hat sich mit *pal* das Altenglische bedient, woraus sich *pole* entwickelte. Dass im Englischen heute *pole* auch ›Endpunkte der Erdachse‹ meint, ist Ausspracheschludrigkeiten verschuldet; entlehnt ist es nämlich von lat. und griech. *polus* (›geographischer Pol; Himmelsgewölbe‹).
Im westfälischen Dialekt gibt es noch heute den Pohlbürger; der war im Mittelalter der Bewohner des durch Pfähle und Gräben befestigten Bezirks, der als Ring um die eigentliche Stadtmauer gelegt war.

SPRACHGEBRAUCH

Der Motorrennsport hat uns ›*Pole Position*‹ beschert. Bezeichnet wird damit ein Startplatz in der ersten Reihe, der durch den Gewinn von Qualifikationstrainingsläufen erkämpft wird. An der *Pole Position* stehen keine Stangen herum; das gibt es nur bei englischen Pferderennen, bei denen die Bahn durch Pfähle (engl. *poles*) abgegrenzt ist.
Da Männer oftmals zugleich motorsport- wie aufstiegsorientiert sind, wird ›*Pole Position*‹ heute auch in metaphorischer Absicht in Medien genutzt, um generell eine günstige Ausgangsposition in einem Wettbewerb zu bezeichnen.

FUNDSTÜCKE

»*Fahrschule* Pole-Position *in Düsseldorf: Fahrschule, die sich auf die Zweiradausbildung spezialisiert hat.*« fahrschule-poleposition.de (6-2007)
»*Spielregeln für die* Pole-Position*: So stellen Sie sich auf für die Märkte von morgen.*« amazon.de (6-2007); aus einer Buchbeschreibung
»*Digital TV: Formel 1 fährt Quoten-*Pole-Position *ein.*« digitalfernsehen.de (6-2007)
»*Arbeitgeber-Ranking: Ferrari in der* Pole-Position.« focus.de (6-2007)

Political Correctness; PC

Engl. *political correctness*: politische Korrektheit

SPRACHGEBRAUCH & GESELLSCHAFT

Seit den 60er Jahren in den USA im Umfeld von Feminismus, Bürgerrechtsbewegung und Anti-Vietnam-Bewegung geläufig. Wurde zum Sammelbegriff für Anprangerung all dessen, dem der Ruch des Diskriminierenden anhaftet.

Die 80er Jahre importierten ›*Political Correctness*‹ als bereits leicht ironisch aufgeladenen Begriff, um übertrieben orthodoxe Forderungen linker, in Deutschland besonders grüner, feministischer und ökologistischer Szenen zu bezeichnen. In den USA wie in Deutschland zunächst auch von pragmatischeren Insidern der jeweiligen Szenen als milde Form der Selbstkritik in Umlauf gebracht, dann von den Medien absorbiert.

Zugleich nahmen sich Sozial- und Sprachwissenschaften, ausgehend von den USA, PC als Thema zur Brust. Das bescherte Deutschland nebenbei den Trend zum Binnen-I (›KanzlerInnen‹), da PolitikerInnen zum einen glaubten, sich mit PC-konformen Regelungen bei intellektuellen Szenen beliebt machen zu können, zum anderen ehemalige PC-VerfechterInnen den ›Weg durch die Institutionen‹ gegangen waren.

Zwischendurch, in den 90ern, versuchten deutsche Rechtsextreme, PC zur Desavouierung linker Positionen zu nutzen. Die notorische Denk- und Diskursschwäche jener Parteigänger prägte den allgemeinen Sprachgebrauch aber nicht.

Heute ist die Verwendung von ›*Political Correctness*‹ bereits im Niedergang begriffen. Das Kabarett hat sich daran abgearbeitet, der Typus des *Gutmenschen,* als Verkörperung von PC, ist ebenso hinreichend demontiert worden. Das rhetorische Potenzial von PC ist damit entleert.

Medien nutzen den Begriff heute quasi nur mehr mit doppelten Anführungszeichen. Und die meisten Fundstellen verweisen auf begriffskritische Texte, sicherer Hinweis auf einen archivwürdigen Aggregatzustand.

In den USA ist der hysterische Trend jedoch alltagspraktisch wie sprachlich ungebrochen.

FUNDSTÜCKE

*»Absurd ist diese Namensgebung (*PC*), weil hier unter dem Anschein von Korrektheit ein mehr oder weniger willkürliches System von moralischen Verboten errichtet worden ist, das von einer ›heuchlerischen Intoleranz‹ (Peter Scholl-Latour) gekennzeichnet ist.«* Christa Meves; schweizerzeit.ch (10-1999)

»Die Fußballverbände orientieren sich am Maßstab der Political Correctness *in den USA. In öffentlichen Äußerungen ist die Erwähnung der Hautfarbe absolutes Tabu.«* sport1.de (9-2012)

Poll; Polling

Engl. *poll*: Abstimmung, Befragung, Umfrage

Engl. *polling*: Abstimmen, an einer Umfrage teilnehmen

SPRACHGEBRAUCH

Medien lassen sich ihr Futter gerne von Konsumenten liefern, das diese wiederum als frische News verspeisen sollen. Das nennt sich engl. *usergenerated content.* Gerade das Internet strotzt nur so von einem Umfrage-Interaktionismus, der Mediennutzer durch Scheinbeteiligung binden will. Solche Umfragen nennen sich im Marketingjargon nicht ›Umfrage‹, sondern ›*Poll*‹. Je jünger, moderner und interaktionistischer ein Medium auftreten will, desto eher finden sich ›*Poll*‹ und ›*Polling*‹ auch in der direkten Leseransprache.

FUNDSTÜCKE

»Die derzeit beliebteste Methode ist gleichzeitig die simpelste, beim ›Polling‹ *bewerten die Nutzer per einmaligem Mausklick die Bonität eines Landes oder einer Firma.«* spiegel.de (1-2012)

»Das Poll-*Objekt erlaubt die einfache Erstellung von online-Umfragen bzw. Wahlen. Es handelt sich um einen* Poll-*Container, der die Präsentation und Logik liefert, sowie ein* Poll-*Item, das als Repetitions-Element die Auswahloptionen modelliert. Das Objekt ist auf der Basis von Cookies in der Lage, Mehrfachvotings zu verhindern und kann explizit in einen geschlossenen Zustand gesetzt werden.«* zms-publishing.com (9-2004)

› **Content**

Pool

Engl. *pool*: Bassin, Becken, Pool; Konsortium, Vereinigung; Sammelbecken; Schmelzbad

SPRACHGESCHICHTE

Die Engländer haben sich beim mittelniederdeutschen *pol* bedient; verwandt sind althochdeutsch *pfuol,* woraus sich dt. ›Pfuhl‹ entwickelt hat.

SPRACHGEBRAUCH

Als Deutsche noch nicht mit *Pools* vertraut waren, sprachen sie von ›Swimming *Pools*‹. Der reiseerfahrene Tourist bedient sich spätestens seit den 70er Jahren aber der Kurzform, so wie es der Amerikaner bereits seit den 20er Jahren gewöhnt ist.

Heute hat auch der mittelbetuchte Eigenheimbesitzer einen *Gartenpool,* oder besser noch: einen *Gardenpool* hinterm Reiheneckhaus.

Der Bedeutungskreis ›Vereinigung‹ spielt in Wirtschaft und Handel eine unauffälligere Rolle.

Wenn von etwas, öfters von Informationen, eine respektable Menge zusammengetragen wird, sprechen vorzugsweise moderne Dienstleister von einem *Pool,* öfters von einem Info-*Pool,* aber auch von *Datenpools* oder *Faktenpools.*

FUNDSTÜCKE

»Leiterplatten zum Pool-*Preis. Sie sparen bei Leiterplatten Prototypen und Leiterplatten Kleinserien durch Kostenteilung mit anderen Entwicklern.«* pcb-pool.com (6-2007)

*»Mit dem ausführlichen Diveguide, einem umfassenden Info-*Pool *sowie Checklisten, Fotogalerien und einer starken Community bietet unterwasser.de alle Infos für den Tauchbegeisterten.«* unterwasser.de (6-2007) Engl. *diveguide:* ›Tauchführer‹; ein Info-*Pool* kann als Informations-Sammelbecken betrachtet werden.

*»Stellenmarkt job-*pool*: Ihr überregionaler Onlinestellenmarkt.«* job-pool.de (6-2007)

› **Whirlpool**

Pop

Engl. *pop*: Populär-, Pop

SPRACHGEBRAUCH

Die wichtigste kulturelle Zäsur des 20. Jahrhunderts in westlicher Gesellschaft seit den 50er Jahren und dem Aufstieg des Rock 'n' Roll ist die zwischen Popkultur und Volkskultur. Beide geben sich volksnah, nur ist nicht das gleiche Volk, genauer: das gleiche soziale Milieu, gemeint.

Pop beginnt nicht mit *Popart;* die verwurstet bereits *Pop:* in Form des Comic. Da *Pop* für die jeweilig unauffällig-gefällige aktuelle Unterhaltung vor allem in der Musik steht, hat sich *Pop* seit Jahrzehnten als *Oldie* oder als Material für ein Revival angesammelt.

Die Markierung ›*Pop*‹ ist qua Inflationierung derart unscharf geworden, dass alles, was aktuell irgendwie jugendaffin-halbmodern daherkommt, sich des Etiketts ohne Widerspruch bemächtigen kann. Das hat *Pop* in all seinen Ausformungen zum Dauerthema der Sozial- und Medienwissenschaft gemacht.

Die Varia sind schier unaufzählbar. Einige Fundstücke: *Popclip, Neonpop, Popculture, Pop & Politics, Popstar, Popvideo, Popstream, Pop-News, Poplife, Popliteratur, Poppoetry, Popdesign, Popshopping.*

Popcorn

Engl. *popcorn*: Popcorn, Puffmais

SPRACHGEBRAUCH

Natürlich kommt *Popcorn* aus Amerika. Aber erfunden haben es bereits südamerikanische Indianer um 3600 vor Christus. Die industrielle Fertigung startete in den USA gegen Ende des 19. Jahrhunderts. Bis in die 50er Jahre des 20. Jahrhunderts sprach man in Deutschland eher von ›Puffmais‹. Das ist jugendlichen Menschen heute kaum mehr verständlich. *Popcorn* ist Bestandteil der Unterhaltungskultur. Kinos verdienen manchmal mehr daran als über den Verkauf von Kinokarten. Die Popkultur hat sich des Wortes vielfach bemächtigt. Filme, Musikgruppen, Songs nutzen es im Namen.

FUNDSTÜCKE

»Wie dem auch sei: ›Die Päpstin‹ ist opulentes Popcorn-*Kino, unterhaltsam und grandios gefilmt.«* Stern (10-2009)

»Manche Sprengköpfe von Atomraketen könnten sich nach Erkenntnissen des britischen Verteidigungsministeriums in einer Kettenreaktion zünden und mit möglicherweise verheerenden Folgen explodieren ›wie Popcorn‹.« stern.de (6-2008)

Pop-Up; Popup

Engl. *pop up*: aufspringen; auftauchen; hochkommen

SPRACHGEBRAUCH

Seit graphische Benutzeroberflächen mit Windows, also Fenstern, arbeiten, gibt es *Pop-Up*-Windows, denn Computerfenster gehen nicht auf, sie springen gleichsam aus dem Nichts auf den Bildschirm. Parallel kommt das *Pop-Up*-Menu in Mode: Ein Klick und eine Kaskade von Bedienungsoptionen rauscht über den Monitor.

Und als die Werbung das Internet entdeckte, entstand die störendste Form des *Pop-Up,* die *Pop-Up*-Werbung, auch

›*Pop-Up*-Ad‹ oder schlicht ›*Pop-Up*‹ genannt.

In Folge entstanden *Pop-Up*-Blocker oder *Pop-Up*-Washer, die dem Surfer einen entspannten Webtrip ermöglichen sollen.

FUNDSTÜCKE

»Wickie und die starken Männer – Pop-Up *Masken Spielbuch.«* amazon.de (11-2005)

»Wie merke Ich, dass ein Pop-Up-*Fenster blockiert wurde? Wieso bekomme Ich immer noch* Pop-Ups *obwohl der* Pop-Up-*Blocker aktiviert ist?«* yahoo.de (10-2005) Beachtenswert die Großschreibung von ›ich‹ mitten im Satz; vgl. engl. *I* (›ich‹)

› **Drop-down-Menu**

Post-it

Engl. *to post*: absenden, aufgeben, verschicken, senden; anschlagen

SPRACH-/PRODUKTGESCHICHTE

1968 wollte ein Techniker beim US-Unternehmen *3M* einen neuen Superkleber entwickeln. Der klebrige Schleim funktionierte nicht; Aufgeklebtes ließ sich immer wieder ablösen. Eine daraus entwickelte Pinnwand mit Leimbelag war kein Verkaufserfolg. 1974 erinnerte sich ein Kollege des absonderlichen Leims. Er dachte umgekehrt und damit richtig: Der Leim kam auf kleine Zettel, die wiederum allüberall anzupappen, eben: zu posten, waren.

Post-it wurde so der Markenname eines der erfolgreichsten Produkte von *3M*. ›*Post-it*‹ ist ähnlich wie ›Uhu‹, ›Tempo‹ oder ›Tesa‹ vom Markennamen zum stellvertretenden Gattungsbegriff aufgestiegen. Das nennt sich auch ›generischer Markennamen‹ oder ›Deonym‹.

FUNDSTÜCK

»Zu TOTAL RECALL gibt es einen schönen Digitalwecker + TOTAL RECALL Post it-*Block, für den Kinostart von EXPENDABLES 2 haben wir Kinogutscheine, Shirts und Poster, für die Heimkino-VÖ von BATTLESHIP Schlüsselanhänger, Cap, Poster …«* kinfans.com (8-2012)

Power; powern

Engl. *power*: Kraft; Macht, Stärke

SPRACHGEBRAUCH

Ende der 70er Jahre begann die Karriere von ›*Power*‹. Sie wurde Maschinen, Menschen, Unternehmen zugewiesen. Ein Age of *Power* (›Zeitalter der *Power*‹) hob an. Heute darf unterstellt werden, dass, wer sich keine *Power* zuschreibt, schwachbrüstig oder wirtschaftlich unterentwickelt ist.

Eine entfaltete *Power*-Industrie sorgt mit Trainingsgeräten, Nahrungsmitteln, psychologischen Ratgebern, Coaches, Trainern und Consultants für den optimalen *Power*-Level.

Wer *Power* hat, muss *powern,* damit die *Power* sich auch beweisen kann. Beim *Power*-Training darf man sich, um *Power* zu bekommen, durchaus *auspowern.* Jedoch nicht so sehr, dass nicht schnell wieder auf *Power* geschaltet werden kann. Dazu muss man seinen *Power*-on-Button kennen. Ein *Power*-Napping (›kraftfördernder Kurzzeitschlaf‹) ist statthaft, um wieder *Power* zu tanken. Komposita vermehren sich stetig; hier nur eine Auswahl der gängigeren: *Power* Management, *Power* Drink, *Power* Nap (das schnelle Nickerchen am Arbeitsplatz), *Power* Pack (bei Batterien und Akkus), *Power* Play, *Power* Seller (der Profiverkäufer bei eBay), *Power* Walking (siehe auch › **Power-Nap**)

FUNDSTÜCKE

»Sittich Power *– Wellensittiche erobern das Internet. Wissenswertes über den Wellensittich.«* sittich.de (12-2006)
»Kompetenz in Power *zeichnet unsere Mitarbeiter im Innen- und Außendienst aus.«* hy-line.de (12-2006)
»Der Powergrip *C-400 ist mit einem fest integrierten Lithium-Ionen-Akku von 3600 mAh ausgestattet, und liefert damit die fünffache Stromstärke des originalen Canon-Akkus.«* news.idealo.de (12-2006)
»Flower Power *– kostenloser Bildschirmschoner.«* ww.abc-ware.de (12-2006)

Power-Nap

Engl. *power nap*: Krafttankschläfchen; Nickerchen

SPRACHGEBRAUCH

Seit den 90er Jahren auch in Deutschland statthaft gewordene Form des Kurzschlafs in Arbeitsumgebungen, der der Ruch des Faulenzens abgeht, wie ihn ›Nickerchen‹ umweht. Japanische Arbeitsforscher hatten die leistungsfördernde Wirkung von 20-Minuten-Mittagsschläfchen herausgefunden. Der Höhepunkt des Sprachgebrauchs wie des Praktizierens scheint seit der Jahrtausendwende überschritten. Pennen führt zum Prekariat, so fürchtet man heute.

FUNDSTÜCKE

»Ein Power-Nap *sollte zwischen 10 und 30 Minuten dauern, länger nicht. Denn sonst sinkt man in den Tiefschlaf und das ist tagsüber ungünstig.«* quarks.de (5-2006)
»In Japan kann man sich in ›Nap-Shops‹ *Zelte für den* Power-Nap *mieten.«* br-online.de (10-2005)

powerpointen

Dt. *powerpointen:* ›eine Powerpoint-Präsentation zeigen‹
Engl. *power point*: Wandsteckdose

SPRACHGEBRAUCH

Ein Kunstwort, abgeleitet von der Präsentationssoftware *Powerpoint,* die unter deutschen Büromenschen mit Präsentationsaufgaben die Standardsoftware ist. Bezeichnet wird damit die Vorführung bunter, meist animierter Digitalfolien, bei denen der Text, also das eigentlich Wichtige, meistens unter graphischen Effekten erstickt wird. ›*Powerpoint*‹ ist nur falsch übersetzbar: ›Kraftpunkt‹. Die Software hätte eher ›*Powerpointer*‹ (›machtvoller Zeiger‹) genannt werden müssen, was auch für einen englischen Sprecher verständlicher wäre.

FUNDSTÜCKE

»Das erste Mal: Selber powerpointen*: Unsere Kolumnistin wird von ihrem Computerprogramm benutzt – statt umgekehrt. Egal. Hauptsache, ihre wirren Gedanken bekommen endlich eine Struktur.«* neon.de (4-2005)
»Powerpointen *habe ich auch mal gehoert. Wird angeblich in grossen Unternehmen gesagt.«* taz.de/blogs (6-2006)
Der Autor stimmt zu. Er erinnert sich aus einem Großverlag an den Satz: *»Wir müssen noch die Präse* powerpointen.«
(Präse = Präsentation)

Preboarding; Pre-Boarding

Engl. *preboarding*: Vorabbesteigen, Preboarding

SPRACHGEBRAUCH

Behinderte und Prominente sind die sehr unterschiedlich mit Aufmerksamkeit bedachten Personengruppen, denen bei Fluglinien das Privileg eines *Preboarding* eingeräumt wird; Vielfliegern als Begriff bekannt.

FUNDSTÜCK

»Pre-Boarding *ahoi! Kommt zum Launch in unseren IRC-Channel, diese und weitere News, Informationen und Kommentare zum Onlinespiel Pirates of the Caribbean.«* onlinewelten.com (11-2010)

Predator

Engl. *predator*: Raubtier

SPRACHGEBRAUCH

Durch sechs Science-Fiction-Action-Thriller bekannt geworden: *Predator* (1987), *Predator II* (1990) und vier *Alien vs. Predator* (2004 bis 2007). Computerspieler kennen mehrere Ego-Shooter unter dem Namen *Alien vs. Predator.* Der Bildungsgrad der erreichten Zielgruppe ist wahrscheinlich nicht ausreichend, um die deutsche Übersetzung parat zu haben. Der Erfolg reichte aber *Adidas,* um einen ›*Predator Absolute Runningschuh*‹ produzieren zu lassen.
Die Aussprache ist mehrheitlich falsch. Es wird zwar englisch geknödelt; der Akzent wird aber auf das ›a‹ gelegt. Leider spricht der Engländer es knapper und mit Betonung auf der ersten Silbe aus.

FUNDSTÜCK

»Eine Vorschau auf das Morphological Antialiasing (MLAA) sowie Performance-Zuwächse bei Alien versus Predator, *StarCraft 2 und OpenGL-Spielen bietet der Catalyst-Hotfix 10.10a.«* heise.de (10-2010) Die Tiefensemantik des Satzes erschließt sich nur Maniacs der Gaming-Scene.

Pregameshow; Pre-Game-Show; Pregame Show

Engl. *pre-game show*: Vor-Spiel-Show

SPRACHGEBRAUCH

Bezeichnung für einen auf die Einstimmung des Publikums abzielenden Action-Event-Mix aus Cheerleader-Mädels, Pyro-Effekten und Sound-Spektakel, wie er mittlerweile bei höherklassigen Eishockeyspielen in Deutschland Usus ist.

FUNDSTÜCK

»Pre-Game-Show *vor halbleeren Rängen – das sieht man seit vier Jahren leider viel zu oft im ISS Dome.«* express.de (12-2010)

preppy; Preppy

Engl. *preppy*: adrett

SPRACHGEBRAUCH

Im Trendkarussell der Modebehauptungen tauchte immer wieder seit den 60er Jahren ein Typus des gepflegteren jungen Menschen auf, der eine dezente Attitüde von Antibürgerlichkeit durch bewusstes Zitieren bürgerlicher Kleidungsstücke pointierte. An den Popper der 80er Jahre werden sich noch viele erinnern. Der *Preppy*-Style hat dort seine Ursprünge, genauer: in den britischen Elite-Unis Oxford und Cambridge, leicht zeitversetzt in amerikanischen Elite-Colleges mit ihren *preparatory schools,* privaten Vorbereitungsschulen, in Kurzform auch *preps* geheißen. (Filmfreunde kennen das Ambiente durch den *Club der toten Dichter* mit Robin Williams.)

›*Preppy*‹ hat nun den Vorzug, auch von Englisch sprechenden Menschen anderer Milieus verstanden zu werden, weil es passenderweise auch ›adrett‹ oder ›proper‹ heißt. (Letztgenanntes Wort ist untergründig mit ›*preppy*‹ verwandt.)

Was gehört zum *Preppy*-Style? Bootsschuhe, Polohemden, Chinos, Club-Blazer, Cardigans, Cashmere-V-Ausschnitt-Pullover und kurze Karoröcke für die jungen Ladys. Nur ein kurzlebiger Trend? Da Trends so schnell wiederkommen, dass ihr Verschwinden kaum zu bemerken ist, sollten modebewusste Menschen sich merken, was ›*preppy*‹ meint.

FUNDSTÜCKE

»Aber sein gebügeltes Hemd, ein Accessoire aus dem Preppy-*Dresscode, verrät, dass der 26-jährige Vampire-Weekend-Frontmann ganz andere Dinge im Sinn hat.«* Rheinische Post (11-2010)

»Für die kalten Tage zeigten die Männerschauen zwei große Trends: Den Preppy *Look mit Dufflecoat oder Cabanjacke und Militär-inspirierte Looks mit Bomberjacke oder Parka.«* DIE WELT (11-2010)

»Hier in Köln laufen die jungen Leute immer noch rum wie immer, der Druck ist wahrscheinlich nicht so hoch wie in Berlin, gibt es da wirklich so viele Preppys *jetzt? Und ist* Preppy *nicht eigentlich vor fünf oder sechs Jahren schon mal Thema in Stil-hungrigen Kreisen gewesen? Ist es ein Revival-Revival? Herrlich, wie schnell alles heutzutage geht! Aber ich kann die Liebe zum* Preppytum *gut verstehen und habe selbst einen Haufen der üblichen Bekleidungsbestandteile im Schrank.«* debug.de (11-2010)

Preview

Engl. *preview*: Probevorführung; Vorpremiere; Vorschau

SPRACHGEBRAUCH

Filmemacher haben schon immer ihre neuen Produktionen einem auserlesenen Kreis von Vorab-Zuschauern vorgeführt. In den 90er Jahren gingen Filmverleiher und Kinoketten systematisch dazu über, wichtige Filme vor dem eigentlichen Start, oft in Nachtvorstellungen, zu zeigen. Eine Vorschau im hier zu Lande geläufigen Sinn war das nicht; so wurde das englische ›*preview*‹ übernommen.

Auch in anderen Kulturbranchen, wie Musical oder Ausstellung, findet sich ›*Preview*‹ in ähnlicher Bedeutung. Computernutzer kennen ›*Preview*‹ auch aus dem Druckmenü mancher Programme, wo vor dem eigentlichen Ausdruck eine Druckvorschau zeigt, was der Drucker liefern sollte.

FUNDSTÜCKE

»Vorab lud Erhard Mohnen, Vorsitzender der Geschäftsleitung Commerzbank, Kunden und Freunde zur Preview *der rund 35 Gemälde, 200 Zeichnungen und 50 Scherenschnitte.«* welt.de (12-2010)

»Sneak Preview *der Victoria's Secret Show.«* dnews.de (12-2010) Ein Sneak *Preview* spielt mit dem Ruch des Verbotenen. Eng. *to sneak* heißt ›petzen‹, aber auch ›stibitzen‹.

Pricing

Engl. *pricing*: Preisbildung, Preisermittlung, Preisgestaltung

SPRACHGEBRAUCH

Die Frage, zu welchem Preis Produkte auf einem Markt am besten abzusetzen sind, beschäftigt Unternehmen schon immer. Aber erst seit den 80er Jahren sagen deutsche Manager, die mit Preisgestaltung beschäftigt sind, zu ebendieser Beschäftigung ›*Pricing*‹. Dass dies etwas mit Preisen zu tun hat, erkennt auch der in Marketingdingen Unbewanderte.

FUNDSTÜCKE

»Vielmehr haben wir eine systematische Pricing-*Analyse vorgenommen, aus der wir Schlussfolgerungen für eine differenziertere Preispolitik, vor allem bei Taschenbüchern, ziehen werden.«* buchreport.express (10-2003) Ein typischer Marketing-Nullsatz, der nur sagt, dass man über Preise nachdenken muss, um Preise festzusetzen; würde zweimal ›Preisgestaltung‹ dort stehen, würde sich der tautologische Sprachbluff, oder pointierter: Bullshit, sogleich demaskieren.

»Pricing *leicht gemacht: Höhere Gewinne durch optimale Preisgestaltung.«* Buchtitel des Autors Werner Pepels (2006) Auch hier verschleiert ›*Pricing*‹ die Tautologie in der Titelsemantik.

Producer

Engl. *producer*: Produzent

SPRACHGEBRAUCH

Seit den 60er Jahren heißt der Produzent sonderlich von Kinofilmen und TV-Sendungen, von Tonträgern mit popmusikalischen Inhalten, weniger von Theaterstücken, eher wieder von Musicals, ›*Producer*‹. In Druckereien und Medienunternehmen mit eigenem Druckbetrieb ist der *Producer* mit der Digitalisierung in den 90er Jahren üblich geworden. Er repräsentiert die Verschmelzung der Berufsfelder des Setzers und Druckvorlagenherstellers. Die avancierteste Form ist der Multimedia *Producer,* der auch Inhalte für Internet und DVDs aufbereitet.

Bedeutende Produzenten teurer Kinofilme heißen in den Medien immer noch ›Produzenten‹. *Producer* gehören eher zur zweiten Liga.

FUNDSTÜCK

»Bis vor kurzem hat Keith Lee als Lead Producer *an Diablo 3 gearbeitet, jetzt hat er mit weiteren Blizzard-Mitarbeitern ein Unternehmen namens Booyah gegründet.«* golem.de (5-2009)

Product-Placement

Engl. *product placement* Produktplatzierung, Product Placement

SPRACHGEBRAUCH

Schon in den 30er Jahren suchten Filmproduzenten die Herstellungskosten eines Kinofilms zu senken. Die Idee: Gegen Bezahlung werden Markenprodukte gut sichtbar in die Filmhandlung eingebaut. Seit den 80er Jahren ist das *Product-Placement* hoch professionalisiert. James-Bond-Filme sind ohne die Platzierung von Uhren und Autos, aber auch von Herrenoberbekleidung der Oberklasse nicht denkbar.

Was schon *Product-Placement* ist und was gleichsam zum naturgegebenen

Ambiente eines Films gehört, vermag der Zuschauer heute manches Mal nicht mehr zu unterscheiden. Selbst die Bilder von Bergpanoramen können ja von Tourismusverbänden gegen Gebühr platziert worden sein.
Da die Strategien des *Product-Placement* kontrovers und oft mit erhobenem Zeigefinger in den Medien diskutiert werden, sickerte das Wörtchen auch in den Sprachschatz des informierteren Medienkonsumenten ein.

FUNDSTÜCKE

»Statt klassisches Productplacement *zu bemühen, kreierten die Amerikaner gleiche eine eigene Filmtrilogie für ihre Autos. In dem Spielfilm ›Transformers‹ ist ein Camaro Star, Freund und Retter der Welt.«* motorvision.de (2-2012)
»Wo liegt die Grenze zwischen Schleichwerbung und zulässigem product placement? *Und gibt es zwischen beiden eine Grauzone, die auch künftig genutzt werden könnte?«* DIE ZEIT (6-2005)

Profiler

Engl. *profiler*: Fallanalytiker, Täterprofilanalytiker, Profiler, Profilersteller; Prüfer

SPRACHGEBRAUCH

Im Frühjahr 1997 startete auf dem deutschen Privatsender *VOX* mit beachtlichem Erfolg eine US-Krimiserie namens *Profiler*. Die Heldin ist eine traumatisierte, daher zurückgezogen lebende und Publikumssympathien auf sich ziehende Gerichtspsychologin mit nahezu übersinnlichen Imaginationsfähigkeiten. Seither hat das Berufsbild an Bekanntheit und Attraktivität gewonnen, obwohl weder in den USA – dort heißt es *criminal investigative analysis* – noch in Deutschland (siehe Fundstück) die Bezeichnung offiziell genutzt wird.
Die sprachliche Haltbarkeit steht und fällt mit dem Nachschub an frischem Serienmaterial.

FUNDSTÜCK

»Wie kann ich Profiler *werden? Bei den OFA-Dienststellen (OFA = Operative Fallanalyse) des Bundes und der Länder gehen häufig Anfragen von ambitionierten Interessenten (oftmals Studenten) ein, die gerne eine Ausbildung zum* ›Profiler‹ *machen möchten.«* bka.de (6-2007)

Project

Engl. *project*: Entwurf; Baumaßnahme; Projekt, Unternehmung

SPRACHGEBRAUCH

Wenn Menschen etwas Umfangreicheres vorhaben, nannte man das ehedem ein ›Vorhaben‹, später ein ›Projekt‹. Da die moderne Dienstleistungsgesellschaft ihr Geld zunehmend mit projektförmigen Leistungen erwirtschaftet, mussten sich moderne Projekte von altbackeneren absetzen. Was nicht zuletzt durch die Nutzung von ›*Project*‹ samt passendem *Project* Management geschieht. Sollen solche Aktivitäten über Landesgrenzen hinaus wirken, ist eine durchgehende Anglifizierung unumgänglich, sonst hätten die Beteiligten auch Probleme beim gemeinsamen Einsatz von *Project* Collaboration Software.

FUNDSTÜCK

»Das CleanEnergy Project *ist eine Kommunikations- u. Netzwerkplattform für erneuerbare Energien, CleanTech, Ener-*

gieeffizienz, Umwelt u. Nachhaltigkeit.« cleanenergy-project.de (12-2010)

Promoter

Engl. *promoter*: Förderer; Organisator; Promoter

SPRACHGEBRAUCH

Vor allem der weltweite Boxsport mit seinen amerikanisch dominierten Weltmeisterschaftsverbänden hat dem deutschen Faustkampffreund (Boxfan) den *Promoter* nahegebracht. Der organisiert nicht nur, der kümmert sich vor allem um die Werbung, die Verkaufe, die Medienrechte, die Kasse. Der *Promoter* betreibt also vor allem Promotion.

Die deutsche Werberszene kennt den *Promoter* als oft freien Mitarbeiter, der Pröbchen verteilt, dann manchmal ›Sales *Promoter*‹, aber leider auch ›Sampler‹ heißt, was Popmusiker verwirrt, denn bei denen ist ein Sampler ein elektronisches Gerät zum Aufnehmen und Modifizieren von Samples, Klangmustern, Soundfetzen. Der *Promoter* versteckt sich auch manchmal hinter der hilfreich sich gebenden Hostess, die scheinbar nur Fragen beantwortet, aber hinterrücks immer Produkte und Dienstleistungen ihrer Auftraggeber einschmeichelnd in ihre Rede einwebt.

Der Normaldeutsche denkt aber nur ans Boxen. Und redet nie von *Promotern,* weil ihm sofort ›Manager‹ einfällt, was ja heute nie ganz falsch ist, wo doch bereits Hausfrauen per Promotion zu Haushaltsmanagern promoviert werden.

FUNDSTÜCKE

»Studenten als Promoter *gesucht: Es werden 10 Studenten gesucht, die einen ›Glücksdrachen‹ im Rahmen einer Promotionaktion halten und Flyer verteilen.«* jobs.studieren.de (12-2006)

»Das Problem könnte nur sein, dass es derzeit nicht nur den Boxer Felix Sturm gibt, sondern auch den Promoter *Felix Sturm.«* suddeutsche.de (8-2012)

Promotion

Engl. *promotion*: Beförderung; Promotion; Werbung

SPRACHGEBRAUCH

Der deutsche Doktorand macht immer noch seine deutsch ausgesprochene Promotion. Das schreibgleiche *promotion* bezeichnet im Englischen den ebenselben akademischen Aufstieg.

In den 60er Jahren wurde ›*Promotion*‹ aus dem Englischen entlehnt, aber nur in der Bedeutung ›verkaufsfördernde Maßnahme‹. So haben wir heute die akademische Promotion neben der werblichen *Promotion,* die ungleich häufiger zu finden ist. Vor allem seitdem auch Studienabschlüsse amerikanische Effizienz simulieren und zunehmend Bachelor und Master die deutschen Universitäten verlassen.

FUNDSTÜCKE

»In dem Portal können Promoter ihr Profil hinterlegen und Unternehmen Jobs aus dem Promotion-, *Messe-, Event- und Gastrobereich ausschreiben.«* red-promotion.de (12-2006)

»Website Promotion *und Popularität – für Webmaster und Blogger, die noch an 10‹000 Besucher oder mehr pro Monat arbeiten.«* webgreenhorn.com (12-2006)

Proof; -proof

Engl. *-proof*: -echt, -beständig, -fest, -geschützt, -sicher
Engl. *proof*: Abzug, Andruck, Korrekturbogen; Beweismittel; Probe

SPRACHGEBRAUCH

Produkte sollen fest, sicher, haltbar und abweisend gegen störende Außenwelteinflüsse sein. Das Englische bietet mit *-proof* hier ein Allzweckwort. Daher haben wir seit den 60er Jahren Uhren, die als *water-proof* oder *shock-proof* angepriesen werden. Auch Lippenstifte, die *kiss-proof* zu sein versprechen.
In der Druck- und Graphikbranche wird der Andruck oder Probeabzug zunehmend seit den 80er Jahren ›*Proof*‹ genannt.
2007 startete *Death Proof*, ein Film von Qentin Tarantino, mit Althaudegen Kurt Russell, der für das deutsche Kinopublikum naturgemäß keinen deutschen Titel verpasst bekommen hat. Wer würde schon einen todesfesten Film sehen wollen?
Planen Menschen etwas Größeres (› Project), kommt irgendwann der Punkt, wo man merkt, ob's was wird oder nicht. Im Project Management jeder Kleinstadtrenovierungseinsatzgruppe ist dann ein *Proof of Concept* fällig. Ältere kennen noch den Ausdruck ›Machbarkeitsnachweis‹.

FUNDSTÜCKE

»*Invincible Kiss* Proof *Ultra Glossy im Ciao Preisvergleich unter L'Oréal Perfection Lippenstifte.*« ciao.de (6-2007) Engl. *invincible:* ›unbesiegbar‹.
»*Unsere Erfahrungen, komplexe Einführungsprojekte durchzuführen, erlaubt es uns, unsere bewährte* ›WaterProof‹ *Projektimplementierungsmethodik zu nutzen, um Ressourcen, Zeitpläne und Budgets vorauszuplanen, die für jedes Projekt benötigt werden.*« watermark.eu (6-2007) Es sollte heißen: »*Unsere Erfahrungen bei der Durchführung …*«

Protection; Protector

Engl. *protection*: Protektion, Schutz
Engl. *protector*: Beschützer; (Schutz-) Gürtel; Protektor, Schutzherr, Schutzmacht

SPRACHGEBRAUCH

Der Mensch will vor allem Widrigen bewahrt sein. Der moderne Mensch hat dafür Technik und Dienste, die ihm Schutz, Protektion und – seit den 80er Jahren dem Computer und wenig später dem Internet – auch mehr und mehr *Protection* zu gewähren versprechen. Die Geräte selbst übernehmen daher die Rolle des *Protector*. Das Deutsche kennt zwar bereits als Entlehnung aus dem Lateinischen ›Protektion‹, ›Protektor‹ und ›Protektorat‹; alle drei wirken aber antiquiert, für Produkte musste daher ein englisch klingender Frischimport her.

FUNDSTÜCKE

»*Werden Sie einer von 2000 Global 200-*Protectoren*! Schützen Sie die wertvollsten Ökoregionen der Erde auf ganz herausragende Art.*« wwf.de (7-2007)
»*Die* Protector-*Vitrine bietet für wertvolle Gemälde oder Graphiken den bestmöglichen Schutz durch garantiert gleich bleibendes Mikroklima.*« glasbau-hahn.de (7-2007)

»Bullshit Protector: *Endlich Schluß mit lästigem Gesülze nerviger Mitmenschen. Egal ob im Büro, unterwegs oder in der Freizeit. Sobald der Kopf anfängt zu hämmern, einfach den Protector über's Ohr ziehen und das Gestammel prallt ab wie Stahl und gelangt somit nicht ins Großhirn.«* arktis.de (7-2007)

Prototype; Prototyping; prototypen

Engl. *prototype*: Muster; Prototyp; Erlkönig (Automobiljargon); Urform; Versuchsfahrzeug
Engl. *to prototype:* ›entwickeln; ein Versuchsmodell konstruieren‹

SPRACHGEBRAUCH

Die Automobilbranche hat schon immer Prototypen hergestellt, um zu schauen, ob ein Fahrzeug fahrbar und verkäuflich ist. Seit CAD (engl. *computer aided design:* ›computergestütztes Entwerfen‹) und CAM (engl. *computer aided manufacturing:* ›computergestützte Herstellung‹) mutiert der Pototyp aber zum *Prototype* samt passender Verbform ›*prototyping*‹. Die Softwarebranche tat das Ihrige hinzu: Auch neue Programme existieren vor ihrer Verbreitung als Release als *Prototype.*

FUNDSTÜCK

*»Paper-*Prototyping: (...) *Dadurch kann es zu Kreativitätsschüben kommen, auch wird man nicht so sehr von den Vorgaben einer Prototyping-Software in seiner Ideenvielfalt eingeengt.«* medien.ifi.lmu.de (7-2007) Gemeint ist, dass ein Kreativer wieder auf einem Notizblock seine ersten Ideen aufkritzeln soll.

Pub

Engl. *pub*: Kurzform von *public house;* Kneipe, Pinte

SPRACHGEBRAUCH

Seit Ende der 60er Jahre gibt es auch in Deutschland die Simulation der typisch irischen oder englischen Kneipe, in der bevorzugt schwere, dunkle Biersorten ausgeschenkt werden und auch das Interieur eine gewisse plüschige Schwermut ausstrahlt. Dazu passt Irish Folk, also irische Volksmusik, die, passend zur Pub-Welle, seit den 70er Jahren eine treue Fangemeinde in Deutschland vorweisen kann.

FUNDSTÜCK

»Und der Pub *kann noch mehr: Bühnentechnik, Tanzfläche, Beamer und Großleinwand, hier werden Sportveranstaltungen übertragen, brummt die Party und findet ›Kulturelles‹ statt.«* studentenwerk-pb.de (12-2010)

Public Relations; PR

Engl. *public relations*: Öffentlichkeitsarbeit; Werbeabteilung

SPRACHGEBRAUCH

Ehedem hatte einer einen Ruf in der Öffentlichkeit zu verlieren. Heute hat, wer in der Öffentlichkeit präsent sein will, sich um gute *Public Relations* zu kümmern. Dazu ist ein *Public Relations* Manager anzuheuern, der die richtigen Fütterungshappen für Medien bereitstellt. *Public Relations* sollen also über gute Publicity ein Image aufbauen. Weil alle Politiker, Institutionen und Unternehmen auf gute Images angewiesen sind, geht es *Public Relations* Managern richtig gut, solange es ihnen gelingt, Medien

auf dem vom Auftraggeber gewünschten Kurs zu halten.
Die Amerikaner haben *public relations* schon Ende des 19. Jahrhunderts erfunden. Die deutsche Übersetzung ›Öffentlichkeitsarbeit‹ setzte sich ab 1917 durch. Von ›*Public Relations*‹ sprechen deutsche Öffentlichkeitsarbeiter seit Ende des 2. Weltkriegs. Durchgesetzt haben sich Begriff und Methode seit den 80er Jahren, als die »weiche« Steuerung von Öffentlichkeit sich professionalisiert hat und zu einem der wichtigsten Marketinginstrumente aufstieg.
Profis sagen nur ›*PR*‹.

FUNDSTÜCKE

»Alle 25 Lehrkräfte des Studiengangs PR *an der FH Gelsenkirchen kümmern sich nur um sie, die einzige Studentin am Fachbereich: Cornelia Keller. Diese traumhaften Bedingungen verdankt sie ausgerechnet dem misslungenen Selbst-Marketing der* PR-*Profis.«* stern.de (5-2007)
»Mit Haas und Etienne treffen sich zwei Welten: Der eine ein eher nüchterner Wissenschaftler, der andere spielt auf der Klaviatur der Public Relations.« welt.de (5-2007)

› **Publicity**

Publicity

Engl. *publicity*: Öffentlichkeit; Werbung; Publicity; Publizität

SPRACHGEBRAUCH

Seit den 60er Jahren kann ein Mensch oder ein Unternehmen schlechte *Publicity* haben. Was meint: In der Öffentlichkeit wird in nicht gerade den Ruf (das Image) befördernder Weise offiziell berichtet und inoffiziell getratscht. ›*Publicity*‹ löst hier also ›Ruf‹ und ›Ansehen‹ ab. Das seriösere ›Publizität‹ bezeichnet eher das, was über Menschen aus hehrer Kultur und Wissenschaftsbetrieb in Medien verbreitet wird. Ein Popstar hat also *Publicity*, ein Soziologe Publizität. Da mehr über Popstars geschrieben wird, ist ›Publizität‹ deutlich ins Hintertreffen geraten.
Wer gute *Publicity* haben will, kann sich nicht auf die Medien verlassen; er muss sie füttern, durch gut dosierte Public Relations.

FUNDSTÜCKE

»Der Name ist fast zu gut, um wahr zu sein. In Hollywood hätte sich ein Publicity *Department darüber eine Woche lang den Kopf zerbrochen, in Italien wachsen solche Namen auf den Bäumen. Und die entsprechenden Mädchen dazu.«* faz.net (7-2007) Es geht um Gina Lollobrigida.
»Rowling setzt auf Publicity – *Potter soll Maddie retten: Harry Potter«-Autorin J. K. Rowling will die Suche nach der vermissten Madeleine unterstützen.«* n-tv.de (7-2007)

› **Public Relations**

Pullunder

Dt. *Pullunder:* Pullunder, Unterziehpullover
Engl. *pullunder*: Pullunder

SPRACHGEBRAUCH

Der *Pullunder* war eine deutsche Erfindung. Der ärmellose Pullover, unter dem eine Bluse oder ein Hemd getragen wird, bereicherte Ende der 60er Jahre den deutschen Kleiderschrank. *»Ein stilechter* Pullunder *ist ärmellos und hat einen V-Ausschnitt«*, findet sich in der Frauenzeitschrift *Constanze* Nr. 34 von 1969. Der Engländer sprach früher von einer *sleeveless vest* (›ärmellose Weste‹) und sagt heute, wenn er jünger ist, *tank top,* was zwar ärmellos, aber keine Weste, sondern die Reduktionsform eines T-Shirts ist.

Aber der Engländer sagt mittlerweile auch *pullunder:* Im Englischen *World of Football*-Versand wird ein *pullunder reeve* angeboten. Bei *Versace Young* gibt es *Pullunder in Fake-Fur Look* (›Falscher-Pelz-Look‹). Und *Adidas* vermarktet in den USA einen *Adidas-Climashell-Wind-Pullunder,* dessen Produktname sicherlich vom Adidas-Marketing auf global-amerikanische Verständlichkeit geprüft wurde.

FUNDSTÜCKE

»Sibylle Berg tröstet den deprimierten Winter, Hans-Dietrich Genscher erklärt das Geheimnis seines gelben Pullunders, *und die Sackhose kneift letztmals am Knie.«* zeit.de (5-1997)

»Lustiger Pullunder *mit sonnigem Motiv. Mit V-Ausschnitt, Jacquard-Dessin, Material:, 50% Baumwolle, 50% Polyacryl, Groessenabhaengiger Verkaufspreis.«* bitclix.de (7-2007)

Pumpgun; Pump Gun

Engl. *pumpgun*: Pumpgun, Vorderschaftrepetierflinte

SPRACHGEBRAUCH

Der deutsche Filmfreund kennt seit den 70er Jahren und den ersten amerikanischen TV-Kriminalserien (*Die Straßen von San Francisco*), aber auch durch Kinoproduktionen wie *Beverly Hills Cop* (ab 1984) Kriminelle wie brave Polizisten, die in schwierigen Situationen zu einem Schrotgewehr, oft mit kurzem Lauf, griffen, um Hindernisse aller Art zu beseitigen. Anders als bei einer doppelläufigen Schrotflinte (aus älteren deutschen Wilderer-Filmen der 50er Jahre bekannt), nimmt dieser Gewehrtyp, der schnell als ›*Pumpgun*‹ bekannt wurde, bis zu acht sehr fette Patronen in einem Magazin auf, aus dem durch eine Schieberepetiervorrichtung, die in Richtung des Laufs vor und zurück bewegt wird, schnell nachgeladen werden kann. Das sieht irgendwie wie eine Pumpbewegung aus, daher auch die korrekte US-Langbezeichnung: *pump action shotgun.*

Der deutsche Filmegucker findet die *Pumpgun* in der Regel cool. Durch ihre hohe Auftreffenergie lassen sich schließlich, wie in *Terminator* (1984) demonstriert wird, sogar humanoide Roboter mit US-Senatorenmaske kurzzeitig in ihrem Aggressionsdrang behindern. Wenn der Action-geneigte Filmfreund heute also eine *Pumpgun* sieht, weiß er, was das ist, könnte bei Befragung in einem TV-Quiz (500-Euro-Frage) wohl auch sagen, was es ist.

Scheinanglizismenjäger behaupten, der Deutsche habe aus der präzisen, amerikanischen *pump action shotgun* die banale Pumpgun gemacht. Ein Blick in einen beliebigen US-Waffenshop könnte diesen Schießkulturunkundigen schnell eines Besseren belehren.

FUNDSTÜCKE

»Eine Woche später bereits gehe ich mit Gewehren ganz natürlich um, reiße nach dem Schuss den Kammerstängel nach

hinten, dass die rauchende Patronenhülse in hohem Bogen durch den Raum fliegt. Arnold Schwarzenegger machte das auch immer so. Ich lasse das alte, morsche Vereinsgewehr klingen wie eine Pumpgun *im Actionfilm: Peng. Ratsch. Ratsch.«* DIE ZEIT (9-2009)

»Der so genannte Pumpgun-*Prozess um eine der längsten Bankraubserien in Deutschland hat ein überraschend schnelles Ende gefunden. Die Urteile fielen hart aus.«* Süddeutsche Zeitung (10-2005)

Pumps

Engl. *pumps*: Ballerinas; Pumps

SPRACHGEBRAUCH

Schon in den eleganter werdenden zehner Jahren des 20. Jahrhunderts wurde der hochhackige Damenschuh im Kaiserreich mit dem englischen ›*pump*‹ bedacht. Daran hat sich nichts geändert. Mancher glaubt, ›*Pumps*‹ käme ursprünglich aus dem Französischen; dort aber heißen die Bodenschädiger ›*escarpins*‹ (abgeleitet von *escarpé*, was ›steil‹ oder ›schroff‹ meint).

FUNDSTÜCK

»Luxuriöse Pumps *aus schwarzem Glanzleder – coole, hoch auf den Rist geschnittene Gladiatoren-Form – sexy Einschnitte mit vorne offenem Peep Toe – überzogenes 2cm Plateau – stabiler 11 cm Absatz – trotz Höhe bequem – seitliche Zierschnalle und seitlicher Zipper – Hammer sexy Trend-Teil – scharf zum Pencil-Skirt, trendy zur Leder-Leggings, stylish zur Röhrenhose.«* elle.de (10-2008)

Punch; punchen

Engl. *punch*: Fausthieb; Kasper; Punch; Punsch; Stempel

SPRACHGEBRAUCH

Nach dem 2. Weltkrieg begannen deutsche Sportberichterstatter vom *Punch* eines Boxers zu sprechen, wenn der zu *punchen* wusste, was meint: die Gerade hart durchzuziehen. Um einen satten *Punch* draufzubekommen, ist konsequentes Training, unter anderem am *Punching* Ball, angesagt. Der in der Winterzeit wärmende Punsch heißt in England und den USA auch *punch*. Da haben sich aber beide Sprachen beim Hindi bedient. Dort bedeutet *panch* ›fünf‹. Der klassische indische Punsch besteht halt aus fünf Zutaten: Arrak, Zitronensaft, Zucker, Wasser und Gewürze. Beachten: Er kann einen umhauen, genau wie der andere *Punch*.

FUNDSTÜCKE

»Box-Star bringt Journalisten den richtigen Punch *bei.«* bild.de (10-2008)

»Fazit: Egal, ob Punch, *Pitch, Flop, Chip oder Putt – in ›Tiger Woods PGA Tour 11‹ machen Sie am virtuellen Golfschläger eine gute Figur.«* bild.de (11-2010)

Es geht um ein Golfsimulationsspiel für die Spielekonsole X-Box.

Punk

Engl. *punk*: armselig, schäbig

Engl. *punk*: Neuling, Frischling (ugs.); Punk

SPRACHGEBRAUCH

Die gleichnamige aggressiv-provokative Musikrichtung ist Historie. Der klassische Stylingmix (Irokesen-Cut, Leder-Trash, Sicherheitsnadel) wird vom Mo-

debusiness alle Jahre wieder reanimiert, um für jugendlichen Protest oder die Imitation, Simulation oder das unverbindliche Zitat desselbigen etwas im Regal zu haben. An kaufendem Nachwuchs mangelt es alle Jahre wieder auch nicht, wie ein Blick über deutsche Schulhöfe deutlich macht. Die politische Unterfütterung des Outfits, wie sie Ende der 70er Jahre zu finden war, ist bei den perfekt verschlampten Post-Punks aber kaum mehr zu entdecken.
Zeichen für Maximal-Degeneration alter *Punk*-Werte: Im Jahr 2010 startete in Deutschland eine Zeitschrift namens *Business Punk,* die sich abmüht, jüngeren Geschäftsleuten zu suggerieren, dass mit rotzigen Manieren und Macho-Auftritt gute Geschäfte zu machen seien.

FUNDSTÜCKE

»Reed ist Punk-*Rebell, Rock-Junkie und Avantgarde-Musiker. Heute wird der gebürtige New Yorker 70 Jahre alt.«* Deutschlandradio (2-2012)
»Als Punk *mit Irokesenschnitt zeigte der ›Economist‹ gerade Cameron, dessen Regierung laut Titelgeschichte ihre Aufgabe so radikal angeht wie zuletzt Margaret Thatcher.«* ftd.de (8-2010)

Push

Engl. *push*: Anstoß; Druck; Schwung; Stoß

SPRACHGESCHICHTE

Vom lat. *pulsare* (›schlagen, stoßen‹; vgl. ›pulsieren‹) über altfranzösisch *poulser* um 1300 ins Englische immigriert.

SPRACHGEBRAUCH

Wenn alles nur von selbst läuft, läuft in der auf Wachstum fokussierten Gesellschaft zu wenig. Der *Push* in Permanenz ist vonnöten; wo keiner freiwillig pullt (engl. *to pull:* ›ziehen‹), muss eben *gepusht* werden. Konsum, Marketing, Werbung – hier befindet sich das Epizentrum des *Pushens.* (Abgesehen vom *Pusher,* der auch hier zu Lande in der Bedeutung ›Drogendealer‹ transszenische Bekanntheit erlangt hat.)
Push-Dienste liefern E-Mails aufs Handy; der User muss sie nicht mehr selbst abholen. Die *Push-to-Talk*-Funktion (PTT) ergänzt das Handy um Sprechfunkfunktionen, die per Tastendruck angesprochen werden können.
»Push the button« – Die Wendung ist als Songtitel, Bandname oder Label für Partys überaus präsent. *»Push the button«* hat das ältere »*(You) press the button ... we do the rest«,* wie der alte *Eastman-Kodak*-Werbespruch hieß, im deutschen Sprachraum deutlich überrundet.

FUNDSTÜCKE

»Push *to Talk ist eine Technologie, die es ermöglicht, bestimmte* Push *to Talk-fähige Handys wie ein Walkie-Talkie zu nutzen.«* t-mobile.de (9-2005)
»Eine Push-*Strategie, mit der nicht bestellte Autos in den Markt gedrückt werden, ist nicht ohne Risiko.«* ftd.de (2-2001)

Push-up-BH; Push-up

Engl. *to push up*: abstützen: hochdrücken

SPRACHGEBRAUCH

Ein gepolsterter BH, der die Brust seitlich und von unten stützt, um die naturgegebene Form zu betonen und mehr Volumen zu simulieren, wird seit 1994

unter den Bezeichnungen *push-up-bra* oder *wonderbra* in den USA vermarktet. In Deutschland zumeist als ›*Push-up-BH*‹ offeriert.
Alles, was Körperteile durch Volumenvortäuschung betonen soll, bedient sich seither des Zusatzes ›*Push-up-*‹. Und wer metaphorisch etwas heben, liften, irgendwie befördern will, kann sich hier auch sprachlich bedienen

FUNDSTÜCKE

»*Blue Chips* Push-Up *Bikini C-Cup, schwarz/weiß*« amazon.de (7-2007)
»Push-Up-Slip *für Männer entwickelt: Die australische Firma AussiBum hat einen Herrenslip entwickelt, der das männliche Geschlecht optisch vergrößern soll.*« shortnews.de (7-2007)
»*Damit das auch so bleibt, brauchen die Filmtage Unterstützer und das geht wiederum am besten, indem ihr alle in den* Push-up *Club eintretet!*« lsf-hamburg.de (7-2007) Es geht um die »Lesbisch Schwulen Filmtage«.
»*Drei Wetter Taft* Push Up *Look Volumen Mousse.*« ciao.de (7-2007) Im Englischen heißt *mousse* auch ›Schaumfestiger‹; die Franzosen haben sich den Namen ihrer Süßspeise nicht durch eine solche Nebenbedeutung verhunzen lassen.
› **Minimizer**

Putter

Engl. *putter*: Einlocher, Putter

SPRACHGEBRAUCH

Golf wurde in den 90er Jahren zum Fast-Volkssport; und seither schwadronieren Durchschnittsbürger von Drivern, *Puttern* und dem miserablen Zustand des Green (dem Zielgebiet ums Loch herum) oder der Suche nach Bällen im Rough (dem naturnahen, ungepflegten Gelände eines Golfplatzes). Also der *Putter:* Er dient dem Einlochen des Balles. Und weil das fummelig ist, bieten Hersteller Dutzende von Konstruktionsvarianten. Das erhöht die Häufigkeit des fachsimpelnden Geredes samt ›*Putter*‹-Gebrauchs unter Golf-Afficionados (dem Spanischen entlehnte manierierte Alternative für ›Maniacs‹) ungemein.

FUNDSTÜCK

»*Ein Major-Sieg im Alter von 25 Jahren – für andere wäre das schon ein Grund, auf die Knie zu sinken oder den* Putter *in die Luft zu werfen.*« welt.de (8-2010)

Puzzle; puzzeln

Engl. *puzzle*: Geduldsspiel, Puzzle, Rätsel
Engl. *to puzzle*: rätseln, tüfteln; verwirren

SPRACHGEBRAUCH

Im Englischen hat *puzzle* einen weiten Bedeutungsumfang. Alles Verknobelte kann ein *puzzle* sein; selbst das Kreuzworträtsel ist ein *crossword puzzle.*
Das Legespiel, bei dem ein zerlegtes Bild wieder zusammengesetzt werden muss, wurde 1763 in England erfunden. Das heute dominierende *Puzzle* aus ineinandergreifenden (engl. *interlocking*) Pappelementen wurde im 19. Jahrhundert erfunden. Seit Ende des 19. Jahrhunderts auch im Deutschen gebräuchlich.
Professionelle deutsche *Puzzle*-Fanatiker und die Hersteller sprechen genauer von ›*Interlocking-Puzzles*‹.
Die praxisferne Übersetzungsempfehlung der *Gesellschaft für deutsche Spra-*

che lautet ›Zusammenfügspiel‹. Dumm, dass jeder Kleinkind-Klötzchen-Kasten auch ein Zusammenfügspiel ist. Metaphorisch hat ›*Puzzle*‹ immense Präsenz. Kriminalfälle, archäologische Probleme, Sternenkarten oder Sprachforschung – alle werden gerne mit ›*Puzzle*‹ assoziiert, um die jeweilige als kniffelig darzustellende Aufgabe zu beschreiben.

FUNDSTÜCKE

»Wildes Bestellen und Puzzlewahn. *Dumdidum, ich hab den Sonntag morgen genutzt um mein* Puzzel *endlich zu beenden.«* alfkonas-maerchenwelt.blogspot.com (2-2011)

»Oft wird man mit Fragmenten oder Skizzen konfrontiert, die man einander zuordnen und wie ein Puzzle *zusammensetzen muss.«* tagesspiegel.de (12-2010)

Q

Quad

Engl. *quad*: Quad

SPRACHGEBRAUCH

Ein geländetaugliches, vierrädriges, kleinmotorisiertes Fun-Vehikel heißt im globalen Vermarktungsjargon seit den 90er Jahren ›*Quad*‹. Die von lateinisch *quattuor* (›vier‹) abgeleiteten Produktnamen-Romanismen wie ›*Audi Quattro*‹ oder ›*Quadro*‹ sind dem Deutschen seit langem geläufig; Verständnisprobleme gibt es nicht, eher solche der Anwendung des Fahrzeugs, da die deutsche Düne meist eine naturgeschützte ist.

Leistungshungrige Computernutzer sehnten sich 2006 nach den neuesten *Quad*-Prozessoren, die mit vier Prozessorkernen aufwarteten. 2012 sind schon Tablet-Rechner verquaddet.

FUNDSTÜCKE

»Schenken Sie eine Quad-*Action-Tour: Die einmalige Geschenkidee buchen!«* jochen-schweizer.de (8-2007)

Power Mac G5 Quad (10-2005) Es handelte sich um ein Modell mit vier Prozessoren, nicht aber um eines mit einem Vierkern-Prozessor.

Quality

Engl. *quality*: Eigenschaft, Güte, Handelsklasse, Qualität, Wert

SPRACHGESCHICHTE

Das Lateinische lieferte *qualitas* (›Beschaffenheit‹). Als Wort der internationalen Wissenschaftssprache wurde es seit dem Mittelalter von vielen Nationalsprachen adaptiert (franz. *qualité;* italien. *qualità;* niederl. *Qualiteit;* schwed. *kvalitet*).

SPRACHGEBRAUCH

Käufer wollen Qualität. Jüngere Käufer wollen dynamischere Qualität. Dafür steht ›*Quality*‹ zur Verfügung, das seit den 80er Jahren vehement in Werbung und Produktnamen, vor allem bei Computern und anderem technischem Spielzeug, eingesetzt wird.

Quality sollte nicht nur da, sondern hoch, gut oder besser: die beste sein. Also sagt man ›High-*Quality*‹, ›Best *Quality*‹, auch ›Superior *Quality*‹ (engl. *superior:* ›ausgezeichnet; überlegen‹).

Der internationale Management-Jargon lieferte, ebenfalls seit den 80er Jahren, Komposita wie *Quality* Management und *Quality* Engineering.

FUNDSTÜCKE

»Also ich habe mir jetzt den Extreme Quality *Mod gedownloaded. Nur jetzt habe ich keine Ahnung was ich jetzt mit den entpackten Dateien machen soll.«* forum.ingame.de (8-2003)

»High Quality *Photo Resizer ändert die Größe beliebig vieler Fotos in einem Arbeitsdurchgang.«* software-portal.faz.net (8-2007); engl. *to resize:* ›in der Größe anpassen, in der Größe ändern‹

*»Living-*Quality*: Geschenke, Geschenkideen und Klassiker für mehr Lebensqualität – Exklusive Produkte aus den Bereichen Wohnen, Büro, Küche, Garten und Kinder.«* living-quality.de (8-2007)

Quickie

Engl. *quickie*: Schnäpschen; schnelle Nummer, Quickie

SPRACHGEBRAUCH

Die sexuelle Revolution war schon lange Historie, als das Lifestyle-Jahrzehnt der 80er den *Quickie* zur metropolitanen Gewohnheitssache machte. Das Provokative des unverbindlichen Fast-Sex war schnell verraucht; heute gilt der *Quickie* als eine postmoderne Option neben entschleunigter Kuschelerotik, monogamer Inbrunst oder videogestütztem Gruppensex.

FUNDSTÜCK

»Hollywood-Star Ralph Fiennes wird in der Flugzeugtoilette per Quickie *von einer Stewardess gemolken! So ein Glückspilz!«* stern.de (2-2007) Aus einer Leser-Mail.

Quiz

Engl. *quiz*: Ratespiel, Quiz

SPRACHGEBRAUCH

Gleich nach dem 2. Weltkrieg eroberte ›*Quiz*‹ die deutschen Hirne, die nicht denken, sondern denksporten wollten. Was vordem ›Rätsel‹ hieß, evolvierte nun zum Sendeformat im Rundfunk, später zur *Quizshow,* die gleich ein neues Berufsbild lieferte: den *Quizmaster.* Die Beliebtheit von *Quizsendungen* hat mit der Steigerung der Gewinnsummen bis heute kontinuierlich zugenommen. Als Anglizismus wird ›*Quiz*‹ kaum mehr betrachtet.

FUNDSTÜCKE

»Früher, in einer Zeit, in denen Quizsendungen *noch ›Einer wird gewinnen‹ hießen oder ›Der große Preis‹, hätte es geheißen, dieser Schnoor, der sei ein Ratefuchs.«* fr-online.de (11-2010)

»Natural – Wie groß ist dein Wissen? Beweise deine Kenntnisse in diesen Tests und Quizzes.« testedich.de (10-2008) Hier wurde (immerhin?) die korrekte englische, für den Deutschen zungenbrecherisch auszusprechende Pluralform genutzt. Im Deutschen heißt es aber ›Quizze‹ – was auch nicht angenehm tönt.

R

Rack

Engl. *rack*: Ablage; Baugruppenrahmen (Elektronik); Gestell; Ständer; Rack

SPRACHE & TECHNIK

Das *Rack* wurde im Konsumentenalltag nötig, als elektronische Komponenten das *All-in-one-Gerät* ersetzten. Noch in den 60er Jahren hatten Menschen einen Phonosuper, der Radio, Verstärker, Plattenspieler und Lautsprecher in einem Gehäuse vereinte. In den 70er Jahren begann die große Differenzierung in Einzelgeräte. Heute sammeln sich in einem *Media Rack* (seltener *HiFi-Rack* oder *Phonorack*) bis zu einem Dutzend Komponenten, die irgendwie von unterhaltungselektronischem Nutzen sind.
Aus dem Englischen eingesickert sind – zumindest in die Sprache von Produktbeschreibungen und Werbung:
Das *Computer Rack* (manchmal noch ›Einbaukonsole‹ genannt), das *Bike Rack* (Fahrradständer für Lifestyle-Bikes) sowie das *Bottle Rack* (womit Flaschenregale im Gastronomiebereich tituliert werden).
Racks für audiovisuelle Medien treten in Form von *DVD Racks* und *CD Racks* auf; das *Kassettenrack* ist, bedingt durch den Niedergang der bezeichneten Produktgruppe, im sprachlichen Niedergang begriffen.

FUNDSTÜCKE

»Wir stellen Ihre Server im eigenen Rack *in unsere Housing-Center.«* Leistungsbeschreibung eines IT-Dienstleisters (8-2005)
*»Das TV-Hifi-*Rack *Palazzo, in edler Aluminium-/Glasausführung und verdeckte Kabelführung, bietet genügend Platz für Flatscreen-Geräte.«* Produktbeschreibung (8-2005)

Rallye / Rally

Engl. *rallye*: Rallye; Autorennen, Motorsport; Sternfahrt
Engl. *rally*: Ballwechsel (Tennis); Erholung (Wirtschaft); Rallye; Treffen; Versammlung

SPRACHGESCHICHTE

Um 1600 als Verb in der Bedeutung ›versammeln‹ im Englischen nachweisbar; von altfranz. *ralier* (›wiedervereinigen‹). Dahinter lat. *alligare* (›anbinden‹; vgl. dt. ›Allianz‹ und ›Alligator‹; Letzterer im Lateinischen der Anbinder von Reben beim Weinbau; die Krokodilfamilie der Alligatoren verdankt sich hingegen einer Entlehnung des Englischen von spanisch *lagarto,* was ›Eidechse‹ bedeutet). Das Substantiv *rally* meinte im militärischen Kontext die Sammlung von Streitkräften zum neuerlichen Angriff. Um 1930 im US-Englisch in der Bedeutung ›Treffen von Automobilfans‹. Es waren also zunächst die versammelten Zuschauer plus Akteure und nicht allein die Rennfahrer gemeint.

Das deutsche ›*Rallye*‹ wurde nicht direkt aus dem Englischen entlehnt, sondern aus dem Französischen, das aus dem englischen *rally* französisch *rallye* gemacht hatte.

SPRACHGEBRAUCH

Die deutsche Autorallye wird im Englischen *rally* genannt. Engl. *rallye* meint meist den Motorsport insgesamt. Weil ›*Rally*‹ und ›*Rallye*‹ in Sachen Schreibweise schnell zu verwechseln sind, beide den gleichen Ursprung haben, irgendwie die gleichen motorisierten Sportereignisse meinen, ist im Deutschen kein trennscharfer Gebrauch zu erwarten. Beide werden ungefähr gleich häufig genutzt.

Testfall: ›*Börsenrally*‹ findet sich ähnlich häufig wie ›*Börsenrallye*‹.

Wer in einem englischen Text auf die *Nuremberg Rally* stößt, darf nichts über Rennsport erwarten; es geht um die Nürnberger Reichsparteitage der NSDAP zwischen 1923 und 1939.

FUNDSTÜCKE

»*Es handelt sich um einen Radlader und um ein* Rally *Auto.*« eBay-Produktbeschreibung (1-2006)

»*Dax-*Rally *ungebrochen. von Detlev Landmesser. Auch am Donnerstag präsentiert sich der Dax in Rekordlaune.*« boerse.ard.de (12-2006)

»*Die Börsen-*Rallye *zum Jahresende findet dieser Tage wie vorhergesagt statt.*« drobnik.com (12-2006)

»*Die 690* Rally *ist ein Production Racer für Privatfahrer, in den die Erfahrungen der kommenden* Rallye *Dakar noch einfließen sollen.*« motorradonline.de (12-2006) Es handelt sich um ein Motorrad.

Ranch

Engl. *ranch*: Viehfarm, Ranch

SPRACHGEBRAUCH

Der Wilde Westen wurde den Deutschen von Karl May nahegebracht. Und dort findet sich bereits (›*Unter Geiern*‹) die ›Baumanns *Ranch*‹. Das war nur jüngeren männlichen Lesern vertraut. Erst nach dem 2. Weltkrieg und dem Siegeszug des Western als quasi mythischer Erzählform in Wort und bewegtem Bild wird ›*Ranch*‹ breitesten Bevölkerungskreisen bekannt. In den 60er Jahren vor allem durch die familientauglichen Western-Serien *Bonanza,* die auf der Ponderosa-Ranch spielt und von den Cartwrights bevölkert wird, und, ab 1970, *Die Leute von der Shiloh-Ranch,* die in komödienhafterem Stil daherkommt. Heute wird der Deutsche mit ›*Ranch*‹ konfrontiert, wenn sich prominente Amerikaner wie George W. Bush auf ihre *Ranch* zurückziehen.

FUNDSTÜCK

»*Um die 37 Stunden Film, die er am Ende aufgenommen hatte, zu schneiden, ließ sich Hopper auf einer* Ranch *in Taos (New Mexico) nieder, in seinem Schlepptau Schreiber, Junkies und Hippiemystiker.*« welt.de (8-2010)

Ranking

Engl. *ranking*: Einstufung, Rangfolge, Rangliste, Rangordnung, Ranking, Stellenwert

SPRACHGESCHICHTE

Engl. *ranking* ist abgeleitet von engl. *rank* (›Dienstgrad, Rang‹). Im Altenglischen meint das Adjektiv *ranc* eine stolze, überhebliche Haltung. Dahinter liegt wohl eine protogermanische Wurzel *rankaz.* Von der zeugt auch das germanische *rank,* was wir immer noch in der Wendung ›rank und schlank‹ wiedererkennen können. Der ranke, schlanke Bursche ist zugleich der aufrechte, den es leicht zur Arroganz verschlagen mag, wie auch der geschwind-bewegliche, der mit arglistigen Tricks andere auszubooten weiß. Im 18. Jahrhundert, wie uns Adelung berichtet, meint daher ›Rank‹ auch einen klugen Kunstgriff. Die Mehrzahl ›Ränke‹ wiederum kennen wir noch aus der Wendung ›Ränke schmieden‹.

SPRACHGEBRAUCH

Wo Unübersichtlichkeit und zugleich Wettbewerb herrschen, ist das bewertende Sortieren von Produkten, Diensten, Menschen und Institutionen ein geeignetes Mittel, um Menschen zu suggerieren, sie könnten vernünftige Entscheidungen dann treffen, wenn sie sich nur an den obersten Plätzen eines für sie wichtigen *Rankings* orientieren. *Rankings* reduzieren vor allem Komplexität. Wenn es von irgendetwas zu viel gibt, was von zu vielem behauptet werden kann, sind *Rankings* die schnellsten, somit effektivsten Orientierungshilfen.

Rankings sind seit den 90er Jahren auch ein probates Mittel von Medien, um verkaufbaren Content zu generieren. Medien müssen dazu nur einen Bewertungs- und Sortierfilter an eine unübersichtliche Masse anlegen. Leser stürzen sich seither auf Hochschul-*Rankings,* Lebensqualitäts-*Rankings* deutscher Städte, Anwälte- und Ärzte-*Rankings.* (Die erwähnten *Rankings* müssten auf einer *Ranking*-Liste der begehrtesten *Rankings* stehen.) Seit 2010 sind auch die hoch bedeutenden App-*Rankings* hinzugekommen.

Da alle in einem *Ranking* oben stehen möchten, sind die meisten unzufrieden, da es immer mehr hintere als Top-Plätze gibt. Die Politik steht ebenso sehr unter dem Druck von *Rankings* wie von Wahlen, vor allem, wenn ihr Land oder ihre Stadt nur einen niedrigen *Ranking*-Platz in einem Lebensqualitäts- oder Innovations-*Ranking* erreicht hat.

Den meisten lesenden Menschen ist verständlich, was sie zu erwarten haben, wenn sie ›*Ranking*‹ lesen. Im aktiven Wortschatz nur von Medien, Politik und Wissenschaften präsent.

FUNDSTÜCKE

*»Das Verfeinern des Page-*Ranking *war ein Geniestreich von Sergey Brin und Larry Page, ihre Geschichte ist eines dieser klassischen New-Economy-Märchen.«* tagesspiegel.de (9-2002)

*»Mode-*Ranking *– Die Bestgekleideten der Welt: Die US-Zeitschrift ›Vanity Fair‹ hat die VIPs in Sachen Mode unter die Lupe genommen – und Nicolas Sarkozy zu einem der bestgekleideten Männer der Welt erklärt. Seine Kleidung betone die ›schneidige, männliche und romantische‹ Ausstrahlung des französischen Präsidenten.«* spiegel.de (7-2007)

»Good Company Ranking*: Wie ernst nehmen die Konzerne ihre gesellschaftliche Verantwortung? manager magazin checkt die 120 größten Unternehmen Europas.«* manager-magazin.de (8-2007)

› **Rating**

Rating

Engl. *rating*: Bemessung; Beurteilung; Klassifizierung; Rating; Schätzung

SPRACHGEBRAUCH

Der globale Kapitalismus muss wissen, wie kreditwürdig seine Hauptakteure – große Unternehmen und Regierungen – sind. Dafür gibt es *Rating*-Agenturen. Nur zwei amerikanische sind wirklich wichtig: *Standard & Poor's* sowie *Moody's*. Der deutsche Normalbürger beschäftigt sich erst seit den 90er Jahren mit *Ratings*, als er begann, seine Sparanlagen in Aktien und Spekulativeres umzuwandeln.

2010 wurde der Mitteleuropäer aber richtig wach, als *Rating*-Agenturen Euro-Länder in Serie in ihrer Kreditwürdigkeit herabstuften.

Ratings haben funktionale Verwandtschaft zu Rankings. Beide listen auf, was empfehlenswert, wovor zu warnen ist. Weil Konsumenten Rankings lieben, produzieren Dienstleister gerne auch *Ratings*, die nichts mit Kreditwürdigkeit zu tun haben. Das hört sich (noch) seriöser als ›Ranking‹ an. Entsprechend zunehmend in gedruckten Medien und im Internet zu finden.

FUNDSTÜCKE

»Eine Änderung im kryptischen Rating-*Alphabet kann ganze Länder vom internationalen Kapitalfluss trennen. Aus demselben Grund wächst auch die Macht der* Rating-*Agenturen. Der Einfluss der großen Drei, Moody's, Standard and Poor's und Fitch, auf das Schicksal von Unternehmen und ganzen Staaten war schon vorher bedeutend.«* spiegel.de (8-2005)

*»Standort-*Rating*: Wo sich Immobilien lohnen.«* focus.de (7-2007)

»Die Aufgabe des Rating *Advisors ist es, Unternehmen auf* Ratings *(durchgeführt von unabhängigen* Ratinganalysten*) vorzubereiten. Im Hochschulkurs* Rating *Advisor erfahren Sie alles zum Thema: vom historischen Hintergrund der neuen Gesetzeslage bis hin zum konkreten* Ratingprozess *und den* Ratingkriterien.*«* euro-fh.de (8-2007)

› **Ranking**

Reader

Engl. *reader*: Leser; Lesebuch, Reader, Sammelband

SPRACHGEBRAUCH

In den 70er Jahren begann es mit Sammlungen von Textauszügen im universitären Bereich, die plötzlich ›*Reader*‹ und nicht mehr ›Sammelband‹ oder eben ›Textsammlung‹ genannt wurden. Auszüge aus belletristischen Werken firmieren kaum unter ›*Reader*‹; es ist eher spröder Stoff, der dem Leser angedient wird. Der Computer hat weitere *Reader* unters deutsche Volk gebracht. Programme zur leserlichen Bildschirmpräsentation von Books nennen sich ›*E-Reader*‹, zur Darstellung von in Bildformaten vorliegenden Texten ›*DocuWare Reader*‹. Den *Acrobat Reader* kennt mittlerweile jeder seriöse Rechnerbenutzer.

Meditierenswert: Der lesende Mensch selbst mutierte nicht zum *Reader;* nur vieles, was gelesen werden muss oder dabei helfen mag.

FUNDSTÜCKE

»Google Reader *verwaltet als webbasierter News-Feed-Aggregator beliebige RSS-*

und Atom-Feeds.« golem.de (3-2006) ›News-Feed-Aggregator‹ müsste mit ›Neuigkeiten-Futter-Aufbereiter‹ übersetzt werden.

»Ein Reader *für Kunstgeschichte: Eine preiswerte Ausgabe des Methodenreaders wird in einer erweiterten und völlig neu bearbeiteten Ausgabe im Frühjahr im Kölner Deubner-Verlag erscheinen!«* fak09. uni-muenchen.de (12-2006)

real

Engl. *real*: echt, real, wirklich
Spanisch *real*: herrschaftlich, königlich

SPRACHGEBRAUCH

Wenn die Wirklichkeit von Dingen besonders betont werden muss, ist der Verdacht begründet, dass es mit deren Wirklichkeitsgehalt nicht weit her ist. Die Inflation von engl. *real* und *reality* fällt, den Verdacht bestätigend, in Zeiten, wo Wirklichkeit als Begriff und Vorstellung von mehreren Seiten attackiert wird: Von den Medien und ihrem Täuschungspotenzial, vom Computer und seiner Virtualisierungsmagie, von der Werbung und deren Behauptungsansprüchen, von der Erkenntnistheorie und Kognitionswissenschaft, die seit den 70er Jahren einen mehr oder minder radikalen Konstruktivismus pflegen, der unterm Strich behauptet: Die Welt ist das, was wir aus ihr machen, wenn wir es so machen, dass die Bastelei für unsere Zwecke haltbar ist.

›*Real*‹ umwirbt uns daher und verspricht Sicherheit und Orientierung im begrenzten Raum von Marken und Medien. So lockt *Coke* mit dem *Real Thing* und treibt damit alle anderen braunen Limos ins verschlingende Nichts der Markenschwäche. Da die herkömmliche Wirklichkeit störend, gefährlich, oftmals tödlich ist, muss, so kann zugespitzt gesagt werden, Wirklichkeit vollständig in *Realities* umgewandelt werden. Damit sind wir noch lange nicht fertig. Und so werden ›*real*‹- und ›*Reality*‹-Innovationen uns auf lange Sicht als Wegweiser dienen.

Begriffe wie ›Realschule‹ und ›Realpolitik‹ sind noch nicht von englischer Aussprache bedroht.

Fußballfreunde sprechen *Real Madrid* nicht englisch aus, wiewohl sie mehrheitlich nicht wissen, dass spanisch *real* ›königlich‹ meint, wie auch bei ›*Real Federación Española de Fútbol*‹, dem königlich-spanischen Fußballverband.

FUNDSTÜCKE

»Ob monophone oder polyphone Töne, SMS-Töne, Real *Music, Sounds und Stimmen – lade dir deine Favoriten aufs Handy!«* onhandy.t-online.de (12-2006)

›*Real* Music‹ bezeichnet komprimierte Ausschnitte aus Musik-CDs im Gegensatz zu den Kurzmelodien, die vom Soundchip des Handys generiert werden.

»Morgengrauen: Real *World – das realistischste MUD überhaupt. MG ist nicht nur Computer und stilles Kämmerlein. Man trifft sich auch außerhalb zu rauschenden Festen und hat sich organisiert.«* mg.mud.de (8-2007) Es handelt sich um ein Multiplayer-Internet-Rollenspiel, dessen lebende Akteure sich auch körperlich in der nicht-digitalen Welt zu treffen pflegen.

› **Reality**

Reality

Engl. *reality*: Realität, Wirklichkeit

SPRACHGEBRAUCH

Die Wirklichkeit ist nicht genug. Der Mensch sehnt sich nach anderen Welten, die ehedem ›Paradies‹ oder ›Utopie‹ hießen, heute unter ›*Realities*‹ firmieren. Computer und TV sind die wirkmächtigsten *Reality*-Creation-Machines (›Wirklichkeitsschöpfungsmaschinen‹). Da die umgebende Standardwirklichkeit auf lange Sicht grundsätzlich unbefriedigend ist, wird die Produktion von konkurrierenden *Realities* zunehmen. Deutsche Medienkonsumenten, auch die der bildungsschwächeren Gefilde, verstehen, dass ihnen eine Wirklichkeit vorgespielt wird, wenn sie ›*Reality*‹ begegnen. Das Grobverstehen stört sie aber nicht weiter beim Genuss.

VARIA

Reality-Check; *Reality*-Fake; *Reality*-Hype; *Reality*-Project; *Reality*-Quiz; *Reality*-Sitcom; *Reality*-Stuff; *Reality*-Thriller; *Reality*-TV; *Reality*-Welle

› **real**

Real-Time; Realtime

Engl. *real time*: Echtzeit

SPRACHGEBRAUCH

Wenn ein Rechner eine Simulation oder ein Medium einen Vorgang in der Außenwelt verzögerungsfrei darstellen oder wiedergeben kann, spricht die Informatik, aber auch die Produktwerbung, von ›*Real-Time*-Prozessen‹. Menschen sind von *Real-Time*-Effects kindlich begeistert. Alles, was hier und jetzt sofort und verzögerungsfrei da ist, verwirklicht alte Wünsche aus existenziell ungeduldigen Kindertagen. Wer nicht warten muss, ist glücklich.

FUNDSTÜCKE

»Real Time *Rome: MIT malt Menschenströme – Auf der Biennale in Venedig ist das Massachusetts Institute of Technology (MIT) mit seinem Projekt Real Time Rome vertreten. Besucher können auf sieben riesigen Displays, die über die Stadt verteilt hängen, verfolgen, wie Einheimische und Touristen in Italiens Hauptstadt Rom unterwegs sind, ob sie rund um eines der Touristenziele flanieren oder im Stau stecken.«* golem.de (10-2006)

»Real Time *Regatta ist eine Applikation, durch die es möglich wird, die stattfindenden Rennen live am Mobiltelefonen mitzuverfolgen.«* wordsailinggames.2006 (10-2006)

Recap

Engl. *recap*: Zusammenfassung
Engl. *to recap*: rekapitulieren, zusammenfassen

SPRACHGEBRAUCH

Meetings und Arbeitstreffen wurden schon immer in Zusammenfassungen zusammengefasst. Die globalmoderne Version der Zusammenfassung aber heißt seit etwa der Jahrtausendwende zunehmend ›*Recap*‹. Das ist kürzer als Zusammenfassung, Rekapitulation oder Resümee. Zu finden vorzugsweise in den Bereichen von Marketing, Web-Business und Informationstechnologie. ›*Recap*‹ wird an Präsenz zulegen, da das Wörtchen sich auch schon dort findet, wo es um die Zusammenfassung von Filmen oder Filmserien auf Websites geht.
Als Genus hat sich, warum auch immer,

das Maskulinum mit einer deutlichen Mehrheit breitgemacht, wiewohl die gängigen deutschen Übersetzungen das Femininum nahelegen.

FUNDSTÜCKE

»Die SEO-Trainees sind der Einladung der Uni-Hamburg gefolgt und haben sich den Vortrag von Nelson Mattos angehört. Hier ist nun der Recap.*«* seo-trainee.de (1-2011)

»Ein Recap *zu einer Veranstaltung (Konferenz, Stammtisch, Camp) gehört ja schon zu guten Ton. Dem möchte ich heute auch gerne nachkommen und über das gestrige ConversionCamp in Frankfurt schreiben.«* wowbagger.de (1-2011)

Receiver

Engl. *receiver*: Aufnahme; Empfänger; Gegenstelle

SPRACHGEBRAUCH

In den 70er Jahren zerfielen Radios für anspruchsvolle Hörmenschen, die auch ›Audiophile‹ genannt werden, in Tuner, also reine Empfangsgeräte, Pre-Amplifier (›Vorverstärker‹) und Amplifier, also reine Verstärker. Als alle wieder regalschonend miteinander verschmolzen, hieß das Endprodukt auf dem deutschen Konsumentenmarkt nicht mehr ›Radio‹, sondern ›*Receiver*‹. Nur sehr einfache Hartz-IV-Radios heißen heute noch ›Radio‹.

Die Dolby-Mehrkanal-Technik für die Wiedergabe von DVDs hat in den 90er Jahren eine Variante des *Receivers* entstehen lassen, den AV-*Receiver,* Audio-Video-*Receiver* oder Surround-*Receiver.* Der ist nun kaum mehr Radio, sondern vielmehr Video- und Mehrkanal-Klangschaltzentrale. Das ist den Käufern solcher Geräte egal, da sie mehrheitlich nicht wissen, was ›*Receiver*‹ einstmals meinte.

Das Satellitenfernsehen hat einen weiteren *Receiver*-Schub entfaltet. Jeder Schüsselbesitzer benötigt kleine Kästen, die die empfangenen Signale sortieren und wandeln. Diese Geräte werden überwiegend ›Sat-*Receiver*‹ oder ›Satelliten-*Receiver*‹ oder ›Digi-Sat-*Receiver*‹ genannt.

Wir sind also von *Receivern* umzingelt. Ihr Gemeinsames: Sie kriegen was rein und lassen, irgendwie aufbereitet, wieder etwas raus. Und genau das Prinzip wird von gegenwärtigen Konsumenten auch irgendwie begriffen. Umgangssprachlich nutzt der Durchschnittskonsument immer noch mehrheitlich ›Empfänger‹ und sagt so was wie *»Hey, ich hab 'nen neuen Sat-Empfänger!«*

Orthographisch wird der Receiver nur mangelhaft beherrscht. Hunderttausendfach findet sich der ›*Reciever*‹, was Wohlmeinende als Eindeutschung deuten mögen. Dazu kommen die Versionen ›*Reciver*‹, ›*Reciewer*‹ ›*Riceiver*‹ und ›*Riciever*‹.

FUNDSTÜCKE

»... Wie werden die angeschlossen? Per Antennenkabel von der Kabelbuchse zum DVD-Recorder, der DVD-Recorder dann per HDMI an den Fernseher und außerdem vom DVD-Recorder via digitalem Audioausgang an den Receiver*? Kommt dann sowohl der DVD- als auch der Fernsehsound über den* Receiver *an die Surroundboxen? Oder funktioniert das ganz anders? Fragen über Fragen ...«* hifi-fo-

rum.de (3-2007); Frage eines Forum-Teilnehmers
»Welchen Reciever *Kaufen??? hi, ich will mir einen* reciver *zulegen leider kenne ich mich net so gut aus und auf der suche nach informationen bin ich auf dieses forum draufgekomen und jetzt suche ich eure hilfe undzwar sol der* reciever *an den kabel anschlus gehen könen wo mein fernsehr ist und er solte alle programme haben können das ist eigentlich was sein solte ne festplatte wäre auch net schlecht mus aber net sein.«* forum.digitalfernsehen.de (8-2007)

Recycling; recyceln

Engl. *recycling*: Kreislaufrückführung, Recycling, Rückgewinnung, Wiederaufbereitung
Engl. *to recycle*: rückgewinnen, wiederaufbereiten

SPRACHGEBRAUCH

Die 80er Jahre waren seit dem Einzug der *Grünen* in den Bundestag auch das Jahrzehnt umweltpolitischer Debatten. ›*Recycling*‹, schon seit den 70er Jahren in deutschen Medien präsent, machte neben ›Wiederaufbereitung‹ Karriere. Seit 1991 hat Deutschland mit dem *Dualen System* eines der ausgefeiltesten *Recycling*-Systeme weltweit; dem Bürger sind das *Recyceln* von allerlei Haushaltsmüll und auch die entsprechenden Bezeichnungen in Fleisch und Blut übergegangen.
Abgeleitet sind ›Downcycling‹ und ›Upcycling‹ – Ersteres meint die Qualitätsverringerung des *recycelten* Materials, Letzteres eine Qualitätssteigerung, was wegen des Aufwandes selten erreichbar ist. Beide Begriffe haben im Deutschen keine einfachen Synonyme, man muss schon von ›wertmindernder‹ und ›wertsteigernder Wiederaufbereitung‹ sprechen, was zwar verständlicher, aber auch uneleganter ist.
Eine zaghafte, aber noch seltene Anpassung an deutsche Orthographie stellt ›*Receicling*‹ dar.
Im Wirtschafts- und Finanzjargon findet sich ›*Recycling*‹ als Bezeichnung für die Rückführung von Geldern im globalen Handel zwischen Nationen, um Wirtschaftsbilanzen ausgeglichen zu halten. In dieser Verwendung nur Experten geläufig.

FUNDSTÜCKE

»Recycelte *Sneakers von Levis: Ab Oktober werden in den Levis Stores weltweit coole Sneakers erhältlich sein, die aus recycelten 501 Jeans hergestellt wurden.«* karmakonsum.de (8-2007)
»Bayern baut seinen Vorsprung als Recycling-Weltmeister *weiter aus und erreicht mittlerweile eine Verwertungsquote von 71 Prozent, teilte Umweltminister Werner Schnappauf heute in Augsburg anlässlich der 7. Bayerischen Abfall- und Deponietage mit.«* stmugv.de (3-2006)
»Die zukunftsorientierte Bank zeichnet sich unter anderem durch das mitarbeiterbediente Cash Recycling *aus.«* ascom.at (1-2007) ›*Cash Recycling*‹ meint schlicht die Ausgabe eingenommenen Geldes an Kunden, die Bargeld brauchen, durch Mitarbeiter, die sie bedienen.
*»Seit über 25 Jahren beschäftigen wir uns mit Dentallegierungen und Altgold-*Receicling *und sind davon überzeugt, dass wir Ihre hohen Ansprüche mit der Qualität*

unserer Produkte und unserem Service zufrieden stellen werden.« ahlden-edelmetalle.de (1-2007)

Referee

Engl. *referee*: Gutachter, Sachbearbeiter; Ringrichter, Schiedsrichter

SPRACHGEBRAUCH

Seit den 70er Jahren wird der Ringrichter beim Boxen von deutschen Sportberichterstattern auch ›*Referee*‹ genannt. Sportfans sagen das nicht. ›Ringrichter‹ dominiert immer noch; die Verwendung in Artikeln ist meist der Manie von Journalisten geschuldet, ein Wort nicht zu wiederholen. Also: erst ›Schiedsrichter‹, dann ›Unparteiischer‹ und schließlich vielleicht noch ›*Referee*‹.

FUNDSTÜCK

»Wieder geht Mourinho auf den Referee *los.«* netzzeitung.de (11-2006) Mourinho war 2006 Trainer des englischen Fußballclubs FC Chelsea.

Refill

Engl. *refill*: Nachfüllung

SPRACHGEBRAUCH

In Deutschland wird insbesondere das Nachfüllen von Tintendruckerpatronen seit Ende der 90er Jahre ›*Refill*‹ genannt. Der User hat meist keine Verständnisprobleme und fordert auch selbstbewusst im Laden nach einem ›*Refill*-Set‹. In den USA werden Heiß- und Kaltgetränke in Fast-Food-Restaurants vorwiegend als *free refill* angeboten. Wer einmal bezahlt hat, kann mehrmals nachfüllen. (Was man auch ›*all you can drink*‹ nennen kann.) Diese Serviceofferte samt Benennung setzt sich in großstädtischen Umgebungen langsam auch bei uns durch.

FUNDSTÜCK

*»In Bochum gibt es beim KFC Free-*Refill *auf Getränke. Dadurch steigt zwar der Preis für die Menues, aber es zahlt sich aus.«* ciao.de (10-2008) KFC steht für *Kentucky Fried Chicken*, eine Fast-Food-Kette.

Relaxing; relaxen; relaxed

Engl. *to relax*: entspannen, relaxen

SPRACHGEBRAUCH

Der Mediziner kennt das Relaxans, der ambitionierte Hobbysportler das Muskel-Relaxans, meist ein Einreibemittel, das verhärtete Muskulatur wieder geschmeidig machen soll. Beide Male ist die deutsche Aussprache verpflichtend, weil der lateinische Ursprung hervorleuchtet.

Seit den 60er Jahren und dem Aufkommen eines juvenil-anstrengungsfernen Lebensstils darf es in Deutschland *relaxed* zugehen. Das war zunächst im Pop-Ambiente und der passenden Medienberichterstattung Thema. Die Freizeitindustrie hat das *Relax*-Feeling aber sehr schnell als kommerziell verwertbar erkannt. Seit den 80er Jahren darf jeder in einem Wellness-Ambiente *relaxen*.

Da das Wortfeld um ›*relaxed*‹ sich in bürgerliche Sprachkontexte verabschiedet hatte, brauchte es einen Ersatz im jugendlichen Umfeld. Die Rolle nahm seit den 80er Jahren ›cool‹ ein.

Eine skurrile orthographische Aberration stellt ›*Relaxe*‹ dar. Dabei handelt es sich nicht um den Imperativ oder die erste Person Singular von ›*relaxen*‹, sondern um ein Hauptwort. Da es weder eindeutig deutsch noch englisch ist, muss dies wohl einer quasi natürlichen Variantenentstehung zugerechnet werden, die in wuchernden Sprachumgebungen nicht zu bremsen ist.

FUNDSTÜCKE

»Nie mehr Sehstress. Dank Relaxed *Vision. Von Carl Zeiss Vision. Besser und entspannt Sehen – durch maßgeschneiderte Abstimmung zwischen Brillenglas und Ihrem Auge.«* zeiss.de (8-2007)

»Aktiv & Vital – rassig, rasant oder relaxed – *Reiseland Niedersachsen.«* reiseland-niedersachsen.de (8-2007)

»Ganz relaxed *am Elbstrand Der Gourmet-Caterer ›Blauer Hummer‹ eröffnet das Beach-Restaurant Bellago.«* ahgz.e (6-2005)

»Herzlich willkommen in unserer Pension Reserve & Relaxe *in Peitz. Wir bieten preiswerte Übernachtungsmöglichkeiten für Arbeiter und Monteure. Frühstück bieten wir für 2,05 Euro pro Person. Tiere willkommen!!!«* hotel-ami.de (8-2007)

»Mit unseren Well-Fit & Relaxe *Wochen im Erendiz-Hotel können Sie in einer wunderschönen Landschaft und in herzlicher Atmosphäre ihren Körper mit sanfter Bewegung wieder spürbar kennen lernen, die Seele baumeln lassen und dabei spielerisch abnehmen.«* sunsearch.de (4-2007)

› **Lounge; Wellness**

Release; releasen

Engl. *release*: Ausgabe; Freigabe; Haftentlassung; Veröffentlichung; Version
Engl. *to release*: ablösen; auslösen; freigeben; veröffentlichen

SPRACHGEBRAUCH

Im Herrschaftsbereich von Computer und Unterhaltungselektronik hat ›*Release*‹ in den 90er Jahren die deutschen Optionen ›Ausgabe‹ und ›Version‹ nahezu vollständig verdrängt.
Abgeleitete Formen wie ›Final *Release*‹, ›Pre-*Release*‹ und ›Beta-*Release*‹ besiegeln das Schicksal der heimischen Wörter wohl endgültig.

GRAMMATIK

Heißt es ›der‹, ›die‹ oder ›das *Release*‹? Für das Englische gibt es keine Probleme: Sachen und Abstrakta sind sächlich. Im technischen Sprachgebrauch deutscher Textabsender sind alle drei Genera etwa gleich häufig vertreten. (Vielfach wird vermieden, einen bestimmten oder einen verräterischen unbestimmten Artikel zu benutzen.) Da alle relevanten Übersetzungen ins Deutsche aber weibliches Genus besitzen, sollte es ›die Release‹ heißen.
Bedenklich die Pluralbildung: Deutscher Grammatik folgend, müsste es ›*Release*‹ heißen. Durchgesetzt hat sich die englische Form ›*Releases*‹.

FUNDSTÜCKE

»Seit Release *im Jahr 2002 hat sich Dark Age of Camelot zu einem der Erfolgreichsten Online-Rollenpiele Europas etabliert.«* Werbetext des PC-Spieleanbieters GOA (2005) Beachtenswert die Konstruktion ›sich zu etwas etablieren‹. Es heißt immer noch ›sich als etwas etablieren‹.

*»Hier finden Sie neue Software-*Releases *für das Vodafone Dashboard, Firmware-Updates sowie IT-Dokumentationen für Ihre Vodafone Mobile Connect Card UMTS.«* vodaphone.de (3-2006)

»Oskar-Jury soll keine Movies mehr releasen*: (...) 12 000 Player wurden bereits ausgeliefert, die DVDs werden mit einem einzigartigen Code für jedes Mitglied der Juroren verschlüsselt, ein* Pre-Release *der Filme vor dem Kinostart soll damit einmal mehr verhindert werden.«* gulli.com (10-2005)

reloaded

Engl. *to reload*: nachladen

SPRACHGEBRAUCH

2003 erschien der zweite Teil der *Matrix*-Filmtrilogie, einer Science-Fiction-Saga mit metaphysischer Aufladung, unter dem Titel *Matrix Reloaded*. Der Film wurde ein Erfolg, nach Sinn und Bedeutung von ›*Reloaded*‹ fragten nur einige Kritiker. ›*Reloaded*‹ aber feierte als militarisiert-martialische Alternative zu ›Update‹ Triumphe. Aber auch ›Revival‹, ›Refreshing‹ und ›Remake‹ werden gerne durch ›*Reload*‹ ersetzt.

Alles kann seither wieder nachgeladen werden: *»Ping Pong* Reloaded«, *»Tango* Reloaded«, *»Stoiber* Reloaded«, *»Graffiti* Reloaded«, *»Utopia* Reloaded«.

Was vom kultivierteren Leser davon verstanden wird: Einer hatte seine Munition verschossen, jetzt steht er wieder kampfbereit da. Grammatikalisch-semantisch genauer betrachtet könnte da aber etwas durcheinandergeraten: Wurde Stoiber *reloaded* oder steht er *reloaded* da? Das eine Mal ist er nur die Munition, die verschossen wird, das andere Mal der wieder gefährliche politische Gunman.

Das interessiert aber selbst feuilletonistisch aufgeladene Politredakteure nicht. ›*Reloaded*‹ ist auf dem besten Weg, zu einer sprachlichen Vielzweckmetapher für eine breite deutsche Szenesprachengemeinde zu werden. So verdrängt ein Anglizismus vielleicht eine Reihe anderer, als ausgebrannt wahrgenommener Wörter wie ›wieder unter den Lebenden‹ oder ›wieder zu Kräften gekommen‹. Schade eigentlich.

FUNDSTÜCKE

»Matrix Reloaded*: Die Matrix ist nachgeladen und muss die hohen Erwartungen des Publikums erfüllen. Lange hat es gedauert, bis das Update der Matrix vollendet war.«* pcgames.de (5-2003)

»Nero 7 Premium Reloaded *mit neuen Top-Tools.«* Werbebanner auf der T-Online-Website (9-2006) Es handelt sich um eine aktualisierte Software zum Brennen von DVDs.

»Fettes Brot reloaded. *Berliner Band bringt sich für Nachfolge in Stellung.«* ringfahndung.de (4-2006)

Remake

Engl. *remake*: Neuauflage; Neuverfilmung

SPRACHGEBRAUCH

Gute Filmstoffe sind rar, das Publikum ist vergesslich, neue Zielgruppen wissen nichts von der Vergangenheit. Und so sind *Remakes* erfolgreicher Filme, auffällig zunehmend in den zutreffend als postmodern titulierten 80er Jahren, eine der Haupteinnahmequellen von Hollywood geworden. Auch beim breiteren deutschen Kinopublikum bekannt. Im Computerspiele-Business deutet sich ein verwandter Trend an, wo erfolgreiche Spiele, mit neuen Effekten, Ebenen

und Episoden aufgemotzt, als *Remake* neu vermarktet werden.
Die 3D-Kinotechnik, die sich seit 2010 durchgesetzt hat, lässt Hollywood in einem *Remake-Feaver* (›Fieber‹) erglühen. Alle Erfolge der Filmgeschichte lassen sich *remaken*. Es begann 2012 mit der ersten Folge der *Starwars*-Trilogie.

FUNDSTÜCKE

»*Die Siedler 2* – Remake: *Das Wuseln geht weiter. Die neue 3D-Optik bringt viel Detailreichtum.*« meinberlin.de (9-2006)
»*Nach den großen Werken der vergangenen Jahre war der Beginn der diesjährigen amerikanischen Fernsehsaison eine Enttäuschung – ein paar neue Polizei- und Gerichtsserien, ein großes Verschwörungsdrama (›The Event‹), ein hübsches* Remake *(›Hawaii Five-O‹), einige amüsante Sitcoms, aber nichts Bahnbrechendes.*« faz.net (11-2010)
› **Revival**

Repair

Engl. *repair*: Reparatur

SPRACHGEBRAUCH

Reparaturen signalisieren: Der Mensch kann in die Mechanik eines Geschehens eingreifen und einen älteren oder besseren Funktionsstand herstellen. Dieses Vertrauen in Reparaturvorgänge aller Art ist es wohl auch, was die Kosmetikindustrie seit den 90er Jahren dazu verführt hat, sich der Reparatur-Metaphorik werbetextlich anzunehmen.
Seither wird die Haut nicht nur gepflegt (human-naturbezogene Umgehensweise); sie wird repariert (technoid-halbgöttlicher Zugang). Das sollte man aber englisch sagen, damit es dem natursensiblen Eco-Deutschen nicht auffällt.

FUNDSTÜCK

»Repairwear *Laser Focus Wrinkle & UV Damage Corrector.*« Anzeige des Kosmetikunternehmens Clinique in Elle (11-2011) Das muss man auseinandernehmen: Ein *Wrinkle & UV Damage Corrector* mag als ›Falten- und UV-Schadenskorrigierer‹ übersetzt sein. *Laser Focus?* Versuchen wir es mit ›laserfokussierter‹. Aber *Repairwear?* Engl. *wear* heißt ja nicht nur ›Kleidung‹, sondern auch ›Abnutzung‹. Wir könnten also ›Abnutzungsreparatur‹ sagen. Da wir im Deutschen aber nicht beliebig viele Hauptwörter verketten können, muss das zu ›abnutzungsreparierend‹ adjektiviert werden. Und nun zusammengepuzzelt: ›Abnutzungsreparierender laserfokussierter Falten- und UV-Schadenskorrigierer‹. Spätestens jetzt wissen wir, dass es mit der Vertreibung von englischen Wörtern allein nicht getan ist. Der Schaden sitzt tiefer, als dass Sprachkosmetik ihn erreichte.

Reset

Engl. *reset*: Neustart, Reset

SPRACHGEBRAUCH

Seit es Computer für den Heimgebrauch gibt, sieht sich der User oftmals dazu gezwungen, auf unterschiedlichste, meist schwer erklärliche Fehlfunktionen mit einem Neustart zu reagieren. Gebrauchsanweisungen (Manuals) nennen das oftmals auch ›*Reset*‹. Da eine Unzahl von alltäglichen Objekten mit Mikrochips versehen sind, verlangen mittlerweile auch Wecker, Radios, Armbanduhren und Spielzeuge ein Reset. Dazu gibt es manchmal sicht- und fühlbare Tasten, oftmals aber nur ein winziges Löchlein an einer schwer zugänglichen Stelle des Gehäuses, in das eine auseinandergebogene Büroklammer eingeführt werden muss. Trifft diese auf Widerstand, muss gefühlvoll gedrückt werden, bis das Gerät durch Aus- und Wiederangehen signalisiert, dass der *Reset* erfolgreich war. Da jeder deutsche Durchschnittshaushalt mit Geräten ausgestattet ist, die über *Reset*-Funktionalität verfügen, kennen und hassen die meisten dieselbige.

FUNDSTÜCKE

»*Reset Berlin – Kirche hautnah: Junge Erwachsene denken Kirche und Christliches Leben neu!*« rest-berlin.com (8-2007)

»*Des Weiteren dient der* Reset *auch dazu, den Handheld ohne automatisch startende Programme durchzustarten. Schließlich können durch einen Hard* Reset *alle Daten auf Ihrem Palm gelöscht werden, so dass er in seinen Urzustand zurückversetzt wird.*« pdaforum.de (8-2007)

Resolution

Engl. *resolution*: Auflösung, Auflösungsvermögen, Rasterung; Beschluss; Standfestigkeit; Lösung

SPRACHGEBRAUCH

Die Welt der statischen und bewegten Computerbilder ist durch den Wettbewerb um die detailreichste Aufnahme und Wiedergabe bestimmt. Der User will viele Pixel. Er denkt aber nicht darüber nach, dass nicht viele Pixel an sich ein Bild liefern, vor dem gestaunt werden soll. Sondern viele Pixel pro Zentimeter oder Zoll (engl. *inch*). Es geht um hohe Auflösung. Und die wird unter hiesigen Kennern zunehmend ›*Resolution*‹ genannt, vor allem, weil Produktbeschreibungen und Gebrauchsanweisungen sich wie üblich nicht um angemessene Übersetzungen scheren.

Die Abkürzung ›Hi-Res‹ steht für ›*High Resolution*‹, also ›hohe Auflösung‹.

Sie findet sich im Kontext der Unterhaltungselektronik, also vor allem bei Camcordern, digitalen Kameras, Tablets, Smartphones und Flat-TVs (Flachbildfernsehgeräten).

In politischer Berichterstattung ist ›Resolution‹ (›Beschluss, Entschließung‹) aber immer noch deutsch auszusprechen.

FUNDSTÜCKE

»*Am 08.07.2007 wurde die Premiere zu Harry Potter und der Orden des Phoenix in Los Angeles gefeiert. Jetzt findet ihr in unserer Gallerie neue, High* Resolution *Bilder von Emma auf der Premiere.*« emmaempire.net (8-2007)

»*Der 15 000 scant bis Format A3 (297 mm x 420 mm) mit einer maximalen* Resolution *von 600x1200.*« kelko.de

›Scant‹ (3.Person Singular von ›scannen‹) ist nebenbei ein häufig zu findender Rechtschreibfehler.

› **Definition**

Restseller

Engl. *restseller*: Restverkaufsangebot

SPRACHGEBRAUCH

Der deutsche Buchkäufer kannte bis in die 90er Jahre hinein nur ›Remittenden‹ als Bezeichnung für vom Verlagspreis entbundene Restauflagen. Seit der Pro-

fessionalisierung des Billigbuchmarktes durch mehrere Versandunternehmen hat sich ›*Restseller*‹ breitgemacht. Die Bedeutung lässt sich im Kontext aber leicht erschließen.
Genau besehen ist ›*Restseller*‹ auch deutlich verständlicher als ›Remittenden‹ (da verbirgt sich ein lateinisches *remittere,* das ›zurückschicken‹ meinte).

FUNDSTÜCK

»Jokers Restseller *ist als Versender von hochwertigen Restauflagen und Sonderausgaben Marktführer in diesem Segment des Buchhandels und gehört zur Augsburger Verlagsgruppe Weltbild GmbH.«* firmenpresse.de (9-2006)
› **Bestseller; Longseller**

Restyling

Engl. *restyling*: Neugestaltung; Umgestaltung

SPRACHGEBRAUCH

Produkte müssen immer frisch, neu, begehrenswert wirken. Eine durchgreifende Neuentwicklung ist dafür nicht nötig, ein *Restyling,* zum Beispiel eines Autos, tut's auch, um Kunden neu zu locken. Manchmal wird von Produzenten ›*Restyling*‹ mit ›Retrodesign‹ verwechselt. Das meint das Aufgreifen klassischer Formen bei einem neuen Produkt. Verwechselt werden auch hin und wieder ›*Restyling*‹ und ›*Remake*‹. Aber wer merkt schon den Unterschied ...?

FUNDSTÜCKE

»Die Merkmale des Restylings *betreffen nicht nur das Exterieur, sondern auch zahlreiche Innovationen im Innenraum, sowie bei der Technik und Sicherheit.«* rponline.de (1-2002)

»Die Espressomaschine NEW 85 E ist das Restyling *der berühmten 85 Serie, die für Ihre Qualität, Robustheit und Zuverlässigkeit geschätzt war.«* ocs-kaffeeservice.de (10-2006)
› **Remake**

Revival

Engl. *revival*: Auferweckung; Neuinszenierung; Wiederbelebung

SPRACHGEBRAUCH

Kultur bewegt sich in Moden, die nicht als frisch erfundene auftreten müssen, sondern auch als Wiedererweckung von hinlänglich Vergangenem und zeitgeistig Passendem funktionieren. *Revivals* sind somit Marketingprojekte von Unternehmen, die gezielt vergangene Moden auf ihr Wiederbelebungs- oder eben *Revivalpotenzial* abscannen. Die Jahre nach der Jahrtausendwende sind mittlerweile bei *Revivals* der 90er Jahre angelangt. Bevorzugte Bereiche: Mode, populäre Musik, Design, Architektur und Bildende Kunst. Als Begriff selbst beim Durchschnittskonsumenten angekommen.

FUNDSTÜCKE

»The 60‹s Revival, *die Oldies-Cover-Band aus Völklingen Saar. Wir spielen die Oldies der guten alten Sechziger Jahre im Sound der damaligen Zeit.«* the-sixties-revival.de (1-2007)

»Recherchieren sie in der Vergangenheit, welche Trends kultig waren und wie sie heute ein Revival *kreieren können. Mixen Sie zwei Produkte zu einen neuartigen Produkt. (...) Überlegen sie, ob sie ihr Angebot künstlich verknappen, indem sie es nur zeitlich befristet anbieten.«* best-practice-business.de (2-2006)

Rider

Engl. *rider*: Fahrer; Reiter

SPRACHGEBRAUCH

Der Amerikaner eroberte sein Land reitend. Engl. *to ride* blieb auch nach Aufkommen des Motorfahrzeugs die Bezeichnung für das individuelle Sichfortbewegen unter Zuhilfenahme externer Aggregate.

Seit 1969 gilt *Easy Rider* (mit Dennis Hopper und Peter Fonda in Hauptrollen) als Kultfilm weit über die Bikerszene hinaus. Der *Doors*-Song *Riders on the Storm* etablierte sich seit 1971 als Kultsong. Western-Freunde kennen den *Lonesome Rider*, den einsamen Reiter, als Zentralfigur des klassischen Western. (Von 1959 datiert der Film *Ride Lonesome*, dt. Titel *Auf eigene Faust.*) ›*Lonesome Rider*‹ entwickelte sich seither zur gebräuchlichen Metapher, mit der einsame Helden in beliebigen Kontexten bezeichnet werden können. Jüngere Generationen von Medienkonsumenten wurden in den 80er Jahren von *Knight Rider*, einer 90teiligen TV-Serie, bei der ein sprechendes Wunderauto regelmäßig den humanoiden Hauptdarsteller David Hasselhoff an die Wand spielt, geprägt. Seit 1986 hat sich eine Sandalenproduktfamilie namens *Rider* langsam in westlichen Ländern zur Kultmarke entwickelt. Daneben finden sich Ghost *Rider*, Bull *Rider*, Ranch *Rider*, Thrill *Rider*, Hell *Rider*. Das dürfte reichen, um ›*Rider*‹ eine lange sprachliche Zukunft bei uns zu garantieren.

Das Süßwarenprodukt, das ehedem *Twix*, heute aber *Raider* heißt, wird etwas anders geschrieben. Engl. *raider* heißt ›Räuber‹ oder ›Plünderer‹. Dem deutschen Riegelfutterer ist das wurscht; auch die im Englischen unterschiedliche Aussprache schert ihn nicht.

FUNDSTÜCK

»*Das Demon* Rider *Kinderkostüm L besteht aus einer braunen Kunstlederjacke mit Applikationen.*« rache.de (8-2007)

»*Der Night* Rider *ist ein individueller Nachtbus ohne festen Fahrplan und Haltestellen. Ganz gleich, ob Restaurant, Kneipe, Disco, Feste oder Feten jeglicher Art, der* Night Rider *ist immer dabei, wenn es am Wochenende in Luxemburg richtig abgeht.*« nighrider.lu (8-2007)

»*Ranch &* Rider*: Alles für Westernreiter, mit Shop und Kleinanzeigen.*« ranch-rider.de (8-2006)

»*Aufgrund ihrer funktionellen Features werden* Rider-*Sandalen als After-Sports-Footwear positioniert und überzeugen durch innovative Dämpfungs- und Stabilisatorensysteme, kombiniert mit Komfort, Bequemlichkeit und Haltbarkeit.*« rider.de (8-2006)

Rollercoaster; Roller Coaster; Roller-Coaster

Engl. *roller-coaster*: Achterbahn

SPRACHGEBRAUCH

Auch auf die deutsche Kirmes zieht High-Tech-Speech ein. Daher mutiert die Achterbahn zunehmend zum *Rollercoaster.* Die in deutschen Medien anzutreffende Kurzform ›*Coaster*‹ ist für einen deutschen Englischkundigen verwirrend: Im US-Englisch bedeutet dies ›Bierdeckel‹, ansonsten ›Küstenmotorschiff‹.

Den deutschen Fan stört es nicht; er spricht vom *Coasterboom* und den Freuden der *Coasterfreaks.* Es hat sich bereits ein weltweiter *Coaster-Tourismus* entwickelt, bei dem die größten und schnellsten *Rollercoaster* die Reisestationen sind.

FUNDSTÜCKE

»European Coaster *Thrill weckt Erinnerungen und zeigt aufregende Bilder ...«* Anpreisungstext für eine DVD bei Amazon (11-2005)

»Mit Tempo 193 stürzt der derzeit schnellste Coaster *der Welt in die Tiefe und erreicht dabei eine Beschleunigung wie beim Start des Spaceshuttles.«* stern.de (11-2005)

»Gimme Indie-Rock! Seit über 11 Jahren schallt nunmehr der Ruf des Party-Klassikers Rollercoaster *in das Rhein-Neckar-Delta.* Rollercoaster *ist damit die dienstälteste Partyreihe des Hauses.«* karlstorbahnhof.de (9-2007)

Roll-out; Roll Out

Engl. *roll-out*: Auslieferung; Auslagerung
Engl. *to roll out*: auslagern; ausliefern; ausrollen

SPRACHGEBRAUCH

Der Mensch bewegt sich von Projekt zu Projekt. Ist eines zu Ende gebracht, gibt es einen *Roll-out.* Man kann heuer alles *outrollen:* Eine neue Software (auch **›Release‹** genannt), einen Zeitplan, einen aufgemotzten Formel-I-Boliden, ein neues Bürogebäude (früher ›einweihen; eröffnen‹), eine Website (auch: ›ans Netz gehen lassen‹), eine Weihnachtsfeststrategie und (plausibler) einen Drogen-Bus.

Für ein gelungenes *Roll-out* bedarf es eines *Prelaunch-Checks* (früher: einer Prüfung, ob auch alles ok ist), *Rollout-Tools* können hilfreich sein.

Begonnen hatte die Karriere von ›*Roll-out*‹ Ende der 60er Jahre als Bezeichnung für die Präsentation eines neuen Flugzeugs, das aus der Halle auf das Flugfeld gerollt wird.

›*Roll-out*‹ ist im Deutschen Teil eines hyperfunktionalistischen Technikjargons. Von der Suggestion, bei einem *Roll-out* rolle alles seinen präzise vorherbestimmten Weg, wollen alle profitieren. Und so blubbert ›*Roll-out*‹ in den Sprechblasen von Managern, Entwicklern, Weiterbildungslehrgangsleitern und Politikern.

FUNDSTÜCKE

»Im nächsten Jahr werden wir dann mit dem allgemeinen Roll-out *der Karte beginnen.«* Bundesgesundheitsministerin Ulla Schmidt zur Einführung der elektronischen Gesundheitskarte (3-2005)

»Roll Out *der A380 unterstreicht die Erfolgsgeschichte von Airbus.«* Pressemitteilung des Bundeswirtschaftsministeriums (1-2005)

»Der DRM Roll-Out *Atlas ist für Sie ab dem 06.09.2004 nur hier verfügbar.«* Digital Radion Mondiale (8-2004) Ein *Roll-Out Atlas* meint einen Zeitplan zum gestaffelten Start des digitalen Rundfunks.

› **Launch; Release**

Roots

Engl. *roots*: Wurzeln

SPRACHGEBRAUCH

In postmodernen Zeiten sind paradoxerweise zugleich die maximale Mobilisierung wie die traditionsbewusste Verwurzelung angesagt. Innovationsfreudige Unternehmen sollten also vor ihren Kunden immer wieder mal auf ihre Wurzeln weisen, was dann modernisierter eben ›*Roots*‹ zu heißen hat. Vor allem Musiker verweisen gerne auf *Roots,* wenn schon für den unbefangenen Hörer unüberhörbar ist, dass man sich beim Musikmachen irgendwelcher älterer Quellen bedient hat.

FUNDSTÜCK

»*Mit dem Theater 5 Hybrid und seiner zentralen Standsäule M 520 F besinnt sich Lautsprecher Teufel seiner* Roots.« Werbung des Berliner Lautsprecherherstellers *Teufel* (10-2007)

Rope Skipping; Rope-Skipping; Ropeskipping

Engl. *rope skipping*: Seilspringen, Seilchenspringen
Engl. *rope skipper*: Seilspringer, Seilchenspringer, Rope Skipper

SPRACHGEBRAUCH

Die traditionellsten Formen sportlicher Aktivität werden seit den 90er Jahren durch zeitgeistige Reformulierung wieder konsum- und massenfähig gemacht. So auch das Seilchenspringen, das aber erst dann als *Rope-Skipping* gelten darf, wenn die Seilgriffe kugelgelagert sind, das Seil aus fein geflochtenem Leder besteht und die Übungen lifestyle-artistisch unterfüttert sind.

FUNDSTÜCKE

»*Angefangen hat für uns alles 1990, beim Deutschen Turnfest in Dortmund/Bochum, bei dem Wolfgang Westrich aus Kaiserslautern mit amerikanischen* Rope Skippern *dem verblüfften Publikum zeigte, was man mit Seilen so alles machen kann.*« springmaeuse.de (9-2007)
»Rope Skipping: *Fit mit dem Springseil – Sie möchten etwas für Ihre Kondition tun, haben die richtige Sportart aber noch nicht gefunden?* Rope Skipping *liegt voll im Trend. Das Training mit dem* ›Rope‹ *ist äußerst effizient, denn es beansprucht viele Körpermuskeln.*« ernaehrungsstudio.nestle.de (9-2007)

Roundup

Engl. *roundup*: Zusammenstellung; Zusammentreiben; Razzia

SPRACHGEBRAUCH

Da die Welt viel bietet und alle Angst haben, etwas zu verpassen, tun Medien gut daran, Angebote aller Art fürs Wochenende, den Urlaub, den Shopping-Nachmittag, den Restaurantbesuch zusammenzufassen. Das nennt sich dann gerne auch ›*Roundup*‹. Da auch der unbedarfte Leser so was wie ›aufrunden‹ oder ›rundmachen‹ herausliest, begreift er grob, dass da irgendwas für ihn zusammengeschnürt worden ist. Mehr muss ja nicht sein.

FUNDSTÜCK

»*Mal werden Restaurants besprochen, mal ungewöhnliche Geschäfte und Orte vorgestellt. Jeden Freitag kommt das Weekend-*Roundup, *die obligatorischen Ausgehtipps fürs Wochenende.*« tagesspiegel.de (1-2012)

Rowdy

Engl. *rowdy*: Krawallmacher, Lümmel, Radaubruder, Rohling, Schläger

SPRACHGEBRAUCH

Schon vor etwa 150 Jahren durch die frühe Zeitungsberichterstattung über jugendliche Banden in den USA nach Deutschland eingewanderter Anglizismus. Der gelockerten Anwendung auf deutsche und andere juvenile Unruhestifter stand damit nichts mehr im Wege. Eine Blüte erlebte der Begriff aber erst seit dem Beginn einer jugendlichen Kultur des musikalischen, modischen und politischen Aufbegehrens in den 60er Jahren. Heute beherrschen vor allem *Verkehrs-Rowdys* die Berichterstattung. Für randalierende Fußballfans wurde engl. *hooligan* adaptiert.

Die an hiesige Gepflogenheiten angepasste Schreibweise ›Raudi‹ stellt einen ernstzunehmenden Konkurrenten dar.

FUNDSTÜCKE

»Verkehrs-Rowdy*: Mehr als 140 Stundenkilometer zu schnell. Mit 192 km/h ist am Wochenende ein Autofahrer durch eine Tempo-50-Zone gerast.«* tagesspiegel.de (10-2004)

»Es gebe Beweise, dass die Aufständischen auswärtige Hilfe erhielten und von ›Rowdystaaten, *die Polizei spielen wollten‹, unterstützt würden, sagte ein Präsidentensprecher.«* spiegel.de (9-2002)

Run

Engl. *run*: Ansturm, Lauf, Rennen

SPRACHGEBRAUCH

Die Weltwirtschaftskrise kannte schon den *Run* auf Banken und Konten, um Gelder abzuheben. Bis in die 60er Jahre bezeichnete ›*Run*‹ nachfragebedingte Phänomene: Es war weniger da, als Menschen haben und kaufen wollten. Seither sieht es umgekehrt aus: Die Industrie muss einen *Run* auf neue Produkte durch Werbung und Marketing behaupten, damit Menschen meinen, sie kämen zu kurz, wenn sie nicht sofort in die Läden rennen. Weil einige rennen, andere das bemerken, laufen plötzlich viele, der *Run* ist da.

Die Fitness-Kultur hat dem *Run* als Lauf einen Sprachschub verpasst. Laufveranstaltungen sind, sofern von Lifestyle-Produkten finanziell gestützt, nur mehr *Runs*.

FUNDSTÜCKE

»Fisherman's Friend Strongman Run *2007 – Sind sie zu stark, bist Du zu schwach!«* lauftreff.de (1-2007)

*»Inklusive Original-Sun-*Run*-Shirt. 11,- Euro für den 10-km-Lauf und den Halbmarathon, 7,- Euro für den Schülerlauf und (Nordic) Walking.«* groemitz.de (1-2007)

*»Exfußballer ruft zum Bank-*Run *auf.«* FAZ (12-2010)

S

Sale

Engl. *sale*: Ausverkauf, Räumungsverkauf, Schlussverkauf, Sale

SPRACHGEBRAUCH

Seit es in Deutschland keinen offiziellen Winter- und Sommerschlussverkauf gibt, ist eigentlich das ganze Jahr über Schlussverkauf. Damit die Permanenz von Räumungen, Aus- und Schlussverkäufen nicht unglaubwürdig wirkt, bedient sich der Handel, dramatisch zunehmend seit etwa der Jahrtausendwende, des Wörtchens ›*Sale*‹. Der Vorteil: Der Kunde weiß, vor allem wenn ›*Sale*‹ mit einem Prozentzeichen kombiniert wird, dass es irgendwie billiger zugeht. ›*Sale*‹ ist kurz und kann daher auch auf kleineren Schaufenstern dutzendweise aufgeklebt werden, ohne dass der Blick auf die Ware sehr leidet. Der Handel wird ohne ›*Sale*‹ nicht mehr leben können. Der Kunde nimmt das Wörtchen jedoch nie in den Mund. Wie auch? »*Gibt es hier was im* Sale?« Wer würde schon so reden?

FUNDSTÜCKE

»*In Marc O'Polo* Sale *Bereich finden Sie ständig ausgesuchte Teile zu sensationell günstigen Preisen.*« marc-o-polo.de (1-2007)

»*Tom Tailor E-Shop Deutschland: Women* Sale · *Men* Sale · *Mini Girls* Sale *[1½–7 Jahre]* · *Mini Boys* Sale *[1½–7 Jahre]* · *Girls* Sale *[8–16 Jahre]*· *Boys* Sale *[8–16 Jahre]. Newsletter.*« tomtailor.com (1-2007)

Sales

Engl. *sales*: Absatz; Ausverkäufe; Verkäufe; Vertriebsabteilung

SPRACHGEBRAUCH

In den 60er Jahren wurden Marketing und Verkaufsförderung wichtiger denn je, denn der Kunde musste mangels Mangelempfindungen zunehmend umworben werden. Verkaufsabteilungen und Jobs in selbigen wurden entsprechend aufgewertet; die Titel kamen aus dem US-Marketing-Jargon. Plötzlich gab es *Sales*-Departments, *Sales*-Manager, *Sales*-Promoter und *Sales*-Representatives. Das hat bis heute nicht nur angehalten, sondern zugenommen. Wen wundert es, dass für den Konsumenten der entsprechende Zuwachs an *Sales*-Aktivitäten zu verzeichnen ist.

FUNDSTÜCKE

»Sales *Marketing Messe: Die Münchener Kongressmesse für Verkaufsförderung, Dialogmarketing, eMarketing, CRM, Außenwerbung und Werbemittel.*« salesmarketing-messe.de (1-2007)

»*Diplomatic* Sales*: Botschaften, ständige Vertretungen, Generalkonsulate/Konsulate, Diplomaten. Erfahren Sie mehr.*« mercedes-benz.de (1-2007)

Sample

Engl. *sample*: Auswahl; Muster; Probe; Sample; Stichprobe

SPRACHGESCHICHTE

Das englische Wort hat eine Vorform im anglo-französischen *saumple.* Dahinter steckt das altfranzösische *essample,* dem man schon den vertrauten lateinischen Ursprung *exemplum* (›Abbild, Beispiel, Vorbild‹) ansieht. Von dort abgeleitet können wir heute noch Exempel statuieren, also Vorbild gebende Situationen inszenieren.

SPRACHGEBRAUCH

Die Marktforschung hat in den 60ern Jahren ›*Sample*‹ aus dem Englischen übernommen; Absatz wurde zum Problem, die Marktforschung verwissenschaftlichte sich und übernahm den US-Jargon der Kollegen, die schon weiter waren. Die Absatzförderer des Marketings benannten seit den 80er Jahren das, was vordem ›Pröbchen‹ genannt ward, ebenfalls ›*Sample*‹. Was Prüfer am Ende einer Produktionslinie entnehmen, heißt immer noch nur im Englischen *sample,* bei uns aber weiterhin ›Probe‹ oder ›Stichprobe‹.

Die Digitalisierung der Musikproduktion bescherte uns Ende der 80er Jahre ›*Sample*‹ als Bezeichnung für einen per Mikrofon aufgenommenen oder am Computer erzeugten Soundschnipsel, der als Collagebaustein für beliebige Musikstücke verwendet werden kann. Ein *Sampler* ist in diesem Kontext das Gerät, das *Samples* zu bearbeiten und verwalten hilft.

FUNDSTÜCKE

»Sample *Power: Stellen Sie mit Leichtigkeit den richtigen Stichprobenumfang fest.«* spss.com (1-2007)

*»Schicken Sie ein Malware-*Sample *an das F-Secure Datensicherheits-Labor. Bitte klicken Sie auf den entsprechenden Link: Ein Viren-*Sample *schicken / Ein Spam-*Sample *schicken / Ein Spyware- oder Adware-*Sample *schicken.«* f.secure.de (1-2007)

Sampler

Engl. *sampler*: Abtaster; Modell; Probenprüfer; Sammel-Tonträger

SPRACHGEBRAUCH

Seit Ende der 70er Jahre werden Sammlungen von Titeln eines Sängers, einer Gruppe oder einer Stilrichtung (›Kuschelrock‹) auch ›*Sampler*‹ genannt. ›Compilation‹ ist die konkurrierende Bezeichnung.

In den 80er Jahren entstanden elektronische Geräte, die Samples aus Aufnahmen realer Klangereignisse destillierten und als Bausteine zur Erzeugung elektronischer Musik verfügbar machten. Seit den 90er Jahren ist diese Funktionalität auch in Form von Software-*Samplern* auf heimischen Computern installierbar. Junge Musiktüftler wurden zu Sample-Jägern und -Sammlern. Heute werden soundlüsternen Computerfummlern tausende von CDs und DVDs, also quasi Sample-*Samplern,* eben Sammlungen von Soundschnipseln, zum Kauf angeboten.

Der Begriff ist somit popmusikaffinen und Musik produzierenden Menschen geläufig. In der gehobenen Medienkultur- und Zeitgeistberichterstattung ebenfalls wie selbstverständlich genutzt.

FUNDSTÜCKE

»Seele in Sampler*: Der Techno-Produzent Thomas Brinkmann reduziert Siebziger-Soul zu einem eleganten Hauch.«* zeit.de (11-1999)

»Weit und breit kein Musiker, trotzdem tönt ein großes Orchester: Mit einer Spielekonsole will Dirigent Paul Henry Smitz ein Beethoven-Konzert leiten. Sein Sampler-*Orchester arbeitet sehr kostengünstig, Kritiker fürchten bereits um Musiker-Jobs.«* stern.de (7-2007)

› **Sample**

Sandwich

Engl. *sandwich*: Sandwich

SPRACHGEBRAUCH

Die Anekdote ist weit bekannt: Der britische Politiker John Montagu (1718-1792), der 4. Earl of Sandwich, ließ sich als leidenschaftlicher Spieler belegte Brote servieren, um sein Spiel nicht für eine reguläre Mahlzeit unterbrechen zu müssen. In Deutschland kommt ›*Sandwich*‹ sprachlich um 1900 an. Als Metapher für Konstruktionen oder Gefüge, bei denen zwischen zwei gleichartigen Schichten zumindest eine anders geartete Schicht eingefügt ist, hoch erfolgreich.

Der aufgeklärtere Deutsche weiß, dass es beim *Sandwich* auch um einen flotten Dreier gehen mag, bei dem die Position des weiblichen Teilnehmers durch penetrante, nun ja, wohl eher: penetrierte Enge gekennzeichnet ist.

FUNDSTÜCKE

»Ich baue ein großes Sandwich *mit riesigen Aussichts-Terrassen für die VIPs, und alles, was die hier links vom Yachthafen dann sehen, ist ein Containerhafen.«* stern.de (5-2007)

»Bei den neuen ›Sandwich‹-*Chips werden zwei Schaltkreise mit ihrer Funktionsseite wie bei einem Sandwich aufeinander gelegt.«* stern.de (11-2004)

Sandwichkinder

Dt. ›Sandwichkinder‹: Mittelkinder; Zwischenzeitenkinder

Engl. *sandwich*: Sandwich

SPRACHGEBRAUCH

Gemeint sind zum einen Kinder, die in einer Geschwisterfolge mittig eingekeilt sind und es daher verdammt schwer bei der Suche nach elterlicher Aufmerksamkeit haben.

Sodann auch Jugendliche, die qua ungünstigen Geburtsjahrs zwischen dramatisch bewegten Zeiten ihre entscheidenden Selbstentfaltungsjahre erlebten. Zum Beispiel die um 1955 Geborenen. 1969 gerade mal 14 und zu jung, um auf Demos verhaftet werden zu können. Und Anfang der 80er zu alt, um sich mit Sicherheitsnadeln als Punk zu verkleiden. Oder die Jahrgänge um 1985. Zu jung, um beim Internetboom Kasse gemacht haben zu können. Und zu alt für irgendetwas, was in fünf oder zehn Jahren die Jüngeren begeistern könnte. Und gefangen in einer Gegenwart der nuller Jahre, die wenig begeisterungsfördernde Anreize bietet.

Pädagogik, Sozialwissenschaften, Trendmarketing und die jene Sparten vermarktende Kultur- und Gesellschaftsberichterstattung kennen und verwenden den Begriff seit den 90er Jahren in schriftlicher, seltener mündlicher Form.

FUNDSTÜCK

»Die Ursache hierfür liegt darin, daß diese Sandwichkinder *nicht soviel Aufmerksamkeit wie die Erstgeborenen erhalten, wo alles zum erstenmal erlebt wird.«* familienhandbuch.de (1-2007)

Satisfaction

Engl. *satisfaction*: Befriedigung; Genugtuung; Satisfaktion

SPRACHGEBRAUCH

Es geht nicht mehr um die Ehre, wie noch beim Satisfaktion erheischenden Ehrenmann des 18. Jahrhunderts, sondern seit den *Rolling Stones* und dem Song *I can't get no satisfaction* von 1965 um die pure Lust. ›*Satisfaction*‹ ist seit den 80er Jahren und der Absorption auch des letzten Quäntchen Protestes, das einmal im Verlangen nach *Satisfaction* steckte, eines der wichtigsten Versprechen einer Servicegesellschaft, die nur mit verzögerungsfreiem Lustgewinn Gewinne machen kann. Befriedigungsgarantien gehören dabei zur Klasse der Kundenversprechen.

FUNDSTÜCKE

»Customer Satisfaction *Index ist eine neue, auf einer Software-Applikation beruhende Methodik zur Bestimmung der Kundenbindungsrate und, darauf aufbauend, des Customer Lifetime Value.«* netragon.com (1-2007)

»Satisfaction *Monitor. Analyse der Kundenzufriedenheit. Ein Leitfaden zu S. AMON.®. und dessen Anwendung: Segmentierung. Wichtigkeit. Referenzgruppen.«* manova.at (1-2007)

Save-the-Date

Engl. *save the date*: den Termin vormerken

SPRACHGEBRAUCH

Seit etwa 2010 gibt es, ausgehend von eher kreativen und anglophon getränkten Unternehmen und Branchen, die Sitte, auf der Einladungskarte *»Save-the-Date«* zu vermerken. Das versteht man als Adressierter. Man solle den Termin halt sichern, oder richtiger: vormerken.

Die Einladung vollzieht sich dabei meist in zwei Stufen: Erst wird ums Vormerken gebeten, dann folgt eine richtige Einladung. Dieser Zweistufenprozess ist zwar aufwändiger, aber auch nachhaltiger.

Eine deutsch-anglizistische Neuerfindung ist die Bezeichnung nicht. Der Amerikaner, selbst der modernere Engländer, kennen die Sitte vor allem bei rituell bedeutsamen Events wie Hochzeiten.

Die Neuerung für das deutsche Einladungswesen ist bedeutend: An die Stelle des teutonischen Rückantwortzwangs (»u. A. w. g.«) tritt die Selbstverpflichtung, mit dem eigenen Terminkalender verantwortungsbewusst umzugehen. Man traut dem Eingeladenen also. Das mag heute die wirksamere Form der Einladung sein: Invitationspsychologisch betrachtet, ersetzt Selbstverpflichtung die Unterwerfungsgeste der Kartenrücksendung. Brillant, leserlich, verständlich. Weitermachen.

FUNDSTÜCK

»Mit Save-the-Date *Karten stellen Sie sicher, dass die Hochzeitsgäste sich Ihren*

Hochzeitstermin rechtzeitig vormerken. Ob Großeltern, beste Freunde oder Trauzeugen – wir haben für jeden das passende Save-the-Date *Kartenmodell.«* weddix.de (1-2012)

Scanner

Engl. *to scan*: abtasten; lesen; untersuchen; skandieren; scannen
Engl. *scan*: Abtastung; Bilddatei, Scan
Engl. *scanner*: Abtaster; Beobachter; Scanner

WORTGESCHICHTE

Eine sprunghafte Sache: Um 1400 meint das engl. Verb *scan* das Markieren von Betonungen in einem Vers; von spätlat. *scandere* (›aufsteigen; besteigen; skandieren‹). Ein Lesen, das die Hebungen und Senkungen im Vers deutlich macht, heißt im Deutschen ›skandierendes Lesen‹. (Griech. *skandalon* meint ›Hindernis‹ oder ›Stein des Anstoßes‹; daher dt. ›Skandal‹.) Viele Betonungs-Steinchen geben dem Vers den Rhythmus. Aber der Stein des Anstoßes wird im Deutschen auch zum Skandal, der anstößigen Angelegenheit, ohne die Medien ihre Berichterstattung nicht spannungsreich rhythmisieren könnten.

Der technische Bedeutungsakzent tritt Ende der 20er Jahre hinzu und bestimmt das heutige deutsche Fremdwort.

Warum heißt der *Scanner* heute, wie er heißt? Spekulieren wir: Der *Scanner* ist ein Lesegerät. ›Skandieren‹ nennt sich das rhythmisch akzentuierte Lesen. Der Scanner liest nicht kontinuierlich einen Schriftzug, sondern tastet Punkte zeilenweise ab – im weiten Sinne auch eine Rhythmisierung. (Neue *Stiftscanner* können allerdings entlang einer Textzeile gezogen werden.)

SPRACHGEBRAUCH

Scanner sind seit Mitte der 90er Jahre zu erschwinglichen Preisen erhältlich; heute hat jeder leicht gehobene Standarduser einen Bildabtaster zu Hause und verfügt über den passenden aktiven Wortschatz, um zu sagen, was er gerade macht, wenn er einen nutzt.

Immer mehr Software, die Dateien auf Fehler, Viren und andere Eigenschaften *scannt,* trägt auch ›*Scanner*‹ im Produktnamen.

FUNDSTÜCK

*»Diesen Spyware-*Scanner *können Sie nun hier ausführen indem Sie hier auf diesen Link klicken.«* virenschutz.info (9-2006)

Scene

Engl. *scene*: Bühne; Szene; Vorfall

SPRACHGEBRAUCH

Jugendliche werden seit den 70er Jahren gerne zu Szenen zusammengefasst, die man unter marketingnahen Szeneforschern auch ›*Scene*‹ nannte. Voraussetzung war eine Ausdifferenzierung von Jugendkulturen. Heute nennen sich Jugendszenen eher ›Szene‹. Der Anglizismus ›*Scene*‹ ist anderen Gruppierungen vorbehalten, wie der *Art Scene, Crime Scene,* oder *Theatre-Scene.* Oder Marketingmenschen, die immer noch glauben, ›*Scene*‹ sagen zu müssen, obwohl sie mit ›Szene‹ die Szene derzeit einfacher erreichen könnten.

FUNDSTÜCKE

»Night Scene *Life: Durch die Kombination von digitalen Broadcast Systemen mit*

Mobilfunktechnologie entsteht ein hybrides Netz mit enormem Potential für mobile Multimedia-Anwendungen. Unser Prototyp Night Scene *Live zeigt eine solche Anwendung für Nachtschwärmer.«* niccimon.de (1-2007)
»Scene *Night Tour. Unser neuer Streifzug durch die aktuelle musikalische und erotische Szene der Beatles-Stadt Hamburg.«* pauschalen.hamburg-travel.de (1-2007)
Hier wäre die Verwendung von ›Nachtleben‹ und ›Kiez‹ weit angemessener.

Science

Engl. *science*: Naturwissenschaft; Wissenschaft

SPRACHGEBRAUCH

Noch in den 60er Jahren wurden in Deutschland überwiegend Wissenschaften an den Universitäten betrieben. Die Naturwissenschaften mutierten im internen Diskurs während der 70er zu *Sciences*. In der medialen Öffentlichkeit setzte sich der englische Ausdruck in den 80er Jahren durch. Wer heute Zukunftsfähigkeit, also finanziell darstellbare Nützlichkeit seiner wissenschaftlichen Aktivitäten, demonstrieren will, spricht von ›*Science*‹, schon wegen der Beantragung von Fördergeldern, deren Formulare mehrheitlich in englischer Sprache auszufüllen sind.
Der deutsche Erlebniskonsument lässt sich seit den 90er Jahren durch *Science*-Museen, *Science*-Tage, -Festivals und -Wochen locken. Er kann das Wort meist aussprechen, aber weit seltener korrekt schreiben. Es finden sich gehäuft ›*Sceience*‹, ›*Sience*‹ und seltener auch ›*Seience*‹.

FUNDSTÜCKE

»Ich kann die gängigsten normalen Felsstrukturen unterscheiden, hatte mal einen Earth Sceience *Kurs vor zig Jahren in Amiland ....«* usa-travelcenter.de (6-2007)
»Das Universum Bremen ist ein Science *Center. Erleben Sie Wissenschaft wie noch nie!«* universum-bremen.de (9-2007)
»Die Technische Universität München (TUM) bietet als erste deutsche Universität einen ›Masterstudiengang Consumer Science‹ *an, in dem die Konsumenten im Mittelpunkt stehen.«* cs.wi.tum.de (9-2007)

Scratch; scratchen; Scratching

Engl. *scratch*: Gekritzel; Kratzer, Schramme
Engl. *to scratch*: kratzen; zerkratzen

KONSUM

Kratzer sind unschön; daher die Existenz diverser Kratzer verhindernder oder kratzresistenter Produkte. Erwerbbar sind *Scratch Resistant Surface DVD-Rohlinge* oder *Anti-Scratch Fensterscheiben* und *Anti-Scratch-Folien,* die den *Scratching*-Versuchen von *Scratchern* (s. u.) Widerstand leisten. Auch Pfannen glänzen mit *Anti-Scratch-Beschichtungen.* Sicherheit und Durchblick befördernd dagegen die *Anti-Scretch Polycarbonate Shields* (›Visiere‹; vgl. dt. ›Schild‹) von Motorradhelmen. Erwartbar, dass auch Sonnenbrillen, Topfböden, Graphiktabletts, die Frontlinsen von Objektiven, Glaswaschbecken und Laminatböden mit Anti-*Scratch-Features* werben. Gelingt das Verhindern von Kratzern, wird gerne ein ›*Scratch proof*‹-Etikett vergeben.

Scretch mit ›e‹ ist keine Seltenheit und könnte wohlwollend als Versuch der Eindeutschung bewertet werden.

MUSIKSZENE

›*Scratchen*‹ meint das Erzeugen fremdartig anmutender Töne (engl. *strange sounds*) durch das manuelle Hin- und Herbewegen einer Schallplatte bei aufgesetztem Tonarm. Seit den 70er Jahren durch DJs praktiziert. Seit den 90ern sind auch CD-Spieler mit *Scratch*-Funktion auf dem Markt.

JUGENDSZENE

Zerkratzte Zugfensterscheiben sind Resultat der *scratchenden* Aktivität von *Scratchern,* die *Scratching* mittels harter Materialien wie Sandpapier, oft auch mit diamantbesetzten Werkzeugen oder Schmuckstücken betreiben, deren Härtegrad über dem von Glas liegt. Ein in Deutschland seit Beginn der 90er Jahre wahrnehmbares Jugendvandalismusphänomen, das deutlich weniger ästhetische Umwelteffekte zeitigt als ein durchschnittliches Graffiti.

RADRENNEN

Kaum geläufig ist die junge Disziplin des *Scratch* beim Bahnradsport, bei der es darum geht, 40 Runden so schnell als möglich zu absolvieren.

COMPUTER

Nur Insider kennen *Scratch* als Bezeichnung für einen Festplattenbereich, in dem temporäre Dateien, die für eine Programmausführung nötig sind, abgelegt werden.

FUNDSTÜCK

»Mein Freund Leo hat viel Zeit seines Lebens am MPC verbracht. Das ist die legendäre Gummipad-Beatbox, die für ein gutes Jahrzehnt so untrennbar mit HipHop verbunden war wie Scratches *und Punchlines.«* spex.de (3-2007) Engl. *punchline* bedeutet ›Pointe‹; im Rap, speziell dem Battle-Rap der Hip-Hop-Szene, meint es eine Textsequenz, bei der jede Zeile den gleichen Endreim hat.

Screen

Engl. *screen*: Bildschirm; Blende; Filmleinwand

Engl. *to screen*: abschirmen; filtern; rastern; verdecken

SPRACHGESCHICHTE

Screen ist um 1400 im Englischen nachweisbar; wahrscheinl. von altnordfranz. *escren,* altfranz. *escran* (›Hitzeschutz, Schild‹); evtl. auch Wurzeln in mittelniederländ. *scherm* (›Abdeckung‹) und im fränkischen *skrank* (›Schranke‹).

Ab 1810, zur Zeit der ersten Projektionen per Laterna Magica, im Englischen in der Bedeutung ›Leinwand‹.

VARIANTEN & DERIVATE

Ableitungen im Englischen: *screenplay* (›Drehbuch‹) und *screenwriter* (›Drehbuchautor‹); beide sind durch die Dominanz von US-Movies auf dem Weltmarkt auch in Deutschland präsent.

Screen Saver (›Bildschirmschoner‹) verbreiten sich sprachlich und als Software um 1990.

›*Screen Schedule*‹ (wörtl. ›Leinwandplan‹) heißt im Filmemacherjargon der Vorführstundenplan bei einem Festival.

›*Screen-Burn-Effekt*‹ heißt manchmal in Printmedien – niemand würde das aussprechen – der Einbrenneffekt, den Bildschirmschoner bei Röhrenmonitoren verhindern sollen. Bei Flachbildschirmen nicht vorkommend, daher immer seltener zu finden.

Einen *Split-Screen-Modus* bieten Computerspiele, wenn das sichtbare Bild horizontal in zwei Zonen geteilt werden kann, wobei zwei Spieler ihre eigene Spielperspektive geliefert bekommen. Der *Dual-Screen*-Modus bietet die Option, zwei Sender zugleich auf einem Bildschirm darzustellen; manchmal auch ›*Split-Screen*-Modus‹ genannt.

Widescreen-TV-Geräte, *Widescreen*-Monitore und *Widescreen*-Kameras liefern Unterschiedliches: Bei darstellenden Geräten ist eine Breitbilddarstellung gemeint, bei Kameras und Objektiven eine Weitwinkelaufnahme.

Röhrenbildschirme waren in ihrer Frühzeit gewölbt. Technische Verbesserungen bei der Ablenkung des Kathodenstrahls ließen Bildröhren auf der Frontseite zunehmend flacher werden. *Sony* produzierte in den 80er Jahren Röhren-Fernsehgeräte mit Flachbildschirmen, die auch in Deutschland als ›*Flat Screen*‹ oder ›*Flatscreen*‹ beworben wurden. Der heutige röhrenlose (engl. *tubeless*) Bildschirm ist doppelt flach: Er hat keine vorn gewölbte oder nach hinten ausladende Röhre. Und der Bildschirm ist vollkommen plan. Heute unterscheidet aber schon kaum jemand zwischen Röhren-*Flatscreen*-TV und *Tubeless*-TV, weil unterstellt wird, dass ein *Flatscreen*-TV immer röhrenlos ist.

Tendenz: Je weniger Röhrenmonitore, desto weniger Bedarf nach einer Unterscheidung zwischen *Flatscreens* und anderen *Screens*. ›*Flatscreen*‹ wird aussterben.

FUNDSTÜCKE

»Die Philips Polymer Vision scientists haben angeblich einen Durchbruch im Bereich flexibler Screens *gemacht.«* futurebytes.ch (3-2005) Beachtlich die Konstruktion des Satzsubjekts.

»Die Engine (...) zaubert über 170 detaillierte Spielfiguren gleichzeitig auf den Screen *und wirft den Spieler dank enorm hoher KI in die Mitte brutal-realistischer Massenschlachten.«* Werbetext des Computerspieleanbieters *Sega* (2005)

scrollen; Scrolling

Engl. *to scroll*: abrollen; blättern; scrollen

Engl. *scroll*: Schriftrolle; Schnecke; Schnörkel

SPRACHGESCHICHTE

Engl. *to scroll* und dt. ›Schrot‹ sind weitläufig verwandt. Eine protogermanische Wurzel *skrautha,* die im weitesten Sinne etwas Abgeschnittenes meinte, führt zu fränkisch *skroda,* über altfranzösisch *escroe* zu einer englischen Entlehnung im 14. Jahrhundert, bei der sich engl. *roll* lautlich und semantisch einmengte und zur Bedeutung ›Pergamentrolle‹ führte.

SPRACHGEBRAUCH

Seitdem Computer Fenster (Windows) haben, sind Fenster zu klein, um das zu zeigen, was das Programm an Seiteninhalt im Fenster zeigen möchte. Da hilft ein Balken am rechten Fensterrand. In dem bietet sich ein Button, der mit der Maus (Mouse) ergriffen und nach oben oder unten bewegt werden kann. Dann bewegt sich auch der Inhalt des Fensters in die gewünschte Richtung.

Seit vielen Jahren haben Mäuse ein klei-

nes Rad, das den Klick auf den Fensterrand überflüssig macht. Überflüssig zu sagen, dass dies Rädchen meist ›*Scrollrad*‹, seltener auch ›*Scrollwheel*‹ oder ›*Scroll Wheel*‹ genannt wird. Sehr moderne Eingabegeräte besorgen das *Scrollen* per Touchscreen; daher das noch frische ›*Touchscrollen*‹ oder ›*Touchscrolling*‹.
Der deutsche Computernutzer weiß seit Mitte der 90er Jahre, was gemeint ist. Er nutzt das Wort aber nicht, er *scrollt* ganz einfach sprachlos vor sich hin.

FUNDSTÜCKE

»*Jedes PowerBook verfügt serienmäßig über Bluetooth 2.0+EDR (Enhanced Data Rate), eingebautes AirPort Extreme 802.11g WLAN (bis zu 54 MBit/s), das* Scrolling *TrackPad und die Sudden Motion Sensor-Technologie von Apple.*« Produktbeschreibung von AppleComputer (10-2005)
»*Microgear Precision* Scroll *Wheel? Was steckt dahinter? Logitech hat ermittelt, dass Anwender im Schnitt während einer achtstündigen Arbeitszeit sechs Applikationen gleichzeitig offen haben und alle 50 Sekunden eine neue Applikation öffnen oder das Fenster wechseln. Im Großen und Ganzen* scrollt *der Anwender dabei während des Arbeitstages mit dem* Scrollrad *um die 8 Meter. Also hat Logitech zwei Jahre geforscht und dabei ist ein motorisiertes* Scrollrad *herausgekommen, das zwei Modi kennt.*« pcwelt.de (12-2007)

Seafood

Engl. *seafood*: Fisch; Meeresfrüchte

SPRACHGEBRAUCH

Die Internationalisierung der Gastroszene brachte engl. *seafood* in den 90ern deutschen Auswärtsessern zu Bewusstsein. Die moderne, multimedial präsente Kochszene setzt vehement auf ›*Seafood*‹. Selbst in Restaurants mit Pizza-Angebot wird hier und da die wohl tönende italienische *Pizza Frutti di Mare* durch ›*Seafood Pizza*‹ ersetzt.
Einzelne Fische fand man einst im Meer; das wird schwerer. *Seafood* steht dagegen für technische Verfügbarkeit: ›*Seafood*‹ meint nicht den Fisch als Einzelnen, sondern das Fischförmige als Abstraktum; daher auch das sofort als sinnig zu verstehende *Seafood Farming,* wo die Überfischung quasi ontologisch-logistisch als Vorkommensfall verbannt ist.

FUNDSTÜCKE

»Seafood-*Spieße: 8 rohe Riesengarnelen (à ca. 30 g);180 g Seeteufel-Filet (Lotte);8 mittelgroße Blätter Paksoi; 1 dicke Stange Porree;1 großer Tintenfisch, ca. 250 g (Kalmar)24 Schaschlikspieße (aus Holz oder Bambus); ...*« stern.de (1-2002)
»*Fisch und* Seafood *(Salzfische, Anchosen, Brat- und Kochfischwaren, Fischdauerkonserven und Kaviar) liegen im Trend von Wellness- und Gesundheit.*« dig.org (1-2011) Anchosen sind weniger lang haltbare Halbkonserven mit Sardellen, Sprotten oder Hering.

Search; Searcher; searchen

Engl. *search*: Durchsuchung; Suche
Engl. *to search*: fahnden; forschen; durchsuchen
Engl. *searcher*: Forscher; Prüfer; Sucher

SPRACHGESCHICHTE

Das altfranzösische *cerchier* liefert das Wort zur Übernahme ins Englisch des späten Mittelalters. Dahinter lauert lat. *circuire* (›herumgehen; einen Bogen machen; eine Runde machen‹). Vgl. dt. ›circa‹ (›gerundet; ungefähr‹).

SPRACHGEBRAUCH

Suchen ist eine der Hauptbeschäftigungen eines jeden, eben auch des deutschsprachigen Computerbenutzers. Meist wird das weltweite Web, oft auch die eigene Festplatte durchsucht. Der auf einen Button geprägte Befehl heißt entweder ›Suchen‹ oder eben ›*Search*‹.

›*Search and destroy*‹ heißt eine miliärische Strategie der US-Streitkräfte, deren Kenntnis von deutschsprachigen Journalisten bei ihren Qualitäts-Lesern unterstellt wird.

Search Engines sind quasi die Suchtriebwerke, deren sich Suchmaschinen bei ihren *Searches* bedienen.

Bei Such-Software aller Art findet sich oft ›*Searcher*‹ als Bestandteil im Produktnamen.

FUNDSTÜCKE

»Eine riesen Chance bietet jedenfalls die Event-Reihe ›Hairmodel Search‹ *mit Marcus Schenkenberg – das Besondere: Die Gewinnerin des Contest wird für eine stylische Fotostrecke mit Cover-Option für das Teaser Magazine fotografiert werden.«* tonight.de (2-2012) Faszinierend die Verwandlung von »riesen« in ein Adjektiv; soll »riesig« entbehrlich werden oder ist es nur Blödheit?

»Mit Search *Engine Ordering können die im Firefox installierten Such-Plugins sortiert (und gelöscht) werden.«* erweiterungen.de (11-2005)

Second-Hand

Engl. *second-hand; second hand*: aus zweiter Hand; gebraucht; benutzt

SPRACHGEBRAUCH

In den 60er Jahren erfand eine jugendliche Alternativbewegung eine neue Kultur des Umgangs mit gebrauchten Gütern, die ihnen ein Flair von jugendlicher Subversivität verliehen. Unabdingbar aber die Bezeichnung ›*Second-Hand*‹, meist in Kombinationen wie ›*Second-Hand*-Shop‹. Der stets nach frischem Wortmaterial gierende Journalismus griff die Wendung auf und verbreitete ›*Second-Hand*‹ in weiteren Milieus. Seit den 80er Jahren ist die klassisch-alternative ›*Second-Hand*‹- und Flohmarkt-Kultur in den meisten großen deutschen Städten – Ausnahme: Berlin – im Aussterben, respektive im Radikalwandel begriffen. Übrig geblieben sind auf den Märkten mit Pseudo-Patina überzuckerte Tinneff-Produkte vom Fließband. Das Internet mit seinen Auktionssites hat den Handel mit gebrauchten Waren und damit auch die sprachliche Verwendung von ›*Second-Hand*‹ zum Massenphänomen gemacht.

FUNDSTÜCKE

»Brautmoden Anita Schalk: Verleih von Brautkleidern sowie Verkauf von Second-Hand-*Modellen.«* de.dir.yahoo.com (1-2007)

»Second-Hand-*Lizenzen: Microsoft kämpft gegen Gebrauchtsoftware.«* computerwoche.de (8-2008)

»Second Hand *Yachten: Der Weg zum sicheren Kauf.«* Buchtitel bei amazon.de (9-2008)

Secret

Engl. *secret*: Geheimnis; geheim, heimlich; verborgen

SPRACHGESCHICHTE

Engl. *secret* ist für das 14. Jahrhundert nachgewiesen; von lat. *secretus* (›abgesondert; entlegen, einsam; geheim; heimlich‹). Dt. *Sekret* (die sich absondernde Flüssigkeit; von lat. *secretus* abgeleitet) heißt englisch aber nicht *secret*, sondern *secretion*, während dt. ›Sekretion‹ weniger das Ergebnis, sondern den Vorgang der Absonderung meint.

SPRACHGEBRAUCH

Außer in deutschen Behörden sagt keiner mehr ›streng geheim‹, sondern ›*top secret*‹. Dies seit dem Erfolg von US-Kino- und TV-Filmen seit den 70er Jahren. Hier lernte der Deutsche auch den US-Geheimdienst *Secret Service* kennen, was metaphorisch seither für Sicherheit bietende Dienstleistungen aller Art herhalten darf. Computerprogramme und -spiele, Musikgruppen, Fernsehsendungen und -serien – alle bedienen sich bei ›*secret*‹, wenn es um die Namensfindung geht. Beliebt & bekannt auch die Kollektion (Collection) des Wäscherhersteller *Victoria's Secrets*. Der Edelunterwäsche soll derart ein Odeur des Geheimnisvollen angedichtet sein.

FUNDSTÜCKE

»*Wie kaufe ich Victoria* Secret *in Deutschland?*« konsisto.de (1-2011)

»Secret *Service GmbH: Vermittlung von Fach- und Führungskräften für Finanzen, Rechnungswesen, Controlling, EDV, Personal, Marketing, Sales ...*« secret-service.de (12-2007)

› **Stealth**

Selfness

Engl. *selfness*: Selfness

SPRACHGEBRAUCH

Das Wörtchen ist zu Beginn dieses Jahrtausends erschienen. Was steckt drin? Engl. *self* meint ›Selbst‹ oder ›selbst‹. Und das *-ness* ist meist mit ›-heit‹ oder ›-keit‹ zu übersetzen. Wie bei engl. *pureness* (›Ehrlichkeit; Reinheit‹). Die Worterfinder, selbstredend Marketing-Freaks unter Wortfindungsnot, wollen es aber anders verstanden wissen. Sie dachten an eine Dreifaltigkeit von *wellness, fitness* und *happyness*, die der Nutzer gefälligst zu assoziieren habe. Tut er aber nicht. Oder nur dann, wenn er sich in die Tiefen der gebührenpflichtigen *Selfness*-Kulte begiebt.

Selfness, so wird von interessierten Gruppen behauptet, verkörpere die Versöhnung von Ich-Bezogenheit, Selbstverantwortung und global-ökologischer Vernunft. Solchem Schwurbelmarketing kann hier nicht weiter auf den treibsandigen Grund gefolgt werden.

Auf nahem sprachlichen Grund finden sich auch ›Lifestyle-Entrepreneurship‹ und ›Ich-Engineering‹. Was nur sagen soll, dass jeder seines Wohlbefindens Schmied sei.

›*Selfness*‹ selbst wuchert. Höhergradig erweckte Kunden der betreffenden Services nutzen das Wörtchen auch aktiv. Alle anderen zahlen und lassen sich sprachlos bedienen.

FUNDSTÜCKE

»*Wohlfühl-Inflation:* Selfness *löst Wellnepp ab.*« spiegel.de (4-2004)

»*Willkommen im Leben! – Das* selfness-

forum® *stellt sich vor.«* selfnessforum.de (2-2012)
»Bei Selfness *geht es nicht um die vorübergehende Entspannung (Wellness). Selfness bedeutet das innere Selbst ins Zentrum zu rücken.«* selfness-center.ch (2-2012)

Senior

Engl. *senior*: Dienstältester; Senior; Vorgesetzter

SPRACHGEBRAUCH

Der deutsche ältere Mensch heißt in der Regel immer noch ›Senior‹ ohne englischen Akzent. Aber die Usancen (manieriert-veraltet für ›Gebräuche‹) des Businessbetriebes haben international Titel in Umlauf gebracht wie ›*Senior* Consultant‹ oder ›*Senior* Vice President‹. Davon sind Senioren wenig tangiert; schon eher aber durch die schleichende Umbenennung der vertrauten ›Seniorenkarte‹ zur ›*Senior*-Card‹, ›*Seniorcard*‹ oder gar ›Card *Senior*‹.
Auch Computerspieler werden älter und mutieren erwartbar zu *Senior-Gamers,* die sich an virtuell unblutigen *Senior-Fun-Shootern* ihre Rest-Reaktionsfähigkeit beweisen. Seniorengruppen fühlen sich wohl auch rüstiger, wenn sie unter *Senior-Groups* firmieren, die gemeinsam den Umzug in die *Senior-Residence* planen.

FUNDSTÜCKE

*»Stadtbus Salzburg bietet Senioren, die eine ÖBB-Vorteils-Card-*Senior *haben, Einzelfahrten zum Halbtarif und mit der Seniorenmonatskarte ermäßigte Monatskarten an.«* salzburg.gv.at (1-2007)
»Wir suchen für unseren Kunden einen Senior *Business Analyst für Geschäftsprozesse in Telcos. Bewerben Sie sich bis zum 08.02.2007.«* projektwerk.de (1-2007)
Mit Telcos sind Telefonkonferenzen gemeint.

sensitive

Engl. *sensitive*: einfühlsam, empfindlich, gefühlvoll, sensibel, verletzlich

SPRACHGEBRAUCH

Der gehobene deutsche Sprecher kennt ›sensitiv‹ als deutsch auszusprechendes Adjektiv. Alle sind wir aber seit den 90er Jahren ›*sensitive*‹ in der englischen Schreibweise mit End-›e‹ ausgesetzt, seit die Kosmetik- und Waschmittelbranche sich anglifiziert hat. Vielen orthographisch wenig sensitiven Menschen wird das aber wohl noch gar nicht aufgefallen sein.

FUNDSTÜCKE

»AHC20 sensitive *Antitranspirant – Das hautfreundliche & effektive Antitranspirant gegen starkes Schwitzen.«* ahc20-sensitive.de (12-2010)
»Elmex sensitive *professional – Schutz für schmerzempfindliche Zähne.«* elmex-sensitiveprofessional.com (12-2010)

Sequel

Engl. *sequel*: Folge; Fortsetzung; Nachspiel; Sequel

SPRACHGEBRAUCH

Eines der wichtigsten Erfolgsrezepte populärer Kultur ist die Vermarktung von Folgeprodukten, denen man sofort anmerken muss, dass sie sich an ein Erfolgsprodukt anlehnen. Das amerikanische Kino hat uns seit Ende der 70er Jahre, genauer: 1978, mit dem Kinostart des ersten *Star-Wars*-Films, mit Sequels versorgt, so dass Kinogänger heute mehrheitlich wissen, was gemeint ist. Geläufig ist ›*Sequel*‹ auch auf dem Computerspielemarkt, wo ähnliche Vermarktungsregeln wie im Filmgeschäft gelten.

FUNDSTÜCK

»Addon und Sequel *angekündigt – Unverhofft kommt oft: Mehr als zwei Jahre nach der Veröffentlichung des Rollenspiels Dungeon Lords hat der Publisher JoWooD am heutigen Tag ein Standalone-Addon angekündigt.«* gamestar.de (12-2007)

Ein Addon, das besser ›Add-on‹ geschrieben sein sollte, ist eine Zugabe; ein Standalone-Addon eine Zugabe, die selbstständig funktioniert, hier: gespielt werden kann. Damit also kein Add-On mehr, sondern schon ein *Sequel*. Sprachlich ein vor Differenzierungen nur so strotzendes Terrain ...

Service

Engl. *service*: Bedienung; Betrieb; Dienstleistung; Kundendienst; Service

SPRACHGEBRAUCH

›*Service*‹ ist einer der Zentralbegriffe moderner Nachkriegsgesellschaften. ›*Service*‹ bezeichnet die Warenförmigkeit aller überhaupt denkbaren menschlichen Beziehungen, von der Geburtshilfe über den Sex bis zur Sterbeberatung. Es gibt derart viele *Services*, dass wir überhaupt nicht mehr merken, wenn uns etwas *Serviceförmiges* angeboten wird.

Wenn alles zum *Service* wird, haben nur besondere *Services* (die gängige, englisch gebildete Mehrzahl) die kleine Chance, herausgehoben wahrgenommen zu werden: als Best-*Service,* Top-*Service,* Mega-*Service* und Ultra-*Service.*

Eine kleine, hoch unvollständige Sammlung gängiger ›*Service*‹-Begriffskombinationen soll angehängt sein: ›*Service*‹ paart sich mit: -Center, -Content, -Point, -Team; und nachgestellt mit: Abo-, Career-, Easy-Ticket-, IT-, Job-, Money-, Newsletter-, Renten-, Treiber- und (immer wichtiger) Senior-Experten-.

Aus dem Französischen entlehnt ist ›*Service*‹ als Bezeichnung für ein Tischgeschirr. Was wiederum die Franzosen nicht recht verstehen, weil nur das Servieren *service* heißt, das Gedeck aber *couvert,* das, wenn es gespült werden muss, nur mehr *vaisselle* genannt wird.

Session

Engl. *session*: Beratung, Sitzung, Versammlung; Session

SPRACHGEBRAUCH

Um 1900 wurde ›*Session*‹ noch deutsch ausgesprochen. Da war es eine Bezeichnung für die Sitzungsperiode eines Parlamentes oder Gerichtes, und der Verwender wusste um den lateinischen Ursprung *sessio* (›Sitzung; Sitzgelegenheit‹). Seit den 60er Jahren des 20. Jahrhunderts dominiert die englische Version und meint ein lockeres Treffen von Musikern, die sich zum Improvisieren zusammengefunden haben. Seit der Internet-Ära ist eine *Session* die Zeitspanne des Besuchs einer Website, was aber auch ›Visit‹ genannt wird. In der gesprochenen deutschen Jugendsprache kann jedes Treffen zwischen zwei und mehr Menschen auch ›*Session*‹ genannt werden. Muster: *»Na, wie war die* Session *mit der Kleinen?«* Nur die Karnevalisten Deutschlands sagen heute noch ›*Session*‹ ohne englischen Akzent; gemeint ist die offizielle Lachzwangphase zwischen dem 11. November und dem Aschermittwoch des folgenden Jahres.

FUNDSTÜCKE

»Dubi's Dance Session *mit Dubi Miksa ist die faszinierende Verbindung aus klassischen Aerobicelementen und verschiedenen dynamischen Tanzelementen aus Jazz, Funk, Latin, House und Hip-Hop.«* bodylife-online.de (1-2007)

»Die Ausschreibung für die 45. Session *der Internationalen Olympischen Akademie und die Lehrerfortbildung 2005 läuft.«* nok.de (12-2004) Ältere Olympia-Komitee-Mitglieder dürften sich noch der englischen Intonation enthalten.

Set

Engl. *set*: Gerät; Menge; Reihe; Satz; Set

SPRACHGEBRAUCH

Bis in die 60er Jahre hinein gab es Besteckssortimente, Wäschegarnituren, Sätze von Bohrfuttereinsätzen für Bohrmaschinen, Baugruppen für Maschinen, Paare von Motorrad-Fußrasten, Zubehörkästen oder Ensembles dekorativer Tischplatzdeckchen. Dann kamen die *Sets*. Seither kommt alles, was mindestens zweiteilig oder irgendwie mehrteilig ist, zusammengehört oder einander ähnlich ist oder ganz gut zusammenpasst, wenn man es irgendwo hinstellt, *setförmig* daher.

Abgeschlagen dagegen die Vorkommnisse der Übernahme der englischen Bezeichnung *set* für die Aufnahmekulisse bei Filmaufnahmen.

FUNDSTÜCKE

»Mini Voodoo Set *Voodoo: mit Voodoo Puppe Jerry, Nadelset und Anleitung.«* lappan.de (1-2007)

»Dieses Mafia Set *ist verschenkfertig in einer schönen Geschenkbox verpackt.«* gourmondo.de (1-2007) Gemeint ist eine Geschenkpackung mit Mafia-Kochbuch, Spaghetti, Öl und Oliven.

»Lego City Passagierzug Set.*«* schnaeppchenjagd.de (1-2007)

»Ricoh Caplio GR Digital Creative Set.*«* dooyoo.de (1-2007) Es geht um einen Fotoapparat samt Zubehör.

› **Bundle; Collection; Kit; Package**

Sex-Appeal; Sex Appeal; Sexappeal

Engl. *sex appeal*: sexuelle Anziehungskraft, Sex-Appeal

SPRACHGEBRAUCH

Bis zum Ende des 2. Weltkrieges hatten Menschen deutscher Sprache maximal sexuelle Anziehungskraft, die im Englischen *sexual attraction* genannt wird. Schon die weiblichen Filmstars des amerikanischen Movie-Business besaßen jenseits des Atlantiks bereits *sex appeal*. Voraussetzung war die Erfindung des Bikinis und des damit bekleideten Pin-up-Girls. 1953 machten Marilyn Monroe und Brigitte Bardot den knappen Zweiteiler massenmarktfähig, wenn auch zunächst nur medial.

Die neuen Optionen des Abscannens weiblicher Körper rückten die Produktion sexueller Aufladung ins mediale und kulturindustrielle Rampenlicht. ›*Sex*

Appeal‹ hatte seinen Auftritt. Etymologisch betrachtet ist der Begriff auch passender als *sexual attraction,* denn dabei wird nur Anziehungskraft gespürt, dort jedoch ein Appell ins sexualisierte Ambiente abgestrahlt.

FUNDSTÜCKE

*»Pop-Ikone Cyndi Lauper: ›*Sex Appeal *tut nicht weh!‹«* bild.de (12-2010)

»Dirndl mit Sexappeal*: Heidi goes to Hollywood. Lola Paltinger entwirft den etwas anderen Wiesn-Look – Münchens Society-Damen sind hin und weg.«* Süddeutsche Zeitung (12-2010)

Sexyness; Sexiness

Engl. *sexyness; sexiness*: Sexualität; Sinnlichkeit

SPRACHGEBRAUCH

Was Sex Appeal hat, muss medial abwechslungsreich beschrieben werden können, damit die Attraktivität auch erfolgreich behauptet werden kann. Beruhigenderweise stehen uns seit den frühen 80er Jahren auch noch ›*Sexyness*‹, respektive ›*Sexiness*‹, zur Verfügung. Beide Schreibweisen werden etwa gleich häufig genutzt. Die Ersetzung durch ›Sinnlichkeit‹ würde die sprachlichen Optionen des Deutschen verringern: ›Sinnlichkeit‹ gehört zum Diskurs privat adressierter Ratgeberliteratur, ›*Sexyness*‹ ist Teil urbaner Erlebnisöffentlichkeit.

FUNDSTÜCKE

»Es ist ohne Zweifel der spektakulärste Ort in Berlin für ein erfrischendes Sommerbad, für gute Partys und urbane Sexyness.*«* Broschüre zur *Popdeurope (2005)*

»Viele Rockbands haben heute diese intelligente Sexyness *in ihrer Musik, Bloc Party zum Beispiel, oder Death from Above 1979 aus Toronto, wo ich jetzt lebe. Deren Texte sind sehr sexy, sehr gewagt, Mick Jagger hoch zehn – aber sie kommen damit durch. Sie sind mit Notorious B.I.G. aufgewachsen, deswegen ist ihre Idee von Rock ganz anders. Ihre* Sexyness *ist sarkastisch, zynisch.«* Der Spiegel (6-2006) Aus einem Interview mit der Sängerin Nelly Furtado. Der popkulturell Minderwissende wünschte sich einen Anmerkungsapparat. Der Diskurs der Popindustrie braucht leider hoch kompetente Rezipienten.

Shampoo; Schampoo; Shampoonieren

Engl. *shampoo*: Haarwaschmittel, Shampoo

SPRACHGESCHICHTE

Die englischen Kolonialisten in Indien bedienten sich im 18. Jahrhundert bei dem Hindiwort *cchhampo,* dem Imperativ von *chhampna* (›kneten; massieren‹). Zunächst ging es also um Massage; erst im 18. Jahrhundert um eine massierende Haarwäsche.

SPRACHGEBRAUCH

Bekannt ist ›*Shampoo*‹ bereits Anfang des 19. Jahrhunderts in der Bedeutung ›Massage‹. Aber erst die Nachkriegsaufrüstung des pflegebedürftigen Deutschen durch die Kosmetikindustrie ab 1945 ließ ›*Shampoo*‹ zum Alltagswort werden.

Zuhauf finden sich die eingedeutschten Schreibweisen ›Schampoo‹, ›schamponieren‹ und ›schampunieren‹. Die Ver-

ben haben sogar ihren Platz im Duden gefunden; das Substantiv nicht, wohl weil das Doppel-›o‹ noch nicht den rechten Eindeutschungsgrad aufweist.
Der Deutsche assoziiert bei ›*Shampoo*‹ mittlerweile etwas irgendwie Schäumendes, mit dem gereinigt werden kann. Zum Beispiel Autos, Lederkleidung oder Teppiche, für die es passend etikettierte Pflegeprodukte gibt.

FUNDSTÜCKE

»Alpecin Medicinal fettendes Haar Schampoo-*Konzentrat mit aktuellen Preis, Foto, Test, Beschreibung und Händler.«* preissuchmaschine.de (6-2007)
»Alcantara-Reinigung: Shampoonieren *mit Wasser und Neutralseife, dann mit verdünntem Alkohol (10-20%) abtupfen.«* putzatelier.de (6-2007)
»Shampoo-*Test: Der Schönheit zuliebe ein teures* Shampoo *vom Friseur? Diese Ausgabe lohnt meist nicht.«* focus.de (5-2007)

Shift

Engl. *shift*: Arbeitsschicht; Schicht; Verlagerung, Verschiebung
Engl. *to shift*: ändern; großschreiben; verlagern, verschieben

SPRACHGEBRAUCH

Der Computer verwandelte die Großschreibtaste der Schreibmaschine in die *Shift*-Taste. Da die Schreibmaschine ausgestorben ist, sagt heute auch kaum jemand noch ›Großschreibtaste‹ oder ›Hochstelltaste‹ oder ›Umschalttaste‹, wenn er die *Shift*-Taste betätigt. Alle Bedienungsanleitungen (engl. *manuals*), Computermagazine, Handbücher nutzen ›*Shift*‹. Daran wird auf ewige Computerzeiten niemand rütteln können.
Der modernere soziologische Jargon bezeichnet mit ›*Shift*‹ eine Verschiebung oder Trendwende im Verhalten gesellschaftlicher Gruppen. Das ist schick, weil es kurz ist.
Fotofreunde mit Interesse an Architekturfotografie wiederum spekulieren auf teure *Shift*-Objektive, mit denen die stürzenden Linien von Gebäuden verschoben, also korrigiert werden können. Es gibt deutsche Wortgetüme wie ›Parallelverschiebungsobjektiv‹. Wer möchte das sagen?
Heimkinoliebhaber mit Videoprojektoren schätzen die Funktion des vertikalen und horizontalen *Shifts,* die eine 90-Grad-Aufstellung des Projektors zur Wand überflüssig macht. Der Bedienende weiß hier zwar, was er macht, er sagt es aber nicht.

FUNDSTÜCKE

»Schluss mit dem lästigen Bedienen des Videorekorders: Mit Shift *TV kann der Anwender TV-Sendungen über das Internet programmieren.«* vnunet.de (5-2006)
»Durch vertikalen und horizontalen Lens Shift *sind Sie ungebunden bei der Aufstellung.«* de.nec.de (5-2006)
»Pixel Shift*: Um das Einbrennen eines Bildschirms zu reduzieren, kann der Bildschirm mit dieser Funktion betrieben werden. Dabei rotiert das Bild für den Betrachter nicht wahrnehmbar in einem definierten Rhythmus und Pixelabstand im Kreis.«* de.nec.de (5-2006)

Shirt

Engl. *shirt*: Hemd; Hemdbluse; Oberhemd

SPRACHGESCHICHTE

Der deutsche ›Schurz‹ und englisch *shirt* sind verwandt: Altenglisch hieß es *scyrte*, altnordisch *skyrta;* unterstellt wird eine protogermanische Form *skurtijon*.

SPRACHGEBRAUCH

Seit den 70er Jahren verwandelten sich Unterhemden, Blusen, Oberhemden, Trikots, Trainingshemden und andere leichtere Oberbekleidungsstücke in *Shirts* samt Zusätzen, deren häufigster das ›T-‹ ist. Daneben existieren heute *Functional Shirts, Poser Shirts* (für Bodybuilder), *Thermo-Shirts, Designer-Shirts, Polo-Shirts, Fun-Shirts* und *Terror-Shirts* mit den aufgedruckten Portraits der meistgesuchten Terroristen der Gegenwart.

FUNDSTÜCKE

»*Wo kann ich ein anti-Coke* Shirt *kaufen?*« de.answers.yahoo (1-2007) »*I hate slogan*-t-shirts.« Slogan auf einem T-Shirt (2010)

Shitstorm

Engl. *shit storm*: Scheißesturm, Empörungswelle

SPRACHGEBRAUCH

Das Internet produziert hoch beschleunigte Publikumsreaktionen auf in Unlauf gebrachte Nachrichten oder persönliche Stellungnahmen, insbesondere in Blogs, Foren und Twitter-Meldungen. Ist die Reaktion überwiegend negativ getönt, spricht die globale Internet-Gemeinde von einem *Shitstorm*. Und dieser Wortgebrauch hat sich um 2010 bereits bis in das gehobene Zeitungswesen einschreiben dürfen.

FUNDSTÜCKE

»*Ein* Shitstorm, *also eine Situation, in der jemand sich durch eigenes Fehlverhalten heftiger öffentlicher Kritik ausgesetzt sieht, ist auf Twitter keine Seltenheit.*« sueddeutsche.de (5-2010) »*Wenn im sozialen Netz die Emotionen hochkochen, kann ein kleiner Fehler einen* Shitstorm *auslösen. Patentrezepte dagegen gibt es leider nicht.*« computerwoche.de (10-2010) Bei der *Süddeutschen* (s. o.) muss noch umschrieben werden, bei der *Computerwoche* darf ein kompetenter Leser unterstellt werden. Die Grenzen verschieben sich.

Shootout; Shoot-out

Engl. *shoot-out*: Schießerei; Elfmeterschießen

SPRACHGEBRAUCH

Western und Western-TV-Serien importierten in den 70er Jahren engl. *shootout* in die Sprache der Medien. Umgangssprachlich konnte sich ›*Shootout*‹ nicht durchsetzen. Die deutschsprachige Sportberichterstattung hat engl. *penalty shoot-out*, oder kurz: *shoot-out*, für ›Elfmeterschießen‹ beim Eishockey übernommen. Metaphorisch ist ›*Shootout*‹ eine Vielzweckwaffe, da in einer wettbewerbsorientierten Gesellschaft viele Entscheidungen und Endausscheidungen quasi ballereiförmig getroffen werden. Die Hard- und Software-Testkultur und Computerspiele liefern weitere ergiebige Kontexte.

FUNDSTÜCKE

»Carnival Shootout*: Wie schnell sind Sie mit der Maus? Echtes Preisgeld!«* Microsoft Network (12-2005)

»Minnesota erlegt Blackhawks im Shootout*: Die Minnesota Wild haben in der nordamerikanischen Eishockey-Profiliga NHL einen 4:3-Erfolg nach Penaltyschießen bei den Chicago Blackhawks verbucht.«* sportgate.de (1-2007) Engl. *hawk:* ›Falke‹.

»TweakPC Test: DDR-RAM Overclocking Shootout *– Für High-End-Overclocking benötigt man entsprechend ausgelegten Speicher.«* tweakpc.de (1-2007) Engl. *to tweak:* ›justieren; optimieren‹; engl. *overclocking:* ›Übertakten‹ (Tunen der Prozessorgeschwindigkeit).

Shop

Engl. *shop*: Abteilung; Betrieb; Fabrik; Geschäft, Kaufladen, Laden, Ladenlokal, Shop, Verkaufsstelle

SPRACHGEBRAUCH

Bereits im 19. Jahrhundert berichten Medien über ›*Shops*‹ und reden über amerikanische Einkaufsgepflogenheiten. In Deutschland erscheinen *Shops* in den 60er Jahren. Offeriert werden eher Produkte für jüngere Käuferschichten. Das Internet-Zeitalter hat ›*Shop*‹ einen weiteren Schub verliehen, denn die virtuellen Handels- und Verkaufsräume des Web nennen sich gerne ›*Shop*‹. Einer der erfolgreichsten Internationalismen neben ›Sex‹.

FUNDSTÜCKE

*»Voraussetzung, auf dem E-Book-Reader im Buch-*Shop *zu stöbern und Bücher unmittelbar zu kaufen und zu laden, ist eine drahtlose Verbindung, zum Beispiel über das heimische Wlan.«* sueddeutsche.de (12-2010)

»ShopShop *ist eine sehr nützliche App für jeden, der sich keine Einkauflisten-App leisten will.«* appguide.de (12-2010)

Shortlist

Engl. *shortlist*: engere Auswahlliste

SPRACHGEBRAUCH

Da Wettbewerbe Medienereignisse sind, es den Medien immer an Ereignissen mangelt, werden mehr und mehr Wettbewerbe inszeniert, an denen so viele Menschen teilnehmen, dass die Notwendigkeit einer Zwischenauswahl oder Zwischenentscheidung nicht nur nötig ist, sondern auch geboten erscheint, da selbst hieraus wieder Sendungen gemacht werden können. Die Teilnehmer einer Zwischenausscheidung kommen auf eine *Shortlist,* was sich professionell anhört. Selbst sprachliche Trutzburgen der Hochkultur wie der *Deutsche Buchpreis* befleißigen sich des ›*Shortlist*‹-Gebrauchs. Unglücklich hört sich das gelegentlich zu findende ›*Shortliste*‹ an.

FUNDSTÜCK

»Shortlist *2005: Die sechs Finalisten für den Deutschen Buchpreis 2005 sind nominiert.«* boersenverein.de (11-2005)

Shorts

Engl. *shorts*: kurze Hosen; Shorts; Unterhosen; Baissespekulation

SPRACHGEBRAUCH

Schon in den 30er Jahren hießen die noch seltenen kurzen, freizeitbetonten Hosen des Mannes hin und wieder ›*Shorts*‹. Erst die 50er Jahre und die Ita-

lienurlaube des Normaldeutschen bescherten kniefreien *Shorts* wachsende Verkäufe und sprachliche Präsenz. Die Trias *Shorts*-Langsocke-Sandale ist seither Signum des von jeglicher Eitelkeit unbeleckten deutschen Mannes. In deutschen Innenstädten setzten sich *Shorts* als Unisex-Freizeitkleidung in den 70er Jahren durch. *Boxershorts,* kurze Hosen im weiten Schnitt der Boxerhose, sind *Shorts,* die seit den 90er Jahren als Unterhose (Underwear) getragen werden.
Alle anderen *Shorts* gehören zur Oberbekleidung. *Bermuda Shorts* weisen, anders als die normalen *Shorts,* eine Beinlänge auf, die das Knie bedeckt. Hot Pants sind ultraknapp geschnittene *Shorts,* die vorzugsweise als Pokonturen akzentuierendes Bekleidungsstück von jüngeren, schlank geschnittenen Frauen getragen werden sollten. ›*Shorts*‹ gehört zum Basiswortschatz des Shopping-Deutschen. Nur Senioren fragen in Bekleidungsgeschäften heute noch nach kurzen Hosen.

FUNDSTÜCKE

»Beispiel für die Herren: Lieber die lange Sommerhose statt Shorts *wählen, eher zum kurzärmeligen Hemd greifen statt zum Schiesser Feinripp.«* sueddeutsche.de (12-2010)
»Sie zieht sich an einer Haltestange hoch, schwingt sich herum, springt auf den Boden, schlägt Purzelbäume; dann zieht sie ihre Jeans aus und hangelt sich in Shorts *hemmungslos durch den Zug.«* spiegel.de (10-2010)

› **Baggypants; Panty; Slip**

Shot

Engl. *shot*: Abschuss, Kugel, Schuss; Versuch; Wurf; Foto

SPRACHGEBRAUCH

Der digitale Knipser macht immer noch Fotos, spricht auch von ›Fotos‹, aber die ihn umwerbenden digitalen und elektronischen Helferlein haben sich sprachlich auf ›*Shots*‹ eingeschossen. Produkt- und Softwarenamen dürfen schließlich nicht eingedeutscht werden. Das knüpft an die hiesige Metaphorik des »Schießens von Bildern« an, wird verstanden und von jüngeren Bildschießern auch übernommen, die ihre *Shotshow* auf Fotowebsites wie *Flick'r* präsentieren. Computerspieler kommen selbst als Vertreter der friedlichen Fraktion nicht umhin, hin und wieder zur Waffe zu greifen. Auch dort geht es um ›*Shots*‹, mit denen möglichst ein Hit (engl. *hit:* ›Treffer‹) gelandet werden sollte.

FUNDSTÜCKE

»Drücken Sie doch einfach den Auslöser, Ihre Kamera kümmert sich um die Details. Dank BEST SHOT *– den praktischen Komfortprogrammen für tolle Fotos und spannende Filme. Verwenden Sie den Kamera-Filter für alle BEST* SHOT*-Funktionen einzelner Modelle.«* exilim.de (1-2007)
»Die dtp entertainment AG und Rising Star Games kündigen mit Bubble Bobble Double Shot *für Nintendo DS die Rückkehr des klassischen Bubble Bobble-Gameplays an.«* gamepro.de (1-2007)
Ein Bubble-Bobble-Game ist ein Jump'n'Run-Computerspiel, bei dem unter anderem Blasen (engl. *bubble*) den Weg durch ein Labyrinth versperren.
»Group Shot *richtet sich hauptsächlich an*

Hobbyfotografen, die gerne Gruppenfotos aufnehmen. So kann es bei solchen Fotos durchaus vorkommen, dass Personen gerade dann die Augen schließen, wenn die Kamera das Bild aufnimmt oder dass fremde Personen durch das Bild laufen. Hier soll Group Shot *helfen, indem es aus mehreren Bildern ein perfektes zusammenstellt.«* computerbase.de (1-2007)

Showdown

Engl. *showdown*: Duell, Endkampf, Kraftprobe, Machtprobe, Showdown

SPRACHGEBRAUCH

Es war der amerikanische Film, zunächst der Western, seit den 80er Jahren aber jeder Film mit heldenhaftem Mann-gegen-Mann-Finale, der ›*Showdown*‹ zu uns brachte.

Seit 1915 sind etwa 20 US-Movies mit diesem Titel produziert worden; der Trend zum Endkampf in Minimalbesetzung, die individuellen Mut für den Zuschauer erkennbar bleiben lässt, ist ungebrochen und findet auch beim deutschen Publikum große Akzeptanz. Der metaphorische Gebrauch in deutschen Medien wuchert. In Permanenz werden Rivalitäten in Sport, Business, Politik und Vip-Privatsphäre mit dem Duell colttragender Männer assoziiert. Das Verb ›*showdownen*‹ fällt zwar heftig auf, kommt aber selten vor. Die Beugungsoptionen ›*showgedownt*‹ und ›*downgeshowt*‹ sind angenehmerweise noch gar nicht zu finden (Stand: Januar 2011).

FUNDSTÜCKE

»Showdown *mit schwulen Schafböcken: Grundlagenforschung ist selten sexy und leidet meist unter Desinteresse. Einem US-Forscher, der sich homosexuellen Schafen widmet, erging es ganz anders: Schwul, Hormone, Tierversuch – diese Stichworte genügten, um ihn zum Ziel einer bizarren Kampagne zu machen.«* spiegel.de (1-2007)

»Showdown *der Funktionäre. Michel Platini besitzt gute Wahlchancen gegen den Uefa-Chef Lennart Johansson.«* nzz.ch (1-2007)

»Showdown *in Kreuth: Das Rätselraten um Edmund Stoiber geht weiter.«* wiwo.de (1-2007)

Showmaster; Show-Master

Engl. *master of ceremonies; mc; emcee*: Showmaster

Engl. *host*: Gastgeber (einer Talkshow)

SPRACHGEBRAUCH

Ein Scheinanglizismus, weil das englische Wörterbuch keinen *showmaster* kennt? Der Kultgitarrenhersteller *Fender* baut seit 1998 eine E-Gitarre namens ›*Showmaster*‹. Ein US-Unternehmen für Bühnenequipment heißt ›*Showmaster*‹. Viel mehr Bedeutsames findet sich aber nicht im englischsprachigen Raum. Umgekehrt: Jeder Engländer oder Amerikaner versteht, was ein *Showmaster* sein soll. Umzingelt von engl. *show, showtime, showman* und *showgirl,* müsste sich der *master of ceremony* eigentlich schrecklich unzeitgemäß vorkommen. Liebe Briten und Amerikaner, die Deutschen sind hier die besseren Englischsprecher, übernehmt unseren ›*Showmaster*‹.

Für die sprachliche Erfindung wird Rudi Carrell verantwortlich gemacht. Der niederländische Entertainer hat sich in einem Song namens *Showmaster ist sein Beruf* mit dem frisch geprägten Etikett versehen.

FUNDSTÜCK

»Wir Holländer haben keine Hemmungen. Eigentlich denkt jeder Holländer, dass er ein geborener Showmaster *ist.«* Rudi Carrell, zit. nach: Jürgen Trimborn: Rudi Carrell (2007)

Shrimp

Engl. *shrimp*: Garnele; Krabbe

SPRACHGEBRAUCH

In einer luxurierenden Gesellschaft spielt die Gastronomie eine eminente Rolle. Je entwickelter eine Gastronomie, desto mehr fremdsprachliche Bezeichnungen für essbare Tiere und Pflanzen, für Zutaten und Zubereitungsformen sind zu finden. Und so ist es für einen Kenner der Zubereitung von Meeresfrüchten unumgänglich, zwischen *Shrimps* und anderem Garnelengetier säuberlich zu unterscheiden, was nicht so einfach ist, wie folgendes Fundstück beweist.

FUNDSTÜCK

»Shrimps *(engl.* Shrimps, *franz. Crevettes, ital. Gamberetti, span. Gambas) gehören zu den Krustentieren. Die kleineren Handelsformen werden auch Garnelen genannt. Größere Sorten werden als Prawns, Tiger Prawns oder Jumbo* Shrimps *bezeichnet. Wenn mehr als 200 Tiere benötigt werden, um 1 Kg zu erhalten, werden sie als* Shrimps *bezeichnet. Meist handelt es sich bei* Shrimps *daher um Tiefseegarnelen. Die Namensbezeichnung ist leider weltweit unterschiedlich, warum es immer wieder zu Mißverständnissen kommt. Garnelen aus der Nordsee werden Nordseegarnelen genannt und Tiefseegarnelen werden* Shrimps *genannt.* Shrimps *bekommt man meist in kleinen Packungen tiefgefroren ohne Schale.* Shrimps *mit Schale, die sich zur Dekoration von Salaten besser eignen, erhält man ebenfalls tiefgekühlt in den Frischfisch-Abteilungen der großen Supermärkte oder direkt beim Fischhändler.«* marions-kochbuch.de (10-2008)

Shuttle

Engl. *shuttle*: Pendelverkehr; Weberschiffchen; Shuttle; Zubringerbus; Zubringerzug

SPRACHGEBRAUCH

Moderne Menschen müssen hin und wieder hin und zurück gebracht werden. Zum Beispiel von Parkplätzen zu Innenstädten und zurück oder von Bahnhöfen zu Flughafenterminals und zurück. Die dafür bereitgestellten Fahrzeuge heißen zunehmend seit den 80er Jahren ›*Shuttle*‹.

1981 absolvierte die *Columbia,* der erste raumflugfähige Space *Shuttle,* ihren Jungfernflug. Fünf weitere wurden seither gebaut. Sie sorgten für Schlagzeilen und sprachliche Verwendungsanlässe. Am 21. Juli 2011 endete die Ära der *Space* Shuttles; die Amerikaner basteln an einem *Multi-Purpose Crew Vehicle,* was sich viel schlechter liest und spricht und uns daher wohl bloß ab 2016 als Abkürzung heimsuchen wird. *Shuttles* aller Art werden uns aber dank verstopfterer Innenstädte erhalten bleiben.

FUNDSTÜCKE

»Air Berlin fliegt Sie schon ab 29 Euro mit dem City Shuttle *in viele aufregende europäische Metropolen.«* airberlin.com (1-2007)

»Ihr Urlaub auf der Insel Sylt beginnt bereits bei der Anreise mit dem DB AutoZug SyltShuttle. *Willkommen auf Sylt.«* syltshuttle.de (1-2007)

Sideboard

Engl. *sideboard*: Anrichte, Büffett, Serviertisch, Sideboard

SPRACHGEBRAUCH

Die 60er Jahre bescherten dem Möbeldesign einen kantigen Halbmodernismus. Dazu gehörte das *Sideboard,* eine Mixtur aus Niedrigschrank, Regal und Arbeitsplatte, auf der das Essen aber nicht mehr angerichtet, sondern maximal buffetförmig präsentiert wurde. Seither gibt es *Sideboards.* Wer eines kaufen will, sagt auch meistens ›*Sideboard*‹, da ja kein Serviertisch erworben werden soll, sondern ein dezenter Kleinschrank, dessen Präsenz demonstrieren soll, dass man nicht zu den Massivwandschrankenthusiasten gehört.

Leider okkupiert ›*Sideboard*‹ auch ungerechtfertigt das Terrain von ›Kommode‹. Eine solche hat aber, anders als das *Sideboard,* das sich auch offen anbieten kann, immer eine Front aus Schubladen, die eine kommode, also bequeme Zugänglichkeit alles Eingelagerten garantieren.

FUNDSTÜCKE

»Stylishes Designer Sideboard *mit Schiebetüren im eleganten Retro Look aus der White Club Serie, gefertigt aus hochglanzpoliertem MDF, Eisen und ESG Glas.«* accento.de (5-2007)

*»CD-*Sideboard*; Das platzsparende Raumwunder hat Platz für 1032 CDs oder 272 VHS-Video-Cassetten oder 472 DVDs und setzt zudem in jedem Wohnraum Akzente!«* astore.amazon.de (5-2007)

Sightseeing

Engl. *sightseeing*: Besichtigung (von Sehenswürdigkeiten)

SPRACHGEBRAUCH

Seitdem der nachkriegserholte Deutsche in den 50er Jahren die touristisch erschließbare Welt zu erobern begann, wurde ihm mit ›*Sightseeing*‹ ein angenehm undeutsches Wort angedient, mit dem er seine Schaugelüste modernistischer als zuvor mit ›Besichtigung‹ bezeichnen konnte, dem etwas Museales anzuhaften schien. ›*Sightseeing*‹ entdeckte der deutsche Tourist in allen Ländern, die überhaupt auf Tourismus, jedweder Provenienz, sich durch Touristenenglisch einzustellen wussten. Alle auch wenig nennenswerten Städte in Deutschland bieten seit den 80er Jahren und einem professionalisierten City-Event-Marketing heute *Sightseeing*-Touren oder *Sightseeing*-Trips an.

FUNDSTÜCKE

»Mit dem Nachtwächter durch Osnabrück: siehe unter Sightseeing *& Kultur.«* hotelremarque.de (1-2007)

»Was Kinder beim Sightseeing-*Trip wollen? Wie die Erwachsenen auch: Abwechslung und Unterhaltung.«* wien.info (1-2007)

Silence

Engl. *silence*: Ruhe, Schweigen, Stille, Silentium

SPRACHGEBRAUCH

Eine laute Gesellschaft kann mit Stille Geld verdienen, muss aber beim Marketing sprachliche Alternativen haben, damit es nicht langweilig wird. Meditativ-beschauliche Dienste, immer wieder Popgruppen und Musikstücke selbiger, aber auch Möbelfirmen, Unterhaltungselektronikanbieter und Lärmschutzproduzenten reklamieren ›*Silence*‹ für sich.

FUNDSTÜCKE

»Silence *Berliner Haustierbestattung: Kleintierbestattungen, Tierfriedhof Berlin – Abschied in Würde.*« silence-tierbestattung.de (1-2007)

»the end of silence – *crossover, hardcore, punk: Christliche, aus Norddeutschland stammende Band, die auf ihrer Homepage neben Hörproben, Bildern und Gästebuch auch Stellung bezieht zu ihren Wurzeln.*« theendofsilence.de (1-2007)

»Silence *Phone Box Sessel – Zum Telefonieren, Diktieren, Lernen und Denken: Wer einmal dringesessen hat, möchte am liebsten nicht mehr heraus.*« abitz.com (1-2007) Es handelt sich um einen Sessel mit Schall absorbierenden Seitenscheiben für öffentliche Gebäude, produziert in Finnland.

Simplicity; Simplexity

Engl. *simplicity*: Einfachheit; Naivität; Schlichtheit

SPRACHGEBRAUCH

Das internationale Trendmarketing fand irgendwann in den 90er Jahren, dass ein immer schon bei Besserverdienenden zu diagnostizierender Hang nach minimalistischen Designobjekten einen Trendnamen verdient hätte, damit qua medialer Bündelung alle Käufer solcher Objekte merkten, dass sie perfekt trendkonform konsumieren. Damit aber auch einige, die sich bisher nicht trauten, genau solche Objekte zur Identitätsstärkung kaufen. So las man einige Jahre gehäuft ›*Simplicity*‹. Erst in Berichten über Design und Architektur, nebenher über Mode, dann über Medientechnologie und Medienkonsum.

Weil aber nach der Jahrtausendwende schon oft genug ›*Simplicity*‹ gesagt worden ist, sagten sich einige Trendforscher, zunächst amerikanische, in Folge deutsche, dass etwas Frisches hermüsse, und sagten ›*Simplexity*‹ zur *Simplicity,* behaupteten aber, sie meinten etwas anderes. Immerhin: ›*Simplexity*‹ erinnert an Komplexität und scheint eine anspruchsvollere Form der Simplizität zu sein, was das Verständnis des Phänomens aber nicht einfacher macht. Was aber nichts macht, da ganz simpel das Reden über Einfachheit weitergehen muss, wenn Trendforscher etwas zu reden haben wollen.

FUNDSTÜCKE

»*Das Trendbüro Hamburg hat* Simplexity *als Thema ihres diesjährigen Trendtages ausgerufen.*« flyingsparks.wwwfiles.de (3-2006)

»*Optionismus und* Simplicity *hätten an Attraktivität verloren, so heißt es. Während 2002 laut Studie noch versucht wurde die Anforderungen des modernen Alltags wie Effizienz und Mobilität im privaten Umfeld widerzuspiegeln, werden*

diese Anforderungen inzwischen anscheinend als zu anstrengend empfunden.«
moebeldirekt.co.at (9-2005)
› **Slomo**

Site

Engl. *site*: Baustelle; Gelände; Ort, Standort, Stelle

SPRACHGEBRAUCH

Seit es Websites gibt, sprechen die, die es sprachökonomisch kurz lieben, auch schlicht von ›*Sites*‹.
Wir sagen ›*die Site*‹; richtiger wäre aber ›der *Site*‹, wenn ›Ort, Platz, Standort‹ als die geläufigsten Übersetzungen das Genus liefern sollen. Warum heißt es aber ›*die Site*‹? Weil die meisten deutschen Sprecher engl. *page* (›Seite‹) und engl. *site* für Synonyme halten.
Für Insider: Eine *Microsite* ist eine *Site* in einer *Site:* Ein Werbekunde kauft sich auf einer Website einen kleinen Platz, der aussieht wie eine richtige, eigene kleine Website.

Sit-up; Sit-Up

Engl. *sit-up*: Rumpfheben

SPRACHGEBRAUCH

Sit-Ups kennt der deutsche Fitnessjünger schon seit den 70er Jahren. Macht jemand *Sit-Ups,* exerziert er ein anstrengendes (aber nicht empfehlenswertes) Bauchmuskeltraining. Selbst untrainierte Deutsche wissen heute im Groben, was gemeint ist. Die effektivere und den Rücken schonendere Form des Bauchmuskeltrainings nennt sich ›Crunches‹ oder ›Bauchpressen‹ (was aber auch kein ernstzunehmender Fitnessjünger sagt).

FUNDSTÜCK

»Als der Liebe Gott Gehirn verteilt hat, warst Du gerade am Sit-Up-*Machen.«*
Beurteilung von Super-Ingo, einem Möchtegern-Supertalent aus einer RTL-Show, durch den Juroren Dieter Bohlen (10-2009)
› **Sixpack**

Sixpack

US-Engl. *sixpack:* Sechserpack (Gebinde aus sechs Getränkedosen, zumeist Bier); Bauchmuskelgruppe‹

SPRACHGEBRAUCH

Die deutschsprachigen Benutzergruppen des Wortes unterscheiden sich gründlich in ihrer Lifestyle-Orientierung: Wer mit dem trinkbaren *Sixpack* vertraut ist, schert sich meist nicht um die Wohldefiniertheit der gleichnamigen Bauchmuskelgruppe, deren Sichtbarkeit als das Signum des fettarm-fitten Gegenwartsmannes gilt.

FUNDSTÜCK

»MensHealth.de macht Männer fit: Mit Tipps fürs Sixpack, *Waschbrettbauch, Bauchmuskel-Training, Bizeps, Laufen, Fatburning, Fettverbrennung, Workouts.«*
menshealth.de (10-2006)
› **Sit-up**

Size

Engl. *size*: Ausmaß; Dicke; Größe; Kleidergröße; Maß; Stärke

SPRACHGEBRAUCH

Seit den 60er Jahren werden jugend- und freizeitaffine Kleidungsstücke mit amerikanischen Größenangaben in Deutschland vermarktet. Etiketten, Produktbeschreibungen, Werbung – alle

nutzen ›*Size*‹ und halten es sprachlich am Leben, wiewohl kein jugendlicher Käufer einen anderen danach fragt, welche *Size* er denn bei Jeanshosen habe.
An Bedeutung zugenommen haben ›*Oversize*‹ und ›*oversized*‹, was größtenteils der Übernahme amerikanischer Ess-Sitten zu schulden ist (› All-you-can-eat).
Die Größenbezeichnung ›*Kingsize*‹ für Zigaretten hat sich aus der Werbung langsam zurückgezogen; sie ist auch nichtssagend, denn ›*Kingsize*‹ bezeichnet schlicht das Format einer Normalzigarette mit Filter.
Im Vormarsch hingegen ist ›*Supersize*‹. Unterstellt wird deutschen Konsumenten dabei mittlerweile die gleiche Mehr-ist-besser-Mentalität, wie sie auf dem US-Markt erfolgreich ist.

FUNDSTÜCKE

»*Positioniert sind die banner an attraktiven stellen: der* fullsize-*banner steht ganz oben auf der seite und wird somit als eines der ersten seiten-elemente geladen und dargestellt. den* halfsize-*banner und den scyscraper findet man in der rechten kampagnen-spalte.*« hamburg.eins.de (10-2006) Engl. *scyscraper:* ›Wolkenkratzer‹; hier: hohes, schmales Werbeformat am Rand einer Web-Seite; beachtlich die anglo-kokettierende Kleinschreibung.
»*King-*Size *Zigarettenhülsen aus Hanfpapier für den geschmacksneutralen Genuss.*« zigaretten-huelsen.de (1-2007)

Skin

Engl. *skin*: Fell; Haut; Verkleidung

SPRACHGESCHICHTE

Engl. *skin* und dt. ›schinden‹ sind verwandt. Ein Schinder war ehedem der Fachmann für das Abziehen von Tierhäuten, heute ›Abdecker‹ genannt. Wer schindete, war aber im übertragenen Sinne auch schon im späten Mittelalter einer, der Menschen bis aufs Blut quälte: »*In der figürlichen Bedeutung ist Schinder, in der harten und verächtlichen Sprechart, ein jeder, der in dem Nießbrauche oder Handel und Wandel die Gränzen der Billigkeit auf eine grobe Art überschreitet.*« (Adelung, Grammatisch-kritisches Wörterbuch) Der Schinderhannes, jener berüchtigte Räuber des späten 18. Jahrhunderts, zeugt von dieser Bedeutungserweiterung.

SPRACHGEBRAUCH

Mental rechtslastige jüngere Menschen mit glatt rasierten Schädeln und schwerem Schuhwerk heißen in Deutschlands seit Mitte der 80er Jahre ›*Skinheads*‹. Die Kurzform heißt ›*Skin*‹. Die Medien nutzen Lang- wie Kurzform. Der newsrezipierende Deutsche kennt den Ausdruck.
Die Kosmetik- und Beautybranche produziert hautpflegende Mittel, die ›*Skin*‹ als Namensbestandteil nutzen.
Der Computer hat eine weitere Semantik geliefert: *Skins* sind hier Oberflächenstrukturen von dreidimensionalen virtuellen Objekten, wie Figuren in einem Computerspiel, deren Haut oder Fell entscheidend für die naturgetreue optische Wirkung ist. Von überragender sozialer Bedeutung sind *Skins* seit der Jahrtausendwende auch für die Hunderttausende Bewohner virtueller Computerwelten, deren Stellvertreteridentitäten nur dann von anderen beachtet

werden, wenn sie eine perfekt simulierte samtige Haut vom Websitebetreiber erworben haben.
Trendige digitale Geräte wie Handys, MP3-Player und Laptops können mit *Skins* aus farbigem Plastik optisch den Geschmackspräferenzen ihrer Besitzer angepasst werden.

FUNDSTÜCKE

»Resurfacing, Laser, Pulslicht, Skin *Resurfacing, Mit dem so genannten kalten weil besonders schonenden Laserstrahl mit geringem thermischen Shrinking Effekt.«* laserwelt.com (2-2007) Engl. *resurfacing* heißt eigentlich ›wieder auftauchend‹; engl. *surface* meint ›Oberfläche‹ und ›Wasseroberfläche‹. Das Wörtchen ›*Resurfacing*‹ ist aber überkodiert: Es schwingen mit engl. *face* (›Gesicht‹) und engl. *facing* (›Oberfläche‹). Wenn hier ein Resurfacing versprochen wird, freut sich die native Englischsprecherin wahrscheinlich darauf, dass sie mit einem neuen Gesicht aus einem Laserpulslichtbad erwacht.
»perfect skin *– der Qualitätsstandard für dauerhafte Haarentfernung und Hautverjüngung.«* perfectskin.de (2-2007)
*»eVo2 Wild Side Diva iPod-*Skin *aus pink-weißem Silikon, für iPod 4G 40GB/ iPod photo 40/60GB, Gear4 Jumpsuit Plus Silikon-*Skin *für iPod 5G 30GB – schwarz.«* preisvergleich.org (2-2007)
Die Übersetzung der zweiten Produktbezeichnung müsste so lauten: »Viergang-Fallschirmspringeranzug-Plus-Silikon-Haut.«

› **skinny**

skinny

Engl. *skinny*: dünn; hauteng; mager, schlank, spindeldürr
Engl. *to grow skinny*: abnehmen, sich schlank hungern

SPRACHGEBRAUCH

Alles, was speckarm daherkommt, gleich ob als Mensch oder Produkt, verspricht Mobilität, Flexibilität, Modernität. Da engl. *slim* (›schlank‹) schon lange arg überstrapaziert wurde, suchte das Marketing nach Alternativen und fand sie mit ›*skinny*‹. Der modische Diskurs hat aktuell seine Probleme mit ›*skinny*‹ angesichts einer Reihe an Unterernährung dahingeschiedener Jungmodels Anfang 2007. Denn hautenge Mode ist nun mal nur bei speckarmer Füllung von der Attraktivität, die auf dem Laufsteg vorbildhaft präsentiert wird.
Im Sprayerjargon sind *Skinnies* Aufsatzdüsen für Farbspraydosen, die für schmale Konturen konstruiert sind.

FUNDSTÜCKE

»Slim & Leggins – Der Skinny-*Trend: Kate Moss war eine der ersten Anhängerinnen, die mutigsten Fashion-Victims sind ihr gefolgt. Jetzt hat der* Skinny-*Trend die Straßen erobert. Ob hautenge Jeans oder Leggins: EIN Modell der Slim-Mode sollte jede modebewusste Städterin, die etwas auf sich hält, in ihrem Schrank hängen haben.«* gofeminin.de (1-2007)
»Feinster Skinny, *verstopft leicht, bestes Cap für kleinste Details.«* inflammable.com (2-2007)

› **slim**

Skywalker

Engl. *skywalker*: (wörtl.) Himmelswanderer

SPRACHGEBRAUCH

1978 begann sich der *Star-Wars*-Mythos in Deutschland zu verbreiten. Zwei der Hauptpersonen: Anakin *Skywalker* und sein Sohn Luke *Skywalker*. Erstgenannter wandelt sich zur Verkörperung des Bösen namens *Darth Vader* (›der dunkle Papa‹). Millionen von *Star-Wars*-Fans in Deutschland haben ›*Skywalker*‹ in ihren Wortschatz integriert. Tausende haben den Namen als Nickname adaptiert. Da der Name ›*Skywalker*‹ nicht als Markenname geschützt ist, gibt es Artisten, Unterhaltungselektronikhersteller und Hanfsamenanbieter, die sich bedient haben.

FUNDSTÜCKE

»Skywalker *Falko Traber, Hochseilschau, Atemberaubende Spannung, absolut professionelle Artistik und Action pur. Weltrekorde, Guinessbuch der Rekorde.*« skywalker.de (2-2007)

»*VCD-Player + CD-Player + MP3-Player. X4-TECH* Skywalker, *Multimedia-Player mit drei Geräten in Einem.*« golop.de (2-2007)

»Skywalker *Hanfsamen von Dutch Passion. Beschreibung:* Skywalker *ist eine Hybride aus einer weiblichen Mazar und einer männlichen Blueberry.*« herbal-nature.com (2-2007)

Sleep-Shirt

Engl. *sleep shirt*: Schlafhemd; Nachthemd

SPRACHGEBRAUCH

Wer will schon, so er nicht das Präseniorenalter überschritten hat, ein Nachthemd kaufen und ›Nachthemd‹ sagen müssen? Genau. Außerdem: Das *Sleep-Shirt* ist gleichsam die Minirock-Variante des alten Nachthemdes; manche deutsche Frau requiriert auch XXL-T-Shirts des Gemahls und nutzt sie als *Sleep-Shirt*. Sie weiß aber meist nicht, dass sie das Ding ›*Sleep-Shirt*‹ nennen könnte.

FUNDSTÜCK

»*Mit diesem Ringella Umstands*-Sleep-Shirt *als Nachtwäsche kann die Schlafenszeit gar nicht schnell genug kommen. Für den jugendlichen Esprit sorgen der witzige Aufdruck sowie die frische Farb-Kombination.*« paradisi.de (1-2007)

Sleeptimer; Sleep Timer; Sleep-Timer

Engl. *sleep timer*: Schlafzeitschaltuhr

SPRACHGEBRAUCH

Elektronische Geräte haben oft, weil es so billig ist, einen Wecker eingebaut. Der nennt sich dann aber, weil sich das Imageprofil auch von der im Englischen gängigen *alarm bell* (›Wecker‹) absetzen soll, neuenglisch ›*Sleeptimer*‹. (Erst leidet die englischsprachige Welt unter dem Neuwortfindungswahn, dann der Rest.) Natürlich haben auch Computer einen *Sleeptimer* eingebaut.

FUNDSTÜCKE

»*Das Shutdown Tool* Sleeptimer *Ultimate ist ein klassischer, kostenloser* Sleep Timer *für den Windows PC, was diesen nach einer bestimmten Zeit herunterfährt.*« sleeptimer.worldwidebyte.de (1-2011)

»*Einschlafen mit deiner Lieblingsmusik.* SleepTimer *schaltet die Musik nach ei-*

ner bestimmten Zeit aus.« androidpit.de (1-2011)

Slide; Slider

Engl. *slide*: Dia; Folie; Schlitten (technisch); Schieber
Engl. *slider*: Schieber; Gleitstück

SPRACHGEBRAUCH

Bis zur Durchsetzung der filmlosen Digitalkamera gegen Ende der Nuller Jahre sprachen Fotoenthusiasten statt von ›Dias‹ immer wieder auch von ›*Slides*‹. Das ist vorbei. *Slides* existieren heute nur mehr als Bildschirm-Bild-Miniaturen, die auf einem Datenspeicher abgelegte größere Bilddateien überschaubar repräsentieren. Stellt man mehrere *Slides* zusammen, so betrachtet man eine *Slide* Show.

Gitarrenfreunde kennen die *Slide*-Gitarre, womit nicht eine besondere Gitarre, sondern ein gleitender Spielstil gemeint ist, der durch Zubehör wie Bottlenecks (›Flaschenhälse‹), Fingeraufsätze aus glattem Material, ermöglicht wird.

Handy-Maniacs, also süchtige Mobiltelefonmehrfachbesitzer, kennen das *Slider*-Handy oder neuerdings das *Slider*-Smartphone, womit eine Schlittenkonstruktion gemeint ist, die es erlaubt, durch eine gleitende Auszugsbewegung von der kompakten Taschengröße zur Telefonier- oder Tastaturdimension zu gelangen.

FUNDSTÜCKE

»Das einzigartig ausgearbeitete Gerät Total Slide *bietet 14 Übungsvarianten ... Einer für alles – Total* Slide.*«* discount24.e (7-2006) Gemeint ist ein Heimkrafttrainer, der auf einer Schlittenkonstruktion basiert: Eine Sitzplatte wird durch Muskelkraft eine schräge Basisplatte hochgezogen.

»AIDeX Slide-*Show ist ein kleines Freeware-Programm zum Betrachten von Bildern ...«* aidex.de (8-2006)

»MP3-Player mit integrierten Slide-*Out-Lautsprechern.«* Karstadt-Prospekt (9-2006) Gemeint sind Lautsprecher, die entlang einer Schiene ausgeklappt werden.

slim

Engl. *slim*: dünn, mager, schlank

SPRACHGESCHICHTE

Engl. *slim* und deutsch ›schlimm‹ sind miteinander verwandt. Bindeglieder sind niederländisch *slim,* was ›betrügerisch, verschlagen‹ meint, und mittelhochdeutsch *slimp* (›schief, schräg‹). Vom Schiefen zum metaphorisch Schiefen, also Herumkrückenden und Verschlagenen, ist es nie weit. Aber wie kommt man von da zur Schlankheit, die ja erst aufrecht sich angemessen manifestiert? Erst in den 30er Jahren okkupierte eine erste Schlankheitswelle engl. *slim,* um eine schlanke Figur im positiven Sinne zu bezeichnen. Die sprachumbildende Macht der Werbung ist schon damals bemerkenswert.

SPRACHGEBRAUCH

In den 70er Jahren schwappte aus den USA die Fitness-Welle zu uns, deren Unterströmungen aus Muskeln (männlich) und Fettarmut (weiblich) bestehen. Seither gibt es Kleidungsstücke, Nahrungsmittelergänzungsprodukte und schweißtreibend zu bedienende Geräte, die allesamt Schlankheit versprechen

und ›*slim*‹ in mancherlei Kombinatorik nutzen.
Heute wissen sowohl die Schlankheitsbewussten wie die sich danach Sehnenden, wie schlimm es ist, nicht auf *Slim*-Anpreisungen zu achten.
Wer mit *slimmer* Körperkontur aufwartet, darf Kleidungsstücke tragen, die eng oder körpernah geschnitten sind. Das heißt seit etwa 2000 auch ›*slim* fit‹.
Auch technische Produkte werden mit *Slim*-Versprechungen beworben: Alles, was schlank ist, soll einfacher zu handhaben sein als die mit Features überladene Konkurrenz. Geräte sind dann Vertreter eine besonderen *Slim-Line*.

FUNDSTÜCKE

»DVD-Rohlinge im Slim *Case sofort ab Lager lieferbar.«* schoenherr.de (2-2007)
»Durch die edlen Aluminium-Seitenblenden des neuen Metz Astral 72 Slim *kommt das schlanke Gehäuse der* Slim-*Line (39,9 cm) ganz hervorragend zur Geltung.«* metz.de (2-2007)
»2 Spaghetti-Tops slim *fit, feine Baumwoll-Qualität.«* tchibo.de (6-2007)
»Hama Steckerladegerät Delta Slim*: € 35,99.«* shop.schwab.de (2-2007)
› **skinny**

Slip

Engl. *slip*: Ausrutscher; Fehler; Kontrollabschnitt; Schlupf; Schnitzer; Unterrock
Engl. *brief*: Kurzanweisung; Slip

SPRACHGEBRAUCH

Wieder ein Wort für die Scheinanglizismenjäger: Engl. *slip* heißt nicht ›Unterhose‹. ›Unterhose‹ heißt *briefs* oder *pants*. So wird von deutschen Lexika behauptet. Haben die Deutschen nun entlehnt oder übersetzt? Noch in den 60er Jahren trugen Frauen Schlüpfer. Aber bereits seit den 50er Jahren begann die Werbung, sich des englischen *slip* zu bedienen. Kann man angesichts der gemeinsamen Semantik des leichten Hineingleitens nun sagen, die Deutschen hätten falsch übersetzt? Ist englisch *slip* in der Bedeutung ›Unterrock‹ nicht eine sprachunpraktische Einengung des Begriffs? Ist nicht vielmehr eine Unterhose der wahrere *Slip* als ein Unterrock, in den frau sich wg. Spaghettiträgern umständlich hineinnesteln muss?
Eine Besichtigung gegenwärtiger englischer und amerikanischer Versandhaus-Websites offenbart: Man hat es begriffen. *Slips* sind dort zumeist Unterhosen für beiderlei Geschlecht, sodann auch knapp geschnittene Badehosen.
Wo engl. *slip* noch ›Unterrock‹ heißt, geht es altdamenhaft-bieder zu: Neben Korsettts finden sich da unförmige Lappen, die *slip* geheißen sind. Da haben wir Deutschen mal wieder gezeigt, was mit dem Englischen besser anzufangen ist.
Der kanadische Schwulen(*gay*)-Bekleidungsversand *priape* (Priapos: griech. Gott der Fruchtbarkeit; gerne mit erigiertem Penis dargestellt) bietet an: den *Aussie Bum Classic Slip* für 28 kanadische Dollar. (Hunderte seriöserer Internet-Quellen für *Slip*-Verwendung im englischen Sprachraum spare ich mir.)
Globale Gerechtigkeit: Das jüngere Deutschland lernt jetzt auch den *Brief* kennen; hiesige Trendmodeversender nutzen das Wort ungehemmt.

FUNDSTÜCKE

»Mit diesem Slip *macht Mann auf dicke Hose: Frauen schummeln mit Push-up-BHs, jetzt sind die Männer dran! Marks & Spencer bietet den ›Bodymax‹-*Slip *an, der einen größeren Penis vortäuscht.«* bild.de (1-2011)

»Willkommen in der String, Tanga und Slip *Community Strickschlüpfer.de. Bei uns findest du Bilder von Tangas, Stringtangas,* Slips *und vieles mehr.«* strickschluepfer.com (9-2008)

»3 Pack Slip *Underwear (Turkey) 3 Pack* Slip *Underwear; 3 pack man bikini* slip*; %100 cotton.«* alibaba.com (2-2007) Der chinesische Webversender arbeitet als Global-Grossist.

»In einer Zeugenaussage aus den Dokumenten vom Donnerstag hieß es, junge Frauen hätten bei einer Party in einer Villa des Regierungschefs nur mit BH und Slip *bekleidet getanzt.«* ftd.de (1-2011)

› **Pants; Shorts**

Slipper

Engl. *slipper*: Pantoffel; Latsche; Pumps

SPRACHGEBRAUCH

In den 60er Jahren durften Männer in Deutschland endlich den formalen Herrenschuh – zunächst nur in der Freizeit – ablegen. Es gab den *Slipper*, einen Halbschuh ohne Schnürung, manchmal mit eingearbeitetem Gummizug. Wieder ein Scheinanglizismus – der Engländer sagt *loafer* oder *casuals* zum lockeren Halbschuh –, aber ein hoch plausibler. In seiner Konstruktion ist der deutsche *Slipper* dem englischen *slipper* (›Hausschuh‹) deutlich verwandt. Man könnte sagen: Der bequeme Latschen des Engländers wurde in Deutschland straßentauglich gemacht.

Ein Schein-Re-Import des Scheinanglizismus *Slipper* nach England ist derzeit nicht abzusehen. Dafür haben wir den *Loafer* heimisch gemacht. Letztgenannter kommt, wie zu erwarten, in tendenziell trendigerem Design daher.

Showy Lady's Slipper ist eine üppige, protzig wirkende (engl. *showy*) Gartenorchidee namens *Cypripedium reginae*, in Deutschland unter Floraphilen eher unter ›königlicher Frauenschuh‹ bekannt. Je nach Temperatur variiert im Frühjahr die Farbe der Blütenlippe. Auffällig auch das kräftige, drüsig behaarte Laub.

FUNDSTÜCK

»Die Kass Aprés Shred Slipper*, versprechen den Füssen nach einem anstrengenden Tag auf dem Berg Komfort. Tara wendet sich mit ihrem dritten Boot wieder traditionellerem Style zu, wenngleich er dank ausgewählten Materialien und Technologien nach wie vor Aufsehen erregen wird. Z. B. mit der neuen Vans Flight Core Air Snowaffle Sohle, die das Gewicht der Sohlenpartie gegenüber vorheriger Modelle um 30% verringert, und gleichzeitig mehr Oberfläche für mehr Grip bietet.«* blue-tomato.at (2-2007) Interessant die Prägung ›*aprés shred*‹, was man ›nach dem Herumfetzen‹ übersetzen darf; es geht um leichte Schuhe, die nach dem Snowboarden getragen werden sollen.

Slogan

Engl. *slogan*: Losung; Schlagwort; Slogan; Werbespruch

SPRACHGESCHICHTE

Im Englischen um 1513 nachgewiesen; von gälisch *sluagh-ghairm* (Schlachtschrei von schottischen oder irischen Clans); von *sluagh* (›Armee; Kampfhorde‹) und *gairm* (›Schrei‹).

Im übertragenen Sinne von ›unverwechselbare Wortmarke oder werbliche Losung einer politischen oder anderen Gruppe‹ zuerst 1704 nachgewiesen.

Ins Deutsche dringt *slogan* in den 50er Jahren über den Sprachgebrauch der Medien ein: *»Heute noch hört sie ihren schlichten Werbespruch –* Slogan *würden wir heute sagen.«* Hamburger Abendblatt (5.4.1958) Zit nach: Anglizismen-Wörterbuch, Bd. 3, S. 1332.

SPRACHGEBRAUCH

›*Slogan*‹ hat sich im Deutschen sowohl gegenüber ›Werbespruch‹ als auch gegenüber ›Claim‹ durchgesetzt.

FUNDSTÜCKE

»Sloganizer.net – Instant Slogans *mit dem* Slogan *Generator: Sloganizer.net generiert mit 1 Klick einen* Slogan *zu Ihrem Begriff.«* sloganizer.net (1-2006) Es lohnt sich, den Sloganizer zu nutzen, um sich die Beliebigkeit und Austauschbarkeit von *Slogans* zu vergegenwärtigen.

*»Der Olympus-*Slogan *lautet: ›Your Vision, Our Future‹. Ist es reiner Zufall, dass unser eigener* Slogan *so gut dazu passt? Sicher nicht.«* soft-imaging.net (1-2006)

Slomo; SloMo

Kurzwort für engl. *slow motion*: langsame Bewegung; Zeitlupe

SPRACHGEBRAUCH

Deutschsprachige Filmfreunde kennen engl. *slow motion* (›Zeitlupe‹). Film-Insider sagen daher meist auch nicht ›Zeitlupe‹. Zum Verständnis der Kurzform ›*Slomo*‹ bedarf es aber eines avancierteren Fan-Levels.

Seitdem das Internet und seine User von Usern originelle Usernamen erwarten, hat ›*Slomo*‹ eine Karriere als ebensolcher gemacht. Nutzer von ›*Slomo*‹ müssen nicht wissen, was das Wort bedeutet. Sie tun es auch oft nicht, wie der Autor durch drei Testmails probeweise eruierte.

FUNDSTÜCKE

»Jack Daniel's Slomo-*Strategie: Ist das Warten unvermeidlich, soll es zur schönen Nebensache werden.«* spiegel.de (9-2002)

»Jacksons Gegner fällt in SloMo. *Blut klebt in seinem Gesicht bis zu seinem Hals. Dann dreht Li den Arm in* SloMo, *springt hoch in die Luft …«* schnittberichte.com (1-2006)

›Simplicity

Slot-Car; Slot-Car-Racing

Engl. *slot car*: Slot-Car

Engl. *slot car racing*: Slot-Car-Rennen

SPRACHGEBRAUCH

Seit 1963 kennen deutsche, meist männliche Kinder die *Carrera*-Autobahn. Hier wurde *Slot*-Technik eingesetzt: Ein Schlitz in der Fahrbahn nimmt den Stromabnehmer des Autos auf und hält dieses während der Fahrt so lange in der Spur, bis die Beschleunigungskräfte den Wagen bei einer zu schnell gefahrenen Kurve aus der Bahn katapultieren. *Carrera* ist heute Weltmarktführer bei *Slot-Car-Racing*-Anlagen. In den 80er Jahren benannte sich *Carrera* in *Carrera Century Toys GmbH* um, expandierte auf dem Weltmarkt und adaptierte die international geläufige Bezeichnung *slot car racing*. Unter Fans geläufig, unter Kunden zwischen 10 und 60 Jahren einigermaßen bekannt, von Computerspielen kaum bedroht, Überleben wahrscheinlich.

FUNDSTÜCK

»Mit Slot Car Racer *von Madbeetle kommt die Carrerabahn auf dein Smartphone!«* mysmartphone.ch (2-2006) Es handelt sich um ein Computerspiel für Handys mit Farbdisplay.

Slum

Engl. *slum*: Armenviertel, Elendsquartier, Ghetto, Notunterkunft, Slum

SPRACHGEBRAUCH

Nach dem 2. Weltkrieg berichten deutsche Medien auch über die Mängel der Siegermächte. Entdeckt wird der *Slum* der amerikanischen Großstadt, dessen Elend veränderungsresistenter erscheint als das Bombentrümmerchaos, dem man sich in Deutschland aufbaubewusst zu stellen gelernt hat.

Heute sind es eher die *Slums* südamerikanischer, südafrikanischer oder asiatischer Agglomerationen, über die vermittels der Bilder auswechselbar elender Familien mit großäugigen Kleinkindern vor Wellblechfassaden berichtet wird. Der Deutsche weiß, was ein *Slum* ist. Vor allem etwas, das weit weg von der eigenen Haustür zu sein hat.

2008 lockte der indische Film *Slumdog Millionaire* das gehobene Kinopublikum vor die Leinwand. Das Feuilleton stützte den Trend. Ein indischer Junge rät sich in einer Quizshow aus dem *Slum* zu Neid erweckendem Reichtum. ›*Slumdog*‹ ist kaum übersetzbar. ›Armer Hund aus dem Slum‹ wäre eine korrekte, aber steife Übersetzung. So blieb der englische Titel für den deutschen Markt erhalten.

FUNDSTÜCKE

»Die meisten Slums *sind an Ufer- oder Eisenbahnböschungen entstanden, auf die normalerweise kein privater Besitzer Anspruch erhebt.«* aerzte-dritte-welt.de (2-2007)

Slush-Ice

Engl. *slush ice*: Schneematsch-Eis, Slush-Ice

Engl. *slush*: Schlamm; Schneematsch; Schmiere; Schmonzette; Sorbet-Getränk

SPRACHGEBRAUCH

Gemeint ist ein dickflüssiges Erfrischungsgetränk aus Wasser, Zucker, Farb- und Aromastoffen, das durch starke Kühlung und beständiges Umrühren in einem halbgefrorenen Zustand zum Verkauf angeboten wird. Bis vor etwa zehn Jahren hieß dieses sowohl farblich wie geschmacklich quietschige Zeug irgendwie gar nicht. Die Italiener hatten den Drink nach Deutschland importiert; in Italien nannte und nennt er sich *granita*, aber um die nationalsprachlich orientierte Produktvermarktung hatten sich die Südländer nicht richtig bekümmert. Kinder in deutschen Einkaufszonen zeigten ehedem auf die meist halb draußen aufgestellten Rührautomaten, Eltern zückten resigniert die Geldbörse. Dann wurde die kalt-süße Brühe zum Zeitgeistdrink erhoben. Bistros, Bars, selbst Wellness-Einrichtungen begannen, Rührautomaten, so genannte Granitoren, aufzustellen, die nun unter dem Label ›*Slush-Ice*‹ angepriesen wurden. Um die Kernbezeichnung haben sich Ableitungen wie ›Frozen Slush‹, ›Slush Machine‹, ›Monsterslush‹ oder ›Slush Mug‹ (eine spezielle Tasse) gruppiert.

Kinder bestellen heute fast spuckfontänenfrei ein *Slush-Ice Strawberry,* also ein Erdbeer-Matsch-Eisgetränk. Bestellten sie ein Sorbet, wüsste die Bedienung nicht, was gemeint ist, obwohl das wohl klingende Wörtchen bis aufs arabische *sarbat,* ein gekühltes und gesüßtes Fruchtsaftgetränk, zurückzuführen ist.

FUNDSTÜCKE

*»Monster-*Slush-Ice*! Der nächste Sommer kommt bestimmt! Slusheismaschinen der Umsatzrenner für den nächsten Sommer! Also Wirte, Imbiss u. Kioskbetreiber, Marktfahrer etc.: Diese Chance nutzen!«* kleinanzeigen-landesweit.de (6-2007)

*»Das gilt auch im Inneren: Materialien wie die weiche ›*Slush-*Haut‹ des Armaturenbretts fassen sich einfach gut an. ›Wir wollten ein Wohnzimmergefühl erzeugen‹, sagt Bohn.«* focus.de (7-2010) Wie gut, dass niemand weiß, dass ›Slush‹ nicht mehr als ›Schlamm‹ heißt.

› **Smoothie**

Small-Talk, Small Talk, Smalltalk

Engl. *small talk*: Plauderei, Schwatz, Small-Talk

SPRACHGEBRAUCH

Unverbindlich-nettes Geplauder als gehoben-soziale Basiskompetenz kannte der kultiviertere Deutsche auch vor der Durchsetzung von ›*Small-Talk*‹ seit Ende der 60er Jahre. Zunächst beschränkte sich der Gebrauch des Importes aber auf die diplomatischen Nettigkeiten, die TV-präsente Politiker auszutauschen pflegen, während Kameraleute und Fotografen deren bedeutsame Gesten einzufangen suchen.

Erst in den 70er Jahren weitete sich der Gebrauch aus und bezeichnete auch das gepflegt-nichtssagende Wortgeklingel, mit dem man sich in Gesellschaft als netter Gesprächspartner profiliert. Das hatten die Amis schon länger raus, das mit der Unverbindlichkeit – ein Klischee, das jeder USA-Besucher abnicken wird. Gegenwärtig, flankiert auch durch eine allwaltende Promi-Talk-Kultur im TV, gilt *Small-Talk* als Soft Skill, die für den beruflichen Aufstieg unentbehrlich ist. Entsprechend wuchernd der passende Ratgebermarkt.

FUNDSTÜCKE

»Leute, die denken, dass Small Talk *wichtig ist, haben, glaub ich, keine Peilung, worum es wirklich geht im Leben. Verplempern ihre Zeit und Energie mit unnutzem Reden übers Wetter oder: ›bald ist Wochenende‹ oder: ›na, auch erkältet?«* ftd.de (12-2006)

»Gespräche mit Wirkung – Kontakte sind im Business die Basis für Erfolg. Und je-

der Kontakt beginnt mit Small Talk.*«* focus.de (12-2006)
»Ob gewollt oder nicht: jedes Gespräch beginnt und endet mit Small Talk, *so die These von Wolf Lasko, der ein Buch zum Thema* Small Talk *und Karriere verfasst hat.«* karrierefuehrer.de (12-2006)
› **Soft Skills; Talk-Show**

Smartphone; Smart Phone

Engl. *smart phone*: kluges Telefon, Smartphone
Aus engl. *smart* (›clever; klug‹) und engl. *phone* (›Hörer; Telefon‹)

SPRACHGEBRAUCH

Seit der Jahrtausendwende als Gattungsname für telekommunikative Multifunktionsgeräte aus Mobiltelefon, PDA (Personal Digital Assistant), Internetzugangsgerät, meist einem Navigationssystem, mindestens einer digitalen Kamera (Digicam), einem Datenspeicher und einem MP3-Player, aber auf jeden Fall mit Touch Screen, abnehmend mit Mini-Tastatur. Die Versmartung (Neologismus des Autors; ›Klugmachung‹) von digitalem Spielzeug ist ein unendliches Marketingprojekt. ›*Smartphone*‹ wird hier noch viele Jahre seine Griffigkeit beweisen können.

FUNDSTÜCKE

»Welches Smartphone *ist das Beste? Wer setzt die Standards bei den Multimedia-Eigenschaften? Und mit welchem der Super-Phones können Sie am besten telefonieren? In unserem Ranking finden Sie die Antworten.«* chip.de (11-2006)
»o2 Xda Flame: Heißes Smartphone *für kalte Wintertage.«* tecchannel.de (12-2006)
› **Handy**

Smartsourcing

Engl. *smartsourcing*: kluge Beschaffung; cleveres Bezugsquellenmanagement

SPRACHGEBRAUCH

Vom Chef der Deutschen Bank, Josef Ackermann, im Februar 2005 in die deutsche Öffentlichkeit abgestrahlt; er bezeichnet damit die Auslagerung von Stellen an Standorte mit günstigeren Lohnkosten. Wohlklingender kann man den Export von Arbeitsplätzen in Zweit- und Drittweltländer wohl nicht bezeichnen.
Nicht nur Josef Ackermann hat bis zu seiner Pensionierung diverse Bankenkrisen überstanden, auch die Neuprägung hat im Wirtschaftsjargon überlebt. Eine bunte Mischung von Dienstleistungsunternehmern hat sich, das Wort übernehmend, seither etabliert.

FUNDSTÜCK

»Mit Smartsourcing *helfen wir Ihnen, diesen Anforderungen kostengünstig und flexibel gerecht zu werden – kurz-, mittel- und langfristig.«* hotswap.ag (1-2011)

Smile Detection

Engl. *smile detection*: Lächelerkennung

SPRACHGEBRAUCH

Digitale Fotoapparate nehmen dem modernen Knipser zunehmend die Bestimmung der Bildinhalte ab. Zu den als Komfortfunktionen verkauften Features gehört auch die *Smile Detection,* bei der die Kamera sagt, wann die Menschen im Bild hinreichend fröhlich wirken, dass das Foto hernach als Dokument von Fröhlichkeit aller Beteiligten dienen mag.

FUNDSTÜCK

»Hinter dem klassischen Aluminiumgehäuse der Zwölf-Megapixel-Kamera verbergen sich ein optischer Bildstabilisator, fünffach optischer Zoom sowie nützliche Funktionen wie Face Detection, Smile Detection *und Rote-Augen-Reduktion.«* ce-markt.de (7-2009)

› **Face Detection**

Smoking

Engl. *smoking jacket*: Smoking

SPRACHGEBRAUCH

Der Engländer kennt *smoking jacket* und *dinner jacket,* der Amerikaner den *tuxedo.* Gemeint sind Gesellschaftsanzüge aus schwarzem oder nachtblauem Stoff. Der Upper-Class-Engländer des 19. Jahrhunderts aber sah das *smoking jacket* gegenüber dem weit förmlicheren Frack als entspannendes Kleidungsstück an. Zog er sich nach einem Empfang in den Rauchsalon zurück, warf er sich gern ein *smoking jacket* über.

Im Deutschen schliff sich *smoking jacket* sehr schnell zu ›Smoking‹ ab. Alle Sprachen arbeiten derart. Zu kritisieren, dass im Englischen *smoking* nur ›Rauchen‹ bedeutet, wir also von ›*Smoking-Jackets*‹ reden und schreiben sollten, nähme das englische Vorbild ernster, als es der deutsche Sprachgebrauch vormacht. Das kann doch auch nicht im Sinne eines Anglizismenkritikers sein ...?

FUNDSTÜCK

»Ein luxuriöser Smoking *für ›Black-Tie‹-Veranstaltungen nach 18.00 Uhr – klassisch, aber dennoch außergewöhnlich, mit Einknopf-Sakko, Spitzrevers und dem klassischen Galon auf den Seitennähten der Hose.«* herrenausstatter.de (8-2011)

smoothen

Engl. *to smoothen*: glätten; weich machen

SPRACHGEBRAUCH

Musik, die kultiviert entspannende Wirkung mit Zeitgeistaroma haben soll, nennt sich Loungemusik. Ganz früher gab es verwandte Musik, die zum Schmusen geeignet war. Beim heutigen jungen Menschen verschmelzen wahrscheinlich das englische *to smoothen* mit dem deutschen ›schmusen‹. Und dem jungen Menschen entfährt beim entspannt Lauschen dann ein Sätzchen wie *»Das smootht aber gewaltig«.*

Dabei haben *smoothen* und ›schmusen‹ nichts miteinander zu schaffen; das Deutsche hat sich beim Jiddischen bedient. Und da bezeichnet es ein süßliches Herumschwatzen in manipulativer Absicht.

Jüngere Musikjournalisten setzen Neo-Anglizismen wie ›*Smoothen*‹ gerne ein, um sich ein eigensinniges Sprachprofil zu verpassen.

FUNDSTÜCK

»Drei Stunden lang dem Rinderbraten beim Garen zusehen – ausreichend Zeit, um in aller Ruhe drei interessante neue CDs durchzuhören: der Gefälligkeitssaxofonist David Sanborn smootht *auf ›Here & Gone‹ (Decca/Universal Music) herrlich soulig an der Seite von Freunden wie Steve Gadd, Joss Stone und Eric Clapton.«* spiegel.de (9-2008)

› **Smoothie**

Smoothie

Engl. *smoothie*: aalglatter Typ; Schleimer; Fruchtmixgetränk

SPRACHGEBRAUCH

Seit den 60er Jahren gibt es in den USA den *smoothie,* ein Fruchtsaftgetränk mit Fruchtmark, das eine cremige, ›*smoothe*‹ Konsistenz hat. Drang als Produkt und Begriff in den 90er Jahren nach Europa vor. Das Versprechen von gesundem Genuss wird den weiteren Durchmarsch leicht machen. Mittlerweile treten Saftpressen, Rezeptbücher und Fertigprodukte diverser Hersteller mit der Marke ›*Smoothie*‹ in Deutschland auf. Die lautliche Nähe zu ›Schmusi‹ erhöht die Merkfähigkeit und erleichtert die assoziative Aufladung mit diffuser Sympathie. Die reine Lehre der *Smoothie*-Zubereitung ist bereits verlassen: *Smoothies* kommen mit Gemüsesäften, aber auch mit Kaffee (plus Banane, Vanille, Ahornsirup) daher. Der Produktentfaltung und Begriffsverbreitung sind bei solchem Laissez-faire (franz. *laissez-faire:* ›Gedankenlosigkeit; Schlampigkeit‹) keine Grenzen gesetzt.

FUNDSTÜCKE

»*Milchshakes sind out, es lebe der* Smoothie*! Die prickelnden Powerdrinks bestehen aus cremig pürierten Früchten und Gemüsen.* Smoothies *machen munter und sind überaus gesund. Sie sind im Handumdrehen gemixt und die idealen Drinks für Autofahrer.*« move-on.net (10-2006)

»Smoothie *Pro: Das Profi-Gerät der Softdrink-Mixer-Linie* Smoothie *von Barmixern empfohlen.*« kenwoordworld.com (10-2006)

› **Slush-Ice; smoothen**

Snack

Engl. *snack*: Imbiss, Zwischenmahlzeit, Snack

SPRACHGESCHICHTE

Im küstennahen Norden der Republik wird heute noch gesnackt, wenn ein kleines Schwätzchen gemeint ist. Das kommt aus dem Mittelniederländischen, wo *snacken* sowohl ›schnappen‹ oder ›beißen‹ als auch ›schwatzen‹ meinte. Und da kommt auch der englische *snack* her.

SPRACHGEBRAUCH

Seit Anfang der 70er Jahre im deutschen Wortschatz. ›*Snack*‹ wurde zum kulinarischen Leitwort einer großstädtischen Kultur, die für Mahlzeiten weniger Zeit investieren wollte, als ein Restaurantbesuch abverlangte. Einnahmeort war die *Snack*-Bar, ein Ort mit eher anspruchsvollem Dekor, was heute kein Charakteristikum mehr sein muss. Selbst Pommesbuden der 70er Jahre wandelten sich in den 80ern zum *Snack,* der im kulturellen Vakuum schwebenden Kurzform von ›*Snack*-Bar‹.

Sehr trendy wollen die orthographischen Radikalisierungsvarianten ›*Snax*‹ und ›*Snaxx*‹ sein.

FUNDSTÜCKE

»Subs & Snaxx *Imbiss / Fastfood national mit Testberichten und Angebote im Preisvergleich bei dooyoo.de.*« dooyoo.de (1-2008)

»*Sundowner – Der Apfel mit dem Crunch. Sundowner ist ein zweifarbiger Apfel mit einer kräftig roten Färbung. Es handelt sich um einen ganz neuen Apfel, der ideal fürs* Snacking.« crunch-punch.com (2-2007)

»Bio-Kost auf Speed: Muss Imbiss immer ungesund sein? Die ersten Bio-Fastfood-Restaurants beweisen, dass es anders geht – mit Suppen, Salaten und frischen Snacks *ohne Öko-Mief.«* Frankfurter Allgemeine Sonntagszeitung (10-2008)

Sneaker

Engl. *sneaker*: Schleicher

SPRACHGEBRAUCH

Die Freizeitgesellschaft gibt sich sportlich. Und dazu gehört seit den 80er Jahren in Deutschland die Vermarktung von Sportschuhen, die nicht zum Sport getragen werden, sondern zum Lifestyle-Equipment des jugendlichen Stadtschleichers gehören. Es gibt teure *Edelsneaker,* oft als Re-Issues (Neuauflagen) historischer Sportschuhmodelle, die gerne auch ›Retro-Sneaker‹ tituliert werden. Das Tragen prätendiert die Coolness des Trägers. In den USA bereits seit den 50er Jahren bekannt. Der Begriff ist unter trendbewussteren Jugendlichen und Post-Jugendlichen bis in das 40-Plus-Segment hinein bekannt und gehört zum aktiven Wortschatz.

FUNDSTÜCKE

»Der Retro-Sneaker *›Superstar‹ von Adidas wurde 1986 von der Hip-Hop-Gruppe Run DMC mit ›My Adidas‹ besungen.«* Aus einem Interview mit Ursula Bayer, PR Adidassport; in: Jugendbarometer VIVA Schweiz (8-2005)

»Recycelte Sneakers *von Levis: Ab Oktober werden in den Levis Stores weltweit coole Sneakers erhältlich sein, die aus recycelten 501 Jeans hergestellt wurden. Die Schuhe ähneln Converce Chucks und sie sind der Auftakt von weiteren Produkten aus Recyclingmaterial.«* karmakonsum.de (8-2007) Trendnewsproduzenten sollten wissen, dass das Unternehmen *Converse* heißt.

Snob

Engl. *snob*: Snob, aufgeblasener Kerl, Wichtigtuer

SPRACHGEBRAUCH

1848 erschien William Thackerays *Book of Snobs,* eine Satire, die ein Jahr später unter dem Titel *Die Snobs, Prosaskizzen* auch erfolgreich in Deutschland verkauft wurden. Seither kennt der deutsche Leser den zunächst nur zutiefst englischen *Snob,* dessen Typus aber in Folge auch in anderen nationalen Kulturkreisen entdeckt werden konnte. Sehr schnell bildete sich eine ganze Wortgruppe (*Snobiety, versnobt, Snobismus, Snob-Appeal*) um den *Snob.* Alle haben sich bis heute erhalten. Der Typus des modisch-extravaganten, blasierten bis hochnäsigen, durchweg männlichen Großstadtbewohners hat schließlich auch immer wieder neue Verkörperungen gefunden.
Ob in deutschen Texten der *Snob* als verachtenswertes Luxuswesen oder eleganter Gegenkulturvertreter apostrophiert wird, lässt sich nur durch genaues Lesen eruieren. Unsere Kultur produziert zu Moden schließlich permanent die komplementären Anti-Moden.

FUNDSTÜCKE

»Hofnarr der Wiener Snobiety *und verurteilter Mörder: Der Gesellschaftslöwe Udo Proksch brachte mit der Lucona-Affäre die politische Kaste Österreichs ins Wanken.«* welt.de (6-2001)

»Boston: Langweilig und sehr versnobte *Leute.«* cosmotourist.de (1-2011)
»High On Snobiety *T-Shirt, schmale Passform. Gekämmter Single-Jersey.«* wikio.de (1-2011)

Soap Opera; Soap-Opera; Soap

Engl. *soap opera*: Seifenoper; rührselige Familiendramenserie

SPRACHGEBRAUCH

Die US-Medien, zuerst das Radio, seit den 50er Jahren das TV, haben die *Soap Opera* als Sendeformat erfunden. Es geht um gefühlsübersättigte Serien, deren eingestreute Werbebotschaften Hausfrauen sogar während der Hausarbeit zu rezipieren imstande sind. Wer in Deutschland das Wort ›*Soap Opera*‹ benutzt, gehört entweder zum Dunstkreis der Produzenten oder der verdammenden Medienkritiker. Die erfolgreichsten deutschen *Soaps,* wie kennerhaft die Kurzform genannt wird, sind *Lindenstraße, Gute Zeiten – Schlechte Zeiten* und *Marienhof.* Der Fachmann unterscheidet zwischen *Daily Soaps* und *Weekly Soaps;* der Zuschauer nicht. Darsteller in *Soap Operas* nennen sich mittlerweile kokett-halbdistanziert auch bei uns ›*Soapies*‹.

FUNDSTÜCKE

»Gerade bei uns Soapies *fehlt den Leuten die Distanz.«* rp-online.de (9-2002)
»Seife in Form einer Hand preisen sie als Handysoap *unter dem Motto ›Eine Hand wäscht die andere‹ an.«* tagesspiegel.de (7-2007) Gemeint ist ein Seifenstück in Handform, entwickelt von Berliner Produktdesignern.

Soft Skills

Engl. *soft skills*: weiche Begabungen

SPRACHGEBRAUCH

Die Psychologen sagen ›Soziale Kompetenz‹, die Personalberater sagen ›*Soft Skill*‹. Gemeint sind Fähigkeiten, die über den Kern der Arbeitsanforderungen eines Jobs hinausgehen. Die *Soft Skill*-Emphase der 80er und 90er Jahre ist auch als Bewegung gegen eine Fokussierung auf klassische Intelligenztests zu sehen. Die Karriere des EQ (Emotional Quotient) hat seit Mitte der 90er Jahre die Nutzung von ›*Soft Skill*‹ zurückgehen lassen. Die blühende Beraterbuch- und Karrierekurskultur wirft beide nach Bedarf zusammen. Da wenig Menschen ausgeprägte *Soft Skills* haben und der Glaube an die Erlernbarkeit selbiger Qualitäten von ausgeprägter *Soft-Skills*-Armut zeugt, zeugt sich die *Soft-Skill*-Kultur unentwegt weiter fort.

FUNDSTÜCK

»Soft Skills *Training: Kompetenz für Erfolg Berlin, 2 Tage, inkl. 4*Hotel, 850 €.«* raupach.biz (2-2007)

soft; softy; softig; Softie

Engl. *soft*: flauschig, matschig, mild, nachgiebig, schwächlich, weich

SPRACHGESCHICHTE

Das englische *soft*, dt. ›sanft‹ und ›sacht‹, auch niederländisch *zacht,* haben Wurzeln in westgerm. *sanfti* und althochdt. *semfti.*

SPRACHGEBRAUCH

Den *Softie* als den schwächlichen Frauenversteher gibt es sprachlich seit den 70er Jahren, auch als Rollback-Prägung angesichts der ausklingenden Hippie-

Bewegung einerseits, der aufstrebenden Frauenbewegung andererseits.
Das Leben ist hart. Die Waren geben sich weich und anschmiegsam, hautfreundlich und taktvoll, warm und wohlig, gedämpft und gefühlig. So ist vieles *soft,* wenn es nicht aus Gründen der Stabilität und Imagewirkung hart sein muss.
Soll es weicher als weich sein, reicht der Werbesprache ›*soft*‹ nicht aus. Dann wird mit ›*softy*‹ gesteigert. Plausibel ist die Logik: Ein Stoff, der *softy* ist, muss eben als *softiger* Stoff bezeichnet werden. Genau wie ein Kleidungsstück, das trendy ist, eben ein trendiges Kleidungsstück ist.
›*Soft*‹ ist im Kontext des Computerbusiness aber auch als Gegenstück zu ›Hard‹ (samt aller Ableitungen und Zusammensetzungen) zu sehen.

FUNDSTÜCKE

»Soft *Horse Riding. Das sanfte Anreiten junger Pferde: Bücher: Hartmut Luther by Hartmut Luther.«* amazon.de (2-2007)
»Melden Sie sich kostenlos an um Soft *Schaumtönung Schwarzkopf online zu kaufen und zu verkaufen.«* item-specifics.ebay.de (2-2007)
»FiguAktiv Soft *Drops Erdbeere. Einmalig fruchtiger Erdbeer-Geschmack.«* lebengenuss.de (2-2007)
»Wunderbar weich und Haut schmeichelnd, mit besonders schönem, softigem *Fall.«* Pro Idee Fashion Classics Katalog (12-2009)

Softdrink

Engl. *soft drink*: alkoholfreies Mixgetränk, Erfrischungsgetränk; Limo, Limonade; Softdrink

SPRACHGEBRAUCH

Die 60er Jahre sind das Jahrzehnt, in dem die US-Kulturinvasoren Deutschland mit zuckrigen, in Flaschen abgefüllten Getränken zu überschwemmen begannen. Zuvor gab es Mineralwässer, einige wenige Limonadenmarken und überzuckerte Fruchtauszugskonzentrate (›Himbeersirup‹), die mit Wasser verdünnt wurden, um Kinderdurst zu löschen.
Konsumenten wissen zwar im Groben, was ein *Softdrink* ist, benutzen diesen klassifikatorischen Begriff aber nicht aktiv beim Einkaufen, wo es um Marken und Untergruppen wie ›Mineralwasser‹ oder ›Cola‹ geht. Kinder äußern ihre Wünsche mit Markennamen. Kein Kind ordert im Restaurant einen *Softdrink.*
Anekdotenliebhaber kolportieren gerne die Geschichte, dass *Coca Cola* zu Beginn des 2. Weltkriegs in Deutschland die Alternativmarke *Fanta* vom dem deutschen *Coca Cola*-Manager Max Keith in Essen entwickeln ließ. *Fanta* wurde 1968 zu *Sprite* umbenannt.

FUNDSTÜCKE

»Sensor gegen Softdrink-*Bomber: Flüssiger Sprengstoff gilt als neue, große Gefahr auf unseren Flughäfen, nachdem im vergangenen Sommer ein entsprechender Plot von den britischen Behörden vereitelt wurde.«* heise.de (12-2006)
»Kenwood SB 200 New York Softdrink-*Blender.«* amazon.de (2-2007) Engl. *blender* heißt ›Mixgerät‹.

› **Slush-Ice; Sprite**

Solutions

Engl. *solution*: Auflösung; Lösung

SPRACHGEBRAUCH

Die Informationstechnologie hat dafür gesorgt, dass nur mehr Rätselfreunde von ›Lösungen‹ sprechen. Anspruchsvollere Probleme, die technisch zu bewältigen sind, harren der *Solutions* mit Computern gerüsteter Dienstleister.

FUNDSTÜCKE

»*Human* Solutions – Näher am Menschen.« Werbespruch der *Human Solutions GmbH* (2-2007) Das Unternehmen ist auf Body Scanning (›Körperscanning‹) und Ergonomic Simulation (›ergonomische Simulation‹) spezialisiert.

»*Herzlich willkommen bei Form*-Solutions, *dem führenden elektronischen Formularserversystem für Behörden bundesweit!*« form-solutions.net (2-2007)

sophisticated

Engl. *sophisticated*: anspruchsvoll; hochentwickelt; kultiviert; mondän; raffiniert; technisch hochgezüchtet; weltgewandt

SPRACHGEBRAUCH

Seit den 70er Jahren führten hochkultivierte Magazine das englische *sophisticated* in die deutsche gehobene Medienberichterstattung zu Mode, Lifestyle und Kultur mit Avantgarde-Aspirationen (›ehrgeizige Absichten‹) ein. Nicht nur Menschen, auch Kulturprodukte konnten *sophisticated* sein. Als technische Geräte, insbesondere Computer und Unterhaltungselektronik mit Designmehrwert, seit den 80er Jahren für sich reklamierten, Technik mit ästhetischer Aufladung zu bieten, rutschte ›*sophisticated*‹ auch in diesen Bereich hinein.

›*Sophisticated Minimalism*‹ bezeichnet in der Edelfrauenmagazin-Sprache einen Trend, der sich durch teure Bescheidenheit auszeichnet, vor allem bei der Frauenmode à la Jil Sander. Nur Menschen, die das zu sein wähnen, was der Begriff skizziert, kennen diesen, nutzen ihn aber selbst nicht, da genau dies, die eitle Selbstzuweisung, gar nicht *sophisticated* wäre.

FUNDSTÜCKE

»Sophisticated *kann nur sein, wer mit Stil zu seinen Wahrheiten und Fehlern steht, wer stolz und ein bisschen gelangweilt das Gefühl genießt, nichts mehr beweisen zu müssen.*« Klappentext zu Konrad Heidkamp: *Sophisticated Ladies – Junge Frauen über 50,* Rowohlt 2003

»Sophisticated *Ties: Im Focus dieser exklusiven Krawattenunikate steht der anspruchsvolle, weltgewandte, innovative Mann, der sich am klassischen Dresscode orientiert und dennoch seine persönliche unverwechselbare Note einbringen möchte.*« tie-art.com (10-2006)

Sour Cream

Engl. *sour cream*: Sauerrahm

SPRACHGEBRAUCH

Restaurants für jüngere Großstadtmenschen bieten seit den 80er Jahren keinen Sauerrahm zum Salat, sondern *Sour Cream* an der Salad Bar (›Salatbar‹). Darf man nun, ohne imageschädigende Wirkung, die englische Bezeichnung vertreiben? Restaurantbesitzer werden sich hüten.

FUNDSTÜCK

»Hallo, ich habe mal eine frage: Ich esse für mein Leben gerne Ofenkartoffel mit Sour Cream. *Besonders gerne natürlich im Block House.«* diaet.abnehmen-forum.com (1-2011)

Spa

Engl. *spa*: Badeort; Heilquelle; Wellness-Center

SPRACHGEBRAUCH

Eine zweite Wellness-Welle schwappte in den 90ern durch die deutsche Freizeitlandschaft und ließ engl. *spa* als sprachliches Strandgut zurück. In England ist dies im Kern ein Badeort. Die Deutschen weiteten (weideten?) das Bedeutungsfeld aus, so dass heute auch die Kompaktsauna samt Schwallbrause eines Mittelklassehotels sich bereits ›*Spa*‹ nennt. Desgleichen die hochpreisigeren Spaßbäder, denen in Ausbaustufen Massagesalons und Kosmetikdepartments angegliedert wurden.

FUNDSTÜCKE

»Hotel Esplanade-Resort & Spa *in Bad Saarow. Ferien in einem der modernsten und größten Wellness-Resorts am Scharmützelsee – das ist erfrischender Urlaub.«* esplanade-resort.de (10-2006)

»Etwas weiter der grasgrün gekachelte Pool und gleich daneben ein hellgelbes, zweistöckiges Gebäude mit Säulenportal: das Spa.« zeit.de (9-2008)

› **Wellness**

Space; spacig; spacy

Engl. *space*: Abstand; Leerstelle; Platz; Raum; Weltraum
US-Slang *to space, to space out*: tagträumen, herumspinnen
Engl. *spacy*: abgefahren, versponnen, abgehoben

SPRACHGESCHICHTE

Engl. *space* seit etwa 1300 für ›Raum, Zeitraum‹; von altfranz. *espacer,* dies wiederum von lat. *spatium* (auch *spacium:* ›Raum‹).
Vgl. dt. *spazieren;* von lat. *spatiari* (›gemessenen Schrittes einhergehen; einen Raum gehend durchmessen‹). 1645 schlägt hierfür ein früher deutscher Sprachwächter des Barock, Philipp von Zesen (1619-1689), seinen Zeitgenossen auch durch vielfältige poetische und epische Werke bekannt, als Eindeutschung ›lustwandeln‹ vor, dem aber eher lateinisch *ambulare* entspricht (vgl. auch dt. ›Ambulanz‹).

GESELLSCHAFT & SPRACHGEBRAUCH

›*Space*‹ dringt ins Deutsche über Science-Fiction und die bemannte Weltraumfahrt ein. Das *Space Race,* der Wettlauf um die Eroberung des Alls zwischen den USA und der UdSSR, startete 1957 mit dem Start des Sputnik (was ›Satellit‹ heißt; *Sputnik*-Satelliten, wie sie oft sprachlich zu finden sind, sollten wir im Sprach-All daher abstürzen lassen.) Er gilt als beendet mit der *Space*-Versöhnung beim Rendezvous zwischen einer Soyuz- und einer Apollo-Kapsel im Sommer 1975. Geblieben ist das *Space Center.*
In den 80er Jahren liefert die Raumfahrt

noch das *Spacelab* (engl. *lab:* Kurzform von engl. *laboratory*) und den *Space Shuttle,* die beide bei uns heimisch geworden sind.

›*Space Odyssey*‹ wurde durch den Erfolg von Stanley Kubricks Film *2001 – A Space Odyssey* (1968; dt. *Odyssee im Weltraum*) importiert. *Space Ship, Space Command* und *Space Trooper* (›Raumsoldat‹) sickerten aus diversen SF-Produktionen ein.

Die mythische Seite von Raumfahrt okkupieren seit Ende der 60er Jahre diverse Jugendszenen von den kalifornischen Hippies bis zu den heutigen Trance-Musik-Liebhabern in den Clubs der deutschen Großstädte. Ein Sound kann dann *spacig* oder *spacy* (›abgefahren‹) sein und zum *abspacen* verhelfen.

FUNDSTÜCKE

»Spacig *und rasant – Das etwas andere Bielefeld-Programm.«* Werbung der Stadt Bielefeld (7-2005)

»*Schnell, schnittig,* spacig – *Die Highlights des Pariser Autosalons.«* Newssender N24 (10-2005)

»Spacy *ist ein Designerschlafsofa zum günstigen Preis! Das Schlafsofa ist leicht zum Gästebett wandelbar.«* mysofabed.de (1-2011) Hier ist ›*spacy*‹ zugleich die slanghafte Kurzform von engl. *spacious* (›geräumig; ausgedehnt‹)

Spam

US-Engl. *spam*: Kurzform für *spiced ham* (›würziger Schinken‹): Frühstücksfleisch; unerwünschte Werbe-E-Mails

SPRACHGEBRAUCH

Das Wort ist als Synonym für ungefragt zugesandte Werbe-Mails weltweit bekannt, kaum einer denkt dabei an die gleichnamige US-Dosenmarke. Der Name wurde 1937 bei einem Wettbewerb der Firma *Hormel* gefunden. Diese suchte einen Markennamen für ihre mit Schinken gefüllten Konserven, die sich bis dahin als *Hormel Spiced Ham* verkauften. Der Vorschlag des Siegers: der Schinken solle als *»Spam«* – eine Zusammenziehung von engl. *spicy* (›würzig‹) und engl. *ham* (›Schinken‹) – vermarktet werden.

1970 wurde in der englischen Fernsehreihe *Monty Python's Flying Circus* folgender Sketch gezeigt: In einem Café sitzen mehrere Leute. Ein Herr fragt, was es gibt. Die Kellnerin: *»Wir haben Eier und Schinken, Würstchen und Schinken, Eier und Spam, Speck mit Spam und Wurst mit Spam und Spam mit Spam ... und Hummer Thermidor mit Sauce à la Mornay, garniert mit Pastete, Brandy und einem Spiegelei und darauf Spam.«* Seine Frau fragt, ob es auch etwas ohne *Spam* gibt, worauf die Kellnerin antwortet, es gäbe auch anderes – mit wenig *Spam.* Die Frau: *»Aber ich will überhaupt keinen Spam!«*

Wiederum drei Jahrzehnte später wurde die grassierende Belästigung durch Werbemails dem Monty-Python-Sketch zu Ehren ›*Spam*‹ benannt.

›*Spam*‹ ist darüber hinaus als Markenname für T-Shirts, Mützen, Küchengeräte, Autorennen, Spielzeug und Museums-Events eingetragen.

Zu finden sind heute *Spambuster* (die Jagd auf *Spam* machen), die zur Anti-*Spam*-Aktivistenszene zu rechnen sind.

FUNDSTÜCKE

»Den Spam-*Overkill vermeiden: Es gibt kein Entkommen. Bereits 24 Stunden nach der ersten Einrichtung einer Mailadresse beim Freemail-Provider trudeln die ersten* Spam-*Nachrichten ein.«* netzwelt.de (5-2004)

»Spam-*Mails sollen 500 000 Euro Strafe kosten: Der Verbraucherzentrale Bundesverband (vzbv) spart angesichts des Resultats des eigenen Anti-*Spam-*Projekts nicht mit harschen Worten und Kritik an der Bundesregierung.«* golem.de (2-2007)

Speed

Engl. *speed*: Eile, Fahrt, Geschwindigkeit, Schnelligkeit, Tempo, Tourenzahl

SPRACHGESCHICHTE

Engl. *speed* und dt. ›sputen‹ (volkstümlich für ›sich beeilen‹) sind über althochd. *spuoten* (›eilen‹) verwandt.

SPRACHGEBRAUCH

Schon Goethe erkannte: Die Menschheit will sich beschleunigen. Er nannte die Neigung »veloziferisch«, worin sich lateinisch *velocitas* (›Geschwindigkeit‹) verbirgt, aber auch das Luziferische mit anklingt. Von ›*Speed*‹ reden Pferdesportbegeisterte seit Beginn des 19. Jahrhunderts; hier dominierten die Engländer den Szenesprech; der Deutsche übernahm. Alles, was hernach mit Schnelligkeit aufzutrumpfen wusste (was hier nicht aufzählbar ist), begann irgendwann auch unter Verwendung von ›*Speed*‹ für sich zu werben. *Speed*-dominiert ist heute vor allem die Welt des Computers; hier sind alljährlich Beschleunigungsraten zu vermelden, die in anderen Hochgeschwindigkeitsmilieus, wie dem Rennsport, unausdenklich sind.

Seit den späten 60er Jahren sind vorzugsweise jugendliche Konzertbesucher oder Partygänger auf *Speed,* das heißt, sie stehen unter dem Einfluss stark aufputschender Rauschmittel. Da Impressionen aus drogenangereichertem Ambiente beliebtes Medienthema sind, kennen auch Nichteinnehmer ›*Speed*‹ in bezeichneter Bedeutung.

Der Trend zu mehr *Speed* ist eine techno-anthropologische Konstante; er könnte ein Ende nehmen, wenn die Welt verzögerungsfrei dem Menschen zu Gebote stünde, was durch die gegenwärtige Beschaffenheit des Universums leider verhindert wird. Somit wird er kein Ende nehmen.

VARIA

High-*Speed; Topspeed; Speedmind; Techspeed; Speed*-Buster (ein Tuning-Tool für die elektronische Benzineinspritzung von Autos); *Speed*-Dating

FUNDSTÜCKE

»Messen Sie innerhalb kürzester Zeit die Bandbreite Ihres Internetanschlusses. DSL Geschwindigkeit messen. Speed *Check.«* express-submit.de (2-2007)

»Live for Speed*: Brandheiße Spiele-News, Tests und Downloads für alle Computer- und Konsolenspieler! PC, PlayStation 2, Xbox und GameCube.«* 4players.de (2-2007)

»Basierend auf der Weiterentwicklung des legendären Speed-*Pad, das* Speed-*Pad NG (Next Generation), bekommt der Mauspad-Designer ein qualitativ hochwertiges Allround-Mauspad mit Optimax-*

Oberfläche geboten.« cooling-station.net (2-2007)

Spice; spicy

Engl. *spice*: Gewürz
Engl. *spicy:* scharf, würzig

SPRACHGEBRAUCH

1973, als die Parfummarke *Old Spice* startete, eine Mischung aus Zimt, Salbei, Heliotrop, Zeder und Zitrone, dachten noch keine Schenkerin und kein Nutzer an die Bedeutung von ›*Spice*‹. Seit 1965 und der Veröffentlichung des ersten Romans der *Dune*-Saga von Frank Herbert, verstärkt nach der Verfilmung mit dem Titel *Dune – Der Wüstenplanet* (2000), meditierten viele Fans über die Bedeutung der mystischen *Spice*-Speise, die hier eine wichtige Rolle spielt. ›*Spice*‹ und ›Speise‹ sind aber nicht untergründig verwandt; das englische Wort basiert auf lateinisch *species* (›Art‹), das deutsche auf lateinisch *expensa* (›Lebensunterhalt; Proviant‹). Mit der Popgruppe *Spice Girls* (die auch Victoria Beckham zu Weltruhm brachte) verband sich seit 1994 am ehesten etwas vom Kontext ›Würze‹.
Der Kochboom seit der Jahrtausendwende hat schließlich auch den originären Zusammenhang von Speise und Kochen im deutschen Sprachraum lebendig gemacht. Rezepte und Kochanweisungen nutzen skrupellos die englischen Wörtchen.

FUNDSTÜCKE

»Das SPICY'S Gewürzmuseum, gibt es in dieser Form kein zweites Mal auf der Welt!« spicys.de (1-2011) Es steht in Hamburg.

»Im unendlichen Ozean von Designerparfums wirkt das oft als Altherrenduft verschriene ›Old Spice*‹ wie ein Halt, eine verlässliche Größe, ein Gentleman alter Schule, dem seine Anhänger wie einem Kapitän ewige Treue schwören.«* SZ-Magazin (5-2006)

Spoiler

Engl. *spoiler*: Frontschürze; Bremsklappe, Landeklappe; Störklappe; Plünderer; Verderber

SPRACHGESCHICHTE

Engl. *spoiler* und dt. ›spalten‹ sind entfernt miteinander verwandt. Die Engländer haben sich um 1300 bei den Franzosen (*espoillier:* abziehen; plündern) bedient, die wiederum bei lat. *spoliare* (›die Kleidung rauben; dem getöteten Feind die Rüstung abziehen‹). Dahinter lauert griech. *aspalon* (›Haut; Tierhaut‹). Althochdeutsch *›spaltan‹* offenbart schon lautlich seine Verwandtschaft. Es geht also um das Loslösen der Tierhaut und das Ausrauben von Menschen. Engl. *spoiler* ist ab etwa 1950 die Bezeichnung für jemanden, der einem Gegner keine Chance lässt. Und so erklärt sich auch die aktuelle Verwendung im sportlichen Kontext: Wer einen fetten *Spoiler* hat, an dem kommt keiner vorbei.

SPRACHGEBRAUCH

Seit den 70er Jahren haben deutsche Autofahrer mit sportiven Ambitionen die Option, ihre Fahrzeuge mit Plastikteilen auszustatten, die gerne an Auf- und Ausfahrten den Boden touchieren (franz. *toucher:* ›berühren‹) und dabei sportliche Kratzgeräusche hervorrufen.

Auf der Kofferraumklappe applizierte Flügelchen, die das Fahrzeug paradoxerweise gerade vorm Abheben bewahren sollen, machen keine Geräusche, heißen aber auch ›*Spoiler*‹.
In der Frühphase des Auto-Tuning soll es die deutsche Alternative ›Windleitblech‹ gegeben haben. Solche Bleche dienten aber bereits an den damals aussterbenden Dampflokomotiven dazu, Dampf und Rauch von den Fenstern des Lokführerstands abzulenken. Welcher *Spoilerkäufer* hätte wohl einen solchen Begriffs-, somit immer auch Imagetransfer auf seinen Turbo für angemessen erachtet? (Für Gartengrillgeräte werden heute noch hier und da Windleitbleche angeboten.)
In der Szene von Filmfreaks und Fantasy-Fans bezeichnet ›*Spoiler*‹ einen schwatzhaften Menschen, der die Höhepunkte oder den Schluss einer Story beiläufig zu verraten neigt; ein derart fungierender Text ist ebenfalls ein *Spoiler*. In dem Kontext aber nur Insidern geläufig.
Der deutsche Mann hat ›*Spoiler*‹, auch wenn er geschmacklich nicht verderbt ist und sein Auto in puristischem Look belässt, in seinem aktiven Wortschatz verankert. Daran wird die Modellpolitik der Kfz-Industrie auch langfristig nichts ändern.

FUNDSTÜCKE

»*Weitere Besonderheiten des Cayman sind schwarze Bremssättel, schwarze* Bugspoilerlippen, *ein titanfarbener Schriftzug am Heck sowie ein trapezförmiges Abgas-Endrohr.*« rp-online.de (7-2006)

»*Memory Alpha hat vollständige* Spoiler *zu allen ausgestrahlten Episoden. Es sind Warnungen an einigen einleitenden Seiten angebracht.*« memoryalpha.de (2-2007) Es geht hier um den *Startrek*-Serien-Kult.

»Spoiler *Herren – Eine Trekking-Sandale der Extraklasse mit vielen funktionellen Eigenschaften.*« fritz-berger.de (2-2007) Die Sandale hat keine Flügelchen; andere Sandalen des Versands heißen ›*Junction*‹ (›Abzweigung, Anschlussstelle‹) oder ›*Converter*‹ (›Umformer, Wandler‹); aber das besagt ja genausowenig, warum sich also Gedanken machen?

› **Pimp**

Spongebob

Engl. *sponge*: Schwamm

SPRACHGEBRAUCH

Seit 2002 kommen deutsche TV-Zuschauer in den Genuss einer Zeichentrickfigur, aus deren kastenschwammförmigem Kopf-Körper dünne Arme und Beine ragen. Sie heißt ›*Spongebob* Schwammkopf‹. Im amerikanischen Original heißt der Titelheld *spongebob squarepants* (engl. *square:* ›Quadrat‹; engl. *pants:* ›Hosen‹). Das ist schwer auszusprechen. ›Schwammkopf‹ ist teils Übersetzung, teils Orientierung-erleichternde Kategorisierung. Unter Kindern und Eltern mit leicht schrägem Humorverständnis ist die Serie sehr beliebt. Das Zungenbrecherische des Namens regt Kinder zu wiederholtem Aussprechen an, was unter sprachpädagogischen Aspekten durchaus akzeptabel erscheint.

Im November 2011 startete in Deutschland die achte Staffel, es gab 2004 einen Kinofilm, die Merchandising-Palette ist gut bestückt; Figur samt Bezeichnung werden uns noch länger erhalten bleiben.

FUNDSTÜCK

»Meine Kinder fallen auf das plumpe Kalkül der Produktdesigner herein – für sie ist ein Radiergummi nur dann ein guter Radiergummi, wenn Spongebob, *Bob der Baumeister oder sonst eine Figur drauf zu sehen ist.«* zeit.de (1-2009)

Spring

Engl. *spring*: Frühling

SPRACHGEBRAUCH

Die Modesprache muss mit Jahreszeiten umgehen. Das sind nur vier. Wenn jene immer deutsch bezeichnet werden, ist das wohl auf Dauer langweilig. Daher werden alle Jahreszeiten auch gerne anglifiziert. ›Summer‹ und ›Winter‹ sind unproblematisch bis unscheinbar. ›Spring‹ und ›Fall‹ bedürfen größerer Aufmerksamkeit. Aber wir sind lernfähig.

FUNDSTÜCKE

»Derzeit lädt Mitch & Co. mit TV-Werbung seine Kunden ein die neue Mitch & Co. Spring *2008 Frühlings-Kollektion im Katalog Online zu bewundern oder gleich zu kaufen.«* stylicon.de (8-2008). ›*Spring*‹ und ›Frühling‹ werden zugleich genutzt; was nicht auf Verständigungsabsichten zielt; die Modesprache mag Reihungen, die ein Produkt reichhaltiger erscheinen lassen; da nimmt man, was noch irgendwie passen mag, und wenn es ein deutsches Wort ist.

»Dein aktueller Karstadt Mode Prospekt – Collection Spring *2012 ab Do. 16.02.2012 jetzt bei meinprospekt. de durchblättern.«* meinprospekt.de (2-2012)

› **Fall**

Sprite

Engl. *sprite*: Elfe; Kobold

SPRACHGEBRAUCH

Deutschland kennt ›*Sprite*‹ als Bezeichnung für ein alkoholfreies Limonadengetränk seit 1968, als die Marke *Fanta* von *Coca Cola* umbenannt worden ist. Der Konnotationsreichtum des Namens entgeht dem weniger des Englischen Mächtigen gänzlich. ›*Sprite*‹ kombiniert engl. *sprinkle* (›sprenkeln; sprudeln‹) mit engl. *light* (›leicht‹). Und es werden noch die Elfe, der Kobold oder ähnlich gestaltige, meist lustige Fantasy-Wesen assoziiert.

FUNDSTÜCK

»Bist du bereit für Sprite*? Eisklar, durstlöschend und unnachahmlich erfrischend. Das ist* Sprite. *Ein Geschmackserlebnis nach grünen Limetten und sonnengelben Zitronen. Durch die einzigartige Formel erfrischt* Sprite *so unglaublich!«* secure. sprite.de (1-2011) Solche Sprachergüsse dürften in der Tat nur in abgesicherten Zonen (engl. *secure:* ›sicher‹) rezipierbar sein; leider ist dem nicht so.

› **Softdrink**

Squeeze

Engl. *squeeze*: Quetschen

SPRACHGEBRAUCH

Es wird immer wieder mal gepresst und gequetscht. Mal eine Datei, um sie klein zu machen. Mal ein Penis, um einer Ejaculatio Praecox vorzubeugen. Soll es sich modern und/oder lustig anhören, wird gerne ›*Squeeze*‹ gesagt.

FUNDSTÜCK

»*Die* Squeeze-*Technik ist eine Methode für Jungs, um mehr Kontrolle über den Moment ihres Orgasmus ausüben zu können. Wenn Jungs oft einen vorzeitigen Samenerguss haben, kann diese Technik von großem Nutzen sein.*« sexwoerterbuch.info (10-2006)

Standing

Engl. *standing*: Ansehen, Ruf, Stand

SPRACHGEBRAUCH

Seit den 60er Jahren hat der modernere Mensch weniger seinen Ruf, denn – neben seinem Image – sein *Standing* zu verlieren. Der Jargon gehobener deutscher Politmedien wie *Spiegel* und *ZEIT* befleißigte sich zuerst der Durchsetzung. Hintergrund sicher auch ein Shift bei den Bewertungskriterien von Personen des öffentlichen Lebens. ›*Standing*‹ passte weit besser zu Menschen, die im Fernsehen sich zu bewähren haben, als ›Ansehen‹. Heute hat sich der Begriff abgenutzt. Als Ersatz dient ›Performance‹, was die mediale Abhängigkeit von Imageprofilierung noch deutlicher macht.

FUNDSTÜCKE

»*Vom Outing zum* Standing: *Impotenzreport.*« focus.de (1-2008)

»*Spaniens Formel-1-Weltmeister Fernando Alonso ist unglücklich über sein* Standing *im McLaren-Mercedes-Team und äußerte zudem Kritik an der britischen Presse.*« focus.de (6-2007)

»*Ein weiterer Wackelkandidat war vor den Verhandlungen Italien. Auch dem italienischen Premier Romano Prodi ging es mehr um sein* Standing *als um die Sache.*« stern.de (10-2007)

› **Performance**

Standing Ovations

Engl. *standing ovation*: anhaltender Beifall; Beifall im Stehen, Stehapplaus

SPRACHGEBRAUCH

Ein Publikum erweist einer Bühnendarbietung ein Maximum an Ehrerbietung, wenn es sich zum Applaus erhebt. (Das Trampeln im Sitzen drückt vergleichbare Begeisterung aus, gilt aber im bürgerlichen Eventkontext als vulgär.) Zum Stehapplaus sagt im Deutschen aber kein Mensch ›Stehapplaus‹; wer davon spricht oder schreibt, nutzt ›*Standing Ovation*‹ oder die Mehrzahlform. Und dies zunehmend seit den 70er Jahren. Der Deutsche missversteht das ›*Standing*‹ aber meist ein wenig. Im Englischen heißt *standing* leider sowohl ›stehend‹ als auch ›anhaltend‹. Der Engländer spricht also von *standing ovations* bereits, wenn lange applaudiert wird. Erhebt sich das Publikum, ist der Engländer sprachlos; er kennt keine spezielle Wendung und spricht immer noch von *standing ovations*.

Der deutsche Jung-Sprachpapst Bastian Sick unterstellt, engl. *standing ovations* habe nichts mit der Körperhaltung des Beifallspenders zu schaffen. Der Stand muss als überholt gelten. Unterzeilen von stehend jubelnden Menschen zu Bildern in englischsprachigen Medien sprechen aber von ›*standing ovations*‹.

Das Deutsche kennt auch die deutsch akzentuierten ›Ovationen‹ (von lat. *ovare:* ›jubeln‹). So findet sich in Medienberichten die Wendung ›stehende Ovationen‹. Das wird wiederum von Sprachkritikern als schlechtes Deutsch inkriminiert, da ja nicht die Ovationen, sondern die Zuschauer ständen. Wohl wahr. Aber: Es stehen die Ovationen dennoch, denn hier steht ›Ovation‹ eben stellvertretend für den aktiven Zuschauer, der stehend Ovationen absondert. Gemeint ist die Einheit von Akteur und Aktion. (Andere Beispiele: ›in davonsegelnder Seligkeit‹, ›mit kniender Unterwürfigkeit‹.)

FUNDSTÜCKE

»Ständig Ovations: *(...) Als mein verehrter und manchmal liebevoll verspotteter Kollege Hans-Ulrich Kempski vor über dreißig Jahren anfing, in seinen Parteitagsberichten die Dauer des Beifalls zu stoppen, war eine Dauer von 60 bis 90 Sekunden schon rekordverdächtig, ja geradezu als frenetisch eingeschätzt worden. Frau Merkel kam nun auf sechseinhalb Minuten, stehend – in Ziffern: 390 Sekunden.«* zeit.de (11-2001)

»Blitzlichtgewitter, stehende Ovationen *und jubelnde Fans: Seinen 80. Geburtstag feierte Joachim ›Blacky‹ Fuchsberger bei der Premiere der Kino-Komödie ›Neues vom Wixxer‹ am Sonntagabend in München im ganz großen Stil.«* focus.de (3-2007)

»Sie hatte mit ihrer Vierminutenkür die 6800 Zuschauer im ausverkauften Tokio Metropolitan Gymnasium zu Standing Ovations *animiert.«* welt.de (3-2007)

Start-up; Startup; Start-Up

Engl. *start-up*: Anlassen, Hochfahren, Starten
Engl. *start up*: neugegründetes Unternehmen

SPRACHGEBRAUCH

Die 90er Jahre des letzten Jahrhunderts des vergangenen Jahrtausends waren die Hochphase von *Start-ups*. Junge Menschen mit absonderlichen Ideen, die irgendetwas mit Computern und Internet zu tun hatten, bekamen von euphorischen Geldgebern immenses Startkapital. Die sprichwörtliche Internet-Blase platzte zur Jahrtausendwende, um die *Start-ups* wurde es sehr viel ruhiger. Das Wörtchen hat in der Medienberichterstattung aber überlebt.

Menschen unter 50 mit diffusen Neigungen zu wirtschaftlicher Selbstständigkeit kennen ›*Start-up*‹ in diesem Kontext.

Macht sich ein Handwerker selbstständig, ist das immer noch eine Firmengründung. So signalisiert der Wortgebrauch unmittelbar den Zukunftsfaktor der frischen Firma. Prognose: Hohe Überlebensfähigkeit, auch wegen leichter Aussprache und Schreibweise.

Im Englischen bezeichnet *start-up* sowohl die Unternehmensgründung als auch das neu gegründete Unternehmen. Manche deutsche Wortbenutzer übernehmen die Gepflogenheit mehr oder minder unbewusst, andere sagen ›*Start-Up*-Unternehmen‹, wo ›*Start-Up*‹ ausreichte.

Da Millionen von Menschen allmorgendlich vor ihrem Rechner sitzen und warten, dass die Kiste hochfährt, wis-

sen sie auch, dass es Programme gibt, die sich als *Startup*-Manager andienen und ein schnelleres Hochfahren versprechen.
Der zusammenziehenden Wortschöpfung sind kaum Grenzen gesetzt. Es finden sich *Start-Up*-Betreuer, -Manager, -Phasen, -Planer, -Tage, -Ticker, -Wochen.
Beim Genus finden sich die maskuline Form »der *Start-Up«,* wenn an ›Start‹ als Genus-prägendes Wort gedacht wird. ›Das *Start-Up*‹ ist nur erklärlich, wenn das fehlende ›Unternehmen‹ hinzugedacht wird.

FUNDSTÜCKE

»Der Start-up-*Kommunist: Frankreichs neuester Internet-Millionär ist ein illegaler Einwanderer aus dem Senegal.«* zeit.de (10-2006)
»Und das Start-up *Qype will demnächst mit einer Suchmaschine antreten, bei der Nutzer ihre liebsten Cafés, Fleischer und Kindergärten beschreiben und anderen empfehlen.«* zeit.de (3-2006)

Statement

Engl. *statement*: Äußerung, Aussage, Behauptung, Darstellung, Presseerklärung, Statement, Stellungnahme, Verlautbarung; Bankauszug; Jahresabschluss

SPRACHGEBRAUCH

Der internationale Politikjargon und der folgende Medienjargon importierten in den 60er Jahren des 20. Jahrhunderts ›*Statement*‹.
Das *Statement* ist die Kurzform der langatmigen Erklärung. In Zeiten knapper Medienzeiten verständlich, dass Kurzformen samt englischer Bezeichnung beliebter werden mussten.
Eine Dominanz gegenüber deutschsprachigen Optionen ist daraus nicht erwachsen. Auch heute noch wird von Politik und Wirtschaft wacker behauptet, erklärt und verlautet. Je gehobener das Medium, desto eher wird ›*Statement*‹ heute mit ironischen Absichten gebraucht.
Seit den 90er Jahren findet sich die Sonderform ›*Mission Statement*‹, was die knappe, motivierende Zusammenfassung der Ziele eines Projektes bezeichnet. Da bei *Mission Statements* stilistisch der Vulgäroptimismus amerikanischen Unternehmertums als Leitwert gilt, ist der Anglizismus angemessener als so etwas wie ›Projektzielskizze‹.

FUNDSTÜCKE

»Deshalb also sein offenes Ohr für eine Überdosis an Statements *von Bürgermeister Ole von Beust und Stadtpräsident Elmar Ledergerber.«* zeit.de (10-2006)
»In den wissenschaftlichen Sendungen des Fernsehens gibt es ein ähnliches Schlüsselbild, freilich mit anderer Bedeutung: der Mann im weißen Kittel, der hinter einem Mikroskop oder vor einer Bücherwand sitzt und ein sogenanntes Statement *abliefert; eine etwas dramatischere Variante verläuft so, daß er auf ein großes Gebäude zu schlendert, sich an dessen Eingangstür ruckartig umdreht und wie auf Kommando druckreife Sätze von sich gibt, wobei die Kamera mit dezentem Schwenk das Schild einfängt, auf dem der Name des Instituts zu lesen ist.«* DIE ZEIT (3-1974)

Stealth

Engl. *stealth*: List; Schläue
Engl. *stealthy:* verstohlen

WORTGESCHICHTE

›*Stealth*‹ meinte im 13. Jahrhundert ›Diebstahl‹; von altengl. *stælþ;* verwandt mit *stelen* (›stehlen‹); von proto-germ. *stælitho.* Das Ineinander von ›Verstohlenheit‹ und ›Diebstahl‹ bewahrt *stealth* bis ins 18. Jahrhundert.
Nebenbei: Das deutsche ›Diebstahl‹ ist ein Dreiviertel-Pleonasmus (oder ein fast weißer Schimmel). Das proto-germanische *stælitho* und die Vorläufer von engl. *theft* (›Diebstahl‹) wie altfriesisch *thiufte* und altsächsisch *thiof* stoßen hier zum Superraubdiebstahl zusammen.

SPRACHGEBRAUCH

Stealth-Technologie ist ein Forschungszweig der Militärtechnik. Ziel ist es, die Ortung von Flugzeugen, Fahrzeugen oder Schiffen durch Radargeräte und optische, akustische oder thermische Sensoren zu verhindern.
Weltweit bekannt wurde der Begriff durch den ersten *Stealth*-Bomber, die F-117, die ab 1982 bis 1990 an die US-Luftwaffe ausgeliefert wurde.
Stealth-Technologie wird neben *smart weapons* (›computergestützte Waffen‹) und *smart soldiers* (›computergestützte Soldatenausrüstung‹) auch in Zukunft wichtig bleiben. Politik in westlichen Industrienationen muss menschliche Verluste um fast jeden Preis verhindern; technologische Hochrüstung ist der einzige Weg neben dem weniger verlässlichen globaler Entspannungspolitik. Das Wortfeld um ›*Stealth*‹ wird uns also erhalten bleiben.
Germanophile Sprachbewahrer sollten sich darüber freuen: So kehrt ein germanisches Urwort in seiner Gestalt halbwegs unverfälscht ins Deutsche zurück, wo seine Ableitungen (›Diebstahl‹) kaum noch die Quelle erkennen lassen.
› **Secret**

Stick

Engl. *stick*: Stab; Stecken; Stock; Zweig; Schalthebel; Taktstock

SPRACHGEBRAUCH

Der Stock ist das archetypische Werkzeug per se, mit dem menschliche Evolution durchschlagend begonnen haben mag. Entsprechend zahlreich umgibt uns Stock- oder Stabförmiges. Die sprachliche Ödnis von Knüppeln, Stöckchen, Stäbchen wird nun aber seit wenigstens drei Dezennien (altertümlich für ›Jahrzehnte‹; von lat. *decennium*) belebt durch die Invasion von engl. *stick.* Erst mutierten in den 70er Jahren die Trommelstöcke zu *Drumsticks.* Und seit der Jahrtausendwende werden die zunächst daumenförmig-knubbeligen, heute eher streichholzheftchenflachen USB-Datenspeicher ›*Sticks*‹ genannt. Seither weiß die Mehrheit computeraffiner Deutscher, was ein USB-*Stick* kann, oft aber nicht, was engl. *stick* bedeutet. (Es wird ›Stift‹ assoziiert; was ja gestaltassoziativ nicht ganz falsch ist, im Englischen aber *nail, pen* oder *pin* heißt.)
Im Webjargon, aber auch in der Werbung findet sich die Variante ›*Stix*‹.

FUNDSTÜCK

»Nach dem Crash: Windows startklar auf dem USB-Stick – *Ein Windows für die Ho-*

sentasche: immer dabei, immer startklar und jederzeit verfügbar.« www2.tomshardware.de (4-2006)

Sticker

Engl. *sticker*: Anstecker; Aufkleber, Label, Schild; Schlachtermesser; Knöllchen

SPRACHGEBRAUCH

Seit den 70er Jahren heißen bunte Aufkleber mit Bildchen, Parolen oder Werbeslogans bei uns ›*Sticker*‹. Der Vorzug, in mancher Augen auch Nachteil des *Sticker* gegenüber dem weit älteren Klebebildchen: Der *Sticker* klebt von selbst, wenn man eine Schutzschicht von seiner Rückseite entfernt. *Sticker* sind ungebrochen beliebte Sammelobjekte, die zum Merchandising-Bundle eines jeden bedeutenderen Massenkulturproduktes gehören.

Sticker kommen aber auch als klebstofflose, dafür nadelbewehrte Objekte vor. Sie dienen dann der Befestigung an Kleidungsstücken. Die deutsche Anstecknadel wurde zumeist nach dem Muster der Sicherheitsnadel konstruiert, der amerikanische *Sticker* weist einen senkrecht zur *Sticker*-Ebene ragenden Dorn auf, der nach Durchstechen des Kleidungsstückes von hinten mit einem in eine Nadelkerbe einrastenden Schutz- und Fixierplättchen versehen wird. Das nennt sich auch ›Butterflyverschluss‹, da die zur Fixation der Nadel zusammenpressbaren Griffplättchen vage an Schmetterlingsflügel erinnern.

Solche *Sticker* werden im englischen Sprachraum, seltener, aber durchaus merklich oft, auch bei uns ›Pins‹ genannt, wiewohl damit ja nur der herausragende Stift des *Stickers* gemeint ist.

Wenn das deutsche Kind einen *Sticker* will, ist nicht unmittelbar zu erkennen, worum es sich handelt. Das Kind unterscheidet klebende *Sticker* sprachlich nicht von steckbaren *Stickern.* Es zeigt nur auf einen Typus von *Sticker* und drückt sein Besitzbegehren aus. Deutsche Eltern reagieren sprachlich auch undifferenziert auf *stickerinduzierte* Sprachanlässe.

Kulturtechnisch sind *Sticker* beider Bauart unentbehrlich, da Unternehmen billig Botschaften kommunizieren können und Konsumenten gerne unentgeltlich als Werbeträger fungieren. Das sprachliche Überleben ist daher garantiert.

FUNDSTÜCKE

»Die Community zum Sammeln und Tauschen Deiner Sticker *oder Card Kollektion. Umfangreiche Suchfunktionen. Online-Verwaltung Deiner Listen.«* klebebildchen.net (1-2008)

»Der Dresdner Andreas Ullrich, 30, und seine Freunde von der ›Gruppe Ideal‹ haben den International Sticker *Award ins Leben gerufen, um dieser Ausdrucksform mehr Aufmerksamkeit zu verschaffen.«* jetzt.sueddeutsche.de (1-2008)

»Lade dir dein ganz persönliches, digitales Sticker-*Album herunter und sammle* Sticker *mit deinen Lieblings-Figuren aus ›Findet Nemo‹!«* disney.de (1-2008)

› **Badge; Button; Label**

Stop-and-Go; Stop and Go

Engl. *stop-and-go*: Stoppen und Fahren: Stop-and-Go

SPRACHGEBRAUCH

Bezeichnung für eine sehr zähflüssige Verkehrslage kurz vor dem Stillstand. In Deutschland in der Hochphase des Wirtschaftswunders mit seinem erhöhten Verkehrsaufkommen Ende der 60er Jahre gebräuchlich geworden. Da auch andere gesellschaftliche Prozesse (Wirtschaft, Politik) durch Viskositätsprobleme charakterisiert werden können, hat der metaphorische Gebrauch seither deutlich zugenommen.

FUNDSTÜCKE

»Bundesregierung stockt auf – Stop and go *bei der Abwrackprämie.«* abendblatt.de (3-2009)

»Atommüll: Stop-and-go *für den Castor-Transport.«* handelsblatt.com (12-2010)

Store

Engl. *store*: Filiale, Kaufhaus, Laden; Lager, Warenlager

Dt. ›Store‹: halbtransparente, meist bodenlange Gardine, die aufgezogen werden kann

Engl. *curtain*: Vorhang, Store

SPRACHGEBRAUCH

Der ältere, der Wohnzimmergemütlichkeit frönende Deutsche, kennt den Store, auch die Stores, als dekorativen Fenstersichtschutz. Der Internet-Handel hat dem deutschen Konsumenten den englischen *Store* beschert. Im Apple *Store* wird Musik gekauft, im Biker *Store* alles Zweirädrige, PC *Stores* bieten Rechner, Ink *Stores* die Druckertinte. Wer Trendiges verkaufen will, tut dies am besten in einem *Store,* zumindest aber in einem Shop.

Große Geschäfte sind selbstverständlich Mega-*Stores,* ähnlich große, aber eher aus separaten Einheiten zusammengesetzte sind Multi-*Stores.*

Ein Ladenkettenmanager sollte, so er modernstem Controllermarketing frönt, regelmäßig einen *Storecheck* bei seinen Filialen machen.

FUNDSTÜCKE

»Herzlich Willkommen im Deutsche Welle Store*! Die Deutsche Welle zum Greifen nah: Egal ob DVDs Ihrer Lieblingssendung, Nützliches für den Alltag oder ausgefallene Geschenkideen für Freunde – nutzen Sie die Gelegenheit, jederzeit einfach und sicher bei uns einkaufen zu können.«* shop.neapel036.server4free.de (1-2008)

»Im ersten Sony Style Store *Europas erwarten Sie die Zukunft der Unterhaltungselektronik – und immer wieder auch attraktive Events.«* sonycenter.de (1-2008)

straight

Engl. *straight*: aufrecht, gradlinig, geradewegs, ordentlich, straight

SPRACHGEBRAUCH

Im Jugendslang des englischen Sprachraums der 60er und 70er war *straight* eher abwertend gemeint. *Straight* waren angepasste Normalos, heterosexuelle Familienväter ohne Gruppensexneigungen und karriereorientierte Aufsteiger. Besonders die Schwulenszene setzte auf die Opposition *queer* (›schräg, verschroben; schwul‹): *straight.* In den 80er Jahren – zugleich mit dem Einsickern in den deutschen Sprachraum – verän-

derten sich die Konnotationen: Im Zeitgeistjahrzehnt ging es schnell, forsch und eben gar nicht mehr hippiemäßig zu. Und auch heute noch gilt es als lobende Zuweisung, wenn gesagt wird, einer sei ein *straighter* Typ.
Seit der Jahrtausendwende wird Pokern als neue Form der trendigen und – sofern online gespielt – gebührenpflichtigen Freizeitverlustierung in Deutschland vermarktet. In der Pokerszene herrscht ein englischer Slang. *Straight* ist dabei eine Straße, ein *Straight Flush* eine Straße in einer Farbe.

FUNDSTÜCKE

»Real heißt ein straighter *Typ zu sein der nicht Blendet. Und wer D-FLAME kennt weiß das er so Cool ist und nicht so tuht wie ihr meißten schmocks da draußen.«* forum.rap.de (1-2001) Rechtschreibabweichungen sind im Rap-Diskurs verpflichtend, da stiltragend.
»Und er kannte mich vorher persönlich überhaupt nicht; wirklich sehr, sehr netter und straighter *Typ.«* evilized.de (4-2005)

Streetlife; Street Life

Engl. *street life*: Straßenleben

SPRACHGEBRAUCH

Straßenkinder, die ein Straßenleben führten, waren im voramerikanischen Deutschland ein Signal für Verwahrlosungsverhältnisse. Seit den 80er Jahren, der Hip-Hop-Musik, kompatibler Kleidung und der globalen Kreation von käuflichem *Street-Life*-Ambiente lässt ›*Street Life*‹ weit optimistischere, lebensfreundlichere Assoziationen zu.
Nicht alles, was sich ›*Street Life*‹ nennt, ist wahrhaftes *Street Life*. Wie bei der Popkultur insgesamt, wollen parasitäre Kulturproduzenten, meist in Gestalt großer Musikkonzerne, den wahren *Street Life* kommerziell, also massenhaft verbreiten. Dagegen wehren sich die wahren Statthalter des *Street Life* wacker. Was wie üblich nichts hilft. *Street Life*-Accessoires in Form fußgängerzonentauglicher Freizeitkleidung werden heute bereits von agilen Frührentnern getragen.

FUNDSTÜCKE

»Street Life ... *die Band, die keinen Stecker braucht!* Street Life *ist eine mobile Band, die es versteht schnell für gute Stimmung zu sorgen.«* street-life-music.de (1-2008)
»Das Streetlife-*Festival findet seit dem Jahr 1999 anlässlich des europaweiten auto-freien Tages in München an verschiedenen Orten statt.«* de.wikipedia.org (1-2008)

Strip; strippen; Striptease

Engl. *to strip*: abmanteln; abstreifen; ausziehen, entblößen
Engl. *striptease*: Entkleidungsnummer, Striptease

SPRACHGEBRAUCH

Amerikanische, französische und britische Männer ließen sich schon vor dem 2. Weltkrieg von sich entkleidenden Damen animieren. Bei uns musste erst der Krieg verloren werden. Sprachlich verbreitete sich die Wortgruppe bei uns aber erst in den 60er Jahren mit der allgemeinen Lockerung sozialer und sexueller Sitten. Seit den 70er Jahren dürfen sich auch Männer lockend auf kleinen Bühnen bewegen. Das ehemals Anrüchig-Provokative der Strippertätigkeit ist verflüchtigt; heute ist das *Strippen* schon länger auf der Ebene des kleinmittelständischen Betriebsfestes angelangt. Das Internet samt Webcam hat das Ausziehen vor virtueller Öffentlichkeit zu einem Massenphänomen gemacht.

FUNDSTÜCKE

»Striptease *der Gewohnheitstiere: Immer mehr Menschen entblößen sich im Netz. Was hilft dagegen? Eine bessere Bildung und ein neues Bewusstsein für private Daten, sagt der Datenschutzbeauftragte Peter Schaar.«* sueddeutsche.de (11-2007)

»Auch wenn man den Partner seit Jahren kennt: Eine Striptease-*Einlage vor seinen Augen kostet Überwindung und bedarf guter Vorbereitung.«* fitforfun.de (3-2008)

Stuff

Engl. *stuff*: Kram; Material; Stoff; Zeug

SPRACHGEBRAUCH

Wenn der Mensch nicht recht weiß, womit er es zu tun hat, nutzt er Wörter wie ›Kram‹ oder ›Zeug‹. Wenn der Mensch von amerikanischer Kultur umspült wird, entdeckt er ein weiteres Wort: *stuff*. Und beginnt es zu nutzen. Will er genauer sagen, was es mit dem *Stuff* zu tun hat, sagt er vielleicht kennerisch ›*right Stuff*‹ oder ›*hot Stuff*‹ oder ›*cool Stuff*‹. Was man nicht übersetzen muss. Szenen aller Couleurs (hier: ›Schattierungen‹) nutzen ›Stuff‹: Popmusiker, Drogenfreunde, Undergroundartisten, Antifaschistengruppen und Softwaretüftler.

FUNDSTÜCKE

»Red Stuff *– der Antifa-Versand: Shirts & Propaganda.«* granma.antifa-versand.de (1-2008)

»UpFuck Stuff. *Wer früher stirbt ist länger TOT. Diese Welt schreit nach Änderung. Demonstration gegen die Datensammelwut.«* we-are-teh-b.org (1-2008)

»Der Donnerstag Abend auf ROCK ANTENNE gehört dem Heavy Metal! In TUFF STUFF *präsentiert Ihnen Thomas Moser von 22 Uhr bis Mitternacht die besten Kracher der ganz harten Schiene.«* rock-antenne.de (1-2008)

stylish, stylisch

Engl. *stylish*: elegant; modisch; stilvoll

SPRACHGEBRAUCH & FUNDSTÜCKE

Seit Anfang der 90er zunehmend anzutreffen, zuvorderst in Medien, die sich um elektronische Produkte mit Lifestyle-Aufladung bekümmern. Die Adaption an deutsche Orthographie schreibt sich ›*stylisch*‹. Und wird bereits inflationär genutzt:

»Hol Dir die stylischen *Keyboards.«* Werbung für Cherry PC-Tastaturen (8-2005)

Oder: *»Wer zu Hause Sound bearbeiten will, bekommt mit den Aktivboxen guten Klang in* stylischem *Design.« page* Fachmagazin für Design (3-2005);

Ein Bastel-Buch, das Empfehlungen zum Verkleben von winzigen Glaskristallen des deutschen Weltmarktführers in Sachen Kitsch-Glas-Artefakte gibt, nennt sich ›*Glamour* stylisch‹. Das geht weder im Deutschen noch im Englischen. Es müsste ›Stylish *Glamour*‹ oder ›stylischer *Glamour*‹ heißen, wenn man

sich der Beugung des eingedeutschten ›*stylish*‹ beugen will. Halbintelligent wäre noch ›*Glamour, stylisch*‹.
»*Black Leaf-Bong von Black Leaf sind* stylisch *und gut.*« Das ist verzeihlich. Dies ist eine Zeile aus einer Werbung für Bongs. Das sind Rauchgeräte, zumeist gläsern, für den Konsum leichterer Drogen. Wir befinden uns also im innersten Kreis (engl. *inner circle*) eines szenesprachlichen Universums, dessen Regeln Uneingeweihten (engl. *non-initiates*) fremdartig und bedenklich erscheinen mögen. Aber sprachkritische Verallgemeinerungen lassen sich aus solchen exklusiven Vorkommnissen kaum destillieren.
Festzuhalten ist: ›*Stylisch*‹ meint ›stilvoll‹. Ein Bedeutungsmehrwert ist gegenüber dem deutschen Adjektiv nicht auszumachen. Wohl aber eine Verschiebung bei der Akzeptanz bei unterschiedlichen Konsum-Milieus.
Höchst krude wird es hier: »Stylisch *ist das Board echt danebengegriffen.*« Behutsam optimiert soll das heißen: »*Stilistisch ist das Board voll daneben.*« ›Stilvoll‹ und ›stilistisch‹ sind aber so wenig gleichbedeutend wie ›klangvoll‹ und ›klanglich‹. Und auch das Englische unterscheidet zwischen *stylish* und *stilistic(ally).*
Schauder erweckend auch: »*Das ist nicht so Comic*-stylisch, *wie ich dachte.*« Da ist die leichte, sogar das anglophile Moment bewahrende Korrektur hin zu »*Das ist nicht so comic-like, wie ich dachte*« geradezu elegant.
Ich vergaß: Auch die Verneinung zu ›*stylisch*‹ ist in zwei etwa gleich häufig vorkommenden Schreibweisen höchst präsent: ›*unstylisch*‹ und ›*unstylish*‹. Das ist in der Tat stillos. Was man auch englisch sagen kann: *bad style.* Aber dort spricht die Szene auch schon länger *unstylish.* Was im Oxford-Standardenglisch immer noch *styleless* heißt.

Support

Engl. *support*: Unterstützung, Hilfe, Support

SPRACHGEBRAUCH

Menschen mögen einander Unterstützung geben können. Wo Maschinen, insbesondere Computer Lebens- und Arbeitsräume infiltrieren, ja durchseuchen, dort wandelt sich sprachlich wie verhaltenspraktisch seit den 90er Jahren die Unterstützung in den *Support,* der sich zu einer dominierenden Dienstleistungsbranche hochentwickelt hat. Da die Computer nicht einfacher werden, wächst der *Supportbedarf* auch in Zukunft. Der bedürftige Mensch kennt das Wort, nutzt es aber nur in einer Minderheit aktiv. In der Regel wird mündlich immer noch nach Hilfe oder Unterstützung verlangt.

FUNDSTÜCKE

»*Die gegenwärtigen Linux-Distributoren liefern alle paar Wochen neue* Support-*Packs aus, die zum Teil zwingend eingespielt werden müssen.*« heise.de (10-2003)
»*Sollten Sie in der FAQ nicht die passende Antwort auf Ihre Frage finden, wird Ihnen selbstverständlich angeboten, Ihre Frage an den* Support *zu richten.*« topfield-europe.com (2-2008) Es sollte heißen: »... in der FAQ-Liste ...«

Survival

Engl. *survival*: Überleben, Überlebensdauer

SPRACHGEBRAUCH

Aus zwei Quellen speist sich der breite Strom von *Survival*-Vorkommnissen in deutscher Gegenwart: Das *survival of the fittest* als Prinzip gesellschaftlicher Entwicklung, von dem englischen Philosophen Herbert Spencer (1820–1903) in Umlauf gebracht. Und eine Erlebniskultur, die *Adventure*-Erlebnisse als *Thrill*-Service konsumiert. Den Trend bescherte uns die Lust des Freizeit-Amerikaners auf *Wilderness*- (›Wildnis‹) und *Jungle*-Fever.

Das zivilisierte Großstadtleben westlicher Länder erfuhr seit den 80er Jahren eine Art künstlicher Verwilderung. Reale Bedrohungen (Arbeitslosigkeit, Bandenkultur) wurden durch die Vermarktung ästhetisierter Protestversatzstücke (Military-Kleidung) ausgeblendet. Parallel sollte die reale Rest-Wildnis scheinbar unberührter Natur möglichst ohne Zivilisationstechniken erobert werden. *Survival*-Training-Units werden seither von *Survival*-Trainern als existenzielle Fitnessprogramme auch für den Manager-Karriereschub angeboten. Wer ein rechter *Survivalist* sein will, hat naturgemäß immer sein *Survival*-Kit griffbereit, also die Notfallpackung für alle Wildniswidrigkeiten.

FUNDSTÜCKE

»Spirits of Survival *– Breaking the walls of silence«* nennt sich ein deutsches Hilfsprogramm bei *»sexuellem Missbrauch und seinen Folgen«*. spiritsofsurvival.opfernetz.de (12-2005)

»Survival- *und Outdoortraining im Siegerland! Genießen Sie als Gruppe oder Einzelperson ein Abenteuer der besonderen Art in einem der dichtest bewaldetsten ...«* survival-abenteuer.de (12-2005)
Beachtenswert der doppelte Superlativ: ›*dichtest bewaldetsten*‹; es reichte ein ›*dichtest bewaldeten*‹).

»Know-how – Das Wissen der Wildnis: Wer sich auf Survival-*Tour wagt, braucht zwei Dinge: Mut und Wissen. Den Mut bringen Sie mit – das Wissen wir.«* Men's Health (12-2005)

› **Jungle; Outdoor; Thrill; Wilderness**

SUV (& Co.)

SUV: Abk. f. engl. *sports utility vehicle*: Mehrzweck-Fahrzeug mit sportlichem Mehrwert; schneller Komfort-Geländewagen

SPRACHGEBRAUCH

Seit den 70er Jahren darf der Deutsche sich mit 4wd-Fahrzeugen seinen Abenteuer-Phantasmen hingeben. Zugleich gab es bis zur Jahrtausendwende in Deutschland ernsthafte Geländewagen zu kaufen. Nur Land- und Pferdebesitzer zogen daraus einen Nutzwert.

Im englischsprachigen Raum gab es *all-terrain vehicles* und *cross-country vehicles*. Damit waren robuste, kräftige, designerisch eher unterentwickelte Fahrzeuge gemeint. (Die US-Firma *Jeep* hatte als einer von wenigen Herstellern schon lange Komfort-Geländewagen im Programm.)

Dann wurden Fahrzeuge für Stadtbewohner entwickelt, die Geländegängigkeit mit Komfort und sportlichem Durchzugsvermögen verbanden. Die

verkauften sich gut an ausgabefreudige Menschen, die Oberklasselimousinen langweilig fanden und mehr Platz und Übersicht wollten, als ein Sportwagen bietet.
Um sich von der Konkurrenz zu unterscheiden, prägten Hersteller ihr eigenes Geländewagen-Label.
Und so gibt es heute neben den SUV:
ATV: All Terrain Vehicles (›All-Gelände-Fahrzeuge‹)
AAV: All Activity Vehicles (›Alle-Aktivitäten-Fahrzeuge‹)
ACC: Adventure Concept Cars (*Volvo;* ›Abenteuer-Konzeptwagen‹)
MAC: Multi Activity Vehicles (*VW, Audi;* ›Vielfach-Aktivitäten-Fahrzeuge‹)
MCV: Megacity Vehicle (*BMW;* ›Megastadt-Fahrzeug‹)
RAV: Recreational Active Vehicle (*Toyota;* ›Erholungsaktivitäten-Fahrzeuge‹)
SAV: Sports Activity Vehicles (*BMW;* ›Sportaktivitäten-Fahrzeuge‹)
UUV: Urban Utility Vehicles (*Toyota*) oder Ultimate Utility Vehicles (›ultimativ nutzbare Fahrzeuge‹)
Selbst *Smart* plante 2005 für 2006 noch ein *Smart*-SUV. Der Marketingdreh: Man hoffte, dass ›SUV‹ irgendwann für *Smart Utility Vehicle* steht. Diese Pläne wurden September 2006 begraben; die Marke *Smart* hatte sich mit zu vielen Typenvarianten übernommen.
Der Deutsche spricht immer noch vom ›Geländewagen‹ oder ›Allrader‹ (eher ein ernst gemeintes Fahrzeug) oder vom ›Offroader‹ (Möchtegern-Abenteuer-Vehikel). Abkürzungen und deren Bedeutung scheren den deutschen Driver wenig; einschlägige Fahrzeugprospekte werden aber meist verstanden, was vorzüglich den Begriffserläuterungen der *Auto-BILD* zu verdanken ist.

FUNDSTÜCK

»BMW X5 gegen drei SUV-*Exoten – Anderssein erfordert Mut – und gewisse Qualitäten. Wer die hat, sollte sich durchsetzen können. Auch auf dem* SUV-*Markt?«* auto-bild.de (4-2006)

Sweater

Engl. *sweater*: Schweißtreiber, Antreiber; Pullover; Strickjacke

SPRACHGEBRAUCH

Für ein warmes Überziehoberkörperwollbekleidungsstück hatte der Deutsche wohl keinen rechten Ausdruck. Im 17. Jahrhundert meinte ›Wollhemd‹ oder ›Wollenhemd‹ eher ein feiner gewebtes Hemd aus Wolle, keinesfalls aber einen Pullover. Und der Überzieher, der im 19. Jahrhundert gebräuchlich wurde, war eher ein Regenschutzcape, das über den guten Mantel gezogen wurde. Überziehhemden zeichneten sich durch fehlende Knöpfe aus, hatten aber nichts Pulloveriges an sich. So hatte ›Pullover‹ seit Anfang des 19. Jahrhunderts gute Durchsetzungschancen. Seit den 20er Jahren des 20. Jahrhunderts half ›*Sweater*‹.
Die Bezeichnung war Kleidungsstücken aus dem eher sportlichen Bereich vorbehalten; der Pullover war schon immer das, was er auch heute ist. Seit den 70er Jahren aber dominiert ›Sweatshirt‹, ein Baumwoll-Überzieher mit langem Arm. Nun wird behauptet, ›*Sweater*‹ sei im Aussterben begriffen. Das kann nur unterstellen, wer auf laute Trends achtet. *Sweater* sind Klassiker, und: Der un-

scharfe Sprachgebrauch der Modebranche sagt immer häufiger ›*Sweater*‹, wo vor einigen Jahren noch ›Sweatshirt‹ gesagt werden musste.

FUNDSTÜCKE

»Kapuzen-Sweater, *Hanf-Lebensmittel, Hanf-Kosmetik, Hanf-Jeans, Hanf-T-shirts und -hemden, Hanf-Waschmittel, Hanf-Taschen und -Rucksäcke …«* hanfhaus.de (11-2006)

»Bigstar Herrenpullover Modell Yukon Sweater. *Farbe off-white. Kuschelig warm. Grober Strick. Großes Bigstar-Logo in der Front. Troyerkragen.«* discount24.de (11-2006)

› **Pullunder; T-Shirt**

T

Tag; Tags; taggen; Tagger; Tagging

Engl. *tag*: Anhänger, Aufkleber, Etikett, Plakette
Engl. *to tag:* beschildern; markieren
Engl. *tagger:* Tagger

SPRACHGESCHICHTE

Im Englischen ist *tag* seit etwa 1400 in der Bedeutung ›kleines Anhängsel‹ bekannt; wahrscheinlich skandinavischen Ursprungs; man betrachte norwegisch *tagg* (›Punkt, Zacke‹) und schwedisch *tagg* (›Dorn‹), womit wiederum dt. ›Zacken‹ verwandt ist. In der Bedeutung ›Etikett‹ im Englischen seit 1835 nachweisbar.

HANDEL

In herkömmlichen deutschen Geschäften gab es Etiketten – ein französisches Lehnwort von mundartlich *estiquette* (›in der Erde steckender Wegweiser‹) – oder Preisschilder. Heute gibt es *Tags,* vorzugsweise in Trendshops. Kunden wünschen aber beim Kauf meist immer noch die Entfernung des Etiketts.
Durch den zukünftig massiven Einsatz von elektronischen RFID-*Tags* im Handel wird ›*Tag*‹ weiter an Terrain gewinnen.

INTERNET

Botschaften in Blogs, den wuchernden Webtagebüchern, werden zunehmend *Tags* angehängt. Das sind Sortiermarken, die aus Schlagwörtern (engl. *key words*) bestehen. Ein Klick auf einen *Tag* in einer *Tagliste* bringt alle Postings (platzierten Beiträge) mit dem entsprechenden *Tag* zum Vorschein. (In der Bibliothekswissenschaft nennt man das ›Verschlagwortung‹.) Wer *Tags* setzt, *taggt.* Wer *Tags* gesetzt hat, hat *getaggt* (›*getagged*‹ findet sich auch, aber in deutlicher Minderzahl).
Meta-*Tags* sind Informationen über eine Website, die für einen Webnutzer nicht sichtbar sind. Hier werden Schlüsselbegriffe (engl. *keywords*) an eine Seite gehängt, die von Suchmaschinen gelesen werden.
Eine *Tag*-Cloud (›Sortiermarkenwolke‹) ist ein Orientierungsmittel auf Websites, die viele *getaggte* Beiträge beinhalten: Die *meistgetaggten* Wörter werden in je nach Häufigkeit unterschiedlicher Größe in einem Feld dargestellt. Der User sieht auf den ersten Blick, welche Relevanz Wörter auf dieser Website besitzen.

ALLTAGSKULTUR

Im Jargon der Graffiti-Sprayer meint ›*Tag*‹ ein Schriftbildzeichen, das den eigenen Namen darstellt und für dessen Bekanntmachung sorgen soll. Das Verb ›*taggen*‹ (›ich *tagge,* ich habe *getagget*‹) wird für das Aufsprühen eines *Tags,* also einer Art gesprayten Autogramms, benutzt. Wer regelmäßig *tagt,* ist ein *Tagger.*

SPRACHGEBRAUCH

In den zwei großen Szenen der Streetlife-Anhänger und der Computerkultur hat sich ›*Tag*‹ mit verschiedenen Bedeutungen durchgesetzt. Man muss also hinsehen, von wem die Botschaft stammt. (Was man immer tun sollte.)

FUNDSTÜCKE

»*Amazon führt erweitertes* Tagging *für seine Cloud ein.*« computerworld.de (8-2012)

»*Die beiden waren Polizeiangaben zufolge mit einer Leiter auf ein Garagendach geklettert und besprühten zwei Hauswände mit fünf bzw. drei Meter große Schriftzüge, sogenannte* Tags.« Thüringer Allgemeine (8-2012)

› **Label**

talken

Engl. *to talk*: besprechen, erzählen, plaudern, reden, sich unterhalten, sprechen

SPRACHGEBRAUCH

Im Kielwasser der *Talk-Show* kann sich ›*talken*‹ behaupten, da es die besondere Form des Redens in einer Talk Show bezeichnen soll, wiewohl niemand so genau sagen kann, was das Besondere des Redens in einer Talk Show ausmacht, da dort auf höchst unterschiedlichen Niveaus *getalkt* wird.

Um 2011 findet sich die frische Verbform ›*betalken*‹. Das meint die unterhaltungsmediale Variante von ›besprechen‹. Themen können halt *betalkt* werden. Und manche Themen sind besser oder schlechter *betalkbar.* Ein davon wiederum im guten deutschen Sprachsinn abgeleitetes Substantiv ›*Betalkbarkeit*‹ dürfte sich höchstens in geheimen Programmgestaltungspapieren von Sender-Intendanten finden.

FUNDSTÜCKE

»*NDR Fernsehen: Schöneberger und Meyer-Burckhardt* talken *in Hamburg, Tietjen und Dibaba in Hannover.*« www1.ndr.de (9-2007)

»*Kuttner & Kuttner – Vater und Tochter* talken *auf Radioeins: (...) Die beiden redeten munter miteinander und mit ihren Hörern, kündigte Radioeins-Wortchef Jochen Wittig am Freitag in Potsdam an. Ansonsten gebe es für die zweistündige Show kein Konzept.*« inside-digital.de (11-2007)

»*Kaum ist die Entscheidung der Intendanten gefallen, dass ab dem Herbst 2011 im Ersten fünfmal in der Woche* getalkt *wird, beginnen die Verteilungskämpfe.*« spiegel.de (12-2010)

Talk-Show, Talk Show, Talkshow

Engl. *talk show*: Talk-Show

SPRACHGEBRAUCH

In den USA entstand das berüchtigte Mediensendungsformat, bei dem Sprachabsonderungen mehr oder minder Prominenter mehr oder minder erfolgreich von einem Moderator so ausgesteuert werden, dass bei einem Zuhörer oder Zuschauer der Eindruck von thematischen Zusammenhängen entsteht, bereits in den 50er Jahren des 20. Jahrhunderts. Deutsche TV-Gucker mussten bis 1973 warten, als Dietmar Schönherr – maximalprominent durch seine 1966er-Rolle als Captain Allister MacLane in der deutschen Sci-Fi-TV-Serie *Raumschiff Orion* – die TV-Runde *Je später der Abend* ins Leben rufen durfte. Seither ist die *Talk-Show* eines der erfolgreichsten TV-Formate überhaupt. Zwischen politischer Strenge und Null-Niveau-Entertainment haben sich schwer kategorisierbare Differenzierungen entwickelt.

Bemerkenswert das Phänomen der *Meta-Talk-Show,* die *Voll total* oder *Best of Talk* heißen können: Dabei werden Zusammenschnitte von *Talk-Shows* gezeigt. Das ist billig und für gewisse Zielgruppen lustig, weil nur die Pannen und Lächerlichkeiten von *Talk-Shows* gezeigt werden. Davon gibt es so viele, dass Medienkritiker von der *Talk-Show* als kommunikativer Perversion sprechen. Zuschauer sehen das anders.

Die *Talk-Show* als Gattung wird nicht aussterben, da spätestens seit den 80er Jahren auch intellektuell Minderprivilegierte verstehen, was gemeint ist.

FUNDSTÜCKE

»*Die Annahme von Kartenwünschen für unsere* Talkshow *müssen wir leider bis auf weiteres aussetzen, da wir bereits Monate im Voraus ausgebucht sind.«* radiobremen.de/tv/3nach9 (3-2008)

»›*Wir machen heute eine so genannte* Talkshow. *Was sie ist, das wissen Sie nicht – und wir auch nicht so genau.‹ Mit diesen Worten betrat am 18. März 1973 nicht nur Dietmar Schönherr Neuland im deutschen Fernsehen. Mit der WDR-Produktion ›Je später der Abend‹ hatte das Plaudern vor laufender Kamera Premiere.«* wdr.de (4-2007)

»›*Haben Sie je von der* Talkshow *Michaela gehört?‹ Kanter riss den Kopf herum. Seine Hände zitterten und seine Zunge fühlte sich an wie die Raufasertapete, die er noch aus der Wohnung seiner Großmutter kannte. ›Oh nein!‹, schrie er und wiederholte es noch einmal. ›Nicht in eine dieser* Talkshows. *Da bekommen Sie mich nicht hin!‹«* aus: *Überraschung – Die Talkshow,* Erzählung von Johannes Bobroswki (2006)

› **Small-Talk**

Tanning

Engl. *tanning*: Bräunung; Gerben

SPRACHGEBRAUCH

Die Bräunungs-Kunstsonne erfreut seit Jahrzehnten Menschen, die gut aussehen wollen und denen es wurscht ist, wie sie in 20 Jahren aussehen werden. Das Sonnenstudio hat sich aber technisch und sprachlich professionalisiert. Dazu gehört auch die Verwendung von ›*Tanning*‹ als Bezeichnung für den Vorgang der Pigmentprovokation in den oberen Hautschichten des Sonnenliegennutzers.

Die Kosmetikbranche treibt es hautschonender: Ebenfalls seit Jahrzehnten offeriert sie Bräunungscremes, die heute immerhin nicht mehr die orange-gelben Ekeleffekte der frühen Jahre unausgegorener Hautchemie produzieren. Auch hier wird vehement von ›*Tanning*‹ gesprochen.

Würde der Deutsche anders mit dem Wörtchen umgehen, wenn er wüsste, dass der Engländer damit auch den Vorgang des Gerbens abgezogener Tierhäute meint? Kaum, auch der Engländer und der Amerikaner, die sich ja verstehen, wenn sie es sagen, stören sich nicht daran.

FUNDSTÜCK

»*Airbrush* Tanning *Systeme für den Heim und Studiogebrauch. Bräunungs-*

lotionen mit DHA. Groß und Einzelhandel von Airbrush Tanning *weltweit.«* tanning.at (1-2012) Airbrush-*Tanning* meint eine Ganzkörperdusche mit bräunender Soße. Studios nehmen dafür hautrötende Preise. Wer es sich selbst anrührt, zahlt 80 Euro für 100 Liter.

Taste

Engl. *taste*: Geschmack; Kostprobe

SPRACHGEBRAUCH

In den kultivierteren Zonen der Republik wird noch über Geschmacksfragen causiert (leider veraltet für ›gepflegtes argumentieren‹). Allüberall sonst geht es um Bad *Taste,* No *Taste,* Good *Taste* (seltener). Interessant das Paradoxon, dass Bad *Taste* innerhalb der Geschmackskultur jüngerer Menschen oftmals gerade der Ausweis guten Geschmacks sein kann. So ist die deutsche Gesellschaft in Geschmackskulturen, *Taste*-Zones und Unterhaltung für jene, die jenseits von Geschmacksfragen stehen, aufgeteilt.

FUNDSTÜCKE

»Taste-*for-girls ist ein fünftägiges Assessment-Verfahren zur Ermittlung der Potenziale von Schulabgängerinnen in der 9. oder 10. Klasse aller Schultypen.«* taste-for-girls.de (11-2006) Geschmacklos; nicht einmal zwei Bundesministerien und eine EG-Institution merken, dass engl. *taste for girls* mit ›Geschmack auf Mädels‹ übersetzt sein muss.

»Bad Taste *Bears: Rentnerbären. Diese Bären haben den Status retired erreicht, werden nicht mehr produziert und erfahren nun eine Wertsteigerung.«* badbear.de (11-2006) Das Unternehmen *Badbear* vermarktet leicht obszöne bis provokative Bären mit eindeutigen Gesten und Körperdetails.

› **Trash**

Teaser; teasen; teasern

Engl. *to tease*: necken, reizen
Engl. *teaser*: Aufmacher; Lockangebot; Programmtipp, Programmvorschau; Schelm

SPRACHGEBRAUCH

Werbung und Marketing müssen seit den 60er Jahren den Konsumenten locken, da er ungelockt zu wenig konsumieren würde. So wurden Lock- und Reizmittel entwickelt. Deren Logik: Es wird wenig gezeigt, das den Wunsch nach Mehr oder dem Ganzen erweckt. Hier entstanden ›*teasen*‹, ›*anteasen*‹, ›*anteasern*‹ und ›*Teaser*‹.
Mit der Popularisierung der Werbejargons in den 80er Jahren sickert die Wortgruppe über Printmedien in den Wortschatz des medienkompetenten Menschen ein.

FUNDSTÜCKE

»Einige der angeteaserten *Bereiche dieses von Zeitverzug geplagten Großprojektes sind allerdings noch mit einem hoffnungsfrohen ›coming soon‹-Button versehen.«* zeit.de (10-2001)

»Parallel zur Veröffentlichung im Netz wird der Teaser-*Happen auch in US-Kinos gezeigt.«* spiegel.de (3-2002)

› **Appetizer**

Test

Engl. *test*: Erprobung; Kontrolle; Test; Versuch

SPRACHGESCHICHTE

Um 1400 im Englischen ein kleines Gefäß für alchimistische Versuche an wertvollen Metallen; verwandt mit lat. *testum* (›Geschirr; Schüssel‹). Die Bedeutung ›Prüfung auf Richtigkeit‹ entstand erst gegen 1600.

Im Deutschen des 16. Jahrhunderts findet sich neben der Bedeutung ›Gefäß‹ auch ›Zielscheibe für das Bogenschießen‹ (*»... dasz etliche wärter constelliert sind, die ein jeglichen pfeil mit zweien fingern ausz dem* test, *darein sie geschossen sind, ziehend«,* schreibt Paracelus in den *Chirurgischen Schriften* von 1605).

Noch in Herders Konversationslexikon von 1907 findet sich unter ›Test‹ nur *»mit Mergel belegte Eisenschale; früher zum Silbereinbrennen benützt«.*

Ins Deutsche ist ›Test‹ als Lehnwort Anfang des 20. Jahrhunderts gewandert. Als solches wird es von Sprechern der Gegenwart nicht mehr erkannt.

SPRACHGEBRAUCH

In den 70er Jahren emanzipierte sich der *Test* vom Wissenschaftsbetrieb und wanderte in die Konsumsphäre von Autos, Waschmaschinen und Computerspielen. Heute leben wir in einer testenden und getesteten Gesellschaft. Man wird von einer regelrechten *Test*-Wirtschaft aus Instituten, Verbänden, Fach- und Publikumsmedien sprechen können. Der *Test* ist das Reduktionsinstrument auf unübersichtlichen Konsummärkten und entlastet den Verbraucher.

Die Inflation von *Tests* macht mittlerweile Meta-Selektionen nötig; dabei werden *Tester* auf ihre Testqualifikation getestet. Seit den 90er Jahren ist eine Re-Anglifizierung von ›Test‹ zu beobachten. Es wird gleichsam nochmals entlehnt. Resultat der Durchsetzung von Englisch als internationaler Wissenschaftssprache und dem Jargon der globalen Computer-Society.

Die ›Test‹ umgebenden Komposita entscheiden über die Aussprache.

FUNDSTÜCKE

*»Die Online-*Test *Suchmaschine und Ihr Wegweiser durch den Dschungel der verschiedenen* Tests *(IQ-*Tests, *EQ-*Tests, *Gehalts*tests, *Gesundheits*tests*) im Internet.«* testedich.de (10-2005)

»Sie wählen das passende Test *Service Paket (Testing Package).«* imbus.de/test (10-2005)

Thrill

Engl. *thrill*: Angstlust, Nervenkitzel, Thrill

SPRACHGEBRAUCH

1985 gründete der deutsche Stuntman Jochen Schweizer ein Unternehmen, das sich dem kommerziell angeregten Nervenkitzel widmet. Es begann mit der Popularisierung des Bungee-Jumping. Der Erfolg regte Nachahmer an. Seither nennt sich der berechnete und gegen Gebühr genießbare Nervenkitzel in Deutschland ›*Thrill*‹. Das war unproblematisch durchzusetzen, da ›*Thriller*‹ als Genrebezeichnung in den Bereichen Film und Buch geläufig war.

Notorische Gefahrensucher heißen auch ›*Thrillseaker*‹ oder ›*Thrillfreaks*‹ (alternativ auch ›Dangerfreaks‹ geheißen). Immerhin behauptet sich das deutsche Synonym ›Gefahrensucher‹ wacker gegenüber den Anglizismen, sogar in jugendkulturellen Kontexten.

Da die Freizeitkulturökonomie zu einem Gutteil auf *Thrilleffekten* basiert, nimmt

die Verwendung eher noch zu. Auch im aktiven Wortschatz der jüngeren Bevölkerung zu finden.
Unter Psychologen und Soziologen ist ›*Thrill*‹ seit 1959 bekannt. Der englische Psychologe Michael Balint veröffentlichte damals sein Buch *Thrills and Regression*, ein Jahr später unter dem Titel *Angstlust und Regression* in Deutschland publiziert. Balint skizzierte hier eine Art Kategorienlehre des Nervenkitzels, zu der auch die Erlebnisformen des Jahrmarktes gehören. Heutigen *Thrill*-Konsumenten ist dieser theoretische Blick aufs eigene Erleben naturgemäß gänzlich unbekannt.

FUNDSTÜCKE

»*Kurz gesagt: beim* Thrill *geht es um das Aufgeben und die Wiedergewinnung von Sicherheit, bzw. um Furcht, Wonne und Hoffnung.*« suesske.de (9-2008)
»*Hier regiert der* Thrill *von Anarchie und Chaos, genau wie in den ersten Comics.*« zeit.de (8-2008) Zitat aus einer *Batman*-Filmkritik.
»*Die härteren Ventilfedern sorgen für noch mehr* Thrill *jenseits von Gut und Böse.*« focus.de (8-2008) Aus einem Motorradfahrbericht.
»*Dass Osama bin Laden was mit Islam zu tun habe, ist so ähnlich* thrilllos *wie die Behauptung, dass die CIA eine Unterabteilung des Opus Dei sei.*« tagesspiegel.de (1-2010)
› **Jungle; Wilderness**

Ticket

Engl. *ticket*: Eintrittskarte, Ticket

SPRACHGESCHICHTE

Das Englische hat sich beim mittelfranzösischen *etiquet* (›Beschriftung; Namensschild; Zettel‹) bedient; von altfranzösisch *estiquette*, wo wiederum engl. *sticker* seinen Ursprung hat. Das fränkische *stikkan* lauert im Hintergrund. Im Deutschen ist *sticker* als Handwerksbezeichnung seit dem 15. Jahrhundert zu finden.
Mitte des 18. Jahrhunderts sickert engl. *ticket* ins Deutsche ein. Es setzt sich im 19. Jahrhundert mit dem Eisenbahnverkehr für ›Fahrkarte‹ durch und verdrängt bei uns (weniger aber in der Schweiz) das aus dem Französischen entlehnte ›Billet‹. Auch das Lotterie- und Wettwesen übernimmt *ticket* bereits im späten 19. Jahrhundert.

SPRACHGEBRAUCH

Eintritts- oder Benutzungsberechtigungsnachweise fast aller Art heißen heute im Deutschen ›*Ticket*‹. Nur im Luxussegment gibt es noch Alternativen, wie das ›Buchen einer Passage‹ für die Reservierung einer Kabine auf einem Kreuzfahrtschiff.
Tickets bucht man gerne über eine *Ticketline* oder eine *Ticket*-Hotline, einen telefonischen Bestelldienst. An einem *Ticket*-Counter, also einem herkömmlichen, mit Menschen besetzten Schalter, könnte es schneller gehen.

FUNDSTÜCKE

»*53 europäische Mannschaften werden bis Oktober 2009 versuchen, die 13* Tickets *für die Endrunde in Südafrika zu ergattern.*« focus.de (9-2008)
»*Im Nahverkehr werden die Preise der* Ländertickets *um einen Euro angehoben, das Schönes-Wochenende-*Ticket *für bis zu fünf Reisende wird zwei Euro teurer.*« sueddeutsche.de (9-2008)

Tights

Engl. *tights*: Feinstrumpfhose; Trikot
Engl. *tight*: angespannt; eng, stramm

SPRACHGESCHICHTE

Tights ist abgeleitet von *tight;* von protogermanisch *thenkhtuz;* im Mittelhochdeutschen entwickelt sich daraus *dihte,* später *dicht.* Vergl. auch die Ableitung *gediegen* (›solide, von guter Qualität‹) im Hochdeutschen.

SPRACHGEBRAUCH

Gemeint sind eng ansitzende Hosen für Sportler, insbesondere Läufer und Radfahrer. Das Marketing der Trendsportartunternehmen hat ›*Tights*‹ auch im Deutschen durchgesetzt. Alternativ wird auch von ›Radlerhosen‹ oder ›Laufhosen‹ gesprochen, wenn eng anliegende Kunstfaserbeinkleider gemeint sind.
Es kehrt also die Spätform eines protogermanischen Urworts ins Deutsche zurück. Was haben wir den *Tights* entgegenzusetzen? Die ›Engsporthose‹ oder das ›Sportengbeinkleid‹. Da wären wir doch wieder bei romanisch-lateinischen Wurzeln (lat. *angustia:* ›Enge; Angst‹). Wollen wir das?
Varianten sind *Biketights* (›Radlerhose‹) und *Dancetights* (›Tanztrikot‹).

FUNDSTÜCKE

»Duke Tights *black: Schwarze Boxer Shorts aus Baumwolle mit grauen Nähten. Der schwarz-graue Bund ist elastisch und trägt hinten und vorne das Jack & Jones Logo.«* jackjones.com (9-2008)
»Wer die eng anliegenden Tights *nicht mag, der sollte zu einer bequemeren Laufhose greifen, die ausreichend Bewegungsfreiheit bietet.«* lauftechnik.de (9-2008)

Toast; Toaster; toasten; toasty

Engl. *toast*: Röstbrot, Toast, Toastbrot; Trinkspruch
Engl. *toasty*: geröstet; knusprig-warm

SPRACHGESCHICHTE

Im alltagslateinischen Sprachgebrauch bedeutete *tostare* ›rösten‹, ›ausdörren‹ oder ›versengen‹. Im Altfranzösischen wurde daraus *toster* mit ähnlicher Bedeutung. Hier bediente sich im 14. Jahrhundert das Englische mit dem Fokus auf die geschmackssteigernde Bräunung von Brot oder Fleisch. Ein *tost* bestand damals aus dem typisch britischen Weizenweißbrot, das nach dem Rösten einen angenehmeren Biss bekam, als es beim kontinentalen, schweren Roggenbrot möglich gewesen wäre.
Um 1700 tauchte die Bedeutungserweiterung ›Trinkspruch‹ auf. Der Hintergrund: Zu jener Zeit gab es die Sitte, mit pikanten Gewürzen geröstetes Brot ins Tischgetränk zu tunken, um jenem mehr Aroma und Geschmack zu verleihen. Zugleich aber fand sich der Brauch, nicht nur auf die Gesundheit einer schönen, jungen Frau zu trinken, sondern diese gleichsam bildlich als Trank zu verzehren. (Die Abendmahlshostie samt Weinzugabe lässt grüßen.) Das Trinken der begehrenswerten jungweiblichen Gesundheit und das Tunken des gewürzten Brotes in Wein verschmolzen nun zu einer Sitte und einem Spruch, eben dem *Toast,* der getunkt und gesprochen wurde.
Über den Sittenaustausch des gehobenen Bürgertums und des Adels fand ›*Toast*‹ in obiger Bedeutung bereits um 1775 Einlass ins Deutsche. Zwar gab

es auch hier die Sitte des Röstbrotes, das entweder über offenem Feuer oder in gefetteter Pfanne gebräunt zu werden pflegte, nur hieß das Resultat eben ›Röstbrot‹. (Ein *tost* war im Mittelhochdeutschen die Zotte eines struppigen Bartes oder etwas ähnlich Quastenförmiges, Trotteliges.)

SPRACHGEBRAUCH

Nach dem 2. Weltkrieg fand bald auch der *Toaster* aus den USA im elektrisierten deutschen Haushalt seinen prominenten Platz. In den 50er Jahren gehörten Gerät wie Bezeichnung zum Alltag. *Getoastet* wurde helles, weiches Weizenbrot, eben *Toastbrot*. Das ist bis heute nicht anders. Nur hat sich die Produktfamilie diversifiziert; Matschbrote mit Körnereinsprengseln und bräunlichen Farbstoffen werden als *Biotoast, Full-Grain-Toast* oder gar *Health-Toast* vermarktet. *Golden Toast* – komplett englisch auszusprechen – entwickelte sich seit 1963 zu einer der bestverkauften *Toastbrotmarken* Deutschlands.

Ein Fleischklops ohne klassisches Weichbrötchen, dafür von gerösteten *Toastscheiben* umzingelt, wird auch als *Toastburger* oder *Mac Toast* bezeichnet.

Computeruser kennen *Toast* auch als Brennprogramm für CDs und DVDs.

Das Adjektiv ›*toasty*‹ findet sich erst seit der Jahrtausendwende und ist wahrscheinlich durch die Vermarktung neuer Convenience-Food-Produkte und deren Benennung beeinflusst.

FUNDSTÜCKE

»Die derzeit neueste Kreation unter Convenience-Food ist der Schnitzelsnack Toasty, *der aus der Tiefkühltruhe direkt in den* Toaster *kommt.«* focus.de (1-2008)

»Die, die es am härtesten trifft, stehen ab neun Uhr morgens vor der Essensausgabe der Kapuzinerbruderschaft in Dublins Stadtteil Smithfield und warten auf kostenlose Würstchen und Toast, *Haferbrei und warmen Kaffee.«* ftd.de (11-2010)

Tonic

Engl. *tonic water*: Tonic

SPRACHGEBRAUCH

In den 60er Jahren neigte der Deutsche, von seinem alkoholfreien Familienmischgetränk aus eingedicktem Himbeersirup und Kranwasser abzurücken. Er begann, exotische Limonaden zu trinken. Eine davon war ein mit Kohlensäure und Chinin versetztes, bitteres Sprudelwasser, das im 18. Jahrhundert von einem Deutschen namens Johann Jacob Schweppe erfunden wurde und sich im 19. Jahrhundert in England als keimabtötendes Soldatengetränk durchsetzte. Das schmeckte für deutsche Gaumen so fremdartig, dass es sogleich als Hochkulturgetränk reüssierte. Heute bestellt selbst der Mittelstandsfamilienvater im Sonntagsrestaurant sehr souverän ein *Tonic.*

FUNDSTÜCK

»Gin Tonic *versprüht Lebensfreude! Das trendstarke Modelabel Gin* Tonic *verlost exklusiv zur Weihnachtszeit einen Modegutschein im Wert von 300 Euro sowie eine komplette Duft-Range Gin* Tonic *Women und Men, damit Sie auch den perfekten Duft zu Ihrem Lifestyle tragen können.«* jolie.de (12-2008)

Tool

Engl. *tool*: Gerät; Werkzeug

WORTGEBRAUCH

›*Tool*‹ ist ein sprachliches Universal-*Tool*. Die deutsche Industriegesellschaft ist voller Geräte, die nachgerade Schlange stehen, um zum imageoptimierten *Tool* geadelt zu werden. Und die Informationsgesellschaft verwandelt auch den Computer, seine Peripherie, die Innereien samt aller Software und Extensions zu *Tools*.

Unter abenteuerlustigen Menschen sind *Multitools* äußerst beliebt. Mit denen könnte man ganz viel machen, so man in gefährlicher Lage sich befindet, was bedauerlicherweise sehr selten geschieht.

Gebräuchliche Komposita sind ›*Toolbar* – das Werkzeugmenu einer Software – und ›*Toolbox*‹ – im Computerbereich der Ersatz für ›Werkzeugkiste‹.

FUNDSTÜCKE

Occhio Light heißt 2005 *»das multifunktionale* Leuchtentool *von Axelmeiselicht«*, das nebenbei einen *reddot*-Designaward (ein deutscher Designpreis unter internationalem Abstrahlzwang) erhalten hat. Bedenklich ist das *Leuchtentool* nicht wegen des *Tools*. Es müsste ›*Leuchttool*‹ heißen. So wie eine Säge kein *Sägentool*, sondern ein *Sägetool*, eben ein *Tool* zum Sägen ist. Bedenklich auch die Verwendung von italien. *occhio* (›Auge‹). Hier kann beim Konsumenten nicht auf assoziative Mehrwertschöpfung gehofft werden.

Top; top; toppen

Engl. *top*: erstklassig, super, toll, spitzenmäßig; oben
Engl. *top*: Aufsatz, Deckel; Kopfende; Spitze
Engl. *to top*: schlagen, toppen, überragen

SPRACHGEBRAUCH

Wenn man das Wichtige schon hat, will man das Beste. Der Deutsche war in den 60er Jahren so weit. Seither sind immer noch zunehmend ›*Top*‹-Vorkommnisse in allen erdenklichen Zusammensetzungen in deutschen Medien nachzuweisen. Die inflationäre Phase ist auch bereits überwunden. Nun gehört ›*Top*‹ gleichsam zur Basisqualität eines jeden Produktes, das sich über Ein-Euro-Shop-Niveau erheben möchte.

FUNDSTÜCKE

»Bei den Volkswagen All-Inclusive Wochen bekommen Sie Polo Goal, Golf Goal, Golf Plus Goal und Touran Goal jetzt mit: Top-*Ausstattung,* Top-*Finanzierung mit 0,9% effektivem Jahreszins in Verbindung mit* Top-*Versicherungsschutz,* Top-*Service mit 4 Jahre kostenloser Wartung und Inspektion.«* VW-Werbebroschüre (7-2006)
»Top, *topper ...«* Ansage im TV-Sender SAT1 (11-2009)

Touchscreen, Touch-Screen

Engl. *touch screen, touch-screen*: berührungsempfindlicher Bildschirm, Sensorbildschirm, Touchscreen

SPRACHGEBRAUCH

Seit den 90er Jahren haben sie sich immens verbreitet: Terminals mit berührungsempfindlichen Bildschirmen. In Bahnhöfen, Museen, Touristeninformationscentern, Bank- und Sparkassenfilialen. Sie sind praktisch. Und gehen nicht so schnell kaputt.

Seit etwa 2005 setzen sich bei Desktopcomputern, Smartphones, MP3-Playern und Tablet-PCs *Touchscreens* durch. Nahezu jeder deutsche Haushalt ist mit einem *Touchscreen*-Gerät ausgestattet; entsprechend geläufig ist das Wort geworden.

In Elektronik-Märkten sieht man Menschen immer häufiger über Geräte streichen. Passiert nichts, hört man Sätze wie *»Ist ja gar kein Touchscreen, blöd ...«*.

FUNDSTÜCKE

»Das *Control Panel kann mit einem Touchpad oder mit* Touchscreen *ausgestattet werden.«* beckhoff.de (2-2007)

»Touchscreens *sind ja keine wirkliche Neuheit, beim HP Touchsmart braucht man jedoch keinen Stift, wie bei anderen Geräten, sondern man kann direkt mit dem Finger auf den Bildschirm tippen.«* sueddeutsche.de (2-2007)

Toy

Engl. *toy*: Spielzeug

WORTGESCHICHTE

Im Altenglischen entwickeln sich zu *toy* seit etwa 1300 bis etwa 1600 nach und nach die Bedeutungen ›amouröses Spiel, Sport‹; ›Objekt von geringem Wert, Bagatelle‹ und ›Spielzeug‹. Der Ursprung ist unklar; eine Beziehung zu niederländisch *tuig* (›Apparat, Werkzeug, Zeug‹), dän. *tøi*, schwed. *tyg* (›Zeug, Ausrüstung‹), dt. ›Zeug‹ sehr wahrscheinlich.

SPRACHGEBRAUCH

›*Toy*‹ hat ›Spielzeug‹ in der Sprache der Werbung an den Rand gedrängt. Die großen Spielzeugketten und -versandhäuser heißen *Toyland, myToys, Happy Toys, Monkeytoys* und *Toys ›R‹ us* (›Das Spielzeug sind wir‹). *Playland* und *Playfactory* bedrängen das deutsche ›Spiel‹ mit einem weiteren Anglizismus. Für ›Spiel‹ im kindlichen Sinne dürfte das Spiel, bis auf Sprachnischen in Kindergärten und Pädagogikseminaren, mittelfristig vorbei sein.

FUNDSTÜCKE

Der österreichische Spielzeugrennbahnenhersteller *Carrera* nennt seine Website *Carrera* Toys. Dort gibt es *»Highlights zu perfektem Sliden und Driften«* und für die Streckenplanung *»das Win Race Software Update des Racing Management System«*. Das Firmenteam verabschiedet sich mit *»Keep the pedal to the metal! Euer Carrera Internet Team«*. (7-2007)

Trash

Engl. *trash*: Abfall; Kitsch; Müll; Papierkorb

SPRACHGEBRAUCH

Das Mülleimer-Icon auf dem Desktop der gängigen Computer-Betriebssysteme heißt gängig *›Trash‹*, obwohl ›Mülleimer‹ im US-Englischen *garbage can* und *trash* ›Papierkorb‹ heißt. Das geht also schon im Englischen durcheinander. Hat aber wohl damit zu tun, dass Papierkörbe schwer als Icon zu visualisieren sind, Dateien aber an papierne Dokumente gemahnen, die in der realen Welt gängig in Papierkörben und nicht in Mülleimern landen.

Das andere Gebrauchsareal ist das der höheren Popkultur, die sich oftmals mit

der Kunst und eben durch diese aufgewerteten Kitsch verbrüdert. *Trash* ist schnell, billig, schmuddelig und genau deshalb wertvoll, weil es ästhetische Protestpotenziale gegen eine als von Sauberkeitsidealen infizierte Bürgerlichkeit ausspielen kann.
In diesem kulturellen Kontext nur in hinreichend postmodern gebildeten Milieus geläufig. Zu unterscheiden ist aber zwischen dem bekennenden Gebrauch der Jugendkultur und dem ironisch-distanziert-wissenden Gebrauch der medialen Hochkultur.

VARIANTEN

Trash findet sich in Dutzenden von Komposita. Nahezu alle Kulturphänomene gibt es halt auch in der *trashigen* Variante:
Trash-Age, -Boom, -Comedy-Truppe, -Freak, -Kanal, -Kid, -Kino, -Lyrik, -Mode, -Operette, -Orgie, -Pop, -Punk, -Postille, -Reality, -Space, -Time, -TV-Serie, -Zine. (Ein *Trash*-Zine ist ein gewollt schmuddelig designtes Fanmagazin, das sich der Sphäre der *Trash*-Phänomene, vorzugsweise im orbitalen Raum der Jugendkulturen, annimmt.)

FUNDSTÜCKE

»*In* Trashkulissen *spielen und singen betont uninspirierte Darsteller eine dreiaktige Erfolgsoperette, die in der feierlichen Präsentation eines innovativen Computerteilchens mündet.«* tagesspiegel.de (8-2007)
»*Die Magdeburger Teenie-Rocker von Tokio Hotel schwärmen für die* Trash-*Kultur in Mode und Musik. ›Unsere wichtigste Inspiration?* Trash, Trash, Trash*!‹, sagte Frontmann Bill Kaulitz dem Musiksender MTV vor der Verleihung der MTV Video Music Awards am Sonntagabend (Ortszeit) in Los Angeles.«* de.news.yahoo.com (9-2008)
»Trash.*de – Geschenke, die neidisch machen.«* Name einer Versand-Website (9-2008)

› **Pimp; Spam**

Tribal

Engl. *tribal*: Stammes-; stammeszugehörig

SPRACHGEBRAUCH

Die Stadt ist seit den 80er Jahren zum Lifestyle-Dschungel mutiert; passend dazu ist eine Zeichen-Koketterie beobachtbar, die mit Naturvolksassoziationen spielt. Kleidungs- und Schmuckstücke erhalten dabei *Tribal*-Signs oder *Tribal*-Prints, um den Hals hängt eine *Tribal*-Kette oder andere *Tribal*-Jewelry (engl. *jewelry:* ›Schmuck, Juwelen‹) und auf der Haut gibt es *Tribal*-Tattoos zu entdecken.
Das Tribalistische wird durch Filme wie *Der Fluch der Karibik* und die indischen Bollywood-Filmschinken befördert, wo Exotisch-Ursprungsnahes das Styling von Darstellern und Deko durchtränkt. Der *Tribal*-Trend hat eine seiner Wurzeln in einer eher links-globalen Eine-Welt-Bewegung, die seit den 80er Jahren Musik, Tanz, Mode und Architektur beeinflusst. Auch kleinstädtische Mütter-Bauchtanzgruppen kommen heute nicht umhin, bei ihren Accessoire-Einkäufen mit *Tribal*-Products umgehen lernen zu müssen.

FUNDSTÜCKE

»Tribal *Aufkleber sind modern und ma-*

chen auch Ihre Heckscheibe zum absoluten Hingucker!« stick-tec.de (11-2006) »Tribal *ist nicht nur ein Name für ein Konzept,* Tribal *steht für Gefühl des Zusammengehörens. Im Team* Tribal *treffen bekannte und anerkannte Karpfenangler aus Europa zusammen, um die Synergievorteile eines Teams zu nutzen und zu prägen. Eine effektive Zusammenarbeit fördert die Weiter- und Neuentwicklung von* Tribal *Produkten.«* shimano.de (11-2006) Das japanische Unternehmen produziert nicht nur die bekannten Fahrradkomponenten, sondern auch High-Tech-Anglerausrüstungen.

Trophy

Engl. *trophy*: Pokal, Siegeszeichen, Trophäe

SPRACHGEBRAUCH

Die interessantesten Siege werden bei international ausgerichteten Sportereignissen erfochten. Jene Ereignisse nennen sich – auch auf deutschen Schauplätzen – entweder ›Cup‹ oder ›*Trophy*‹. Da ›*Trophy*‹ mehrheitlich zum Namen des Wettbewerbes gehört, vermeidet die Medienberichterstattung jedwede Übersetzung. Die lautliche Nähe zu ›Trophäe‹ (von altgriech. *trópaion:* ›Siegeszeichen‹) und der Kontext erleichtern das unmittelbare Verständnis.

FUNDSTÜCKE

»Seit 2000 nehmen jährlich rund 30 Ortsgruppen der DLRG mit bis zu drei Mannschaften an den drei bis vier Wettkämpfen der NIVEA Trophy *teil. (...) Unterbrochen wird die Abfolge der Wettkämpfe der NIVEA* Trophy *im Juli durch den NIVEA Cup in Warnemünde.«* dlrg.de (11-2006) *»In der ADAC Youngtimer* Trophy *zählen nicht High-Tech bis ans Limit und der Kampf um den letzten Sekundenbruchteil.«* ngk.de (11-2006)

› **Cup**

T-Shirt

Engl. *t-shirt; tee-shirt*: T-Shirt

SPRACHGESCHICHTE

Im 2. Weltkrieg brauchte die US-Armee ein *training shirt* für ihre Mannen, abgekürzt: *t-shirt.* Die andere Namenserklärung, die auf die T-Form des Hemds mit kurzen Ärmeln rekurriert, ist nicht haltbar.

SPRACHGEBRAUCH

Ende der 60er Jahre trugen zunächst ehemalige US-Soldaten ihre olivgrünen Unterhemden als sommerliches Bekleidungsstück. Über clevere Gebrauchtwarenhändler wanderte das praktische Stück dann auch zu jüngeren, auch deutschen Zivilisten, die eher mit antimilitaristischer Gesinnung auftraten. Von hier ging es weiter zu trendsensiblen Bekleidungsunternehmen, deren Produkte in den 70er Jahren auch den deutschen Markt mit *T-Shirts* überschwemmten. In den 80er Jahren erreichte das *T-Shirt* weltweit den Status des absoluten Basic, das klassenlos, geschlechtslos und in vielfachen Qualitäten für Schüler wie für Hollywood-Stars geeignet ist. Das Gros der Deutschen unter 60 kennt und trägt T-Shirts. Die deutschsprachige Alternative ›kurzärmeliges Baumwollüberziehhemd‹ findet sich nicht.

› **Pullunder; Shirt; Sweater**

U

Underdog

Engl. *underdog*: Außenseiter, Loser, Looser, Underdog, Verlierertyp

SPRACHGEBRAUCH

Schon in den 60er Jahren verbreitete sich ›*Underdog*‹ in der Berichterstattung über die sich differenzierenden und andere ausgrenzenden Jugendszenen. Seit den 90er Jahren im Jugendszenenjargon durch ›Loser‹ und ›Looser‹ abgelöst. ›*Underdog*‹ erfreut sich aber in der Bedeutung ›überraschend erfolgreicher Außenseiter‹ in der Politik-, Wirtschafts- und Sportberichterstattung großer Beliebtheit. Hier schwingt kein kritischer, sondern gar ein bewundernder Unterton mit; der zunächst Benachteiligte hat sich irgendwie nach oben gebissen.

FUNDSTÜCKE

»Da die anderen Rallyteilnehmer ähnlich stark sein dürften, ist der Underdog-*Status der 1960er jedoch leider nicht mehr gegeben: Der Monte-Carlo-Gewinner von 1964 kämpfte noch mit einem 1071-Kubikzentimeter-Motörchen und zirka 71 PS gegen weitaus potentere Gegner.«* heise.de (10-2010)

»Zwischenzeitlich erspielte sich der Underdog *aus Hamburg gar ein Chancenplus.«* ftd.de (12-2010) Es geht um den Fußballspieler Bastian Schweinsteiger.

Underwear

Engl. *underwear*: Unterwäsche

SPRACHGEBRAUCH

Nur Heiminsassen tragen heute noch Unterwäsche. Wer aber glaubt, dass Konsum sexy macht, trägt *Underwear*. Trendsettend waren und sind Unternehmen wie *Calvin Klein, Diesel* oder *Bruno Banani*. Nur das aus dem Französischen entlehnte ›Dessous‹ vermag sich noch zu wehren: Erotische Damenunterkleidung kommt auch heute noch dominant als Dessous daher.

Underwear gibt es in mannigfaltiger Ausformung mit passender anglophoner Terminologie: Als Kids *Underwear,* Boys *Underwear,* Functional *Underwear,* Authentic *Underwear,* Clubwear *Underwear,* Racing *Underwear,* Bodysphere *Underwear,* Silky *Underwear,* Luxury *Underwear,* Thermal *Underwear,* Crazy *Underwear …*

FUNDSTÜCK

»Calvin Klein kann bei der neuen Underwear-*Anzeigenkampagne Herbst 2008 gleich doppelt punkten! Für die Damen-Unterwäsche wurde die rassige Schauspielerin Eva Mendes abgelichtet. (…) Die Mendes-Kampagne unterstützt die Markteinführung von Seductive Comfort, der neuesten Produktlinie von Calvin Klein* Underwear.« lifestyle.de.msn.com (9-2008) Engl. *seductive* heißt ›verführerisch‹.

Update

Engl. *update*: Aktualisierung, Neuauflage, Update

SPRACHGEBRAUCH

In Vor-Internetzeiten konnte man alle paar Jahre die neueste Version einer Software oder eines Betriebssystems in Form körperlich greifbarer Datenträger erwerben. Dann kam das Web. Und die Softwarehersteller produzierten nahezu nahtlos irgendwelche Fehlerbeseitigungs- oder Funktionserweiterungen oder Halbneuversionen. All das nennt sich ›*Update*‹. Mit solchen *Updates* wird der gegenwärtige Computernutzer beinahe täglich behelligt. Immer lauert ein Icon auf dem Desktop und signalisiert, dass ein *Update* auf Installation wartet. So wissen alle Computernutzer, was das ist.

FUNDSTÜCK

»Bitte loggen Sie sich links mit Ihrem NI-Usernamen und Passwort ein, um alle für Sie relevanten Updates *sehen zu können! Sind Sie noch nicht registriert?«* nativeinstruments.de (9-2008)

Upgrade

Engl. *upgrade*: verbesserte Ausgabe, Aufwertung

Engl. *to upgrade*: aufwerten, aufrüsten

SPRACHGEBRAUCH

Amerikaner konnten bei der Mietwagenübernahme immer schon damit rechnen, dass ihnen ein *Upgrade* auf ein höherwertiges Auto zu einem nur minimal höheren Preis angeboten wird. In Deutschland werden in den Zeiten des Internets vorzugsweise Programme und Dienste, die über den Computer beziehbar sind, *upgegradet*.

Da die Konsumsphäre vom Neuen und vermeintlich Besseren lebt, ist mittlerweile aber weit mehr an Produkten des täglichen Bedarfs per *Upgrade* beziehbar. Die Verbform ›*upgraden*‹ ist nur schwer zu deklinieren. Es finden sich die Partizipformen ›*upgegradet*‹ und ›*geupgradet*‹. Die erste entspricht deutschen Bildungsregeln und hört sich daher richtiger an.

Es findet sich vereinzelt der misslungene Eindeutschungsversuch ›aufgraden‹, der restlos irritiert, weil dt. ›grade‹ assoziiert wird, ein Unbedarfter also ›gerade aufrichten‹ als Bedeutung unterstellen könnte.

FUNDSTÜCKE

»upgrade *your life«* Werbeslogan des Computerversandhauses *Cyberport* (2006)

»SodaStream Penguin Upgrade *Trinkwassersprudler mit Testberichten und Angeboten.«* dooyoo.de (9-2008)

»Wolle die Stadt auf Office XP aufgraden, *müsse die Stadt 4,5 Millionen Euro ausgeben.«* rp-online.de (4-2002)

»Nach den überaus beeindruckenden Quartalszahlen von gestern, hat Apple heute (wie bereits erwartet) stillschweigend einige seiner beliebtesten Produkte geupgraded.« Maceinsteiger (10-2009)

V

Van

Engl. *van*: Großraumlimousine, Kleinbus, Van; Kastenwagen, Lieferwagen

SPRACHGESCHICHTE & SPRACHGEBRAUCH

Engl. *van* ist die Kurzform von engl. *caravan,* das vom französischen *caravane* entlehnt ist, was wiederum auf das persische *karwan* zurückgeht. Dort ist eine Gruppe von Wüstenreisenden gemeint, eben eine Karawane. In vormotorisierten Zeiten war *caravan* in den USA die Bezeichnung für den aus Western geläufigen Planwagen. Im gegenwärtigen britischen Englisch ist *van* Synonym zum amerikanischen *mobile home,* also dem Campingbus. Die Amerikaner verstanden bis in die 80er Jahre unter *van* eher einen kastigen Lieferwagen. Das hat sich mit dem globalen Sprachgebrauch und den Importen japanischer und später deutscher *Vans* in die USA geändert. Seit den 80er Jahren bauen US-Autoproduzenten Kleinbusse, die explizit *van* und *caravan* in die Typenbezeichnung aufgenommen haben. Und die seit den 70er Jahren in den USA beliebten VW-Busse wurden ebenfalls teils als *van* und teils als *camper* tituliert. Sehr uninformierte Anglizismenkritiker unterstellen dennoch einen halben Scheinanglizismus, weil die Bezeichnung für einen Lieferwagen nun für eine Großraumlimousine herhalten müsste.

Der deutsche Autokäufer weiß, was ein *Van* ist. Ist der ihm zu groß, kann er auch auf einen *Minivan* oder einen *Mini-Van* zugreifen.

FUNDSTÜCK

»Der Mini Van *klaut den Bully-Chic: Eine Prise Londontaxi und eine Portion Bully-Charme. Wer hätte gedacht, dass ein Mini so etwas verdauen kann? Das Ergebnis überzeugt. Ist ein* Van *mit 4,4 Metern Länge noch ein echter Mini?«* stern.de (11-2010)

Veggie

Engl. *vegetable*: Gemüse; Pflanze
Engl. *veggie:* fleischlose Nahrungsmasse; Vegetarier; Veggie

SPRACHGEBRAUCH

Fleischfreies Etwas unbestimmter, respektive beliebiger nicht-fleischlicher Konsistenz und Provenienz. Haftet der Ruch des Gesunden, Leichten und Fettarmen an. Hat sich seit den 90er Jahren vor allem in den Snack-Angeboten der deutschen Bahnhofshallen eingeschlichen. Trendbewusste Vegetarier, die sich nicht ins wertkonservative Müslifresserlager einsortieren lassen wollen, nennen sich – viertelselbstironisch – ebenfalls ›*Veggies*‹.

FUNDSTÜCKE

»Viana Mild Jumbo Veggie *Snack. nur noch 0,89 EUR inkl. MwSt.«* alles-vegetarisch.de (11-2006)

»Veggie *Street Day geht in die dritte Runde: Unter dem Motto ›Tierleidfrei und Spaß dabei‹ findet am Samstag, den 06. September 2008, von 11-20 Uhr in Dortmund auf dem Reinoldikirchplatz der* Veggie *Street Day statt. Vegetarier und Veganer aus ganz Deutschland verwandeln an diesem Tag Dortmunds Innenstadt zu einem Open-Air-Restaurant der ganz besonderen Art.«* umweltjournal.de (8-2008)

Vintage

Engl. *vintage*: Jahrgang; Weinernte; altertümliches Modell

SPRACHGESCHICHTE & SPRACHGEBRAUCH

Das englische *vintage* hat das anglofranzösische *vintage* zum Vorgänger. Altfranzösisch *vendage* basiert auf lateinisch *vindemia* (›Weinernte‹), das auf lateinisch *vinum*, was wiederum um manch andere Sprachecke zum deutschen ›Wein‹ geführt hat. Im 18. Jahrhundert kam im Englischen die Bedeutung ›Jahrgang‹ hinzu.

Im historistisch-viktorianischen England um 1880 erweiterte sich die Bedeutung auf ›aus alten Zeiten stammend‹ (wobei die alten zeitgemäß auch die besseren waren). Alte Autos begann man in England in den 20er Jahren mit dem Ehrenetikett *vintage* zu belegen. Das scherte andere Nationen nicht, eher mit *Oldtimern* zu liebäugeln.

Erst seit den 80er Jahren und der deexklusivierenden Inflation von erschwinglichen Oldtimern reklamiert das gehobene Gebrauchtwagenbusiness in Deutschland für sich ebenfalls ›*Vintage*‹. Trifft ein Konsumflaneur heute auf *Vintage*-Produkte, darf er unterstellen, dass der Anbieter seine Ware im hochpreisigen Segment verorten will. Problematisch ist das parallele Auftreten von authentischen alten Waren und neuen Produkten im *Vintage*-Look. Man muss also sehr genau hinschauen, um zu merken, was hinter dem Etikett steckt.

FUNDSTÜCKE

»Zelebrierter Lifestyle: Die Grups kleiden sich im Vintage-*Look, vornehmlich Jeans und T-Shirt, surfen und skateboarden, machen Ferien auf Ibiza oder in Berlin und feiern am liebsten mit stylischen Drinks.«* zukunftsletter.de (7-2007)

»Biete schwarze Clutch Tasche Bakelit 80er Original Boho: (...) Das Leder hat eine Art Crinkle Falten Look, das gehört sich aber so. Sie ist ein 80er 80ies Boho Vintage *Original, kein nachgemachter Retro.«* ebay.de (5-2007) ›Boho‹ bezeichnet einen in den USA geprägten Zigeuner-Ethno-Landfrauenlook; engl. *clutch* heißt ›Kupplung‹, hier ist der besondere Taschenverschluss gemeint.

»Vintage *Wallpapers, Retro-Tapeten und Fototapeten, Photomurals: Original Tapeten aus den 50er, 60er, 70er und 80er Jahren.«* 5qm.de (1-2011) Engl. *mural* bezeichnet eine Wandmalerei.

Volume

Engl. *volume*: Band (Buch); Lautstärke; Rauminhalt, Volumen

SPRACHGESCHICHTE

Am Anfang war das Buch, und zwar als Pergamentrolle, von altfranz. *volume* und lat. *volumen* (›Manuskriptrolle‹). Die Bedeutung ›dickes Buch‹ wurde im 17. Jahrhundert generalisiert hin zu

›Masse, Menge‹. Die Bedeutung ›Lautstärke‹ trat hinzu, als diese an elektrischen Verstärkern per *Volume*-Drehknopf regelbar wurde.

SPRACHGEBRAUCH

Bände spricht es, dass selten der klassische Buchband hier zu Lande ›*Volume*‹ genannt wird, sondern weit eher die Einzelscheiben einer CD- oder DVD-Edition, auch einer umfangreicheren Software-Collection.

Schlunzig die Verwendung von ›*Volume*‹ in der Bedeutung ›Edition‹. So werden Software-Updates immer wieder nicht als ›Version 2‹ oder ›Edition 2‹, sondern als ›*Volume* 2‹ tituliert.

FUNDSTÜCKE

»Inhalt, Kritik, Poster, Trailer, News und vieles mehr zum Film Kill Bill – Volume *1.«* moviemaze.de (11-2005)

»Website Pros freut sich, Ihnen eine bemerkenswerte neue Ausgabe der SiteStyles Volume *2.0 CD für die NetObjects Fusion Produktfamilie anzukündigen.«* Werbetext von *NetObjects* (11-2005) Man beachte die fehlenden Bindestriche.

Volunteer

Engl. *volunteer*: Ehrenamtlicher; Freiwilliger

SPRACHGEBRAUCH

Der herkömmliche *Ehrenamtliche* fristet seine 60+-Generationen-Existenz als Vereinsamtsträger bei Tier- und Grünzucht. Die globalisierte, auch einen Touch anmilitarisierte Form des Freiwilligen ist aber der *Volunteer*. Er oder sie ackert als Helfer (engl. *aide*), Begleiter (engl. *companion*) oder Unterstützer (engl. *supporter*/dt. ›Supporter‹). Besonders Großevents, wie Fußballweltmeisterschaften oder die Pekinger Olympiade von 2008, kommen nicht ohne eine intensive *Volunteer*-Mobilisierung aus.

FUNDSTÜCKE

»Das Organisationskomitee der FIFA WM 2005 warnt vor betrügerischen Volunteer-*Benachrichtigungen.«* Pressemitteilung der FIFA (18-11-2005)

»Rund 25 000 Volunteers *werden beim Weltjugendtag zum Einsatz kommen.«* Pressemitteilung des XX. Weltjugendtages 2005 in Köln (8-2005)

W

Warrior

Engl. *warrior*: Krieger

SPRACHGESCHICHTE

Engl. *warrior* bezeichnet einen kräftigen Burschen, der professionell das Kriegsgeschäft betreibt. Im Altfranzösischen heißt es *guerreor*. Engl. *war* und franz. *guerre* (dt. ›Krieg‹) lassen grüßen; beide haben die protogermanische Wurzel *werso*. Dt. ›verwirren‹ ist verwandt; der *Warrior* ist also im Grunde der Chaos und Wirrwarr Bringende.

SPRACHGEBRAUCH

›*Warrior*‹ ist über die Millionen zählende Schar der Fantasy-, Rollenspiel- und Computergame-Anhänger ins Deutsche eingedrungen. Spiele heißen *Total Warrior, Full Spectrum Warrior, Hunter Warrior* oder *Jade Warrior*. Die Heavy-Metal-Musikszene bedient sich bei Songtiteln und Bandnamen gleichfalls gern. Kriegerische Verbal-Attitüden befördern aber auch die Verkäuflichkeit von technischen Produkten wie soundstarker Lautsprecher.

Bekannt auch die *Rainbow Warrior*, das ehemalige Flaggschiff von *Greenpeace*, das durch den französischen Geheimdienst 1985 zerstört wurde.

FUNDSTÜCKE

»Die neue Yamaha Road Star Warrior *1700 macht schon im Stand jedem Betrachter klar: Hier steht ein Motorrad für echte Männer.«* bikerszene.de (8-2007)

»HiFonics WR 300 Warrior *Auto-Lautsprecher: Preis ab 117,00 EUR«* Werbung eines Unterhaltungselektronikversenders (11-2005)

»Umkämpfte ›Road Warrior‹*: In diesem Jahr bekommt Deutschlands beliebtestes Smartphone, der ›Nokia Communicator‹, erstmals ernsthafte Konkurrenz.«* News des TecChannel (2-2002) Gemeint sind hier Konsumenten-›Straßenkämpfer‹, die mit elektronischen Kommunikationsgeräten bewaffnet sind.

-wear

Engl. *wear*: tragen; Kleidung; Abnutzung

SPRACHGESCHICHTE

Von altengl. *werian* (›anziehen; tragen‹), von althochdt. *werian;* vgl. lat. *vestire* (›bekleiden; bedecken‹). Die deutsche *Weste*, engl. *vest* (›Unterhemd; Weste‹), franz. *vêtement* (›Kleidung‹) sind also eng miteinander verwandt.

SPRACHGEBRACH

Seit den 80er Jahren dringen *-wear*-Varianten in die deutsche Konsumkultur ein. Es begann mit *Underwear* (›Unterwäsche‹). (›Unterhose‹ und ›Schlüpfer‹ waren bereits erfolgreich durch ›Slip‹ ersetzt.) Es folgten, vielkanalig und multimedial, *Eyewear* (wörtl. ›Augenware‹; ›Brillen‹), *Headwear* (›Kopfbedeckungen‹), *Footwear* (›Fußbekleidung‹), *Knitwear* (›Strickbekleidung‹), *Beachwear* (›Badekleidung‹) und *Timewear* (wörtl.

›Zeitkleidung‹; also ›Armbanduhren‹). Mittlerweile finden sich *Streetwear* (hippe Straßenbekleidung metropolitaner Jugendlicher mit Outsiderflair), *Business Wear* (›formelle Geschäftskleidung‹), *Outdoor Wear, Bike Wear* (›Motorradbekleidung‹), *Interactive* oder *Smart Wear* (elektronisch ausstaffierte Kleidung) und *Gamers Wear* oder *Geek Wear* (Kleidung für Computerspieler und Computerfreaks). *Work Wear* (›Arbeitskleidung‹) wird vom Textilhersteller *Trevira* gar zur *Corporate Wear* (›Unternehmenskleidung‹) aufgepumpt, da simple Arbeitskleidung ohne unternehmensspezifische Designaufladung nicht *State of the Corporate-Art* ist. *I-Wear* nennen sich seit der Jahrtausendwende Hybridkleidungsstücke, die digital gefüttert sind: mit Handys, MP3-Playern, Freisprecheinrichtungen oder flexiblen Computertastaturen. Marktfähig ist davon bisher nichts.
Was als *Wear* daherkommt, ist naturgemäß auch *wearable,* eine Qualität, dessen Gegenteil mit ›*unwearable*‹ bezeichnet wird.
Wie üblich war es das global agierende Produktmarketing, das, unter begrifflichem Innovationsdruck stehend, als altertümlich unterstellte Begriffe substituieren wollte. Nebenbei: Auch der englische Sprachraum ist davon betroffen: *undergarments* und *underclothing* waren in Vor-*wear*-Zeiten die etablierten Wörter für ›Unterwäsche‹; *eyeglasses* und *spectacles* die Vorläufer von *eyewear.*

FUNDSTÜCKE

»*Robert Radi verkündete heute, daß seine Linie des Razorback Sports* Eyewear *erweitert worden ist, um drei neue Einzelteile einzuschließen: die Razorback ›K‹ hybriden sunglass; das Razorback Integra und die Razorback ›F‹ Schutzbrillen.*« dexigner.com (11-2005) Bitte die Mutation *dexigner* beachten. ›Hybriden sunglass‹ müsste man korrekt als ›Hybrid-Sunglasses‹ anglifizieren. Engl. *razorback* werden verwilderte Schweine in Nordamerika genannt. Das weiß kein hiesiger Käufer; dem reicht die grobe Assoziation ›Rasiermesser‹, wenn er ›Razor‹ hört.
»*Rund 35 Journalisten (...) erleben die Weltpremiere von Smart-*Wear *im Rahmen der Deutschen Leichtathletik Meisterschaften in Bochum-Wattenscheid vom 5. bis 7. Juli 2002 hautnah. Während der drei Tage tragen die Sportjournalisten ›intelligente‹ Westen von Fraunhofer ISST und KSI.*« innovationsreport.de (2002)

Web

Engl. *web*: Netz; Kurzform für engl. *world wide web* (Internet)

SPRACHGEBRAUCH

Web müsste als das ›Wort der 90er Jahre‹ und nochmals als das ›Wort der Nuller Jahre‹ auserwählt werden. (Google listete im Herbst 2009 über 175 000 000 Fundstellen auf deutschen Websites, weltweit sind es etwa 5 Milliarden). Keine Übernahme aus dem Englischen ist häufiger zu finden und in breitesten Bevölkerungskreisen vertraut. Auf Verständnis vertiefende Fundstücke kann somit verzichtet werden.

Webcam

Engl. *webcam*: Webkamera

SPRACHGEBRAUCH

Das Internet hat uns die *Webcam* (auch

Live-Cam) beschert, eine statische Kamera an einem mehr oder minder prominenten Ort, deren Bilder über das Internet online angesehen werden können. Da Millionen deutscher Websurfer sich diese meist langweiligen, schlecht aufgelösten Bilder gerne stundenlang ansehen, ist die Bekanntheit des Wortes bei der Klientel hoch.

Als ›*Webcam*‹ werden aber auch die entweder in einen Computermonitor eingebauten oder als Peripherie an einen solchen angeklemmten Kleinkameras bezeichnet, die zum Webvideofonieren genutzt werden können.

FUNDSTÜCKE

»Live-Bilder vom Tübinger Marktplatz per Webcam*: Die Kamera steht in einer Dachgaube des Rathauses. Das Kamerabild wird jede Minute aktualisiert.«* tuebingen.de (6-2007)

»WebCams *rund um den Globus. Mit einer einmaligen Sammlung der besten* WebCams *bringt WetterOnline nicht nur das Wetter, sondern auch das Flair weltweiter Plätze ins Haus.«* wetteronline.de (1-2011)

Weekend

Engl. *weekend*: Wochenende

SPRACHGEBRAUCH

Als das Wochenende der Deutschen mit steigendem Wohlstand nicht mehr ausschließlich auf Balkonen und in Kleingärten verbracht wurde, wandelte sich jenes Wochenende, zunächst im Sprachgebrauch der Wochenenderlebnisanbieter von Tourismus und Naherholung, zum *Weekend*. Der global expandierende Tourismus und eine neue Freizeitkultur jugendlicher berufstätiger Menschen führten zu weitreichenden ›*Weekend*‹-Wucherungen.

Das modernere Deutschland geht heute ins *Weekend*, das Wochenende ist Rentnern und anderen Depravierten vorbehalten.

FUNDSTÜCKE

»Weekend *in Bad Nauheim«* badnauheim.dolce.com (5-2006) Eminent die wagemutige, da anachronistische Nutzung von ital. *dolce:* ›süß‹ in der Webadresse.

*»Mit der O2 LOOP-*Weekend-*Flatrate können Sie zum Festpreis von nur 5,– €/Monat so oft und so lange Sie wollen am Wochenende ins deutsche Festnetz und zu O2 telefonieren.«* O2online.de (9-2008) Engl. *loop* heißt ›Schleife‹; wahrscheinlich rein formal und sinnleer wegen der zwei ›o‹ auserkoren.

»Das neue Weekend *Journal macht jedes Wochenende zum schönsten.«* Werbung des *Handelsblatts* für ein neues »Lifestyle-Magazin« (5-2006)

Wellness

Amerik.-engl. *wellness*: Wohlbefinden

SPRACHGEBRAUCH

Engl. *wellness* bedeutet in etwa ›Wohlbefinden‹. Der Begriff ist allerdings im britischen Englisch nicht gebräuchlich. Engl. *wellness* setzte sich Anfang der 60er Jahre des 20. Jahrhunderts in den USA im Rahmen eines *alternative health movement* (›alternativen Gesundheitsbewegung‹) durch und sickerte seit Ende der 80er Jahre ins Deutsche ein.

›Wohlbefinden‹ heißt im Englischen *well-being*. Und ein Ort, an dem es *Wellness* zu tanken gibt, ist kein *wellness-center*, sondern ein *spa* (was in den Texten der deutschen Magazine für Besserverdienende auch Einzug gefunden hat). Deutsche *Wellness-Drinks* sind jenseits des Channel wiederum *health drinks.*

Mit *Wellness* im Deutschen ist die Fürsorge um das persönliche körperliche und seelische Wohlbefinden im umfassendsten Sinne gemeint. Kein Hotel, Badeort und keine Kureinrichtung können es sich heute leisten, Massagen, Bäder, Ruheräume, selbst die Musikbeschallung nicht unter dem Label ›*Wellness*‹ zu subsumieren, denn der Kunde muss wissen, wie er sich fühlen soll, wenn er etwas davon konsumiert.

Als beliebtes Werbewort hat sich mittlerweile ein inflationärer Gebrauch bemerkbar gemacht; so werden auch Mineralwasser, indischer Lassi (mit Wasser verdünnter, gesüßter Joghurt), Socken oder Müslis als angebliche *Wellness*-Artikel vermarktet. Da Wohlbefinden eine subjektive Empfindung ist, lässt sich wenig einwenden.

In der deutschen Sprache hat sich ›*Wellness*‹ nahezu gleich stark durchgesetzt wie ›Fitness‹, das den aktiveren Part der wohlgefühlsteigernden Konsumoptionen besetzt hält.

FUNDSTÜCKE

»Wie eine Flutwelle kommt eine neue Idee, nein, ein neues Lebensgefühl über den großen Teich: Wellness. *Berauschend der einfache, aber doch faszinierende Gedanke, der dahintersteckt – Wellness macht das körperliche Erlebnis zur Hauptsache.«* AOK Magazin (1-1989)

»Die Tag und Nacht und sogar auf dem Klo von Kameras überwachten, ansonsten aber paradiesischen Wellness-*Zustände sind allerdings einem perfiden Zweck verpflichtet: Das fröhliche Herz funktioniert nach der sogenannten Endspende weitaus besser als ein depressives Organ.«* FAZ (9-2008)

Whirlpool

Engl. *whirlpool*: Sprudelbad, Wirbelwanne, Whirlpool

SPRACHGEBRAUCH

Seit den 80er Jahren leistet sich der betuchtere Wellness-Deutsche im privaten Bereich gerne ein organisch-amorph konturiertes, durchlöchertes Badewannenetwas, das zum Blubbern gebracht werden kann. Das heißt ›*Whirlpool*‹, weil ›Sprudelbad‹ nicht sonderlich lifestylig rüberkommt. Für den postmodernen Wohlfühlurlaub in Komforthotelanlagen ist ein *Whirlpool* Standard.

FUNDSTÜCK

»Neben der Eisbahn bietet das Prinzregentenbad nämlich auch im Winter 1300 Quadratmeter Saunalandschaft mit Whirlpool, *Dampfbädern und Tauchbecken, Finnischer Sauna und Freiluftbereich auf der Dachterrasse.«* sueddeutsche.de (11-2008)

Wilderness

Engl. *wilderness*: Wildnis
Engl. *wildness*: Verwahrlosung, Verwilderung; Wildheit

SPRACHGEBRAUCH

Wo können Adventure-, Survival, Thrill-Sehnsüchte befriedigt werden? In einer *Wilderness*, die zugleich weniger wild und reizvoller als die Wildnis ist. *Wilderness* also die Simulation von Wildnis.

Sprachlich kommt ›*Wilderness*‹ qua Lautverwandtschaft zum deutschen Fast-Äquivalent bei uns gut klar. Daher auch zunehmend die Schreibweise ›*Wildernis*‹. Anregend die neue Synthese ›*Wildness*‹. Deutsches und Englisches werden harmonisch amalgamiert (›verschmolzen‹). Und keiner merkt was beim schnellen Lesen. Aber vielleicht kennen auch Engländer und Amerikaner ihre Sprache nicht mehr. Und verwechseln ›Wildnis‹ mit ›Wildheit‹. So dass die knapp 20000 Internet-Fundstellen nicht ausschließlich deutscher Sprachschlunzigkeit anzukreiden sind.

FUNDSTÜCKE

»Kanutrip ›Wildernis‹ *auf der Isar – Details, News, Infos.«* spassevents.de (3-2006)

»Wilderness *Body Painting: Über einen von Rosel Grassmann entwickelten Prozess der Körperbemalung mit ganzheitlicher Herangehensweise. Mit Bildern und Workshopterminen.«* wildernessbodypainting (3-2006)

»Immanuel Wilderness *Lodge bietet hochwertige Unterkunft in reetgedeckten Häuschen und deutsch/namibische Gastlichkeit in unmittelbarer Nähe zu Windhoek.«* wilderness-namibia.de (3-2006)

»Zwei Männer gegen die Wildness *mit nur einem Messer für 30 Tage Brad und Sean aus Manitoba Canada wollen im Oktober 2007 für dreißig Tage in die* Wildness *ziehen.«* myvideo.de (9-2008)

Windjammer

Engl. *windjammer*: Windjammer
Engl. *to jam*: blockieren, klemmen; pressen

SPRACHGESCHICHTE

Ein Import, der niemals so richtig aufgefallen ist, da die Morpheme (›Gestalteinheiten‹) des Wortes auch im Deutschen geläufig sind, es also keine Ausspracheirritationen gibt. Das so benannte Segelschiff jammert aber nicht, es *jammt*. Das heißt: Es presst den Wind. *Windjammer* waren die leistungsfähigsten Segelschiffe im 19. Jahrhundert, die auf Langstrecken mit den neuen Dampfschiffen konkurrieren konnten.

Winner

Engl. *winner*: Gewinner, Sieger

SPRACHGESCHICHTE

Mit dem *winner* hat sich ein Wort im Deutschen durchgesetzt, das mit dem ›Gewinner‹ germanische und altnordische Wurzeln teilt. Da geht es ums Erleiden und mühevolle Erringen. Es dominiert die Arbeits-, weniger die Triumphperspektive.
Dabei hätte das Englische auch noch den *victor* und den *vanquisher* im Angebot, die beide auf lat. *vincere* (›besiegen‹) zurückgehen. Aber Sprachevolution schert sich nicht um Wurzeln; engl. *winner* ist kurz & prägnant, daher international zum *Winner* prädestiniert.

SPRACHGEBRAUCH

Winner sind Einzelkämpfer; der Typus bedarf einer Basis von Radikalindividualisierung als Identitätsmodell. Die setzte sich in Deutschland in den 80ern des 20. Jahrhunderts durch. Damals begann der Siegeszug des *Winner*.
Der schwedischen Popgruppe *Abba* gelang 1980 mit dem Song *The Winner Takes It All* (»Der Gewinner kassiert al-

les«) ein phänomenaler Erfolg. Seither findet sich der Titel auch als geflügeltes Wort in der gehobenen Sport-, Politik- und Kulturberichterstattung.

FUNDSTÜCKE

»Wenn andere Unternehmensberatungen aufhören, fängt oft genug Winner's *Edge erst an.«* Werbung einer Unternehmensberatung (9-2005)

»Schloss ›Winner‹ *– Top-Design, bequem und sicher, widerstandsfähiges, kunststoffummanteltes Super-Flex-Stahlkabel.«* Werbung für ein Fahrradschloss (9-2005)

Womanizer

Engl. *womanizer*: Frauenheld; Schürzenjäger

SPRACHGEBRAUCH

›*Womanizer*‹ ist über das US-Filmbusiness in den deutschen Sprachraum gelangt. Bevorzugt angegraute Filmakteure werden mit dem Attribut bedacht (George Clooney, Sean Connery). Im Deutschen hat ›*Womanizer*‹ einen sympathischeren Konnotationsraum besetzt als ›Frauenheld‹; der *Womanizer* ist charmanter, mit dem Grenzwert zum Süßlich-Kitschigen, gebildeter und gehört eher zu den besser Verdienenden. Einheimischer *Womanizer* ist Udo Jürgens; Don Juan und Casanova gelten als Grundmodelle.

FUNDSTÜCK

»Bekommt der Energy Womanizer *die private Nummer der Frau oder nicht? Hört es euch einfach an!«* Werbung für eine Sendung des Radios energy (9-2005)

Wording

Engl. *wording*: Wortgebrauch; Wortprägung, Wortfindung

WORTGEBRAUCH

Neue Produkte und Dienste brauchen neue Namen. Das Erfinden, Umdefinieren und Durchsetzen solcher Namen durch den Einsatz des Arsenals von Werbung und Marketing ist *Wording.* Unternehmen wollen in einheitlichem Stil auftreten. *Corporate Wording* als strategisch eingesetzter Sprachgebrauch soll stilstärkend wirken. Unternehmen versuchen, durch *Wording-Manuals, Wording-Guides* oder *Wording-Rules* die sprachlichen Absonderungen der Mitarbeiter zu disziplinieren und zu formalisieren. Das ist hoch unwirksam. Es gelingt maximal in den gedruckten sprachlichen Absonderungen der Unternehmensführungen, mittels derer ein *Wording* durchgesetzt werden soll. Schon bei der Presseabteilung hört es meist mit der innerbetrieblichen Durchsetzbarkeit auf.

Wenn Unternehmenssprecher nichts oder Banales zu sagen scheinen, folgen sie meist strikt ihrem *Wording-Manual,* das von einem *Wording-Designer* entwickelt worden ist.

Mittlerweile auch genutzt für den Umgang mit Bezeichnungen für neue Forschungsmethoden (z. B. ›Genscanning‹), für den Umgang mit Bezeichnungen für politische und soziale Prozesse oder Strategien (›Nullwachstum‹, ›Politikverdrossenheit‹, ›sozialverträgliches Ableben‹). ›*Wording*‹ beginnt, ›Wortgebrauch‹ in nicht-linguistischen Kontexten zu ersetzen. Zunächst hatte es eine konstruktive Konnotation: ›*Wording*‹ war Teil strate-

gischer Maßnahmen. Jetzt ist es zum deskriptiven Begriff ausgewalzt.
›*Wording*‹ selbst ist somit Beispiel für *Wording:* Statt ›Wortgebrauch‹ setzt sich im Wortgebrauch ›*Wording*‹ durch.

FUNDSTÜCKE

»Wording *in Firmen muss gelebt und gepflegt werden.«* kurs.de (1-2011)
»Wording-*Studie 2005 – Nutzungsfreundliche Bezeichnung von Navigationselementen im Internet.«* Information des Beratungsunternehmens *eResult* (9-2005)

Workaholic

Engl. *workaholic*: Arbeitssüchtiger

SPRACHGEBRAUCH

Seit den 80er Jahren in Deutschland für einen meist männlichen Angestellten in mittleren Positionen, der durch selbstaufreibende Ackerei noch ein Stückchen höher kommen möchte. In den 80er Jahren überwogen negative Konnotationen; 20 Jahre später wird das Wort in den Medien meist mit leicht gebrochenem Respekt eingesetzt.

FUNDSTÜCK

»Workaholic, *Krimiautorin, Glamour-Frau: Wer die neue CS-Personalchefin ist.«* tagesanzeiger.ch (1-2010)
› **Burnout**

Workout

Engl. *workout*: Ausarbeitung; Konditionstraining, Training, Workout

SPRACHGEBRAUCH

Zur Fitnesskultur gehört seit den 70er Jahren ›*Workout*‹ als Bezeichnung für das tägliche Trainingspensum. Was dort genau passiert, ist von der jeweiligen Trainingsmode abhängig.

FUNDSTÜCK

*»Jeden Sonntagmorgen treffen sich rund 15 Hundebesitzer mit ihren Fiffis, um im Runyan Canyon oder den Santa Monica Hills den Fiffi-*Workout *zu machen. Fiffi-*Workout*? Personal Trainer Bruce Gilbert hat es sich ausgedacht.«* stern.de (9-2008)
»Vier Maschinen stehen bereit fürs einstündige Workout, *das er jeden Morgen braucht. Immer. Egal wo er ist.«* stern.de (9-2009)

Workshop

Engl. *workshop*: Arbeitsraum; Arbeitstagung; Werkstatt; Workshop

SPRACHGEBRAUCH

Lehrgänge, Seminare, Weiterbildungsveranstaltungen – all dies ist zum *Workshop* mutiert. ›*Workshop*‹ suggeriert einen höheren Interaktivitätsgrad als die klassische Bildungsveranstaltung. Im *Workshop* kann man sich »kreativ einbringen«, so wird unterstellt, was seit den späten 70er Jahren als Ultima Ratio des Lernens gilt.

FUNDSTÜCKE

Kindergarten-*Workshop*, DGB *Workshop* Zukunft, Langzeitarchivierung *Workshop*, PuK-*Workshop* Planen & Konfigurieren, *Workshop* zur *Workshop*-Gestaltung

World

Engl. *world*: Welt

SPRACHGEBRAUCH

›*World*‹ hat sich nahezu *worldwide* (›weltweit‹) als Konkurrenzbegriff zu dt. ›Welt‹ durchgesetzt.
Wir leben zugleich in einer Welt (One *World*) und in vielen Welten. Die vielen

Welten sind abwechslungsreicher, daher sind sie uns lieber als die Dauerprobleme der einen Welt (und deren Teilwelt Third *World,* Dritte Welt).
Unternehmen installieren mittels ihrer Produkte und Dienstleistungen immer wieder neue *Worlds* und laden Konsumenten ein, sich dort komsumierend heimisch zu fühlen. Erfolgreicher Weltanbieter ist zum Beispiel der *Tchibo*-Konzern, der jeden Dienstag eine neue Welt anbietet (gerade jetzt, beim Schreiben dieser Zeilen, zum Beispiel eine Schlafwelt). Immerhin sagt er ›Welt‹ und nicht ›*World*‹. Fast alle anderen sagen aber ›*World*‹.

FUNDSTÜCKE

Märchenworld, Kinderworld, Spaßworld, Bad World, Scheissworld, Diabetes-World, Treiber-World, Outdoor-World, Winter-World, Call Center World ...

Wrap

Engl. *wrap*: Babytragetuch; Briefchen; Umhang; Verpackung; Wickel; Wrap

SPRACHGEBRAUCH

Bis etwa zum Jahr 2000 war ›*Wrap*‹ als Anglizismus nur den Fachleuten der Lebensmittelbranche geläufig. Sie musste sich mit Shrink-*Wrapping*-Machines auskennen, Verpackungsmaschinen, die Lebensmittel luftarm in Folie einschweißen. Die US-Fast-Food-Szene entwickelte in den 90er Jahren aus dem mexikanischen Burrito einen Teigtaschenwickel, der aus einer Tortilla, Pita oder einem anderen Teigfladen samt nahezu beliebiger, aber irgendwie gesund anmutender Füllung bestand. Der Trend wurde von vielen Ketten in den USA übernommen. Kurz nach der Jahrtausendwende schwappte die *Wrap*-Welle in europäische Länder, eben auch nach Deutschland. Heute bieten Ketten wie *Subway* oder *McDonald's,* aber auch namenlose Snackbuden in deutschen Großstädten *Wraps* mit unterschiedlichsten Füllungen an. Jüngere, großstädtische Zwischendurchesser kennen sich aus. Nur mit der Aussprache hapert es manchmal.

FUNDSTÜCKE

»Und selbst wenn das Wissen um die Werthaltigkeit der Reste, irgendwo zwischen Schnellimbiss, Fertiggericht und Wrap *aus der Kühltheke verblasst sein mag – verlorengegangen ist es nicht.«* spiegel.de (1-2011)

»Neuer Ess-Trend: Wrap *it – gerollt und gewickelt.* Wraps *sind praktisch, weil sie sich leicht essen lassen und gesund sind.«* myshopping.de (9-2005)

›*Xtrememac Sport* Wrap‹ nennt sich ein sportiver Gürtel mit implementierter Gerätetasche zur Aufnahme eines iPod-Players; ein solches Gerät würde noch wenige Jahre zuvor ›Xtreme Sport Belt‹ geheißen haben; eine Verpackung ist es jedenfalls nicht. (application-systems.de; 8-2005)

»Multifunktions-Tuch Headgear Acryl schwarz, Headwraps, *Troph-e-Shop.«* 1a-webtools.de (5-2007) Ein *Headwrap* ist ein Multifunktionskopftuch ohne religiöse Konnotationen.

»Dann leuchten je nach Bedarf bis zu 76 einzelne LEDs. Audi Die umlaufende Dekoreinlage nennt Audi Wrap-*around.«* focus.de (11-2010)

X

x-treme; X-treme; Xtreme

Kurzform für engl. *extreme* (›extrem‹)

SPRACHGEBRAUCH

Der jüngere, wohlhabendere, von reizarmem Komfort gelangweilte Mensch sucht bekanntermaßen die Herausforderung. Die Konsumsphäre bietet ihm, zunehmend seit den 80er Jahren, eine Heimstatt mit der Offerte von *x-tremen* Praktiken für Körper & Geist.

X-treme praktiziert werden insbesondere Sportarten aller Art, aber auch Computerspiele, Sex und Spielzeugautorennen.

Wer sich nicht *x-treme* bewegen will, kann seine extremistischen Neigungen durch den Kauf von Produkten befriedigen, die überspannte Eigenschaften aufzuweisen von sich behaupten. Nahezu alle Warengruppen bieten entsprechend aufgeladene Produkte: Kleidung, Lautsprecher, Uhren, Computerperipherie, Muskelaufbaunahrung.

FUNDSTÜCKE

»Es hat halt jeder so sein Hobby. Unsere heißt Xtreme *Herumlaufen.«* Webforum (7-2003)

»Sie haben einen Xtreme *KSC/XSC/KSF/UCAS? Dann sind Sie hier richtig.«* Werbung für eine Software zur Umprogrammierung von Digitalreceivern (9-2005)

»Die Zeit war mal wieder reif für einen ganzen Stapel neuer DVDs aus dem Hause X-TREME, *und dieser Name gilt bekanntlich als Gütesiegel für den Bereich Extremsport.«* Werbung eines Online-DVD-Versands (9-2005)

› **Thrill**

Y

Youngtimer

Dt. ›Youngtimer‹ (Neologismus)

SPRACHGEBRAUCH

Analogiebildung zu ›Oldtimer‹; gemeint sind Gebrauchtfahrzeuge, die zwischen 20 und 30 Jahre alt sind, mit dem Zeug zum zukünftigen echten Oldtimer.

Der Begriff wurde 1993 von Egon Meurer und Hans Schnock, zwei deutschen Rallyefahrern, geprägt. Der ADAC trägt seither eine *Youngtimer Trophy* aus, bei der halb alte, getunte PKW gegeneinander antreten.

Mit großer Selbstverständlichkeit wird *Youngtimer* von Magazinen und Zeitschriften benutzt; ist aber nur in der Kernzielgruppe der Autovernarrten geläufig.

Die Neuprägung hat internationale Abstrahlkraft: Bei unseren niederländischen und dänischen Nachbarn findet sich bereits ›*Youngtimer*‹ in einschlägiger Berichterstattung.

Und auch US-Websites beginnen ›*Youngtimer*‹ zu übernehmen: *»A network for people who own a Mercedes* Youngtimer *and use it as a daily driver.«* linkedin.com (3-2011)

FUNDSTÜCKE

»Nach einem besseren Preis-Leistungsverhältnis muss man bei Youngtimern *lange suchen.«* spiegel.de (5-2001)

»Youngtimer – *Die neue Liebe zu alten Spießer-Autos: Ob Ford Granada, Opel Rekord oder Strich-Achter-Mercedes – die Alltagswagen aus den Siebzigern galten viele Jahre als Inbegriff der Spießigkeit. Heute treiben vor allem junge Autofahrer die Preise für die sogenannten* Youngtimer *in die Höhe.«* spiegel.de (7-2004)

»Mit gerade mal 35 Autos traten wir 1993 zum ersten Rennen der ADAC YOUNGTIMER *TROPHY auf der Nordschleife an. Im Rahmen des 24-Stunden-Rennens erlebten wir begeisterte Zuschauer, die die Autos ihrer Jugend wieder fahren sahen.«* youngtimer.de (7-2004)

› **Oldtimer**

Youniverse

Kunstwort aus engl. *you* (›du‹) und engl. *universe* (›Universum; Welt‹)

SPRACHGEBRAUCH

Perfekter Service ist allumfassender, damit unsichtbarer Service. Der Kunde bewegt sich in einer Umgebung, die alle seine Wünsche aufspürt und möglichst unmittelbar erfüllt. Das *Youniverse* als Kokon eines Konsumentenpüppchens.

Zum *Youniverse* gehören: perfekt aufbereitete Produktinformationen, schneller Preisvergleich, Beurteilungen und Empfehlungen von Nutzern.

Grenzwert des *Youniverse* ist ein Paradies unmittelbar erfüllter Wünsche, für dessen Verwirklichung aber auch noch das optimierte Bezahlsystem fehlt.

Websites wie *Amazon* ist die Suggestion

eines *Youniverse* bisher am besten gelungen: Kunden erhalten Empfehlungen, die von den bisherigen Käufen abgeleitet sind, es gibt Empfehlungslisten von Kunden, die ähnliche Neigungen & Interessen haben.
Im Bereich des Trendmarketing als Buzzword genutzt; in der Jugendszene Hessens durch den Radiosender *YOU FM* in Umlauf gebracht; in Foren als Username zu finden.

FUNDSTÜCK

»YOU FM macht dich zum bekanntesten Wohnungssuchenden des YOUniverse.« Werbetext des hessischen Rundfunksenders *YOU FM* (8-2005). Die Okkupation des Begriffs soll eine Alleinstellung des Senders suggerieren: Wer als junger Mensch in Hessen Radio gehört, darf sich als Bewohner des *YOUniverse* fühlen.

Z

Zero

Engl. *zero*: Null; Nullpunkt

SPRACHGESCHICHTE

Im Englischen seit Anfang des 17. Jahrh. zu finden; von lat. *zephirum* (›Ziffer‹), später (stark abgeschliffen) *zerum* (›Null‹); von arabisch *sifr* (›leer‹); von altindisch *sunyam* (›leerer Platz; Wüste; Nichts‹).

Deutsch ›Ziffer‹ leitet sich aus altfranz. *cifre* ab (und ist von da ab wie engl. *zero* zurückzuverfolgen).

Unsere ›Null‹ ist um 1500 aus lat. *nulla* (›nichts‹) entlehnt. Das englische *nought* (›Null‹) ist damit nicht verwandt; es stammt von altenglisch *nawiht* (›nichts‹) ab, was wiederum eine abgeschliffene Kurzform für (übersetzt) »nicht ein Gewicht« darstellt.

SPRACHGEBRAUCH

Orthodoxe Sprachhüter rechnen ›*Zero*‹ zu den Anglizismen. Der erste Import vollzog sich aber bereits im 19. Jahrhundert aus dem Französischen. Das dortige *zéro* wurde unser ›Zero‹, vor allem beim Roulettespiel. Mittlerweile ist ›Zero‹ Bestandteil des Duden, einschließlich deutscher Aussprache. Der Zweitimport kommt mit englischer Intonation daher.

FUNDSTÜCKE

»Willkommen auf meiner zero-*gravity-Homepage!«* Private Homepage (1-2011) Engl. *zero gravity:* ›Null-Schwerkraft; Schwerelosigkeit‹

»Es ist Zeit für Vision Zero*: Vision* Zero *stammt ursprünglich aus der Arbeitssicherheit. Mitte der 1990er Jahre hat die schwedische Straßenverkehrsbehörde den Ansatz erstmals auf den Straßenverkehr übertragen.«* vcd.org (1-2011) So wandert also ein schwedischer Anglizismus über Organisationen wie den Verkehrsclub Deutschland, der ein zugkräftiges Schlagwort braucht, zu uns ein.

Zoom; zoomen

Engl. *zoom*: Varioobjektiv, Gummilinse, Zoomobjektiv; Surren

Engl. *to zoom*: zoomen; surren, abschwirren

SPRACHGESCHICHTE

Im Englischen seit Ende des 19. Jahrhunderts gebräuchlich; lautmalerischer (onomatopoetischer) Ursprung; vgl. dt. ›summen, surren‹. Gewinnt im Englischen an Popularität durch die sprachtrendsetzenden ersten Piloten um 1917. Engl. *zoom lens* (›Varioobjektiv, Zoomobjektiv‹) datiert von 1936.

In den 30er Jahren setzen sich Objektive mit stufenlos variabler Brennweite bei professionellen Filmkameras durch. Aus der Zeit und der Umgebung der Berliner Filmstudios stammt auch ›Gummilinse‹. Engl. *zoom* sickert in den 60er Jahren ins Deutsche ein; in den Produktbeschreibungen der 70er Jahre ist das Wort durchgesetzt. Grund ist auch der verbreitete Einsatz von Varioobjektiven in Spiegelreflex-Fotoapparaten und kurz darauf in den ersten Videokameras (Camcordern).

SPRACHGEBRAUCH

›*Zoomen*‹ lässt sich nicht umstandslos durch ›heranholen, vergrößern‹ ersetzen, wie es manche Anglizismenkritiker empfehlen. Die Brennweitenveränderung (engl. *focus shift*) an einem *Zoom*-Objektiv führt, je nach Drehrichtung, zu einem Heranholen oder einem virtuellen Wegschieben. ›*Zoomen*‹ meint beides. (Es müsste als ›die Brennweite verändern‹ oder ›den Objektiv-Blickwinkel verändern‹ übersetzt werden.)
Entsprechend wird im Englischen unterschieden zwischen *zoom in* (›hineinzoomen; heranzoomen; vergrößern‹; auch: ›fokussieren‹) und *zoom out* (›wegzoomen; verkleinern‹).
Aber es wird noch komplexer, wenn wir zwischen optischer Brennweitenveränderung und der unterschiedlichen Darstellung einer digitalen Datei unterscheiden wollen. Die Funktion ›*zoom in*‹ eines Bildbearbeitungsprogramms bezeichnet die Verkleinerung des Ausschnitts einer auf dem Bildschirm sichtbaren Datei. Das Vergrößern des kleinen Ausschnitts produziert keine neue Perspektive wie beim optischen Zoom, der Bildausschnitt wird nur aufgebläht. Das ist so lange unauffällig, wie die Auflösung des dargestellten Bildausschnitts höher ist als die (technische) Auflösung des Bildschirms. Wird weiter vergrößert, werden die Pixel der Bilddatei erkennbar.
Da die Nutzer digitaler Kameras den Unterschied nicht nachvollziehen, lassen sie sich auch von Angaben wie *»10facher optischer Zoom, 100facher digitaler Zoom«* bluffen. Das digitale Zoomen führt nicht zu höher aufgelösten Bildern, sondern zu pixeligen Bildausschnitten.
Übertragen auf den Vorgang des *Zoomens:* Mit einem Objektiv *zoome ich heran,* der Aufnahmewinkel des Objektivs wird kleiner, das Objekt scheint mir näher zu kommen. An einem Computer, so ich das Lupenwerkzeug benutze, vergrößere ich oder *zoome ich hinein.*
Hilfloser Wunsch: Man möge bei Objektiven mit optischer Brennweitenveränderung von Vario-Objektiven sprechen. Bei digitaler Vergrößerung von digitaler Vergrößerung.

FUNDSTÜCKE

»Das amerikanische Wort zoom *(ausgesprochen suhm) hat sich im Deutschen schon eingebürgert, aber den Ausdruck Gummilinse sollte man vermeiden, er weckt ganz falsche Vorstellungen.«* Hausmitteilungen der Jos. Schneider & Co., Optische Werke Kreuznach, Bd.14, 1962; Doppelheft 1–2
»Der Wegfall des Daten-LC-Displays schafft zudem Platz für die Zoomwippe, *die nicht mehr so tastungünstig in die Rundung des Batteriegriffs eingelassen ist.«* heise.de (5-2003) Eine *Zoomwippe* ist ein Bedienelement an digitalen Fotoapparaten und Camcordern zur Veränderung der Brennweite.